MW01687485

名师绘画技法系列丛书

高冬／主编

章又新水彩艺术

WATERCOLOR BY ZHANG YOUXIN

中国林业出版社

图书在版编目（CIP）数据

章又新水彩艺术 / 高冬主编． —北京：中国林业出版社，2011.1
（名师绘画技法系列丛书）
ISBN 978-7-5038-6014-0
Ⅰ．①章… Ⅱ．①高… Ⅲ．①水彩画－技法（美术）Ⅳ．①J215
中国版本图书馆CIP数据核字(2010)第241279号

章又新水彩艺术·名师绘画技法系列丛书
主 编 高冬

策划编辑 吴卉 牛玉莲
责任编辑 吴卉
封面设计 高冬 周亮
装帧设计 周周设计局

出版发行 中国林业出版社
邮编：100009 地址：北京市西城区德内大街刘海胡同7号
电话：83224477 E-mail：jiaocaipublic@163.com
http:// lycb.forestry.gov.cn
印 刷 深圳市建融印刷包装有限公司
制 版 北京美光制版有限公司
经 销 新华书店
版 次 2011年1月第1版
印 次 2011年1月第1次印刷
开 本 889mm×1194mm 1/12
印 张 6.75
字 数 240千字
定 价 68.00元

凡本书出现缺页、倒页、脱页等质量问题，请向出版社图书营销中心调换
版权所有 侵权必究

序

清华大学高冬教授主编的当代水彩艺术《名师绘画技法系列丛书》嘱我写序。他认为我在绘画艺术和设计艺术的关系方面的一些论点很合他的意图，因此，将《吴良镛“画记”》所写的序言和跋的一些文字凝练成一篇文章拟作为本《丛书》的序。我看了一遍，那是10年前即将度80岁为出画集时所写的文章，看当时的激情，现在再要我作恐怕难以写出来，但文章可以参考，可以作“吴良镛论绘画”附录于后。因此决定专写一篇。

这些年来由于计算机的进步，为建筑图的制作提供了极大的方便，制作建筑渲染图无论技巧、表现能力，都有了意想不到的提高。一般竞赛的建筑表现图几乎看不到大型的水彩渲染图，可能也出于同样原因，学生对水彩画练习的兴趣，由于照相机和计算机性能的进步，所应具备的建筑师的速写习惯也减退了。我个人对这种现象有如下的看法：

1. 对于计算机制图的进步与普遍地推广运用，这毋庸置疑。它的建筑艺术创作，也需要多方面的艺术修养。

2. 手绘建筑画的表现技巧并不因上述情况而否定。举一个例子：清华大学建筑学院前景观系主任 Laurie D.Olin（欧阳劳瑞），他是美国艺术与科学院院士，在传授他的园林建筑设计作品时最后总要放映他设计作品的水彩画表现图。我每次见到均颇为欣赏，不仅技巧好，寥寥数笔对设计内容表现得淋漓尽致，并且他所表现的对象充满阳光和所在环境的空间层次感、色彩感给人以美的享受。这种诗情画意的表达、这种艺术境界的取得取决于美术修养，不是计算机制图所能达到的。

3.照相技术的进步大大提高摄影水平，这为建筑师提供了方便，但照相机只是工具，关键要看建筑艺术修养。从建筑师使用它我注意到一种情况，尤其在旅游团组织越来越普及的情况下，日程安排很紧去很多地方，于是照相机咔嚓咔嚓……照了很多照片回来，这不是没有用，但作为建筑师速写这一环节却每每被略去了，这是很可惜的。

摄影艺术是特殊门类，照相机照观赏对象与建筑用速写的方式记录一个对象效果是不一样的。速写是通过眼的观察、取景、选择，然后再到用手记录下速写稿，成为一幅画。即使是最潦草的一幅画，它也是一幅画作，好的话它还是一件艺术品。即使是一幅不完整的艺术品，它也是对你观察的对象一个完善的欣赏练习过程，比照相记录内容充实多了、丰富多了。一个建筑的学习者如果失去了这个训练是可惜的，而且是无法弥补的。以我个人的经历为例，我跑过不少地方，有的做了速写，有的仅做了摄影甚至连像也未照，凡是做了速写的，至今几十年后甚至半个多世纪以后仍历历在目，而一般照相不免模糊甚至遗忘了。

高冬教授主编《名师绘画技法系列丛书》是件很有意义的事情，该系列丛书选了十几位国内著名水彩画家的代表作品，每人一集，他们的艺术代表了我国目前水彩艺术的整体水准，又多是从事水彩艺术教学的教授、专家，其画作的艺术就不用我赘言了。

希望通过这套《丛书》的出版，能让我们的青年和学生在水彩艺术的表现技能和艺术修养方面有所提升。

中国科学院院士
中国工程院院士
吴良镛
2010年9月3日

一般来说，建筑师把习画作为建筑学习的一部分，即训练徒手画的表现技巧，以得心应手地表现建筑的构图、质地、光影，以及自然环境等。这方面奥妙无穷。只要看一看梁思成、杨廷宝、童寯等先生的建筑画，以及西方建筑师的草图（例如宾夕法尼亚大学建筑档案馆所藏的路易·康等人的手稿，1987年在巴黎蓬皮杜中心举行的柯布西耶百年展陈列的他早年意大利之行的速写与水彩），你就不能不为其飞动的线条、斑斓的色彩背后闪现的灵感与创作思想所感动。现代的制图工具与计算机技术发展很快，甚至达到了准确如实物摄影的程度。但对比前辈大师，现在建筑学人中徒手表达能力有削弱的趋势，对此，我感到困惑。就我个人来说，并不满足于建筑表现技术的学习，而是希望从习画中加强对艺术和文化的追求。我发现有些以建筑为题材的绘画要比一般建筑画更富意境。例如在西方一些大博物馆中几乎都可以看到描写威尼斯圣马可广场以及一些名都圣地的画，它不仅是建筑的表达，更是风情的记录。自文艺复兴后透视术的发明，表达建筑构想的画多了起来，有所谓“建筑幻想图”（architectural fantasias），例如，18世纪Piranesi早期铜版画，德国古典艺术大师辛克尔（Schinker，身兼建筑家、画家、雕塑家、工艺美术家、建筑教育家）把建筑、风景的描写与遐想以游戏之笔作舞台布景的构图，独辟蹊径；在中国，如《清明上河图》《千里江山图》《姑苏繁华图》等，一般我们也不把它作为建筑画来欣赏，而是看作当时城市文化和大地风情的写照与记录。由于对文人画的过分推崇，中国传统上有点看不上以表现建筑为主的“界画”，其实袁江、袁耀、仇英、蓝瑛等的山水建筑画就是“中国式的建筑幻想画”，其环境意境、空间层次、虚实对比、于山水林木的结合等，颇能给习建筑者以启发。

建筑意与画意，意境与艺境的统一。建筑是科学，也是艺术，包括美的结构造型与环境的创造，梁思成先生称之为体形环境，因为自然界万物是有体有形的交响乐，对人居环境美的欣赏、意境的追求、场所（place，建筑术语）的创造，可作为人居环境艺术的核心方面。无论建筑设计还是城市规划与园林经营，都需要“立意”，讲求意境之酝酿与创造，讲求“艺境”之高低与文野。前人云“境生象外”，要追求“象外之象”“景外之景”，而“象外之象”“景外之景”不是凭空而来的，需通过观察体验，发掘蕴藏在大自然、大社会的文学情调、诗情画意加以塑造的。在这里有形之景与无形之境是统一的，建筑、绘画、雕刻、书法以至文学、工艺美术的追求是统一的。明乎此，美术、雕刻、建筑、园林，大至城市规划、区域文化，美学的思考与追求和而不同，但它们是统一的。

人工建筑与自然建筑之交融。我对建筑专业有了较多的学习和实践后，更意识到建筑师的建筑观不能局限于单幢房屋，而应以更为开阔、更为宏观的视野，广义地理解建筑。建筑师面对的是人和自然，因此建筑的世界当以“人工建筑”（architecture of man，如房屋、街道、村镇等，无一不是建筑）为本，与“自然之建筑”（architecture of nature，树木、山川等一切自然环境的世界）为依归，融为一体。在此，“建筑”二字已非一般房子的含义，应是广义的建筑，这两者是如此的密不可分，可通称为“人居环境”。建筑师的终生追求，不仅要深入人居环境科学，还需对人居环境艺术，对蕴藏其内的艺术的规律，做力所能及的较为全面的涉猎与追求，予以整体的创造。因此，绘画以及全面的艺术修养的提高，就至为重要。

20世纪以来绘画、雕塑与建筑互为影响，创新无限，例如包豪斯的出现，不只是新建筑学派的兴起，建筑教育的变革，而且是现代文化思想、绘画、雕刻、工艺美术、视觉艺术一系列新追求的综合现象之一。荷兰海牙博物馆收藏了一套蒙德里安（P. Mondrian的画，可以看出它是如何从自然风景逐步演化为几何图案，后来又如何影响建筑的构图的。同样，建筑的艺术亦每每影响绘画与雕塑的造型。今天科学与艺术的结合前途更加广阔无垠。

人类社会追求的就是要让全社会有良好的与自然相和谐的人居环境，让人们诗意般、画意般地栖居在大地上。这是一个建筑师的情怀。我们这个星球的内容、色彩、情趣都要比我们常眼所见的丰富千万倍，设计者各自如能放开眼界观察自然，通过绘画及其他艺术，多一些文化修养，以谨慎的态度对待专业，就能少一些粗劣与平庸，我们的生存环境可能要宜人得多。例如中国的园林艺术就是从大自然中移天缩地妙造而成的，从南宋的应试画题起，用文学的语言，激发绘画意境的创造。城市中的“十景”“八景”（如西湖十景、燕京八景等），堪称世界最早的主题公园，更是大自然与人间情怀的交融，经过时间的推进，以及增饰、改造、洗练而成的风景名胜留传下来，至今仍有借鉴之处。但学者不能停留于此，依样葫芦，舍本逐末，更应读万卷书，行万里路，探源求本，即将枕外山川化为胸中丘壑，创造性的纳入规划设计中。我们希望人们珍惜、保护、创造自己的艺术环境，无知、刚愎自用只会毁坏这个环境。

读章又新先生水彩作品有感

结识章又新先生缘于近20年前的建筑美术教学研讨会，得知他是毕业于50年代建筑系的清华学子，我则是改革开放初期到清华建筑系任教的后辈，于是这层校友关系为我们增添了一份亲近。章先生多年担当天津大学建筑系美术教研室主任，对建筑美术教学亲历亲为，同时关心高校美术师资队伍，重视人才，一片公心，鼓励支持后辈教师的工作与事业。接下来还知晓他本人醉心于水彩画，画得又非常好，更增加了我对章先生的敬重。最近难得有幸饱览了章又新先生毕生之中的水彩佳作，观后心中感慨涟漪，于是寄些文字以示表达。

章又新先生自幼喜爱绘画，虽未跨入专业美术，但一生之中亦步亦趋地和水色结下了不解之缘。他是一位建筑师兼教育家，因长期主持美术教学，有机会和绘画走得更近。他断言自己画画仍然归属票友一族。在我看来，他对水彩画的迷恋与热爱完全不亚于专业工作者，也从不比专业者缺少执著，如果说专业者或多或少地摆脱不了名利的桎梏，那么非专业的这份追求相对更加纯粹了。我们接触的上一辈及同辈中的建筑师画画，大多属于修养一族，我认为章先生也是同样的。如今这种情操在后辈中已被潮流冲荡的快要无影无踪了，其实这并不是什么过时的操守，一旦精神缺失就会使人们不安与失控。章先生强调说他是娱乐地画画，先哲曾说这是艺术目的的一种方式。同时让我联想起画坛巨匠马蒂斯，他形容他的画使人感觉如同躺在安乐椅中，画家快乐地画着，观者快乐地享受着，此乃视觉艺术的特别功能。章先生以他的画面带给我们的首先是他的情绪，如此的淡定，如此的从容和如此的真诚。这种从容与淡定绝对不会与生而来，也不会空穴来风，回首望去，来路中一定留下了不同寻常的脚印。章先生不仅自幼爱画，而且中学时期就拜师学画，从青少年时期起就积极不断地参加各种社会及学校的文化活动，跨入建筑专业的大学期间，他在众名师的教诲感染熏陶下，眼界大开，更加刻苦努力，练就了眼脑手于一体的看家功夫。他从不自满，虚怀若谷，海绵般地吸收着养分。听他如数家珍一般地介绍着他所从学的各位导师们：吴冠中、宋泊、华宜玉等以及受益的点点滴滴，时至今日念念不忘。不仅学上，还要问下，甚至以学生为师为友探索艺术。他说："学术上面无老少先后。"章先生就是这样的学者风范。

绘画这一行，求师学艺是不可缺的，但只说不练一事无成，因为最终还是要靠作品说话，常言说，"曲不离口，笔不离手。"此为从艺者的座右铭，章先生一生亲历着，比一些从事专业绘画的人还要勤奋更多，始终如一地坚持着。要知道，他画画并没有多少正常的时间，都是挤出来和加出来的，不难想到，这其中一定存在着牺牲和放弃。上学期间他的勤奋就令时任老师感叹不已，华宜玉先生就曾褒扬他说："每天一张，后生可畏"。又如，10年前，章先生那时患有初期帕金森症，在这种情况下，时已67岁的他前往加拿大女儿处疗养期间，竟足足写生了60余幅水彩画，令人难以想象。学到老，画到老，孜孜不倦，永不言止。这种忘我的境界不正是历行和体现着“自强不息、厚德载物”的清华校训吗。

我一向认同画如其人，文如其人，字如其人一说，读懂和了解了作画的人，就能进一步读懂他的作品。

以视觉而言，任何画作都是一目了然的，视觉传感功能的速度是最快的，然而好的画作能令你驻足，让你用心揣摩，因为作者带给你的除了感观的直接，还往往包涵更多，我们可以深入看到更多，从而引得情感，唤起共鸣。

初见章先生的作品是他的水彩渲染效果图《苍山宾馆入口门楼》和《苍山宾馆入口蹬道》。通常做建筑设计的人，画透视渲染效果图是必备的看家本领，然而这两幅水彩渲染给我感觉印象非同一般，“图”的意义有了很远的延伸，注入了“画”的纯粹性，而不仅仅只是专门表达建筑造型意图或只限于体现渲染功力。该渲染描绘了整体的环境景观，并形成了画面意境，令我记忆深刻。此次又相见，再次欣赏，更觉不凡，可看可游，仿佛可以步入一般。之后又相继见到过零星出版的作品，其中就有画幅很小却气势壮观的《人民英雄纪念碑》，再次的印象觉得不论是水彩渲染还是水彩画，都表现出了娇好的色彩。以我对建筑师的画的认识，实不多见。再以后直到最近才看到了大量作品，并且是难以得见的原作，使我原有抽象朦胧的印象变得具体清晰起来，原来只是冰山一角，眼前才现庐山真面貌，最终建立起整体认识，也品出了更多意味来。

章先生的水彩画全部都是对景写生的即兴作品。看得出他崇尚自然，陶醉写实，面对大自然一往情深。他的画朴实、严谨、凝重、稳健，洋溢着明朗的情绪，充满着生命的气象。其精湛的技艺提升着画面的表现力，无论尺幅大小都表达出艺术格调的大气，透发出一种厚重之美。贯穿于作品的这种风格，除了作者的人格锁定，必然根基于作者的精神层面。章先生得益于师承之外，自然界更是他持久的和最好的老师。风景之美不仅意味着天地自然本身的神奇品貌，也体现着民族的文化历史和人文精神。他笔下描绘的题材有自然的天空海洋、山峦树木，有市景老街，还有古建民居，追逐着天地光影、季节色彩。他从自然界获得了审美享受的回报，孕育了自己的自然真性情。

传统绘画，尤其是写实绘画是离不开技巧的，虽然说技巧不是绘画的目的，也不是衡量画作的最终标准，但是没有技巧，则是空口说白话，绘画将无法实现，或只能陷入必然的拙劣中。绘画规律永远是实现美的保证。章先生在水彩画上笔不离手的长年坚持，使他功到自然成，练就了过硬的基本功，加之建筑师的专业素质，对画面的刻画表现出一丝不苟，因此我们首先看到他的画面具有踏实的形体感，造型严紧，进而游刃有余地游戏于光色空间秩序中，实现着和谐统一的传统审美理想。

和谐的实现来源于画面秩序，包括建立起以主次为主各种关系。他的画面多采取平行和垂直的构图方式，因此作品趋向安定与沉稳，这一方式对表现建筑为主的风景画是十分有保证的。

焦点透视是自文艺复兴以来传统西洋绘画一贯遵循的视觉方式，从此诞生了三度空间，章先生的画因袭而来，形体透视、光影透视、空气透视、色彩透视，加之虚实手法处理，在他的画面中形成了强烈的空间感，例如在《秋色人家》《岳麓山爱晚亭》《南开园一角》《秋爽》《苍岩山桥楼殿镫道》几幅作品中尤其突出，远近空间距离因明暗层次拉开，前景的实，远景的虚，形成了明显的对比。这种空间效果给视觉带来了可信的真实感。

色彩的绚丽斑斓是章先生水彩画作品的又一大优势。色彩是偏于感性的，热烈的色彩足以表达出作者的激情所注。他的画面总体色调丰富，讲究冷暖，色彩浓重不失明快，艳丽而没有浮气，在建筑与环境的处理中，红与绿这对互补色经常出现。用色大胆沉稳而和谐，精心探讨着色彩对比的张力。在《西山香界寺鼓楼》《翠柏》《北京中山公园》描绘古建题材的几幅作品中，红色饱满，绿色充盈，画面十分强烈而不失沉着，在他的色彩中我们验证到冲突即是和谐的真理，体现了作者用色的独到之处。

色彩的媒介是光，色彩的斑斓与变化是因光的浑染流动所至，因此光色是无法分家的，这是传统西洋画的科学精髓。在章先生的水彩画中，光与影一阳一暗的移动，色彩一暖一冷的交替，构成了画境的节奏，成就了气韵的生动，注入了变幻之趣味。在《校园秋色》《天津老街》等画幅中，我们都会看到作者追逐影子的游戏，看到光的跳跃移动，也看到光、色、空气和谐地交织在一起。

章先生在表现物象时，从容凝重、果断取舍、大胆心细，稳操手中之笔抒发胸中意气。用笔自如是熟练的洒脱，同时也体现着作者的情绪与气度。沉稳或扬浮，缓慢或疾速，视画面需要来控制。在表现建筑物时，行笔稳重，而表现树木、光影、水波时运笔灵动，动静结合，恰到好处。

艺术的最终底线是真诚，这些作品不虚伪、不做作、不张扬，体现着作者从自然到自然的精神写照。

章又新先生集结作品出版是一件大好的事情，作品的面世可以让更广大的同行、朋友、后人、后生得到美的分享。艺术不应该被关在箱子里，只有通过交流才能产生光彩，让获得阳光与空气的艺术之花绽放出美丽。在此，我们享受艺术的同时，深深感激他为我们大家奉献出的辛勤耕耘。

刘凤兰于清华园

2010年10月4日

刘凤兰 清华大学建筑学院教授、原美术研究所主任、著名水彩画家、美术教育家

色彩的弦歌

——论章又新教授的水彩艺术

章先生出生在典型的江南书香世家，受家庭文化熏陶，自幼喜爱绘画。他于1950年考入北京大学工学院，也是因为热爱绘画艺术，选择了学习建筑，从此，他的一生就和建筑美术相依托的水彩画结下了不解之缘，1952年全国院系调整期间，北京大学建筑系并入清华大学，1956年他以研究生学历毕业于清华大学建筑系。章先生的艺术生涯，从留存下来的第一张水彩静物画开始算起来，已经将近一个甲子！回顾章先生所走过的艺术道路，几乎就是现代中国建筑美术教育史的一个缩影，章先生的个人艺术足迹，也可以看做是中国建筑美术教育的一个典型剖面，在时间跨度和艺术成就两个方面章先生都可以称作这其中的典型代表和集大成者。

中国的现代建筑教育从20世纪开始，到今天已经过去了100多个年头，这100多年也是中国开始系统接受西方现代文化的过程。中国的建筑文化有着自己的优秀传统，但就其建造技术体系，已经不适应于当代大规模的城市发展和大尺度的功能空间要求。欧洲建筑文化在先进的技术体系支撑下，日益发展成为今日世界的主流建筑文化体系。其建筑教育也就自然而然地成为通行全球的建筑教育模式。随着文化的传播，以巴黎美术学院的“布扎”为代表的建筑教育体系在全球范围内盛行，它随着中国的留洋学生带入中国，经过普及、发展、演变成为中国20世纪建筑教育的主流。

清华大学的建筑系是由留学美国宾州大学的梁思成先生于1946年创建，其教学的方法自然是沿袭宾大的“布扎”教学体系，这个体系的教学特点是注重绘画基础训练，注重造型审美的培养，强调构图能力，尤其是素描和水彩画的练习，成为建筑系绘画训练的重要基本功。章先生的绘画爱好，在建筑系如鱼得水，也在水彩课上得到了很好的发挥，同时也奠定了章先生的一生的艺术基础与绘画风格。

早在引入“布扎”建筑教育体系之前水彩画传入中国已有几十年的时间，早期在广东表现为描绘异国风情的出口画，后来发展为两条颇得国人认为和喜爱的不同道路，一条是上海的月份牌年画和商业广告，它把水彩人物画和民间的审美情趣发扬光大成一种风格，而更普遍的一支就是由建筑院校传承下来的静物画和风景画的传统，这个传承从留学归国的画家和建筑师那里得到发扬，以至成为今日中国水彩画的主流风格和正宗传统。章先生在清华的老师是吴冠中和宋泊等归国的风云人物，与中国的艺术方法不同，他们的素描功夫扎实，画风写实、注重构图和造型基本规律和法度，色彩表达丰富和谐，有一整套的理论体系和写生创作方法。这种造型手法和绘画风格在中国的美术史上是全新的，它是以焦点透视为写实的方法基础，以光影明暗为造型手段，以对景写生为练习方法，尤其是它的色彩理论丰富、完整、自成体系，教学风格是以西方古典主义和浪漫主义造型和色彩理念为主体，接受早期印象主义的表现方法，在中国的艺术界形成一种全新的面貌。

在西方的美术发展历史中，绘画、雕塑和建筑的风格和流派始终是相互影响、共同发展，每一个历史时期都有明确的艺术风格脉络；雕塑和建筑一般是在绘画流派影响之下形成相对应的风格，这种对应关系从来没有改变过，一直延续至今尤其是在近现代；在当代美术思潮的影响下建筑的面貌已经完全不同于历史上的任何一个时期。在中国近代，由于意识形态的封闭影响，现代建筑观念进入中国是较晚的事情，在新中国建国的几十年时间里，古典主义和浪漫主义的风格特征一直是艺术的主流，建筑对美术的需求是在造型方法和审美观念方面。有怎样的美学观念，就有怎样的建筑造型；有怎样的美术修养，就只能得到怎样的建筑设计。虽然中国文化非常注重传统和继承，但是中国传统绘画的造型和表现体系也很难成为建筑审美范式，尤其是宋元以来文人画是中国画的主流，文人画重观念轻造型、重意境轻语言，中国绘画在语言表达方面始终在固有的笔墨工具材料的审美中徘徊，无法走向形式的新天地，也就无法被现代建筑所利用。所以，在中国建筑美术教育的风格体系建立原则中，西方古典主义和浪漫主义的造型手法是适合中国这一特定时期的审美原则的，这也是唯一的、最好的选择。

这种选择虽然看上去是被动的不选之选，但现在看来有其内在的合理性。几十年前，康有为先生出于他的个人观察和思考的角度，得出过异曲同工的结论。

康有为先生在变法维新失败后，在欧洲游历16年，著有《欧洲十一国游记二种》，书中鲜明地提出欧洲近代文明进步，除科学技术的原因之外，其主要是艺术的发展变化对工商业的转化和促进，他认为欧洲艺术注重造型和色彩体系的探讨，很容易转化为实际的美术设计应用，其大众美术教育很容易转化为技术工人的实际操作能力，从而提升全民的工商业水准，提升全社会的商业竞争能力。而中国绘画则远离社会生活，只是文人之间交流情感，提升精神品味、思想人格的工具，完全不能被社会生活、生产及商业所利用。康有为先生进而提出了要改造中国社会就必须先改变中国画的大胆设想，否则中国商业社会就不能健康发展，中国就没有希望。(“今日工商百器接籍于画，画不改进工商无可言”“画事，非止与文明所管，工商业系于画者甚重”“中国画学，至国朝而衰败极矣，岂止衰敝，至今都邑无闻画人者，其遗余二、三名宿摹写四王，二石之糟粕，枯笔数笔，味同嚼蜡，岂复能传后以与今欧美、日本竟胜哉？”“文人画家自鸣高雅、傲世画匠，摈弃界画，中国既摈弃画匠，此中国近世画所以衰败矣。”)

康有为的观点听起来很极端，有片面之嫌，但是近现代西方绘画体系的引入中国，对设计界产生了根本性的影响，以及今日中国的设计与工商业的关系等现实，无不证明了康有为观点的正确性，当然我们并没有牺牲中国绘画，只是引进了西方绘画的方法与体系，来支撑今天的设计艺术对造型审美的需求，从设计艺术的发展规律来说，设计的方法论和审美的潮流演变，是离不开纯粹美术的发展演变的观念支撑的，在这方面，中国画的笔情墨趣与造型方法是不能担当此任的。而中国的建筑艺术设计体系，需要西方的绘画美学知识来支撑，中国建筑艺术的发展不能脱离当今建筑技术的一般性规律，所以，从技术角度出发，中国的建筑教育正是以引进来自西方的水彩画艺术来担当此任。

章先生在大学时代所接受的正是引进来的西方艺术体系，而且这个体系是经过中国的建筑艺术家提炼选择之后再建立的，其造型手法的特点，是以对自然写生的造型审美训练为主体，以色彩与造型的有机结合为目标，以表现对象的和谐之美、节奏之美、关系之美为训练手段，达到对事物整体的光影、造型的统一之美，其造型观念是基本属于西方古典主义和浪漫主义的一类风格，也吸收了印象主义的色彩理论，以及中国绘画的用笔、用水以及意境气氛的追求，形成了一整套的审美体系，这个体系直接与建筑设计方案的渲染图对接，在技法上可以直接转化为建筑表现的透视图。

大学时期的章先生醉心于水彩艺术，在教师中，美术教师是章先生最亲近的人，他常拿课外习作请先生们辅导，而先生们的不同艺术见解，也促使他思考艺术问题的复杂性和多样性，在这种思考中，他逐步确定了自己的艺术风格，明确了自己的艺术道路。

在此后几十年的教学生涯中，水彩艺术逐渐占据了章先生的研究和工作，这种变化逐渐从业余转化到专业。1980年起他开始主持天津大学建筑系美术教研室的工作，从此水彩艺术正式成为了主业。

章先生的水彩艺术研究虽然从对建筑表现的目的出发，但其成果却是结出了水彩艺术的璀璨花朵，而且是艺术花园里独特的新品种。艺术始于创造，艺术贵在创新，章先生的水彩艺术有其独立的审美角度和审美价值，研究章先生的水彩艺术，首先应该从造型艺术的最基本的元素和结构出发，总结其艺术经验。欣赏章先生的水彩艺术，既可以从西方古典和浪漫艺术的法则出发，也可以从印象派的色彩观念和艺术处理方法体会他的艺术匠心，另外，还能够从中国艺术的用笔用色来欣赏其优雅的秩序和韵律之美。

一、严谨的造型：章先生的水彩艺术多以建筑为题材，其精髓是造型的严谨。水彩艺术早期是一个工具画种，在西方，很多博物馆里早期的水彩是与素描同在一个类型里的，原因就是早期水彩是与地形画、博物学家的考察写生记录以及画家的素材、画稿联系在一起的，所以水彩的前身应该是在表达对象的形态方面有其方便之处。章先生有建筑师的背景，自然对形体有更深刻的理解，这种对形的理解可以深入到结构、构造做法的深度。其透视学的精准和严谨也是经得起严格推敲的，作为表达建筑为目的艺术训练，造型的空间、结构及韵律、光影的变化，应该是必要的基本功与造型能力。离开结构、光影、形体、空间，空谈建筑的体验是不现实的。章先生的水彩从基础的造型出发，通过水与色的融合，体验、表现、认识自然的结构之美、构造之美、光影韵律之美。

在当代美术的命题中，应对创新的艺术手段往往是对形的拆解、变形、扭曲和任意为之，然而使艺术成为脱缰的野马并不都是创新的归宿，人类的生活基调必须是有序的、理性的。艺术的风格无论怎么演变，艺术造型的规律、对比与和谐的法则也不会有根本的变化。我们的生活用品需要美的造型，我们的住区依然需要秩序、和谐和韵律，城市的整体和细部也都要有最基本的美感，这些都是造型专业类的最基础的功力。离开对形的感受和认识，我们生活空间不知将成何种境况，从目前我们城市设计建设的水平来看，造型这门功课我们尚差得很远很远，我们每一个艺术家、设计师，无论是群体还是个体都还差得很远，要补的课还很多。康有为的忧虑并不是完全的耸人听闻。

造型的严谨可以分为局部的描绘和整体的把握，章先生的画作无论是局部的交代，还是系统之间的虚实统筹都有条不紊，不因为细节的刻画而失去整体。严谨是章先生绘画风格的主要特征，他对整体的把握和控制不因工整而失衡，倒是因工整、严谨而给人印象深刻。尤其值得一提的是，对有些现代建筑的立面刻画充满了惊险的、绝对的手法。这些绝对的手法颇有当代艺术家的胆识——为了表达个人强烈的感受而不择手段，可以用任何方法来表达！

二、章法的构图：对构图的经营是艺术家最关注的问题。为了表现艺术家丰富而准确的个人感受，他们往往要在经营构图上苦心修炼，以达到绘画表现上得心应手的境地。只有精准的构图手段，才能出神入化的表达主题内容。绘画的风格流派演变像条河流，流淌过去的地方再也不会回头，然而设计却不然，风格、潮流天天在演变，材料、媒介不断更新，但是人的基本行为方法却不会有本质的改变，所以我们的城市的美与不美的标准没有本质的改变，新建筑天天呈现，然而老的街区轮廓及旧建筑的美却从不会失色，新的实验建筑很抢眼，但大多数的住宅、街区还是以人们熟悉的构图轮廓、结构、色彩被公认是优雅美好的城市建筑。

绘画也一样，新风格流派为了抢夺人们的眼球，表面形式、手法无奇不有、千奇百怪，然而，体现在传统艺术上严谨的构图法则，宜人的尺度、比例，流畅的线条、韵律的光影，和谐的色彩关系是其艺术形式的生命所在，是蕴含在物象表层之下的艺术法则。不懂得欣赏、继承、学习、运用传统法则的创新，必然是无源之水，无本之木。

章先生的绘画构图严谨的像教科书，每一幅绘画的构图都是经得起分析、解剖的范本。你可以从创新的角度提出不够新潮，但是他是传统法度的解释者、学习者。可以从这些法度出发，认真体会古典与浪漫的严谨手法和规则，可以找到解读人类视觉经验的角度和方法。尤其是他以建筑为主体的水彩写生，虽然是写生，但是，无一处不严格体现构图严谨的章法和细微的用心。其虚实、轮廓、黑白层次都是对空间深入解读之后的提炼和概括。

三、和谐的色彩：章先生水彩艺术在表达手法方面，最丰富的就是色彩的表达。他的色彩研究，是从自然色彩的规律入手，认真研究光线与色彩的关系，而作用于画面的色彩规律是他经过潜心于自然色彩之后的内心感悟，是他自己的情感表达。他的色彩丰富而细腻，对每一笔的色彩处理都经过深入思考、反复斟酌研究，从不马虎了事。尤其是阴影部分的色彩，总是更加绚丽、辉煌、富有感人的生命气息。我们知道，绘画中色彩的迷人之处往往是暗面更加丰富多彩，暗面的色彩倾向往往是画面的基调所在，认真观察研究章先生绘画的投影部分，就会发现其用色、用笔的匠心独运：固有色与反光的有机结合，不是颜色的混合，而是光色的混合结果，空气透视提纯了色彩！在一般人们容易忽略的地方色彩也能唱出绚丽的和弦，色彩不只是颜料，它可以有丰富的表情作用。

水彩画的用笔用色要一气呵成，画面才会有淋漓酣畅的气韵，色彩的表达功力在于连贯的整体与变化，自然流露与刻意用心的渗透结合，质感通透而不轻浮，细节丰富而不能紊乱，形体概括而不空乏。章先生的用色饱满酣畅、细腻微妙而不失对比的力量，他深厚的色彩知识与熟练的技能使得他在操控色彩时有条不紊、用笔有序。他多以中锋运笔，笔尖饱蘸色彩，笔笔交代有秩，很少拖泥带水，也很少修改重画。

色彩艺术表现力的最高成就是成熟，没有造作之气、浮躁之气，每一处细节都不温不火、恰到好处。章先生的画作就像一乐队的成功演奏，色彩、用笔、线条相互协调，各个乐器都各司其位，共同合奏出优雅和谐的乐章。

中国的现代建筑教育已经走过近一个世纪的历程。在这个漫长的过程中，我们从没有停止对引进事物的消化和吸收。其中美术教育就是在融合西方艺术的精髓，结合中国教育的实际，走出了符合自己国情的艺术教育道路，也因此产生了自己的教育家和画家。今日的国际建筑教育课堂多数已没有美术教育的环节，其前提是国外在大学之前的艺术教育是充分的、丰富多彩的，学生在艺术观念和造型修养方面已有很独立的见解，而徒手能力可以用计算机代劳。相对我国的教育现状，我们的中小学生很少受到西方传统艺术造型方法的熏陶和教育，很多学生根本无法接触艺术的资讯，更别谈艺术修养和见解了。而我们民间的文化艺术底色又与现代艺术的观念方法格格不入。虽然西方古典主义与浪漫主义艺术作为一种艺术风格已经过时了，但其基本的艺术审美方法和内容对现代乃至当代的建筑艺术都仍然具有基本的指导意义，现、当代的艺术设计仍然无法完全脱离其审美的规范。

每种文化的发展都有其特有的轨迹，中国现代建筑的发展道路，决定了中国的建筑教育要补造型和审美的结构性知识，这是建筑作为一种造型艺术的内在需求所要求的。这个过程不管以什么形态进行，但一定是不可取代的。中国的建筑文化还不能走在世界文化的前沿，其根源不能不说是由于艺术的本源性结构缺失造成的，也许还要几代人的努力才能改变这种局面。在过去的百年里，有章先生及其同代建筑师、教育家的努力，我们已经尝试到了初步的经验，摸到了当代建筑艺术的脉搏，正走在世界建筑艺术的道路之上，而且正是由于章先生等这一代的努力探索，具备了当代建筑艺术所必要的初步知识结构，奠定了自己的知识技能体系，这种知识体系和认识方法已经通过他的学生像细胞一样被复制下来。

章先生的艺术道路经历了一个非常的发展时期，他代表了一个非凡的时代，一个民族的学习精神、创新精神，这是一个非凡变化的时代，他正经历着惊天动地的起伏，有政治的、文化的、经济的，在这个思想动荡的时代，章先生以一颗专注、平静的心态，描绘身边的一草一木、一砖一瓦，在这些细碎的细节后面，他探讨的是艺术上的大问题，是基本问题，也是新问题、规律性的问题。他这种超越世事纷争，表现出的是对人性的淡定的心境，对自然的挚爱情感，对真理的不懈追求。解读他的画作，可以让人想起莫扎特的音乐：纯净、美妙，平凡而高尚！

我的这些体会是初步的、粗浅的。但我认为，只有把一个画家放到历史长河的内部，才能找到他艺术的动力和源泉，才能准确地定位他的时代价值和艺术贡献。以我的学识和经验是无法完成对章先生艺术的全面总结，我只是以我的局部经验，尝试性地去做。这本画集也只能是一个方面的总结，把这一代艺术家的艺术经历、探索成果以画集的形式展示出来，呈现给大家，以便让后来者得以借鉴，并不断地探索下去。

清华大学建筑学院 美术研究所　高冬

2010年4月13日

目　录

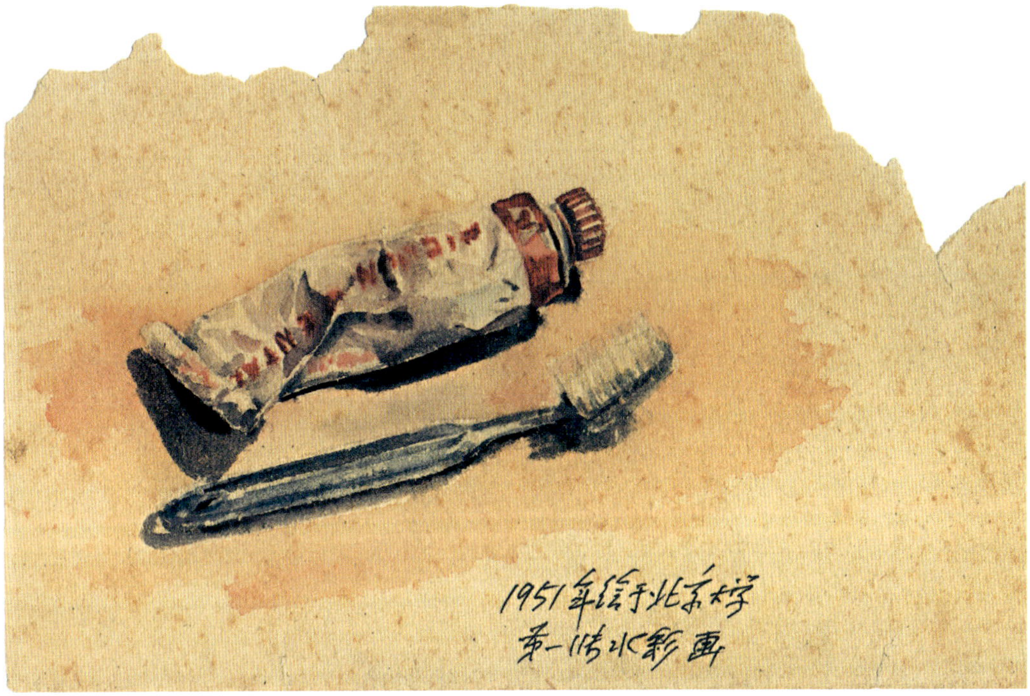

第一张水彩写生（130mm × 190mm）　1951年

这是一张仅存的大学习作。记得学完素描课后，绘画兴趣剧增，课前课后练习不止，达到了痴迷的程度。那是在二年级第一次水彩写生课的前晚，写生同室吴宗生同学的牙具作为试笔，也是保存至今仅有的一张大学习作。

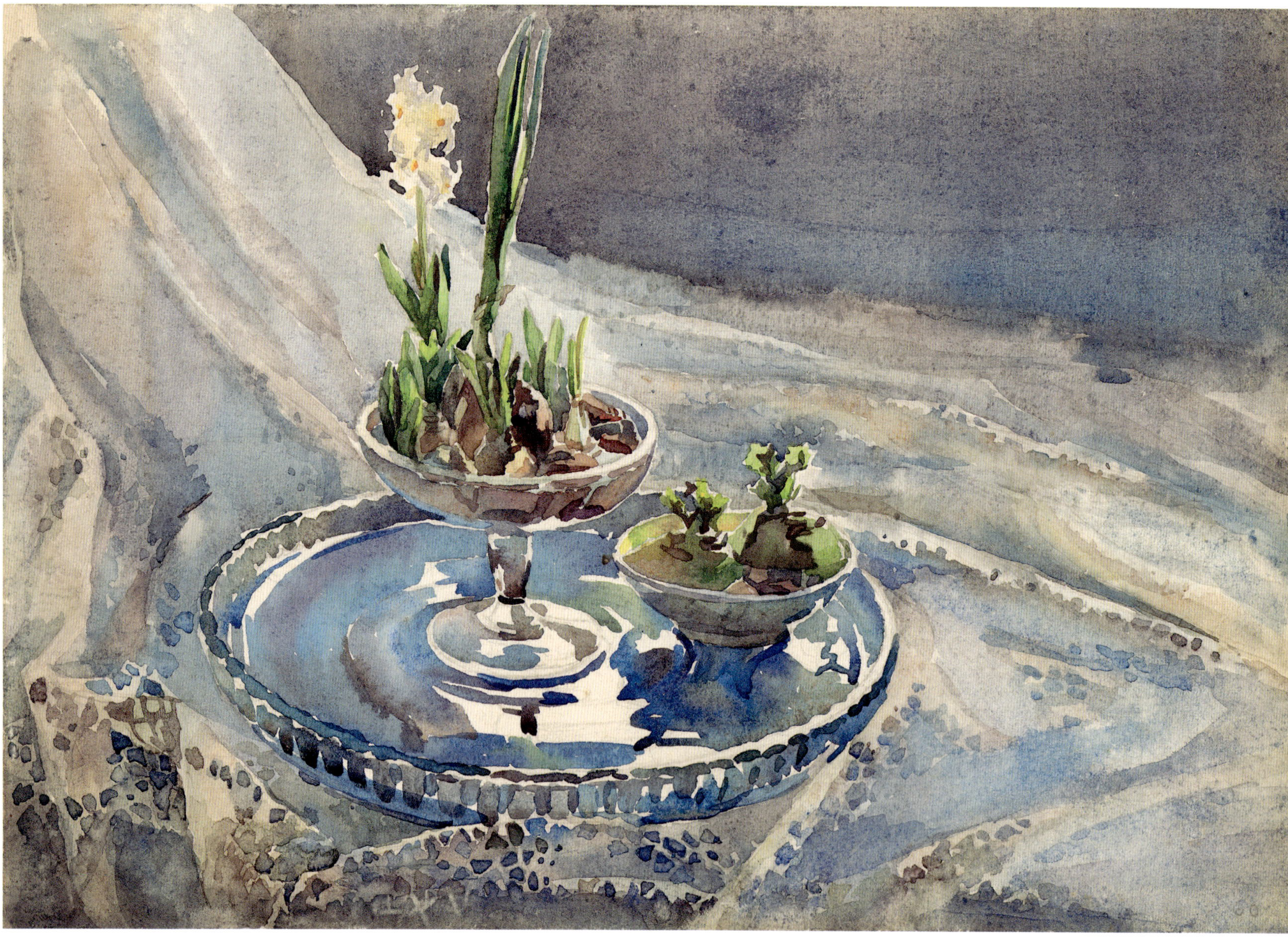

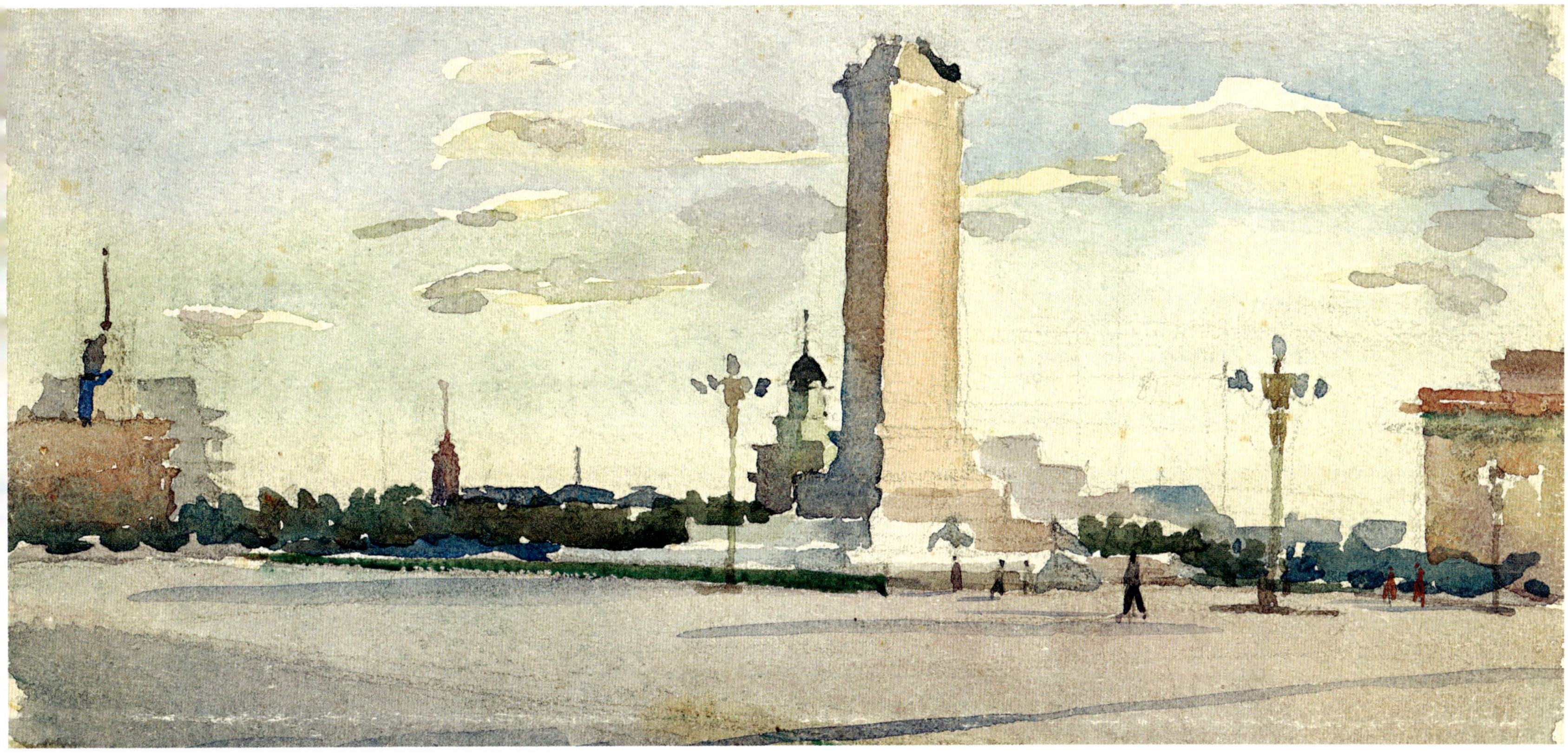

∧ 人民英雄纪念碑（132mm×272mm）　　1962年

作为伟大祖国象征的天安门广场，总是以她雄浑、坦荡使我的心灵受到强烈的感染，而矗立在广场中央的人民英雄纪念碑更以她伟岸的神采让人产生深邃的联想。本画即以简练概括的手法表达这种感受。有如触景生情的即兴放歌，而非细腻婉约的小调。放过无谓的细节，运用大胆的简练，使画面获得整体的真实美。天地浑然一体，而远处的一片松林和建筑轮廓既避免了画面的单调又烘托出擎天屹立的纪念碑主体。愈是整体性强的画面，愈应注意色彩的冷暖明暗变化与重点笔触的运用。本画取暖紫色调，忌建筑画之工整而求大面分明、深远开阔的磅礴之气。

< 水仙（262mm×378mm）　　1962年

三年自然灾害，物资匮乏，全民度荒。友人送来数头水仙，视作珍贵的精神食粮。水仙含苞待放，其中一株抢先绽放，透出沁人心脾的幽香。选用蓝灰色调以表现水仙的纯净和优雅。

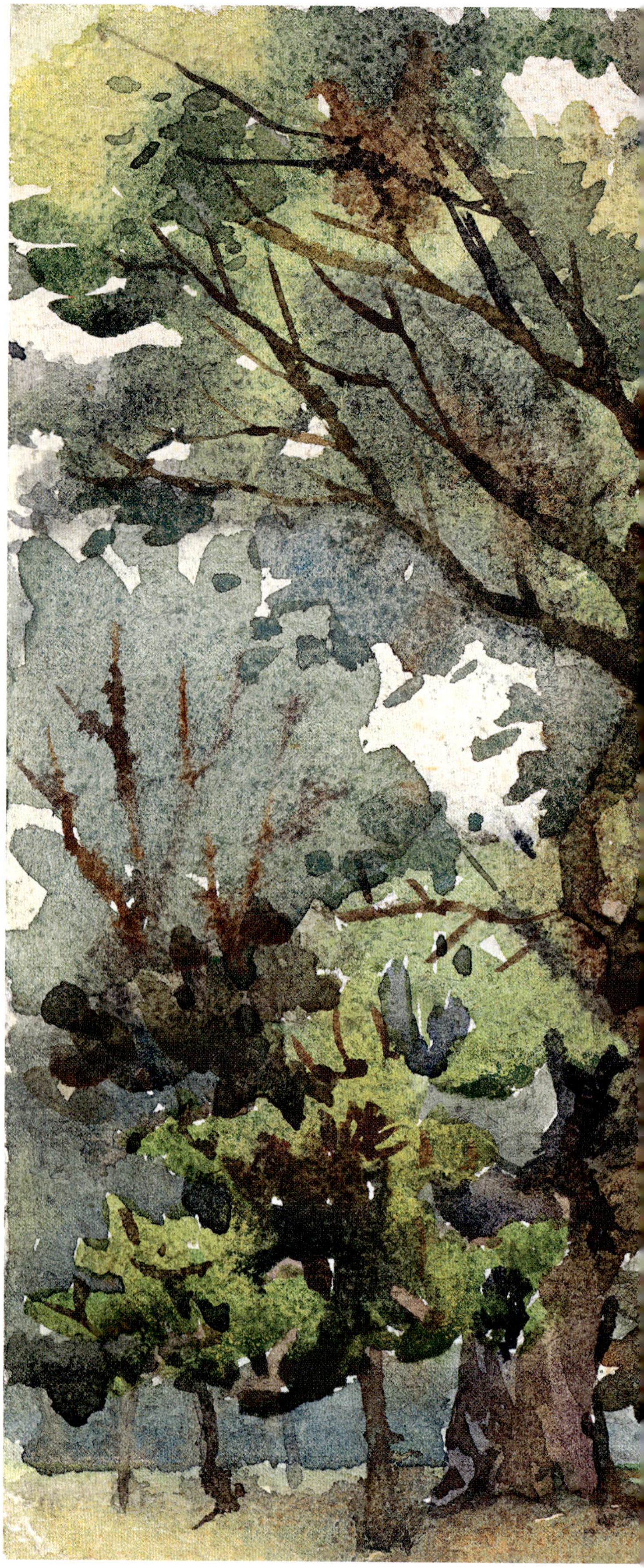

北京展览馆（186mm×271mm）　　1959年

从西郊公园远望北京展览馆，在茂密的绿荫之间，那秀丽而坚挺的尖塔，别有一番情趣。近树主要以湿画法完成，笔头水分饱满，蘸色不求揉匀，但行笔应稳准而迅速，一气呵成。远处的展览馆则用笔从简，但于概括中力求准确，且有立体感。画中主要用带沉淀的青绿、赭褐等色，浓郁的绿色氛围突现了此地此景的环境之美。

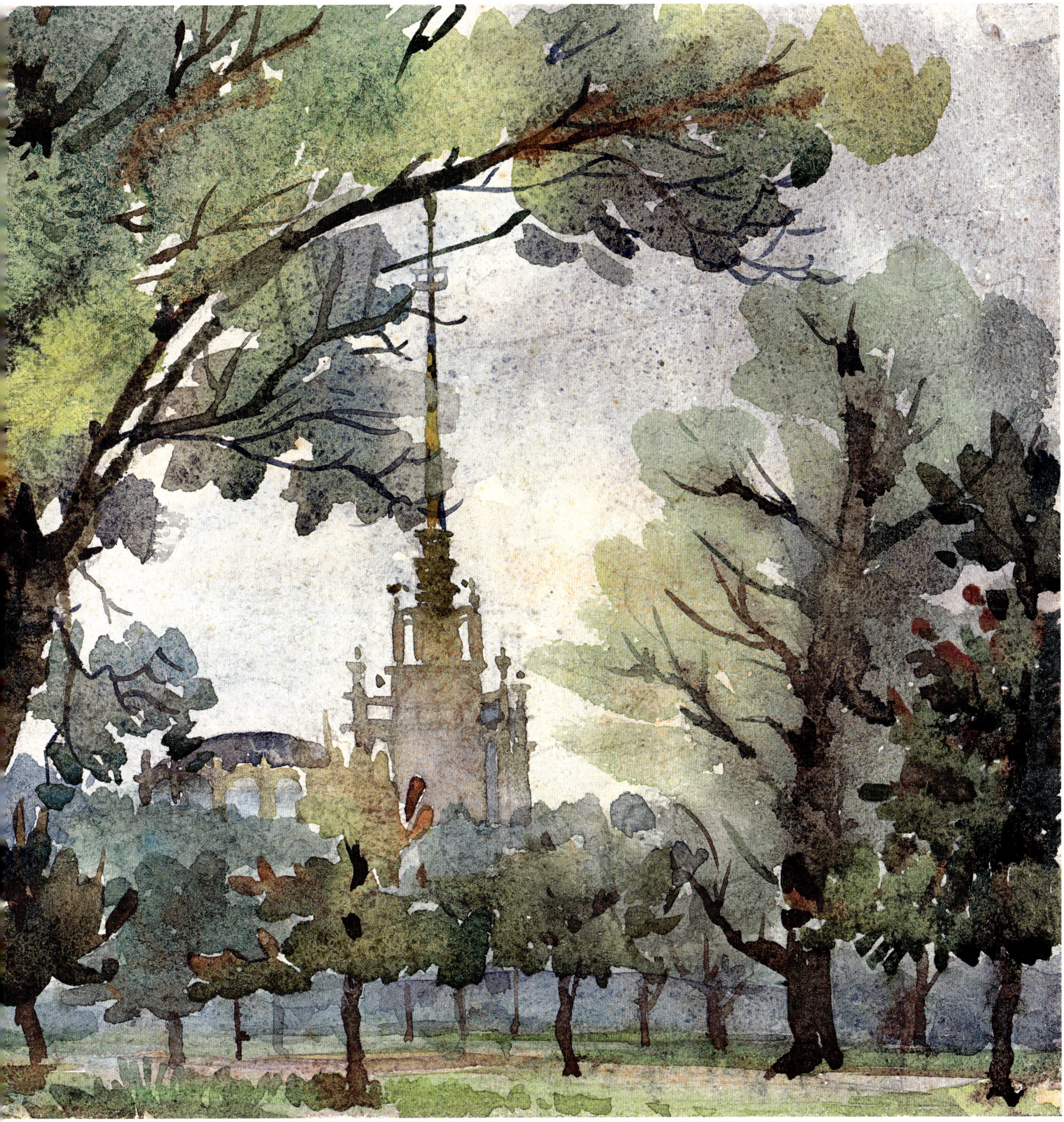

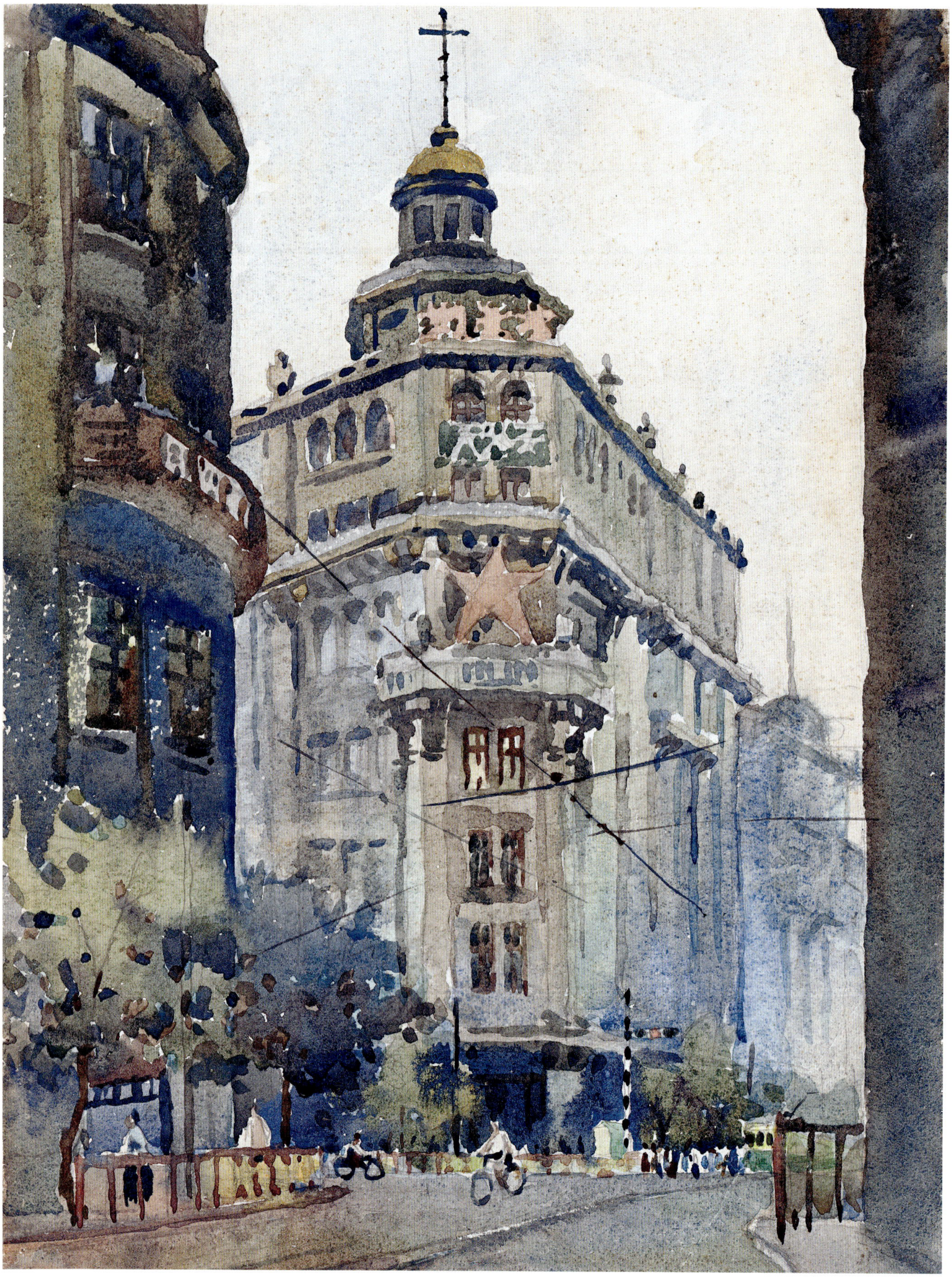

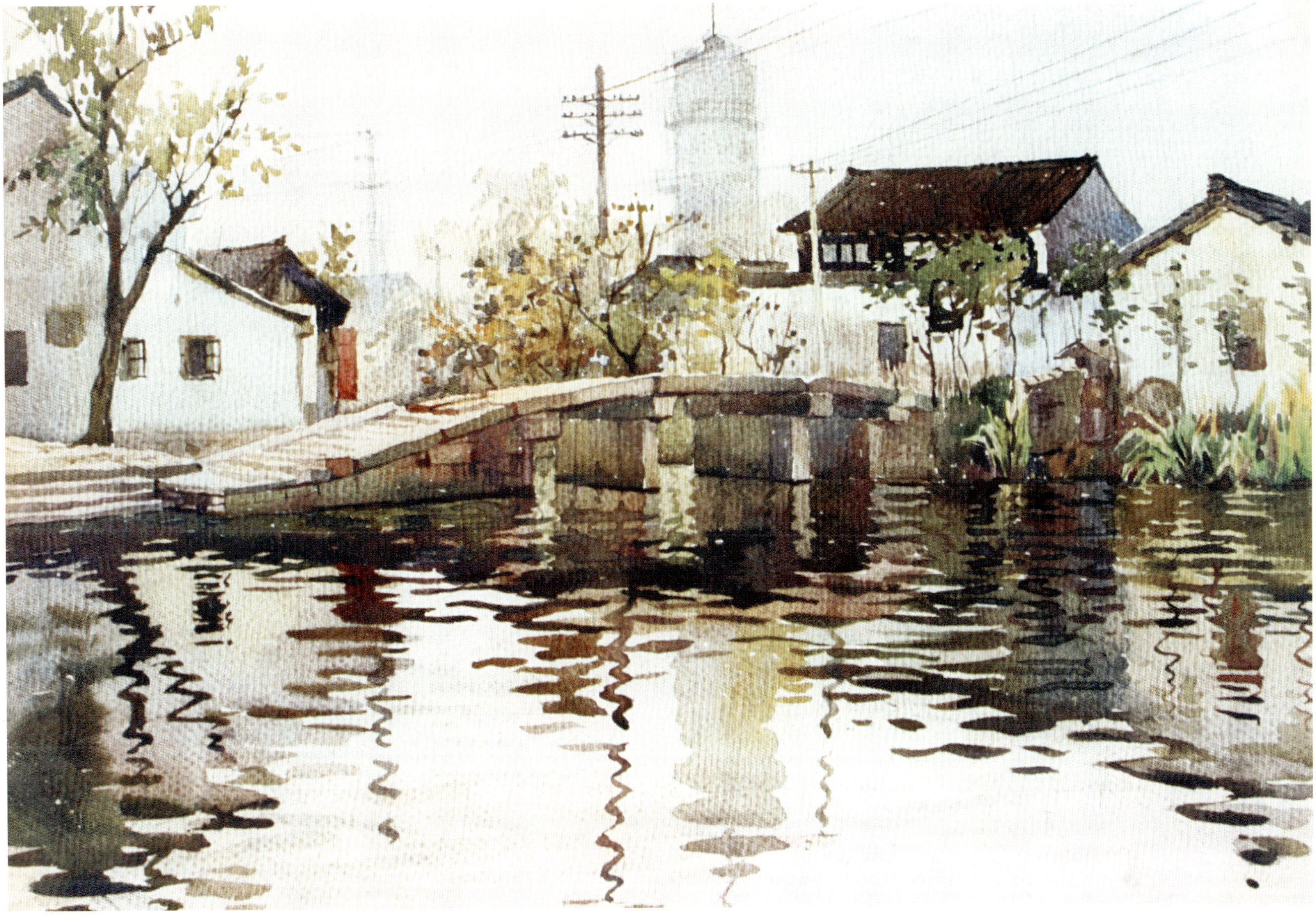

∧ 池塘边（277mm × 379mm）　　1972年

粉墙黛瓦的房舍，微曲起伏的石板桥，波光荡漾的池塘……，这是一幅典型的江南小镇景致。天色阴霾，愈显出水面的明亮、倒影的生动。画法由浅入深，远景趁天色未干湿接而成，虚渺含蓄，与中景的实体对比鲜明，并反衬出池水的透明和涟漪的动感。色调取纯度较低的灰紫，色相力求协调，将黑、白、灰的明度反差作为处理的重点，以使透过湿润的空气感受到清新的气息，产生身临其境之感。

＜ 天津劝业场（350mm × 270mm）　　1963年

劝业场地处天津市繁华的和平路与滨江道交汇处，是20世纪初叶所建的欧式商业大厦。道口环以高耸的公共建筑，围合成半封闭的室外空间。劝业场以其硕大伟岸之体量和富丽堂皇之外貌自成为环境中的主角。本画以近建筑的剪影轮廓为框景，表达了所处环境特征。用笔从容而凝重，显现出古典建筑的厚重和历史的沧桑。建筑上实下虚，虚化了的建筑下部既强化了空间感又烘托出一派熙熙攘攘的商业景象。全画选用蓝灰色调，稍作相对冷暖之色性变化，使商业闹市增添了几分优雅的品位。

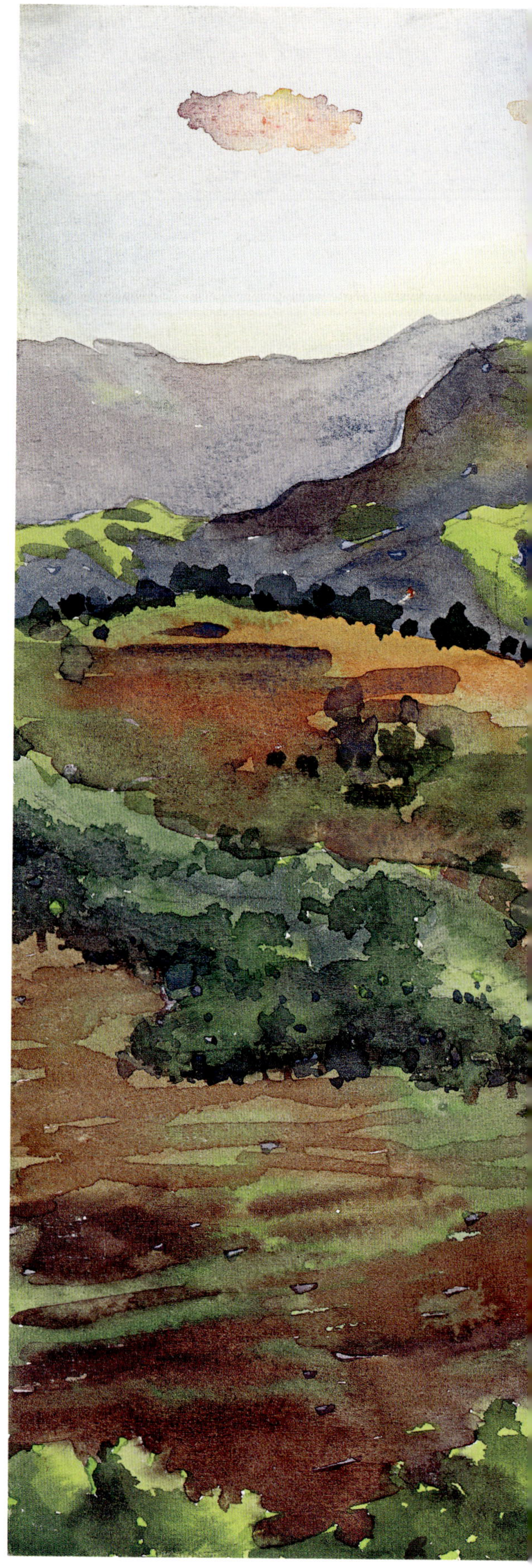

青龙山峦（256mm × 356mm）　　1973年

拂晓时分，登临群山之巅，放眼望去，层峦叠翠，连绵不断。跌宕起伏的峰峦、蜿蜒的山冈、横卧的远山奇妙地汇成了线和面的和谐旋律。一抹阳光投来，跳出了绿色的金边，给山坡萌发了无限生机。本画先铺天色和远山，中景山峦应着眼于捕捉瞬间的明暗交界面的结构、走向和形状。先用大笔快速铺色暗面，运笔宜胆大而心细，果断取舍，注意整体色彩变化的总趋向。然后凭第一感觉印象，参照画面暗色确定受光面的铺色，才能保证画面光亮夺目的效果。

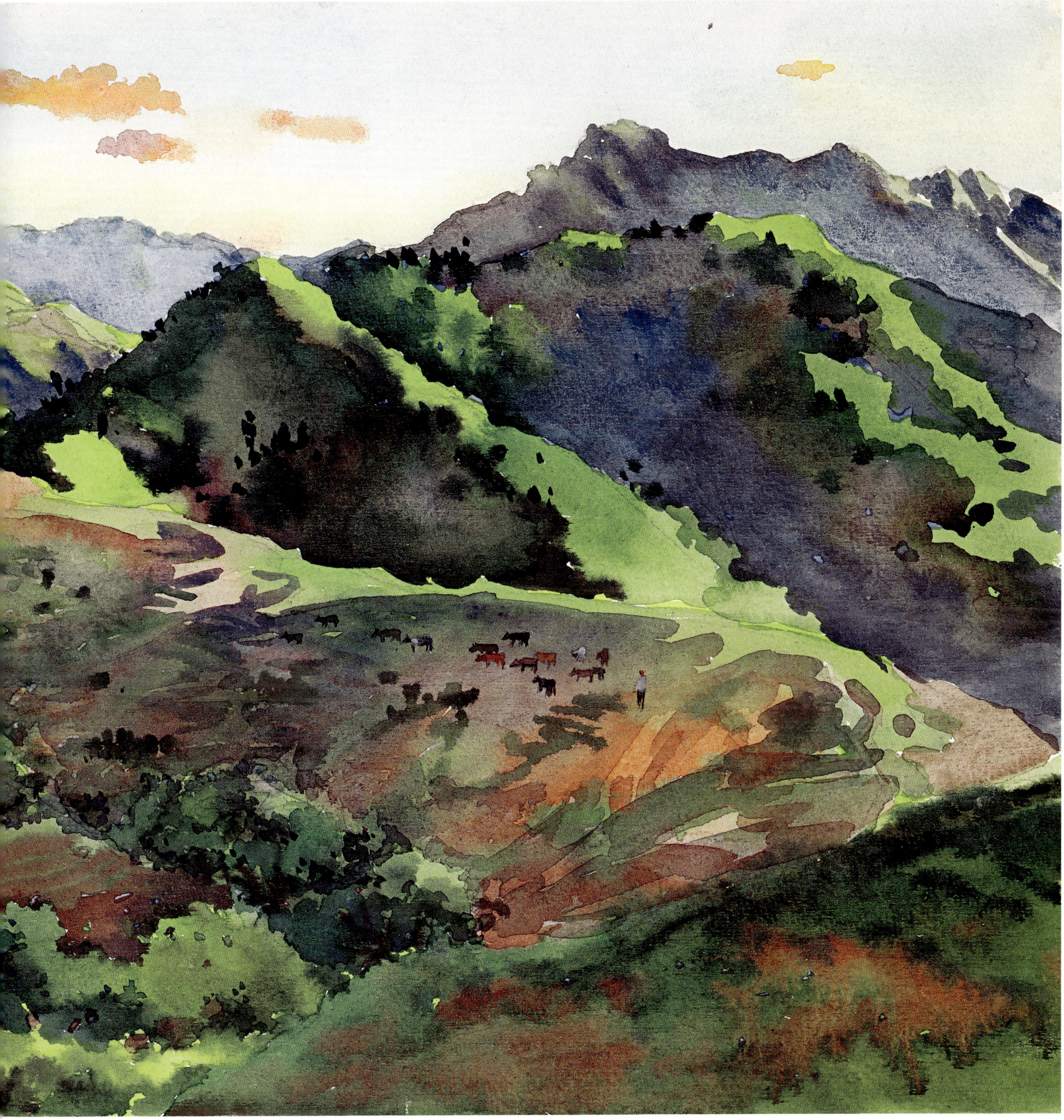

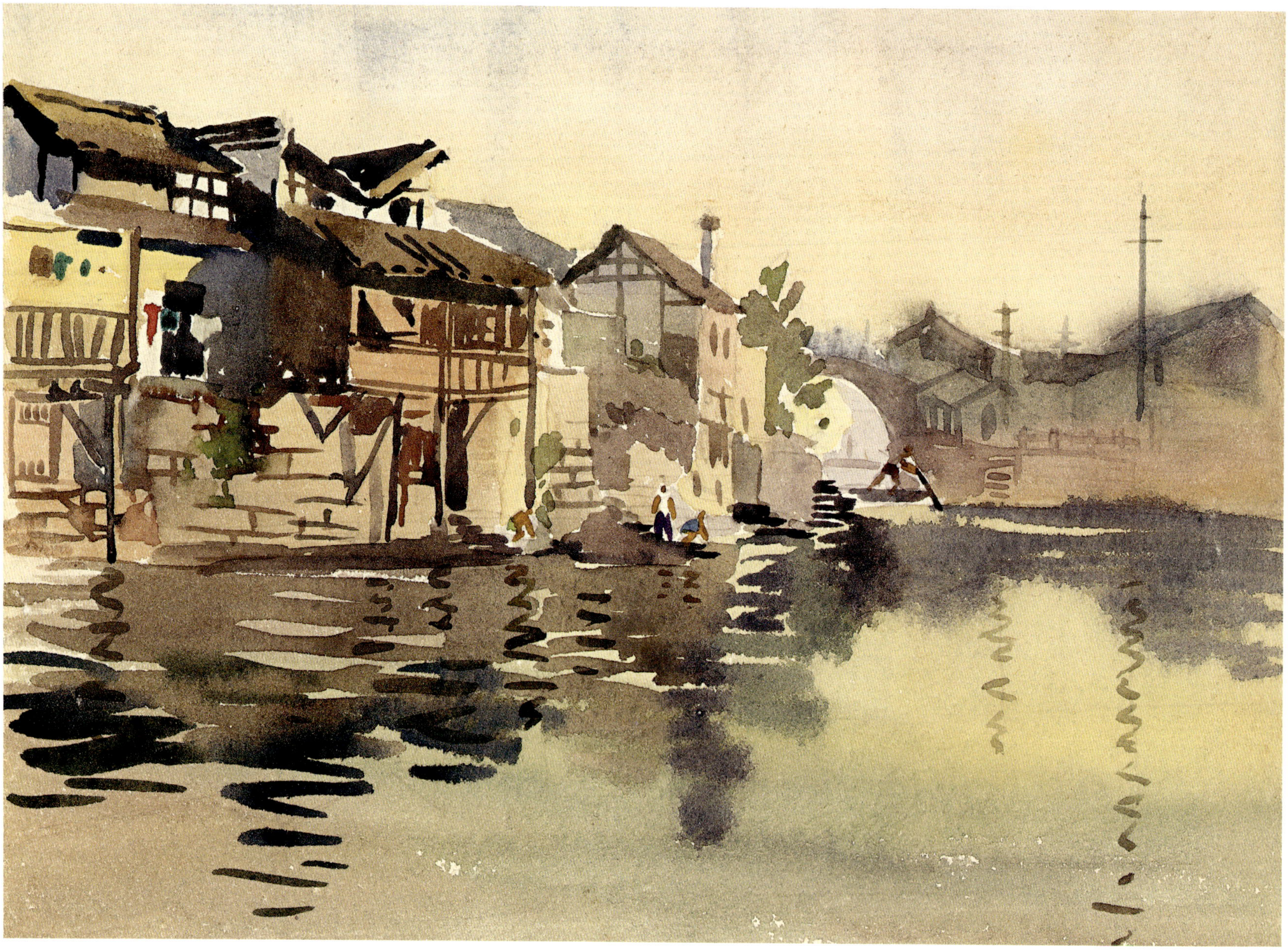

江南水乡（156mm×208mm）　1969年

江南小镇，家家前街后河，枕河而居。临河后厨有专用石阶下达河面，洗菜淘米并兼作水运船埠之用。每当扁舟摇荡过高高的拱形石桥，橹声咿呀回荡于河道之上，此情此景令我神往。画面水占大部，以突出水乡风采。先铺建筑与水的底色，同时注意色彩的变化和留出必要的空白，然后画出建筑暗面，并用湿画法晕出水中倒影，最后以干画法勾勒建筑。表现江南水乡常以青绿色调居多，而本画却以暖调出之，以突出阳光和煦、水光潋滟、其乐融融的水乡景象。

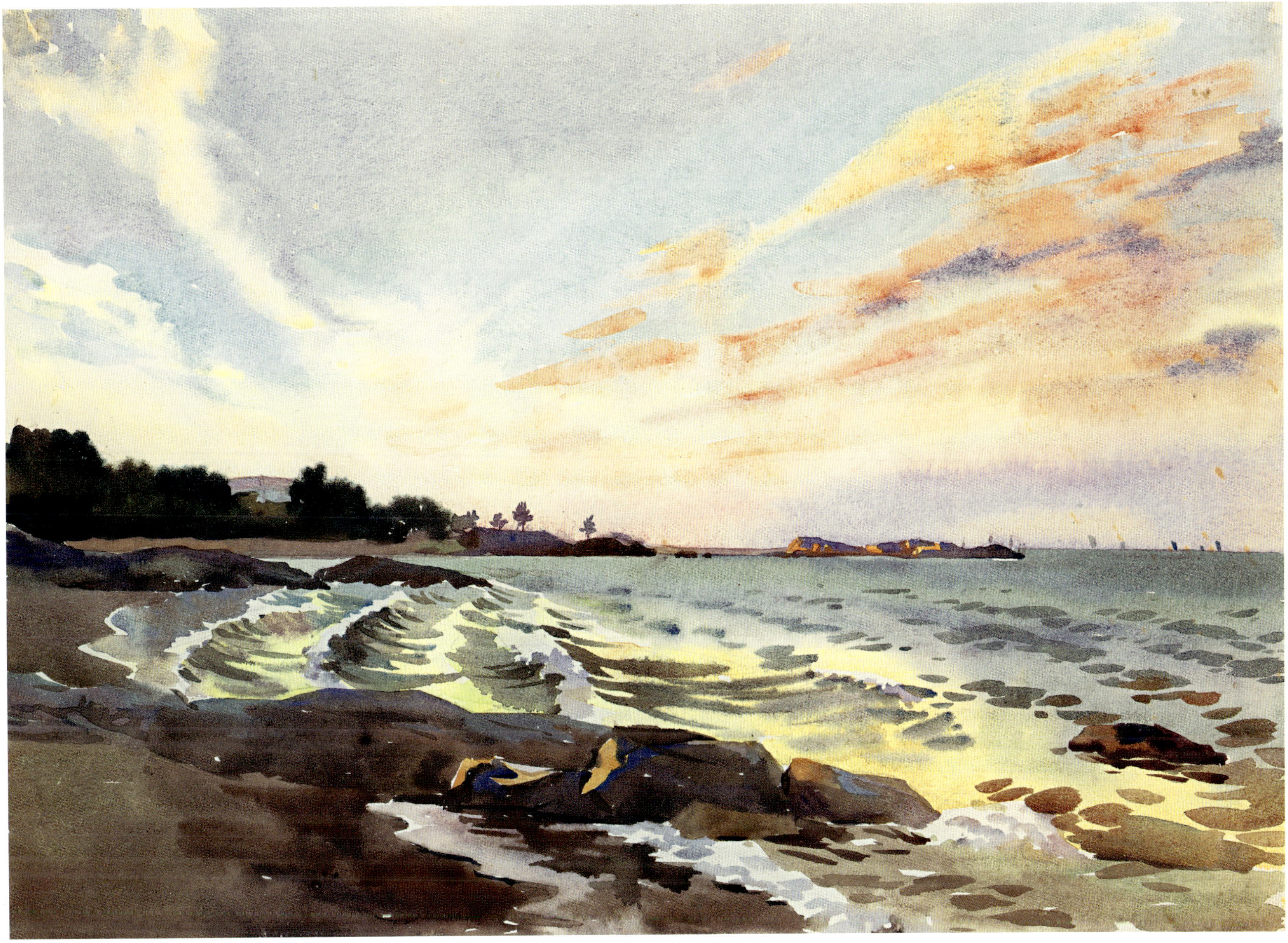

北戴河朝霞（256mm × 362mm） 1973年

6月的北戴河分外清静。清晨，万物沐浴在金色的阳光下，似锦的苍穹彩云变幻，气象万千。坐在海滩的礁石上，阵阵海浪轻拂脚面，就以大海为水缸动笔作起画来。晨光瞬息万变，需抓住第一感觉，默记整体的明暗、冷暖趋向，舍去无关细节，用笔饱蘸水色一气呵成，满铺画面，然后点染金贵的受光面，最后审视画面的整体效果，作出适度的调整。

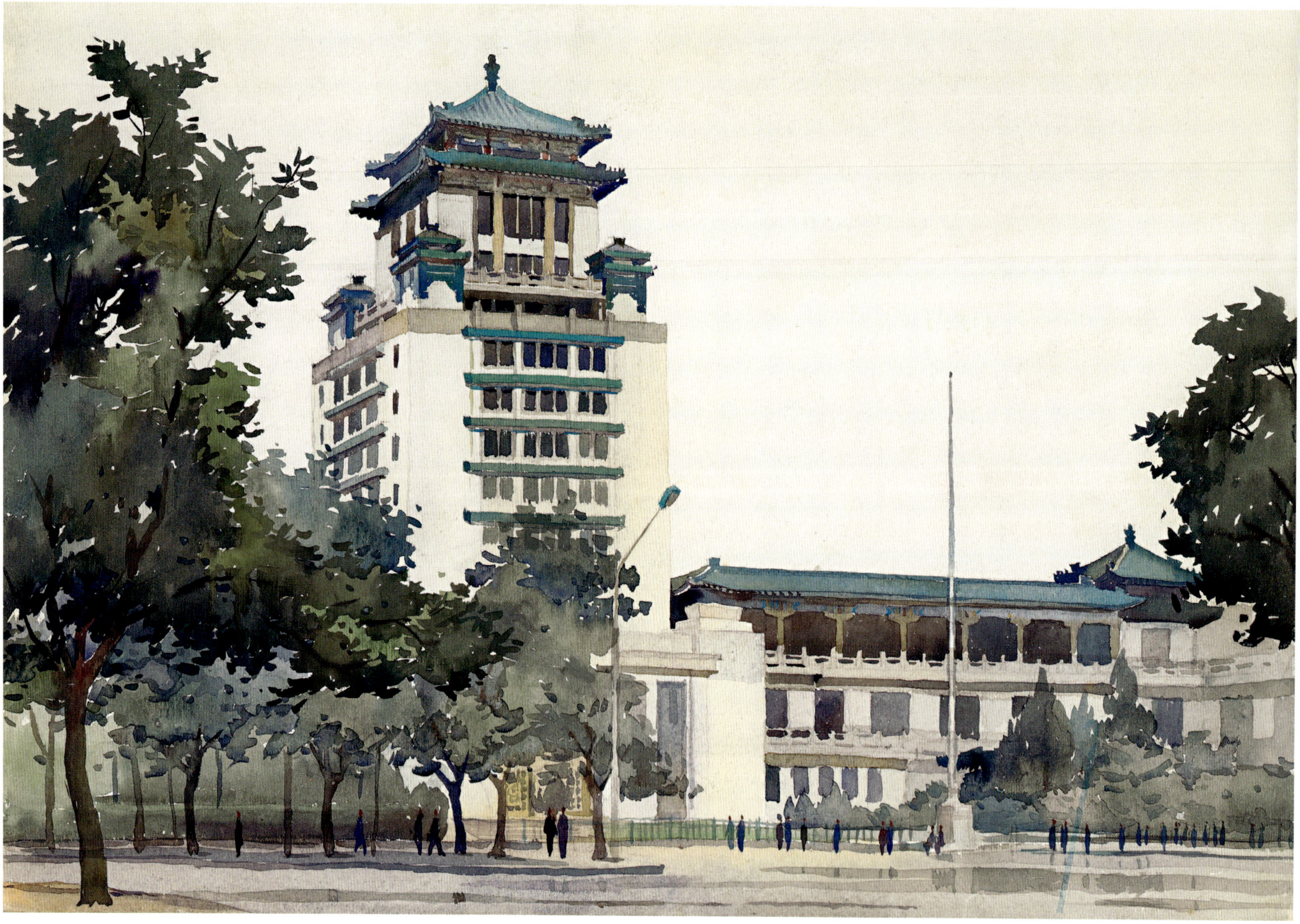

^ 北京民族文化宫（273mm × 395mm）　　1974年

建筑写生画的整体构图亦不可视若等闲，其布局的疏密开合均应用心为之。民族宫是一幢碧瓦白墙、高耸优美的对称式建筑，本画将主体偏置只展现其一侧，同时掩以远近高低各不相同的树木，使画面均衡有致、自然生动。浅灰色调的天空与建筑墙面仅别于冷暖的微差，这样可以产生柔和的效果，且以此突出了孔雀蓝屋顶和檐部的错落参差，并强化了建筑的轮廓。这远胜于蓝天白墙的对比处理，也较好地再现了建筑本身的气质和内涵。地面的暖灰色调与天空相呼应，树木的着意刻画和旗杆、灯柱等小品的表现加强了景深，烘托了主体，也丰富了环境气氛。

> 岳麓山爱晚亭（379mm × 276mm）　　1975年

“停车坐爱枫林晚，霜叶红于二月花。”爱晚名亭誉满天下，而实际是在于使人坐看爱晚四周的秋景，故本画剪取名亭一角，让人注目于亭外之景。新雨初霁，树干色深；而蒸腾的水汽，又使远树迷蒙。亭畔平台，因湿润而反映着天光，前方的长凳，似在等待着流连忘返的游人。亭树均未精雕细刻，要表现的正是“画亭之意不在亭，而在亭外景色”的这一特定环境。

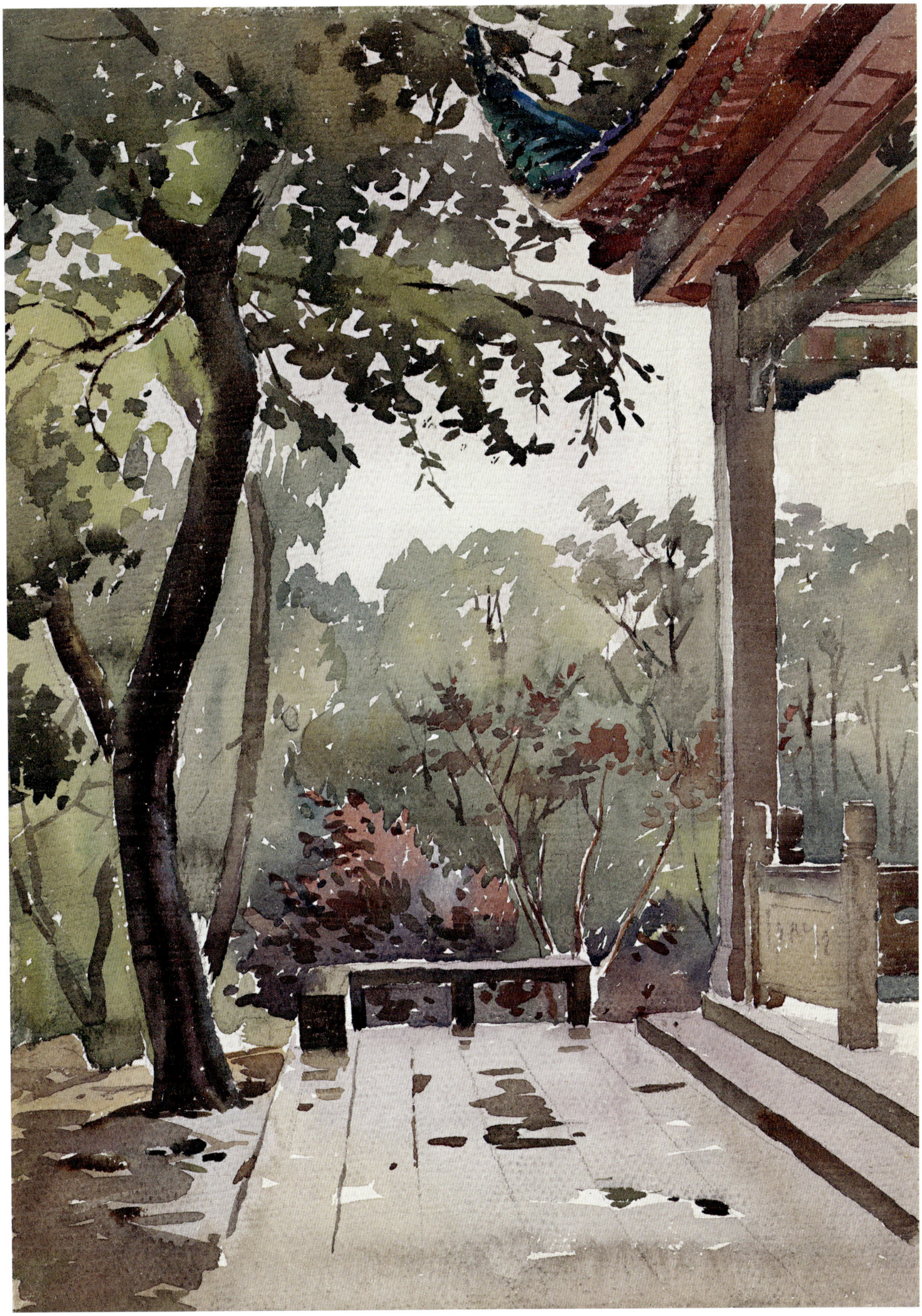

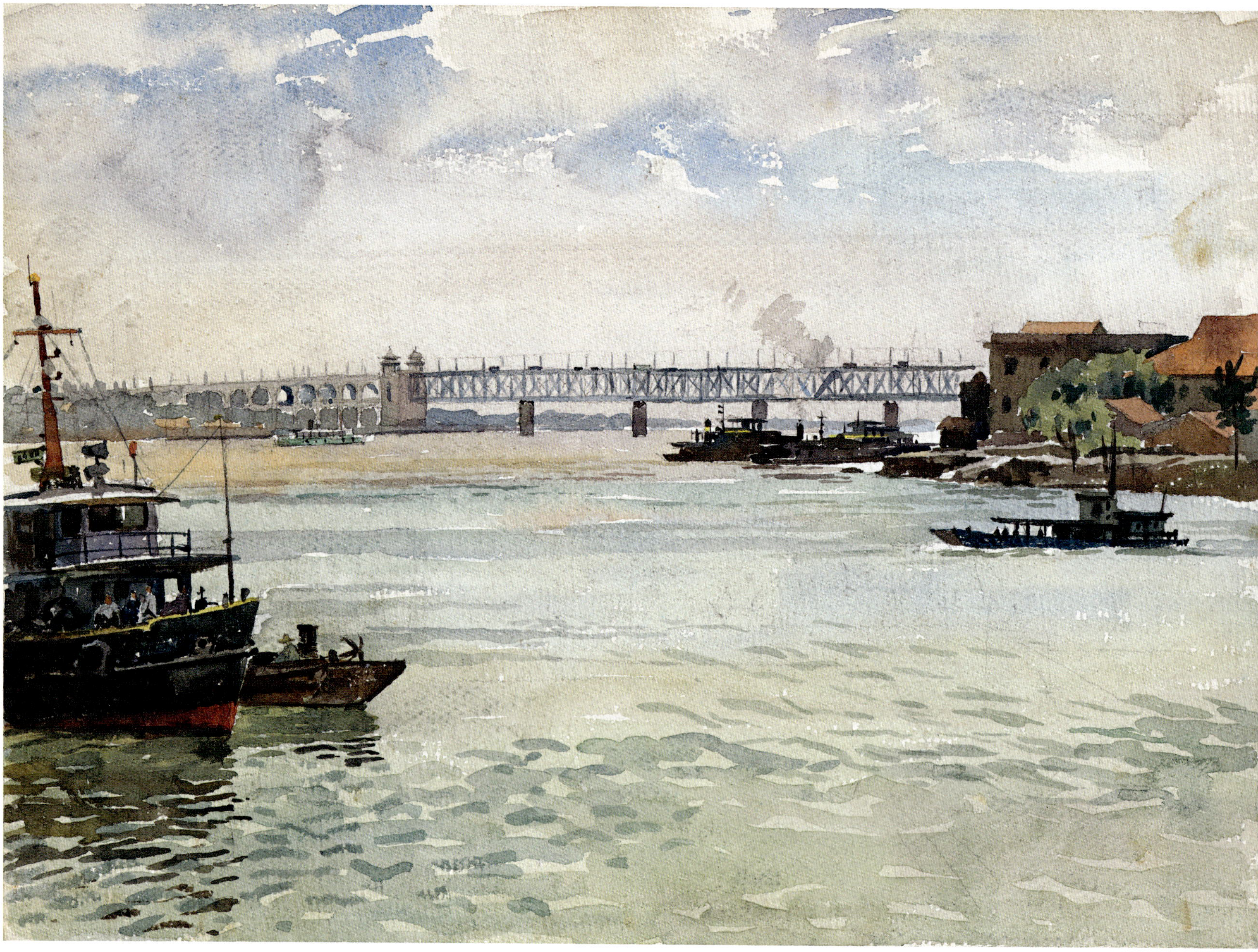

^ 清浊混流（274mm × 377mm） 1975年

从汉阳远眺长江大桥，清澈的汉水缓缓注入长江洪流，两水交界处黄绿两色格外分明，蔚为奇观。奔腾万里的长江，以宏大的胸怀和气魄，沿途不计清浊吸纳百川，造福两岸生灵，深深地感悟了“海纳百川，有容乃大”之哲理。本画水面大于天空，以表现清浊水流交融之趣。作为画面平衡支撑的长江大桥，虽然在青雾缭绕中“淡妆薄衫，透明露体”，但由于位置的显要，仍不失为画面的视觉中心。

> 大地震前的寂静（271mm × 195mm） 1976年

从宿舍到教室天天途经这里，小溪、木桥、流水、绿荫……并未引起我的注意。一天清晨漫步发现了她平静中的朴实之美，即兴作画，顷刻而成。谁能料想当晚遭遇了百年未遇的唐山大地震。

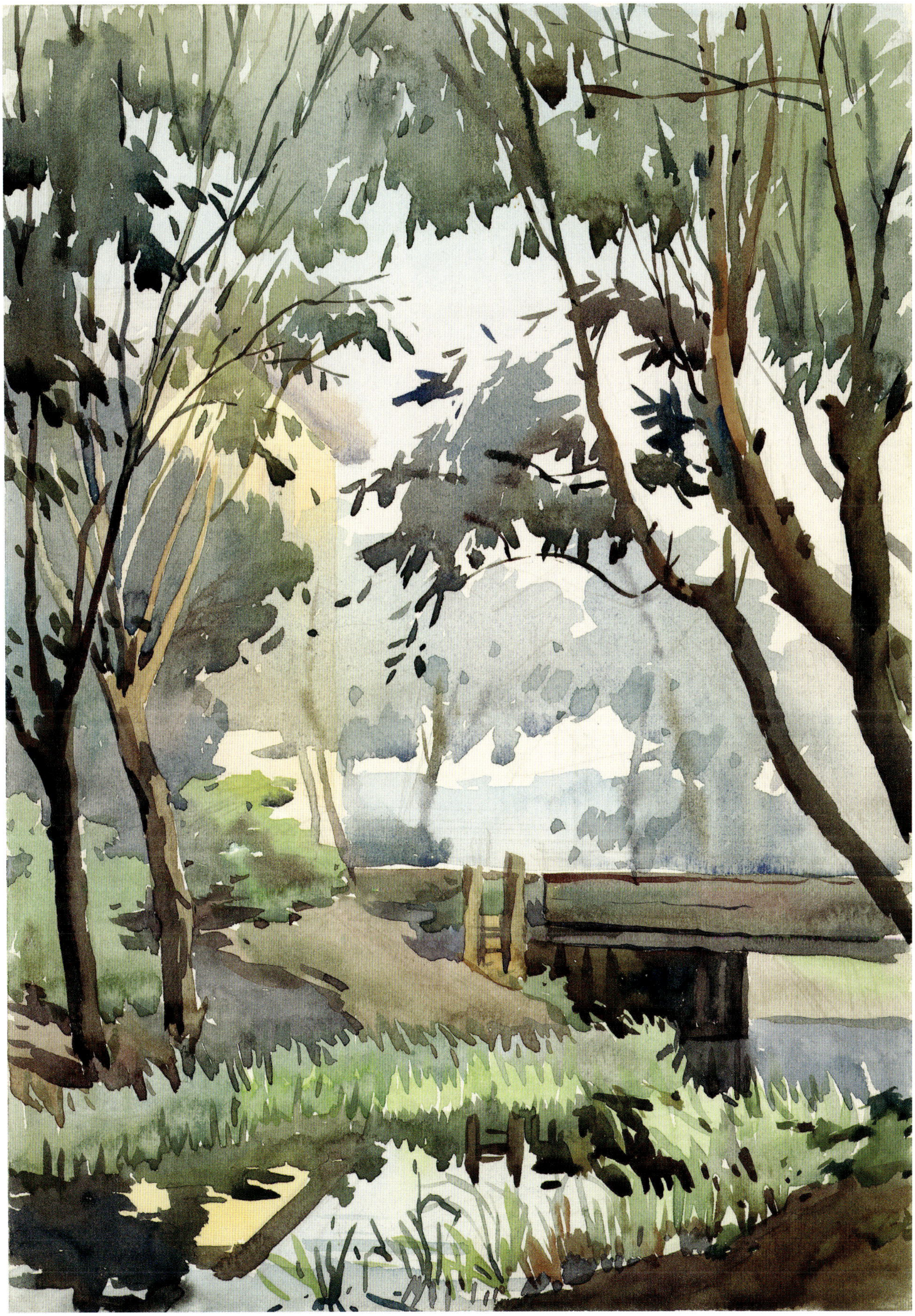

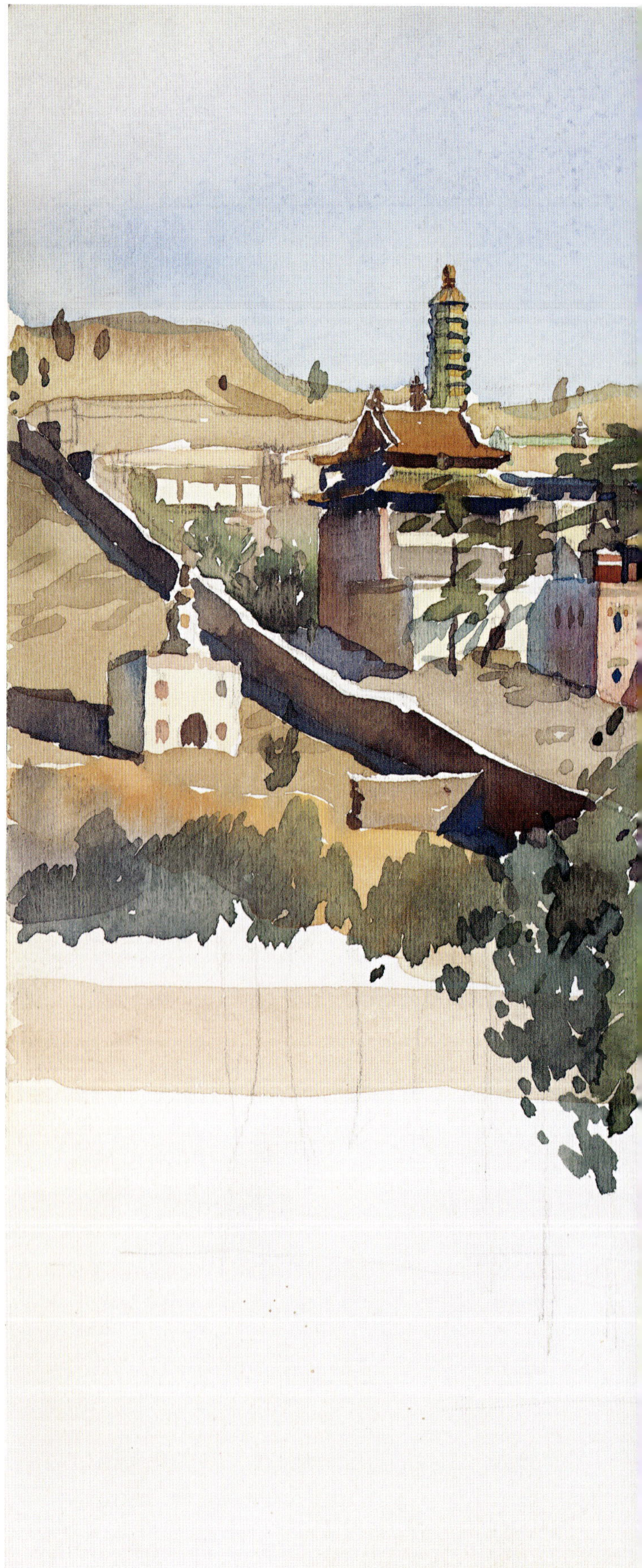

承德须弥福寿之庙（271mm×393mm） 1978年

登秀丽的承德避暑山庄高地北望，一派大漠风光。金碧辉煌的须弥福寿之庙坐落于此。巨大的建筑群依山傍水层层升起，错落有致主次有序，簇拥着主体建筑——大红台气势恢弘地展现在向阳的山坡。面对如此宏大的建筑群，最易被诱人的细节所吸引，忘了整体效果而误入歧途，为此要强调整体观察和分析，一切都要纳入相互关联的和谐之中。本画在染天铺地后，建筑群先从暗面画起，自前至后一气呵成，在强烈的阳光下，暗面往往具有既统一又丰富的色彩。然后根据画面的色彩环境确定受光面的用色，并有选择地深入相关细部。最后点染树木、山石等配景。此画因突发原因未竟而终。

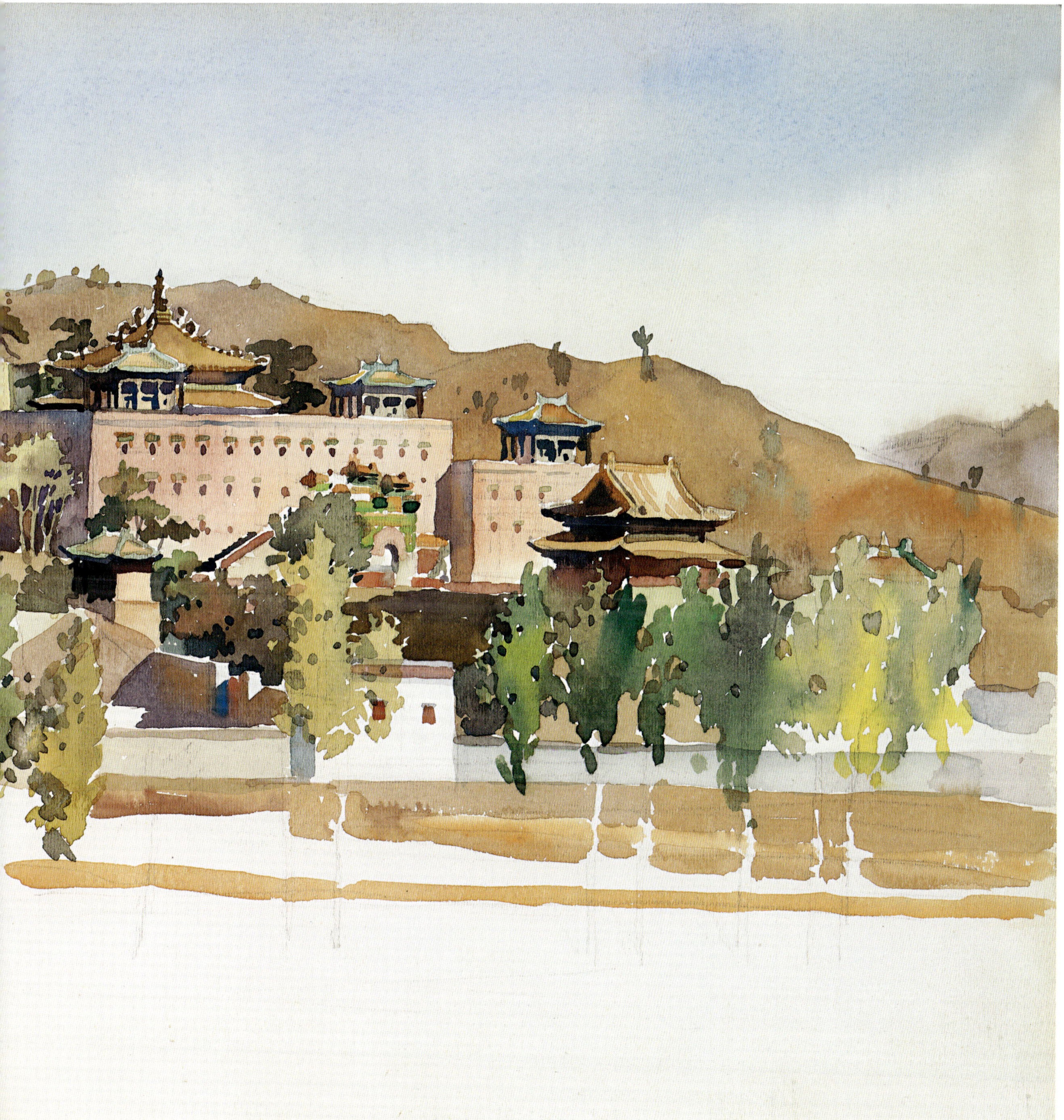

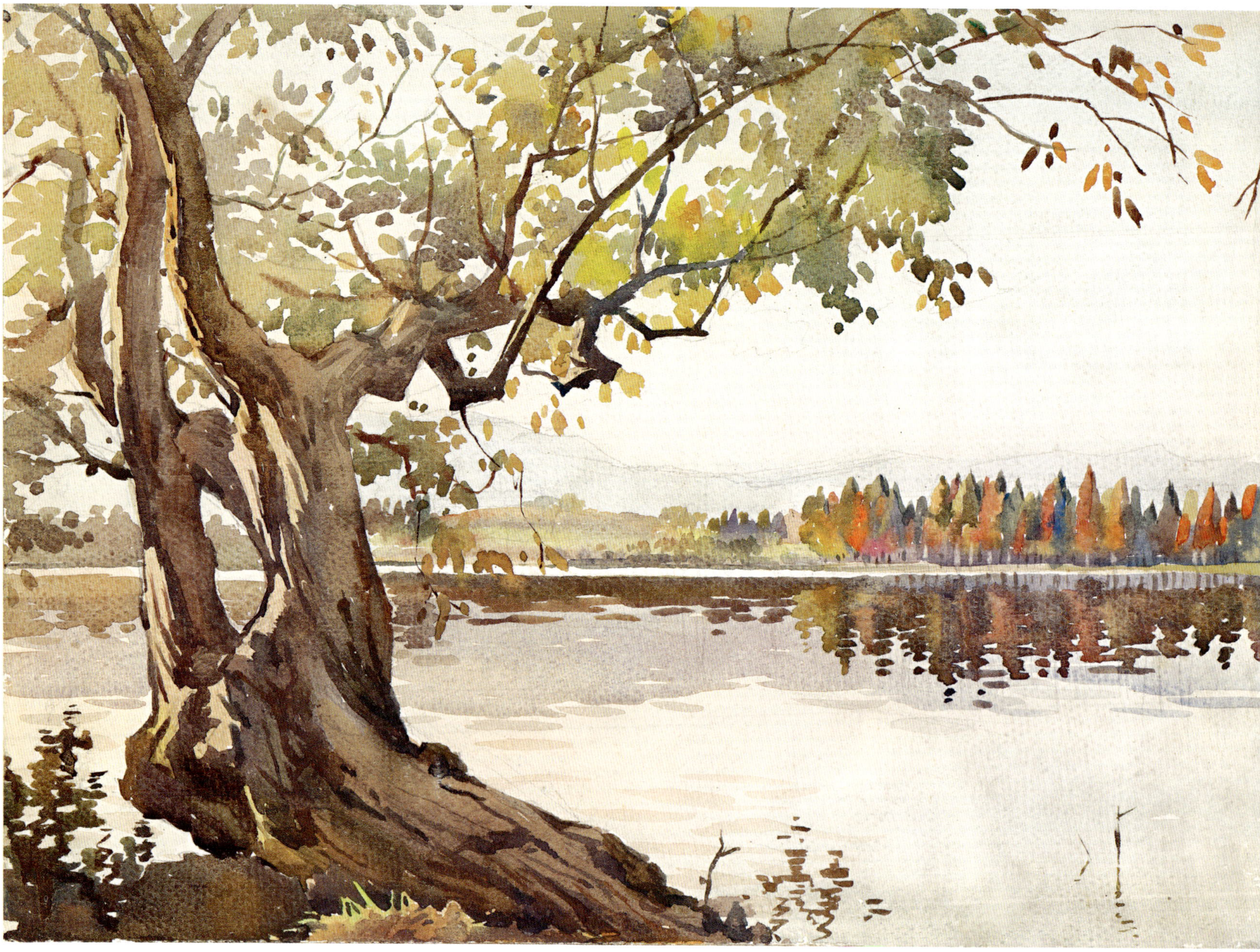

∧ 苏堤老树（280mm×380mm） 1977年

妩媚的西子湖畔，老树横卧于苏堤之滨。有无之间的远山和彼岸树木的秋红，织成辽远、舒展的一带。近处的老树，主要用干画法绘制，先画树干暗部，谨慎处理其明暗交界线，留出受光亮面，画树叶后再抹上一层暖色，益于保持光感。最后作深色细枝，使古柯栩栩如生。

> 米兰（450mm×331mm） 1979年

市园林局馈赠米兰一盆，枝繁叶茂，在油亮的绿叶丛中显露出鲜嫩的花苞，待到花蕾淡染鹅黄时散发出沁人的芬芳，香如芝兰，惠及四邻。选用暗绿色调，以映衬灿若繁星、亮如珠宝的饱满花朵，叶丛并非单一的青绿色，应依其仰、俯、转、折作出不同明暗、冷暖的层次变化。宛如朴实无华的乡间淑女低吟浅唱，道是无华却有华。

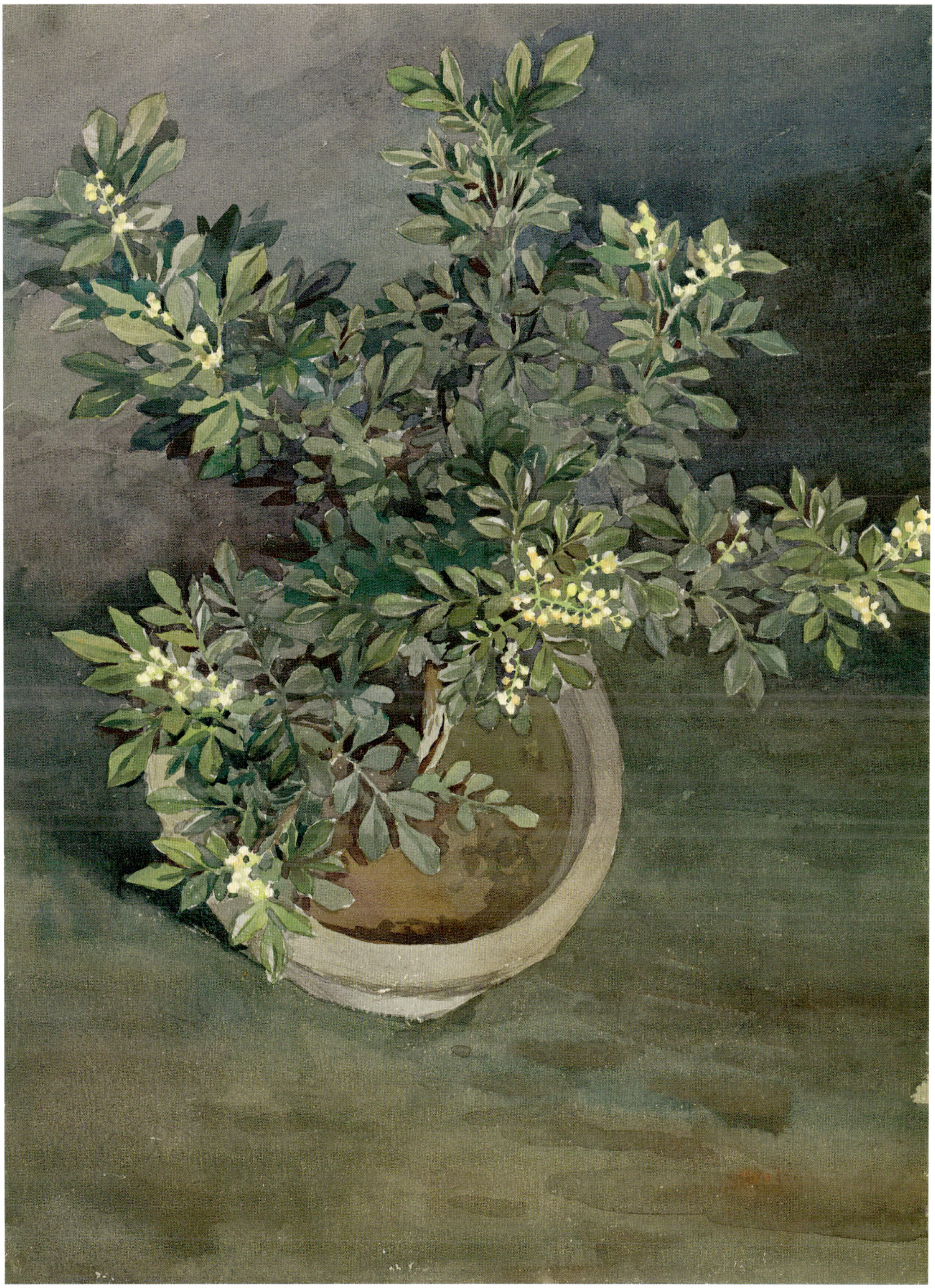

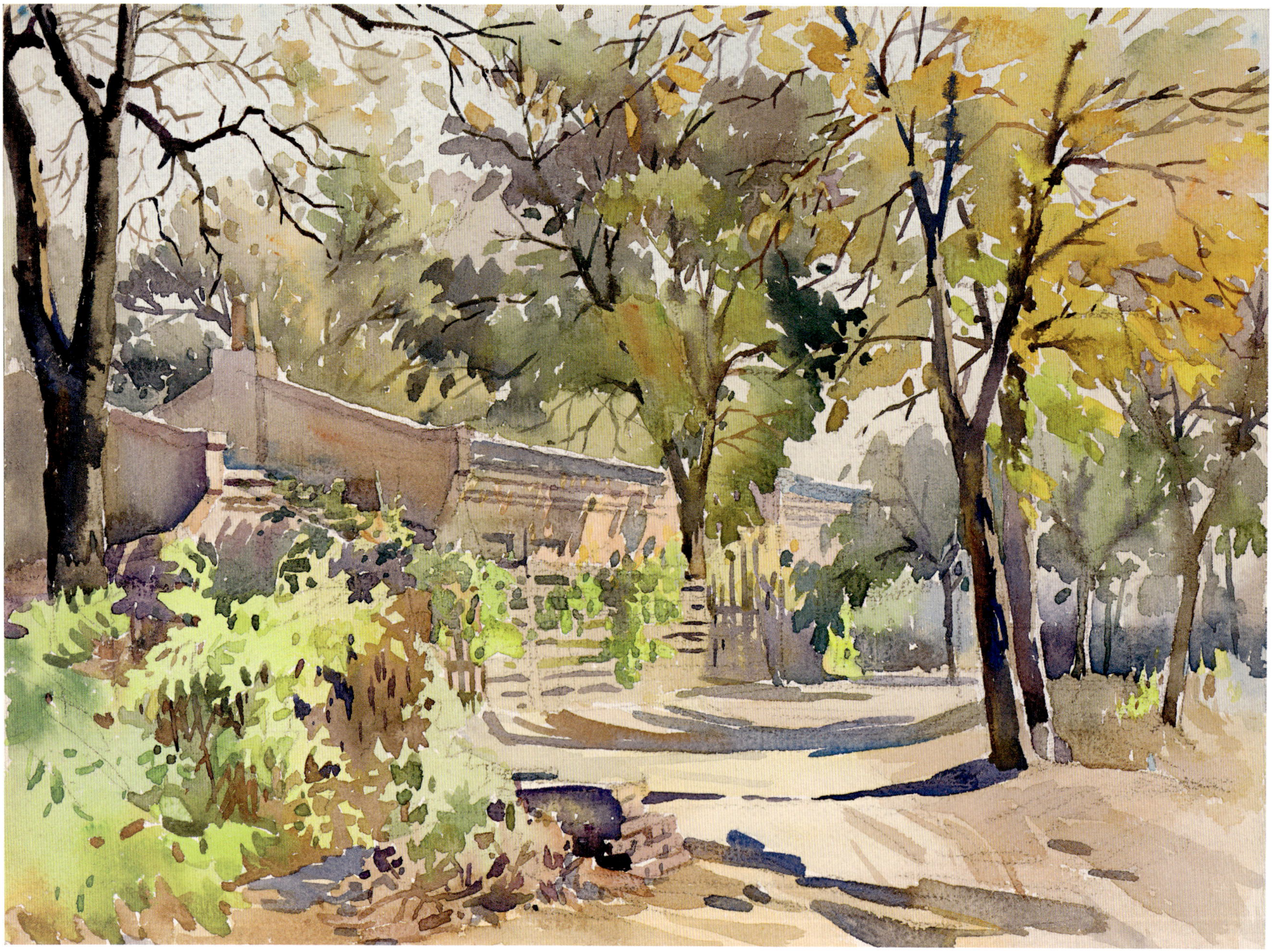

∧ 秋色人家（275mm × 378mm） 1981年

秋风瑟瑟，催化了绿色大地，融合多彩的黄、橙、褐、紫汇成一片绚丽的暖色世界，和煦的阳光在秋凉中送来了几分暖意。树影婆娑，黄叶缤纷，一条林间曲径通向温馨的住家别院，给我带来了无比的神往，画笔也随之灵动起来。画面色彩在对比的融合中统一在暖绿的色调中，产生出一种和谐之美。本画试用镶嵌法一遍涂色，以保色彩的鲜亮和透明。

> 南开园一角（380mm × 275mm） 1986年

本画面为南开大学原宿舍区一角，楼宇似显古旧，树木却高耸茂密。多少师长为祖国教书育人，曾在此居住。也许因为我是老师，多年在类似这样的环境中生活，面对这一场景便有几分眷恋。我感到在这并不气派而寻常的地方，却唤起我更为浓郁、更为悠远的情思。对于那些司空见惯的草木、斑蚀的砖墙，都作了细致的描绘，似乎我在寻求一种画语，让我的情愫得以寄托。远湿近干，通过建筑的光亮楞面和路畔的阳光，给画面增添几分温馨、几分怀念。

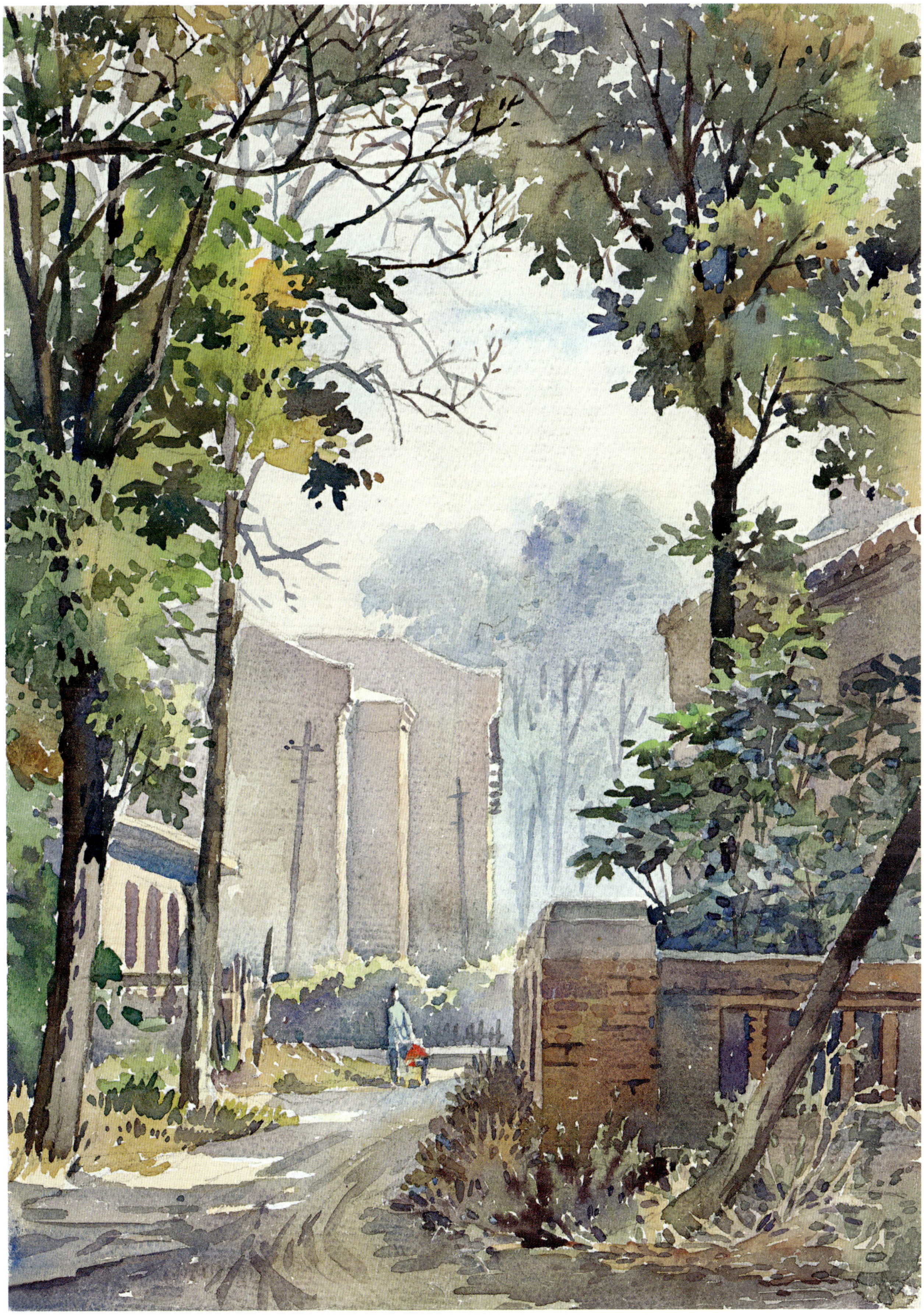

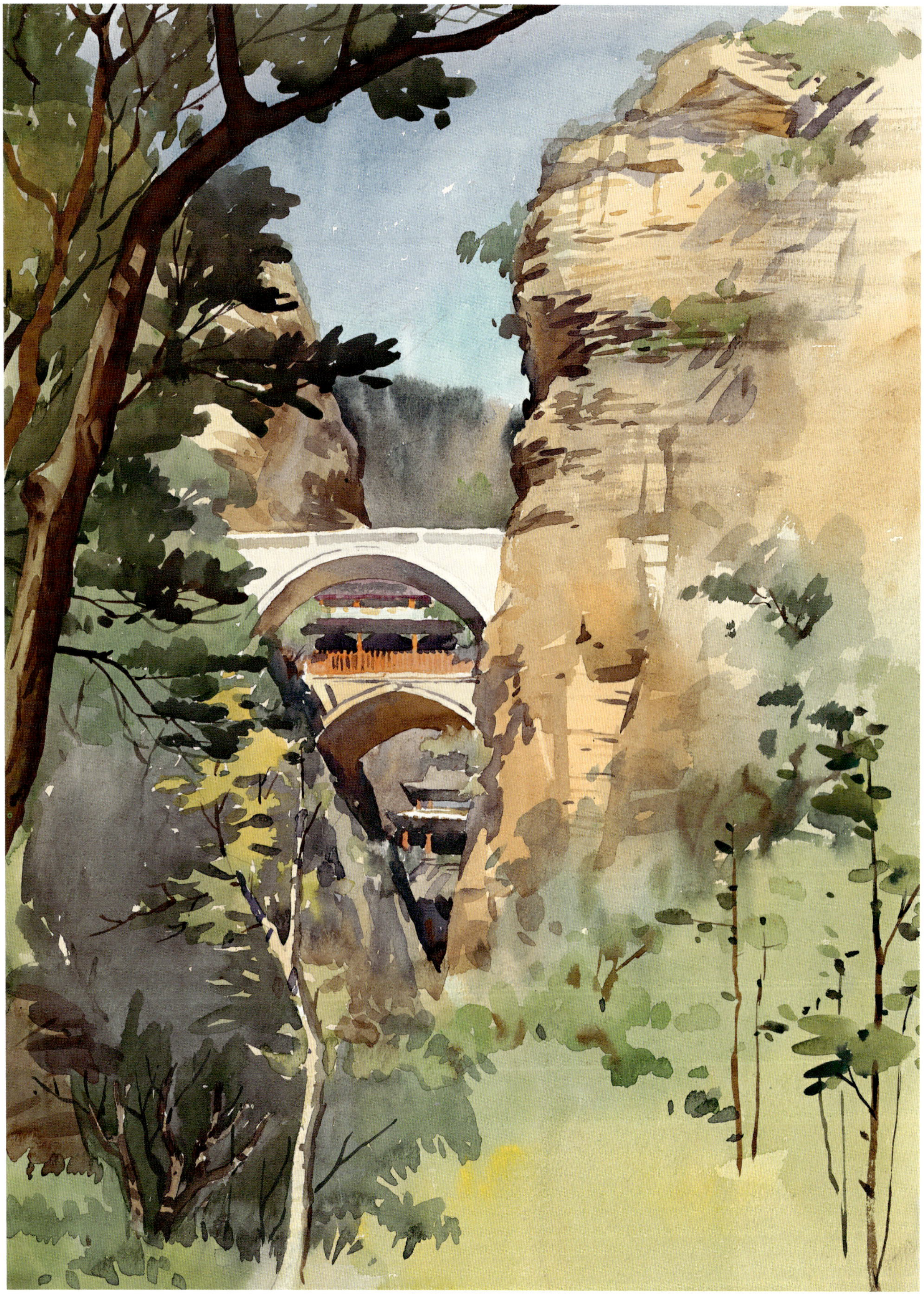

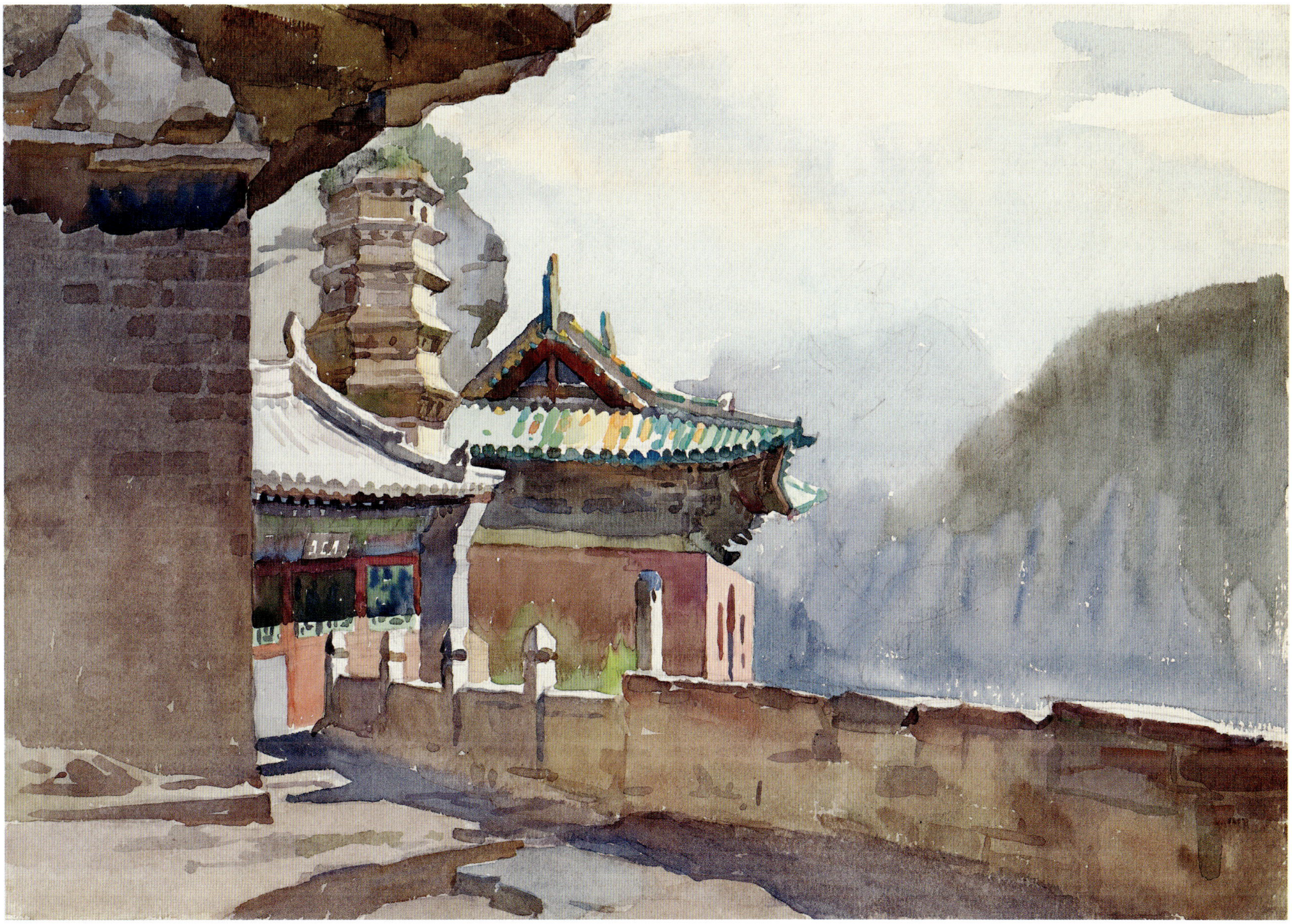

∧ 苍岩山圣母殿（270mm × 397mm）　1983年

摩崖造殿，山回路转，竟出现这平中寓奇的景色。这里常用山体作壁和顶，前墙加檐即成房舍，圣母殿即以山为后墙，矗立于石崖之上。天空铺色后，远山以湿画法完成。山色空濛，以示路畔栏墙之下便是悬崖。建筑亦先着色暗面，后画亮面，一则可把握时机，控制光影变化，二则可保持亮面色彩的光洁纯净。

< 遥望苍岩山桥楼殿（487mm × 353mm）　1983年

太行山麓，苍岩山中，峰峦叠嶂，怪石嶙峋。这里奇柏横生，古木参天。循曲折山路行进，山回路转，豁然开朗，桥楼殿蓦然展现在眼前，两悬崖峭壁之间，拱形石桥飞跨南北，殿建其上，建筑与山石融为一体，蔚为奇观。古刹红墙绿瓦，形制不拘一格，少了寺庙殿堂的庄严肃穆，却增添了不食人间烟火的野逸之趣，恍如进入了梦中仙境。为了留住引人的第一感觉，顿然止步，即兴作画。以近树为框景，简化山石和近景，将视线引向画面主题——桥楼殿。

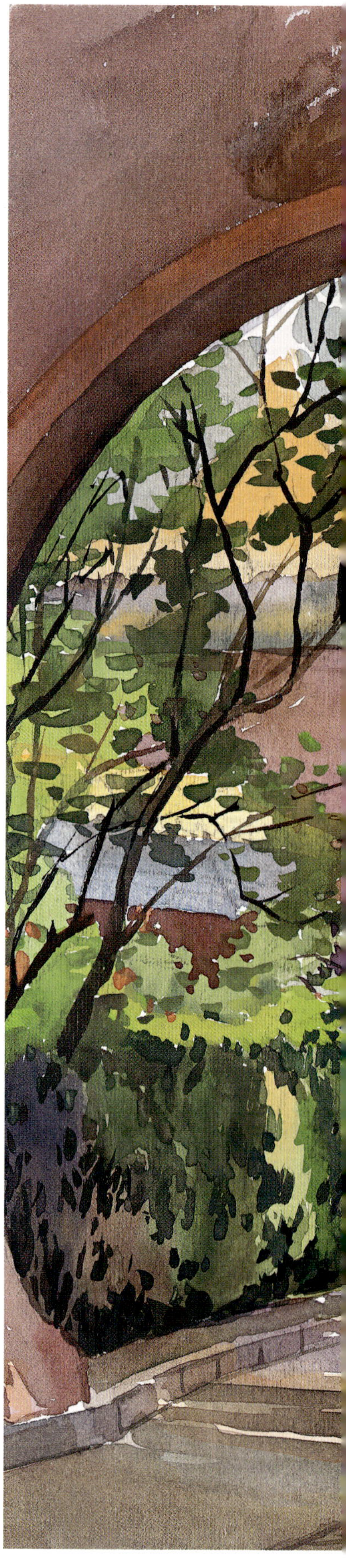

北京中山公园（245mm×313mm） 1986年

中山公园内古柏交柯，浓荫蔽日。透过园洞门，红墙黄瓦、朱楹金扉与苍松翠柏相辉映，展现出一派雍华瑰丽的皇家庭园。园洞门截去左角，形成不对称构图，以表现出严谨布局中求变化的自然之美。园洞门内选用对比色调，色彩透明鲜亮，水分饱满，笔触轻松，天空的平整与建筑的繁复相对比，建筑的暖色与天空、翠树的冷色相映衬，使画面在对比中取得和谐生动的效果。近景院墙用赭红深色反衬出园内景色的艳丽风光。

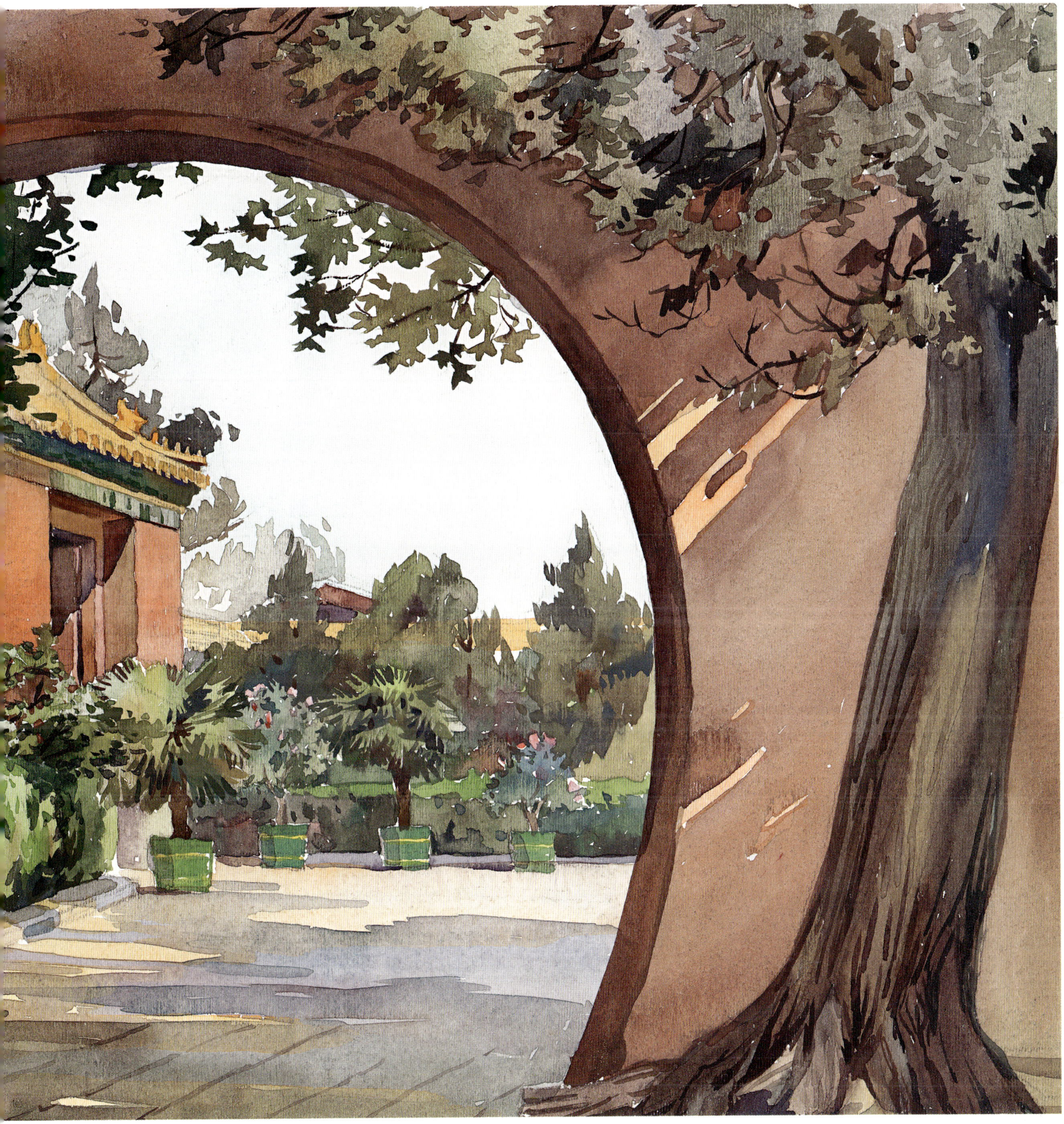

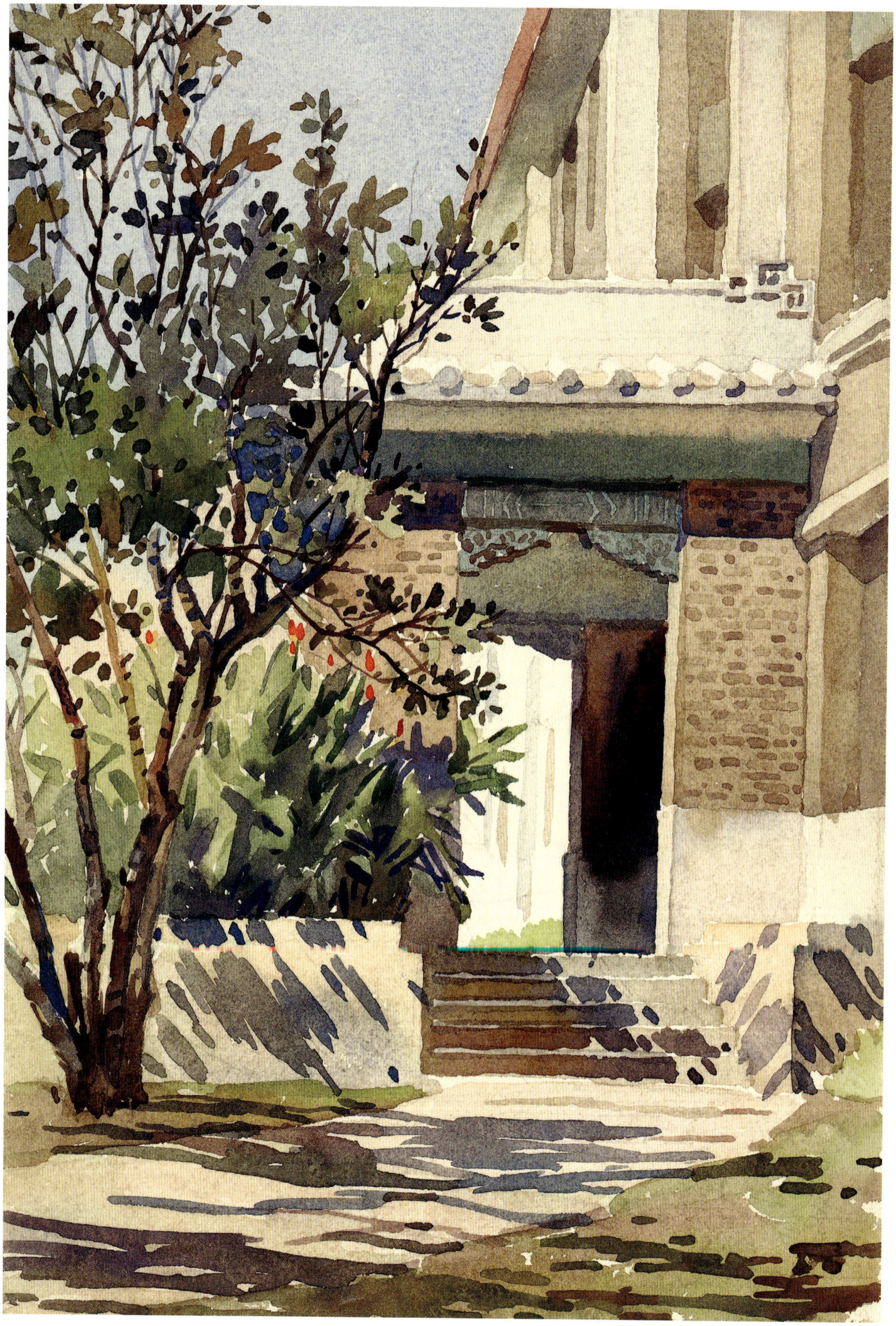

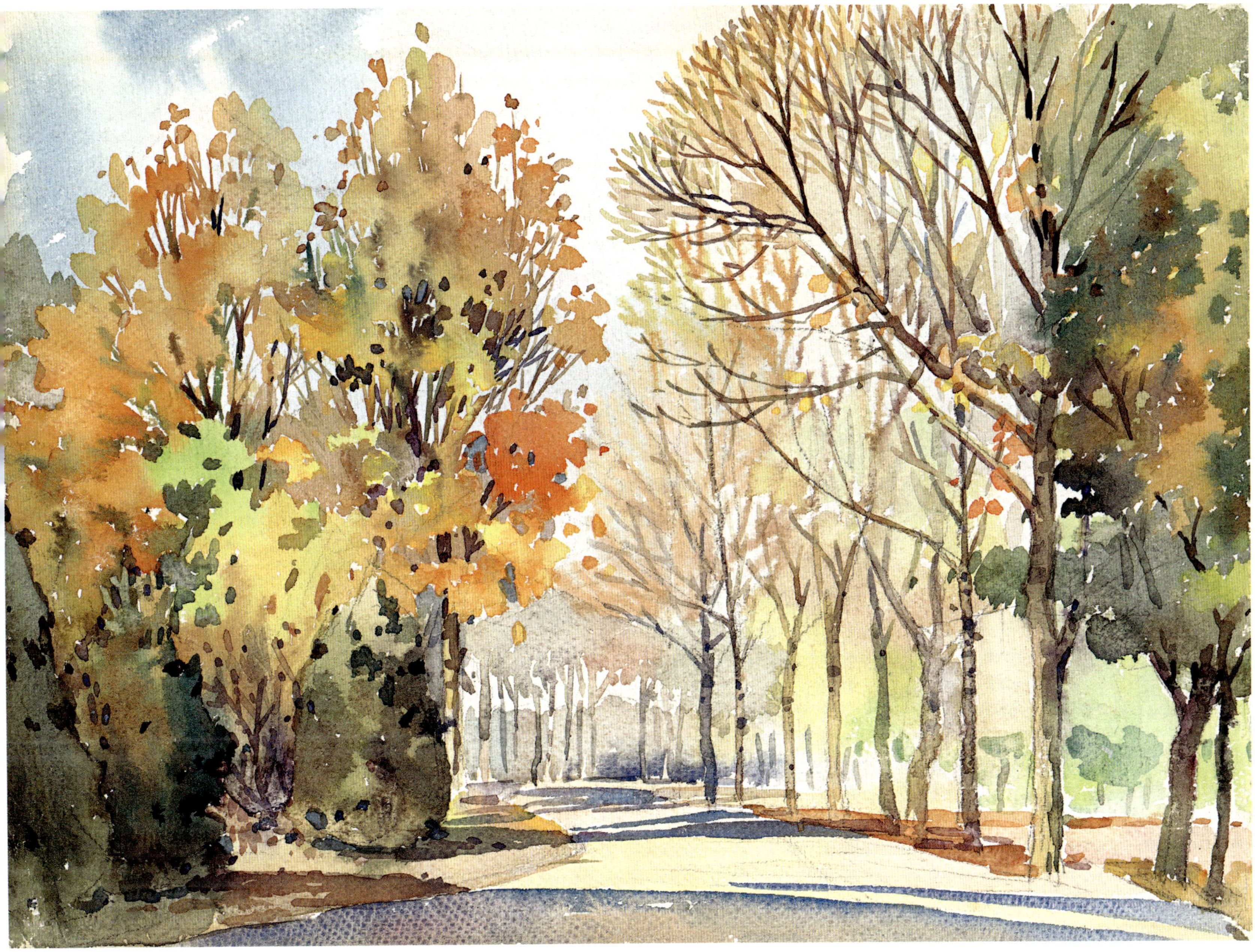

∧ 秋爽（277mm × 380mm）　1982年

晴空的高碧和霜叶的金黄，每每构成美丽的秋景。秋天的色彩，常常又是极其富丽辉煌。那种明朗和深沉、那种清脆和响亮，充满诗情画意。本画即以晴空下的树为主题。远树如纱，因凋零而透知天色，近处经霜变黄的杨树和落叶缤纷的白蜡夹道。路径低回，更显出树木的挺拔和天空的高远。本画重色彩的对比关系和形式构成的疏密、虚实、横直的错综，点线面的交汇，构成一幅秋爽的交响乐章。

< 建筑师的摇篮（280mm × 195mm）　1986年

门楼台基，曲径可达；海棠芭蕉，落影深深。天津大学第八教学楼为原建筑系所在之地，是建筑师的摇篮，也是我多年工作的场所。正午时分，庭阶寂寂，这里却印下了多少人的足迹。本画重点刻画门楼，似有更深的含意——天津大学建筑系系风朴实，重基本功力与创作实践的培养，多少代师生由此出入，在此流连。“迎来送往”是这座门楼给我的联想。建筑用渲染法完成，简化中力显工整；而门头的勾头滴水、石枋雀替、砖墙台阶都较为着力。树木花草和光影变幻，亦用心点染，以表现优雅的校园环境。

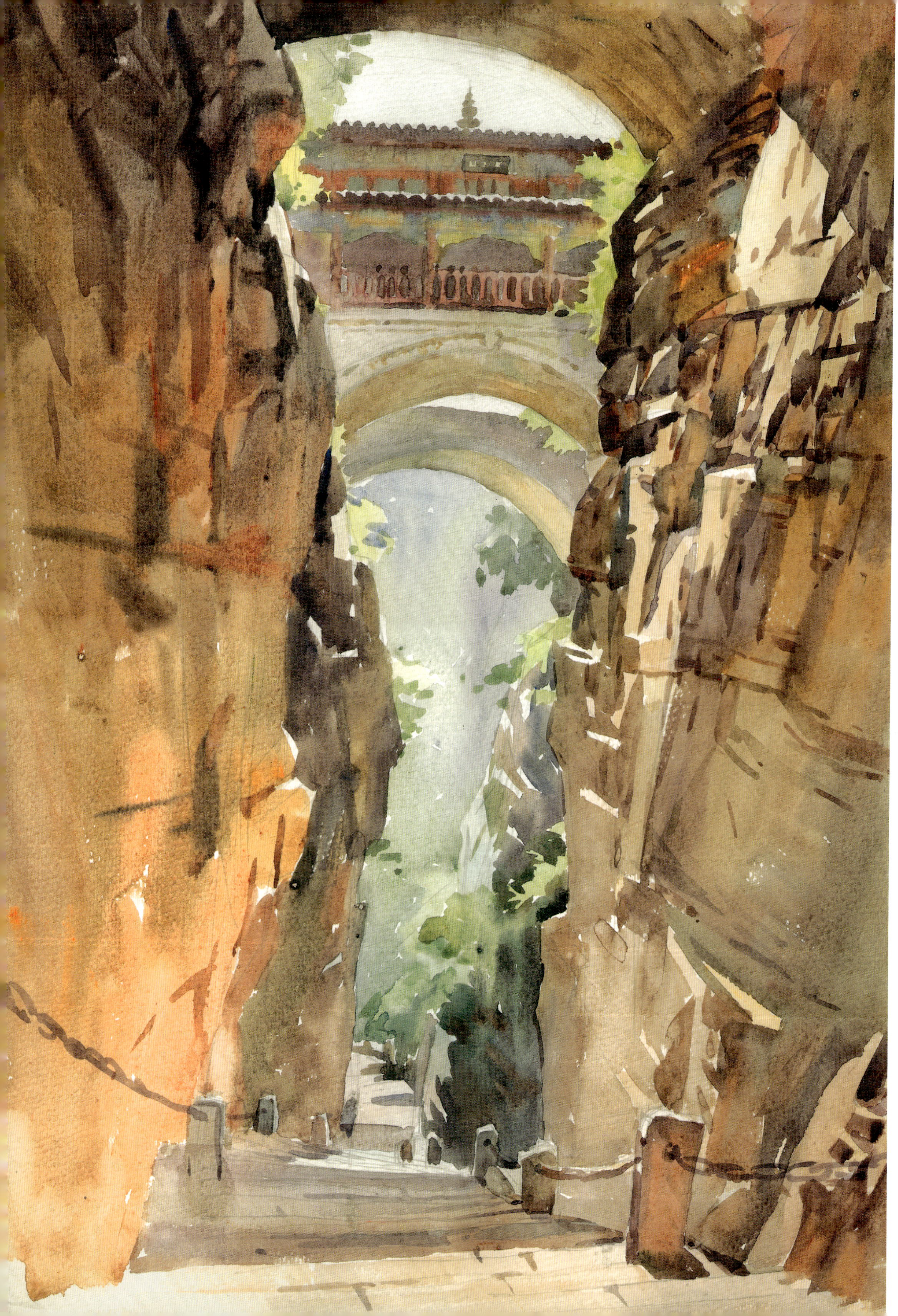

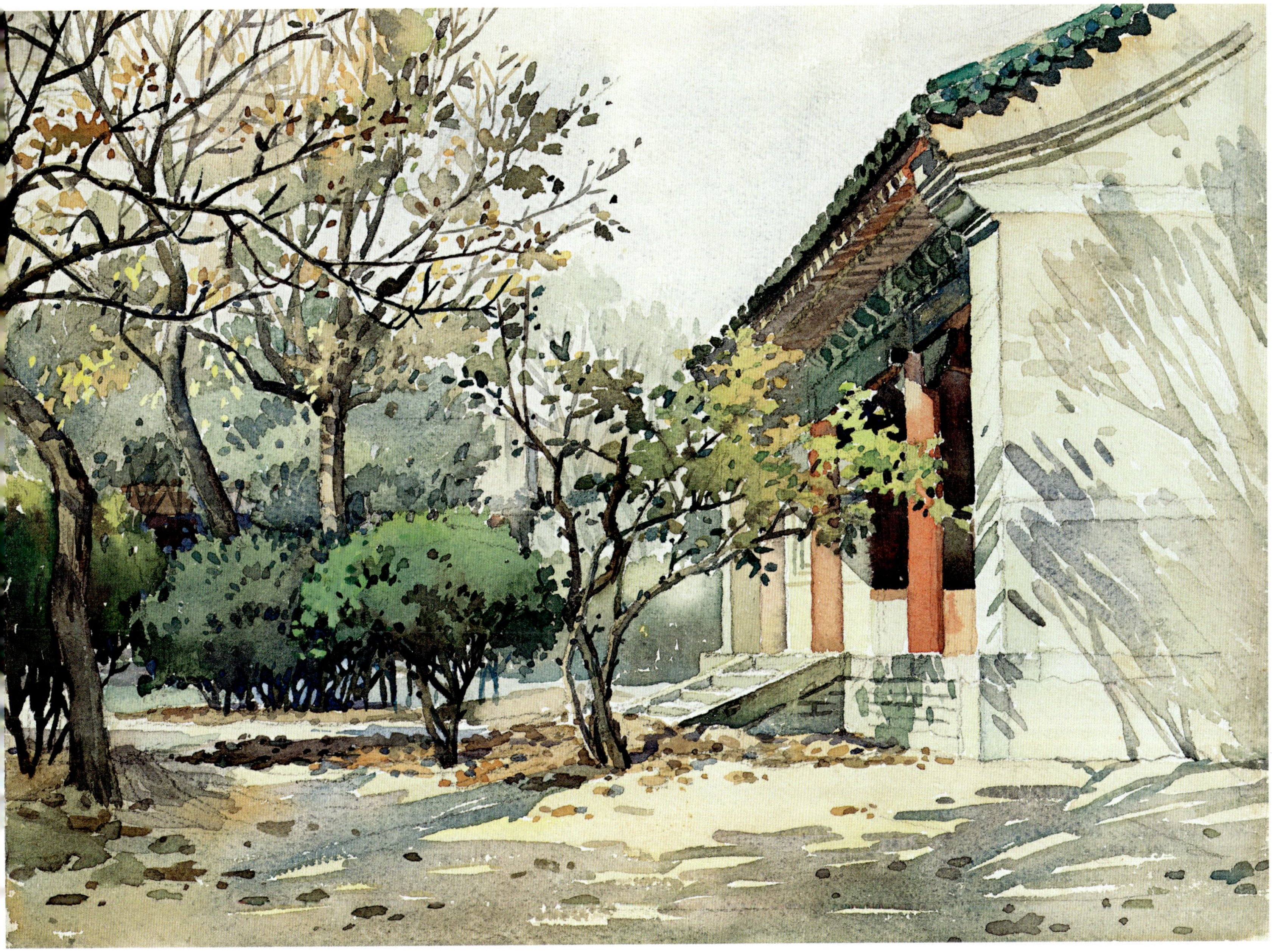

∧ 天津李公祠（278mm×380mm）　　1984年

津城原李鸿章祠堂并非著名古建，但在这萧瑟的秋日却显得特别明媚爽朗，我截取了祠堂一隅的小景。建筑与杂树几近各半，然重树之后，隐见屋宇；建筑之前，又托出几簇枝叶，落叶缤纷，树影姗姗，相互渗透，相映成趣。我将天空处理为银灰而非碧蓝，让疏枝黄叶、落影横斜来突出秋天的景象，并加强了画面的节奏和层次感。除色彩的浓淡冷暖变化之外，运用笔触的点、线、面结合，表现一种耐看的斑驳可爱之感。用色多为先浅后深的传统水彩画法，然红柱却先画周围深色，再于空白处填入关键的红色，以使其更富光感。

< 苍岩山桥楼殿石蹬道（520mm×363mm）　　1983年

在阳光下，两侧石壁瑰丽多彩。为控制时机，把握光影，先画暗面，留出受光面。暗面色彩变化丰富，反光耀眼，背光石块下部因受反光的影响呈透明的赭红与青紫色。受光部色冷而亮，背光部色暗显暖；明暗相间宛似宝石。远景山麓，烟云弥漫，用灰蓝色调，山天一色，反衬出三个空间层次。桥楼殿飞架其上，须仰视才见此神仙府第，与蹬道向下延伸形成了对比，相互映衬形成绝妙的景界。

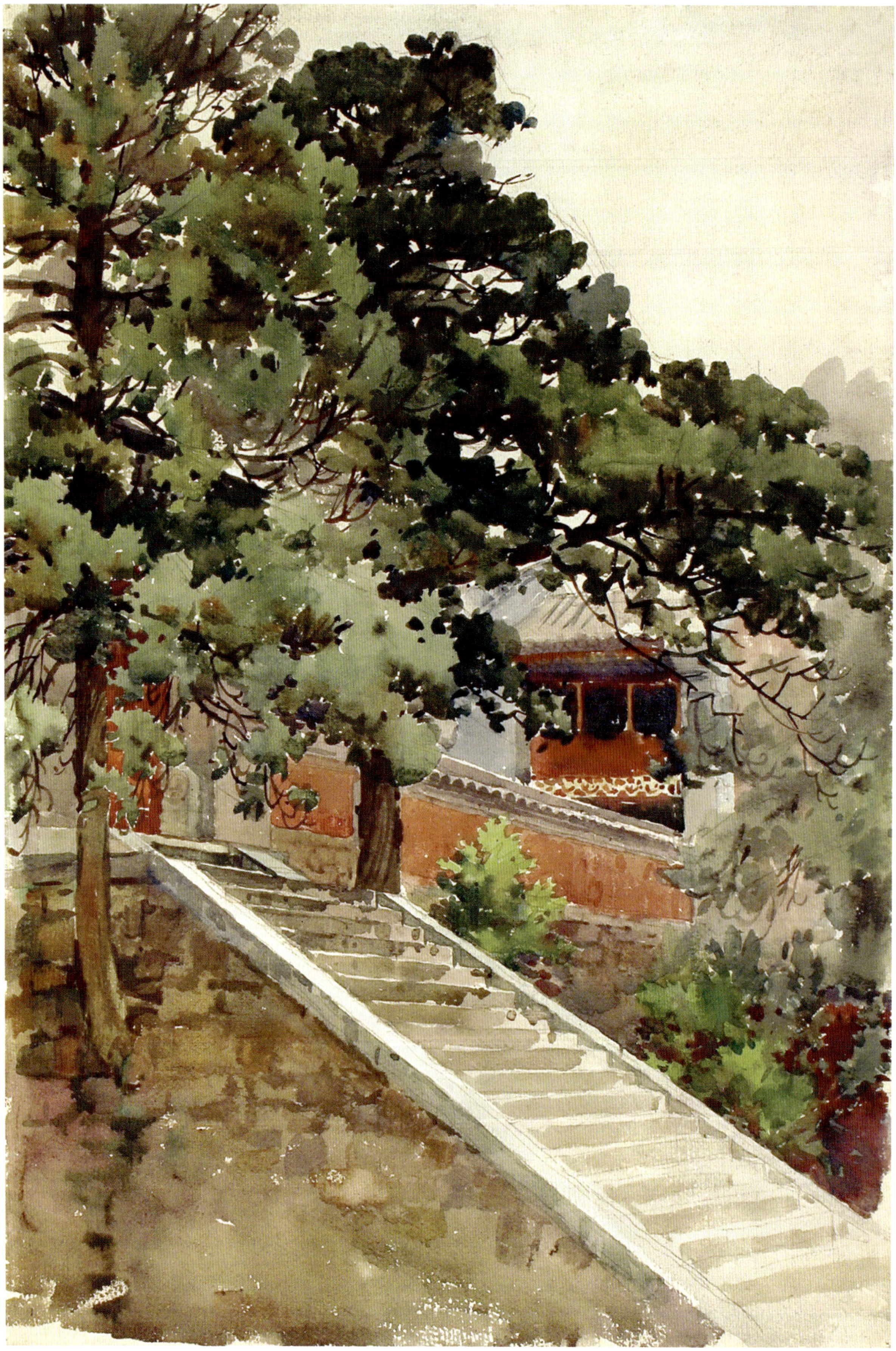

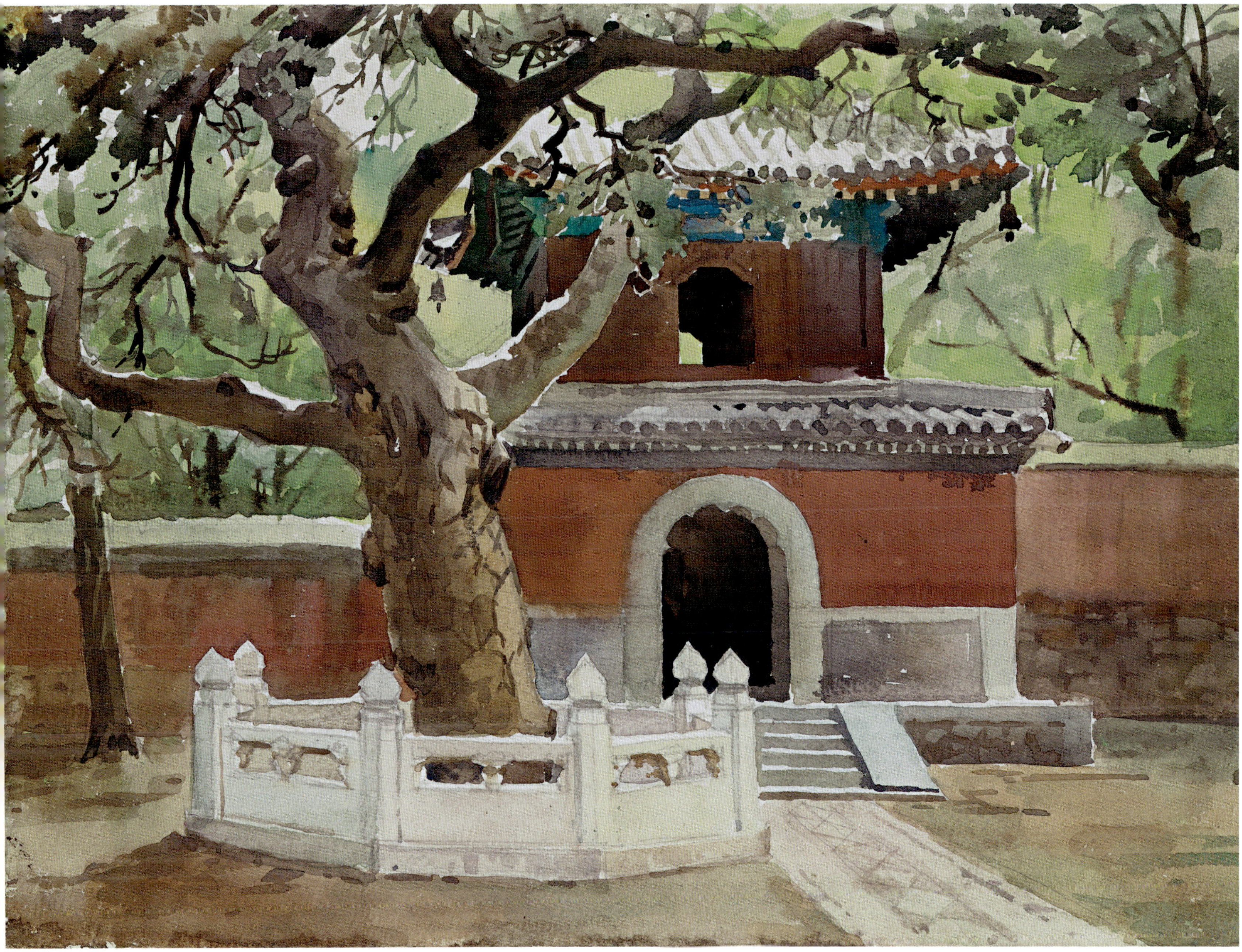

∧ 西山香界寺鼓楼（274mm × 374mm）　　1987年

北京西山八大处之香界寺地处山腰。这里林木葱茏，涧泉潺潺，自然环境清新幽静。跨入山门，钟鼓楼前院松柏夹道，浓荫覆地，古柏枝线交错，粗细疏密，左右攀缘；如龙腾蛇跃，千姿百态。每遇风和日丽，光影变幻，树影姗姗，景色绮丽。而当薄云蔽日之际则天光柔和，透过树荫的过滤，染绿了满院景色，汇成了一曲深沉的绿色乐章，别有一番情韵雅意。本画将龙柏置于前方，鼓楼隐于其后，相映成趣。远景绿色迷蒙，近处红墙青瓦的鼓楼浸沉在透明的绿色空气之中，显示出寺庙深深，充满着无限古朴之幽情。

< 翠柏（556mm × 379mm）　　1987年

树木，是大自然生命的象征，也是建筑画必不可少的对象。水彩画树，和其他画种一样，应注意树干的生长组织和树冠错综复杂的素描关系，同时还应注重不同树种在色彩及形式上的各种区别。本画素材为两株古老而茁壮的翠柏。它不同于柳树的轻飘，又异于杨树的挺拔，然而它更为执著深沉，好比将军之于仕女、秀士，有一种更为浑厚的力量。树冠的绿，必须用浓淡冷暖、明暗深浅去区分。用色惟慎，用笔忌快，务必表现出体积和层次。其间枝干穿插，或隐或显，均应循其生长规律而为之。

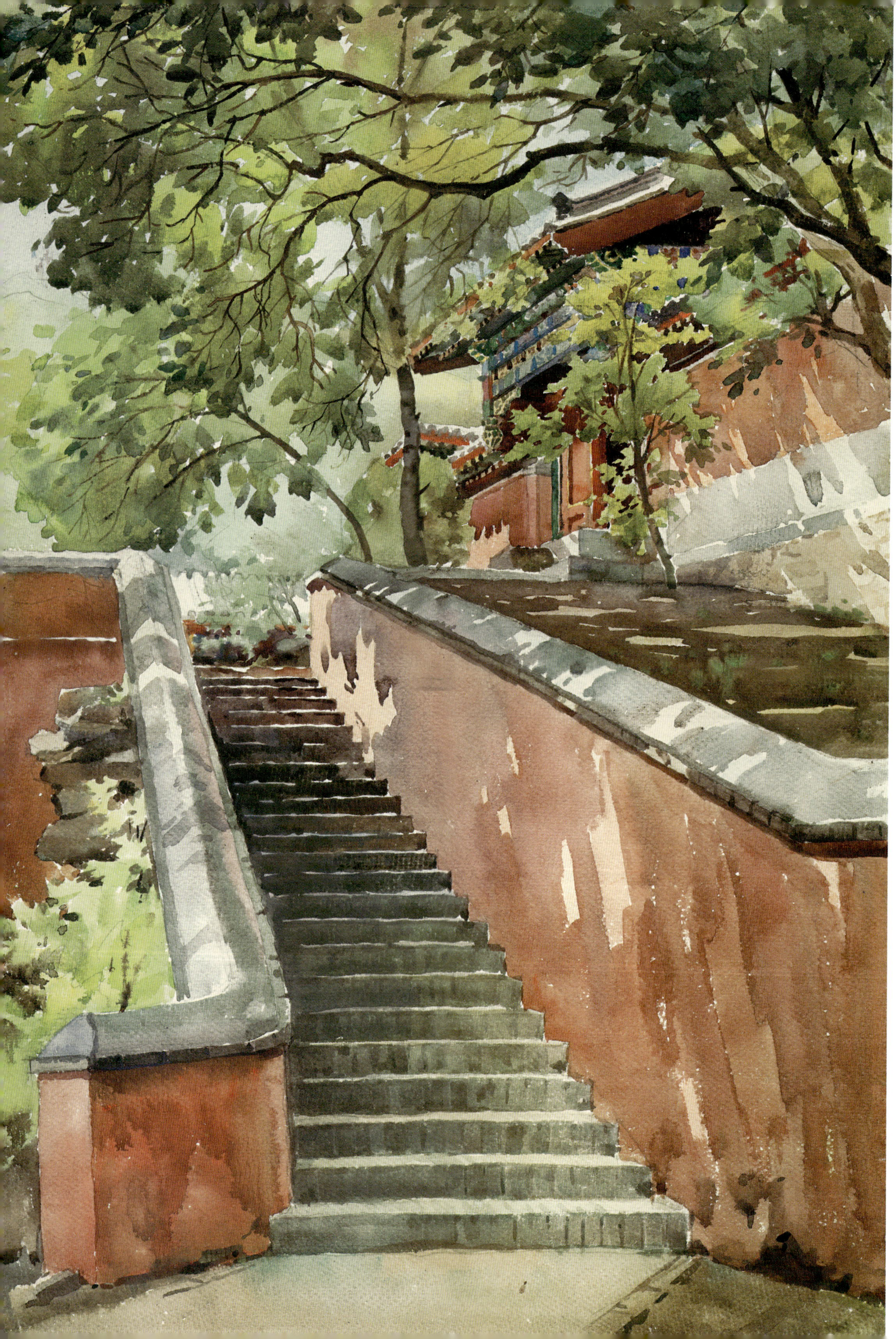

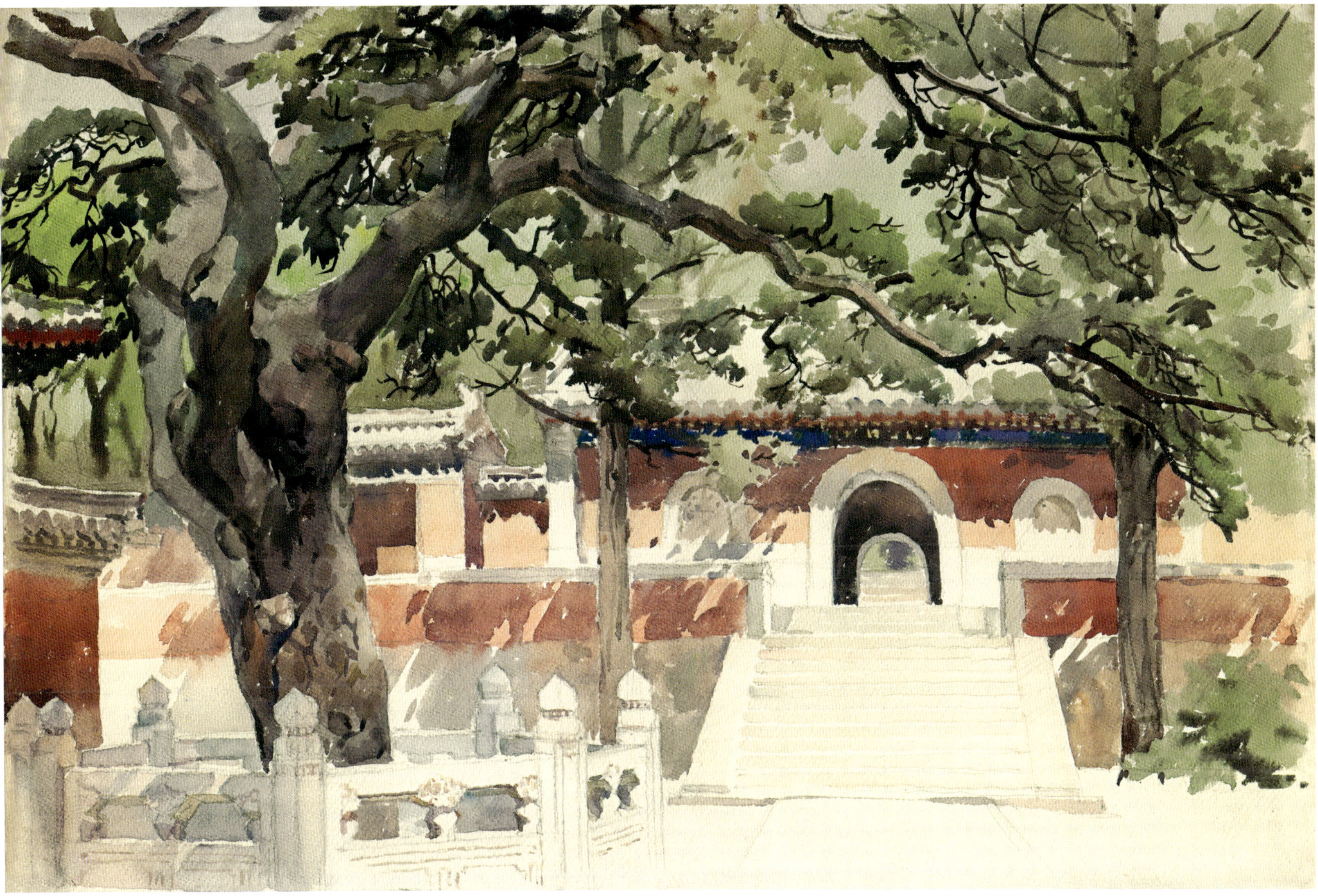

∧ 香界寺龙柏（380mm×554mm）　1988年

雕栏玉砌护卫着苍劲青翠的千年龙柏，龙柏荫下可拾级而上者为红墙碧瓦的香界寺山门。龙柏占画面逾半，龙舞蛇行般的坚韧枝干上，装点着青苍墨绿的浓荫。它们烘托着古刹，也加深了画面的主题。古刹山门，虽在画面的“量”上居次，但因位在正前方饱受光照加之古树枝干的引导，主题仍然突出，有引人入胜之感。树近且粗时，应注意枝干上的分面和素描关系，切忌草率为之。色彩上，红墙纯度较高，正面拱门阴影中的暖色反光与此相应，虽用笔粗犷但重点部位的色彩却万不可画腻画僵。

< 香界寺别墅（554mm×380mm）　1987年

绿荫匝地，长阶通幽，红墙碧树，格外眼明，来到香界寺别墅下面，这美丽的景色立即唤起我作画的激情。我选择蹬道下方角度，从这儿登道，护墙一侧见脊，另一侧可见墙身，将视线引向树木掩映的垂花门，林间筛下的光影，如乐曲中几个响亮的音符，奏鸣出天籁之音，有着天然妙趣，而上部树群的潇洒，又给它以和谐的回声。本画调动了构图与色彩处理的多种手段，行笔快中求稳，力图将感受传给读者，绚丽的垂花门彩饰，用镶嵌法绘制，笔毛含水较少，趁湿相接，使色彩既鲜明又自然。

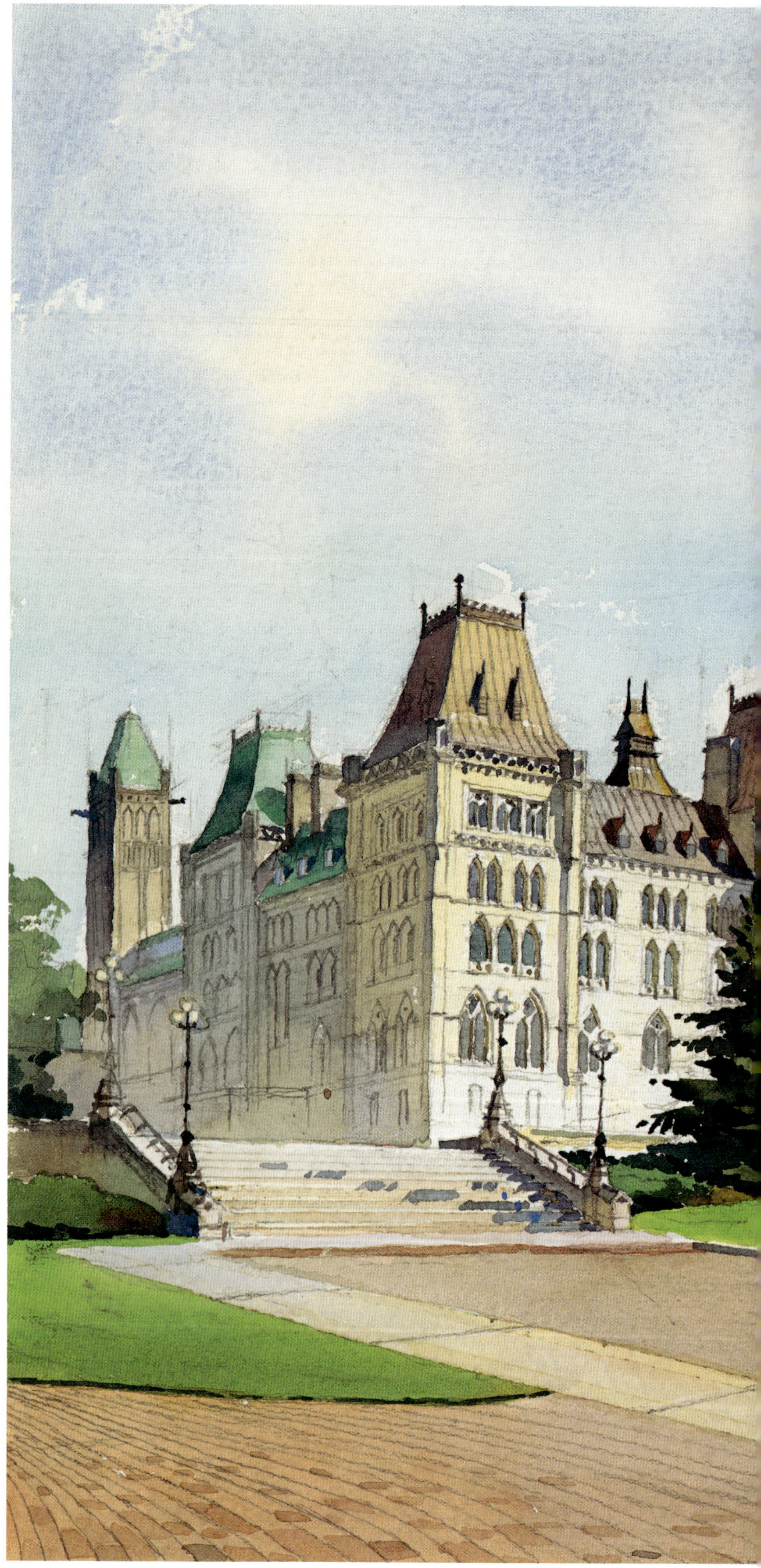

加拿大国会大厦（290mm×444mm）　　1998年

加拿大国会大厦坐落在渥太华国会山上，是一组气势恢弘的高直式建筑群，从整体到细部都贯穿着向上升腾之势。主楼中部高耸入云的塔楼统帅着众多高低错落，向上迸跳的小尖塔群。楼前宽广的草坪和开阔的场地显出一派宏伟的皇家气派。写生庞大的建筑群须时时审视整体效果，注意大体面的明暗、冷暖变化的趋势，以免被诱人的建筑局部所吸引，拘泥于细部而使画面画腻画碎。建筑暗面用色宜透明，敷色一遍即可显露出建筑细部之铅笔底稿，不需再作过多刻画，可着意在受光亮面的光影概括和处理上面，点染树木、人物、灯柱等环境配景后即可使画面生机盎然，呈现出身临其境的真实效果。

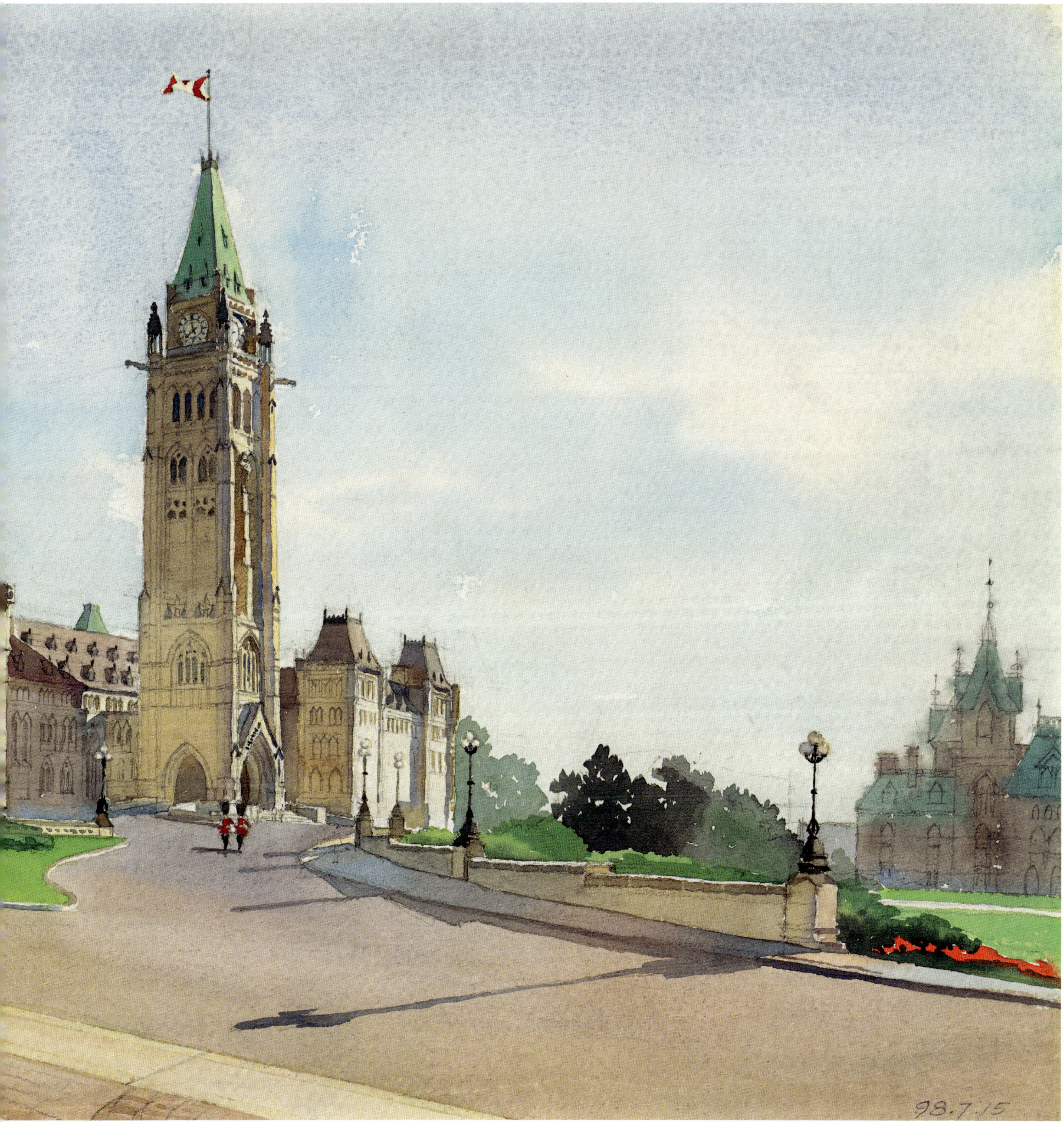
98.7.15

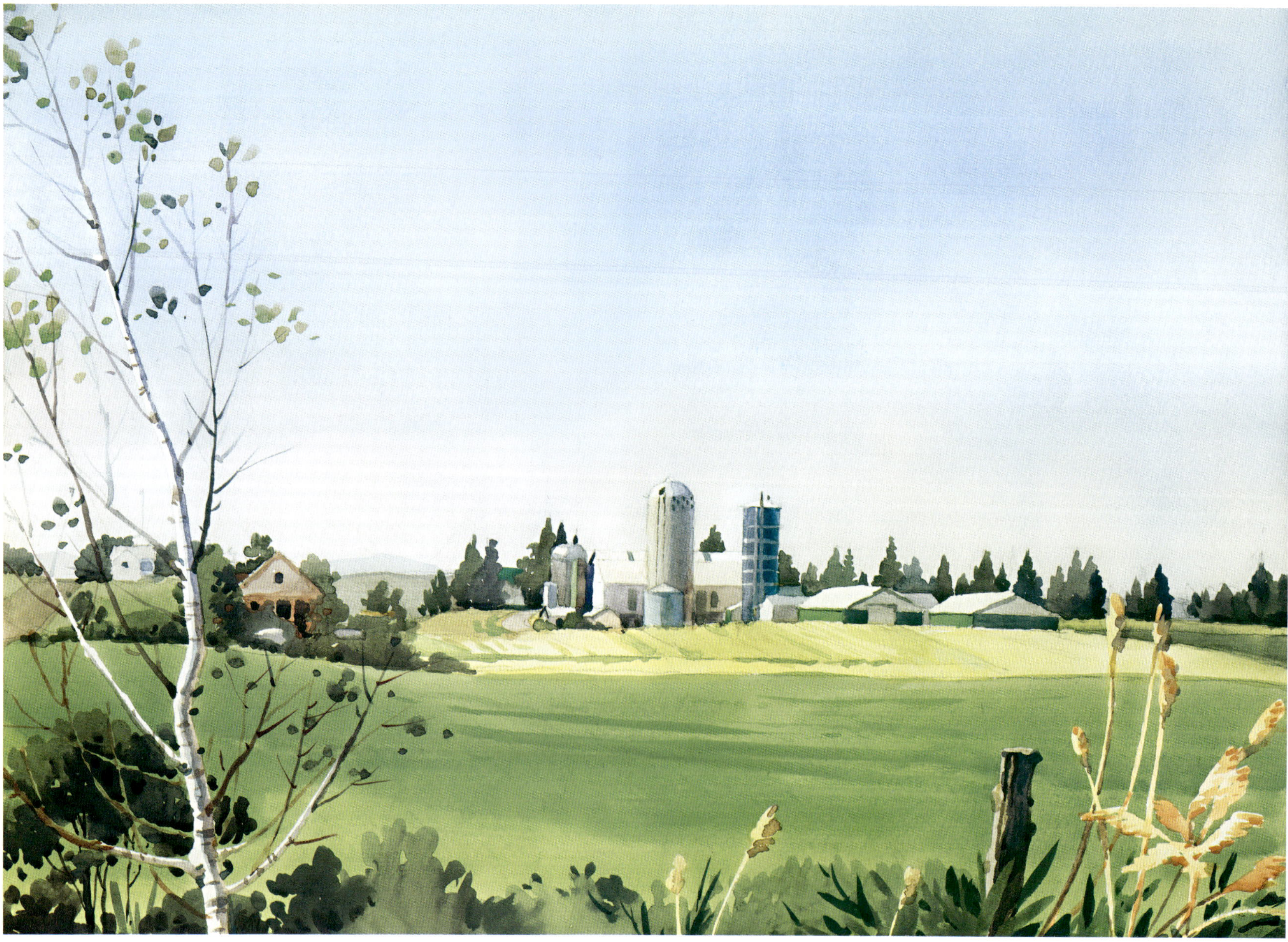

^ Cambland市郊农庄（368mm × 520mm） 1998年

加拿大市郊的空气清新透明，碧空高远，田野无垠。黄绿相间的庄稼随地势和缓起伏，构成了色和线的和谐旋律。中景的庄园群落和圆柱形粮仓，点出了别具一格的外国农庄特色。透过树丛间隙田野向远处无限延伸，强化了画面的深邃感。画面构图天空大于地面，以显其高远，与横向舒展的田野共同描绘出开阔绮丽的田园风光。近景疏枝交错，贯穿天地，纵横穿插，丰富了画面构图。

> 加拿大国会大厦主入口特写（413mm × 283mm） 1998年

建筑师作画常偏爱于建筑造型之美和光影变幻之趣。高直风格的国会大厦融汇了加拿大地域文化，显示出本土文化的活力。除常用雕镂精巧的尖券、窗棂、扶壁以及屋顶上的尖塔外，在雕饰题材上把文字也编进了装饰图案。主入口门洞两旁非人非兽的雕像显示出地域文化的内涵和幽默。前楼新修铜顶闪烁着棕红色的光辉，与后楼百年绿色铜顶遥相呼应，记载着历史的沧桑巨变。本画取塔楼下部主入口作为写生主题。精准的铅笔底稿至关重要，在此基础上只需考虑好明暗、冷暖和虚实的处理，一遍敷色后点染斑驳的墙身和花饰即可成画。

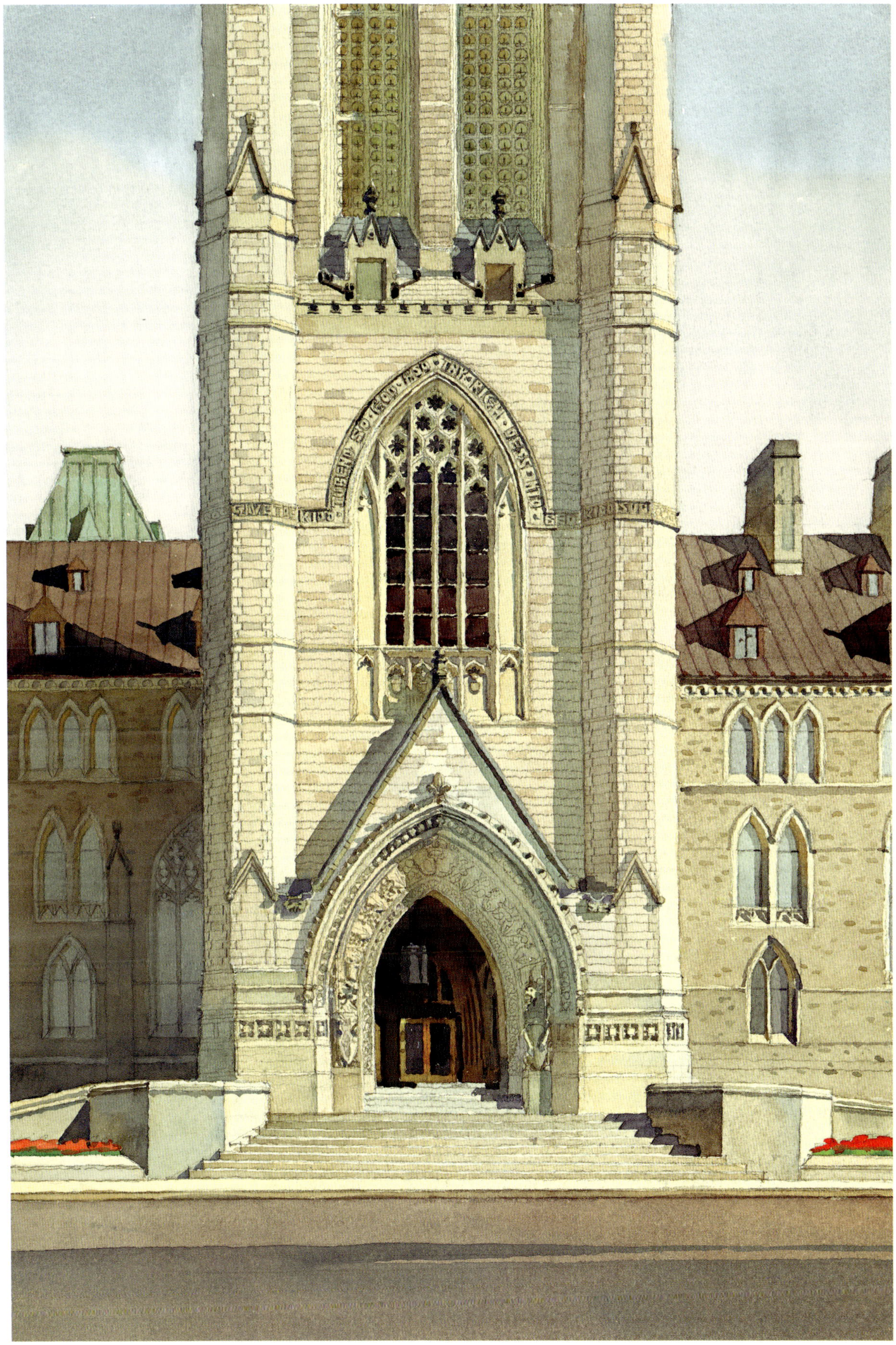

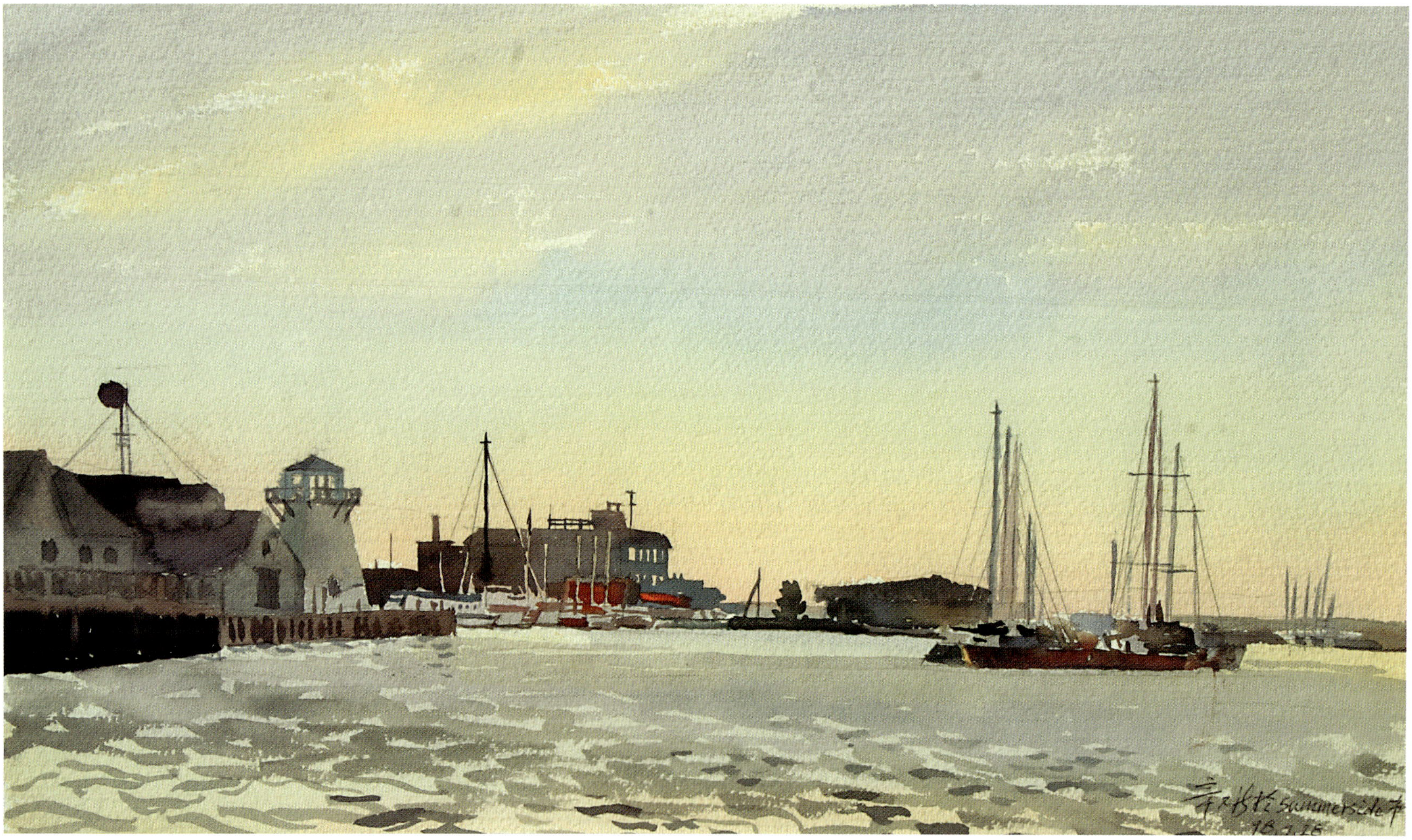

Summerside 市渔港码头（263mm×457mm）　1998年

昨晚风雨，港内泊满渔舟，熙熙攘攘热闹非凡，今晨天已放晴来此作画，却是一片平静，大部渔舟均已出海，只有少量船只静静地在这里停靠。微风吹拂，鳞波涟涟，送来阵阵鱼腥和咸盐的气息。冷灰色的水面托起重色的码头，反衬出天空的明丽多彩。我压低视点以突显明朗的晴空，先用清水和稀释的橙黄色快速运笔薄涂浮云，趁半干时湿接天空，作自上而下的冷暖退晕，色彩纯度虽高，但由于相互渗化融合，产生了既丰富又稳定的色彩效果。深色的中景以紫灰色为基调，自左至右作相对冷暖和深浅的变化，高低起伏的塔楼和桅杆丰富了码头的天际轮廓。

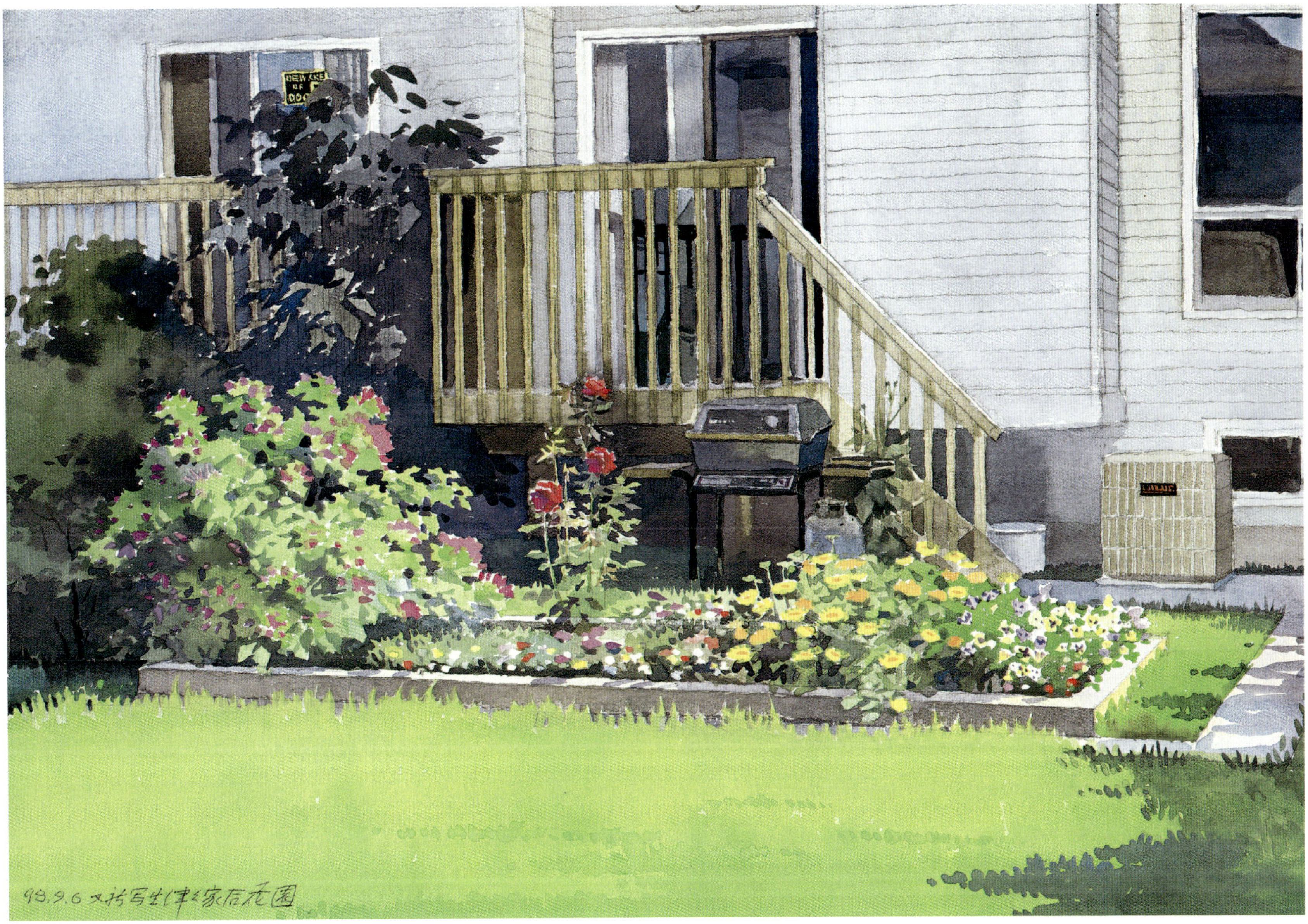

女儿家后花园（273mm×400mm）　　1998年

从祖国带去花籽菜种，撒在女儿家后花园内，竟然蔬菜满园，瓜果飘香，每晨可以采摘新鲜瓜菜。女婿用横木围成花台，各色鲜花已经盛开，花团锦簇，五彩缤纷，在绿草的映衬下，显得分外妖娆。引来蜂飞蝶舞，蜂鸟奏鸣。为突显艳丽的花丛，有意降低背衬树丛的色彩纯度，前景草坪用色亦宜单纯，近乎平涂，用以简衬繁的对比手法，反衬出百花竞相绽放的繁盛景象。

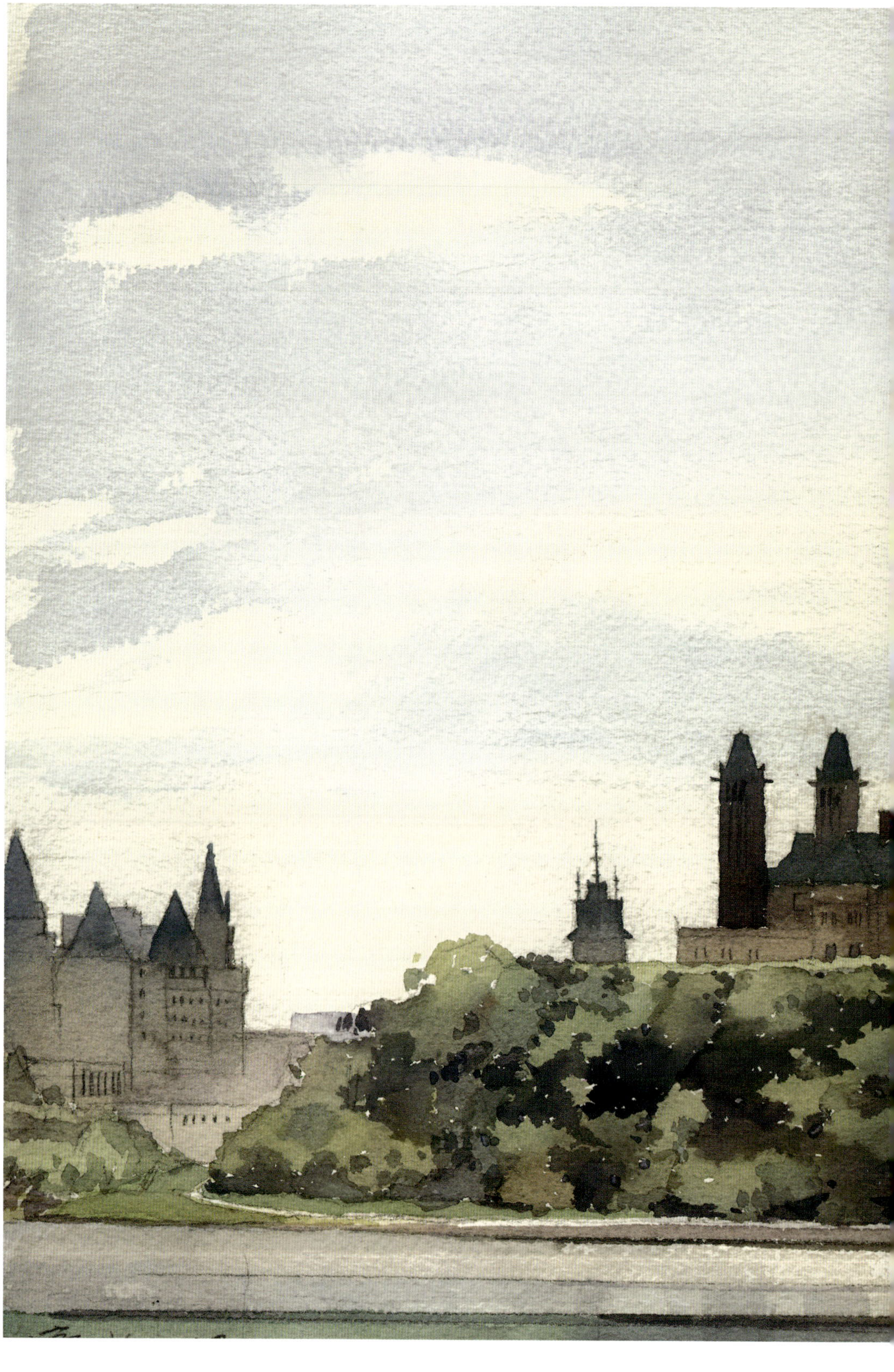

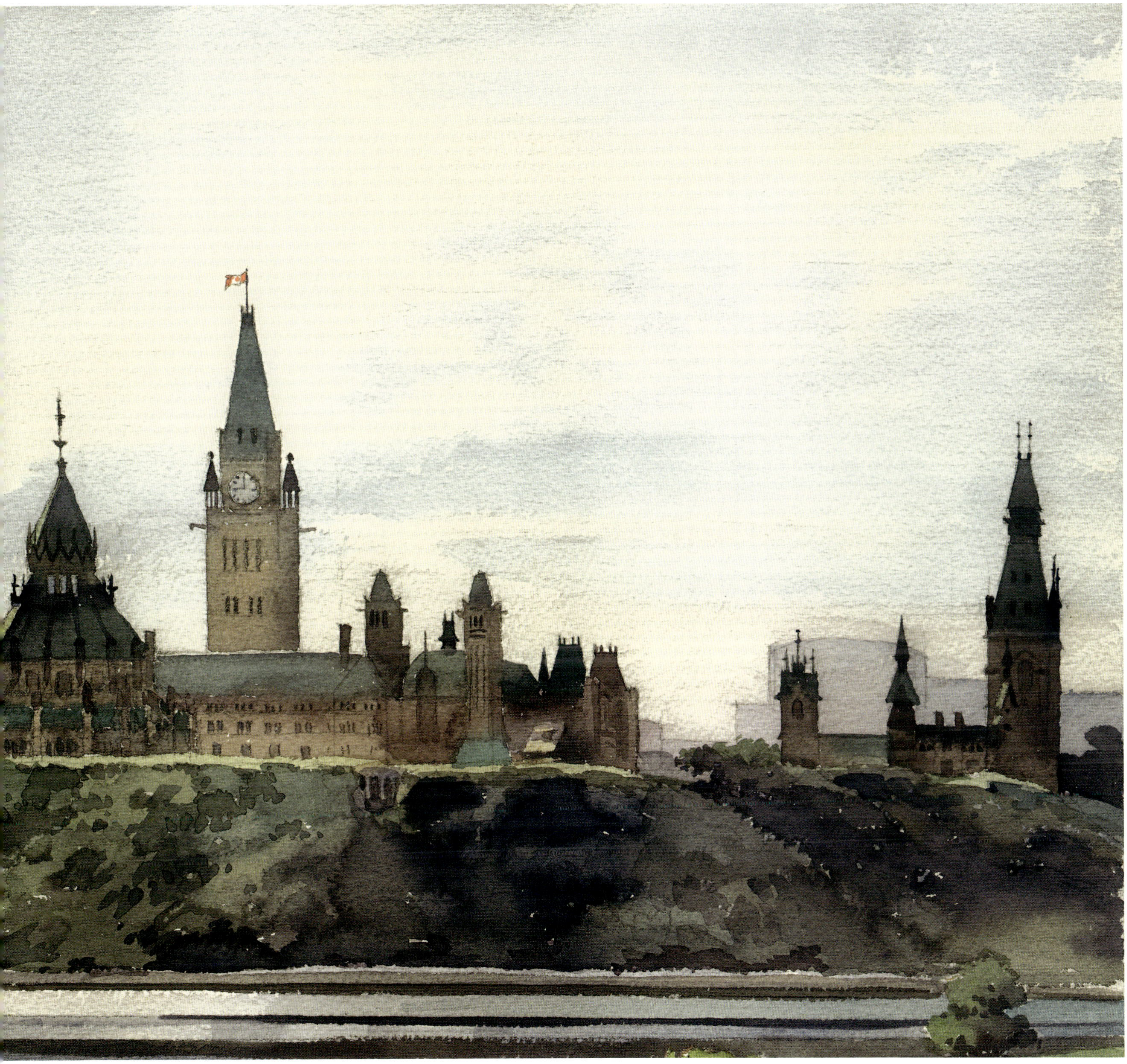

渥太华国会山（277mm × 509mm）　1998年

晴空万里，祥云飘逸，从文明博物馆隔水远眺国会山全景，这边风景独好。逆光的国会大厦与高地浑然一体，仿佛轻盈地漂浮在水面之上。各式塔楼排列有序，带着锋利的尖顶前呼后拥地簇拥着中心高塔直刺苍穹，形成一幅极富乐感的天际轮廓。本画着意在国会山的整体形象和环境氛围的营造，对建筑群作了最大限度的概括和提炼，用湿画法使色彩相互渗透，自然融合，以保持实体的浑然统一，淡淡的远景强化了画面的空间感。

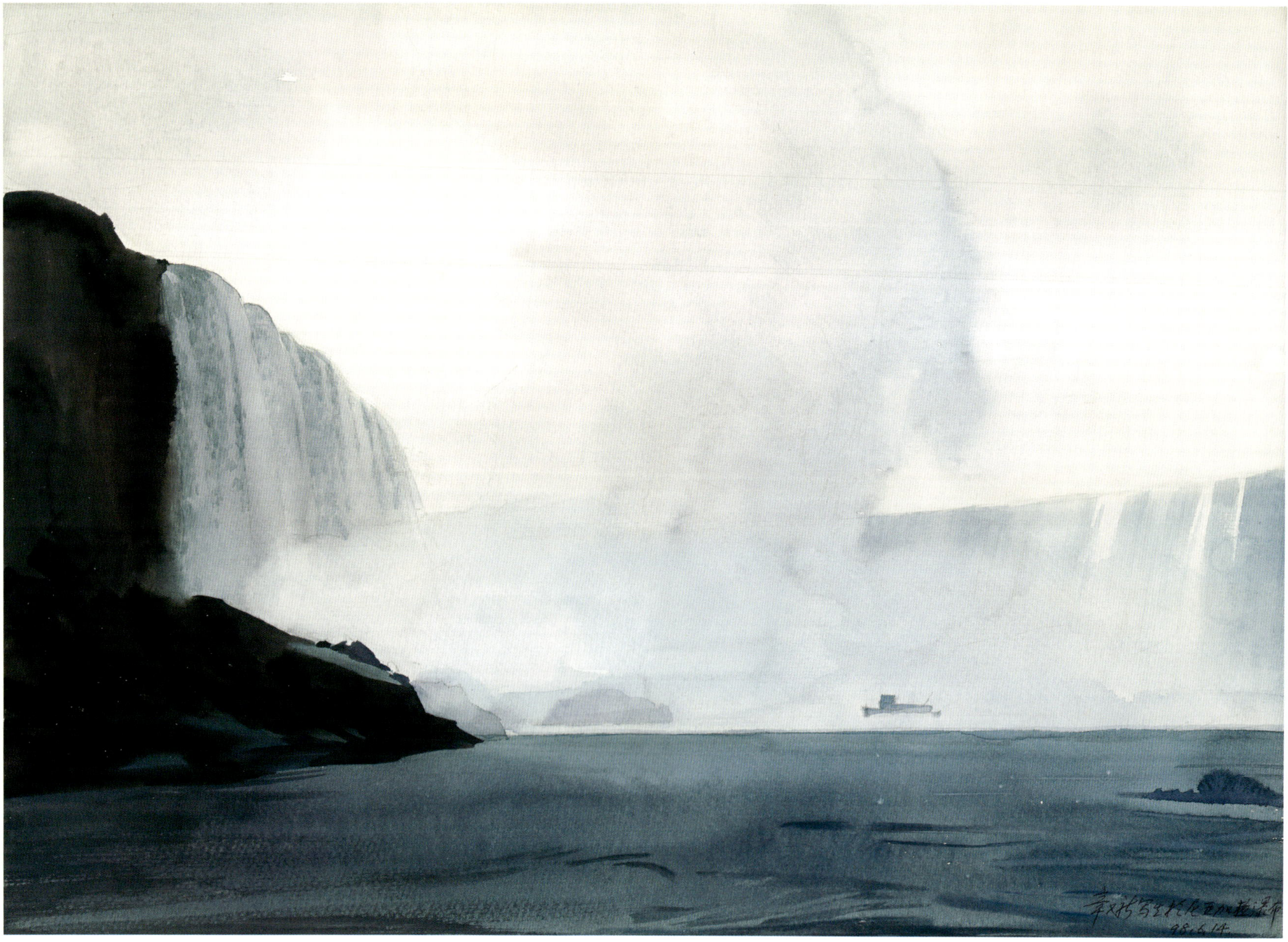

∧ 尼亚加拉大瀑布（371mm × 523mm）　　1998年

乘游轮从谷底身临其境地观赏大瀑布，气象万千、景色非凡。面宽600m的环形水幕自天而降，激起万丈烟云直冲霄汉，发出震耳欲聋的巨响，震撼人心。画面构图压低水面，以突显落差54m的飞瀑和冲天的烟云。在水雾迷漫中全景被统一在蓝灰色的色调之中，巨大的游轮犹如沧海一粟，在烟波飘忽的水面上若隐若现。全画用色单纯，并以湿画法绘之，待半干或全干时用含水量较少的画笔实其局部，取得虚实相生的艺术效果。天空薄染暖灰色反衬出清冷的水雾云烟，使画面冷暖相映，气韵生动。现场无法作画。返家后根据照片和想象创作此画。

> 玻璃幕墙中的渥太华街景（480mm × 331mm）　　1998年

渥太华的市容现代建筑常与传统建筑并存共融，相互辉映，寓对比于协调之中。映射在玻璃幕墙上的传统建筑倒影光怪陆离，扭曲变形，宛如自然天成的当代艺术，成了一道奇幻的城市景观。画面构图经营了块面的分割和色彩的构成，平直静止的线与扭曲流动的线若即若离贯穿其间，作为形式要素的点亦以其大小、疏密的布置使画面丰富多彩。

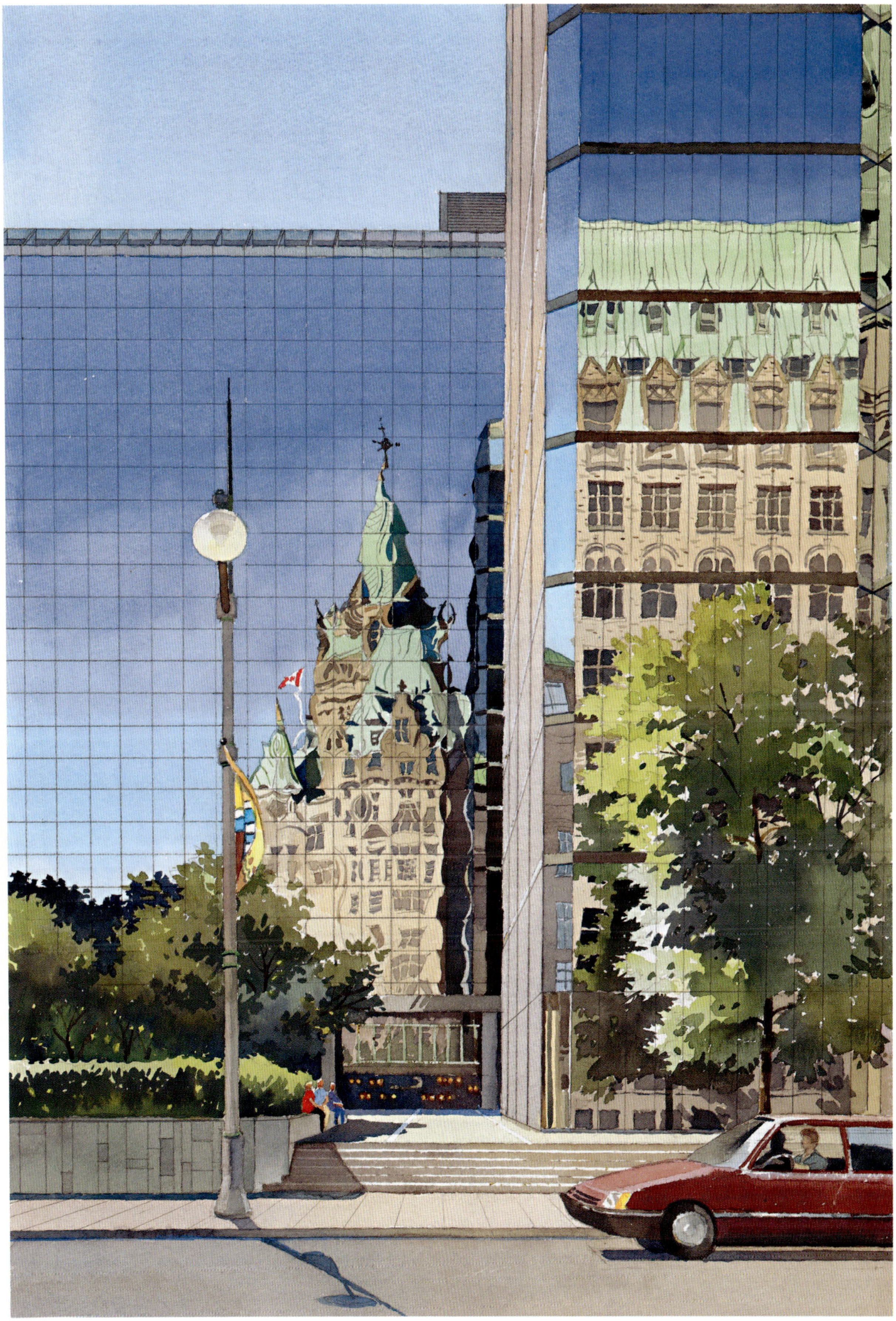

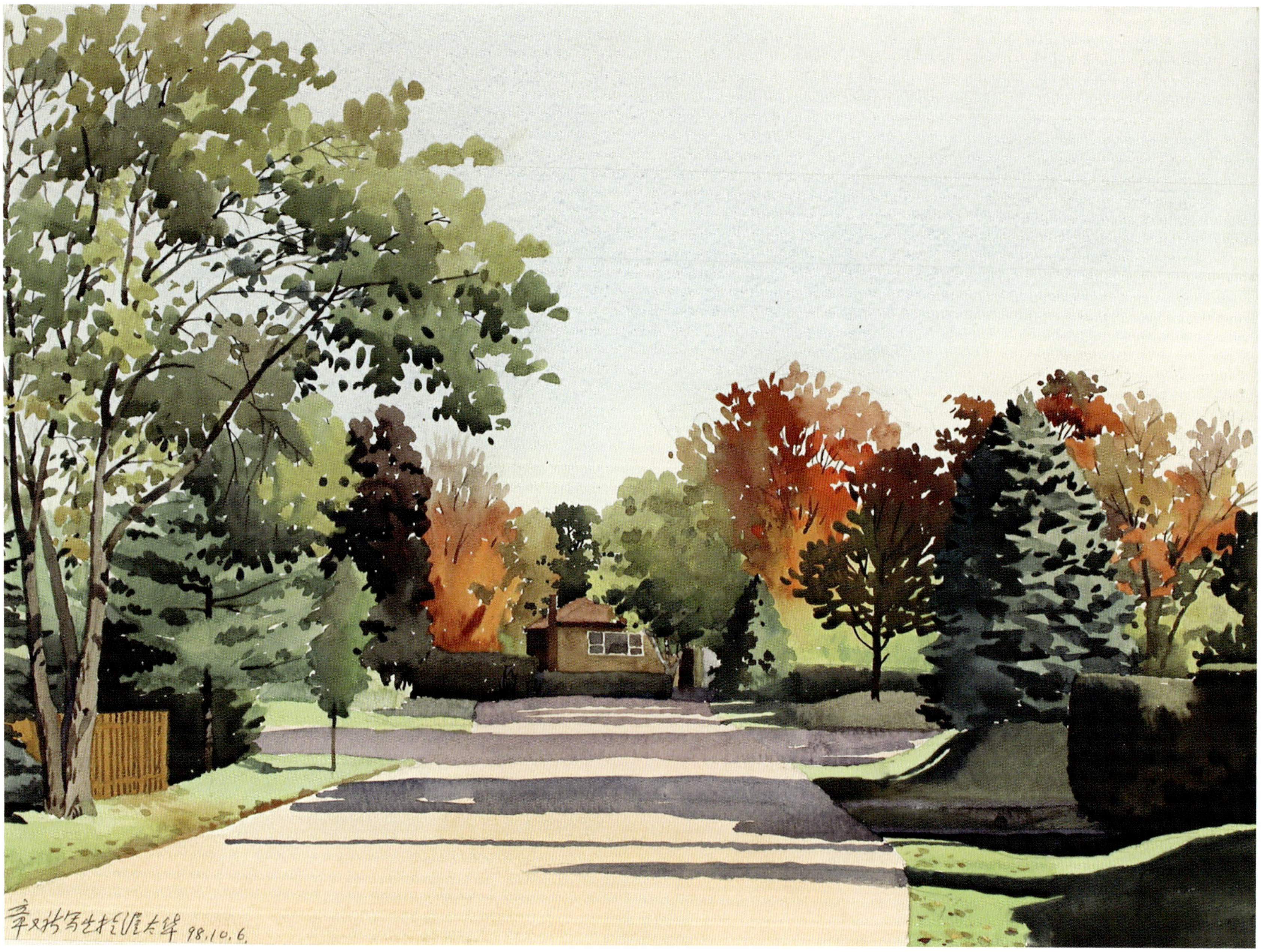

渥太华Broadview别墅区（350mm×483mm）　　1998年

中文学校建在恬静的Broadview别墅区内，周末送外孙女来此上课，总要欣赏园内景色。正值枫叶红遍，夹杂着青绿、褐紫、明黄、暖绿等各色树种交相辉映，织成一派色彩浓重，反差强烈的瑰丽景色。浅色的晴空反衬出形态丰富的树群，或高低错落左右顾盼，或刚柔相济前后交叠。借助于路面层层紫色树影有节奏地递进，把视线引向树荫深处的别墅宅院。近处木栅栏和植物、草坪等细节的刻画，增加了画面情深意远的境界。

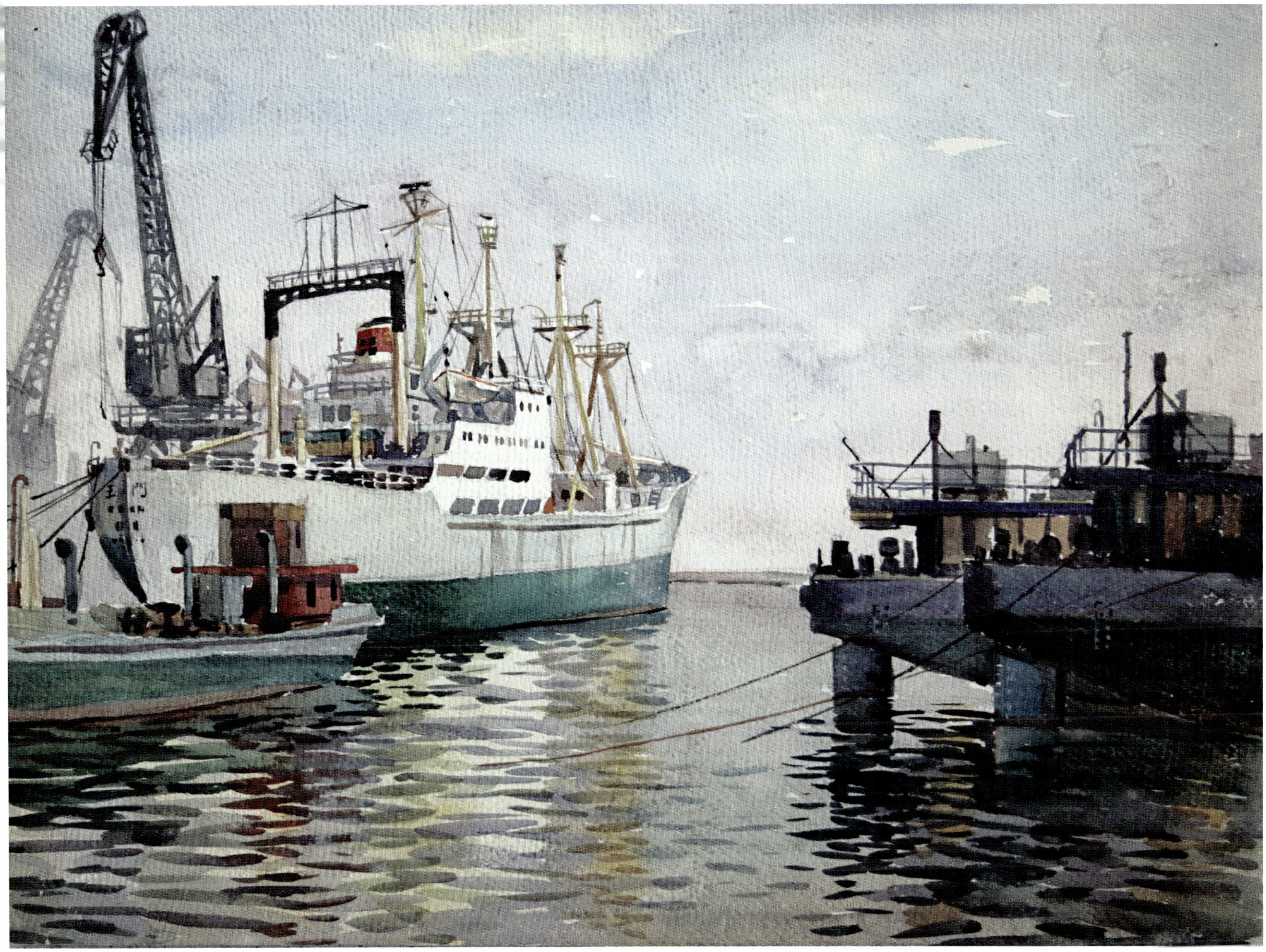

塘沽码头（274×376） 1974年

上世纪70年代中期，国门未开，鲜有外轮来此港湾。一艘绿白相间的货轮静静地停靠在塘沽码头正忙于卸货，送来了大洋彼岸的信息。港口在繁忙中稍显沉静，微风吹拂水面，碧波粼粼，扰动了色彩缤纷的船体倒影，构成动人的港湾景色，引起了我的注意。本画将外轮偏置左侧，其下方的运货驳船渲染了动态气氛，丰富了前后层次。处于阴影中右侧驳船码头色冷而重，拉开了空间距离，均衡了画面构图，并反衬出主体色彩的绚丽之美。

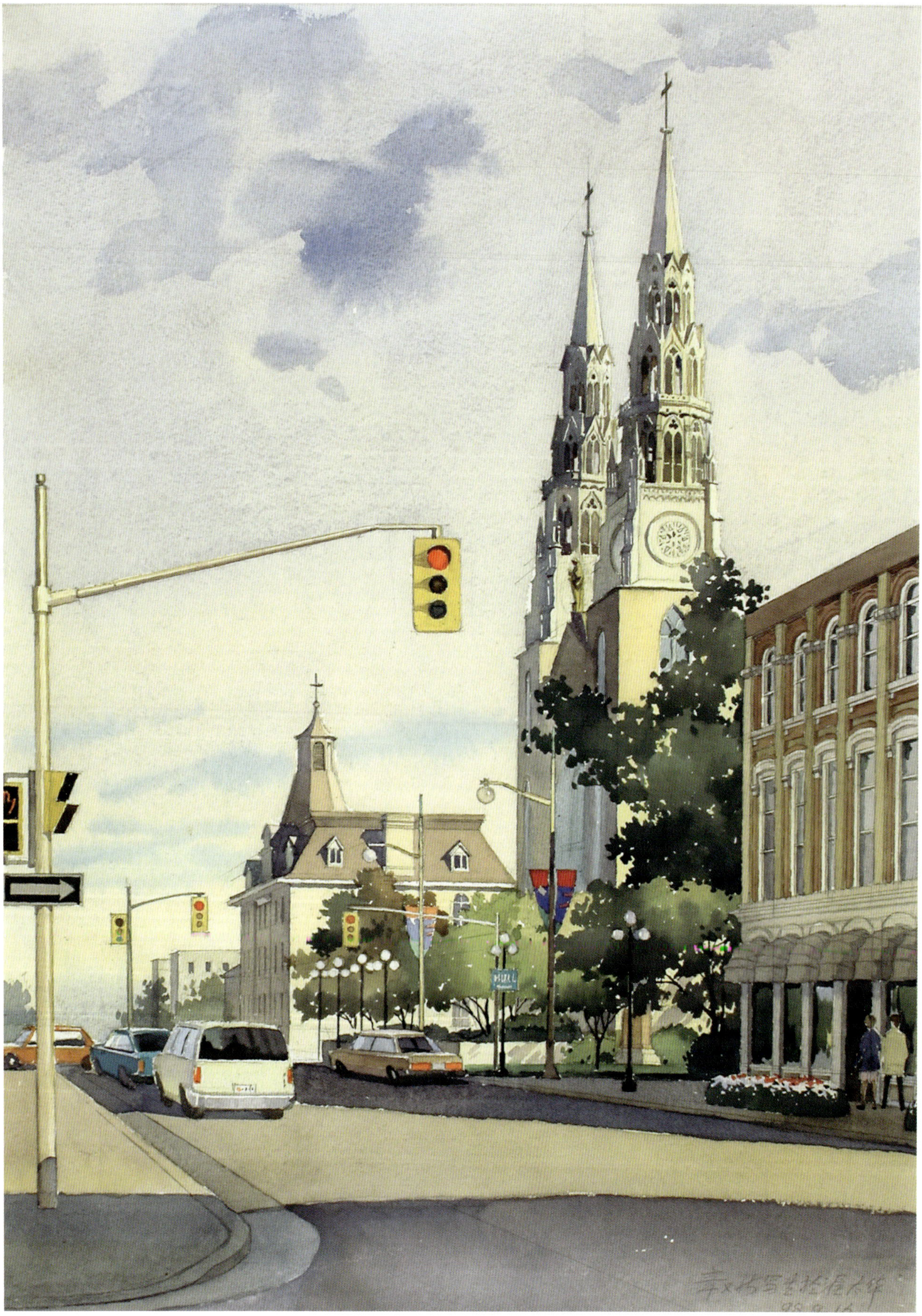

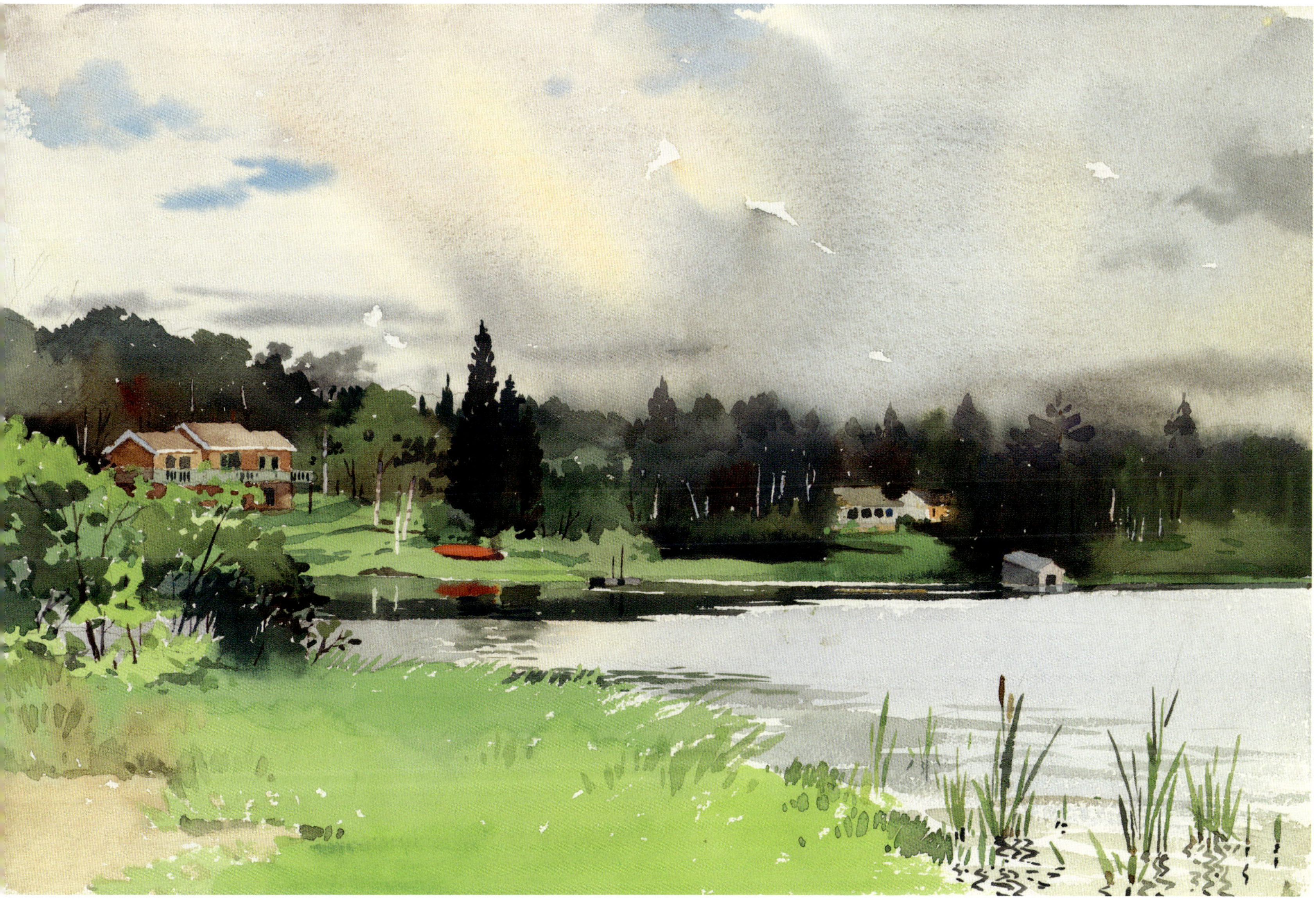

∧ 魁北克Jin度假村（304mm×458mm）　　1998年

骤雨方止，远方尚笼罩在迷蒙的雨雾之中，这边已是云开初霁，那清浅朦胧的别墅，那尚在滴水的树木，那新雨清洗的嫩草都在诉说着夏日经雨的情景。本画以湿画法为主，待半干时实其局部，使其虚实相生，明暗相映。近处雨后的树叶和草丛显得格外的苍翠欲滴，鲜嫩可爱，尽量敷以鲜亮的纯色，反衬出远处景色的繁密深幽。如镜的水面，用色单纯，层次隐隐，与白纸几乎浑然一体，在深色的包围中，湖面显出耀眼的光亮，以简单表现了无限，以无彩表现了有彩。

< 渥太华Sussex str. 大教堂（456mm×332mm）　　1998年

大教堂以其巍峨之躯坐镇于画面右侧的楼群之中，居高临下傲视万象，锋利的双塔高耸入云，守护着苍穹长空。本画以双塔作为刻画的重点，雕镂精巧的尖塔筋骨嶙峋，玲珑剔透，在暖色的阳光照射下金光熠熠。先用冷色从明暗交界处自上而下作出暗面，小心处理体面转折处的些微变化，特别要注意暗影中冷暖的趋势，受天光影响处则色偏冷而浅；室内反光处则色暖而重，敷色一遍以保持色彩的晶莹透明。建筑下部则虚化在朦胧的空气色中，与绿荫和配景相掩映。大片冷色的阴影反衬出画面的和煦阳光。薄而透亮的紫灰色云天烘托着暖色的受光面，薄云深处透出几抹蓝色天空，只是根据画面需要，信手拈来装点画面和平衡构图。

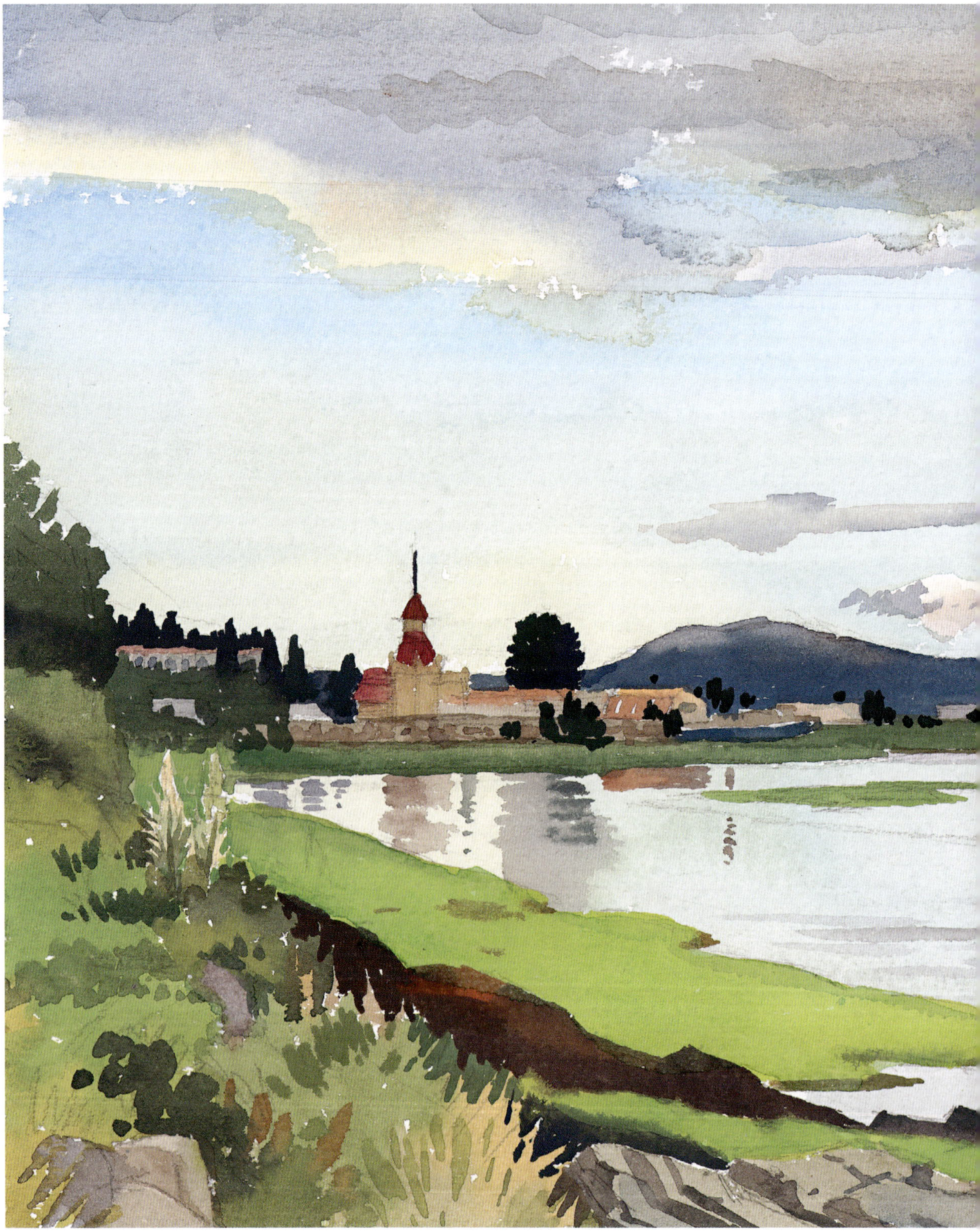

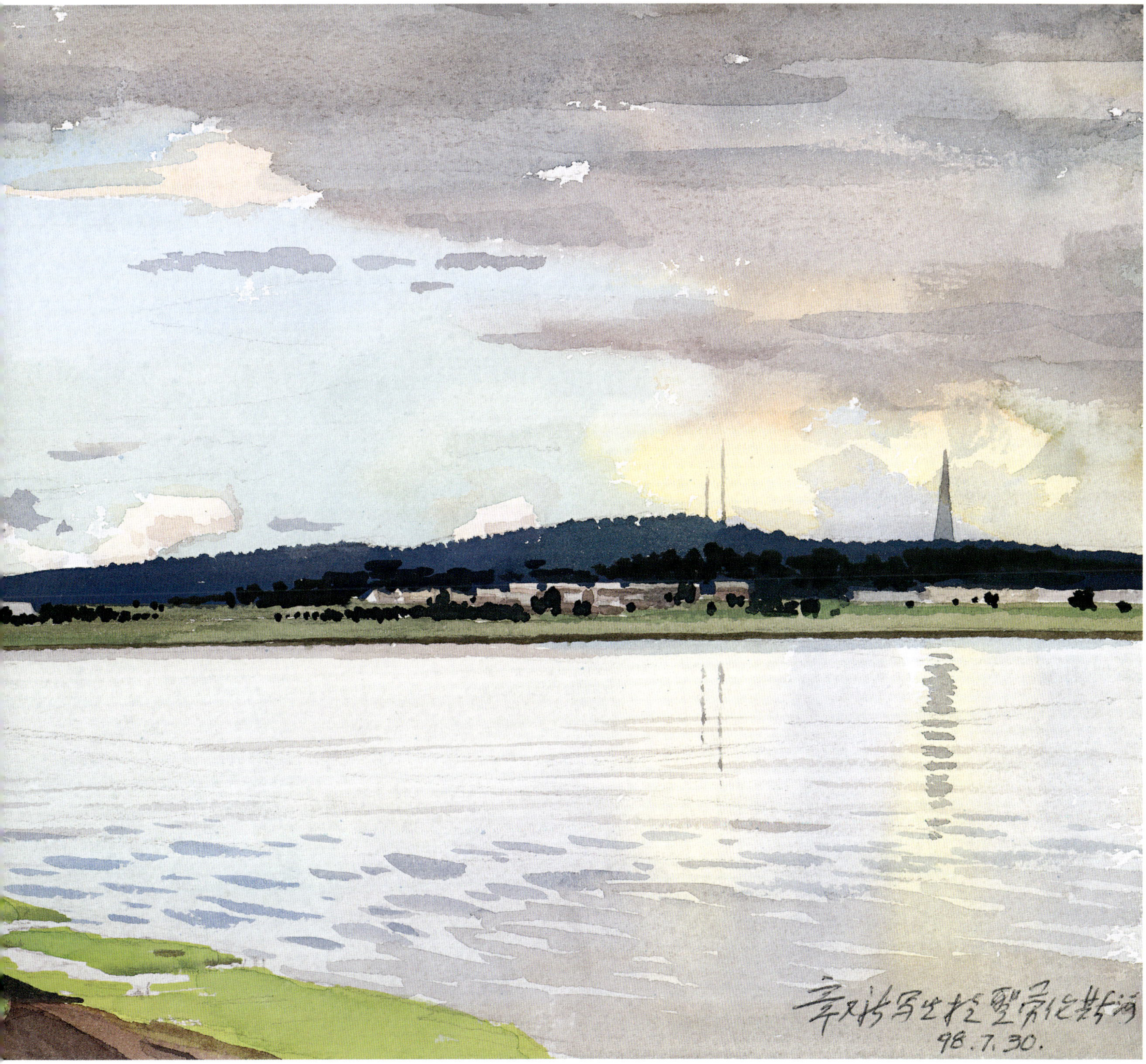

圣劳伦斯河入海口（226mm×458mm）　1998年

日已西斜，彩霞满天，圣劳伦斯河静静地流淌入海，难得留出一隅天际晴空，映衬出如诗如画的河山。画面横向展开，视野开阔，绵延不断的远山和川流不息的长河气势磅礴、舒展明坦。先画明净碧空，后染多变的云层，干湿并用，一气呵成。黛青色的远山浓重而幽深，趁湿点染墨绿的树群，挤出若隐若现的依稀村落，使其浑然一体，强化了深邃的三度空间。河水微波荡漾，水天相映，灵动的倒影时断时续，光影律动，变化无穷。深赭的近滩和丰茂的绿洲敷以重彩，草丛和石岸着意刻画，使画面充实耐看。前景和远景的透视线引向左侧的红顶殿堂，虽用笔概括简练，但却成了视觉焦点。

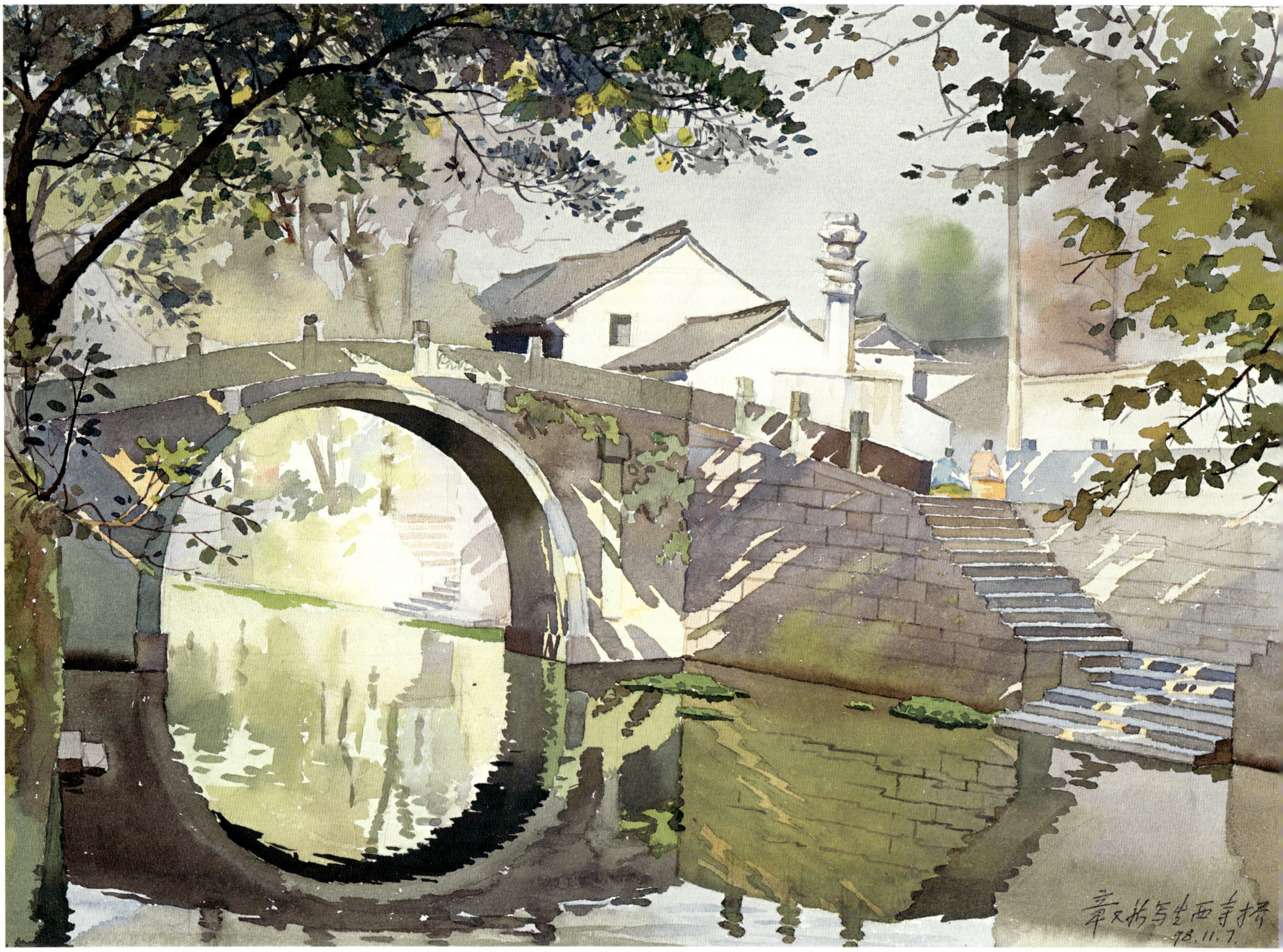

∧ 故乡情——海宁紫微桥（343mm×488mm） 1998年

故乡海宁双山毓秀，鹃水清幽，庭院深深，街巷纵横，积淀着深厚的文化底蕴，这是我梦系魂牵的故乡。紫微古桥位于西山之阳，横跨硖西河，是我60年前每天上学必经的地方，桥面上留下了我难忘的足迹。石桥石岸饱经岁月的沧桑，但风光依旧，唐代经幢兀立于桥北仍气宇昂然。白墙黛瓦的房舍鳞次栉比，绿叶茂密的古槐盘根屈曲，浓影洒满桥身两岸。先用冷色画出大片树影，依顺入射方向留出空白光点。透过深色的桥洞远景依稀，色彩明丽。用水宜饱和，运笔应概括洗练，反衬出深邃的景深，留下令人想象的空间。旅加半载，思乡心切，归里省亲写生此景，以抒发浓郁乡情。

> 故居——硖石王家弄（486mm×337mm） 1998年

高高的封火墙间挤出一条悠长的小弄。除了黑色的墙门洞和墙顶一窄条黑色盖瓦外全是白色的实墙。墙内庭院便是我童年居住的地方。历经70余年的漫长岁月，千里来寻故地，小弄已满目疮痍，墙皮剥落、水渍满布，背阴处长满了青苔，构成了斑驳的自然肌理。我用双眼慰抚着久违的故居，寻找童年熟悉的痕迹。本画选用灰色调，以其深浅、冷暖的微变和对比手法表现出江南民居独具的素雅气质。用湿画法作出墙面的冷暖变化，干后用枯笔叠加出自然形成的二次肌理，最后用小笔收拾细节。黑白灰元素的错综组合，构成了童年未曾觉察的故乡之美。

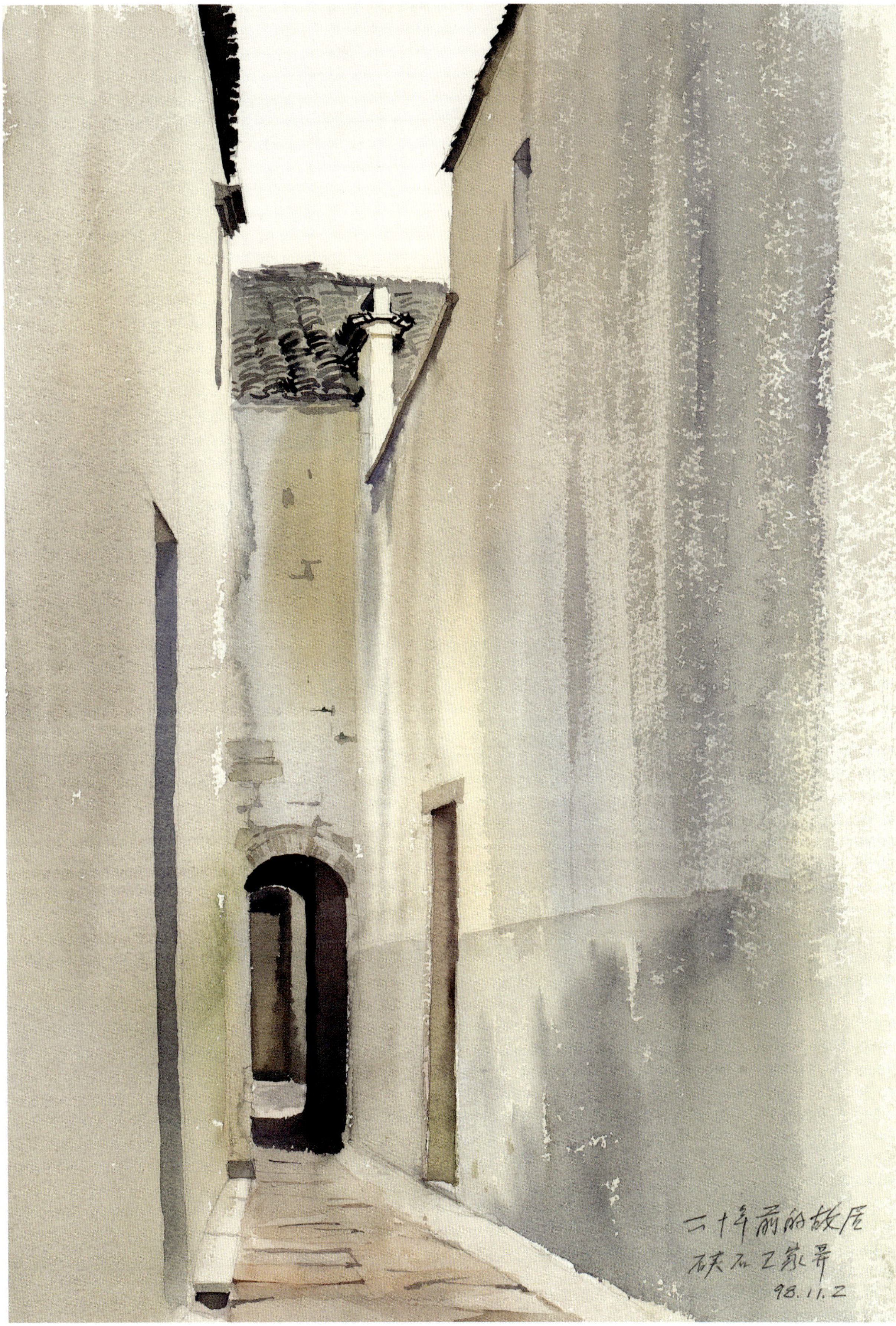
二十年前的故居
硖石 丁家弄
98.11.2

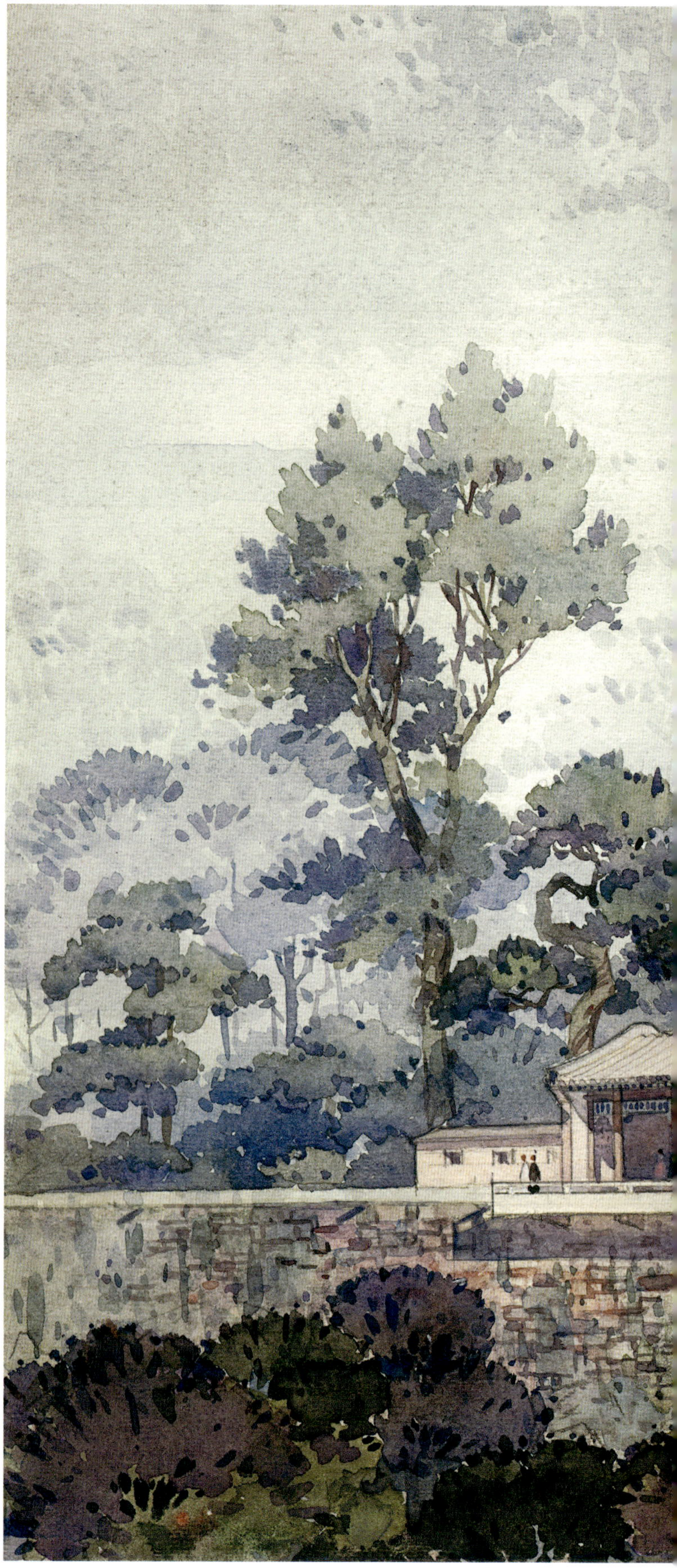

蓟县盘山规划设计方案（270mm×400mm）　　1978年

本图为盘山天成寺景区规划设计水彩渲染效果图。天成寺位于盘山中部，背山面涧，古树幽深。在规划设计中拟恢复原佛寺院落，与舍利塔自成一景，使其与大自然的融汇中协调共生。沿左侧石蹬道登临景区平台，苍翠树林与塔影相互映衬，表现出千姿百态之壮观景色，成为全画的视觉中心。为了强化前后空间层次，淡化了背衬的翠屏峰滞重的身影，两峰间仅留出薄而透亮的一角天空，层层白云缓缓流向远方。画面须注意整体性，处处不失冷暖节奏，寓多变于单纯之中，在黄褐、青绿的色调变化中人工建筑相应稍暖，以使建筑轮廓与自然景观若即若离，清晰可辨。用笔力求凝重，用色亦宜沉着稳定，以表现出深远、茂密、古朴之幽情。

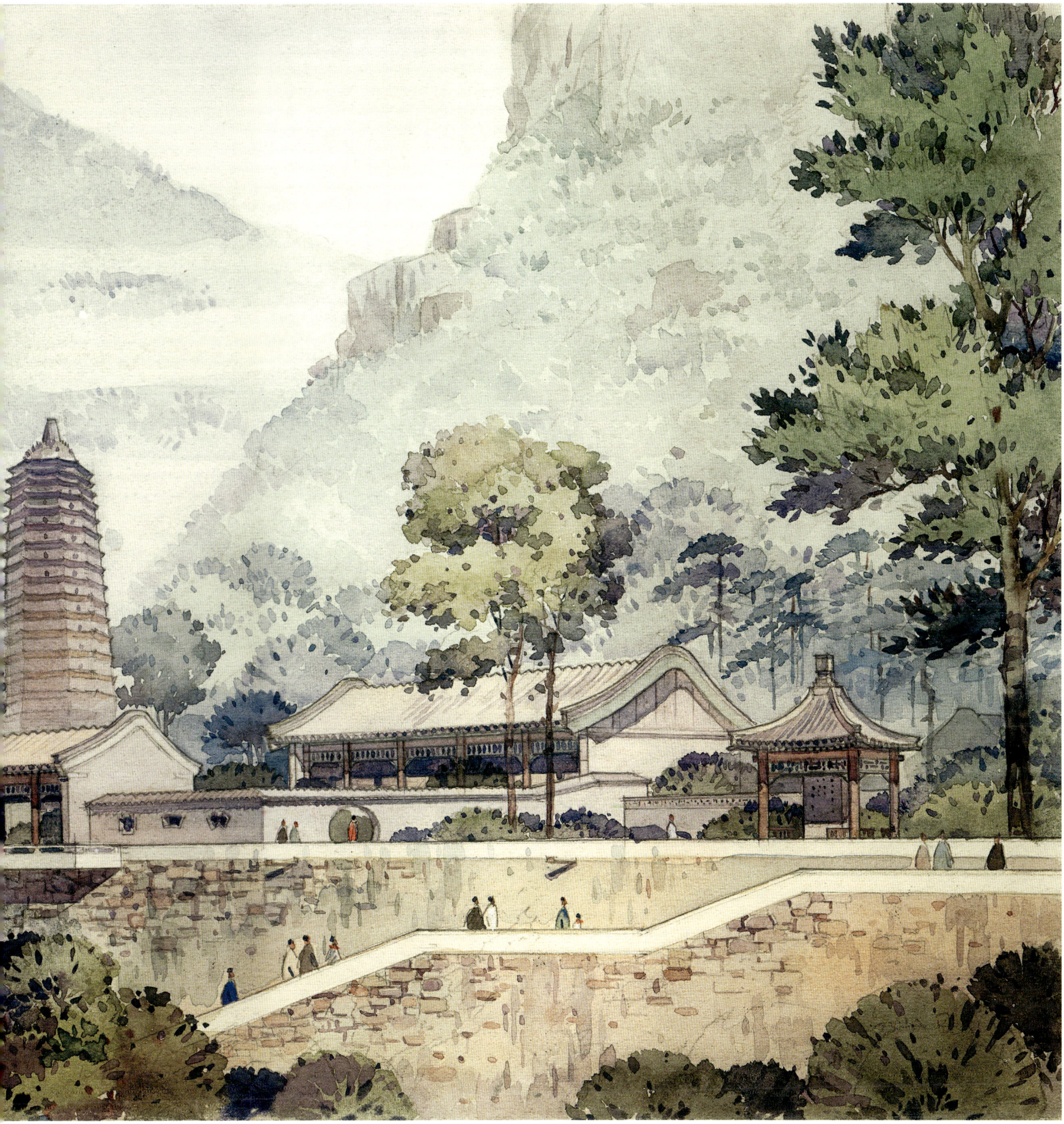

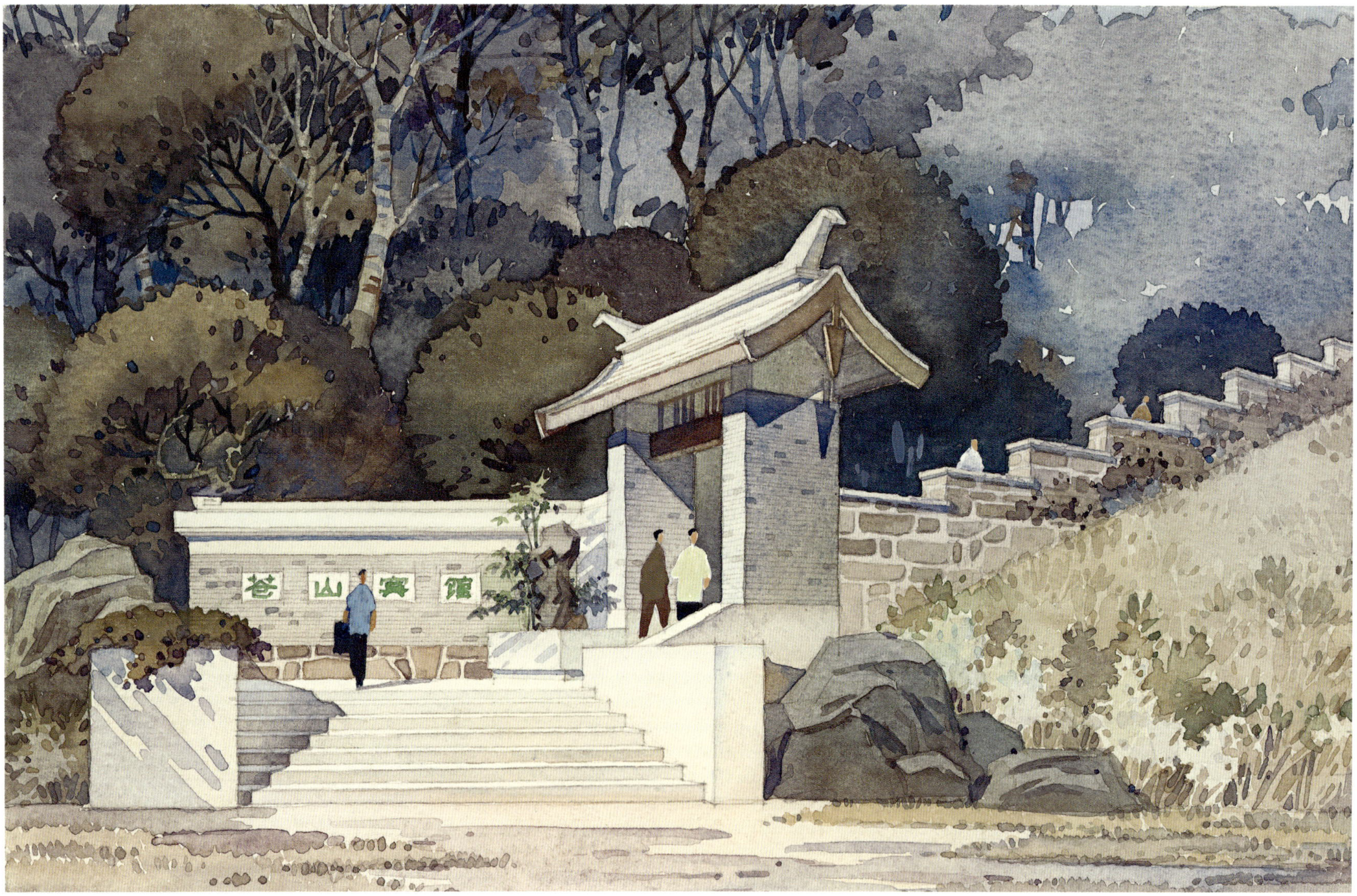

^ 苍山宾馆入口门楼（173mm × 268mm）　1983年

本图为入口门楼之水彩渲染效果图。色彩取前明后暗的构图布局，门楼及其下方平台、影壁及台阶均光亮鲜明，加之对砖石的细心刻画，使其非常突出。背衬的后方树丛整体上虽压在暗色调中，然亦用前亮后暗分出空间层次，疏密有致的树干枝条穿插其间，明暗交叠，相互映衬，形成幽深多变又不喧宾夺主的背景效果。全画色彩亦是前暖后冷，然而冷中有暖、暖中亦有冷，产生丰满和谐的画面统一感。在笔意的虚实上，前紧后松与左紧右松相结合。实之处，突出主体，亦使视点正前方的纵深感得以强化；虚之处，表现出山区特有的空濛景象。

> 苍山宾馆入口蹬道（249mm × 191mm）　1983年

本图为入口蹬道水彩渲染效果图。为表现台地的高度感和纵深感，将焦点集中于上方亭子左侧、下方近半的大片近景，形备而色虚。左侧高树富有弹性的枝干向右侧伸展，有力打破了由于中心透视可能带来的板滞。而树枝掩映中隐约可见的馆舍和方亭因之而联系在一起，台阶和护墙亦因之而有斑斑落影。我想通过这种张弛得宜，虚实相衬的处理使眼前的小景增添引人入胜的情趣。色彩取褐黄色调，而随处渗入蓝紫色则为秋景所常见。用色力求透明，用笔亦宜准确，尽量使整个画面既亲近耐看，又轻盈悦目。

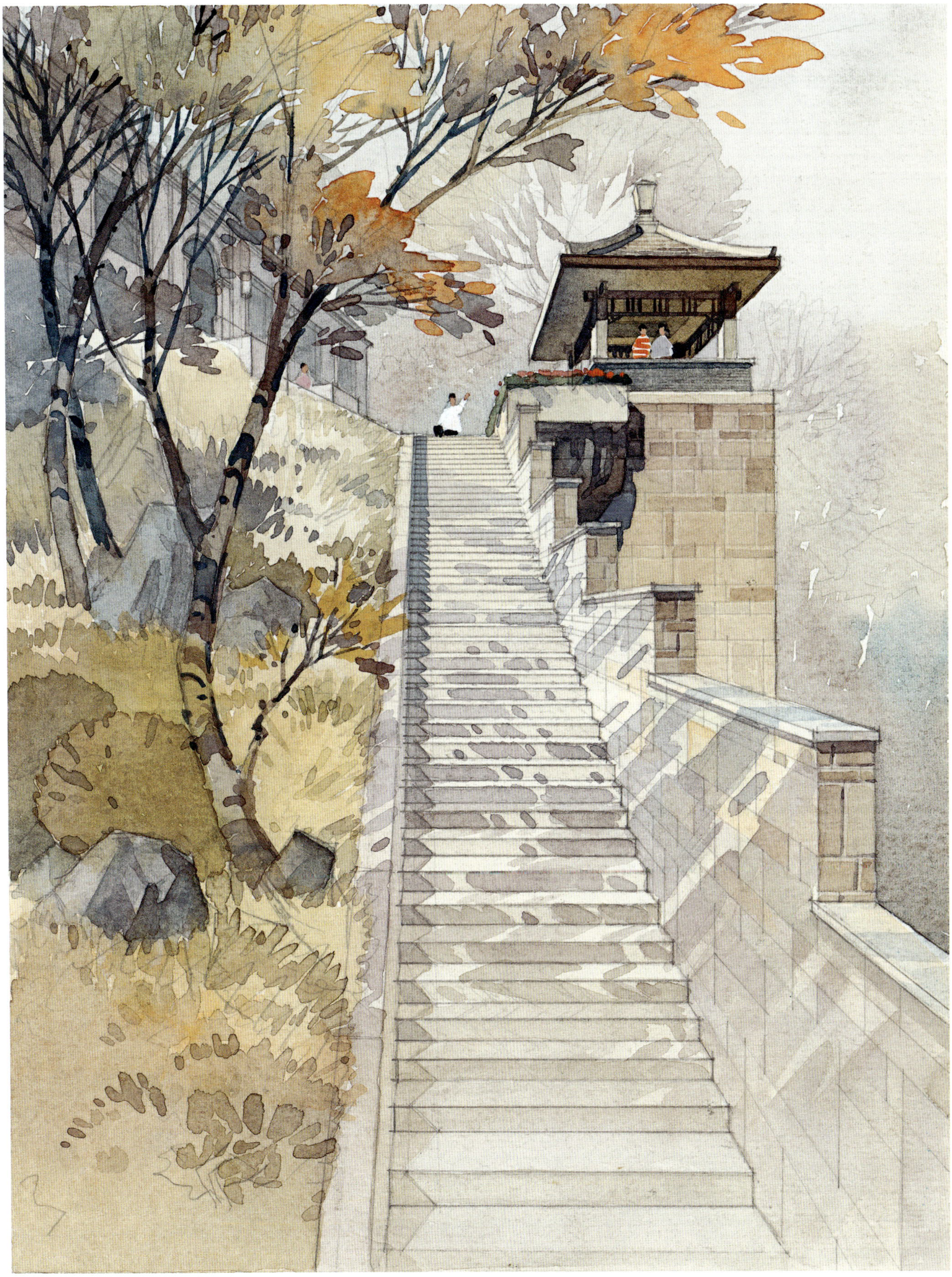

解析示例一

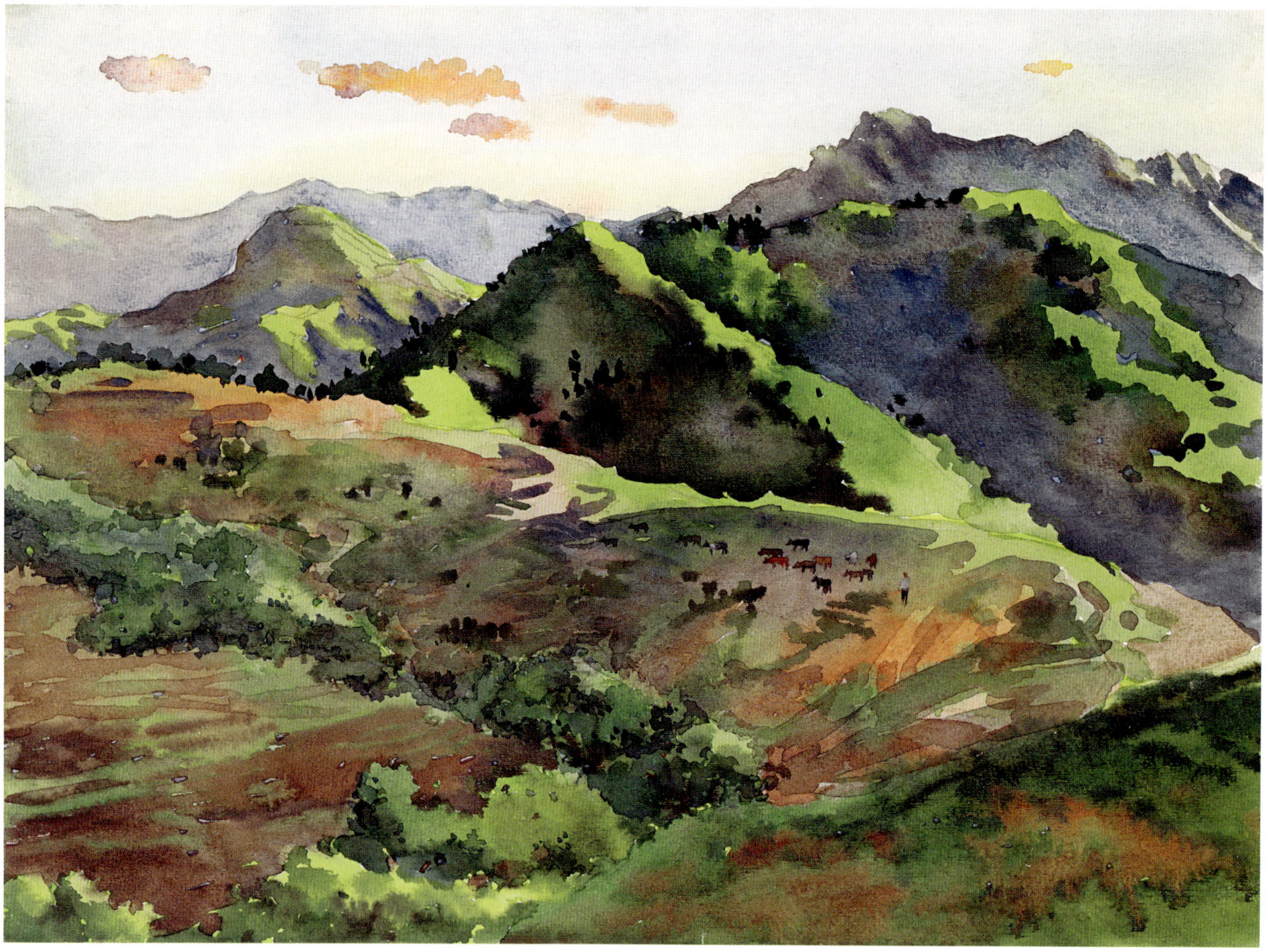

画面以层层叠叠的群山为主体，突出表现大自然清新深远的主题。画面表现的是在清晨，连绵起伏的群山错落有致，逆光下的瞬间性效果把大部分山体上的树木、牛羊笼罩在清冷可感的朦胧之中，近处景物饱满、丰富，中景山丘个性分明，远处的景色苍茫辽远。好一派冷峻清新的自然之景。

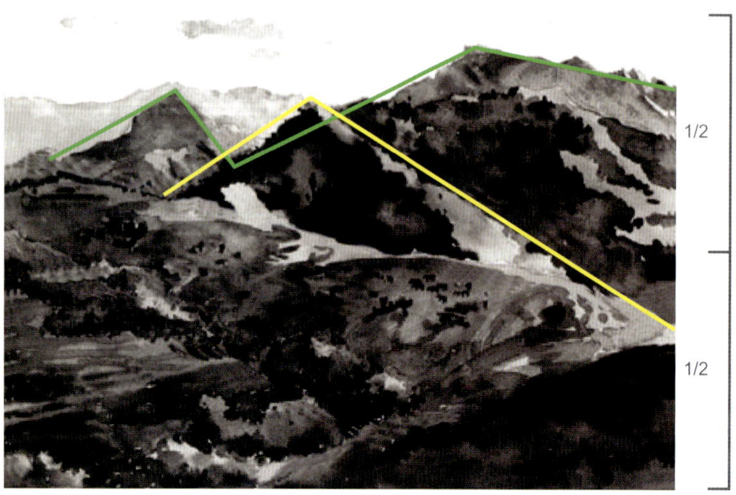

画面构图整体，层次丰富，仅有群山与天空两块单纯的自然之景布满画面。近景轮廓斜置于画面1/2处，形象饱满，局部景致处理耐人寻味，中景的山丘轮廓线、明暗交界线向上方交汇形成挺拔的三角体使画面增强活力，远处山峦轮廓线蜿蜒平缓，使整个画面协调、整体，平稳、静谧。

清晨的逆光使整个山体亮暖暗冷，且近暖远冷，天空偏暖，将画面空间推远。树与植物呈绿色，山体与云是赭红色，形成补色对比。

山体的亮面偏赭黄色，暗面偏蓝紫色，植物的亮面偏草绿色，暗面偏蓝绿色，色光色彩的运用使形象氛围真实可感。

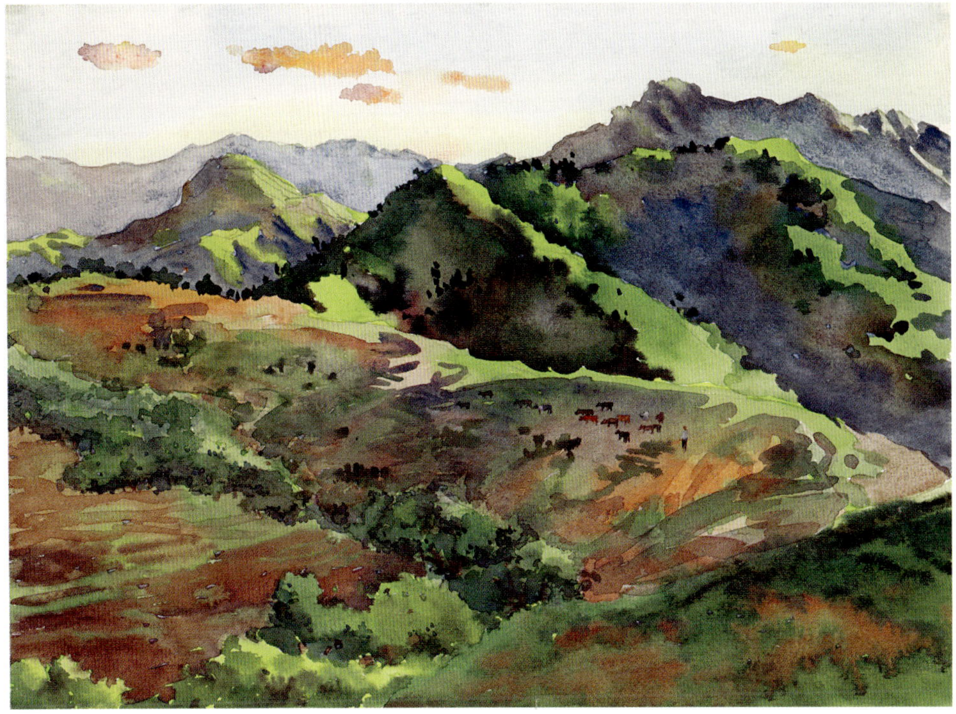

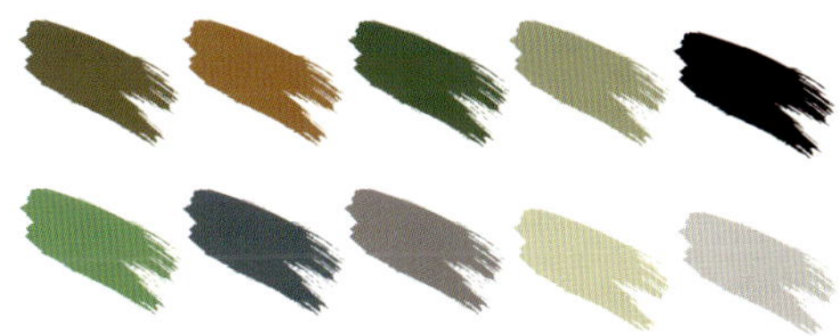

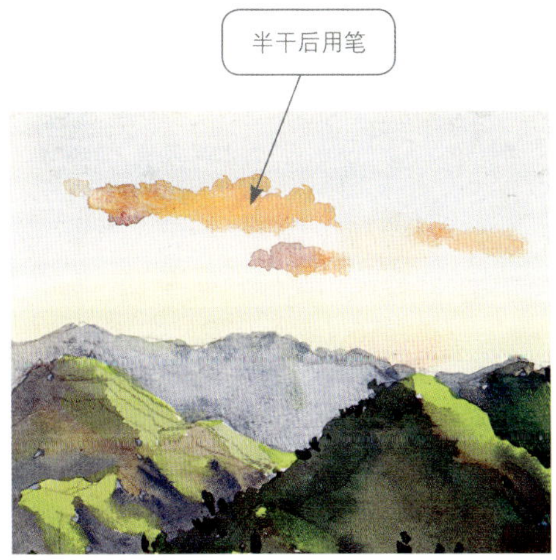

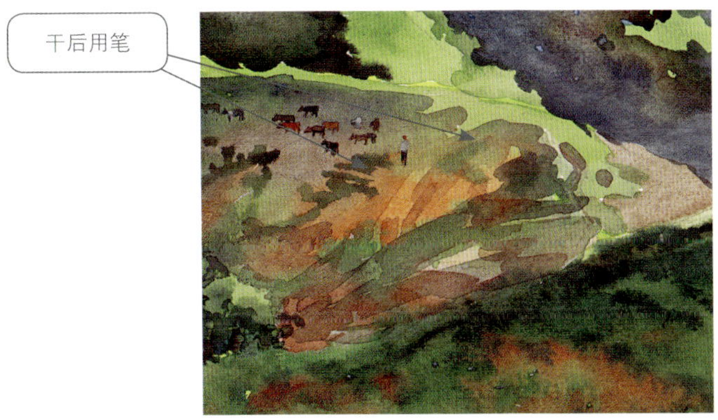

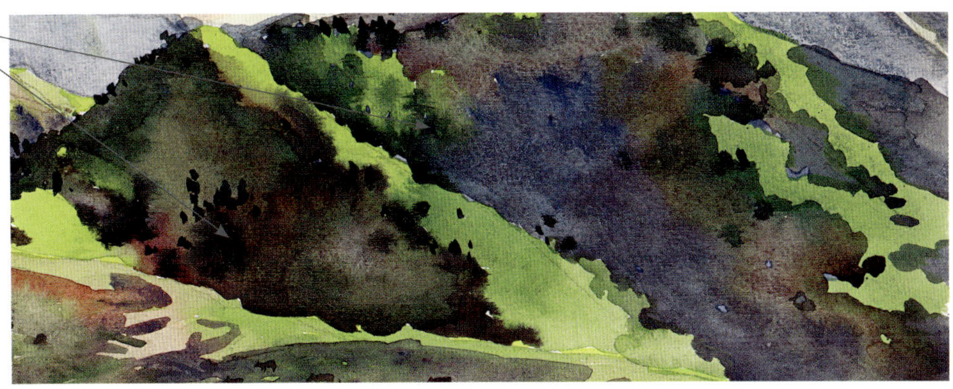

通过对规律性 、自然性的兼顾，较好地控制住了整体与局部的关系层次，步骤清晰，即兴完成；干湿用笔时机的把握、虚实对比的处理、运笔的方式都很得当，效果耐人寻味；近景山体暗面颜色运用得丰富、饱满而整体，关系的处理、性质和秩序的把握是该画中待解的重要课题；山体的明暗交界线的形状、虚实和干湿机会的把握恰当有效。

解析示例二

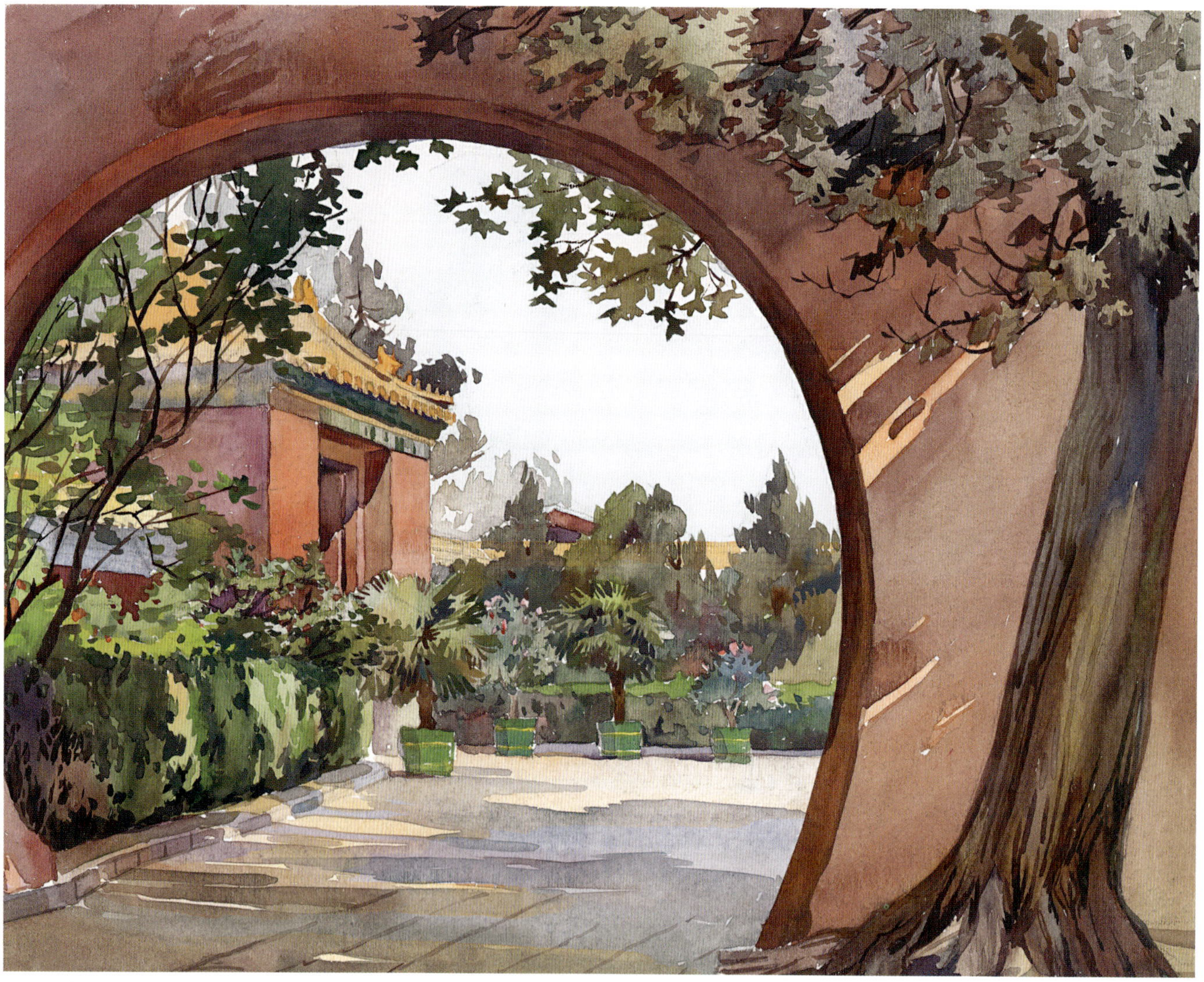

该作品以建筑院落的一角为主体，但却以画面深处的建筑和灌木丛为主题。画面的特色是借用中国园林中的符号元素月亮门，把画面剪切成两个主要的层次空间，月亮门虽稍偏左，但右侧的一棵大树使画面结构均衡、整体、生动、有趣，从而突出了中国建筑构思意韵的主题。

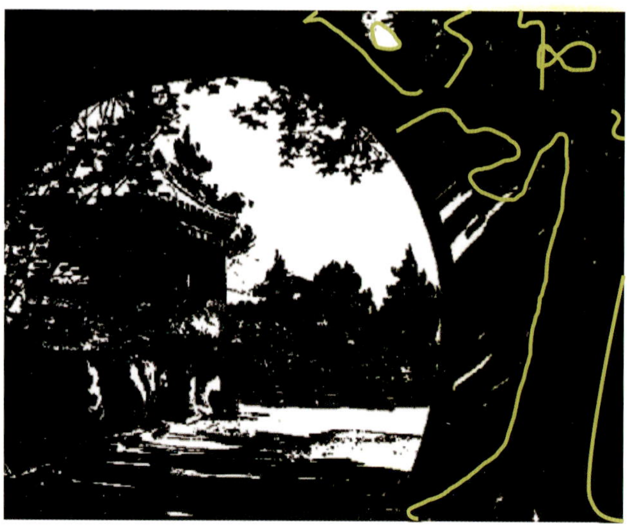

月亮门巧妙地运用成为画面景观取景构图的天然方法，使画面的经营生动有趣，将画面分出大的黑白和前后空间层次使画面形式更感强烈、明确。月亮门及所囊括的画面主体偏左，右侧的大树才使得画面的结构均衡生动。

通过黑白对比使画面形象明确具体并拉开了进深的空间，画面结构稳定。

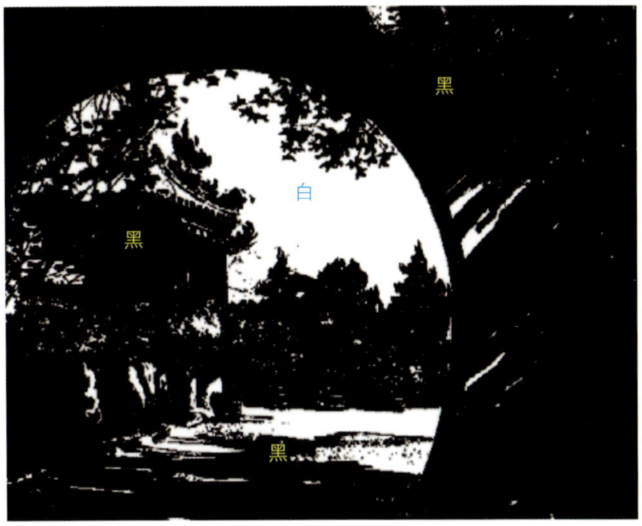

画面颜色以单纯、古朴的红绿黄为主，对比强烈，使画面效果赋予张力。但这对补色纯度偏低，又向对方的颜色倾向渗透，红色向黄紫色局部变通，在红色与绿色区域分别有小面积红紫和蓝紫嵌套其中，使画面的色彩协调，构成均衡。

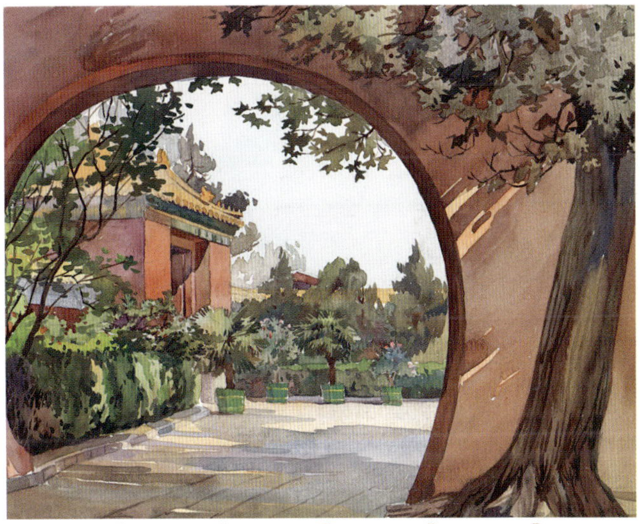

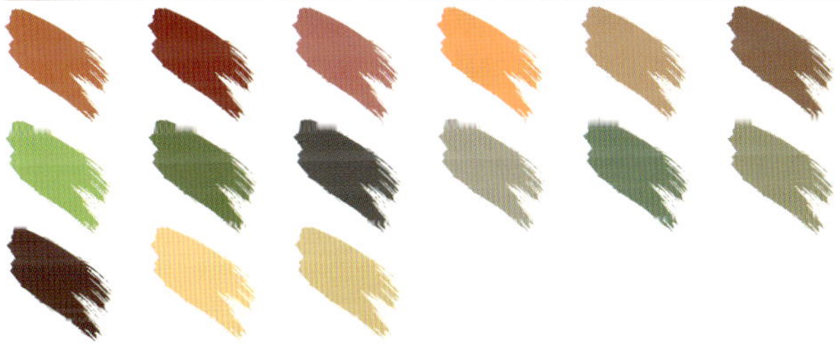

大的形式关系明确，画面主体部分层次过渡细腻丰富，笔法、色相、冷暖渐变微妙有序，使画面的效果集中到主体上。

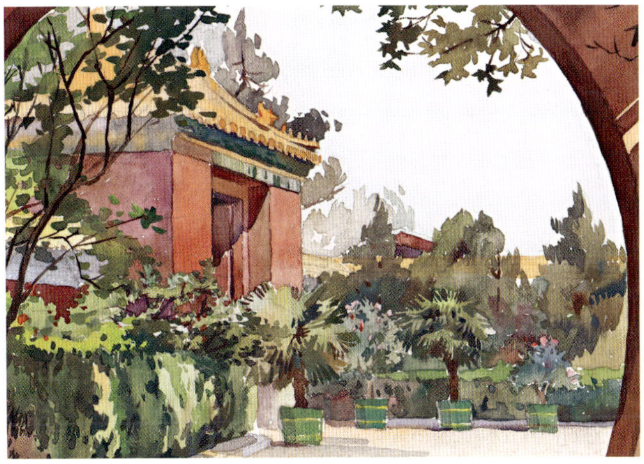

解析示例三

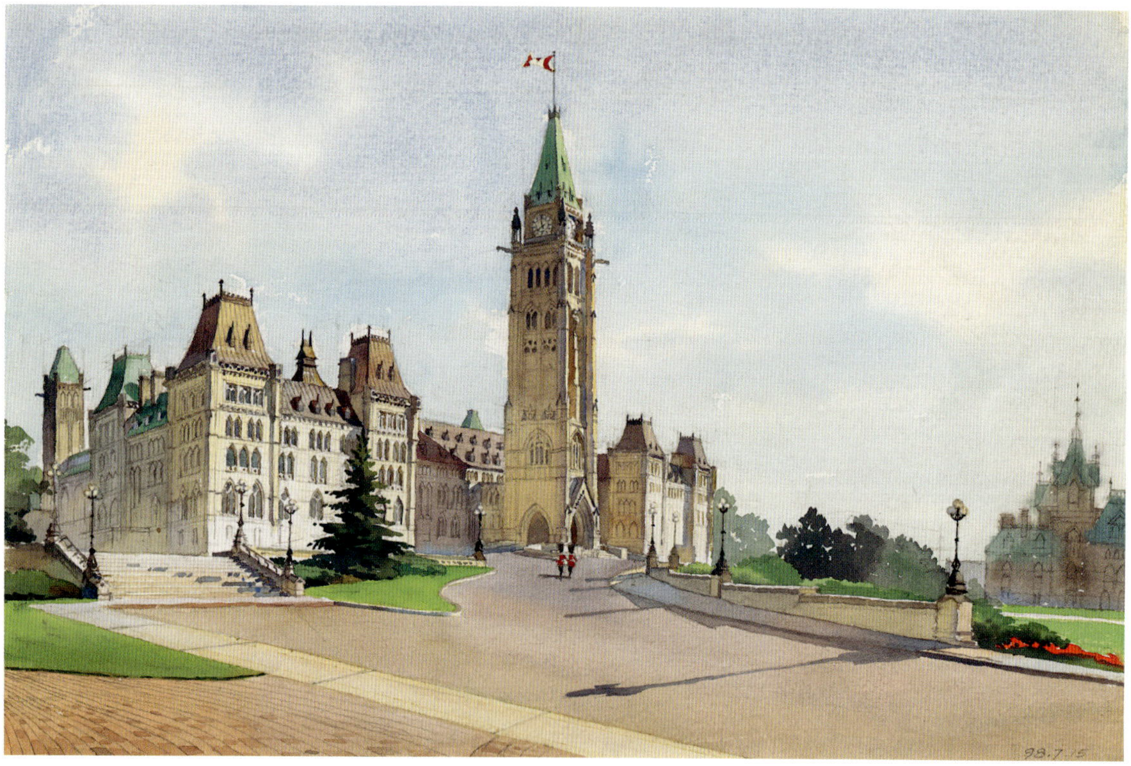

该画的内容是以建筑群落为主体，但主题所指是高耸的尖塔，画面中表现的是一个初春的上午，高空中弥漫薄薄的云气，大地上到处都洒满了明丽的阳光。水气升腾，万物复苏，蕴蓄着无限的生机。透过清新的空气，位于高岗之上的建筑，形影生动、细节清晰。

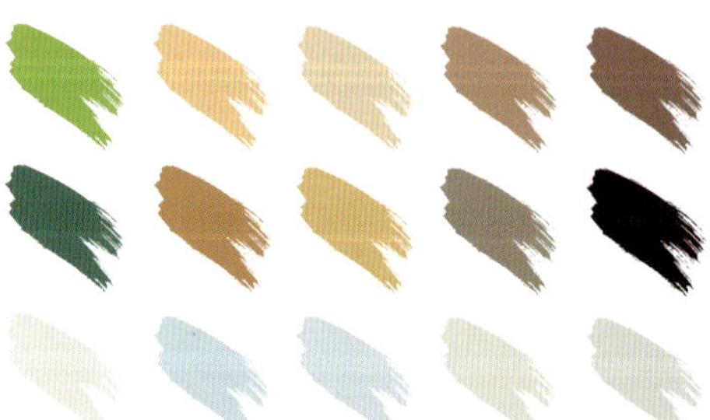

前景色

中景色

背景色

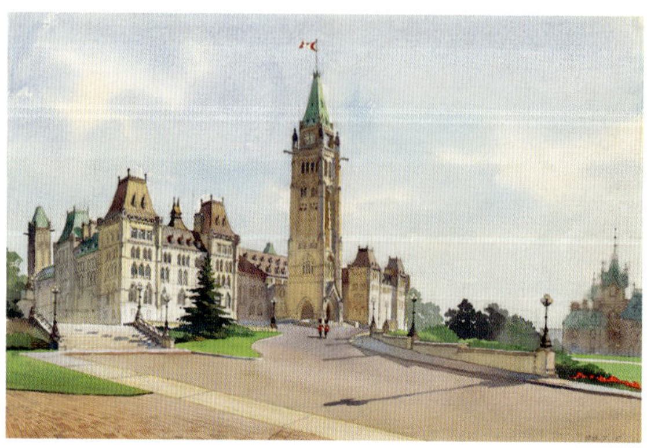

画面中的前景色、中景色和远景色间有相类似的色相呼应，这有利于整体的和谐统一；但背景色的纯度降低，各种对比减弱，加之前景形色概括，才把形态具体、各种关系微妙和对比强烈的中景衬托出来。

自上而下的明暗和虚实对比使画面中的形象和氛围轻松明确；强化大地色彩对建筑的影响，增强了画面的光感和艺术表现力。建筑群轮廓的三角形骨架特征增强了画面构图的稳定感，向上扬起并集向空中一点的动势指向升华了教堂建筑的主题。

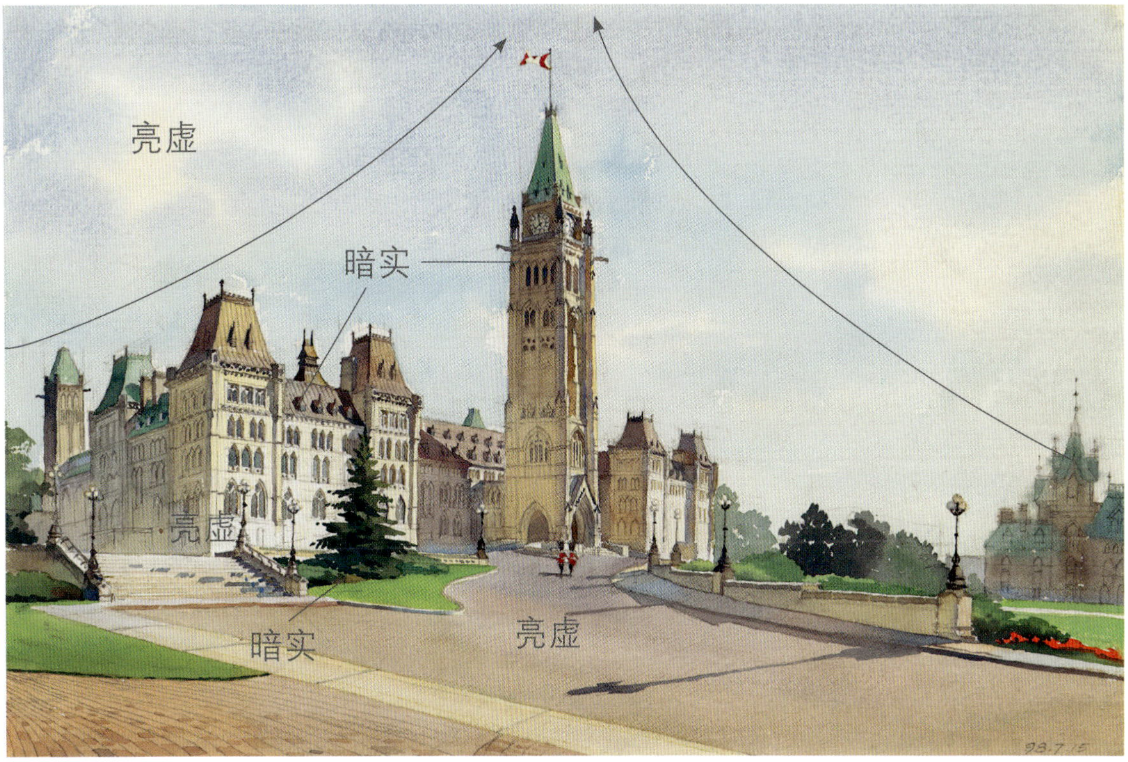

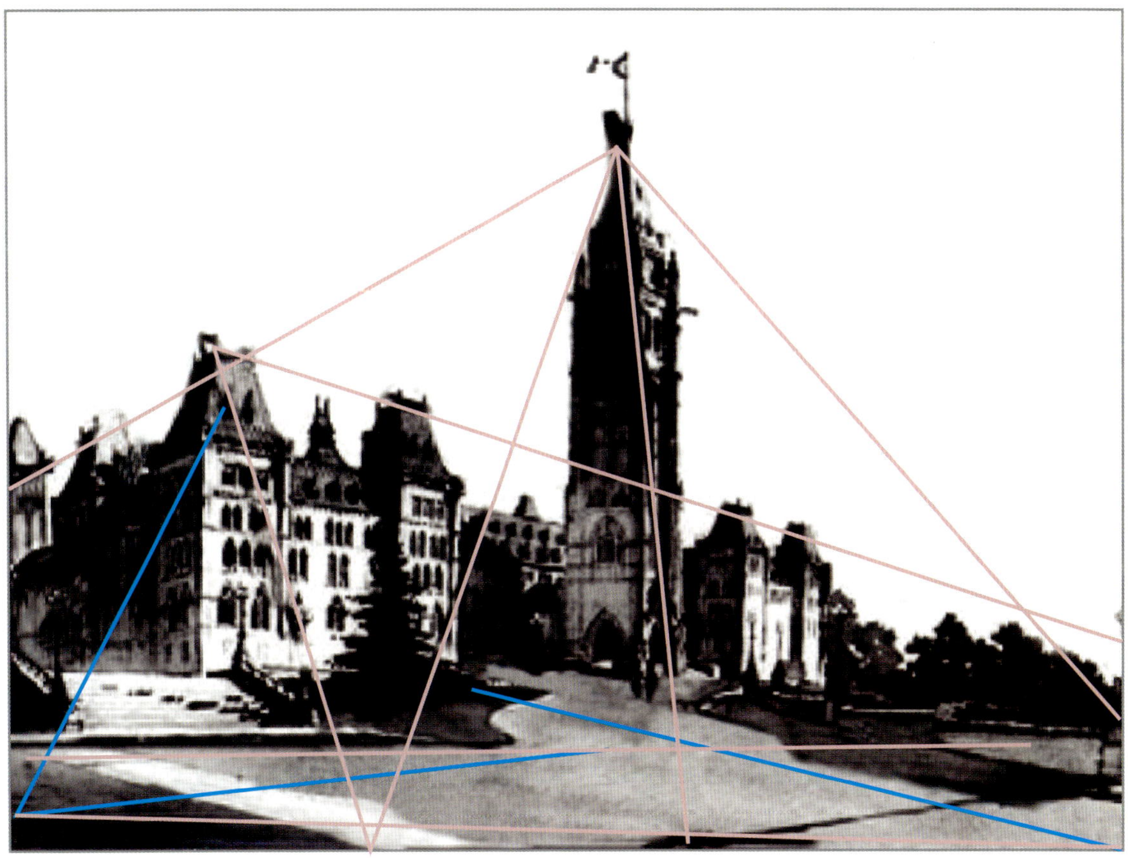

三向维度的三角形骨架关系增强了画面的空间感与稳定感。

解析示例四

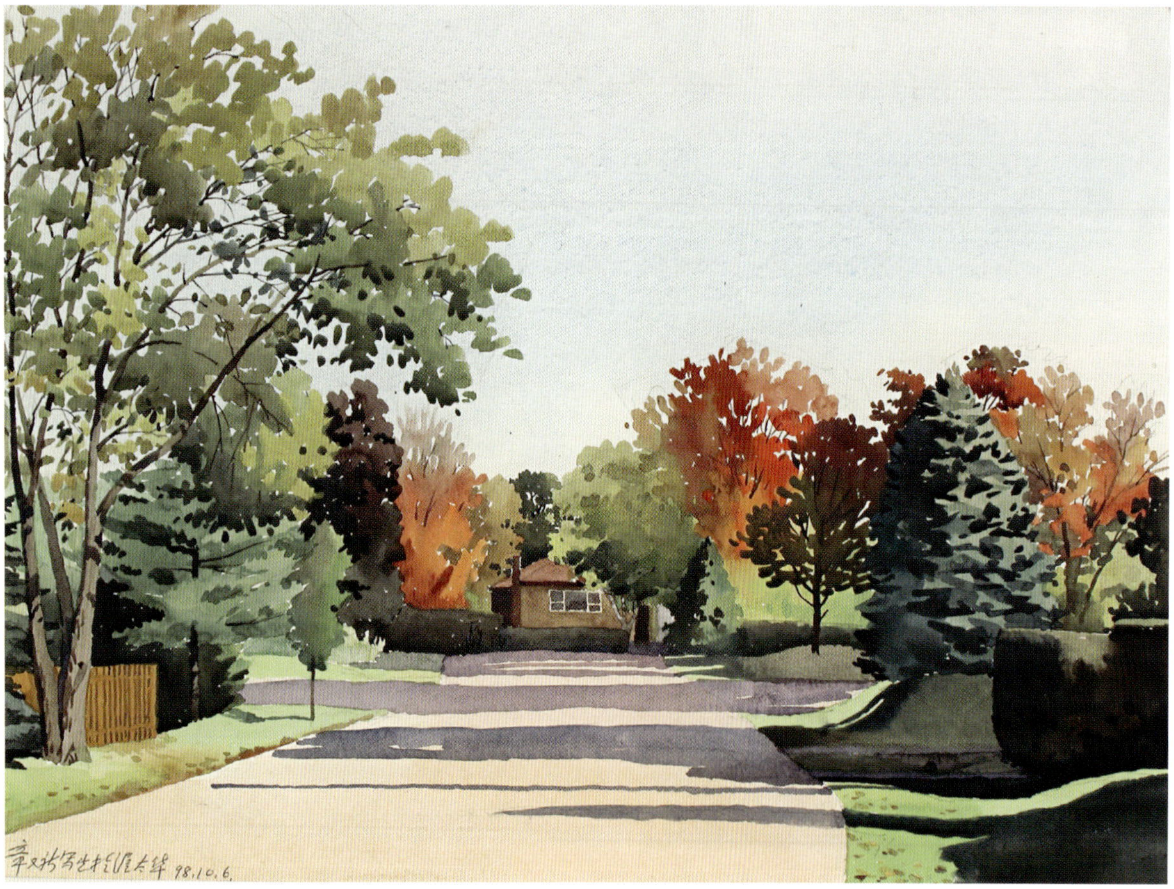

该作品以秋天的树林为主体，但主题却是树林掩映中的木屋住宅。天气近秋，层林初染，层层叠叠的树林、秋高气爽的天空、安闲静谧的空气，光影悠闲地洒落在平坦的甬路上，处于画面中心的木屋隐藏在树林深处，而左下部一角木栅栏提示出画外尚有人家——一派闲适宜人的居住环境，一幅典型的现代理想生活画卷。

画面以暖绿色为基调，以橘红、黄作为对比色，笼罩在温暖祥和的气氛中。

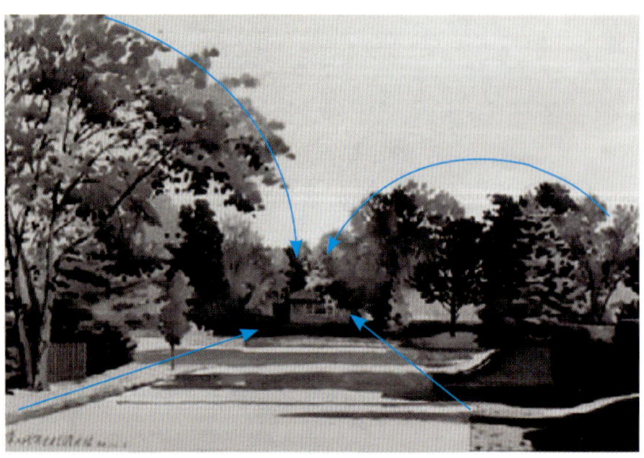

画面构图运用道路的透视线和树冠的轮廓线自然形成的引导线，将观者的视线引向画面中心——木屋住宅。画面采用一点透视，视觉中心即是灭点。透视线的消失方向正指向画的主题——隐匿在树林深处的小木屋。

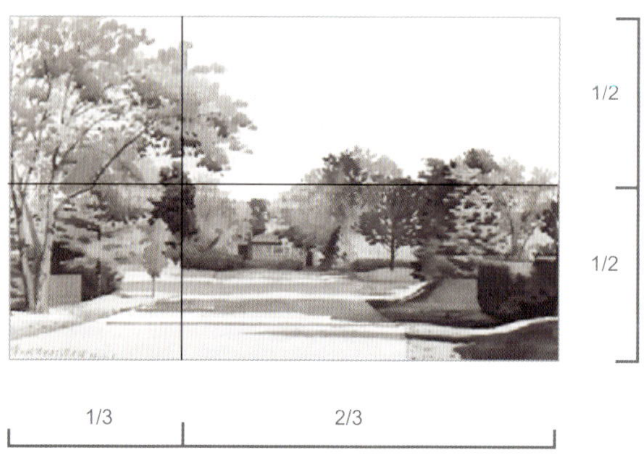

画家在对画面的几何分割中，使自然无序的树木产生了明确的秩序感和严谨的层次。画面中远处树冠大体构成一条水平直线，并且处于画面高度的1/2处，而作为画面主题的小木屋正好被安排在接近画面的中心位置，这样的构图安排可使画面产生平衡的感觉，突出了作品中安逸、稳定的主题。

画面在水平方向分为对等的1/2，这在构图上是非常稳定的一种结构，很少直接采用。为了使画面生动，富有动感，画面左侧的大树起到关键的作用，它使画面在竖向上分成1/3：2/3的结构，形成了一个偏向左侧的非对称格式，使画面产生了动感，赋予变化和生气，并且在树干的方向和树叶的用笔方面尽量强调出动感趋势，使画面形成一个动感结构。

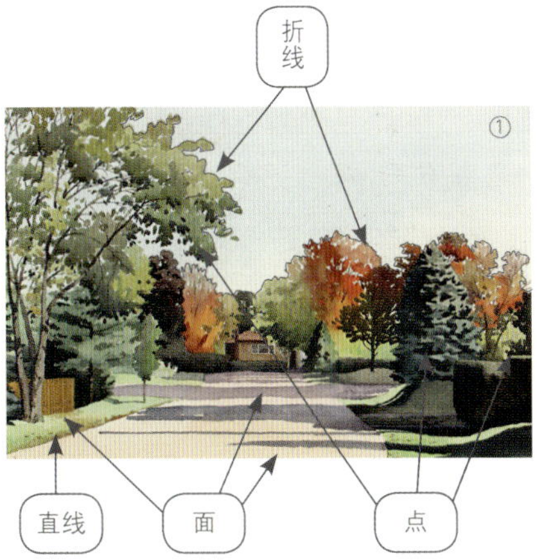

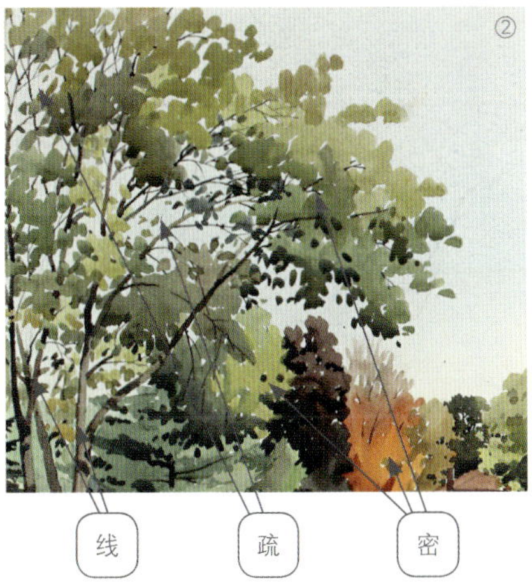

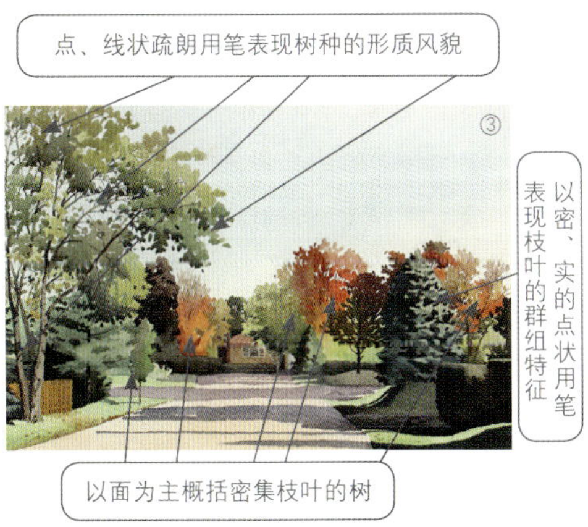

图①②③点、线、面的组合是一幅画丰富表现力的基础。点的要素在画面中常常是用树叶表达，尤其是树叶阴影的疏密、大小和形状及点的方向都是点的构成要素。

线的要素是指画面中的直线或曲线，如地面的阴影；转折线，如树的轮廓、枝干；面一般是指平涂的面，如草坪、绿篱和某些处理成平面的树。这些基本元素的组合巧妙地表现出画面节奏的丰富性和空间层次感觉。

画面的主体是树木，如此多的树木种类要有不同的处理手法，才能表现出丰富的自然感受，体现出丰富细腻的艺术感觉。树的疏密造型与用笔的不同，使画面有虚有实，形成丰富多变的对比效果。

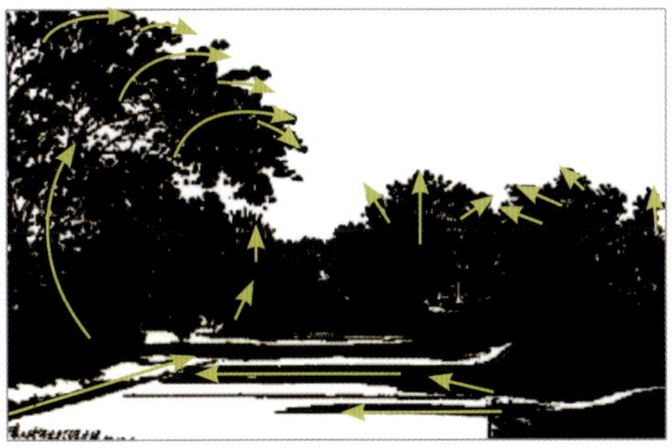

画面中两侧树的枝叶，是向画面中心层层压叠运笔来取势造型的，而中部树的枝叶是向周围辐射用笔，形成整幅画面力与势的韵律分布，形成画面的动态曲线和整体动感。与远处树冠和地面阴影的平稳静谧形成对比。

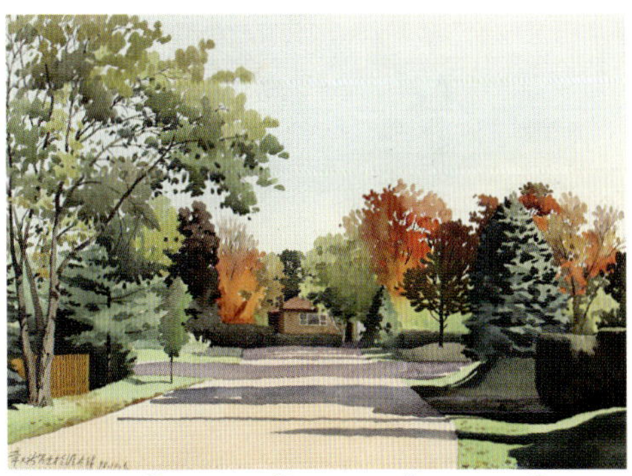

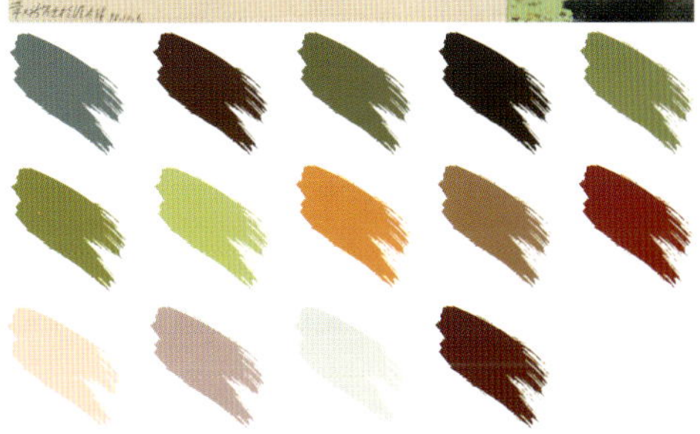

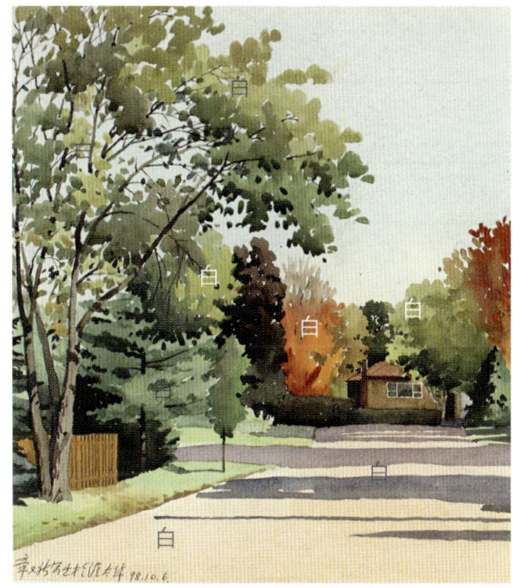

运用相对的黑白对比关系，可以表现出画面的空间层次，当然这个黑白是相对的，不可能是绝对的黑和白，只是相对的深一些或浅一些而已。

这种黑白交替形成的层次感使画面空间层次丰富而深远，虽没有运用强烈的虚实对比，但运用黑白对比的处理手法同样能表现出空间的层次关系。

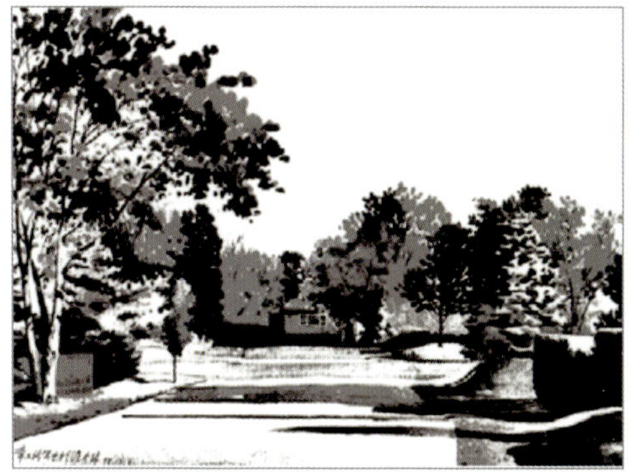

整个画面大部分的树被控制在丰富的、各种层次的暖绿色基调中，并且以暖为主，形成冷暖渐变的对比趋势。

画面中有一部分橙黄、红色的树，在色彩的冷暖上形成对比，但这种对比有明显的规律性渐进变化，并与绿色系列的树形成微妙的组合与过渡。我们从画中选取有节律的色标，从中可以看到有规律的变化。

又新后记

面对页页画幅文稿，一时踌躇，我竟不知所云。经清华大学高冬教授的全程策划及撰文点评、恩师吴良镛院士的真诚关切鼓励并为我精心筛选画作、刘凤兰教授拨冗书写动人的感言的这部书稿……在此新岁将至，我将年望耄耋之际，唤回往事纷纭。我何言何语方可表达感激心情之一二！我自幼酷爱绘画，常年以来，渐于职业性的建筑画表现图之外，尽情享受作画遣兴乐趣，积久而不可罢手。自知多因迷恋于大自然局部的探求而失之于“致广大”的整体把握，并每每因此忧心如焚、兴味索然。作画数量虽不算少，却鲜有满意作品。严格地说，自己的画不过只是资兴自娱的过程记录而已，难以算作苦心经营的艺术作品。虽屡有亲朋师友劝我展出和结集出版，我都不敢轻允。只因自知平庸缺乏画意而羞于面世。后经高冬反复劝说，我才认同或可作为特定历史时期建筑师成长过程稍有代表性之一例，反映建筑师不仅应该具备建筑设计的创作技巧与表现能力，而且必须力求提高自己的审美境界和艺术素养……这于我可谓极具诱惑力。因我缘于工作之需，退休前曾多年主持天津大学建筑学院美术教学，内心总免不了责无旁贷的使命感。如此，便有了如今摆在前面的拙作画集。

我出生在丰腴美丽的江南小镇——浙江海宁硖石镇。幸得那人文荟萃、钟灵毓秀的水乡文化孕育了我的成长。更在童年时得益于闻音表姐的美术影响和艺术熏陶，引领我进入了美妙的形色世界。及至中学有幸得到国画家沈红茶先生的启蒙教育，初习山水翎毛、花卉人物等国画技法。直到大学时代才真正步入系统的美术训练。

20世纪50年代初期，我就读于清华大学建筑系。

清华园的几年，留下来的是我终生难忘的珍贵记忆。

入建筑艺术之门，经建筑师之途，铸成我学画的特色之路。

在当年的清华，慈父般的宋泊先生为我们打下了坚实的素描基础和雕塑启蒙；吴冠中、华宜玉先生亲授色彩造型和水彩技法训练。华宜玉先生极为擅长淋漓尽致、酣畅活跃的水彩表现，素为视水彩为看家本领的建筑系学生所重；而吴冠中先生则更着重学生对于形式美与深邃意境的探求，十分强调客观体验基础上的主观情感表达。吴先生曾以他的《谐趣园》水彩写生中用10个太阳（光源）表现整体环境为例，来诠释自然真实向艺术真实升华的真谛。同时，他又别出心裁，以中国民间剪纸来分析色彩构图规律。这在前苏联写实画风威行天下的建国初期，无疑是大胆的创举，给我们送来别开生面的春风，使我们开阔视野，得以窥见生动多彩的艺术全貌。当时的吴先生刚从法国留学归来不久，深想试行所学所悟与新潮心得……吴先生建筑学美术教育并不太长的经历，给了他得以推开的第一扇窗的机遇。于今回眸，自也难免庆幸，我因之受益匪浅的幸运，原来也属于一种难得的机缘。

以梁思成为首的建筑学诸先生，不仅专业造诣深厚，而且在美术修养上各具功力。梁思成、林徽因、吴良镛、莫宗江、汪国瑜等各位先生，均在建筑界乃至美术界享有盛誉。1952年秋，学校建筑系馆展廊内展出了吴良镛先生水彩画杰作多幅。作品情景交融，或浑朴厚实，或轻盈透明，给全系师生留下深刻印象，大大激发了同学们的作画兴致和写生热情。1953年夏，从中央美院分配来系任教的曾善庆、程国英、王乃壮等，都是极具实力的高才，除教学外日日出去写生，耕耘不止，每晨都有一批出色的新作展现在美术教研室门外墙上，供学生观览学习，使我受益良多。教师们潜心艺术的专注和身体力行精神，掀起了全系师生投身作画的热潮，自然而然营造了浓郁无比的艺术氛围。还有，高班学长、同窗学友以及低班学弟之中亦不乏绘画高手，与大家观摩交流切磋，亦是一大乐事。从他们那里吸收养料，同样有助于滋润自己的艺术心灵。

清华校园美丽如画。风格各异的建筑掩映在绿荫丛中，汇成了既多样又统一的“建筑艺术博览会”。课余我常在湖畔林荫作水彩写生，足迹几乎遍及校园每个角落。只可惜大学时代那许多习作都已丢失殆尽，仅存的一幅初期静物写生，充当着那段岁月的纪念品。

毕业以后的前几年，尚能利用工作之余坚持作画，而后由于工作任务日益繁重，政治运动频发，难得再有外出写生的闲暇与惬意。间或利用出差之便，挤出时间写生各地风物人情自然风光。虽难以达到挥洒自如“曲不离口，笔不离手”的境界，然每张画背后，都收藏着一段令我回味无穷的故事。60年代初期，全民度荒，为休养生息，工作节奏大大减缓。未料这大不幸中却有小幸，使体质较好的我反而获得了相对宽松的时机。复又潜心作画，穿街走巷描绘朝暮小景，体味画中乐趣。本集所收录之50年代末期至70年代中期作品，都是在这种情形下完成的。

50年代中期至今，我一直任教与生活在天津大学。

时光荏苒，屈指算来，竟已过去了半个多世纪的岁月！

天津大学建筑系学风朴实，绘画高手如林，多有良师益友，我有幸从他们那里得到太多教益。主持美术教学的前辈艺术家杨化光先生早年留法，入巴黎美院，与徐悲鸿是仅低一年的同学。她热忱慈祥，待我如子。对我画作悉心指导，关爱备至。她擅长油画兼作水彩，风格严谨，色彩瑰丽，意境高远。在她居所客厅听她侃侃而谈是我最爱的古典主义、印象主义以及逸闻趣事，令我大长见识。更难能可贵的是有幸观摩先生从法国带回的珍贵画册，不由得令我如醉如痴地细读慢品，明白了什么叫做大饱眼福！学贯中西的王学仲（曾署名呼延夜泊）先生是诗书画兼长的书画大家，早年三进美院，师从徐悲鸿先生。先生于我，亦师亦友，交往甚密。靠他一双慧眼，总能针对我的画作要害，提出犀利的点评与引导。不能不使我有醍醐灌顶之感，真可谓大有所获，久受其益！黄为隽先生，治学严谨，修养深厚，画的又好，自调回天津大学执教以来，常对我的画作不吝指教，我的点滴进展，都是与他密不可分的。

80年代始，因为工作之需，由我忝作主持学院美术教学，虽怀不胜责重的忐忑，心态又洽似如鱼得水，满怀愉悦。带领年轻教师潜心于画，事前或者当场为学生勤做示范。本集所收80～90年代作品，多是结合教学而成。1998年旅加探亲期间，写生异国风光，饶有兴趣，虽患帕金森氏病，但兴致未减。每晨六点出发，午后三点归来，共得画60余幅。虽满意者廖若残星，亦选部分归纳入本集，聊作行踪记录而已。画集后部所载结合工程设计水彩渲染表现图，限于理念习惯当属前一时代，未必适应新时代的要求，或用来参考赏析。若换言之，正因其代表了时代迁移足迹，于本书体例，反倒愈发不可忽略，选来与大家交流，方为得体，也未可知。

回顾五六十年经历，步步都离不开师长教诲，离不开挚友乃至学生的启示与帮助。让我聊以自慰的是，并非专业画家的我，犹可葆其浓厚兴趣与坚定信念，数十年得亨建筑艺术与绘画艺术的恩惠，笃定是不枉此生的幸运和得意者了。然而，与师友同学乃至众多读者共享同乐，才是我衷心所愿。我之所以敢于献出拙作画集，就是受到这一心意的驱动。

最后，我仍要在此深深致谢。感谢恩师吴良镛院士，感谢刘凤兰教授，感谢高冬教授。也要感谢岳宝良教授、靳炳勋教授和王永生教授，他们均为本书的出版给予了热诚的帮助和支持，做了大量不可或缺的幕后工作。

章又新谨识

2010年12月

Pour Comprendre

Toutes les matières

3e

Le Guide Parents

W0266548

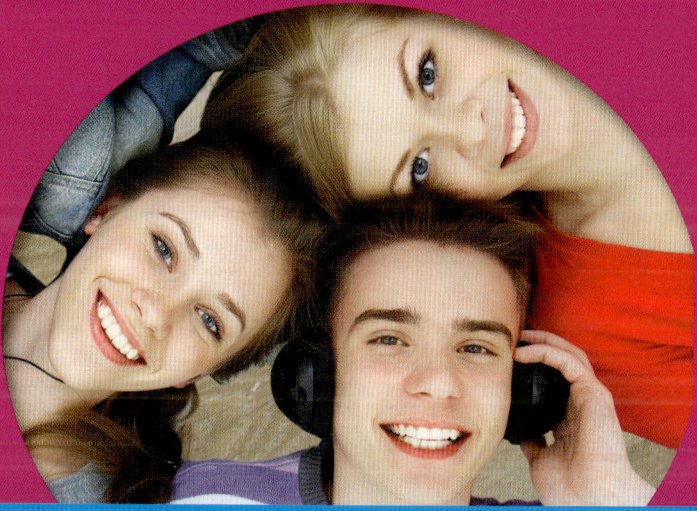

- Des **conseils** pour accompagner l'ado
- Les programmes expliqués
- Tous les **corrigés** des exercices

hachette
ÉDUCATION

Sommaire

Guide Parents écrit par **Francine Saucier**, ancien chef d'établissement, et **Véronique Gaspard**, infirmière spécialisée dans l'accompagnement des adolescents.

EN PLUS !

Toutes les explications sur le NOUVEAU BREVET (dans l'ouvrage principal, page 6)

Les programmes expliqués

L'objectif des programmes du collège est de renforcer la maîtrise des savoirs fondamentaux dans toutes les matières et de développer chez les élèves certaines compétences (connaissances numériques, maîtrise des langues étrangères, expression orale…). Vous trouverez ici les grandes lignes et les principaux objectifs des programmes de troisième.

Français : les élèves consolident leurs acquis tant en grammaire qu'en expression orale et écrite. En grammaire, ils abordent le fonctionnement de la phrase complexe et en identifient les éléments. Ils s'entraînent également à rédiger des écrits plus longs et argumentés.

La réforme de l'orthographe

Dans les programmes, on peut lire cette phrase qui concerne l'ensemble des niveaux du CP jusqu'à la 3e : « L'enseignement de l'orthographe a pour référence les rectifications orthographiques publiées par le *Journal Officiel de la République française* le 6 décembre 1990. »

Ces rectifications visent à simplifier quelques règles, comme les deux règles suivantes données à titre d'exemple (ancienne orthographe en noir, « nouvelle » orthographe en couleur) :

1. On met un trait d'union entre tous les mots qui servent à écrire un nombre.
vingt et un → vingt-et-un
deux cent vingt-cinq → deux-cent-vingt-cinq
mille cinq → mille-cinq

2. Dans les noms composés, le second élément se met au pluriel seulement lorsque le nom composé est au pluriel.
un compte-gouttes → un compte-goutte
des compte-gouttes → des compte-gouttes
un après-midi → un après-midi
des après-midi → des après-midis

On peut écrire en utilisant la nouvelle orthographe ou en gardant l'« ancienne », l'Académie française ayant précisé qu « aucune des deux graphies ne peut être tenue pour fautive ».

Vous pourrez trouver dans le *Dictionnaire Hachette* l'explication détaillée des règles de la « nouvelle orthographe » (rectifications orthographiques de 1990), ainsi que, pour chaque mot concerné, la nouvelle orthographe.

Mathématiques : les élèves s'entraînent au raisonnement et s'initient à la démonstration. Ils résolvent équations et inéquations du 1er degré. En géométrie, translations, rotations, homothéties sont abordées en lien avec les configurations de Thalès. Les élèves font de la programmation et utilisent des logiciels : tableurs ou logiciels de géométrie dynamique.

Langues vivantes : les textes proposés invitent au débat et à l'expression d'une opinion personnelle. Un entraînement à la compréhension et à l'expression orale et écrite est mené tout au long de l'année, en vue d'amener les élèves au niveau A2 de compétence fixé par le cadre européen de référence.

Physique et chimie : le programme propose l'étude des transformations chimiques, des atomes, des ions, ainsi que des forces et différentes formes d'énergie.

SVT : l'impact des activités humaines sur les écosystèmes, la diversité génétique, la reproduction sexuée, l'évolution des êtres vivants, ainsi que les réactions immunitaires ou la vaccination sont abordés.

Histoire : le programme traite du XXe siècle à travers les deux guerres mondiales, l'effondrement des empires coloniaux et la guerre froide. La société française de l'après-guerre aux années 1990 est aussi étudiée.

Géographie : la France contemporaine et l'Union européenne sont étudiées.

Les enseignements pratiques interdisciplinaires (EPI)

Pour aider les élèves à faire des liens entre les différentes disciplines enseignées, les enseignants de deux ou trois disciplines différentes élaborent ensemble un projet qu'ils proposent à la classe. Durant plusieurs semaines, ces professeurs interviennent ensemble dans la classe sur une séquence d'une à deux heures pour mettre en œuvre ce travail interdisciplinaire. Ils guident la classe tout au long du déroulement des étapes de réalisation du projet. Les élèves sont actifs : ils se répartissent les tâches et formalisent le déroulé du projet qui peut donner lieu à une production : vidéo, réalisations artistiques ou techniques.

La classe de troisième, une classe exigeante

Les professeurs qui enseignent en 3e poursuivent deux objectifs essentiels : conduire une majorité d'élèves en seconde et assurer 100 % de réussite au Brevet des Collèges. Ils veulent garantir aux élèves un éventail de choix le plus large possible pour la poursuite de leurs études et les encouragent donc à travailler dans toutes les disciplines. Ils savent bien que les résultats scolaires et les appréciations des professeurs sont des éléments déterminants qui pèsent lourd dans les décisions d'orientation prises par le conseil de classe en fin d'année de troisième.
Or, les programmes de cette classe sont ambitieux, les notions abordées complexes ; les professeurs ont à cœur de les traiter avec rigueur. Les élèves doivent donc consacrer beaucoup plus de temps aux travaux de lecture et d'écriture qu'auparavant. La part de travail à la maison devient plus conséquente. Elle nécessite une gestion du temps et une organisation dans le travail efficaces. Votre présence et votre vigilance sont des éléments déterminants.

Votre présence

- Votre présence, d'abord. L'adolescent a besoin de vous sentir présent. Certes il grandit, demande davantage d'autonomie et semble s'éloigner de vous. En même temps, le simple fait de savoir qu'il peut compter sur vous le rend un peu plus confiant. Soyez disponible pour ce qu'il a à vous dire ; oubliez un peu ce que vous aviez, vous, d'urgent à lui dire. Écoutez-le sans lui poser de questions. Intéressez-vous aussi à ses passions : les chansons ou la musique qu'il écoute, les bandes dessinées qui le captivent, ses coups de cœur. Cela vous donne l'opportunité de mettre en valeur ses capacités et ses compétences, et d'aborder sereinement avec lui des sujets qui fâchent parfois.

Votre vigilance

- Votre vigilance est essentielle. Elle vous permet de maintenir le cap que vous vous êtes fixé, quelles que soient les difficultés rencontrées, et d'avoir une attitude cohérente. Quand vous dites « fais ce que tu veux, je suis lasse de répéter toujours la même chose », votre enfant entend « maman m'abandonne ». L'adolescent a besoin de se confronter aux adultes, d'échanger avec eux, parfois dans l'agressivité, souvent dans l'impulsivité. Accueillez cette impétuosité comme un signe de bonne santé.

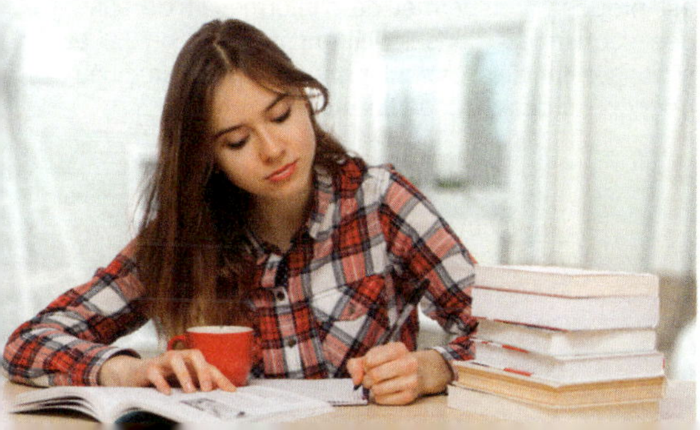

- Défendez vos positions tout en étant ouvert à la discussion. Ne lui donnez pas le sentiment qu'il est tout puissant. Passez du temps avec lui pour faire régulièrement le point (identifier une difficulté, mettre en valeur les réussites, dans une discipline ou au niveau relationnel) et proposez-lui de rencontrer le professeur principal ou le conseiller d'éducation.

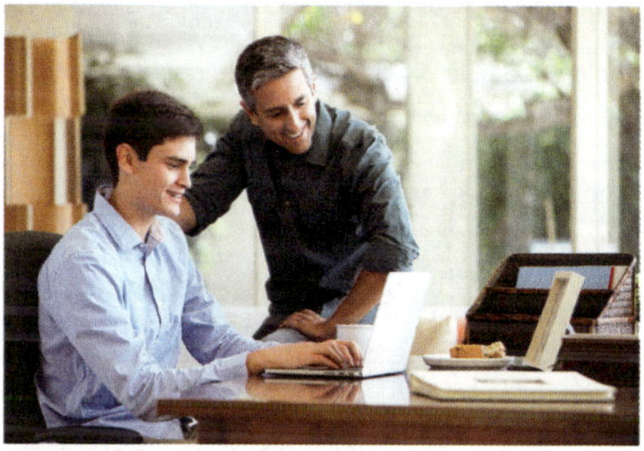

- De plus en plus de collèges ont un site Internet, souvent géré par les rectorats académiques. De nombreux établissements ont ainsi instauré le cahier de texte numérique, qui permet aux professeurs d'indiquer les devoirs à faire à la maison via le site du collège.
- Des établissements ont également opté pour la mise en ligne régulière des notes obtenues par les élèves dans les différentes disciplines.
- Muni d'un identifiant et d'un mot de passe confidentiel remis par le collège, vous avez ainsi la possibilité de suivre les résultats scolaires de votre enfant, sans attendre le bilan trimestriel ou dépendre de sa volonté d'inscrire ses notes dans son carnet de correspondance.

Le stage d'observation en entreprise, le mini-stage en lycée professionnel

Tous les élèves sont tenus d'effectuer un stage d'observation en entreprise. Cette séquence permet aux élèves de vivre une semaine avec des adultes qui leur font découvrir leur métier et leur environnement professionnel.

Avant le stage

Accompagnez votre enfant dans ses recherches d'un lieu de stage dès la rentrée, mais ne les faites pas à sa place. Laissez-le réfléchir à ses centres d'intérêt, aux secteurs professionnels susceptibles d'y correspondre. Vers quoi se sent-il attiré ? Suscitez de la curiosité de sa part, ouvrez avec lui les Pages Jaunes de l'annuaire, prospectez sur Internet. Si vous faites jouer vos relations personnelles, demandez-vous dans quel but et à quel moment il est judicieux de le faire, l'essentiel étant que l'expérience vécue corresponde aux goûts de votre enfant. Donnez-lui des conseils pour obtenir des contacts: comment s'y prendre pour rédiger sa lettre de motivation, exprimer ses attentes, préciser les dates, les horaires. Si la réponse est positive, le collège fournit une convention de stage. C'est en quelque sorte l'équivalent d'un contrat qui lie l'élève et sa famille à l'entreprise. Elle précise les obligations de l'élève et celles de l'entreprise.

Pendant le stage

Pendant le stage, suggérez à votre enfant de tenir son journal de bord. Il y note les observations de la journée, ce qui l'a surpris, intéressé, ennuyé, les tâches qu'on lui a demandé d'exécuter, les difficultés rencontrées. En lui faisant raconter sa journée, vous l'aidez grandement dans ce travail de mémoire qui lui servira ensuite à rédiger le rapport de stage que le professeur attend de lui de retour au collège. Si le compte-rendu du premier jour semble pauvre, donnez des pistes pour les jours à venir.

Un exemple: s'intéresser au parcours professionnel des gens côtoyés. Comment sont-ils arrivés dans l'entreprise ? Quel est leur parcours initial de formation ? Quel est leur niveau de diplôme ? Depuis combien de temps sont-ils là ? Le travail les intéresse-t-il ? Les rapports avec les supérieurs sont-ils aisés, cordiaux ? Et la paye ? Autant de questions qui permettent de découvrir que les chemins ne sont pas linéaires, que l'on peut fort bien exercer un métier pour lequel on n'a pas été formé.

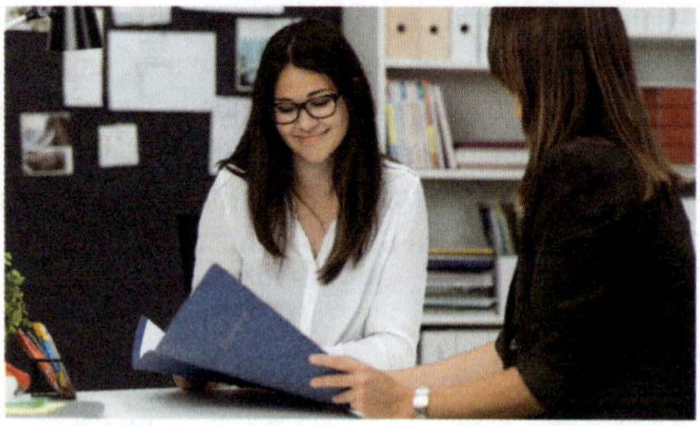

Après le stage

Après le stage, conseillez-lui de rédiger rapidement son rapport de stage. Invitez-le à parler de lui-même: comment s'est-il senti dans ce nouvel environnement ? Comment s'était-il représenté ce monde ? Quelles étaient ses inquiétudes ? Comment a-t-il vécu cette semaine, le rapport au temps de travail, aux horaires à respecter, l'attitude des adultes vis-à-vis de lui ? Autant de détails qui émailleront une chronique intéressante pour le professeur et de nature à faire évoluer le projet de l'enfant. En effet, au cours de ces cinq jours exceptionnels, il prend conscience par exemple de l'importance de maîtriser les langues étrangères, du poids des contraintes horaires ou de la position assise dans un bureau, etc. Ces indicateurs précieux permettent de faire évoluer un projet initial, tout comme la vision sur le statut de collégien qui pourra paraître bien confortable à certains.

Le mini-stage en lycée professionnel

Le mini-stage en lycée professionnel est proposé aux élèves qui s'orientent vers un enseignement professionnel en seconde et souhaitent découvrir différents secteurs de métiers. L'emploi du temps qui leur est proposé leur permet de s'informer et de suivre des séquences d'enseignement professionnel. Les échanges entre élèves sont aussi éclairants et fructueux pour opérer des choix pertinents.

En savoir plus :
www.imaginetonfutur.com
www.jeunesse-entreprises.com
www.100000entrepreneurs.com.

L'orientation après la troisième : comment choisir ?

Tout parent souhaite que son enfant choisisse après la troisième un second cycle d'études qui corresponde à ses goûts, ses capacités et ses compétences. Si les résultats scolaires ne permettent pas d'envisager la voie du baccalauréat, d'autres solutions existent et peuvent constituer des voies vers la réussite. La meilleure orientation sera celle adaptée aux aspirations et aux capacités réelles de votre enfant (en termes de résultats, mais aussi selon la quantité de travail personnel qu'il est à même de fournir en dehors du temps scolaire).

L'éducation à l'orientation au Collège

Au collège, l'éducation aux choix et la réflexion sur l'orientation se déroulent sur les quatre années, à raison d'une dizaine de séances par an jusqu'en classe de quatrième, davantage en troisième avec la séquence d'observation obligatoire en milieu professionnel. Ce travail de réflexion, animé par la conseillère d'orientation-psychologue de l'établissement, vise plusieurs objectifs:

– apprendre à se connaître et à construire une image positive de soi;

– savoir déterminer ses centres d'intérêts, ses goûts et les mettre en regard de ses aptitudes et de ses compétences;

– explorer le monde des métiers;

– s'informer sur les différents parcours de formation en utilisant les brochures de l'ONISEP, le Centre d'Information et d'Orientation (CIO) et toutes les rencontres autour des métiers organisées pour les jeunes.

Le rôle des parents

Parents, vous êtes des partenaires privilégiés car vous avez de l'expérience. Parlez de votre propre itinéraire, de celui des membres de votre famille. Parlez également de votre métier, expliquez ce que vous faites. Exprimez vos satisfactions, vos déceptions, vos projets d'évolution, votre engagement dans la formation. Évoquez aussi le métier dont vous aviez toujours rêvé. Beaucoup de jeunes ignorent tout de la profession qu'exercent leurs parents et leurs proches et s'imaginent que leur trajectoire a été facile pour eux, linéaire.

Accompagnez votre enfant dans ses recherches documentaires, aidez-le à faire le tri dans ses priorités personnelles. C'est vous, les parents, qui connaissez le mieux votre enfant.

Les choix à opérer

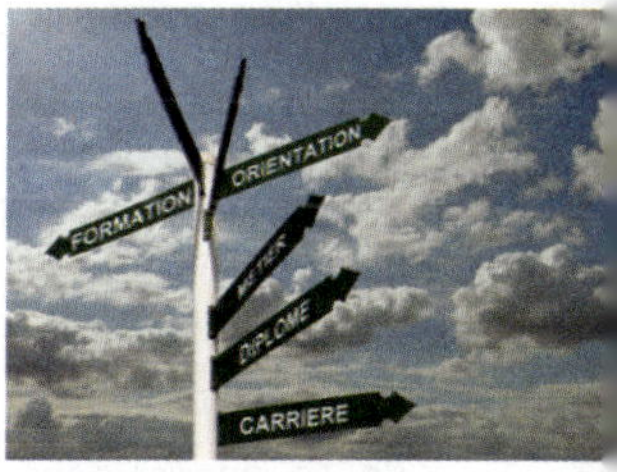

Selon le type d'études envisagées, la durée du cursus scolaire après la classe de troisième peut varier de deux à dix ans. Il est donc primordial qu'un jeune se détermine sur le temps qu'il veut passer à étudier avant de pouvoir gagner sa vie, les autres critères à prendre en compte étant ses centres d'intérêt, ses aptitudes et ses performances, et les débouchés offerts à l'issue de la formation.

Choisir en fin de troisième, c'est:

– soit se diriger vers un enseignement en lycée et choisir pour la classe de seconde deux enseignements de spécialisation;

– soit se diriger vers un lycée professionnel, pour préparer un bac pro en trois ans (de nombreux BEP et CAP ont été remplacés par un Bac Pro);

– soit se diriger vers l'apprentissage, choisir un secteur déterminé et partager son temps de formation entre le centre d'apprentissage et l'entreprise avec laquelle le contrat d'apprentissage a été conclu;

– soit se diriger vers le redoublement de la classe de troisième si le jeune s'essouffle et a besoin de revoir ses méthodes de travail pour aborder le second cycle avec confiance et assurance.

Sur qui compter pour vous aider ?

Utilisez d'abord toutes les ressources mises à disposition au collège pour nourrir le dialogue: la brochure « Après la troisième » distribuée à tous les élèves en début d'année, les rencontres avec les professeurs, la CPE et la conseillère d'orientation-psychologue (COP), le centre de documentation et d'information (CDI). Puis tournez-vous vers le centre d'information et d'orientation (CIO) et les Écoles des Parents et des Éducateurs qui proposent aux jeunes des tests de motivation et de compétences, outils précieux d'aide à la prise de décision.

Nourrir la motivation

La motivation est tout autant l'affaire des parents que celle des professeurs. Comment éveiller de l'intérêt, de la curiosité chez un enfant qui n'est pas très motivé par les apprentissages scolaires ?

Un maître-mot : la confiance

Apprendre demande du temps, de la concentration et de la volonté. Les professeurs qui exigent beaucoup de leurs élèves parviennent à remobiliser ceux qui ont un peu décroché. Ils croient en leur potentiel, leur signifient qu'ils ont de l'estime pour eux, les aident à progresser en focalisant l'attention davantage sur les capacités et les compétences à mettre en œuvre que sur les résultats quelquefois peu encourageants.

Vous constatez que votre enfant se démotive dès qu'il a une mauvaise note ? Donnez-lui une image positive de lui-même en évoquant ses réussites dans d'autres domaines. Rassurez-le : il est capable de progresser, mais ces progrès ne sont pas immédiats. Ils se consolident avec des efforts réguliers et continus. Ils ne se traduisent pas obligatoirement par une amélioration des résultats. À vous de valoriser en priorité les efforts accomplis et de les inscrire dans la durée. Votre enfant a sans cesse besoin d'être encouragé.

Donner le goût d'apprendre

- Pour tenir la curiosité en éveil et nourrir la motivation, créez à la maison un environnement qui donne envie de se documenter, d'approfondir ses connaissances. Votre enfant a pris l'habitude de consulter un dictionnaire, un atlas, un plan, un annuaire s'ils sont d'accès facile et si vous-même vous y référez régulièrement, en utilisant efficacement les sommaires, les index et les tables des matières.

- Pour stimuler l'envie de lire, il faut susciter la rencontre avec une grande diversité d'écrits : bandes dessinées, recettes de cuisine, revues d'actualité, de sport ou d'informatique. Il n'y a pas de lectures meilleures que d'autres. Quels que soient ses centres d'intérêt, en rapport ou non avec les programmes scolaires, un grand nombre d'ouvrages peuvent le motiver à la lecture, que leur contenu rejoigne les préoccupations adolescentes ou qu'il l'entraîne dans le monde de la fiction, de l'anticipation.

- Votre enfant a beaucoup de mal à lire l'ouvrage que le professeur va étudier en classe. Vous le sentez découragé : le nombre de pages l'affole, le sujet le rebute. Facilitez-lui la tâche en lui proposant de lire, ensemble ou chacun de votre côté, le premier chapitre, au même moment. Partagez ensuite une réflexion commune sur ce chapitre. Proposez une limite de temps raisonnable, courte. Cet « exercice en famille » peut devenir un rituel du week-end, apporter une satisfaction personnelle à chacun et donner progressivement accès à la lecture plaisir.

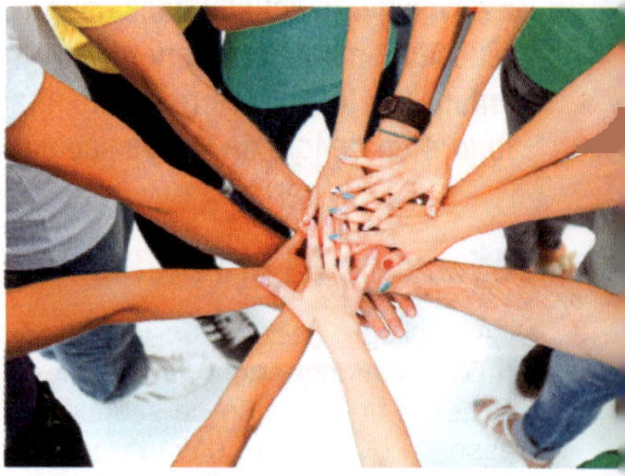

Proposer plusieurs activités en dehors du collège : une source de motivation ?

- Tout est question de dosage. Multiplier les activités en dehors du collège peut être source de plaisir et d'enrichissement personnel. Mais ce surcroît d'occupation n'est pas obligatoirement facteur de motivation. Analysez bien les besoins du jeune : il manque peut-être de temps, d'un espace à lui qu'il puisse gérer à son rythme, en se fixant des étapes, une progression. S'il considère que le travail scolaire occupe déjà une grande partie de son espace de vie, il est sans doute judicieux de veiller à limiter les activités supplémentaires choisies. Elles impliquent un engagement personnel régulier qui, vécu comme une contrainte, faillirait à sa mission : aider à grandir.

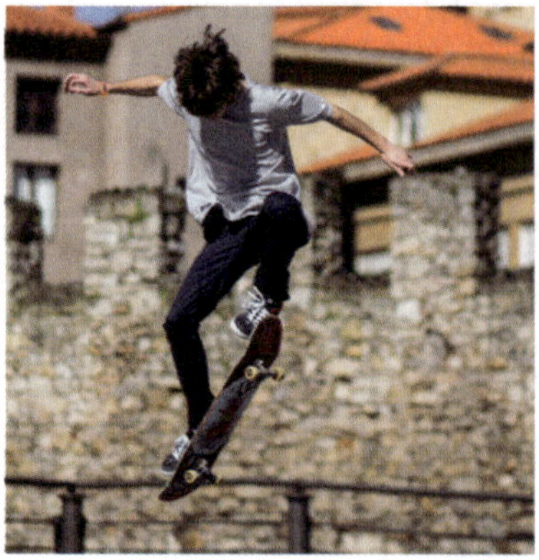

Les différentes étapes du processus d'orientation

L'orientation d'un élève est une décision collective qui s'élabore tout au long de l'année de troisième tant au sein de la famille, où les échanges et les discussions sont nourris, qu'au collège avec l'équipe éducative qui invite chaque enfant à s'informer, réfléchir sur soi pour mieux se connaître, et opérer les premiers choix d'options pour l'entrée en seconde.
Comment s'organisent, au cours de l'année de troisième, les différentes étapes du processus d'orientation ?

Le premier trimestre : un temps pour s'informer

C'est le moment d'examiner de manière approfondie les possibilités offertes dans le second cycle, de les comparer entre elles pour mieux mettre en valeur leurs spécificités. Certaines sont sélectives et impliquent des formalités spécifiques d'admission. Il convient donc d'être informé suffisamment tôt sur les démarches à entreprendre. Par ailleurs, chaque voie d'études fait appel à des qualités particulières, indépendamment des matières enseignées. Prenez le temps de voir avec le professeur principal et le conseiller d'orientation si les aptitudes développées par votre enfant correspondent aux exigences de telle ou telle matière. Cette réflexion sur soi, face aux choix possibles, doit s'enrichir au fil de l'année et se nourrir de toutes les occasions offertes de se documenter sur les métiers, de vivre une séquence de stage en entreprise.

Votre rôle de parent : lire la brochure « Après la troisième » de l'ONISEP, rencontrer le professeur principal et le conseiller d'orientation, participer aux réunion parents-professeurs, fréquenter les salons d'information sur l'orientation et les métiers. Lorsque vous recevez le bulletin du premier trimestre, lisez-le très attentivement et soulignez d'abord les résultats encourageants, avant d'évoquer les efforts à poursuivre pour améliorer les scores faibles .

Le deuxième trimestre : un temps pour vous rendre dans les lycées

Dès le mois de janvier, les lycées organisent des « opérations portes ouvertes ». Elles vous permettent de rencontrer les professeurs, de prendre connaissance des différentes options offertes dans chaque établissement. Munissez-vous des bulletins trimestriels de la classe de 4e et de celui du premier trimestre de la classe de 3e. Ils serviront de base à la discussion que vous aurez avec les professeurs ou le chef d'établissement qui sauront y lire les points forts et les domaines dans lesquels un effort soutenu est à prévoir. Ce sont des indicateurs précieux qui aident à opérer des choix pertinents.

Au mois de mars, vous remplissez une première fiche de vœux portant sur les intentions d'orientation. Le conseil de classe du deuxième trimestre vous donne son point de vue par rapport à ces premiers choix. Soyez-y attentif et tenez compte de ces indications pour affiner les choix au plus près des goûts de votre enfant, au regard des performances obtenues et des compétences attendues dans la voie choisie.

C'est le moment de solliciter à nouveau le conseiller d'orientation pour un bilan de compétences ou des tests de motivation.

Le troisième trimestre : le temps des décisions

Au mois de mai, vous remplissez le dossier d'orientation comportant vos choix définitifs d'établissements, classés par ordre de préférence et votre choix d'options obligatoires. Le conseil de classe se réunit au mois de juin et prend une décision d'orientation en adéquation avec les résultats affichés. Si cette décision est conforme à vos vœux, vous recevrez un avis d'affectation dans l'un des établissements que vous aurez sélectionnés dans le dossier d'orientation. Dans le cas contraire, vous rencontrez le chef d'établissement et demandez à être entendu par une commission d'appel qui statuera sur le dossier d'orientation et vous communiquera sa décision.

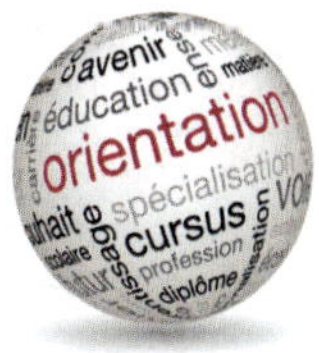

Comment être un parent référent ?

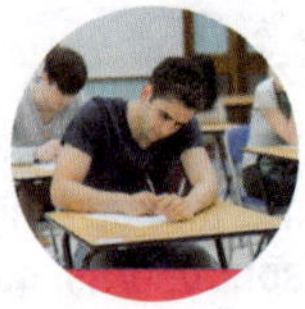
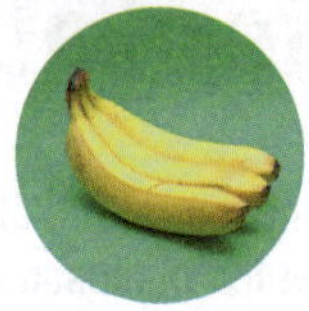
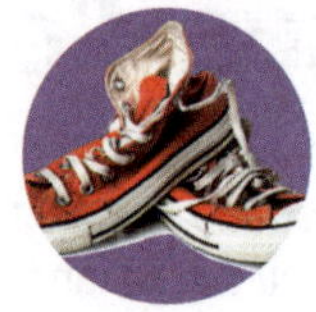

Chaque parent a le souhait de contribuer au bien-être de son enfant, de l'accompagner sur le chemin qui fera de lui quelqu'un d'autonome. À l'adolescence, un bon nombre de valeurs et de codes sont revisités. Votre enfant vous teste, remet en cause votre autorité. Cela vous conduit à vivre des périodes de doutes, à remettre en cause ce que vous croyiez être des certitudes. Être parent d'adolescent, c'est avant tout rester parent. C'est adopter des attitudes qui permettent à l'adolescent de se reconnaître dans son identité et d'occuper sa place, de comprendre que la relation n'est pas symétrique. Votre enfant a besoin de se sentir protégé dans un environnement cohérent.

Inventez de nouvelles façons de vivre ensemble

Votre enfant change et le manifeste. Entendre ses besoins d'autonomie, d'intimité, de nouvelles distances relationnelles vous conduit à redéfinir des repères, à réajuster mais à garder un cadre qui va l'aider à grandir en se sentant soutenu, étayé, en lien avec vous. C'est parfois aussi lui laisser entendre un « non » quand il s'agit de votre besoin de le protéger. Votre position d'adulte sait alors ce qui est bon pour lui à ce moment précis.

Ne redoutez pas le conflit, vivez-le comme une expérience positive à partir de laquelle chacun va grandir. Une nouvelle relation s'installe. Assouplir certaines règles et mettre des limites peut sembler paradoxal et pourtant… Poser une limite, c'est lui demander de respecter un temps convenu devant l'ordinateur, une heure de rentrée, un engagement pris pour des travaux à la maison. Alléger certaines règles, c'est par exemple lui laisser une plus grande autonomie pour aller chez ses copains, le laisser s'organiser dans son travail.

Quelle est la demande de votre enfant ? Prenez le temps de l'entendre jusqu'au bout de ce qu'il veut exprimer. Que l'autorisez-vous à faire ? Évaluez ce qui vous tient à cœur avec justesse et exprimez-le. Osez dire ce que vous craignez, parlez de votre ressenti, vous enrichirez la relation et de fait inviterez votre adolescent à goûter la richesse du vocabulaire des sentiments. Posez des demandes concrètes et réalisables. Plus les informations sont claires, riches de sens, plus il est aisé pour lui de se structurer, de tester ses propres limites en connaissance de cause. Assurez-vous de sa compréhension du nouveau « contrat ». Souplesse, et donc adaptabilité, sont vos alliées.

Pour vous accompagner dans la relation avec vos enfants, découvrez ce site ressource pour une meilleure qualité de communication :
www.cnvformations.fr

Partagez vos valeurs et soyez prêt à montrer l'exemple

En grandissant, votre enfant teste vos valeurs et la cohérence avec laquelle vous les défendez. Les enfants apprennent beaucoup par mimétisme, en reproduisant les modèles développés par leur entourage. Lui donner des repères de comportements, c'est faire d'abord vous-même ce que vous dites. Vivez des choses pour vous-même. Accordez-vous du temps pour nourrir vos propres projets. Si vous ne vivez qu'à travers votre enfant, vous allez avoir beaucoup de mal à lui accorder son propre espace pour qu'il invente sa vie, qu'il aille à la rencontre de ses propres questionnements. Pour développer ses idées, il a besoin de se confronter avec des adultes qui puissent répondre aux questions qu'il se pose concernant le sens de la vie, la mort, l'amour, la sexualité, les religions… Vous lui donnez alors la possibilité de réfléchir, de prendre position, de pouvoir ainsi faire des choix éclairés pour lui-même plus tard. Encouragez-le, valorisez-le afin qu'il puisse accéder à ses propres valeurs.

Acceptez de partager vos questionnements

Vous n'êtes pas seul à vous poser les mêmes questions, à rencontrer les mêmes difficultés. Vous interroger montre que vous mesurez pleinement l'ampleur de la tâche de parent et d'éducateur. Alors n'hésitez pas à partager vos questionnements.

En savoir plus :
L'école des parents et des éducateurs :
www.ecoledesparents.org

Corrigés

Français

LEÇON 1 — Énoncés p. 57

Quiz-test
Bonnes réponses : 1 b) et c). 2 a) et c).

3 a) et b) L'élément commun aux trois mots est le préfixe -in. c) C'est un préfixe privatif qui exprime une négation.

4 a) Dans la phrase, le mot *nouvelle* a le sens d'information. b) Une nouvelle est arrivée dans notre classe; elle vient du Mali.

5 a) Retard; b) force; c) complot; d) guet.

6 a) Immobile; b) illisible; c) irréel; d) inconnu.

7 a) Ras (*rase*), qui s'applique à la plaine, est un synonyme de « plat ». b) Ancre: Le navire est maintenu par son ancre. Chant: Ce chant de Noël sera accompagné au piano. c) *Nuit sans étoiles*, *obscurité*, *encre*, *ne voyait même pas*, *noir*, *aveuglant*, *ténèbres*. d) *mer – jetée – embrun*.

8 Le mot *carte* comme les mots *déjeuner*, *restaurants*, *repas*, *table voisine*, *mousse au chocolat*, appartiennent au champ lexical du restaurant.

LEÇON 2 — Énoncés p. 59

Quiz-test
Bonnes réponses : 1 a). 2 b).

3 a) Nous avons rencontré **la** cousine de Marion; nous ne **la** connaissions pas. b) Que fais-tu **là ?** c) J'ai prêté mon écharpe à Marine et elle **l'a** perdue. d) C'est toi-même qui me **l'as** dit! c) Je n'étais pas **là** hier: Tom **l'a** dit au professeur.

4 a) Je t'en prie, aide moi à ranger; il y a tant de choses à faire. b) Où êtes-vous allés ce matin ? c) L'hôtel est si agréable que les vacanciers s'y plaisent beaucoup. d) Quant à son frère, il ne sait même pas quand a eu lieu la Première Guerre mondiale! e) J'espère qu'elles vont remporter le match. f) Il s'en est fallu de peu! g) Ils ont pensé qu'on avait été retardé par la neige.

5 Un poème, une tête, un événement (ou évènement) [*évènement* est aujourd'hui accepté…], une raclette, un estuaire, l'argent dû, un escargot, un ver de terre, bien sûr, il se dépêche, déjà, un festin, cela.

6 a) d'aplomb, éclat (éclater). b) jolis, accrochés (on accorde avec le COD *qu'* mis pour *bijoux* et placé avant le verbe). c) d'en face, mille (c'est un mot invariable). d) qu'à, remonter. e) près, frappé.

LEÇON 3 — Énoncés p. 61

Quiz-test
Bonnes réponses : 1 a) et c). 2 c).

3 1-b; 2-a; 3-e; 4-d; 5-g; 6-i; 7-j; 8-c; 9-h; 10-f.

4 a) Nous **l'**avons utilisé (accord du participe avec le COD placé avant le verbe). b) Le metteur en scène **leur** explique leur rôle. c) Je partirai en vacances avec **eux**. d) Nous comptons sur **vous** pour divulguer la nouvelle.

5 a) Pronoms de 1re personne: *je*, *me* (à plusieurs reprises). Déterminant de 1re pers.: *mes*. b) • Ce sont des pronoms personnels. • C'est un déterminant possessif. c) Pronoms personnels de 3e pers. (Mme de Warens): *elle*, *la*, *l'*, *lui*. Déterminant possessif de 3e personne: *sa*.

LEÇON 4 — Énoncés p. 63

Quiz-test
Bonnes réponses : 1 a), et c). 2 a) et c).

3 a) Noir: attribut du sujet *ciel*; b) noir: épithète de nom *pull*; c) contents: attribut du sujet *vous*; d) rouges: épithètes du nom *chaussures*; vieilles: attribut du sujet *chaussures*

4 a) ravis: apposé au nom *cousins*. b) grand: épithète du nom *choix*; policiers: épithète du nom *romans*; passionnants: épithète du nom *romans*. c) malade: attribut du sujet *Morgane*. d) performants: attribut du sujet *ordinateurs*; anciens: épithètes du nom *modèle*.

5 a) *vivifiant*, dans la phrase 1, est au comparatif de supériorité. b) *brusque* et *joviale*, dans la phrase 2, sont apposés au nom *blonde*. c) *blonds* et *gris*, dans la phrase 3, sont deux attributs du sujet *ils* (mis pour *les cheveux*). d) phrase 1: *malade* (mère), *vivifiant* (air); phrase 2: *forte* (blonde), *bleus* (yeux); phrase 3: *légère* (mantille), *mince* (visage), *fin* (visage); phrase 4: *petite* (enfance), *cardiaque* (faiblesse), *petites* (jambes).

LEÇON 5 — Énoncés p. 65

Quiz-test
Bonnes réponses : 1 c). 2 a) et b).

3 a) à modeler: infinitif (CdN *pâte*). b) pas de CdN, c) *ce logiciel*: groupe nominal (CdN *avantages*). d) *d'aujourd'hui*: adverbe (CdN *adolescents*). e) *dont*:

pronom relatif (CdN *logiciel*, *dont* est mis pour *le jeu*), *sur l'Antiquité* : groupe nominal (CdN *informations*).

4 a) Des animaux amicaux ; b) de vieux habits ; c) des accidents fatals ; d) des garçons matinaux ; e) de nouveaux bals ; f) des plats régionaux.

5 a) deux cent vingt (deux-cent-vingt) ; b) quatre-vingt-trois ; c) mille trois cents (mille-trois-cents) ; d) quatre cent cinquante-et-un (quatre-cent-cinquante-et-un).

6 a) quotidienne ; b) mauves ; c) vert pomme, jaunes ; d) bénigne ; e) caduques ; f) orange, bancals.

7 a) De hauts murs encerclaient la cité. b) Les choux-fleurs sont des légumes riches en vitamines.

LEÇON 6 — Énoncés p. 67

Quiz-test
Bonnes réponses : 1 c). 2 c).

3 a) COD du verbe *acheter* ; b) sujet inversé du verbe *arriver* ; c) la vieille dame : sujet du verbe *demander* ; sa valise : COD du verbe *descendre* ; d) sujet inversé du verbe *descendre* ; e) Il : sujet grammatical du verbe *pleuvoir* ; des cordes : sujet logique du verbe *pleuvoir*.

4 a) *Son abondante chevelure blonde, peu soignée* (tombait) : groupe nominal ; *qui* (s'harmonisait) : pronom relatif ; b) *il* (2 fois : paraissait, eût) : pronom personnel ; c) *Un des spectacles* (est) : groupe nominal ; *le plus d'épouvantement* (se rencontre) : groupe nominal ; d) *Personne* (faisait) : pronom indéfini ; *qui* (gémissait) : pronom relatif ; e) *Décrire les fastes de son temps* (est) : groupe infinitif ; f) *Que les lecteurs … Balzac* (est) : prop. sub. conjonctive ; *les lecteurs* (soient épouvantés) : groupe nominal ; g) *vous* (savez) : pronom personnel ; *les quatre premières phrases* (ont été écrites) : groupe nominal.

5 a) L'avez-vous lu ? b) Le père Goriot les aime au point… c) Il les leur a offerts (accord du participe avec le COD *les* mis pour *tous ses biens*). d) Balzac les leur a montrées (accord du participe avec le COD *les* mis pour *l'ambition et les passions*). e) L'ambition les leur a fait oublier.

LEÇON 7 — Énoncés p. 69

Quiz-test
Bonnes réponses : 1 c). 2 a) et b).

3 a) Le Principal nous accorde une subvention pour notre club théâtre. b) La plupart de ces romans policiers sont passionnants ; je te les prête. c) Est-ce que tu me donnes ton pull qui est trop petit ? d) Nous accordons nos instruments et commençons.

4 a) C'est toi qui as eu cette idée mais c'est moi qui ai tout organisé. b) Dorian et moi pouvons accompagner le chant avec nos guitares tandis que Julie et toi vous occupez des percussions. c) Je me demande qui fait du bruit sous notre fenêtre et nous empêche de répéter notre concert. d) L'assemblée des collégiens élit deux délégués qui organisent ensuite les différents clubs ; un groupe de professeurs guide la réflexion et la plupart des surveillants se proposent pour animer les activités.

5 a) C'est Balzac qui est l'auteur de ce roman. b) C'est toi qui as réparé mon ordinateur. c) C'est Monet qui a peint ce tableau. d) C'est toi qui es le responsable. e) C'est moi qui ai abîmé ton écharpe.

6 a) Les romanciers qui cherchent à représenter le réel ont le souci du détail. b) C'est au XIXe siècle que se développent ces genres littéraires. c) Les personnages qui donnent leur nom au roman sont en général les personnages principaux. d) Vous, qui avez lu attentivement ce roman, pourriez-vous nous en parler ?

LEÇON 8 — Énoncés p. 71

Quiz-test
Bonnes réponses : 1 b) et c). 2 a) et b).

3 a) *Oh ! ma mère ! ma mère !* ; *Rien qu'une fois !* b) et c) La première phrase contient une proposition indépendante ; la seconde contient deux propositions indépendantes.

4 a) tandis qu'il … côtés. b) d'où ils ne reviendraient plus. c) que vous … rouge. d) où des filets … cabanes. e) quand l'aube … carreaux ; et que … pharmacie. f) qui précèdent.

5 Phrase simple : Je suis né … citoyenne. / Deux propositions indépendantes : Ma mère … riche ; elle avait … beauté. / Les subordonnées : dans lequel … habile ; que mon père l'avait obtenue.

LEÇON 9 — Énoncés p. 73

Quiz-test
Bonnes réponses : 1 a), b) et c). 2 a) et b).

3 a) qui … Terreur (*conseiller*) ; b) qui sont venus (*Chabert*), qui viendront (*ceux*) ; c) par où … sorti (*porte*) ; d) . ; e) d'où … vainqueur (*combat*).

4 a) dont ; b) auquel ; c) à laquelle ; d) à qui ; e) duquel ; f) quoi ; g) où ; h) dont.

5 a) J'ai emprunté à la bibliothèque un roman policier que j'ai lu en une soirée. b) Nous avons atteint le sommet du haut duquel la vue est splendide. c) La forêt longeait une plage dont le bord était recouvert de galets. d) Un nouveau magasin, dans lequel on peut trouver un grand choix de logiciels et de jeux, s'est ouvert. e) Nous avons monté un club vidéo dont Nicolas est le président. f) En 1998, la France a gagné la coupe du monde de football qui avait lieu sur son territoire.

LEÇON 10 — Énoncés p. 75

Quiz-test

Bonnes réponses : **1** b) et c). **2** b).

3 a) interrogative ; b) conjonc. complétive ; c) conjonc. circ. ; d) interrogative ; e) relative ; f) conjonc. circ. ; g) conjonc. complétive.

4 Que les enfants … élevés : sub. complétive. Puisqu'on … pierreries : sub. circonstancielle de cause. Qu'on parlait péruvien : sub. complétive. Que Cacambo … village : sub. complétive. Où on ne … langue : sub. relative.

5 a) Si le ciel est couvert … (condition) ou Comme (puisque, étant donné que) le ciel est couvert… (cause). b) Comme (puisque, étant donné que) son train … (cause). c) Si tes notes … (condition). d) … quand (lorsque) le téléphone … (temps).

LEÇON 11 — Énoncés p. 77

Quiz-test

Bonnes réponses : **1** a). **2** b) et c).

3 Je t'aiderai ; il faut ; il n'est pas, il a plu.

4 a) habitude ; b) énonciation (actualité) ; c) vérité générale ; d) présent de narration.

5 a) imparfait d'habitude ; b) futur antérieur (antériorité par rapport au verbe de la prop. principale) ; c) présent de vérité générale.

6 a) … n'était pas moins dépeuplé … y étaient fermés ; … caressa … avait vu faire … revint … ouvrit. b) Dans la première phrase, on utilise un imparfait de description (*dépeuplé* et *fermés* fonctionnent comme des adjectifs). Dans la seconde phrase, le passé simple est le temps du récit, il rapporte des événements qui s'enchaînent ; le plus-que-parfait évoque une action antérieure au temps du récit proprement dit.

7 a) Les temps utilisés sont : le passé simple et l'imparfait (*était garni* est un imparfait passif). b) Le passé simple se rapporte à des actions limitées dans le temps et qui s'enchaînent ; c'est le temps de la narration. L'imparfait exprime une action non limitée dans le temps : on ne sait pas exactement depuis quand le fond est garni de cyanure de potassium ni depuis quand nous *commencions*. c) L'imparfait de *respectait* exprime un fait non limité dans le temps.

LEÇON 12 — Énoncés p. 79

Quiz-test

Bonnes réponses : **1** a) et b). **2** a) et b).

3 a) il écrit ; ils écriront ; b) elles broient ; vous broierez ; c) tu t'écries ; tu t'écrieras ; d) peindre ; nous peignons ; e) vous peignez ; vous peignerez ; f) suivre ; je suis ; g) savoir ; je saurai.

4 a) tu conduisais ; tu conduisis ; b) crié ; vous criiez ; c) ils écrivaient ; ils écrivirent ; d) scié ; nous sciions ; e) peint ; nous peignions ; f) vécu ; je vécus ; g) nous voyions ; vous vîtes ; h) venu ; nous vînmes ; i) longé ; je longeai.

5 a) vous vous asseyiez ; b) il répond ; c) j'oublierais ; d) nous accueillions ; e) je vendis ; f) il revint.

6 a) je courrai (futur) ; b) nous partions (imparfait) ; c) courus (peut aussi être au passé simple) ; d) nous vîmes (verbe *voir*) ; e) je saurai (verbe *savoir*).

LEÇON 13 — Énoncés p. 81

Quiz-test

Bonnes réponses : **1** a et c). **2**) a) et b)

3 a) savoir ; que tu saches ; b) tu cours ; que je coure ; c) nous mourons ; que vous mouriez ; d) vous nourrissez ; qu'ils nourrissent ; e) pouvoir ; ils peuvent ; f) tu écris ; que tu écrives ; g) s'assoir ; je m'assois ; h) vous criez ; que nous criions ; i) il résout ; que je résolve ; j) voir ; qu'il voie.

4 a) qu'il sache ; b) soient ; c) ait ; d) vienne ; e) soit ; f) puisse.

5 a) que tu aies terminé ; que je sois revenu(e) ; b) qui aie réussi ; c) bien que j'aie manqué ; d) que tu aies vu ; e) que tu aies oublié ; f) ait eu.

6 À cocher : a) jouez ; b) cours ; c) viens ; d) prends ; g) fais ; h) réponds ; l) sois.

LEÇON 14 — Énoncés p. 83

Quiz-test

Bonnes réponses : **1** b). **2** c).

3 d) ; f) ; g) ; i) ; j) ; k) ; m) ; n).

4 a) ind. présent ; b) ind. imparfait ; c) subj. présent ; d) ind. plus-que-parfait ; e) imp. présent ; f) cond. présent ; g) ind. fut. ant. ; h) cond. passé ; i) ind. futur ; j) subj. passé.

5 a) *par son entraîneur et par ses amis* (encouragé) ; c) *par un électricien* (été aperçu) ; e) *de tous* (estimé).

6 a) La mise en scène des *Femmes savantes* de Molière est préparée par notre classe. b) Pour le choix des décors, notre troupe a été conseillée par le professeur d'arts plastiques. **c)** Des rafraîchissements et des gâteaux ont également été préparés pour l'entracte. **d)** La date et le lieu de notre représentation seront annoncés par le journal du collège mais aussi par la presse locale.

LEÇON 15 — Énoncés p. 85

Quiz-test
Bonnes réponses : **1** b). **2** a) et b).

3 **s'écrier** : je m'écriais ; je m'écriai ; il s'écriait ; il s'écria.
déplacer : je déplaçais ; je déplaçai ; il déplaçait ; il déplaça.
ranger : je rangeais ; je rangeai ; il rangeait ; il rangea.

4 **approuver** : j'approuverai ; j'approuverais ; il approuvera ; il approuverait.
faire : je ferai ; je ferais ; il fera ; il ferait.
savoir : je saurai ; je saurais ; il saura ; il saurait.

5 **a)** Autrefois, je passais toutes mes vacances chez mes grands-parents. **b)** Je courus, butai sur une souche et tombai. **c)** Tandis que tu dormais, je travaillais ! **d)** J'aperçus le château maudit et décidai de m'en approcher.

6 **a)** On me répète que je serai un bon comédien. **b)** On m'avait promis que je deviendrais une célébrité. **c)** Si tu me confiais ta tablette, je pourrais t'installer un logiciel utile. **d)** Je souhaiterais que vous veniez avec moi chez l'opticien.

7 Je traduis un texte. – J'oublie tout. – Il supplie son frère. – Il écrit une lettre. – Tu recopies les devoirs. – Je bondis. – Je relis mon devoir. – Je vérifie les terminaisons.

8 **a)** Il faut vraiment que j'aie (subj.) une bonne note à ce contrôle ! **b)** Le principal souhaite que nous rejoignions (subj.) le club théâtre de la ville. **c)** Je crois que vous oubliez (ind.) souvent vos affaires de sport. **d)** J'aimerais que tu voies (subj.) ce film avec moi.

LEÇON 16 — Énoncés p. 87

Quiz-test
Bonnes réponses : **1** c). **2** b) et c).

3 **a)** examinant, concernant ; **b)** reconnaissants ; **c)** reconnaissant ; **d)** vivants ; **e)** Vivant.

4 **a)** se tortillant, suivant, sortant ; **b)** incessants.

5 **a)** Les histoires que j'ai traduites sont… **b)** C'est un château qu'ils ont restauré eux-mêmes. **c)** Je sais quels sentiments tu as éprouvés car je les ai éprouvés aussi. **d)** Les règles que j'ai appliquées…

6 **a)** pressés ; **b)** pressé ; **c)** cognée ; **d)** brûlés (accord avec *les* mis pour *doigts*).

LEÇON 17 — Énoncés p. 89

Quiz-test
Bonnes réponses : **1** b) et c). **2** b).

3 **a)** roman, texte (discours) narratif ; **b)** poésie, texte (discours) descriptif ; **c)** autobiographie, texte (discours) descriptif ; **d)** essai, texte (discours) argumentatif ; **e)** théâtre, texte (discours) argumentatif.

4 **a)** Ce texte est de genre autobiographique. **b)** L'auteur utilise le présent. Dans le second paragraphe, le présent est à la fois un présent de narration et un présent d'habitude ; l'emploi du présent pour évoquer le passé du narrateur rend le récit plus proche du lecteur. **c)** L'enfant et la mère sont les deux personnages principaux ; l'auteur évoque aussi les locataires, et plus particulièrement celui qui engraisse des dindes. **d)** Le décor est présenté comme négatif : *qui sent mauvais, au fond de la cave… engraisse les dindes.* La mère est violente : *calotter, arrache les cheveux, donne des taloches*. L'enfant a mauvaise conscience : *persuadé… un enfant ingrat*. **e)** *C'est pour mon bien* est l'expression qui explique le paradoxe.

LEÇON 18 — Énoncés p. 91

Quiz-test
Bonnes réponses : **1** b) et c). **2** b).

3 **a)** Il manque le point d'interrogation après *pièce*. **b)** En discours indirect, on doit dire « ce que » au lieu de « qu'est-ce que ». **c)** On ne met pas de point d'interrogation dans une interrogation indirecte. **d)** Il faut signaler la parole (*entrez ! … fermée !*) par les deux points et des guillemets. **e)** Il ne faut pas mettre de majuscule à *questionna-t-il*. **f)** On ne met pas de guillemets au style indirect.

4 **a)** Il lui avait dit qu'elle n'avait guère l'air d'une Provençale. **b)** Bérénice dit qu'il ne l'avait pas regardée. **c)** Mme Barbentane s'exclama que Mary avait bon dos. **d)** Edmond lui demanda si elle voulait danser.

5 **a)** dit Aama ; **b)** Dans les répliques d'Aama, on rencontre des virgules et des points. **c)** Dans celles de son interlocuteur, il n'y a que des points d'interrogation. **d)** Aama ne fait que répondre, elle est passive ; c'est son interlocuteur qui mène le dialogue.

LEÇON 19 — Énoncés p. 93

Quiz-test
Bonnes réponses : **1** b). **2** a) et c).

3 Les propositions exactes sont a), c) et g).

4 a) parallélisme ; b) répétition ; c) comparaison ; d) personnification ; e) comparaison ; f) comparaison ; g) gradation.

5 a) *petite, ronde, grasse* ; et *bouffis, étranglés, pareils*. Maupassant a recours à ce procédé pour détailler le portrait de son personnage en apportant le plus possible de précisions. b) *pareils* à *des chapelets de courtes saucisses :* le comparant appartient au champ lexical de la charcuterie, ce qui souligne l'aspect rond et gras du personnage (*ronde, grasse, luisante* et *tendue*). c) Le procédé utilisé est une métaphore.

LEÇON 20 — Énoncés p. 95

Quiz-test
Bonnes réponses : 1 c). 2 a)

3 a) Le discours est narratif. b) Il s'agit d'un roman de forme autobiographique. c) Les verbes d'action : *porta, vida, poussa, chancela, transformait, grossissait, grandissait*. Ces verbes accentuent la tension dramatique. d) *Alors, Ensuite, Puis, Tandis que* : ces indices décomposent les actions et contribuent au suspens. e) Les virgules dominent pour détacher les actions, rendre le récit haletant pour toucher le lecteur. f) Le passage est destiné à faire peur : l'action, la violence (*un cri, haletant*), le fantastique (*se transformait*).

4 a) Les trois plans successifs : les deux personnages, la fenêtre et les rideaux, le paysage. Le troisième plan nous donne une image négative de la campagne (pluie et vent) ; le second trace une barrière entre l'intérieur et l'extérieur tandis que la croix de la fenêtre semble enfermer les personnages mais aussi (trait vertical) les séparer l'un de l'autre ; le premier plan exprime l'ennui des deux personnages et dénonce la vie à la campagne. b) Les montants de la fenêtre constituent un axe de symétrie ; les deux personnages semblent se regarder comme dans un miroir. c) La répétition due à la symétrie veut suggérer une vie répétitive et ennuyeuse.

LEÇON 21 — Énoncés p. 97

Quiz-test
Bonnes réponses : 1 b). 2 b) et c)

3 a) Je regarde un film. b) Le bassin est vide. c) Pourquoi dis-tu cela ? d) Je ne retrouve pas mes clés. e) On n'a pas vu ton frère.

4 « est vide »

5 Selon moi, cette chanson est très belle. Quelle drôle d'idée ! Cette pièce est vraiment magnifique ! Je n'aime pas ce tableau.

6 a) Cette toute petite graine est malgré tout très dangereuse. b) Le flot tumultueux de la rivière gronde sous le pont. c) Le grincement étrange des chaînes résonne dans le couloir désert. d) Je me souviens d'un énorme chien brun qui me menaçait

7 – Dépêche-toi, ordonna-t-il ; – Mais, ce n'est pas moi ! protesta-t-il ; – C'est bien moi qui ai dit cela, assura-t-il ; – C'est à cause du brouillard, expliqua-t-il ; – Et si nous allions à la patinoire, suggéra-t-il ; – Nous avons gagné ! annonça-t-il ; – Tom a dû manquer son bus, supposa-t-il.

LEÇON 22 — Énoncés p. 99

Quiz-test
Bonnes réponses : 1 c). 2 b)

3 a) ? ; b) ! ; c) . ; d) . ? ; e) ...

4 a) Thomas m'a dit : « J'ai déjà écrit deux romans, trois poèmes et quatre comédies. » b) Il n'avait pas fait ses lacets : il est tombé. c) Marine, courant pour attraper son bus, a trébuché. d) Un beau matin, enfin décidé, Lucas annonça qu'il serait ébéniste. e) Le violon, la guitare, la harpe : voici des instruments à cordes.

5 Opposition : mais, cependant, toutefois, néanmoins, pourtant. Cause : puisque, en raison de, comme, à cause.

6 C'étaient bien deux voitures arrêtées, le cheval de l'une attaché derrière l'autre. Un homme avait sauté à terre. « C'est ici la mairie ? dit-il en s'approchant. Pourriez-vous m'indiquer M. Fromentin, métayer à la Belle Étoile ? »

7 a) D'abord, puis ; b) donc ; c) de plus, c'est pourquoi ; d) par ailleurs.

LEÇON 23 — Énoncés p. 101

Quiz-test
Bonnes réponses : 1 a) et b). 2 b).

3 Les propositions exactes sont a), d), e) et h).

4 a) devina ou distingua ; b) constate ou devine ; c) contemple ; d) scrute ou épie. e) examine ou repère ; f) scrute ; g) regarde ; h) constate ou devine ; i) examiner.

5 ... surnaturelle. C'est ... monstre. Cette ... roues, a des mouvements ... billard, penche ... roulis, plonge ... tangage, va, vient, s'arrête, paraît méditer, reprend sa course, traverse ... l'autre. [...] Et que faire ? Comment en venir à bout ?

LEÇON 24 — Énoncés p. 103

Quiz-test
Bonnes réponses : 1 a) et c). 2 b).

3 Les propositions exactes sont **b)**, **e)** et **f)**.

4 Progression chronologique : puis, ensuite ; retour en arrière : la veille, avant leur mariage ; anticipation : cet événement se reproduira, demain ; ellipse : deux années passèrent, plus tard.

5 **a)** Les temps utilisés sont l'imparfait et le passé simple (*qu'il comprît* est un imparfait du subjonctif). L'imparfait est le temps de la description : Zola évoque le décor. Le passé simple est le temps de l'action ; il se rapporte au personnage principal et à son déplacement. **b)** 1° début → uniformes ; 2° Il fit → fumeuses ; 3° Mais au ras... → fin. **c)** La description est faite en point de vue interne, du point de vue du personnage qui se déplace : *à sa droite, à gauche, il fit environ deux cents pas, près de lui, venait de l'arrêter*. **d)** Comparaisons : *pareils à des lunes fumeuses*. Métaphores : *le ciel mort, la respiration grosse et longue*. Zola a recours à ces procédés pour évoquer le côté inquiétant, fantastique du paysage ; le décor est si étrange que les mots réalistes ne suffisent pas pour l'évoquer. **e)** Le paysage décrit est sinistre parce qu'il est sombre (*tout disparut, ciel mort, rares lueurs*), écrasé (*s'enfonçait, basses, masse lourde, tas écrasé*) et sale (*encrassées*). Le décor apparaît aussi comme fermé (*palissade, grosses planches*) et monstrueux (*spectacle, silhouette, une voix montait, respiration grosse et longue*). C'est une vision négative et fantastique du monde industriel.

LEÇON 25

Énoncés p. 105

Quiz-test

Bonnes réponses : 1 b) et c). 2 b).

3 **a)** L : un agent de la SNCF / D : les voyageurs pour Brest ; **b)** L : les responsables de la signalisation routière / D : les automobilistes ; **c)** L : l'entreprise pharmaceutique / D : le malade qui a acheté le médicament. **d)** L : le professeur / D : les élèves.

4 **a)** nous, nos ; **b)** Je, vous, ce, vous ; **c)** Le mois prochain, notre, votre ; **d)** Hier, j', tu, moi, ma, m', ton, ce matin ; **e)** vous, cette.

5 **a)** journal intime ; **b)** mémoires .

6 **a)** ma, je (trois fois), mon ; **b)** Les indicateurs de lieu : *derrière, entre, à main droite, à gauche* ; les détails : *une fausse porte, de beaux yeux bleus, un teint éblouissant, une gorge enchanteresse*. Le souvenir est précis parce que l'événement a compté pour le narrateur. C'est une scène de première rencontre amoureuse. **c)** *Se retourne, vois*. Il s'agit d'un présent de narration qui met en valeur les moments importants et rend présent le souvenir. **d)** *Pétri de grâces, beaux, douceur, éblouissant, enchanteresse* : le lecteur devine que le narrateur est tombé amoureux de madame de Warens.

LEÇON 26

Énoncés p. 107

Quiz-test

Bonnes réponses : 1 a) et c). 2 a), b) et c).

3 **a)** comme ; **b)** parce que ; **c)** donc ; **d)** mais ; **e)** tandis que.

4 1-f ; 2-c ; 3-e ; 4-a ; 5-b ; 6-d.

5 Sujet a : 1/ Les parents doivent intervenir dans certaines situations (santé, détresse, besoin de conseils... tenir compte de l'âge). 2/ La part de liberté accordée aux enfants. Sujet b : 1/ Les différents héros ou héroïnes de mon enfance, les raisons. 2/ Les différents héros et héroïnes de mon adolescence, les raisons. 3/ Les conséquences dans ma vie quotidienne.

Fais le bilan !

Énoncés p. 108

1 b) **2** c) **3** c) **4** a) **5** b)
6 a) **7** c) **8** c) **9** a) **10** a)

Maths

LEÇON 1

Énoncés p. 111

Quiz-test

Bonnes réponses : 1 a) et c). 2 a) et b).

3 • $A = \frac{7}{3} - \frac{5}{3} \times \frac{2}{3} = \frac{7}{3} - \frac{5 \times 2}{3 \times 3} = \frac{7}{3} - \frac{10}{9}$

$A = \frac{7 \times 3}{3 \times 3} - \frac{10}{9} = \frac{21 - 10}{9} = \frac{11}{9}$.

***Vérifie aisément que PGCD* (11 ; 9) = 1.**

• $B = \left(\frac{3}{4} - \frac{1}{2}\right) \times \frac{5}{6} = \left(\frac{3}{4} - \frac{2}{4}\right) \times \frac{5}{6} = \frac{1}{4} \times \frac{5}{6}$

$B = \frac{1 \times 5}{4 \times 6} = \frac{5}{24}$.

• $C = \left(\frac{3}{8}\right)^2 - \frac{1}{8} = \frac{3^2}{8^2} - \frac{1}{8} = \frac{9}{64} - \frac{1}{8} = \frac{9}{64} - \frac{8}{64}$

$C = \frac{9-8}{64} = \frac{1}{64}$.

• $D = 1 - \frac{5}{4} : \frac{2}{5} = 1 - \frac{5}{4} \times \frac{5}{2} = 1 - \frac{5 \times 5}{4 \times 2} = \frac{1}{\mathbf{1}} - \frac{25}{8}$

$D = \frac{8}{8} - \frac{25}{8} = \frac{8-25}{8} = \frac{-17}{8} = -\frac{17}{8}$.

• $E = 6 - 4\left(\frac{1}{4} - 1\right)^2 = 6 - 4\left(\frac{1}{4} - \frac{4}{4}\right)^2 = 6 - 4\left(-\frac{3}{4}\right)^2$

$E = 6 - \frac{(-3)^2}{4} = \frac{6}{\mathbf{1}} - \frac{9}{4} = \frac{6 \times 4}{4} - \frac{9}{4}$

$E = \frac{24-9}{4} = \frac{15}{4}$.

• $F = \frac{2}{3} - \frac{1}{4} \times \frac{6}{\mathbf{1}} + 7 = \frac{2}{3} - \frac{1 \times 6}{4 \times 1} + 7 = \frac{2}{3} - \frac{6}{4} + 7$

$F = \frac{2}{3} - \frac{3 \times \cancel{2}}{2 \times \cancel{2}} + \frac{7}{\mathbf{1}} = \frac{2 \times 2}{3 \times 2} - \frac{3 \times 3}{2 \times 3} + \frac{7 \times 6}{6}$

$F = \frac{4-9+42}{6} = \frac{37}{6}$.

• $G = \frac{\frac{8}{7} - \frac{2}{\mathbf{1}}}{\frac{9}{14}} = \frac{\frac{8}{7} - \frac{14}{7}}{\frac{9}{14}} = \frac{-\frac{6}{7}}{\frac{9}{14}} = -\frac{6}{7} : \frac{9}{14} = -\frac{6}{7} \times \frac{14}{9}$

$G = -\frac{6 \times 14}{7 \times 9} = -\frac{\cancel{3} \times 2 \times 2 \times \cancel{7}}{\cancel{7} \times \cancel{3} \times 3} = -\frac{4}{3}$.

• $H = \frac{1 + \frac{1}{2}}{\frac{1}{4} - 3} = \frac{\frac{2}{2} + \frac{1}{2}}{\frac{1}{4} - \frac{12}{4}} = \frac{\frac{3}{2}}{-\frac{11}{4}} = \frac{3}{2} : \left(-\frac{11}{4}\right)$

$H = \frac{3}{2} \times \left(-\frac{4}{11}\right) = \frac{3 \times (-4)}{2 \times 11} = \frac{3 \times \cancel{2} \times (-2)}{\cancel{2} \times 11}$

$H = \frac{-6}{11} = -\frac{6}{11}$.

• $I = \frac{10+5}{10-5} = \frac{15}{5} = 3$.

• $J = \left(4 - \frac{2}{3}\right)\left(2 - \frac{4}{3}\right) = \left(\frac{12}{3} - \frac{2}{3}\right)\left(\frac{6}{3} - \frac{4}{3}\right)$

$J = \frac{10}{3} \times \frac{2}{3} = \frac{20}{9}$.

4 Respecter les priorités.

$A = \left(\mathbf{\frac{3}{5} - \frac{1}{2}}\right) \times \frac{5}{2} = \left(\frac{3 \times 2}{5 \times 2} - \frac{1 \times 5}{2 \times 5}\right) \times \frac{5}{2}$

$= \frac{6-5}{10} \times \frac{5}{2} = \frac{1}{10} \times \frac{5}{2} = \frac{5}{20} = \frac{1}{4}$.

$B = \frac{3}{4} + \frac{1}{2} \times \left(\mathbf{\frac{2}{3} - 1}\right) = \frac{3}{4} + \frac{1}{2} \times \left(\frac{2}{3} - \frac{1 \times 3}{1 \times 3}\right)$

$= \frac{3}{4} + \frac{1}{2} \times \left(\frac{2-3}{3}\right) = \frac{3}{4} + \frac{1}{2} \times \left(\frac{-1}{3}\right)$

$B = \frac{3}{4} - \frac{1 \times 1}{2 \times 3} = \frac{3}{4} - \frac{1}{6} = \frac{3 \times 3}{4 \times 3} - \frac{1 \times 2}{6 \times 2}$

$= \frac{9-2}{12} = \frac{7}{12}$.

$C = \frac{3 - \frac{2}{3}}{\frac{4}{3} \times 7} = \frac{\frac{3 \times 3}{1 \times 3} - \frac{2}{3}}{\frac{4 \times 7}{3}} = \frac{\frac{9-2}{3}}{\frac{28}{3}}$

$= \frac{7}{\cancel{3}} \times \frac{\cancel{3}}{28} = \frac{7}{28} = \frac{1}{4}$.

$D = \left(\mathbf{\frac{1}{4} - \frac{1}{5}}\right) \times \left(\mathbf{7 + \frac{37}{9}}\right)$

$= \left(\frac{1 \times 5}{4 \times 5} - \frac{1 \times 4}{5 \times 4}\right) \times \left(\frac{7 \times 9}{1 \times 9} + \frac{37}{9}\right)$

$= \frac{5-4}{20} \times \frac{63+37}{9} = \frac{1}{20} \times \frac{100}{9} = \frac{100}{180}$

On pourra simplifier cette fraction pour trouver la fraction irréductible.

$D = \frac{100}{180} = \frac{5 \times \cancel{20}}{9 \times \cancel{20}} = \frac{5}{9}$.

$E = \frac{3 - \frac{5}{2}}{1 + \frac{1}{5}} = \frac{\frac{3 \times 2}{1 \times 2} - \frac{5}{2}}{\frac{1 \times 5}{1 \times 5} + \frac{1}{5}} = \frac{\frac{6-5}{2}}{\frac{5+1}{5}} = \frac{\frac{1}{2}}{\frac{6}{5}} = \frac{1}{2} \times \frac{5}{6} = \frac{5}{12}$.

$F = \frac{\frac{2}{3}}{\frac{5}{6}} - \frac{2}{5} = \frac{2}{3} \times \frac{6}{5} - \frac{2}{5} = \frac{2 \times \cancel{3} \times 2}{\cancel{3} \times 5} - \frac{2}{5} = \frac{4}{5} - \frac{2}{5} = \frac{2}{5}$.

$G = \frac{3}{7} - \mathbf{\frac{15}{7} \div \frac{5}{24}} = \frac{3}{7} - \frac{15}{7} \times \frac{24}{5} = \frac{3}{7} - \frac{3 \times 5 \times 24}{7 \times 5}$

$= \frac{3-72}{7} = -\frac{69}{7}$

$H = \frac{\frac{-3}{4} + \frac{1}{2}}{\frac{2}{5} - \frac{5}{2}} = \frac{\frac{-3}{4} + \frac{1 \times 2}{2 \times 2}}{\frac{2 \times 2}{5 \times 2} - \frac{5 \times 5}{2 \times 5}} = \frac{\frac{-3+2}{4}}{\frac{4-25}{10}} = \frac{\frac{-1}{4}}{\frac{-21}{10}}$

$= \frac{1}{4} \times \frac{10}{21} = \frac{10}{84}$.

5 **a)** $ab = \frac{1}{3} \times \left(-\frac{3}{5}\right) = -\frac{1}{5}$.

b) $\frac{a}{b} = \frac{\frac{1}{3}}{-\frac{3}{5}} = \frac{1}{3} : \left(-\frac{3}{5}\right) = \frac{1}{3} \times \left(-\frac{5}{3}\right) = \frac{-5}{9}$.

c) $b^2 = \left(-\frac{3}{5}\right)^2 = \frac{9}{25}$.

6 **a)** $1 - \left(\frac{1}{4} + \frac{3}{\cancel{4}} \times \frac{\cancel{4}}{5}\right) = 1 - \left(\frac{1}{4} + \frac{3}{5}\right) =$

$1 - \left(\frac{1 \times 5}{4 \times 5} + \frac{3 \times 4}{4 \times 5}\right) = 1 - \left(\frac{5+12}{20}\right) = \frac{20}{20} - \frac{17}{20} = \frac{3}{20}$.

b) • En 2010, il vend le $\frac{1}{4}$ de sa propriété.

Il en reste les $\frac{3}{4}$.

En 2012, il vend les $\frac{4}{5}$ du reste, soit les $\frac{4}{5}$ des $\frac{3}{4}$ de la propriété.

$\frac{\cancel{4}}{5} \times \frac{3}{\cancel{4}} = \frac{3}{5}$: il vend les $\frac{3}{4}$ de la propriété en 2012.

• Il reste $1 - \left(\frac{1}{4} + \frac{3}{5}\right) = \frac{3}{20}$ (voir **a)**)

part vendue en 2010 ($\frac{1}{4}$) — part vendue en 2012 ($\frac{3}{5}$)

Les $\frac{3}{20}$ de la propriété restent invendus à l'issue de ces 2 années.

• Cette partie invendue représente 6 ha.

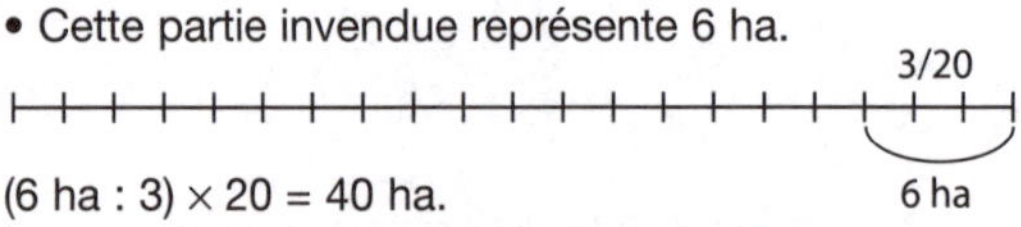

$(6 \text{ ha} : 3) \times 20 = 40$ ha.
La superficie de la propriété était de 40 ha.

LEÇON 2 Énoncés p. 113

Quiz–test

Bonnes réponses : **1 b) et c).** **2 b) et c).**

3 a) **Faux** : $1 + 4 + 3 = 8$; 8 n'est pas un multiple de 3. b) **Faux** : $143 \div 8 = 17$ reste 7 (reste $\neq 0$). c) **Vrai** : $143 \div 13 = 11$ reste 0. d) **Vrai** : $143 = 11 \times 13$. e) **Faux** : 143 est divisible par 13 (voir c). f) **Vrai** : $143 \div 5 = 28$ reste 3.

4 $144 = 1 \times 144$, $144 = 2 \times 72$, $144 = 3 \times 48$, $144 = 4 \times 36$, $144 = 6 \times 24$, $144 = 8 \times 18$, $144 = 9 \times 16$, $144 = 12 \times 12$. Les 15 diviseurs de 144 sont : 1 ; 2 ; 3 ; 4 ; 6 ; 8 ; 9 ; 12 ; 16 ; 18 ; 24 ; 36 ; 48 ; 72 et 144.

5

$\begin{array}{r|l} 144 & 2 \\ \hline 0 & 72 \end{array}$ $\begin{array}{r|l} 72 & 2 \\ \hline 0 & 36 \end{array}$ $\begin{array}{r|l} 36 & 2 \\ \hline 0 & 18 \end{array}$

$\begin{array}{r|l} 18 & 2 \\ \hline 0 & 9 \end{array}$ $\begin{array}{r|l} 9 & 3 \\ \hline 0 & 3 \end{array}$ $\begin{array}{r|l} 3 & 3 \\ \hline 0 & 1 \end{array}$

$144 = 2 \times 2 \times 2 \times 2 \times 3 \times 3$

6 Si n est le premier nombre, le nombre suivant est $n + 1$ et le nombre consécutif à $(n + 1)$ est $(n + 1) + 1 = (n + 2)$.

On ajoute une unité à un nombre pour trouver le nombre consécutif.

La somme des trois nombres consécutifs s'écrit donc :

$$\begin{aligned} n + (n + 1) + (n + 2) &= n + n + n + 1 + 2 \\ &= 3n + 3 \\ &= 3 \times n + 3 \times 1 \\ &= 3 \times (n + 1) \\ &= 3 \times K \end{aligned}$$

Cette somme est bien un multiple de 3.

7 741 ; 618 ; 450 ; 225 ; 651 sont divisibles par 3.

8 a) Ce programme permet d'établir la liste des diviseurs d'un nombre entier n, en divisant ce nombre n, successivement par 1 ; 2 ; 3… jusqu'à n et en listant ensuite chaque diviseur donnant un reste égal à zéro.

b)

$144 : \underline{1} = 144$	$r = 0$	$144 : \underline{16} = 9$	$r = 0$
$144 : \underline{2} = 72$	$r = 0$	$144 : \underline{18} = 8$	$r = 0$
$144 : \underline{3} = 48$	$r = 0$	$144 : \underline{24} = 6$	$r = 0$
$144 : \underline{4} = 36$	$r = 0$	$144 : \underline{36} = 4$	$r = 0$
$144 : \underline{6} = 24$	$r = 0$	$144 : \underline{48} = 3$	$r = 0$
$144 : \underline{8} = 18$	$r = 0$	$144 : \underline{72} = 2$	$r = 0$
$144 : \underline{9} = 16$	$r = 0$	$144 : \underline{144} = 1$	$r = 0$
$144 : \underline{12} = 12$	$r = 0$		

On obtient la liste des diviseurs de 144 : 1 – 2 – 3 – 4 – 6 – 8 – 9 – 12 – 16 – 18 – 24 – 36 – 48 – 72 – 144.

Remarque : les autres divisions (par 5 ; 7 ; 10 ; 11… 143) ne sont pas notées, car le reste n'est pas égal à zéro.

LEÇON 3 Énoncés p. 115

Quiz–test

Bonnes réponses : **1 a).** **2 a), b) et c).**

3 a) • $126 = 2 \times 63 = 2 \times 3 \times 21 = 2 \times 3 \times 3 \times 7$

$462 = 2 \times 231 = 2 \times 3 \times 77 = 2 \times 3 \times 7 \times 11$

$A = \dfrac{126}{462} = \dfrac{\cancel{2} \times \cancel{3} \times 3 \times \cancel{7}}{\cancel{2} \times \cancel{3} \times \cancel{7} \times 11} = \dfrac{3}{11}$

• $168 = 2 \times 84 = 2 \times 2 \times 42 = 2 \times 2 \times 2 \times 21$
$= 2 \times 2 \times 2 \times 3 \times 7$

$252 = 2 \times 126 = 2 \times 2 \times 63 = 2 \times 2 \times 3 \times 21$
$= 2 \times 2 \times 3 \times 3 \times 7$

$B = \dfrac{168}{252} = \dfrac{\cancel{2} \times \cancel{2} \times 2 \times \cancel{3} \times \cancel{7}}{\cancel{2} \times \cancel{2} \times \cancel{3} \times 3 \times \cancel{7}} = \dfrac{2}{3}$

b) • On a successivement

$\begin{array}{r|l} 462 & 126 \\ \hline 84 & 3 \end{array}$ $\begin{array}{r|l} 126 & 84 \\ \hline 42 & 1 \end{array}$ $\begin{array}{r|l} 84 & 42 \\ \hline 0 & 2 \end{array}$

Le PGCD est le dernier reste non nul.

Donc PGCD (126 ; 462) = 42.

$A = \dfrac{126}{462} = \dfrac{\cancel{42} \times 3}{\cancel{42} \times 11} = \dfrac{3}{11}$.

• De même $\begin{array}{r|l} 252 & 168 \\ \hline 84 & 1 \end{array}$ $\begin{array}{r|l} 168 & 84 \\ \hline 0 & 2 \end{array}$

Donc PGCD (168 ; 252) = 84.

$B = \dfrac{168}{252} = \dfrac{2 \times \cancel{84}}{3 \times \cancel{84}} = \dfrac{2}{3}$.

4 Pour déterminer si 2 entiers sont premiers entre eux, il suffit de déterminer leur PGCD. S'il vaut 1, alors les 2 entiers sont premiers entre eux.

a)

$\begin{array}{r|l} 777 & 441 \\ \hline 336 & 1 \end{array} \rightarrow \begin{array}{r|l} 441 & 336 \\ \hline 105 & 1 \end{array} \rightarrow \begin{array}{r|l} 336 & 105 \\ \hline 21 & 3 \end{array} \rightarrow \begin{array}{r|l} 105 & 21 \\ \hline 0 & 5 \end{array}$

Ainsi PGCD (777 ; 441) = 21 ≠ 1.
777 et 441 ne sont pas premiers entre eux.

b)

$\begin{array}{r|l} 1\,998 & 1\,789 \\ \hline 209 & 1 \end{array} \rightarrow \begin{array}{r|l} 1\,789 & 209 \\ \hline 117 & 8 \end{array} \rightarrow \begin{array}{r|l} 209 & 117 \\ \hline 92 & 1 \end{array}$

$\begin{array}{r|l} 117 & 92 \\ \hline 25 & 1 \end{array} \rightarrow \begin{array}{r|l} 92 & 25 \\ \hline 17 & 3 \end{array} \rightarrow \begin{array}{r|l} 25 & 17 \\ \hline 8 & 1 \end{array}$

$\begin{array}{r|l} 17 & 8 \\ \hline 1 & 2 \end{array} \rightarrow \begin{array}{r|l} 8 & 1 \\ \hline 0 & 8 \end{array}$

PGCD (1 998 ; 1 789) = 1 ; 1 998 et 1 789 sont premiers entre eux.

c)

$\begin{array}{r|l} 2\,173 & 1\,961 \\ \hline 212 & 1 \end{array} \rightarrow \begin{array}{r|l} 1\,961 & 212 \\ \hline 53 & 9 \end{array} \rightarrow \begin{array}{r|l} 212 & 53 \\ \hline 0 & 4 \end{array}$

PGCD (2 173 ; 1 961) = 53 ≠ 1 ; 2 173 et 1 961 ne sont pas premiers entre eux.

5 a)

	2	5	9
1 035 est divisible par	non	oui	oui
774 est divisible par	oui	non	oui
322 est divisible par	oui	non	non

b) $\frac{774}{1\,035}$ n'est pas une fraction irréductible, car 774 et 1 035 sont 2 nombres divisibles par 9.

$\frac{322}{774}$ n'est pas une fraction irréductible, car 322 et 774 sont 2 nombres divisibles par 2.

c) On a successivement :

1 035	322	322	69	69	46	46	23
69	3	46	4	23	1	0	2

PGCD (322 ; 1 035) = 23.

Donc la fraction $\frac{322}{1\,035}$ n'est pas une fraction irréductible car 322 et 1 035 sont tous deux divisibles par 23.

$322 = 23 \times 14$; $1\,035 = 23 \times 45$

$\frac{322}{1\,035} = \frac{23 \times 14}{23 \times 45} = \frac{14}{45}$.

6 a) Devant utiliser tous les fruits et faire un nombre maximal de tartelettes identiques, le nombre de tartelettes est donc le PGCD de 411 et de 685.

On utilise l'algorithme d'Euclide :

a	*b*	*r*
685	411	274
411	274	137
274	137	0

Le PGCD de 685 et de 411 vaut 137. Le pâtissier peut fabriquer au maximum 137 tartelettes.

b) Comme on a $685 \div 137 = 5$ et $411 \div 137 = 3$, chaque tartelette comporte 3 framboises et 5 fraises.

LEÇON 4

Énoncés p. 117

Quiz–test

Bonnes réponses : **1** a) et c). **2** a) et b).

3 a) $10^4 = 10\,000$; b) $10^{-3} = 0{,}001$; c) $10^{-5} = 0{,}000\,01$; d) $3 \times 10^{-2} = 0{,}03$; e) $3{,}5 \times 10^4 = 35\,000$; f) $3{,}5 \times 10^{-4} = 0{,}000\,35$; g) $(10^{-3})^2 = 10^{-6} = 0{,}000\,001$; h) $(10^{-1})^{-1} = 10^1 = 10$.

4 $A = 2^2 \times 3^3 = 4 \times 27 = 108$;
$B = 3^5 \times 2^2 = 243 \times 4 = 972$;
$C = 2^{-1} \times 5 = ½ \times 5 = 2{,}5$;
$D = 2^3 \times 5^{-1} = 8 \times 1/5 = 1{,}6$;
$E = 5\,000 + 300 + 0{,}2 = 5\,300{,}2$;
$F = 1\,000 + 200 + 0{,}007 = 1\,200{,}007$;
$G = 125 - (16 + 7{,}5)^2 = 125 - (23{,}5)^2 = 125 - 552{,}25$
$= -427{,}25$.

5 $A = \frac{1}{2^5} = 2^{-5}$; $B = \frac{1}{3^2} = 3^{-2}$;
$C = 7^3 \times 7^{-5} = 7^{3-5} = 7^{-2}$;
$D = (7^{-2})^{-1} = 7^{(-2)\times(-1)} = 7^2$;
$E = \frac{7^5}{7^{-6}} = 7^{5-(-6)} = 7^{5+6} = 7^{11}$;
$F = \frac{2^5 \times 2^{-4}}{2^3} = 2^{5-4-3} = 2^{5-7} = 2^{-2}$
$G = 3^{-2} \times 3^{-1} \times 3^4 = 3^{-2-1+4} = 3^{-3+4} = 3^1 = 3$;
$H = (5^3)^{-2} = 5^{3\times(-2)} = 5^{-6}$.

6 $A = \frac{5 \times 10^8 \times 4}{0{,}25 \times 10^{-4}} = \frac{5 \times 4}{0{,}25} \times \frac{10^8}{10^{-4}} = 80 \times 10^{12}$
$= 80\,000\,000\,000\,000$ (écriture décimale)
$= 8 \times 10^{13}$ (écriture scientifique).

$B = \frac{7 \times 10^3 \times 5 \times 10^5}{14 \times (10^2)^3} = \frac{7 \times 5}{14} \times \frac{10^{3+5}}{10^{2\times3}} = 2{,}5 \times 10^{8-6}$
$= 2{,}5 \times 10^2$ (écriture scientifique)
$= 250$ (écriture décimale).

$C = \frac{3 \times 10^2 \times 1{,}2 \times (10^{-3})^4}{0{,}2 \times 10^{-7}} = \frac{3 \times 1{,}2}{0{,}2} \times \frac{10^2 \times 10^{-3\times4}}{10^{-7}}$
$= 18 \times 10^{-2-12-(-7)} = 18 \times 10^{-3} = 18 \times 10^1 \times 10^{-3}$
$= 18 \times 10^{1-3} = 1{,}8 \times 10^{-2}$ (écriture scientifique)
$= 0{,}018$ (écriture décimale).

7 ① Mercure 60 000 000 km ; ② Vénus 100 000 000 km ; ③ La Terre 150 000 000 km ; ④ Mars 230 000 000 km ; ⑤ Jupiter 800 000 000 km ; ⑥ Saturne 1 500 000 000 km ; ⑦ Uranus 3 000 000 000 km ; ⑧ Neptune 4 500 000 000 km ; ⑨ Pluton 5 900 000 000 km.

LEÇON 5

Énoncés p. 119

Quiz–test

Bonnes réponses : **1** a) et b). **2** a) et b).

3 a) $\sqrt{36} + \sqrt{64} > \sqrt{36 + 64}$

$\sqrt{36} + \sqrt{64} = 14$
$\sqrt{36 + 64} = \sqrt{100} = 10$ } or, $14 > 10$.

Donc $\sqrt{36} + \sqrt{64} > \sqrt{36 + 64}$.

$\sqrt{36} = 6$; $\sqrt{64} = 8$

b) $\sqrt{25} - \sqrt{9} < \sqrt{25 - 9}$

$\sqrt{25} - \sqrt{9} = 2$
$\sqrt{25 - 9} = 4$ } or, $2 < 4$.

Donc $\sqrt{25} - \sqrt{9} < \sqrt{25 - 9}$.

$\sqrt{25} = 5$; $\sqrt{9} = 3$; $\sqrt{16} = 4$

4 • $A = 4\sqrt{75} - 5\sqrt{3} = 4\sqrt{25 \times 3} - 5\sqrt{3}$
$= 4 \times 5\sqrt{3} - 5\sqrt{3} = 15\sqrt{3}$;

• $B = (\sqrt{3} - 5)^2 = (\sqrt{3})2 - 2 \times 5 \times \sqrt{3} + 5^2 = 3 - 10\sqrt{3} + 25$
$= 28 - 10\sqrt{3}$.

5 • $A = \sqrt{12} - 7\sqrt{3} - \sqrt{75} = \sqrt{4 \times 3} - 7\sqrt{3} - \sqrt{25 \times 3}$
$= \sqrt{4} \times \sqrt{3} - 7\sqrt{3} - \sqrt{25} \times \sqrt{3} = 2\sqrt{3} - 7\sqrt{3} - 5\sqrt{3}$
$= 2\sqrt{3} - 12\sqrt{3} = \mathbf{10\sqrt{3}}$.

• $B = \sqrt{48} - 3\sqrt{12} + 7\sqrt{3} = \sqrt{16 \times 3} - 3\sqrt{4 \times 3} + 7\sqrt{3}$
$= \sqrt{16} \times \sqrt{3} - 3 \times \sqrt{4} \times \sqrt{3} + 7\sqrt{3}$
$= 4\sqrt{3} - 3 \times 2\sqrt{3} + 7\sqrt{3}$.
$B = 4\sqrt{3} - 6\sqrt{3} + 7\sqrt{3} = 11\sqrt{3} - 6\sqrt{3} = \mathbf{5\sqrt{3}}$.

• $C = 50\sqrt{45} - 3\sqrt{5} + 6\sqrt{125} = 50\sqrt{9 \times 5} - 3\sqrt{5} + 6\sqrt{25 \times 5}$
$= 50 \times \sqrt{9} \times \sqrt{5} - 3\sqrt{5} + 6\sqrt{25} \times \sqrt{5}$.

$C = 50 \times 3\sqrt{5} - 3\sqrt{5} + 6 \times 5\sqrt{5} = 150\sqrt{5} - 3\sqrt{5} + 30\sqrt{5}$
$= 180\sqrt{5} - 3\sqrt{5} = \mathbf{177\sqrt{5}}$.

- $D = 2\sqrt{24} + \sqrt{96} - \sqrt{600} = 2\sqrt{4 \times 6} + \sqrt{16 \times 6}$
$- \sqrt{100 \times 6} = 2 \times \sqrt{4} \times \sqrt{6} + \sqrt{16} \times \sqrt{6} - \sqrt{100} \times \sqrt{6}$.
$D = 2 \times 2\sqrt{6} + 4\sqrt{6} - 10\sqrt{6} = 4\sqrt{6} + 4\sqrt{6} - 10\sqrt{6}$
$= 8\sqrt{6} - 10\sqrt{6} = \mathbf{-2\sqrt{6}}$.
- $E = 2\sqrt{32} - \sqrt{5} \times \sqrt{10} = 2\sqrt{16 \times 2} - \sqrt{5 \times 10}$
$= 2\sqrt{16 \times 2} - \sqrt{50} = 2\sqrt{16 \times 2} - \sqrt{25 \times 2}$.
$E = 2 \times \sqrt{16} \times \sqrt{2} - \sqrt{25} \times \sqrt{2} = 2 \times 4 \times \sqrt{2} - 5\sqrt{2}$
$= 8\sqrt{2} - 5\sqrt{2} = \mathbf{3\sqrt{2}}$.

6 On a $\mathcal{A}_{ABCD} = \mathcal{A}_{ABC} + \mathcal{A}_{ACD}$

- *ABC* est un triangle rectangle : $AB = 3$ cm $\quad AC = \sqrt{7}$.
- *ACD* est un triangle équilatéral de côté $\sqrt{7}$ cm.

Si un triangle est équilatéral, alors les trois hauteurs sont aussi médianes. Donc *H* est le milieu de [*AD*] et $AH = \dfrac{AD}{2} = \dfrac{\sqrt{7}}{2}$.

- Calcul de l'aire du triangle de *ACD* :

$$\mathcal{A}_{ACD} = \frac{\text{côté} \times \text{hauteur}}{2} = \frac{AD \times CH}{2} \quad \textbf{(1)}$$

– *ACD* est un triangle équilatéral de côté $\sqrt{7}$ cm. Donc $AD = \sqrt{7}$ cm.

– On calcule *CH* dans le triangle rectangle *AHC* ([*CH*] hauteur).

D'après Pythagore : $AC^2 = AH^2 + CH^2$ **(2)**

On sait que le triangle *ACD* est équilatéral. Donc *H* est le milieu de [*AD*].

D'où $AH = HD = \dfrac{AD}{2} = \dfrac{\sqrt{7}}{2}$.

(2) $CH^2 = AC^2 - AH^2$

$$CH^2 = (\sqrt{7})^2 - \left(\frac{\sqrt{7}}{2}\right)^2$$

$$CH^2 = 7 - \frac{7}{4} = \frac{28 - 7}{4} = \frac{21}{4}$$

$$CH = \sqrt{\frac{21}{4}} = \frac{\sqrt{21}}{\sqrt{4}} = \frac{\sqrt{21}}{2}.$$

(1) $$\mathcal{A}_{ACD} = \frac{\sqrt{7} \times \sqrt{\frac{21}{2}}}{2} = \frac{\sqrt{7} \times \sqrt{21}}{2 \times 2} = \frac{\sqrt{7} \times \sqrt{7 \times 3}}{4}$$

$$= \frac{\sqrt{7} \times \sqrt{7} \times \sqrt{3}}{4} = \frac{7 \times \sqrt{3}}{4}$$

$$\mathcal{A}_{ACD} = \frac{7\sqrt{3}}{4} \text{ cm}^2.$$

- Calcul de l'aire du quadrilatère *ABCD* :

$\mathcal{A}_{ABCD} = \mathcal{A}_{ABC} + \mathcal{A}_{ACD}$

$$\mathcal{A}_{ABC} = \frac{AB \times AC}{2} = \frac{3 \times \sqrt{7}}{2} = \frac{3\sqrt{7}}{2}$$

$$\mathcal{A}_{ABCD} = \frac{3\sqrt{7}}{2} + \frac{7\sqrt{3}}{4} = \frac{3\sqrt{7} \times 2}{2 \times 2} + \frac{7\sqrt{3}}{4}.$$

$$\mathcal{A}_{ABCD} = \frac{6\sqrt{7} + 7\sqrt{3}}{4} \text{ cm}^2.$$

7 ① D'après le théorème de Pythagore, dans le triangle *ABC* rectangle en *B*,
$AC^2 = AB^2 + BC^2 = 4^2 + 6^2 = 16 + 36 = 52$
$AC = \sqrt{52} = \sqrt{4 \times 13} = \sqrt{4} \times \sqrt{13} \qquad \mathbf{AC = 2\sqrt{13}}$.

② D'après le théorème de Pythagore, dans le triangle *ABC* rectangle en *A*, $AB^2 + AC^2 = BC^2$
$AC^2 = BC^2 - AB^2 = 4^2 - 2^2 = 16 - 4 = 12$
$AC = \sqrt{12} = \sqrt{4 \times 3} = \sqrt{4} \times \sqrt{3} \qquad \mathbf{AC = 2\sqrt{3}}$.

③ On calcule d'abord *AB* dans le triangle *ADB* rectangle en *D* et isocèle. D'après Pythagore :
$AB^2 = AD^2 + DB^2 = 3^2 + 3^2 = 9 + 9 = 18$
$AB = \sqrt{18} = \sqrt{9 \times 2} = \sqrt{9} \times \sqrt{2} = 3\sqrt{2}$.
On calcule *AC* dans le triangle *ABC* rectangle en *B* et isocèle. D'après Pythagore :
$AC^2 = AB^2 + BC^2 = 18 + 18 = 36$; $AC = \sqrt{36} \quad \mathbf{AC = 6}$.

8 **1)** On construit le triangle *ABC* rectangle en *A*, d'hypoténuse [*BC*] mesurant 4 cm en prenant pour mesure de [*AB*] 3 cm.

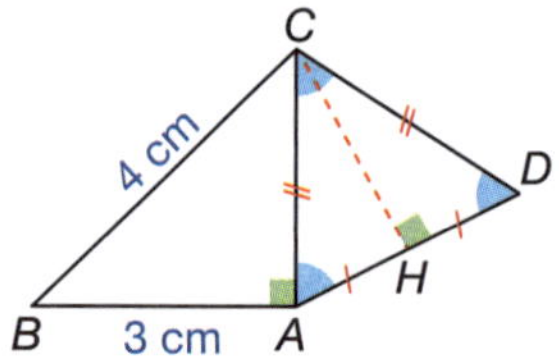

D'après Pythagore
$BC^2 = AB^2 + AC^2 \Rightarrow AC^2 = BC^2 - AB^2$
$= 4^2 - 3^2 = 16 - 9 = 7$. D'où $AC = \sqrt{7}$ cm.

2) On construit le triangle équilatéral *ACD* avec le compas ($AC = AD = CD = \sqrt{7}$ cm).

LEÇON 6 — Énoncés p. 121

Quiz–test

Bonnes réponses : 1 a) et b). 2 a).

3 **a)** $A = x^2 + 14x + 49$; $B = x^2 - 6x + 9$;
$C = x^2 - 4$; $D = 4t^2 - 20t + 25$;
$E = 9t^2 - 66t + 121$; $F = 9 - 12\sqrt{3} + 12$.
b) $A = x \times 2x + x \times 3 - 1 \times 2x - 1 \times 3$
$= 2x^2 + 3x - 2x - 3 = 2x^2 + x - 3$.
$B = 6x^2 - 10x + 3x - 5 = 6x^2 - 7x - 5$.
$C = -15t^2 + 12t + 10t - 8 = -15t^2 + 22t - 8$.

4 **a)** $P = (x - 2)(2x + 1) - (2x + 1)2$
$P = 2x^2 + x - 4x - 2 - (4x^2 + 4x + 1)$
$P = 2x^2 - 3x - 2 - 4x^2 - 4x - 1$
$P = -2x^2 - 7x - 3$.
b) Pour $x = -\dfrac{3}{7}$
$P = -2 \times \dfrac{9}{49} + 7 \times \dfrac{3}{7} - 3 = -\dfrac{18}{49} + 3 - 3 = -\dfrac{18}{49}$

5 **a)** $E = (4x - 3)^2 + 6x(4 - x) - (x^2 + 9)$
$= 16x^2 - 24x + 9 + 24x - 6x^2 - x^2 - 9$
$= 9x^2 = (3x)^2$.
b) Si $E = 144$, $\quad 9x^2 = 144$, $\quad x^2 = 16$.
L'équation admet deux solutions :
$x = +4$ ou $x = -4$.
c) Si $x = \dfrac{\sqrt{3}}{3}$, $x^2 = \dfrac{3}{9} = \dfrac{1}{3}$, $E = 9x^2 = \dfrac{9}{3} = 3$.

6 **a)** $C = (3x + 2)^2 - (5 - 2x)(3x + 2)$
$C = [(3x)^2 + 2 \times 3x \times 2 + 2^2] - (5 \times 3x + 5 \times 2 - 2x \times 3x - 2x \times 2)$
$C = (9x^2 + 12x + 4) - (15x + 10 - 6x^2 - 4x)$
$C = 9x^2 + 12x + 4 - (-6x^2 + 11x + 10)$
$C = 9x^2 + 12x + 4 + 6x^2 - 11x - 10 = 15x^2 + x - 6$.
b) On remplace *x* par (– 2) dans l'expression réduite
$C = 15x^2 + x - 6$.

Si $x = -2$

$C = 15 \times (-2)^2 + (-2) - 6$

$C = 15 \times (+4) - 2 - 6 = 60 - 8 = 52.$

c) $D = (2x + 3)^2 + (2x + 3)(7x - 2)$

$D = [(2x)^2 + 2 \times 2x \times 3 + 3^2] + [2x \times 7x + 2x \times (-2) + 3 \times 7x + 3 \times (-2)]$

$D = 4x^2 + 12x + 9 + (14x^2 - 4x + 21x - 6)$

$D = 4x^2 + 12x + 9 + 14x^2 + 17x - 6 = 18x^2 + 29x + 3.$

d) On remplace x par (-4) dans l'expression réduite $D = 18x^2 + 29x + 3.$

$D = 18 \times (-4)^2 + 29 \times (-4) + 3$

$D = 18 \times (+16) - 116 + 3$

$D = 288 - 116 + 3 \qquad D = 175.$

e) $F = (x - 1)(2x + 5) - (x - 1)^2$

$F = (x \times 2x + x \times 5 - 1 \times 2x - 1 \times 5) - (x^2 - 2 \times x \times 1 + 1^2)$

$F = (2x^2 + 5x - 2x - 5) - (x^2 - 2x + 1)$

$F = 2x^2 + 3x - 5 - x^2 + 2x - 1 = x^2 + 5x - 6.$

LEÇON 7 — Énoncés p. 123

Quiz–test

Bonnes réponses : 1 a) et b). 2 b) et c).

3 $A = (x + 3)[(x - 2) + 1] = (x + 3)(x - 1).$

$B = 4(x - 3) + (x - 3)(x + 2) = (x - 3)(x + 6).$

$C = (x + 2)[(x + 2) + 3] = (x + 2)(x + 5).$

$D = (x - 2)[4 + (x - 2) + (x + 1)] = (x - 2)(2x + 3).$

$E = (x - 4)[5 + (3 - x)] = (x - 4)(8 - x).$

$F = (2x + 1)[(x - 1) - (x + 1)] = -2(2x + 1).$

$G = 2(x - 2)(x + 1) + (x - 2) = (x - 2)[2(x + 1) + 1]$

$G = (x - 2)(2x + 3).$

4 $A = (x - 7)(x + 7)$;

$B = (x + 6)^2$;

$C = (2x - 1)^2$;

$D = (6t - 12)(6t + 12)$;

$E = (2 - 5x)^2.$

5 **a)** $A = (3 - 2x)^2$;

$B = [(2x - 3) - 2][(2x - 3) + 2] = (2x - 5)(2x - 1).$

b) $E = (3 - 2x)^2 - 4 = (2x - 5)(2x - 1).$

c) Si $x = \frac{3}{2}$, $E = \left[2\left(\frac{3}{2}\right) - 5\right]\left[2\left(\frac{3}{2}\right) - 1\right]$

$= -2 \times 2 = -4.$

6 **a)** $D = 3x^2 - 15x - 2x + 10 - (9x^2 - 12x + 4)$

$= -6x^2 - 5x + 6.$

$E = 25x^2 - 20x + 4 - (5x^2 - 40x - 2x + 16)$

$= 20x^2 + 22x - 12.$

b) $D = (3x - 2)[(x - 5) - (3x - 2)]$

$= (3x - 2)(-2x - 3)$

$= -(3x - 2)(2x + 3).$

$E = (5x - 2)[(5x - 2) - (x - 8)]$

$= (5x - 2)(4x + 6)$

$= 2(5x - 2)(2x + 3).$

7 $A = (4x - 1)[(5x - 3) - (4x - 1)] = (4x - 1)(x - 2).$

$B = (2x + 5)[(2x + 5) - (x - 3)] = (2x + 5)(x + 8).$

$C = (2x - 9)(2x + 9) + (x - 3)(2x - 9)$

$= (2x - 9)[(2x + 9) + (x - 3)]$

$= (2x - 9)(3x + 6) = 3(2x - 9)(x + 2).$

$D = (3x - 2)(x + 5) - (x - 5)(x + 5)$

$D = (x + 5)[(3x - 2) - (x - 5)] = (x + 5)(2x + 3).$

$E = [(2x + 3) - (x - 4)][(2x + 3) + (x - 4)] = (x + 7)(3x - 1).$

$F = (2x - 1)(2x - 1) - (2x - 1)$

$F = (2x - 1)[(2x - 1) - 1] = (2x - 1)(2x - 2).$

8 1. réponse C ; 2. réponses A et C ; 3. réponse C ; 4. réponse A ; 5. réponse B ; 6. réponse B.

LEÇON 8 — Énoncés p. 125

Quiz–test

Bonnes réponses : 1 b) et c). 2 b).

3 **a)** $2 + \frac{3x}{5} = 6 + \frac{x}{4}$

$40 + 12x = 120 + 5x$; $\qquad x = \frac{80}{7}$

b) $\frac{(x + 2)}{3} + \frac{(x - 1)}{4} = 5$

$4(x + 2) + 3(x - 1) = 12 \times 5$

$4x + 8 + 3x - 3 = 60$; $7x + 5 = 60 \qquad x = \frac{55}{7}$

c) $\frac{(x - 2)}{3} - \frac{(x + 1)}{4} = 5$

$4(x - 2) - 3(x + 1) = 5 \times 12$

$4x - 8 - 3x - 3 = 60 \qquad x - 11 = 60 \qquad x = 71$

d) $3(2x + 1) - 9 = 2(2x + 1)$

$6x + 3 - 9 = 4x + 2 \qquad 2x = 8 \qquad x = 4$

4 **a)** $169x^2 - 130x + 25 = 0$;

$(13x)^2 - 2 \times 13 \times 5x + (5)^2 = 0$

$(13x - 5)^2 = 0$; d'où $(13x - 5) = 0$

$13x = 5$; $x = \frac{5}{13}.$

b) $x^2 + 1 = 26$

$x^2 = 25$ d'où $x^2 = 52.$

Deux solutions : $x = +5$ et $x = -5.$

c) $2x^2 = 10$; $x^2 = \frac{10}{2}$; $x^2 = 5.$

Deux solutions : $x = +\sqrt{5}$ et $x = -\sqrt{5}.$

d) $x^2 + 1 = 0$; $x^2 = -1$. L'équation n'a pas de solution.

5 **a)** $\frac{x}{5} = \frac{2}{3}$. Produit en croix : $3x = 10$; $x = \frac{10}{3}.$

b) Si un produit est nul, alors l'un au moins de ses facteurs est nul. $(3x + 5)(2x + 13) = 0.$

Produit nul : $(3x + 5) = 0$ ou $(2x + 13) = 0.$

Deux solutions : $x = -\frac{5}{3}$ et $x = -\frac{13}{2}.$

c) $(3x + 2)(x - 2) = 0$; $(3x + 2) = 0$ ou $(x - 2) = 0.$

Deux solutions : $x = -\frac{2}{3}$ et $x = 2.$

d) $4x^2 = 100$ d'où $x^2 = 100 : 4$; $x^2 = 25.$

Deux solutions : $x = +5$ et $x = -5.$

6 **a)** $E = (2x + 7)(2x - 3)$;

$E = 2x \times 2x + 2x \times (-3) + 7 \times 2x + 7 \times (-3)$;

$E = 4x^2 - 6x + 14x - 21 = 4x^2 + 8x - 21.$

b) $G = 2(2x + 7) + 2(2x - 3)$;

$G = 4x + 14 + 4x - 6 = 8x + 8.$

c) E représente l'aire du rectangle *VOUS*.
G représente le périmètre du rectangle *VOUS*.
d) $VO = 2x + 7 \quad VS = 2x - 3$.
Si *VO* est le double de *VS*, on a : $2x + 7 = 2(2x - 3)$;
$2x + 7 = 4x - 6$; $7 + 6 = 4x - 2x$; $13 = 2x$ $x = 6{,}5$.
Si $x = 6{,}5$, on remplace x par 6,5 dans G.
$G = 2(2 \times 6{,}5 + 7) + 2(2 \times 6{,}5 - 3)$;
$G = 2(13 + 7) + 2(13 - 3)$;
$G = 2 \times 20 + 2 \times 10 = 40 + 20 = 60$.

7 Le périmètre du triangle équilatéral *ABC* est $3x$.
Le périmètre du rectangle *BCDE* est $2(x + 5)$. Ces 2 périmètres sont égaux.
$3x = 2(x + 5)$; $3x = 2x + 10$; $3x - 2x = 10$; $\mathbf{x = 10}$.

LEÇON 9 — Énoncés p. 127

Quiz–test
Bonnes réponses : 1 a) et b). 2 a) et c).

3 a) $2x - 5 < -3x + 2$
• **Si $x = 0$** $2x - 5 = 2 \times 0 - 5 = 0 - 5 = -5$
et $-3x + 2 = -3 \times 0 + 2 = 0 + 2 = 2$.
-5 est bien inférieur à 2. $-5 < 2$
Donc l'inéquation est bien vérifiée pour $x = 0$.
0 est solution de $2x - 5 < -3x + 2$.
• **Si $x = -1$** $2x - 5 = 2 \times (-1) - 5 = -2 - 5 = -7$
$-3x + 2 = -3 \times (-1) + 2 = +3 + 2 = 5$.
-7 est bien inférieur à 5. $-7 < 5$.
L'inéquation est vérifiée pour $x = -1$.
Donc (-1) est solution de $2x - 5 < -3x + 2$.
• **Si $x = +2$** $2x - 5 = 2 \times 2 - 5 = 4 - 5 = -1$
$-3x + 2 = -3 \times 2 + 2 = -6 + 2 = -4$.
-1 est supérieur à -4.
L'inéquation n'est pas vérifiée pour $x = 2$.
$(+2)$ n'est pas solution de $2x - 5 < -3x + 2$.
• **Si $x = +7$** $2x - 5 = 2 \times 7 - 5 = 14 - 5 = 9$.
$-3x + 2 = -3 \times 7 + 2 = -21 + 2 = -19$.
9 est supérieur à -19.
L'inéquation n'est pas vérifiée pour $x = 7$.
$(+7)$ n'est pas solution de $2x - 5 < -3x + 2$.
b) $5x - 4 \leqslant 7x - 8$.
• **Si $x = 0$** $5x - 4 = -4 \qquad 7x - 8 = -8$
-4 est supérieur à -8. Donc l'inégalité n'est pas vérifiée. 0 n'est pas solution.
• **Si $x = -1$** $5x - 4 = 5 \times (-1) - 4 = -5 - 4 = -9$
$7x - 8 = 7 \times (-1) - 8 = -7 - 8 = -15$.
-9 est supérieur à -15. Donc l'inégalité n'est pas vérifiée. (-1) n'est pas solution.
• **Si $x = +2$** $5x - 4 = 5 \times 2 - 4 = 10 - 4 = 6$.
$7x - 8 = 7 \times 2 - 8 = 14 - 8 = 6$.
$6 = 6$. Donc l'inégalité est vérifiée. $(+2)$ est solution.
• **Si $x = +7$** $5x - 4 = 5 \times 7 - 4 = 35 - 4 = 31$
$7x - 8 = 7 \times 7 - 8 = 49 - 8 = 41$.
$31 < 41$. Donc l'inégalité est vérifiée. $(+7)$ est solution.

4 a) $5 - 2x \geqslant 7$; $5 - 2x - 5 \geqslant 7 - 5$; $-2x \geqslant 2$
$(-2x) : (-2) \leqslant 2 : (-2)$ ← **On divise par (– 2). Attention au sens !**
$x \leqslant -1$.
Toutes les valeurs de x inférieures ou égales à (-1) sont solutions : (-1) est solution.
b) $x + 2(x + 1) \geqslant 4$; $x + 2x + 2 \geqslant 4$; $3x + 2 \geqslant 4$
$3x + 2 - 2 \geqslant 4 - 2$; $3x \geqslant 2$
$x \geqslant \frac{2}{3}$ ← **On divise par 3 les deux membres de l'inéquation.**
Les solutions sont tous les nombres supérieurs ou égaux à $\frac{2}{3}$; $\frac{2}{3}$ est solution.
c) $50 < 30x + 250$
$50 - 250 < 30x + 250 - 250$; $-200 < 30x$
$-\frac{200}{30} < x$; ← **On divise par 30 les deux membres de l'inéquation.**
$-\frac{20}{3} < x$; $x > -\frac{20}{3}$
Le solutions de l'inéquation son tous les nombres strictement supérieurs à $-\frac{20}{3}$; $-\frac{20}{3}$ n'est pas solution.
d) $\frac{5x + 1}{6} > \frac{3x - 3}{8}$
$\frac{4(5x + 1)}{4 \times 6} > \frac{3(3x - 3)}{3 \times 8}$ ← **Le dénominateur commun est 24.**
$4(5x + 1) > 3(3x - 3)$ ← **On multiplie par 24 les deux membres.**
$20x + 4 > 9x - 9$
$20x + 4 - 9x - 4 > 9x - 9 - 9x - 4$
$11x > -13$
$x > -\frac{13}{11}$ ← **On divise par 11 les deux membres.**
Les solutions de l'inéquation sont tous les nombres supérieurs à $-\frac{13}{11}$; $-\frac{13}{11}$ n'est pas solution.

5 $2{,}5x - 75 > 76$
a) Si $x = 60$
$2{,}5x - 75 = 2{,}5 \times 60 - 75 = 150 - 75 = 75$.
Or, 75 n'est pas supérieur à 76. $75 < 76$.
L'inégalité n'est pas vérifiée pour $x = 60$.
60 n'est pas solution de $2{,}5x - 75 > 76$.
b) Résolvons $2{,}5x - 75 > 76$ en ajoutant $+75$ aux 2 membres de l'inéquation.
$2{,}5x - 75 + 75 > 76 + 75$; $2{,}5x > 151$.
Divisons les 2 membres de l'inéquation par 2,5.
2,5 est un nombre positif, donc l'inéquation ne change pas de sens.
$\frac{2{,}5x}{2{,}5} > \frac{151}{2{,}5} \qquad x > 60{,}4$.
Tous les nombres supérieurs à 60,4 sont solutions.
c) *Résolution du problème.*
1° Choix de l'inconnue. Soit x le nombre de glaces vendues. x est un nombre entier positif.
2° Recherche de l'inéquation.
• Si une glace est vendue 2,50 €, x glaces lui rapportent $2{,}50x$.
• Il dépense 75 € pour fabriquer les glaces. Son bénéfice est donc $2{,}50x - 75$.
• Son bénéfice doit être supérieur à 76 €.
$2{,}50x - 75 > 76$; soit $2{,}5x - 75 > 76$.
3° Recherche des solutions du problème.
On a déjà résolu l'inéquation $2{,}5x - 75 > 76$, voir **b)**.
L'inéquation a pour solution $x > 60{,}4$.
x étant un nombre entier, le marchand de glaces doit

vendre au minimum 61 glaces pour avoir un bénéfice supérieur à 76 €.

6 **a)** $\mathcal{A}_1 = x \times (25 - 4)$, $\mathcal{A}_1 = 21x$; $\mathcal{A}_2 = 25 \times (92 - x)$, $\mathcal{A}_2 = 2\,300 - 25x$.

b) $\mathcal{A}_1 > \mathcal{A}_2$ soit $21x > 2\,300 - 25x$;
$21x + 25x > 2\,300 - 25x + 25x$; $46x > 2\,300$; $x > 50$
Pour que l'aire $\mathcal{A}_1$ soit supérieure à l'aire $\mathcal{A}_2$, il faut que la longueur x soit supérieure à 50 m (x doit rester inférieure à 92 m).

7 **a)** Résolvons $x + 15 \geqslant \frac{2}{3}(x + 27)$ en utilisant la distributivité pour développer le 2e membre.

$x + 15 \geqslant \frac{2}{3} \times x + \frac{2}{\cancel{3}} \times \cancel{3} \times 9$

$x + 15 \geqslant \frac{2x}{3} + 18$

On soustrait $\frac{2x}{3}$ aux 2 membres de l'inéquation.

$x - \frac{2x}{3} + 15 \geqslant \frac{2x}{3} - \frac{2x}{3} + 18$

$\frac{3x}{3} - \frac{2x}{3} + 15 \geqslant 18$

$\frac{x}{3} + 15 - 15 \geqslant 18 - 15$; $\frac{x}{3} \geqslant 3$; $\frac{x}{3} \times 3 \geqslant 3 \times 3$; $x \geqslant 9$.

Tous les nombres supérieurs ou égaux à 9 sont solutions de l'inéquation.

b) *Résolution du problème.*

Choix de l'inconnue. x est le nombre d'informaticiens (et de mathématiciens) qui seront embauchés. x est un nombre entier positif.

Recherche de l'inéquation.

- Le nombre actuel d'informaticiens est 27.
- Le nombre actuel de mathématiciens est 15.
- Si on embauche x informaticiens, il y aura alors $x + 27$ informaticiens.
- Si on embauche x mathématiciens, il y aura alors $x + 15$ mathématiciens.
- Le nombre de mathématiciens doit être **au moins égal** aux $\frac{2}{3}$ du nombre d'informaticiens (il peut être supérieur). $x + 15 \geqslant \frac{2}{3}(x + 27)$.

Recherche des solutions du problème.

L'inéquation a été résolue (voir **a)**).
Ses solutions sont $x \geqslant 9$.

Pour que le nombre de mathématiciens soit au moins égal aux $\frac{2}{3}$ du nombre d'informaticiens, il faut embaucher au moins 9 spécialistes de chaque sorte (9 – 10 – 11...).

LEÇON 10

Énoncés p. 129

Quiz–test

Bonnes réponses : **1** **a) et b).** **2** **c).**

3 **a)** L'image de 3 par f est 1,5.
b) $f(-1)$ est l'image de -1 par f : $f(-1) = 1,5$.
c) Les antécédents de 2 par f sont : -2 et 4.

4 **a)** En B2, on a saisi la formule :
$= -3 \times A2^2 + 60 \times A2 + 250$.

b) La population initiale d'impalas s'élève à 250 individus. D'après le tableau, elle retrouve son niveau initial au bout de 20 ans.
c) $f(4) = 442$ et $f(10) = 550$.
d) • L'image de 12 par f est 538 : vrai ($f(12) = 538$).
• Un antécédent de 12 par f est 538 : faux.
• Les antécédents de 502 par f sont 6 et 14 : vrai ($f(6) = 502$ et $f(14) = 502$).
• 16 a pour image 442 : vrai ($f(16) = 442$).
• 538 a plusieurs antécédents : vrai (les antécédents de 538 sont 8 et 12 : $f(8) = 538$ et $f(12) = 538$).

5 Pour le savoir, exprimons le résultat $f(n)$ en fonction de n, entier de départ :

x	étape 1	étape 2	résultat
n	$n + 1$	$(n + 1)^2$	$(n + 1)^2 - n^2$

Ainsi, $f(n) = (n + 1)^2 - n^2 = n^2 + 2n + 1 - n^2 = 2n + 1$.
Or, Leila affirme que le résultat s'obtient en ajoutant le nombre n et son suivant $n + 1$.
Et $n + n + 1 = 2n + 1 = f(n)$.
Ainsi, Leila a bien raison : la proposition est vraie quel que soit le nombre entier n de départ.

LEÇON 11

Énoncés p. 131

Quiz–test

Bonnes réponses : **1** **a).** **2** **a).**

3 **a)**

nombre de séances	5	10	12
d_A	100	140	156
d_B	65	130	156

b) Pour 10 séances : $d_B = 130$ € ; $d_A = 140$ €.
$130 < 140 \Rightarrow$ la formule Bien-Être est plus avantageuse.
c) Avec 100 €, on fait 5 séances avec la formule Azur et 7 séances avec la formule Bien-Être (attention : le nombre de séances est un nombre entier : $7 < 7,4 < 8$).
d) Pour 12 séances : $d_A = d_B = 78$ €.
e) Entre 0 et 12 séances, la droite d_B est en-dessous de la droite d_A ce qui signifie que la dépense avec la formule Bien-Être (d_B) est inférieure à la dépense avec la formule Azur.
Pour 12 séances, les 2 dépenses sont égales. À partir de 13 séances, la droite d_A est en-dessous de la droite d_B et donc la dépense avec la formule Azur est inférieure à la dépense avec la formule Bien-Être.

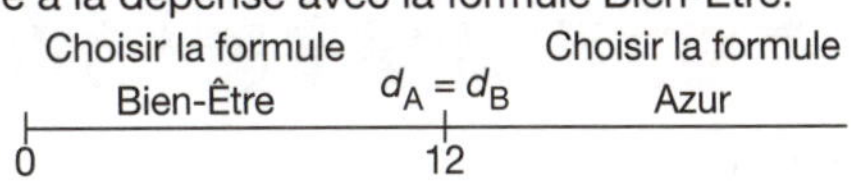

4 Lecture en valeur approchée :
• 1968 : 720×10^9 T de CO_2 ;
• 1998 : 925×10^9 T de CO_2 ;
$$\frac{(925 - 720) \times 10^9}{720 \times 10^9} \approx \frac{205}{720} \approx 0,28 \approx 28\,\%.$$
En 30 ans, le CO_2 a augmenté d'environ 28 %.

LEÇON 12 — Énoncés p. 133

Quiz–test
Bonnes réponses : 1 b) et c). 2 a) et b).

3 **a)** Dépense annuelle pour 500 km :
– au tarif 1 : 75 % × (500 × 0,2) = 75 ;
– au tarif 2 : 35 + (500 × 0,2) : 2 = 85.
Dépense annuelle pour 2 000 km :
– au tarif 1 : 75 % × (2 000 × 0,2) = 300 ;
– au tarif 2 : 35 + (2 000 × 0,2) : 2 = 235.

b) x kilomètres coûtent $0{,}20x$ sans réduction.
Au tarif 1, la réduction est de 25 % : on règle 75 % du prix du billet :
$y_1 = 75\,\% \times 0{,}20x = \frac{75}{100} \times 0{,}2x = 0{,}75 \times 0{,}20x = 0{,}15x$.
Au tarif 2, la réduction est de 50 % : on règle 50 % du prix du billet après achat d'une carte de 35 €.
$y_2 = 35 + 50\,\% \times 0{,}2x = 35 + 0{,}5 \times 0{,}2x = 35 + 0{,}1x$.

c) $35 + 0{,}1x < 0{,}15x$
$35 < 0{,}15x - 0{,}1x$
$35 < 0{,}05x$.
$35 : 0{,}05 < 0{,}05x : 0{,}05$ ← ***On divise les deux membres par 0,05.***
$700 < x,\ x > 700$.

d) Il est plus intéressant d'acheter la carte « 15-25 » à partir de 700 km parcourus par an.

4 **a)** Le point M se déplace sur le segment $[TE]$ de longueur 6 cm. La distance TM varie entre 0 et 6 cm.
b) Aire du triangle $TCM = \frac{1}{2} \times CT \times TM$; $CT = 5$, $TM = x$.
Aire du triangle $TCM = \frac{5x}{2}$, soit $\mathscr{A}_1 = \frac{5x}{2}$.
c) $ME = TE - TM$; $TE = 6$, $TM = x$. D'où $ME = 6 - x$.
d) Aire du triangle $MEF = \frac{1}{2} \times ME \times EF$
$EF = 3$, $ME = 6 - x$.
Aire du triangle $MEF = \frac{1}{2} \times (6 - x) \times 3 = \frac{3}{2} \times 6 - \frac{3}{2}x$.
Aire du triangle $MEF = -\frac{3}{2}x + 9$, soit $\mathscr{A}_2 = -\frac{3}{2}x + 9$.
e) $\mathscr{A}_2 > \mathscr{A}_1$ soit :
$-\frac{3}{2}x + 9 > \frac{5x}{2}$
$-3x + 18 > 5x$ ← ***On multiplie par 2 les deux membres de l'inéquation.***
$18 > 8x$
$18 : 8 > 8x : 8$ ← ***On divise par 8 les deux membres de l'inéquation.***
$2{,}25 > x$.
D'où $x < 2{,}25$.
L'aire $\mathscr{A}_2$ du triangle MEF est strictement supérieure à l'aire $\mathscr{A}_1$ du triangle TCM si la longueur TM est strictement inférieure à 2,25 cm.

LEÇON 13 — Énoncés p. 135

Quiz–test
Bonnes réponses : 1 a) et c). 2 a) et b).

3 • L'ordonnée à l'origine de la droite $\mathscr{D}_1$ est 5, car cette droite passe par le point de coordonnées (0 ; 5).
Donc la droite $\mathscr{D}_1$ a pour équation $y = 2x + 5$.
↑ ***ordonnée à l'origine***

• La droite $\mathscr{D}_2$ est parallèle à l'axe des ordonnées. Elle passe par le point d'abscisse 3 et d'ordonnée 0. La droite $\mathscr{D}_2$ a pour équation $x = 3$.
• La droite $\mathscr{D}_3$ a pour ordonnée à l'origine – 1. L'équation de $\mathscr{D}_3$ est donc $y = x - 1$.
↑ ***ordonnée à l'origine***

• La droite $\mathscr{D}_4$ est parallèle à l'axe des abscisses, elle coupe l'axe des ordonnées au point d'abscisse 0 et d'ordonnée – 3. La droite $\mathscr{D}_4$ a pour équation $y = -3$.
• La droite $\mathscr{D}_5$ a pour ordonnée à l'origine + 4. Son équation est donc $y = -3x + 4$.

4 **a)** La droite représentant la correspondance en °C et °F ne passe pas par l'origine : il n'y a donc pas de proportionnalité entre ces deux mesures de température.

b) On lit que l'ordonnée à l'origine de la fonction f n'est pas 30. La proposition 3 est donc impossible.
Il est difficile de lire le coefficient directeur de la droite représentant f. Pour faire le choix entre les propositions 1 et 2, on calcule l'image d'un nombre donné en utilisant les expressions données ; puis on compare ces résultats avec l'image correspondante lue sur le graphique.
On lit sur le graphique que $f(10) = 50$
Or, d'après la proposition 1 $f(10) = 10 + 32 = 42 \neq 50$: donc la proposition 1 ne convient pas non plus.
Et, d'après la proposition 2, $f(10) = 1{,}8 \times 10 + 32 = 18 + 32 = 50$, ce qui est bien cohérent avec ce que l'on lit sur le graphique.
C'est donc la proposition 2 qui convient.

c) Pour tracer la représentation de g, on utilise l'interprétation graphique de $b = 0$ et de $a = 1$.
On lit les coordonnées du point d'intersection *I*(–40 ; 40).
La température en °F est égale à la température en °C lorsque $f(x) = g(x)$. Cela correspond donc à l'abscisse du point d'intersection de la droite représentant f et de celle représentant g.
On lit qu'il existe bien une valeur pour laquelle la température exprimée en degré Celsius est égale à la température exprimée en degré Fahrenheit et que **–40 °C = –40 °F**.

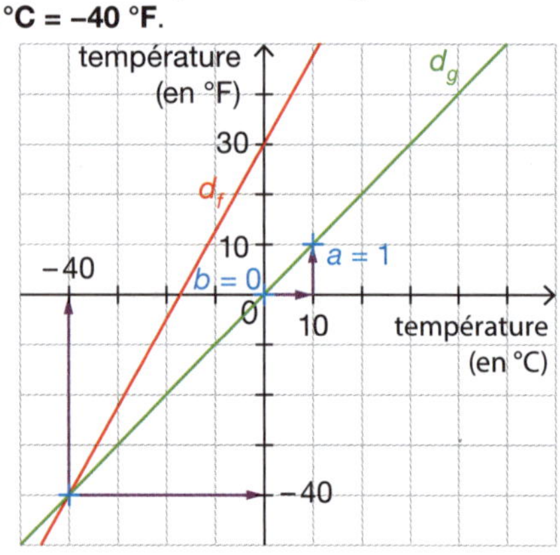

LEÇON 14 — Énoncés p. 137

Quiz–test

Bonnes réponses : 1 c). 2 a) et b).

3 On utilise un tableau de proportionnalité :

	farine (en g)	nombre d'œufs	sucre (en g)
$\times \frac{5}{2}$	80	2	75
	$80 \times \frac{5}{2} = 200$	5	$75 \times \frac{5}{2} = 187{,}5$

Avec 5 œufs, il faudra mélanger 200 g de farine et 187,5 g de sucre.

4 a) $90 - 90 \times 20~\% = 90\left(1 - \frac{20}{100}\right) = 90 \times \frac{80}{100}$

$= 90 \times 0{,}8 = 72.$

Ce pull coûte maintenant 72 €.

b) Soit x le prix en euros de la chemise avant réduction.

Pour trouver le nouveau prix 56 €, après une réduction de 20 %, on a effectué le calcul suivant :

$$x + x \times 20~\% = x\left(1 - \frac{20}{100}\right) = x \times 0{,}8.$$

Donc $0{,}8x = 56$; $x = 56 : 0{,}8$; d'où $x = 70$.

Avant réduction, cette chemise coûtait 70 €.

5 a) 600 – 492 = 108.

Le montant de la remise est de 108 €.

b) La remise est de 108 €, pour un prix initial de 600 €. Cherchons le montant de la remise pour un prix initial de 100 €.

remise (en €)	180	
prix initial	600	100

La remise serait de 18 € pour un article coûtant initialement 100 € : le pourcentage de réduction est 18 %.

6 Si on appelle n, le nombre des ventes de l'entreprise en 2014, on peut calculer le nombre de ventes en 2015.

Nombre de ventes en 2014 : n

Augmentation des ventes en 2015 = $n \times 30~\% = 0{,}3n$

Nombre de ventes en 2015 : $(n + 0{,}3n) = 1{,}3n$

Augmentation des ventes en 2016 :

$1{,}3n \times 20~\% = 0{,}26n$

Nombre de ventes en 2016 : $1{,}3n + 0{,}26n = 1{,}56n$.

L'augmentation globale sur ces 2 années est de 56 % puisqu'on passe de n à $1{,}56n$.

7 a) 15 000 000 × 30 % = 4 500 000.

Il y a 4 500 000 alphas sur la planète Oméga.

b) $15\,000\,000 \times \frac{3}{5} = 9\,000\,000$.

Il y a 9 000 000 lambdas sur la planète Oméga.

c) 15 000 000 – 13 500 000 = 1 500 000.

Il y a 1 500 000 epsilons sur les 15 000 000 d'habitants de la planète, c'est-à-dire que le dixième des habitants de cette planète sont des epsilons.

$$\frac{1}{10} = \frac{10}{100} = 10~\%$$

10 % des habitants de cette planète sont des epsilons.

LEÇON 15 — Énoncés p. 139

Quiz–test

Bonnes réponses : 1 a). 2 c).

3 a) Pour calculer les fréquences, on utilise la définition :

$$\text{fréquence} = \frac{\text{effectif correspondant}}{\text{effectif total}}$$

et $\text{fréquence (en \%)} = \frac{\text{effectif}}{\text{effectif total}} \times 100$.

Pour calculer les angles, on utilisera la proportionnalité entre l'effectif et l'angle correspondant :

loisirs	effectifs	fréquence (%)	angle (°)
sport	7	25	45
T.V.	8	**28,6**	51
lecture	3	**10,7**	**19**
musique	4	14,3	**26**
informatique	6	**21,4**	39
total	28	100	180

On vérifie ensuite que la somme des fréquences calculées vaut bien 100 %, et que la somme des angles vaut 180°.

b)

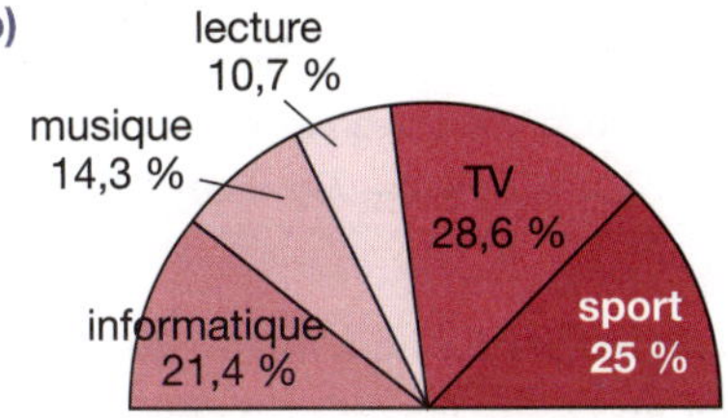

4 a) D'après le diagramme, l'angle correspondant au pourcentage de jeunes pensant qu'il faut augmenter le nombre de trains est 45°.

On a donc le tableau de proportionnalité suivant :

angle	pourcentage
45	?
180	100

Le pourcentage est donc : $\frac{45 \times 100}{180}$, soit 25 %.

b) On a le tableau de proportionnalité suivant :

effectif	angle
516	90
?	180

(× 2)

Le nombre de jeunes ayant répondu à cette enquête est donc : 516 × 2 = 1 032.

5 a)

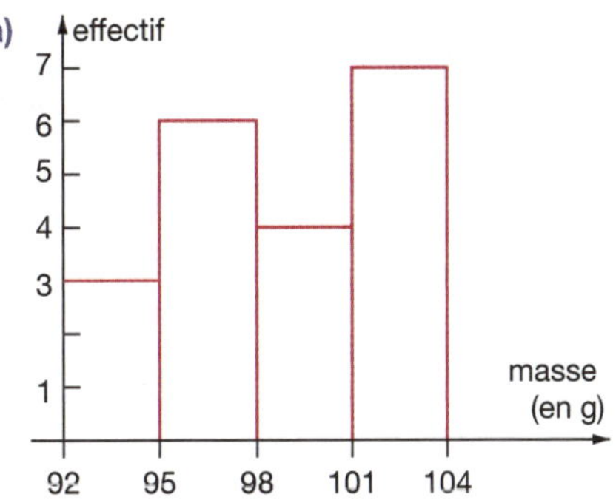

Comme chaque rectangle a la même base, la hauteur du rectangle est proportionnelle à l'effectif.

b) Il y a 6 + 3, soit 9 boîtes de conserve qui pèsent moins de 98 g.

LEÇON 16 Énoncés p. 141

Quiz–test

Bonnes réponses : **1 c).** **2 b).**

3 a) La moyenne est

$$\frac{0{,}65 + 0{,}68 + 3 \times 0{,}74 + 5 \times 0{,}81 + 10 \times 0{,}83 + 11 \times 0{,}87 + 8 \times 0{,}92 + 6 \times 0{,}96 + 1 + 1{,}2 + 2 \times 1{,}11}{49} \approx \mathbf{0{,}874}$$

b) L'effectif total est impair. La médiane est donc la valeur centrale soit le terme de rang $\frac{49+1}{2} = \mathbf{25}$.

c) On utilise les effectifs cumulés croissants :

glycémie	0,65	0,68	0,74	0,81	0,83	0,87	0,92	0,96	1	1,02	1,11
effectifs	1	1	3	5	10	11	8	6	1	1	2
effectifs cumulés croissants	1	2	5	10	20	31	39	45	46	47	49

Le terme de rang 25 est donc 0,87 et ***Me* = 0,87 mg/l.**

4 a) • Le salaire moyen des femmes est :

$$\frac{1200 + 1230 + 1250 + 1310 + 1376 + 1400 + 1440 + 1500 + 1700 + 2100}{10}$$

Soit 1 450,60 €.

Comme le salaire moyen des hommes est de 1 769 €, il est supérieur au salaire moyen des femmes.

• L'employé a plutôt intérêt à connaître le salaire médian.

Il sait alors comment se situer par rapport aux autres, s'il est dans la moitié qui « gagne le plus » ou dans celle qui « gagne le moins ».

L'employeur, quant à lui, a plutôt intérêt à connaître le salaire moyen : il connaît alors la masse salariale en multipliant la moyenne par l'effectif total.

b) Le salaire le plus élevé chez les femmes est 2 100 €.

Déterminons le salaire le plus élevé chez les hommes :

Le plus bas salaire de l'entreprise est de 1 000 €. C'est le salaire d'un homme puisque le salaire le plus bas d'une femme est de 1 200 €.

L'étendue du salaire masculin étant de 2 400 €, le salaire le plus élevé d'un homme est donc de

1 000 + 2 400 = 3 400 €.

Ce salaire est supérieur au salaire le plus élevé chez les femmes.

3 400 € est donc le salaire le plus élevé dans l'entreprise.

c) Le salaire médian chez les hommes est de 2 000 €. Comme il y a un nombre pair d'hommes et que les salaires des hommes sont tous différents, on peut affirmer qu'aucun homme ne touche ce salaire dans l'entreprise et qu'il y a 10 hommes qui touchent plus de 2 000 €.

Côté femme, il n'y a qu'une seule femme qui touche plus de 2 000 €.

Dans cette entreprise, il y a donc 11 de personnes gagnent plus de 2 000 €.

LEÇON 17 Énoncés p. 143

Quiz–test

Bonnes réponses : **1 b).** **2 a).**

3 a) Lorsqu'on lance cette pièce, on a 1 chance d'obtenir face et 2 chances d'obtenir pile, ce qui signifie qu'on a une chance sur 3 d'obtenir face et 2 chances d'obtenir pile.

D'où $\boldsymbol{p = \frac{2}{3}}$.

4 Pour décrire cette expérience, on peut utiliser le diagramme ci-dessous :

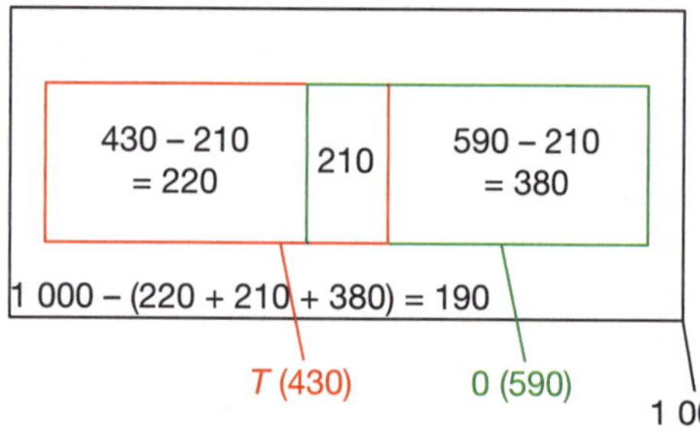

D'après ce diagramme, il y a 430 – 210, soit 220 personnes qui n'utilisent que leur téléphone portable pour se connecter.

Comme il y a équiprobabilité, la probabilité recherchée est $\boldsymbol{p = \frac{220}{1000} = 0{,}22}$.

5 a)

	personnes ayant développé la maladie	personnes n'ayant pas développé la maladie	total
personnes vaccinées	**850**	**150**	1 000
personnes non vaccinées	610	**140**	750
total	1 460	290	1 750

b) Il y a équiprobabilité :

$$p(A) = \frac{\text{nombre de personnes n'ayant pas développé la maladie}}{\text{nombre total de personnes}} = \frac{290}{1\,750} = \frac{29}{175}.$$

On aurait pu décrire cet univers à l'aide d'un tableau à double entrée :

$$p(B) = \frac{\text{nombre de personnes vaccinées}}{\text{nombre total de personnes}} = \frac{1\,000}{1\,750} = \frac{100}{175} = \frac{20}{35} = \frac{4}{7}\ ;$$

$$p(C) = \frac{\text{nombre de personnes non malades et vaccinées}}{\text{nombre total de personnes}} = \frac{150}{1\,750} = \frac{15}{175} = \frac{3}{35}\ ;$$

$$p(D) = \frac{\text{nombre de personnes non malades ou vaccinées}}{\text{nombre total de personnes}}$$

$= \dfrac{850 + 150 + 140}{1750}$;
(Voir les cas favorables à D dans le tableau.)

soit $\mathbf{p(D) = \dfrac{1\,140}{1\,750} = \dfrac{114}{175}}$.

Remarque : on a $p(D) = p(A) + p(B) - p(C)$.

c)

$p_1 = \dfrac{\text{nombre de personnes qui développent la maladie et qui sont vaccinées}}{\text{nombre total de personnes vaccinées}}$

$p_1 = \dfrac{850}{1000} = 0{,}85$.

LEÇON 18 — Énoncés p. 145

Quiz–test
Bonnes réponses : 1 b). 2 a).

3 **a)** L'algorithme donné permet de simuler l'expérience aléatoire suivante : on lance un dé et on veut connaître le nombre de lancers nécessaires pour obtenir un 6.

b)

```
Variables : numéro, nombre_de_tirages : entier
Début
    numéro prend la valeur 0
    nombre_de_lancers prend la valeur 0
    Tant que numéro ≠ 10
        numéro prend la valeur entier aléatoire compris
        entre 1 et 13
        nombre_de_lancers prend la valeur nombre_de_
        lancer +1
    Fin Tant que
    Afficher nombre_de_lancers
Fin
```

4

```
Variables : numéro, nombre_de_noires, i : entier
            fréquence : réel
Début
    numéro prend la valeur 0
    nombre_de_noires prend la valeur 0
    Pour i variant de 1 à 1000
        numéro prend la valeur entier aléatoire compris
        entre 1 et 8
        si numéro ⩾ 4
        alors nombre_de_noires prend la valeur nombre_
        de_noires +1
    Fin Pour
    fréquence prend la valeur nombre_de_noires/1000
Afficher fréquence
Fin
```

LEÇON 19 — Énoncés p. 147

Quiz–test
Bonnes réponses : 1 a). 2 b).

3 **a)**

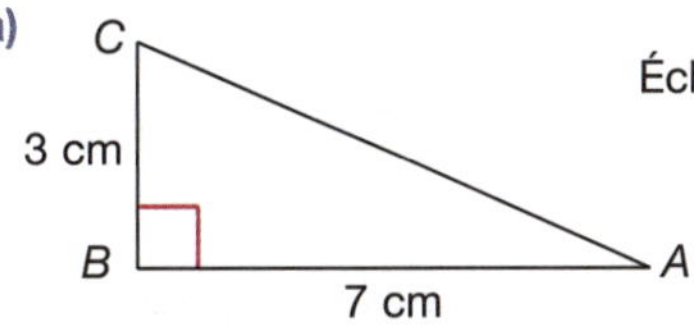

Échelle $\frac{1}{2}$.

b) Pour déterminer la mesure de l'angle $\widehat{A}$, dans le triangle rectangle *ABC*, on utilisera la tangente de l'angle $\widehat{A}$ (on connaît les longueurs des deux côtés de l'angle droit).

$\tan\widehat{A} = \dfrac{BC}{AB} = \dfrac{3}{7}$. D'où $\boldsymbol{\widehat{A} \approx 23°}$.

4 La longueur du câble est représentée par l'hypoténuse d'un triangle rectangle, dont l'un des côtés de l'angle droit mesure 800 m.
Ce côté est opposé à l'angle de 25°.

$\sin 25° = \dfrac{\text{côté opposé}}{\text{hypoténuse}}$; côté opposé = 800 m.

Pour trouver l'hypoténuse, c'est-à-dire la longueur du câble, on effectuera 800 : sin 25° = 1 892,9.
La longueur du câble est de 1 893 m environ.

5 **a)** Dans le triangle *SAM*, rectangle en *M*, on peut écrire :

$\tan(\widehat{SAM}) = \dfrac{\text{côté opposé}}{\text{côté adjacent}} = \dfrac{SM}{AM} = \dfrac{3}{5} = 0{,}6$.

b) Sur la calculatrice, si la tangente est égale à 0,6, alors la mesure de l'angle est 30,963°…

D'où $\boldsymbol{\widehat{SAM} \approx 31°}$ à un degré près par excès.

6 **a)** Le quadrilatère *BEDC* est un rectangle.
Les côtés opposés [*BE*] et [*CD*] ont même longueur.

$BE = CD = 8$.

Le point *H* est situé sur le segment [*BE*], tel que :
$BH + HE = BE$
$2{,}5 + HE = 8$.
D'où $HE = 8 - 2{,}5 = \mathbf{5{,}5}$.

b) Le triangle *ABH* est rectangle en *H*.
Dans un triangle rectangle, les angles aigus sont complémentaires.

Donc : $\widehat{ABH} + \widehat{BAH} = 90°$
$\widehat{ABH} = 45°$.
D'où $\widehat{BAH} = 90° - 45°$, soit $\widehat{BAH} = 45°$.
Le triangle rectangle *ABH*, ayant deux angles aigus de même mesure, est un **triangle rectangle isocèle**.

c) Le triangle rectangle isocèle *ABH* a ses côtés perpendiculaires de même longueur $AH = BH$.
D'où $\boldsymbol{AH = 2{,}5}$ **m.** $\quad$ $\boldsymbol{BH = 2{,}5}$ **m**

d) Dans le triangle rectangle *AHE*, le carré de l'hypoténuse est égal à la somme des carrés des côtés perpendiculaires :
$AE^2 = AH^2 + HE^2$ $\quad$ $\boldsymbol{AH = 2{,}5}$ **m**
$AE^2 = 2{,}5^2 + 5{,}5^2$ $\quad$ $\boldsymbol{HE = 5{,}5}$ **m**
$AE^2 = 6{,}25 + 30{,}25$
$AE^2 = 36{,}5$.
D'où $AE = \sqrt{36{,}5}$, $AE \approx 6{,}04$ m.
En arrondissant au mètre près : $\boldsymbol{AE \approx 6}$ **m**.

e) Dans le triangle rectangle AHE, d'hypoténuse AE, on a :

$$\sin\widehat{AEH} = \frac{\text{côté opposé}}{\text{hypoténuse}} = \frac{AH}{AE}$$

$\sin\widehat{AEH} = \frac{2,5}{6}$, $\sin\widehat{AEH} = 0,4167$, $\widehat{AEH} \approx 24,62°$.
En arrondissant cette mesure à 0,1 degré près par défaut : $\mathbf{\widehat{AEH} \approx 24,6°}$.

f) Pour calculer l'aire du mur $ABCDE$, décomposons cette façade :
aire $ABCDE$ = aire du triangle rectangle ABH
+ aire du triangle rectangle AHE
+ aire du rectangle $BEDC$.

L'aire d'un triangle rectangle est égale au demi-produit des longueurs des côtés perpendiculaires.

$\mathcal{A}_1$ = aire du triangle rectangle ABH

$\mathcal{A}_1 = \frac{AH \times BH}{2} = \frac{2,5 \times 2,5}{2} = \mathbf{3,125\ m^2}$.

$\mathcal{A}_2$ = aire du triangle rectangle AHE

$\mathcal{A}_2 = \frac{AH \times EH}{2} = \frac{2,5 \times 2,5}{2} = \mathbf{6,875\ m^2}$.

L'aire d'un rectangle est égale au produit de la longueur par la largeur.

$\mathcal{A}_3$ = aire du rectangle $BEDC = CD \times ED = 8 \times 3 = \mathbf{24\ m^2}$.

L'aire du mur $ABCDE = \mathcal{A}_1 + \mathcal{A}_2 + \mathcal{A}_3$
$= 3,125 + 6,875 + 24 = 34$.

L'aire de la façade *ABCDE* est égale à 34 m².

LEÇON 20 — Énoncés p. 149

Quiz–test

Bonnes réponses : 1 c). 2 a).

3 Par hypothèse :
$(AB) // (CD)$.
De plus, B, O, C et A, O, D sont alignés dans le même ordre. Donc d'après Thalès :
$\frac{OA}{OD} = \frac{OB}{OC} = \frac{AB}{CD}$.

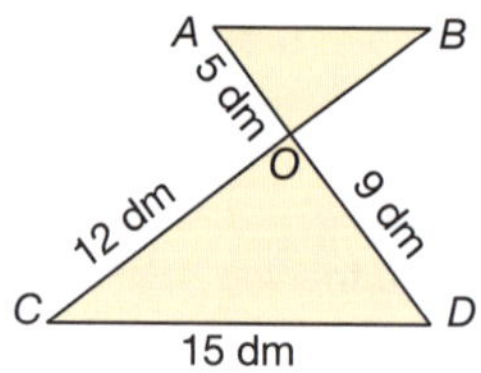

Ainsi, $\frac{5}{9} = \frac{OB}{12}$ et $OB = \frac{5}{9} \times 12$. D'où $\mathbf{OB = \frac{20}{3}\ dm}$.

De même, $\frac{OA}{OD} = \frac{AB}{CD}$ soit $\frac{5}{9} = \frac{AB}{15}$.

D'où $AB = \frac{5 \times 15}{9} = \frac{5 \times 5 \times \cancel{3}}{3 \times \cancel{3}}$ et $\mathbf{AB = \frac{25}{3}\ dm}$.

4 Par hypothèse, on a :
$(AB) // (A'B')$, $A' \in (OA)$ et $B' \in (OB)$.
Ainsi, d'après Thalès,
$\frac{OA}{OA'} = \frac{OB}{OB'}$.

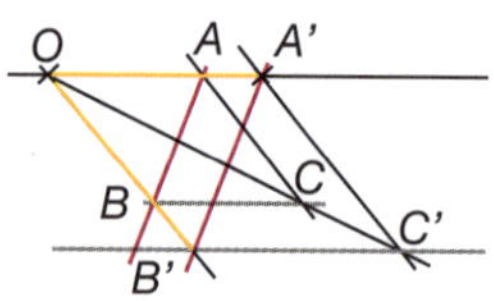

De même, comme $(AC) // (A'C')$, $A' \in (OA)$ et $C' \in (OC)$, on a, d'après Thalès, $\frac{OA}{OA'} = \frac{OC}{OC'}$.

Ainsi : $\mathbf{\frac{OB}{OB'} = \frac{OC}{OC'}}$.

De plus, les points O, B, B' et O, C, C' sont alignés dans le même ordre, donc **d'après la réciproque de Thalès, $(BC) // (B'C')$.**

5

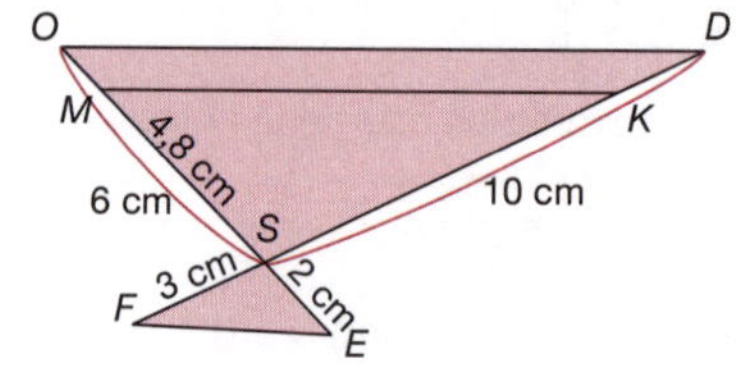

a) Par hypothèse, $(MK) // (OD)$, les points S, M, O et S, K, D sont alignés dans cet ordre.
Donc, d'après Thalès, $\frac{SM}{SO} = \frac{SK}{SD} = \frac{MK}{OD}$.

Ainsi, $\frac{4,8}{6} = \frac{SM}{10}$ et $SK = 10 \times \frac{4,8}{6}$. Soit $\mathbf{SK = 8\ cm}$.

b) On a $\frac{SO}{SE} = \frac{6}{2} = 3$ et $\frac{SD}{SF} = \frac{10}{3}$. Ainsi $\frac{SO}{SE} \neq \frac{SD}{SF}$.
Or, si (EF) et (OD) étaient parallèles, alors, d'après Thalès (appliquée aux triangles SOD et SEF), on aurait $\frac{SO}{SE} = \frac{SD}{SF}$, ce qui n'est pas le cas ici.
Ainsi, **d'après Thalès, les droites (*EF*) et (*OD*) ne sont pas parallèles.**

LEÇON 21 — Énoncés p. 151

Quiz–test

Bonnes réponses : 1 a) et b). 2 a) et b).

3 a) Pour montrer que les triangles ABC et BCE sont semblables, on montre qu'ils ont deux angles égaux :
Le triangle ABC est isocèle en A, donc $\widehat{ABC} = \widehat{BCA}$.
De plus, E est sur (AC), donc $\widehat{BCA} = \widehat{BCE}$.
Ainsi, $\mathbf{\widehat{ABC} = \widehat{BCE}}$.

Par ailleurs, E et C sont sur le cercle $\mathcal{C}$ de centre B : donc $BE = BC$ et le triangle BCE est isocèle en B.
Ainsi, $\widehat{BCE} = \widehat{BEC}$. Or, $\widehat{BCE} = \widehat{BCA}$. Donc, $\mathbf{\widehat{BEC} = \widehat{BCA}}$.

Ainsi, les triangles *ABC* et *BCE* ont deux angles égaux : ils sont bien semblables.

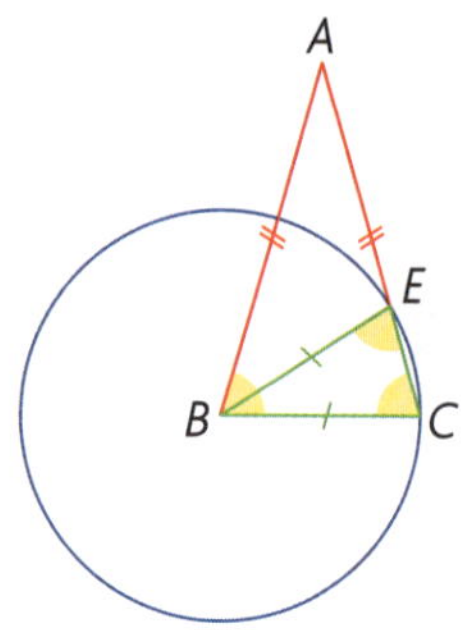

b) Pour calculer CE, on utilise le fait que les triangles ABC et BCE ont leurs côtés proportionnels :
D'après **a)**, les triangles ABC et BCE ont leurs côtés proportionnels. Donc : $\frac{BC}{AB} = \frac{CE}{BC} = \frac{BE}{AC}$ $\left(\frac{BCE}{ABC}\right)$

Soit $AB \times CE = BC \times BC$ et $\mathbf{CE = \frac{BC^2}{AB} = \frac{9}{15} = 1,8}$.

c) Pour cela, on détermine l'échelle de réduction k.
D'après **a)** et **b)**, le triangle BCE est une réduction du triangle ABC à l'échelle k telle que :

$$\frac{BC}{AB} = \frac{CE}{BC} = \frac{BE}{AC} = k.$$

$$\text{Ainsi, } k = \frac{BC}{AB} = \frac{3}{5} = 0,6.$$

L'aire du triangle *BCE* est donc égale à 0,6², soit à 0,36 fois l'aire du triangle *ABC*.

4 **a)** Pour cela, on utilise les relations trigonométriques dans un triangle rectangle. Dans le triangle ADJ rectangle en A, on a :

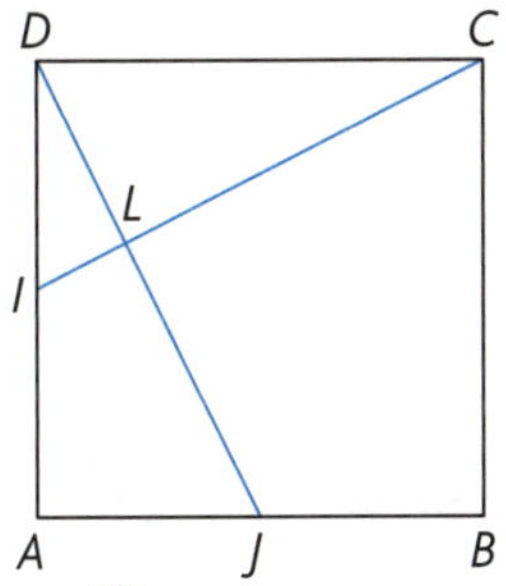

$$\tan(\widehat{ADJ}) = \frac{AJ}{AD} = \frac{\frac{AB}{2}}{AB} = \frac{1}{2}.$$

De même, dans le triangle DCI rectangle en D, on a :

$$\tan(\widehat{DCI}) = \frac{DI}{DC} = \frac{\frac{AD}{2}}{AD} = \frac{1}{2}.$$

Ainsi, on a bien $\mathbf{\tan\widehat{ADJ} = \tan\widehat{DCI}}$.

b) Pour montrer que les triangles DIK et CID sont semblables, on montre qu'ils ont deux angles égaux. D'après **a)**, $\widehat{ADJ} = \widehat{DCI}$ soit, comme I est sur (AD) et K sur (DJ), $\mathbf{\widehat{IDK} = \widehat{DCI}}$. De plus, K est sur (CI). Donc $\widehat{CID} = \widehat{KID}$, soit $\mathbf{\widehat{DIC} = \widehat{KID}}$.

Ainsi, les triangles *DIK* et *CID* ont deux angles égaux : ce sont bien des triangles semblables.

c) Pour cela, on utilise le fait que les triangles DIK et CID ont leurs côtés proportionnels :

D'après **b)**, les triangles DIK et CID ont leurs côtés proportionnels. Donc : $\frac{CI}{DI} = \frac{ID}{IK} = \frac{CD}{DK} \quad \left(\frac{CID}{DIK}\right)$.

Soit $DI \times ID = CI \times IK$ et $\mathbf{ID^2 = CI \times IK}$.

LEÇON 22

Énoncés p. 153

Quiz-test

Bonnes réponses : 1 c). 2 b).

3 **a)** JLE étant une réduction de IJK, le coefficient de réduction est : $k = \frac{JE}{JK} = \frac{4}{8} = \frac{1}{2}$.

b) Ainsi, l'aire $\mathcal{A}_2$ de JLE est $\mathcal{A}_2 = k^2\,\mathcal{A}_1$, où $\mathcal{A}_1$ est l'aire du triangle IJK. Or le triangle IJK est rectangle en K, donc : $\mathcal{A}_1 = \frac{1}{2} KI \times KJ$. Soit $\mathcal{A}_1 = \frac{1}{2} \times 6 \times 8 = 24\ \text{cm}^2$.

Ainsi, $\mathcal{A}_2 = \left(\frac{1}{2}\right)^2 \times 24 = 6\ \text{cm}^2$.

4 **a)** L'échelle d'agrandissement : $\mathbf{k = \frac{SO'}{SO} = \frac{12}{10} = 1{,}2.}$

b) Ainsi, le grand cône étant un agrandissement à l'échelle $k = 1{,}2$ du petit cône, son volume $\mathcal{V}_g$ est :

$\mathcal{V}_g = k^3\,\mathcal{V}_p$, soit $\mathcal{V}_g = (1{,}2)^3 \times 30\pi = \mathbf{51{,}84\pi\ cm^3}$.

5 **a)** L'échelle de réduction est $\mathbf{k = \frac{\frac{1}{2}h}{h} = \frac{1}{2}}$.

b) Le volume de la pyramide $SA'B'C'D'$ est donc d'après **a)** $\mathcal{V}_{SA'B'C'D'} = k^3 \times \mathcal{V}_{SABCD} = \frac{1}{8}\mathcal{V} = 24{,}5\ \text{cm}^3$.

Ainsi, le volume de la partie sous l'eau est :

$$\mathcal{V}_{eau} = \mathcal{V}_{SABCD} - \mathcal{V}_{SA'B'C'D'} = \mathcal{V} - \frac{1}{8}\mathcal{V} = \frac{7}{8}\mathcal{V}$$

soit $\mathbf{\mathcal{V}_{eau} = \frac{7}{8} \times 196 = 171{,}50\ cm.}$

LEÇON 23

Énoncés p. 155

Quiz-test

Bonnes réponses : 1 c). 2 a).

3

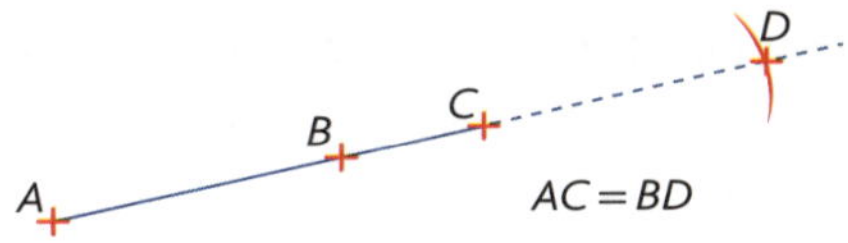

4 **a)** O ; **b)** DOE ; **c)** le losange $ODEF$; **d)** l'hexagone $ABCDEF$.

5 **a)** un triangle équilatéral ; **b)** une rotation ; **c)** ayant pour centre l'origine, d'angle 60° et de sens négatif ; **d)** il faut « répéter 5 fois » cette rotation pour obtenir un hexagone.

Figure de la question **b)**

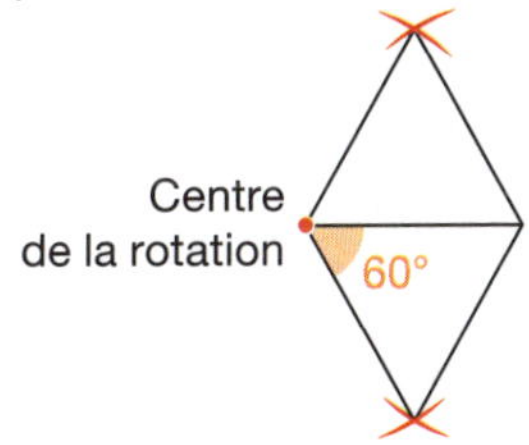

6 Les points E', G', H' sont alignés et G' est le milieu du segment $[E'H']$.

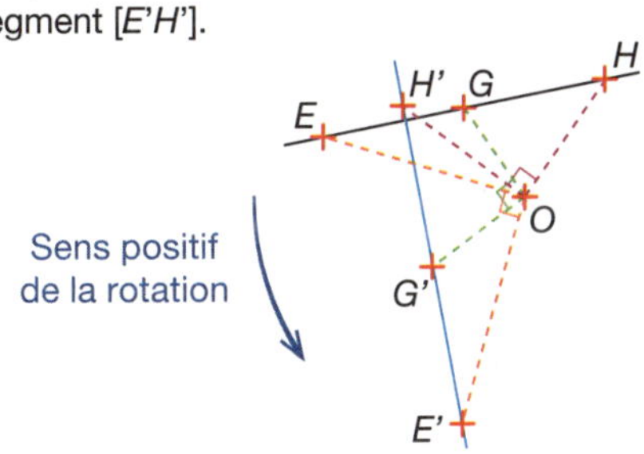

7

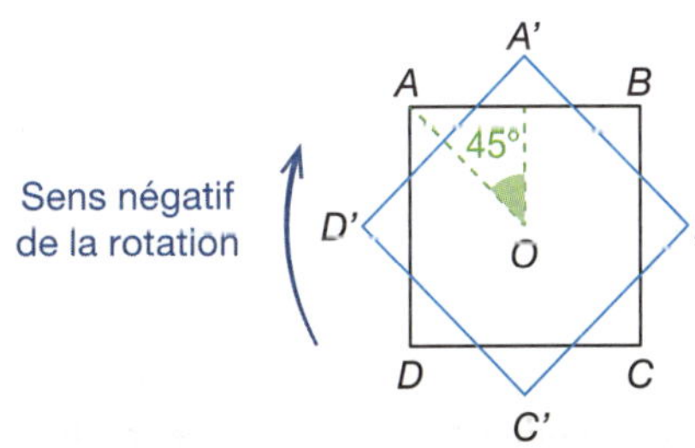

LEÇON 24

Énoncés p. 157

Quiz-test

Bonnes réponses : 1 a). 2 a).

3 **a)** Pour construire l'image de $\mathcal{F}_1$ par l'homothétie de centre A et de rapport -2, on construit l'image de chaque sommet de la figure par cette homothétie. Par exemple, l'image de B par l'homothétie de centre A et de rapport -2 est le point B' situé sur (AB) tel que $AB' = 2AB$ et B' n'est pas sur la demi droite $[AB)$. D'où la figure de la page suivante.

b) Pour construire l'image de $\mathscr{F}_1$ par l'homothétie de centre A et de rapport $\frac{1}{3}$, on procède comme précédemment.

On peut utiliser Thalès pour construire $B"$ tel que : $AB" = \frac{1}{3}AB$; il suffit de tracer la parallèle à (BC) passant par B_1, où B_1 est tel que $AB_1 = \frac{1}{3}AC$.

Cette parallèle coupe (AB) en $B"$.

En effet, d'après Thalès, comme $(BC)//(B_1B")$, $\frac{1}{3} = \frac{AB_1}{AC} = \frac{AB"}{AB}$.

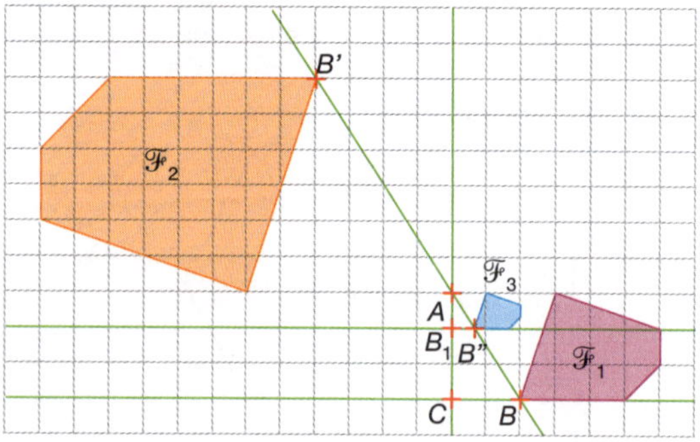

c) L'aire de $\mathscr{F}_1$ est la somme des aires suivantes :

$\mathscr{A}_1$, aire du triangle DBF en cm² : $\mathscr{A}_1 = \frac{3 \times 1}{2}$;

$\mathscr{A}_2$, aire du triangle DGE en cm² : $\mathscr{A}_2 = \frac{3 \times 1}{2}$;

$\mathscr{A}_3$, aire du carré $IFGH$ en cm² : $\mathscr{A}_3 = 2 \times 2$;

$\mathscr{A}_4$, aire du trapèze rectangle $EHIJ$ en cm² : $\mathscr{A}_4 = 1 + \frac{1}{2}$.

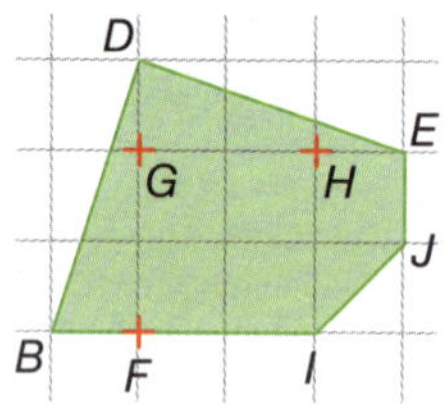

Ainsi, **l'aire recherchée est en cm²** :

$\boldsymbol{\mathscr{A} = \mathscr{A}_1 + \mathscr{A}_2 + \mathscr{A}_3 + \mathscr{A}_4}$
$\mathbf{= 1{,}5 + 1{,}5 + 4 + 1{,}5 = 8{,}5}$.

d) $\mathscr{F}_2$ est l'image de la figure $\mathscr{F}_1$ par l'homothétie de centre A et de rapport -2.

Donc l'aire de $\mathscr{F}_2$ est $\mathscr{A}' = \mathbf{4}\mathscr{A}$, soit en cm² :

$\mathscr{A}' = \mathbf{4 \times 8{,}5 = 34}$.

4 a) Comme $h(A) = D$, O est sur la droite (AD). De même, comme $h(B) = C$, O est sur la droite (BC).

Ainsi, **O est le point d'intersection des droites (AD) et (BC).**

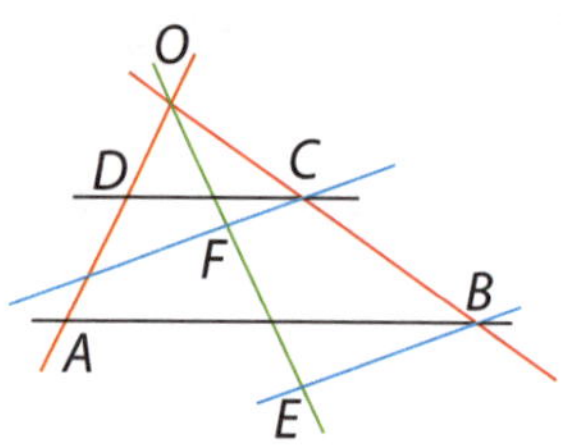

b) • On a $\begin{cases} h(B) = C \\ h(E) = F \end{cases}$: donc $(BE)//(CF)$.

De plus, comme $h(E) = F$, F est sur la droite (OE).

Il suffit donc de construire la droite parallèle à (BE) passant par C. Cette droite coupe (OE) en F.

• On a $\begin{cases} h(A) = D \\ h(B) = C \\ h(E) = F \end{cases}$. Par conservation de l'alignement.

L'image $\mathscr{F}$ du triangle AEB par l'homothétie h est donc le triangle DFC.

c) On a $\begin{cases} h(A) = D \\ h(B) = C \end{cases}$. Le rapport k de cette homothétie est donc tel que : $CD = kAB$.

Ainsi, $\boldsymbol{k = \frac{CD}{AB} = \frac{3}{7}}$.

d) • L'image $\mathscr{C}$ du cercle de centre E et passant par H est le cercle de centre $h(E) = F$ passant par $h(H)$. Pour construire ce cercle, il suffit donc de construire $h(H)$ comme en **b)**.

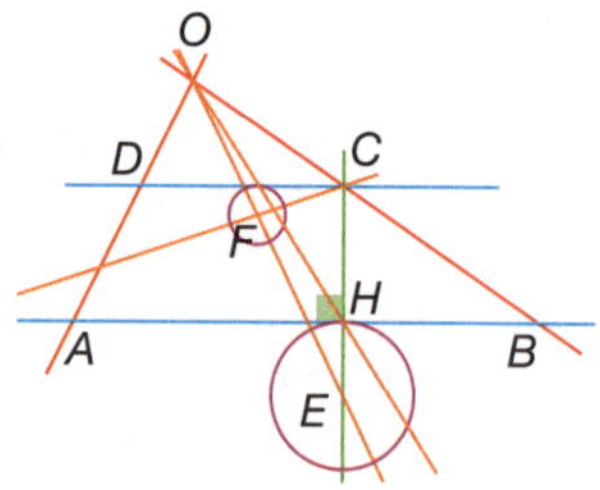

• L'aire du cercle de centre E et passant par H est, en cm², $\mathscr{A}_1 = \pi \times EH^2 = \pi$.

L'aire de $\mathscr{C}$, image de ce cercle par l'homothétie de centre O et de rapport k, est donc, en cm² :

$\mathscr{A} = \boldsymbol{k^2} \times \mathscr{A}_1 = \frac{\mathbf{9\pi}}{\mathbf{49}} \approx \mathbf{0{,}577}$ à 10^{-3} près par défaut.

LEÇON 25

Énoncés p. 159

Quiz-test

Bonnes réponses : **1 b).** **2 b).**

3 a) Le triangle AHO est rectangle en H (section d'une sphère par un plan) avec : $OA = R = 4{,}5$ cm ; $HA = 2{,}7$ cm.

① On trace le segment $[HA]$ de longueur 2,7 cm, puis la perpendiculaire (d) à (HA) passant par H.

② On trace le cercle de centre A et de rayon $OA = 4{,}5$ cm : ce cercle coupe (d) en O.

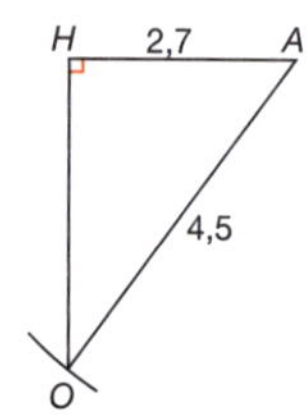

b) Dans le triangle OHA rectangle en H, on a d'après le théorème de Pythagore : $HA^2 + HO^2 = OA^2$; soit $OH^2 = OA^2 - HA^2 = 4{,}52 - 2{,}72 = 12{,}96$ et $\boldsymbol{OH = \sqrt{12{,}96} = 3{,}6}$**: la distance OH est 3,6 cm.**

c) On sait que $HK = OH + OK = OH + R$.

Soit $HK = 3{,}6 + 4{,}5 = 8{,}1$.

Ainsi, HK mesure bien 8,1 cm.

4 a) Le triangle OHE est rectangle en H (section d'une sphère par un plan), comme représenté ci-contre. De même, le triangle LOH est rectangle en O. Ainsi, (EH)

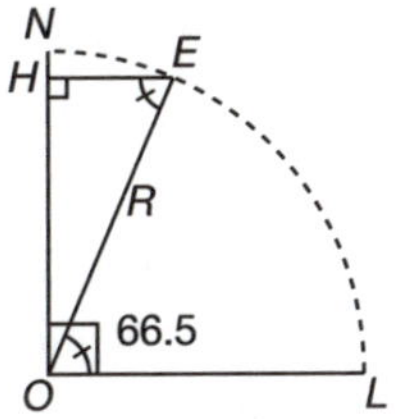

et (OL) étant toutes 2 perpendiculaires à (OH) sont parallèles entre elles et $\widehat{HEO} = \widehat{LOE}$ (angles alternes-internes), soit $\mathbf{\widehat{HEO} = 66{,}5°}$.

b) Dans le triangle OHE rectangle en H, on a : $\cos\widehat{HEO} = \dfrac{HE}{OE}$, soit $HE = OE \times \cos\widehat{HEO} = 6\,370 \cos 66{,}5$.

Ainsi, $\mathbf{HE \approx 2\,540}$ **km**.

c) La longueur du cercle polaire est le périmètre du cercle de rayon HE soit $\mathbf{L = 2\pi\ HE} \approx 2 \times 2\,540 \times \pi$.

Le cercle polaire a donc pour longueur environ 15 960 km.

d) Pour déterminer le nombre de jours nécessaires à l'expédition, on utilise un tableau de proportionnalité :

km parcourus	30	15 960
nombre de jours	1	?

Il faudra $\dfrac{15960}{30}$, soit 532 jours (1 an et 167 jours).

LEÇON 26 — Énoncés p. 161

Quiz–test

Bonnes réponses : 1 b) et c). 2 a).

3 a) $3\text{ h }15\text{ min} = 3\text{ h} + \dfrac{15}{60}\text{ h} = 3\text{ h} + 0{,}25\text{ h} = 3{,}25\text{ h}$.

On exprime les minutes en fraction d'heures.

$10\text{ h }24\text{ min} = 10\text{ h} + \dfrac{24}{60}\text{ h} = 10\text{ h} + 0{,}4\text{ h} = 10{,}4\text{ h}$.

$105\text{ min} = 1\text{ h }45\text{ min} = 1\text{ h} + \dfrac{45}{60}\text{ h}$
$= 1\text{ h} + 0{,}75\text{ h} = 1{,}75\text{ h}$.

$2\text{ h }54\text{ min} = 2\text{ h} + \dfrac{54}{60}\text{ h} = 2\text{ h} + 0{,}9\text{ h} = 2{,}9\text{ h}$.

b) $2{,}25\text{ h} = 2\text{ h} + 0{,}25\text{ h} = 2\text{ h} + 0{,}25 \times 60\text{ min}$
$= 2\text{ h} + 15\text{ min}$.

$3{,}6\text{ h} = 3\text{ h} + 0{,}6\text{ h} = 3\text{ h} + 0{,}6 \times 60\text{ min}$
$= 3\text{ h} + 36\text{ min}$.

$1{,}2\text{ h} = 1\text{ h} + 0{,}2\text{ h} = 1\text{ h} + 0{,}2 \times 60\text{ min}$
$= 1\text{ h} + 12\text{ min}$.

$5{,}47\text{ h} = 5\text{ h} + 0{,}47\text{ h} = 5\text{ h} + 0{,}47 \times 60\text{ min}$
$= 5\text{ h} + 28{,}2\text{ min} = 5\text{ h }28\text{ min} + 0{,}2\text{ min}$
$= 5\text{ h }28\text{ min} + 0{,}2 \times 60\text{ s} = 5\text{ h }28\text{ min }12\text{ s}$.

4 a) $12{,}6\text{ km/h} = \dfrac{12{,}6\text{ km}}{1\text{ h}} = \dfrac{12\,600\text{ m}}{3\,600\text{ s}} = 3{,}5\text{ m/s}$.

On transforme les km en mètres et 1 heure en 3 600 s.

$\dfrac{540\text{ km}}{1\text{ h}} = \dfrac{540\,000\text{ m}}{3\,600\text{ s}} = 150\text{ m/s}$.

b)

$$5\text{ m/s} = \frac{5\text{ m}}{1\text{ s}} \underset{\times 3600}{\overset{\times 3600}{=}} \frac{5\text{ m} \times 3\,600}{1\text{ s} \times 3\,600} = \frac{18\,000\text{ m}}{3\,600\text{ s}} = \frac{18\text{ km}}{1\text{ h}}$$

$= 18\text{ km/h}$.

On passe du dénominateur d'1 seconde à 1 heure, en multipliant 1 s par 3 600.

$1\text{ s} \xrightarrow{\times 3\,600} 3\,600\text{ s}$.

On multipliera donc le numérateur de la fraction également par 3 600.

$350\text{ m/s} = \dfrac{350\text{ m}}{1\text{ s}} = \dfrac{350 \times 3\,600}{1 \times 3\,600} = \dfrac{1\,260\,000}{3\,600\text{ s}}$
$= \dfrac{1\,260\text{ km}}{1\text{ h}} = 1\,260\text{ km/h}$.

5 a) $1{,}5\text{ L/s} = \dfrac{1{,}5\text{ L}}{1\text{ s}} = \dfrac{1{,}5\text{ dm}^3}{1\text{ s}} = \dfrac{1{,}5\text{ dm}^3 \times 3\,600}{3\,600\text{ s}}$ ($\times 3\,600$)

$= \dfrac{5\,400\text{ dm}^3}{3\,600\text{ s}} = \dfrac{5{,}4\text{ m}^3}{1\text{ h}} = 5{,}4\text{ m}^3\text{/h}$.

$3{,}5\text{ L/min} = \dfrac{3{,}5\text{ L}}{1\text{ min}} = \dfrac{3{,}5\text{ dm}^3}{1\text{ min}} = \dfrac{3{,}5\text{ dm}^3 \times 60}{60\text{ min}}$ ($\times 60$)

$= \dfrac{210\text{ dm}^3}{60\text{ min}} = \dfrac{0{,}21\text{ m}^3}{1\text{ h}} = 0{,}21\text{ m}^3\text{/h}$.

b) $1\text{ L} = 1\text{ dm}^3$ $\quad 1\text{ h} = 3\,600\text{ s}$ $\quad 1\text{ min} = 60\text{ s}$.

$15\text{ m}^3\text{/h} = \dfrac{15\text{ m}^3}{1\text{ h}} = \dfrac{15\,000\text{ dm}^3}{3\,600\text{ s}} = \dfrac{15\,000\text{ L}}{1\text{ s}} \approx 4{,}17\text{ L/s}$.

$2{,}4\text{ m}^3\text{/min} = \dfrac{2{,}4\text{ m}^3}{1\text{ min}} = \dfrac{2\,400\text{ dm}^3}{60\text{ s}} = \dfrac{2\,400\text{ L}}{60\text{ s}} = 40\text{ L/s}$.

6 L'énergie électrique consommée est le produit de la puissance de l'appareil par la durée d'utilisation.

$E = P \times t$, avec E en kWh, P en kW et t en h.

$2\,500\text{ W} = 2{,}5\text{ kW}$.

L'énergie consommée pendant 1 heure dans un four de 2,5 kW est 2,5 kWh.

$E = 2{,}5\text{ kW} \times 1\text{ h} = 2{,}5\text{ kWh}$.

La dépense correspondante sera de **0,33 €**.

$0{,}1325\text{ €} \times 2{,}5 = 0{,}33125\text{ €}$.

7 $E = P \times t$.

On cherche la puissance de l'appareil électrique.

$E = P / t$, avec E en kWh, P en kW et t en h.

$\dfrac{1}{2}$ heure $= 0{,}5$ h.

D'où $P = \dfrac{0{,}4\text{ kWh}}{0{,}5\text{ h}} = 0{,}8\text{ kW} = 800\text{ W}$.

La puissance du fer est de **800 W**.

8 Le débit est le quotient du volume par la durée correspondante.

$D = V / t$, avec D en L/min ou m^3/h, V en litres, en m^3 ou en cm^3… et t en heures, en secondes ou en minutes…

Si $D = V/t$ alors $t = V/D$. $V = 108$ L et $D = 5{,}4$ L/min.

Donc t sera exprimé en minutes.

$t = \dfrac{108}{5{,}4} = 20$.

Il faudra **20 minutes** pour remplir le bassin.

9 a) Programme A :

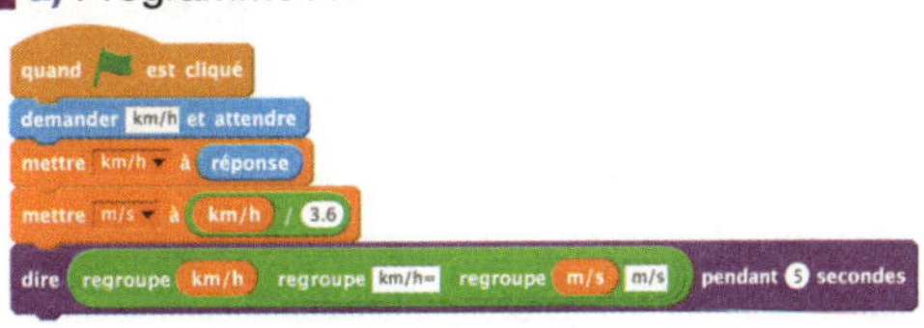

b) Programme B :

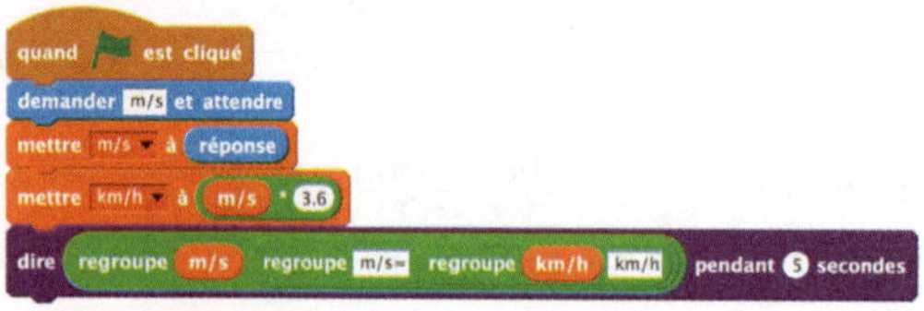

LEÇON 27 Énoncés p. 163

Quiz–test

Bonnes réponses : 1 b). 2 a).

3 a) L'aire de la base de la pyramide du Louvre est : $\mathcal{A} = 35 \times 35 = 1\,225$ m^2. Ainsi le volume de cette pyramide est : $\mathcal{V} = \frac{1}{3}\mathcal{A} \times h$.

Soit $\mathcal{V} = \frac{1}{3} \times 1\,225 \times 22 = \frac{29\,950}{3}$ m^3.

b) D'où $\mathcal{V} \approx$ **8 983 m^3.**

c) On peut schématiser la pyramide du louvre comme ci-contre :

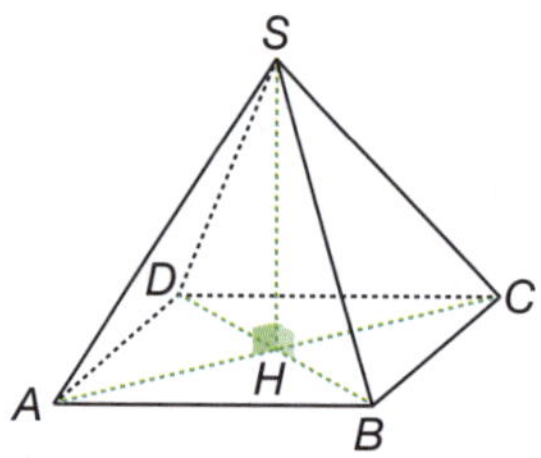

Pour déterminer les dimensions du patron, on doit déterminer la longueur SA connaissant la hauteur SH de la pyramide et le côté AB du carré de base. On détermine donc d'abord AC, puis AH :

Le triangle ABC est rectangle en B, donc d'après le théorème de Pythagore :

$AB^2 + BC^2 = AC^2$.

Soit $AC^2 = 35^2 + 35^2 = 2\,450$. Et $AC = \sqrt{2\,450}$.

Comme H est le milieu de $[AC]$, $AH = \frac{AC}{2} = \frac{\sqrt{2\,450}}{2}$.

On détermine ensuite SA en utilisant Pythagore dans le triangle SAH :

Le triangle SAH est rectangle en H, donc, d'après le théorème de Pythagore, $SH^2 + AH^2 = SA^2$.

Soit $SA^2 = 22^2 + \left(\frac{\sqrt{2\,450}}{2}\right)^2 = 1\,096{,}5$.

Et $SA = \sqrt{1\,096{,}5}$.

Maintenant, comme on veut une réduction à l'échelle $\frac{1}{800}$, on multiplie chaque dimension par $\frac{1}{800}$.

Le carré de base a pour côté sur le patron :

$c = \frac{3500}{800} = 4{,}4375 \approx 4{,}4$ cm.

Les triangles isocèles des faces latérales ont pour côté, sur le patron, $S = \frac{\sqrt{1096{,}5}}{800} \approx 4{,}1$ cm.

D'où le patron :

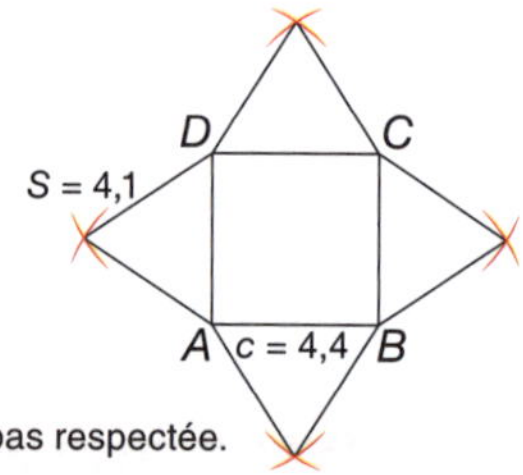

L'échelle n'est pas respectée.

4 a) Le volume du cube en cm^3 est $\mathcal{V} = 16^3 = 4\,096$.

b) Le volume du cylindre en cm^3 est $\mathcal{V}'$:

$\mathcal{V}_2$ = aire base × hauteur $= \pi \times 8^2 \times 8 = 512\pi$.

c) On a $\frac{V'}{V} = \frac{512\pi}{4096} = \frac{\pi}{8} \approx 0{,}39$.

Ainsi, **$V' \approx 39\,\% \times V$ et le cylindre occupe moins de 40 % du volume du cube.**

5 a) On a $(HC)//(AB)$, les points S, H, A et S, C, B alignés dans cet ordre.

D'après Thalès, on a donc : $\frac{SH}{SA} = \frac{HC}{AB} = \frac{SC}{SB}$.

Ainsi, $\frac{5}{9} = \frac{HC}{3}$ et $\boldsymbol{HC = \frac{3 \times 5}{9} = \frac{5}{3}}$.

b) $\mathcal{V} = \frac{1}{3}$ aire base × hauteur $= \frac{1}{3} \times \pi \times HC^2 \times HS$

$= \frac{1}{3} \times \pi \times \left(\frac{5}{3}\right)^2 \times 5 = \frac{127}{27}\pi = 14{,}54$ cm^3.

Fais le bilan ! Énoncés p. 164

1 b) **2** a) **3** c) **4** a) **5** a)
6 a) **7** c) **8** a) **9** c) **10** c)

Anglais

LEÇON 1 Énoncés p. 167

Quiz-test

Bonnes réponses : 1 a) et b). 2 c).

3 a) No, I am not ; b) Yes, they do ; c) don't they ? ; d) No, they won't ; e) don't we ? …

4 a) I am mailing ; b) embarrasses ; c) are talking ; d) like ; e) doesn't like … goes

5 a) My parents are going to help me when they are on holiday. b) Do you have any information about the school rules ? c) Those Irish teens will spend their winter holidays in France, won't they ?

6 a) I'll phone … arrive ; b) will succeed … they learn ; c) is … will leave

7 a) I don't appreciate Kathy's parents very much because they always talk about her school results. b) My aunt is about to call a taxi: the train leaves at eight.

LEÇON 2 — Énoncés p. 169

Quiz-test
Bonnes réponses : **1** b) et c). **2** b)

3 a) were ... was ; b) was ; c) were ... weren't

4 a) went ... fell asleep ; b) was driving ... crossed ; c) was taking ... stung ; d) were watching ... tore ; e) were investigating ... went.

5 a) The Great Fire of London broke out in 1666. b) It began in the kitchen of the King's baker. c) It lasted for five days. d) Some people were shopping when the bomb exploded.

6 a) How long ago did your uncle sell his chalet? b) When did J.-K. Rowling write *Harry Potter and the chamber of secrets*? c) Who was dancing when Mum came in? d) What did sportsmen use to do a few years ago?

7 a) Pupils used to work much more. b) There were so many fruit that the branches bent down to the ground. c) Last week, I met Elsa. She invited me for her birthday.

LEÇON 3 — Énoncés p. 171

Quiz-test
Bonnes réponses : **1** b). **2** b) et c).

3 a) We've booked ; b) has driven away ; c) have been married ; d) has become.

4 a) Has she ever cleared the table? – Yes, she's just done it. b) Has he ever dug his father's garden? – Yes, he's just dug it. c) Have they ever bought any presents? – Yes, they've just bought some presents.

5 a) ever ; b) already ... never ; c) ever ; d) yet.

6 a2 ; b6 ; c7 ; d1 ; e3 ; f5 ; g4 Mary has arrived first. Kate and Greg have arrived last.

7 a) My neighbour has gone to China and he has lived there for two months. Ann has just left to meet him. b) My father hasn't smoked a cigarette since 1999. c) The dog has been digging in that corner for two hours. d) Justin has never been obsessed by tattoos.

LEÇON 4 — Énoncés p. 173

Quiz-test
Bonnes réponses : **1** b). **2** b).

3 a) gardening ; b) sunbathing ; c) waiting ; d) accepting ; e) borrowing.

4 a) getting up ; b) to be ; c) be ; d) to exaggerate ; e) to go ; f) to go camping.

5 a) They want their son to finish his homework before going out with his girlfriend. They want him to finish... b) He promised his teachers to be more disciplined in class. He promised them to be... c) I expect you to help me. d) They made their daughter study Chinese. They made her study Chinese.

6 a) What do your parents like? b) What does the maths teacher want his pupils to do? c) What did you tell her?

7 a) Sportsmen avoid getting fat. They like eating fruit and vegetables. b) I'd like to become a chemical engineer. c) There's a good film on ! Let's go to the cinema ! d) Smoking is strictly forbidden on board.

LEÇON 5 — Énoncés p. 175

Quiz-test
Bonnes réponses : **1** a). **2** c).

3 a) ... gentler than your sister. b) ... more ironical than my maths ... c) ... a nastier job than her ... d) ... more efficient than a machine.

4 a) Steve is younger than Fanny. Fanny is not as young as Steve. b) Steve is better at maths than Fanny. Fanny is not as good at maths as Steve. c) Fanny is taller than Steve. Steve is not as tall as Fanny. d) Steve is heavier than Fanny. Fanny is not as heavy as Steve. e) Steve is more interested in music than Fanny. Fanny is not as interested in music as Steve / Fanny is less interested in music than Steve. f) Steve is more pessimistic than Fanny. Fanny is not as pessimistic as Steve / Fanny is less pessimistic than Steve.

5 a) the richest ; b) the most gorgeous ; c) the shiest ; d) the worst ; e) the most jealous ; f) the eldest.

6 a) who ; b) which ; c) Ø / that / which ; d) who ... whose ... where.

7 a) Dad who went to Ireland last week said it was a wonderful country. b) I didn't like that film Ø / which / that I saw last summer. c) I know a boy whose father is a pilot. d) An old bachelor is a man who has never been married.

LEÇON 6 — Énoncés p. 177

Quiz-test
Bonnes réponses : **1** b). **2** a).

3 a) should ; b) Can ; c) may/might ; d) needn't ; e) doesn't have to ; f) must ; g) Shall.

4 a) He had to redecorate the house before moving. He'll have to redecorate the house before moving. b) My neighbour could repair his computer / My neighbour was able to repair his computer. My neighbour will be able to repair his computer. c) You might go out with your friends / You were allowed to go out with your friends. You'll be allowed to go out with your friends.

5 **a)** They took the bus because they were late. **b)** He'll fail his exam if he doesn't work harder. **c)** Anne told me (that) I gave her an incorrect e-mail address.

6 **a)** Can I book one double and one single room for tonight? **b)** You must fill in this form for me. **c)** My stepfather is so absent-minded that he's lost his credit card.

7 **a)** He must be a rich stranger, that's why he might buy the haunted house. **b)** If the man buys the house, he'll have to live with a ghost. **c)** He found the house so nice that he bought it. **d)** You needn't lock the door, the ghost will open it. **e)** His wife told him (that) she couldn't stay with him.

LEÇON 7 — Énoncés p. 179

Quiz-test

Bonnes réponses : **1** **a) et b).** **2** **b).**

3 **a)** some ... any ; **b)** any ... some ; **c)** no ; **d)** some.

4 **a)** Every ; **b)** little ; **c)** Few ; **d)** All ; **e)** many

5 **a)** anywhere ; **b)** something ; **c)** Someone / Somebody ... no-one / nobody ; **d)** nowhere.

6 **a)** Is there any food left ? There isn't any food left. / There is no food left. **b)** Will she buy anything cheap for her nephew ? She won't buy anything cheap for her nephew / She'll buy nothing cheap for her nephew. **c)** Did they spend their honeymoon anywhere in the British Isles ? They didn't spend their honeymoon anywhere in the British Isles. / They spent their honeymoon nowhere in the British Isles.

7 **a)** Most of the children like fattening food but they don't eat enough fruit. **b)** There used to be few computers in schools. **c)** Her dog follows her everywhere she goes. **d)** Let's invite a few friends. **e)** What an ambitious woman she is !

LEÇON 8 — Énoncés p. 181

Quiz-test

Bonnes réponses : **1** **c).** **2** **b).**

3 **a)** told ; **b)** asked ; **c)** said ; **d)** asked.

4 **a)** She asked Jeff how he could be so shy. **b)** She asked me if I was from France. **c)** He told me he wanted to know my girlfriend. **d)** She asked Steve what he had broken. **e)** He asked her where she would spend her holidays. **f)** She tells him he must go on a diet. **g)** He told them he couldn't do it himself.

5 **a)** Billy : "I've bought a new smartphone." **b)** Liz : "What colour is your smartphone ?" **c)** His parents : "Be careful !" **d)** Sue : "Have you ever been to town ?" **e)** John : "I'll go to London next week."

6 **a)** J.-K. Rowling wrote *Harry Potter and the Goblet of Fire* in 2000. **b)** That heavy bag will be carried to the car (by him). **c)** The police have arrested the suspect.

Fais le bilan ! — Énoncés p. 210

1 a) **2** c) **3** b) **4** a) **5** c)
6 c) **7** b) **8** a) **9** a) **10** c)

Espagnol

LEÇON 1 — Énoncés p. 183

Quiz-test

Bonnes réponses : **1** **a).** **2** **b), c).**

3 **a)** a. **b)** de. **c)** a. **d)** a. **e)** de.

4 **a)** en, de. **b)** al, para. **c)** en, para. **d)** de, a, en. **e)** con.

5 **a)** 2. **b)** 3. **c)** 1. **d)** 5. **e)** 4.

6 **a)** para. **b)** por/para. **c)** por. **d)** por. **e)** por.

7 **a)** Ø. **b)** Ø. **c)** de. **d)** de. **e)** Ø.

8 **a)** Vivo (estoy viviendo) en Francia. **b)** Voy a casa de Cecilia. **c)** Estudias (estás estudiando) para ser médico.

LEÇON 2 — Énoncés p. 185

Quiz-test

Bonnes réponses : **1** **b).** **2** **b).**

3 **a)** la. **b)** lo. **c)** los. **d)** los.

4 **a)** 2. **b)** 1. **c)** 4. **d)** 3.

5 **a)** Se la decimos. **b)** Se lo pido. **c)** Se los devuelves.

6 **a)** Sí, voy a llamarlo. **b)** Sí, vamos a verlos. **c)** Sí, vamos a hacerlos. **d)** Sí, quiero leerla.

7 **a)** Usted lee el correo electrónico. **b)** Los (les) llamo por la mañana. **c)** ¿Puede venir el domingo? **d)** Voy a buscarlos a la estación.

LEÇON 3 Énoncés p. 187

Quiz-test
Bonnes réponses : 1 a). 2 c).

3 a) gusta. b) gustaban. c) gustó. d) gustan.

4 a) La película es más interesante que el libro. La película es menos interesante que el libro. b) El cuadro es más bonito que la escultura. El cuadro es menos bonito que la escultura. c) Vosotros hacéis más deporte que nosotros. Vosotros hacéis menos deporte que nosotros. d) Ana tiene más amigas que tú. Ana tiene menos amigas que tú.

5 a) No he encontrado a nadie. b) No voy a comprar nada. c) A mí no me gustan tampoco los cómics. d) No me levanto nunca a las once.

6 a) Me cansan las películas románticas. b) Nos agradan las vacaciones en España. c) ¿A ti te encantan los viajes?

LEÇON 4 Énoncés p. 189

Quiz-test
Bonnes réponses : 1 a). 2 b).

3 a) decorar. b) tiene que. c) debes. d) preparar.

4 a) estudia, estudiad. b) lee, leed. c) ten, tened. d) piensa, pensad.

5 a) Hay que comprar un diccionario. b) Habéis de viajar para aprender inglés. c) Debes decir la verdad. d) Hace falta que comamos el desayuno.

6 a) Ve esta película. b) Ve a su casa. c) Ordena tu habitación. d) Llega pronto.

7 a) Hace falta que vengas a mi cumpleaños. b) Pónganse (poneos) los zapatos. c) No cierres la puerta.

LEÇON 5 Énoncés p. 191

Quiz-test
Bonnes réponses : 1 a). 2 b).

3 a) llegarán. b) iré. c) comerán. d) visitaremos. e) escribirás.

4 a) vendré. b) saldré. c) dirás. d) querremos. e) hará.

5 a) terminaríamos. b) viajarías. c) dormiría. d) pondríais.

6 a) Todavía no sé el regalo que voy a querer. b) Van a saber pronto el tiempo que ustedes van a tener. c) Este fin de semana vamos a salir de excursión. d) ¿Vas a poder ir a la fiesta?

7 a) En junio, celebraré mi cumpleaños. b) ¿(Tú) me prestarías tu teléfono móvil? c) Voy a aprender el inglés.

LEÇON 6 Énoncés p. 193

Quiz-test
Bonnes réponses : 1 b). 2 a), b).

3 a) entre, entremos. b) corra, corramos. c) anuncie, anunciemos. d) abra, abramos. e) beba, bebamos.

4 a) redactaras (redactases), redactarais (redactaseis). b) recorrieras (recorrieses), recorrierais (recorrieseis). c) salieras (salieses), salierais (salieseis). d) imaginaras (imaginases) imaginarais (imaginaseis) e) volvieras (volvieses), volvierais (volvieseis)

5 a) decir. b) pensar. c) hacer. d) llegar. e) coger. f) tener.

6 a) juegue. b) pensáramos. c) dé. d) fuera. e) puedas. f) tomara.

7 a) No creo que podamos ir a la piscina hoy. b) ¿Por qué quieres que te llame por teléfono? c) Esperaban que vosotros vinierais con ellos. d) Si yo pudiera iría a la playa.

LEÇON 7 Énoncés p. 195

Quiz-test
Bonnes réponses : 1 a), b). 2 a).

3 a) piense. b) pida. c) olvides. d) toméis. e) venga.

4 a) 4. b) 3. c) 1. d) 2.

5 a) Quizás vayamos a visitar al museo. b) Es necesario que aprenda la partitura. c) Deseo que me dé la carta. d) Te pido que me lleves a la playa.

6 a) estudie. b) pudiera. c) vaya. d) estuvieras. e) fuera. f) tuviera.

7 a) Quería que yo viniera a su casa. b) Era necesario que compraras un ordenador. c) Tomábamos el coche para que no llegáramos tarde. d) No pensabais que el libro fuera interesante.

LEÇON 1 Énoncés p. 197

Quiz-test
Bonnes réponses : **1 b). 2 c).**

3

	Nominatif	Accusatif	Datif
Masculin	der Mann	den Jungen den Tisch	einem Elefanten
Neutre	das Auto ihr Baby	das Auto ihr Baby	dem Mädchen
Féminin	die Freundin seine Schultasche	die Freundin seine Schultasche	deiner Tante
Pluriel	die Touristen die Schüler	die Touristen die Schüler	

4 **a)** **Mein** (1re pers. sing.) Bruder heiß Leo. **b)** Sie sucht **ihre** Tasche. **c)** Wir wollen heute **unsere** Tante besuchen. **d)** Wo habt ihr **euer** Handy gekauft ? **e)** Ich finde **deinen** (2e pers. sing.) Hund lustig. **f)** Oliver will **seine** Playstation verkaufen.

5 **a)** Herr Jahn **(Er)** kauft seiner Tochter **(ihr)** eine neue Tasche. **b)** Seine Tochter **(Sie)** freut sich sehr über die Tasche **(sie)**. **c)** Sie backt ihrem Vater **(ihm)** seinen Lieblingskuchen; **d)** Aber sie vergisst den Kuchen **(ihn)** im Backofen.

6 Jule und **ihre** Freundinnen sind in der Stadt. Sie wollen **viele** Sachen kaufen. In einem Buchladen wollen sie **einen** Roman kaufen. Bei M&H suchen sie **einen** Pulli und **eine** Hose für Jule. Sie finden **keinen** Pulli aber **eine** super tolle Hose und **ein-** T-Shirt. Danach gehen sie in **ein-** Eiscafé und essen **ein-** Eis. Zum Schluss wollen sie **den** neuesten Film von Brad Pitt sehen. **Der** Film ist super und gefällt allen.

7 **a)** Timo will eine Party organisieren. **b)** Timo möchte alle seine Freunde einladen. **c)** Er fragt seine Mama. **d)** Seine Mama will zuerst mit seinem Vater sprechen. **e)** Sein Vater ist einverstanden und findet die Idee sehr gut.

LEÇON 2 Énoncés p. 199

Quiz-test
Bonnes réponses : **1 b). 2 b).**

3 **a)** gehen **b)** sehen **c)** sein **d)** bleiben **e)** nehmen **f)** trinken **g)** treffen

4 Wolfgang Amadeus Mozart **wurde** (werden) 1756 in Salzburg geboren. Er **war** (sein) ein richtiges Wunderkind. Schon mit drei Jahren **konnte** (können) er Klavier spielen , mit vier **komponierte** (komponieren) er seine ersten Musikstücke. Als er sechs Jahre alt **war** (sein),**gab**(geben) er sein erstes Konzert und mit neun **schrieb** (schreiben) er seine erste Oper. Mit seinem Vater **fuhr** (fahren) er durch ganz Europa und **spielte** (spielen) für viele Könige. Mozart **starb** (sterben) 1791 mit nur 35 Jahren

5 besucht , gehabt, getroffen, gewesen, vergessen, eingekauft, gelesen, mitgemacht, gefunden, getragen, repariert

6 **a)** Er wollte ins Kino gehen **b)** Der Mathelehrer hat die Tests korrigiert. **c)** Du warst mein bester Freund. **d)** Ich hatte drei Hunde. **e)** Ich bin krank gewesen.

LEÇON 3 Énoncés p. 201

Quiz-test
Bonnes réponses : **1 b). 2 b).**

3 **a)** Ich bin sicher, **dass** er Deutsch spricht. **b)** Weißt du, **ob** wir einen Anorak brauchen? **c)** Denkt ihr, **dass** es heute kalt ist? **d)** Meine Mutter hat mir gesagt, **dass** ich nicht auf Lisas Party gehen darf. **e)** Ich frage mich, **ob** ich im Physiktest eine gute Note bekomme. **f)** Bis wann wissen wir, **ob** die Maschine funktioniert?

4 **a)** **Als** ich klein war, hatte ich keine Freunde. **b)** **Wenn** ich Fisch esse, bekomme ich eine Allergie. **c)** **Wenn** Elias zu mir kommt, spielen wir Mario Kart. **d)** **Als** ich meinen Arm gebrochen hatte, konnte ich nicht schreiben. **e)** **Als** ich in Italien war, war das Wetter einfach herrlich! **f)** **Wenn** ich eine Maus sehe, habe ich Angst.

5 **a)** Nils ist glücklich, weil er in Anna verliebt ist. **b)** Ich bin traurig, weil ich mir keine Playstation kaufen darf. **c)** Sarah kann nicht kommen, weil sie krank ist. **d)** Ich kaufe mir eine neue Jeans, weil meine alte zu klein ist.

6 **a)** Wenn ich im Lotto gewinne, fliege ich nach Amerika. **b)** Wenn es schneit, fahren sie in die Berge zum Skifahren. **c)** Wenn das Wetter schön ist, geht Laura an den Strand. **d)** Wenn es mir besser geht, besuche ich dich.

LEÇON 4 Énoncés p. 203

Quiz-test
Bonnes réponses : **1 b). 2 c).**

3 **a)** Das kleine Mädchen steht **neben** der Mutter. **b)** Die Mutter steht **hinter** dem Tisch. **c)** Die rote Tasse steht **auf** dem Tisch. **d)** Der Kalender liegt **neben** der Tasse. **e)** Der türkise Ordner liegt **unter** dem orangen Ordner. **f)** Die Vase steht **vor** dem Fenster.

4 **a)** Im Sommer fahre ich **nach** Deutschland. **b)** Am Wochenende schlafe ich **bei** meinem Freund. **c)** **In**

Österreich gibt es viele Berge und Seen. d) Wann gehst du **zu** deiner Oma? e) Ich habe **in** Köln das Schokolade-Museum besichtigt.

5 a) Das Geschenk ist für **meinen** Vater. b) Ich gehe gerne mit **meiner** Freundin in die Stadt. c) Nach **der** Schule geht Fabian zum Judo. d) Sie ist seit **einer** Woche krank. e) Ohne **meine** Brille sehe ich nichts.

6 a) Ich stelle die Tassen in **das** Regal. b) Meine Socken liegen unter **dem** Bett. c) Er legt sein Handy neben **den** Fernseher. d) Die Lampe hängt über **dem** Tisch. e) Vor **der** Post gibt es eine Bushaltestelle. f) In den Ferien gehen wir an **den** Strand.

LEÇON 5 — Énoncés p. 205

Quiz-test

Bonnes réponses : 1 b). 2 a).

3 a) Das T-Shirt von Tom ist rot. Tom hat ein **rotes** T-Shirt. b) Anitas Schuhe sind blau. Sie hat **blaue** Schuhe. c) Der Mann ist alt. Siehst du den **alten** Mann ? d) Der Film ist interessant. Ich zeige dir einen **interessanten** Film. e) Die Frau ist jung. Kennst du die **junge** Frau?

4 a) ein **kleiner** Mann b) das **nette Mädchen** c) **eine aktuelle** Information d) meine **alten** Turnschuhe e) der **große** Junge f) die **sympathischen** Nachbarn g) ein **schnelles** Auto h) die **modische** Jeans

5 a) **Ein neuer** Freund von Tina heißt Timo. b) Ich sehe **einen neuen** Stuhl im Klassenzimmer. c) Hast du **ein neues** Rezept ? d) Levi spricht mit **einem neuen** Lehrer. e) Ich kaufe **eine neue** CD von Rihana

6 Der Dieb ist groß- und jung- . Er hat ein- ova**les** Gesicht, braun**e**, lang**e** Haare und ei**nen** groß**en** Mund. Er trägt ein**en** schwarz**en** Kapuzenpulli und ein**e** braun**e** Hose. Er hat auch ein**en** grün**en** Rucksack und schwarz**e** Turnschuhe.

LEÇON 6 — Énoncés p. 207

Quiz-test

Bonnes réponses : 1 c). 2 c).

3 1 a, 2 d, 3 c, 4 b, 5 e.

1. Wo ist der Mann,	mit dem ich gesprochen habe ?
2. Siehst du die Schüler,	die im Pausenhof Fußball spielen ?
3. Das ist meine Lieblings-CD,	die ich jeden Tag höre.
4. Daniel Brühl ist ein Schauspieler,	der die besten deutschen Filme dreht.
5. Das ist der Kuchen,	den ich am liebsten esse.

4 a) Der Sänger, **der** im Radio singt, ist mein Lieblingssänger. b) Die Frau, **die** neben mir sitzt, arbeitet in meiner Firma. c) Das Land, in **das** ich gerne reisen möchte, ist Italien. d) Das sind meine Freunde, **die** eine Rockband haben. e) Der Zug, mit **dem** ich nach Berlin fahre, hat Verspätung.

5 a) Das Mädchen, das blonde Haare hat, heißt Vera. b) Wir suchen einen Babysitter, der auf unsere Tochter aufpassen soll. c) Ist das der Lehrer, den du etwas fragen wolltest? d) Wie heißt der Film, von dem du mir erzählt hast? e) Das ist mein Füller, mit dem ich am liebsten schreibe. f) Schau mal, unsere Katze, die wir im Garten gefunden haben.

LEÇON 7 — Énoncés p. 209

Quiz-test

Bonnes réponses : 1 a) et c). 2 a) et c).

3 a) Zuerst **würde** er im Lotto gewinnen. b) Dann **würde** er auf eine Tropeninsel fliegen. c) Dort **könnte** (können) er jeden Tag an den Stand gehen. d) Er **würde** viel schwimmen. e) Natürlich **hätte** (haben) er dort auch einen fantastischen Bungalow. f) Und er **müsste** (müssen) nie mehr arbeiten!

4 a) Du **könntest** (können) mich fragen. b) Du **solltest** (sollen) deine Vokabeln besser lernen. c) Du **müsstest** (müssen) regelmäßig lernen. d) Ein Nachhilfelehrer **könnte** (können) dir helfen. e) Dein Nachbar und du **solltet** (sollen) im Unterricht nicht miteinander reden.

5 a) Wenn es schneien würde, würde ich Ski fahren. b) Wenn er viel Zeit hätte, könnte er ein Buch lesen. c) Wenn sie sicher wäre, würde sie ihm glauben. d) Wenn du keine Brille tragen würdest, könntest du Pilot werden. e) Wenn ich viel Geld hätte, würde ich mir diesen neuen Computer kaufen.

6 a) Wenn du zugehört hättest, hättest du nicht falsch geantwortet. b) Wenn mein Onkel kommen könnte, wäre ich froh. c) Du könntest es essen, wenn du keine Allergie hättest. d) Wenn ich besser singen würde, würde ich *The Voice* gewinnen. e) Wenn er in Mathe besser wäre, könnte er Ingenieur werden.

LEÇON 1 Énoncés p. 213

Quiz-test

Bonnes réponses : 1 b). 2 c).

3 a) Trois arguments sont avancés : l'échelle du crime (« Il est clair qu'une catastrophe conçue sur une vaste échelle [...] » ; l'ampleur du crime (« la population arménienne a été déracinée de ses foyers, dispersée et exterminée pour une grande part ») ; la préméditation du crime (« Il est clair qu'une catastrophe [...] a été planifiée pour les habitants arméniens de l'Empire ottoman »). b) La responsabilité première incombe au Gouvernement ottoman.

4 a) Le défaitisme a gagné les esprits à l'arrière. b) Le prolongement de la guerre, les pénuries alimentaires, les incompétences de l'état-major, la mortalité et les récits des soldats démoralisent l'arrière.

5 a) Le déséquilibre entre les sexes est le plus grand pour les 20-40 ans (années de naissance comprises entre 1881 et 1901). b) Nombre de personnes nées entre 1916 et 1921 : environ 40 000. Nombre de personnes nées entre 1906 et 1911 : environ 55 000. La baisse des naissances s'explique par l'enrôlement et la mortalité masculine pendant la guerre.

LEÇON 2 Énoncés p. 215

Quiz-test

Bonnes réponses : 1 a) et c). 2 c).

3 a) Le tsar a été chassé du pouvoir par la révolution de février 1917. Mais la Russie est toujours en guerre contre les Puissances centrales (empires allemand et austro-hongrois).

Revendications politiques
- la sortie de guerre de la Russie (« trêve immédiate sur tous les fronts ! / une paix honnête entre les peuples ! ») - tout le pouvoir aux soviets (« le pouvoir doit être arraché des mains criminelles de la bourgeoisie et remis entre les mains des ouvriers, des soldats et des paysans révolutionnaires »)
Revendications économiques
- le contrôle ouvrier et paysan de la production (« les terres des propriétaires aux paysans ! contrôle ouvrier de la production ! »)

4 a) L'Europe centrale, balkanique et orientale. b) Dans cet espace, neuf États apparaissent ou réapparaissent : du nord au sud, la Finlande, les pays baltes, la Pologne, la Tchécoslovaquie, l'Autriche, la Hongrie et la Yougoslavie. D'autres sont réduits : l'Allemagne est coupée en deux par le corridor de Danzig et perd le 1/7e de son territoire ; la Turquie est limitée à Constantinople et à l'Asie mineure, et perd toutes ses possessions arabes.

LEÇON 3 Énoncés p. 217

Quiz-test

Bonnes réponses : 1 b) et c). 2 a) et b).

3 a) Cette affiche date de 1950. b) Elle met en situation trois personnes : Staline et deux enfants enthousiastes. c) Les regards des enfants sont braqués sur Staline. d) Ces regards traduisent l'adoration de la jeunesse pour son chef. C'est le culte de la personnalité.

4 a) Le parti nazi est fondé et dirigé par Adolf Hitler. C'est un parti politique marginal en 1922. b) C'est une définition raciste, puisqu'elle est fondée sur un prétendu droit du sang. c) La minorité de religion juive est exclue de la citoyenneté allemande.

LEÇON 4 Énoncés p. 219

Quiz-test

Bonnes réponses : 1 c). 2 a).

3 a) La production industrielle recule. b) Les revenus des Français baissent. c) Les chômeurs, c'est-à-dire les actifs à la recherche d'un emploi, sont de plus en plus nombreux.

4 a) Cette coalition de gauche regroupe les radicaux, les socialistes de la SFIO et les communistes. b) La misère, la guerre, le fascisme. c) Le pain, la paix, la liberté. d) 1er thème de campagne : le « pain ». La première revendication des ouvriers est l'augmentation générale des salaires, qui sera arrachée au patronat par les accords Matignon en juin 1936. 2e thème : la « liberté ». Les députés du Front populaire votent la dissolution des ligues d'extrême droite. e) Non.

LEÇON 5 Énoncés p. 221

Quiz-test

Bonnes réponses : 1 b). 2 a) et c).

3 a) La Deuxième Guerre mondiale est une guerre d'anéantissement : se souvenir du génocide des Juifs (ou Shoah), des crimes de guerre commis par les troupes d'occupation allemandes en Union Soviétique, par les Japonais en Chine. b) et c) Trois pays dominent le classement de la mortalité (en % de la population en 1939) : l'Allemagne à cause de son engagement militaire dans la guerre et des pertes civiles pendant les bombardements alliés et l'invasion soviétique ; l'URSS à cause de la dureté des combats et de l'occupation allemande ; la Pologne à cause de la Shoah.

4 a) La prise de la ville allemande de Nuremberg par les Alliés. Cette ville a été le lieu des grandes parades nazies pendant les années 1930. b) Berlin, la capitale du Reich, est attaquée par 16 armées russes (près de 2 millions de soldats). c) La croix de Lorraine symbolise la Résistance commandée par le général de Gaulle.

5 a) Pour les nazis, « la solution de la question juive » signifie l'extermination de tous les Juifs d'Europe. b) Les SS sont chargés de mettre en œuvre « la solution de la question juive ». c) 1er élément : le regroupement des déportés dans quelques centres de mise à mort localisés en Pologne, comme le camp d'Auschwitz ; 2e élément : l'utilisation du gaz « Zyklon B » pour assassiner le plus de personnes le plus vite possible.

LEÇON 6 — Énoncés p. 223

Quiz-test

Bonnes réponses : 1 a). 2 b).

3 a) Président du Conseil (Premier ministre). b) Philippe Pétain annonce la défaite militaire de la France face à l'Allemagne nazie. c) Pour Pétain, les raisons de la débâcle sont démographiques (« trop peu d'enfants »), militaires (« trop peu d'armes ») et politiques (« trop peu d'alliés »). d) Pétain demande un armistice.

4 a) Le discours du général de Gaulle est une réponse au discours de Pétain demandant l'armistice. b) La débâcle de 1940 s'explique par la supériorité militaire de l'Allemagne sur la France (« ce sont les chars, les avions, la tactique des Allemands qui ont surpris nos chefs »). En partie : De Gaulle rejette l'argument démographique utilisé par Pétain (« Infiniment plus que leur nombre ») ; il ne dit rien sur la situation politique de la France en 1940. c) La France peut espérer prendre sa revanche grâce au soutien de ses colonies, de l'Empire britannique et des États-Unis. d) Oui. Par exemple, se reporter à l'entrée en guerre des États-Unis en décembre 1941. e) De Gaulle demande aux Français de le rejoindre à Londres pour continuer la lutte contre les nazis.

LEÇON 7 — Énoncés p. 225

Quiz-test

Bonnes réponses : 1 b). 2 a) et c).

3 a) Le général Charles de Gaulle. b) Cette phrase évoque l'épuration, c'est-à-dire toutes les actions punitives menées à la Libération contre les Français qui ont collaboré avec les Allemands. c) La nationalisation des « grands moyens de production » (mines, entreprises industrielles, banques, etc.). d) La création de la Sécurité sociale.

4 a) La Constitution de la IVe République établit un régime fondé sur la séparation des pouvoirs (exécutif et législatif) ; les représentants sont élus par les citoyens au suffrage universel (direct et indirect). b) Le pouvoir législatif (Assemblée nationale) l'emporte sur le pouvoir exécutif (président de la République et gouvernement). L'Assemblée nationale vote les lois, élit, avec le Conseil de la République (une autre assemblée), le président de la République ; elle vote l'investiture du président du Conseil, désigné par le président de la République pour diriger le gouvernement.

LEÇON 8 — Énoncés p. 227

Quiz-test

Bonnes réponses : 1 b). 2 c).

3 Le bloc occidental regroupe les États-Unis, les pays d'Europe de l'Ouest, d'Amérique latine et d'Asie-Pacifique (Japon, Philippines, Australie). Le bloc communiste regroupe l'Union soviétique et les pays d'Europe de l'Est (les « démocraties populaires »). La Chine est un pays communiste, mais la Chine n'est pas un allié de l'URSS pendant toute la Guerre froide. Les États échappant à la bipolarisation sont les pays non-alignés (des anciennes colonies d'Asie et d'Afrique qui veulent se protéger de l'impérialisme américain et soviétique).

4 a) Ce traité date de 1990. b) Les territoires de la République fédérale d'Allemagne et de la République démocratique allemande, et l'ensemble de Berlin. c) L'Allemagne s'engage à reconnaître ses frontières (notamment avec la Pologne), sans chercher à les modifier. d) En échange, l'Allemagne obtient la fin des régimes d'occupation, c'est-à-dire qu'elle retrouve « la pleine souveraineté sur ses affaires intérieures et extérieures ».

LEÇON 9 — Énoncés p. 229

Quiz-test

Bonnes réponses : 1 a). 2 b).

3 a) L'Asie et l'Afrique. b) La décolonisation commence en Asie. c) La France occupe l'Algérie depuis 1830. d) La décolonisation de l'Algérie prend la forme d'une guerre entre la métropole et les indépendantistes du Front de libération nationale (FLN).

4 a) Discours de Nehru, Premier ministre indien, à la conférence de Bandung (Indonésie), le 24 avril 1955. b) Les participants à cette conférence ont souffert du colonialisme. c) Nehru propose « d'être amis avec l'Ouest, avec l'Est, avec tout le monde ». C'est ce qu'on appelle aussi le non-alignement, c'est-à-dire le refus de prendre parti dans la Guerre froide qui oppose les États-Unis à l'URSS.

5 Caricature de Jean Effel datant de 1955. Deux éléphants signifient probablement l'irruption des peuples décolonisés dans le concert des nations. Le cornac (le guide de l'éléphant) qui se cache derrière un palmier figure la puissance des métropoles. Le nom « Bandoeng » (Bandung) est porté sur le panneau d'orientation. La conférence de Bandung réunit les représentants de 29 pays d'Asie et d'Afrique ; elle marque l'émergence des pays du tiers-monde sur la scène internationale.

LEÇON 10 — Énoncés p. 231

Quiz-test
Bonnes réponses : **1** c). **2** a) et b).

3 **a)** 28 États forment aujourd'hui l'Union européenne (UE) ; 27 pays si l'on considère la sortie programmée du Royaume-Uni après le référendum de 2016. **b)** La Commission européenne siège à Bruxelles (en Belgique) ; le Parlement européen siège à Strasbourg (en France). **c)** 19 pays forment la zone euro.

4 **a)** L'arrêt « Cassis de Dijon » a permis la libre circulation des marchandises entre les pays membres de l'UE. Donc la création d'un véritable marché commun. **b)** La Cour de justice des Communautés européennes a pris cet arrêt en 1979. **c)** La libre circulation des marchandises oblige les pays européens à se faire confiance : à partir du moment où un pays autorise la circulation d'une marchandise, les autres doivent l'imiter.

LEÇON 11 — Énoncés p. 233

Quiz-test
Bonnes réponses : **1** b). **2** a) et c).

3 **a)** Au suffrage universel direct. **b)** « Il faut que mon successeur soit élu du peuple et non des partis, de manière à dominer les partis et à les surpasser. » **c)** Oui, en 1962.

4 **a)** Le général de Gaulle décide le retrait de la France du commandement militaire intégré de l'OTAN en 1966. Cette décision aboutit à la fermeture des bases américaines en France l'année suivante. La France s'éloigne des États-Unis. **b)** La mise en place d'une Défense nationale indépendante de l'OTAN sous commandement américain. **c)** Oui, parce que la Défense et les Affaires étrangères appartiennent au domaine réservé du Président.

5 La scène se déroule en mai 1968. Les rues de Paris sont occupées par des étudiants qui affrontent les forces de l'ordre.

LEÇON 12 — Énoncés p. 235

Quiz-test
Bonnes réponses : **1** a) et b). **2** a).

3 **a)** Le 10 mai 1981, François Mitterrand devient le premier président de la Ve République issu du camp de la gauche, puisqu'il est Premier secrétaire du parti socialiste depuis 1971. **b)** La cohabitation : le président de la République (élu au suffrage universel) et le Premier ministre (issu de la majorité parlementaire) appartiennent à des formations politiques adverses. **c)** Ainsi, en 1986, François Mitterrand nomme Jacques Chirac, le chef de la droite, Premier ministre. **d)** En 1993, François Mitterrand cohabite encore avec un Premier ministre de droite, Édouard Balladur.

4 **a)** Un sondage détermine, dans un échantillon représentatif de la population, et en recueillant des réponses individuelles, la répartition des opinions exprimées sur une question posée. **b)** En 1996, quelques jours après la mort de François Mitterrand. **c)** L'abolition de la peine de mort et la cinquième semaine de congés payés. **d)** L'échec de la lutte contre le chômage.

LEÇON 13 — Énoncés p. 237

Quiz-test
Bonnes réponses : **1** b) **2** a).

3 **a)** Les Marcheurs de 1983 partent de Marseille pour se rendre à Paris. Il s'agit, selon ce témoin, des « jeunes des quartiers », autrement dit les jeunes issus de l'immigration des Trente Glorieuses (d'origine maghrébine pour la majorité des cas). **b)** Les marcheurs portent deux revendications : « dénoncer et faire cesser les brutalités policières » ; « acquérir une égalité des droits et une reconnaissance citoyenne ». **c)** Selon ce témoin, le premier objectif est à peu près atteint, mais pas le second. Il avance deux arguments : le renforcement des discriminations sur le marché de l'emploi et de la ségrégation ethnique dans les quartiers.

4 **a)** Simone Veil, ministre de la Santé. **b)** Biographie à construire. **c)** Plusieurs arguments sont avancés : l'interdiction de l'avortement (posée par la loi de 1920) n'est pas respectée ; pire, cette interdiction favorise les avortements clandestins sans médecin qui mettent en danger la vie des femmes ; les plus fortunées d'entre elles ayant toujours la possibilité d'avorter à l'étranger, dans les pays européens qui autorisent l'avortement. **d)** La loi est finalement votée en 1975.

LEÇON 14 Énoncés p. 239

Quiz-test

Bonnes réponses : **1** c). **2** a) et c).

3 a) Les grandes aires urbaines regroupent 82,6 % de la population française en 2008. Si l'on ajoute la population des autres aires, on atteint 90 %. b) Les écarts à la moyenne – 110 habitants/km² – sont grands : 15 habitants/km² pour les communes isolées hors influence des aires, 204 habitants/km² pour les grandes aires urbaines. c) Il existe deux formes de peuplement contraires : la forme urbaine et la forme rurale. L'expression « communes isolées hors influence des aires catégories » désigne donc toutes les sortes d'espaces ruraux, c'est-à-dire les espaces définis par la faible densité de la population et la dispersion du bâti.

4 a) C'est une photographie aérienne. b) La ville de Lyon (département du Rhône). c) Plusieurs réponses possibles parmi les suivantes : étalement de la commune de Chassieu, maisons individuelles, uniformité du paysage pavillonnaire, bâti disposé de manière géométrique, voies de circulation (de plus ou moins gros gabarit), champs cultivés à la périphérie de la commune…

LEÇON 15 Énoncés p. 241

Quiz-test

Bonnes réponses : **1** a) et b). **2** b).

3 a) Les vins. b) La valeur cumulée des produits végétaux est de 40,4 milliards d'euros ; celle des produits animaux 26,8 milliards d'euros.

4 a) La Bretagne. b) L'Île-de-France (ou le Bassin parisien). c) Les cultures maraîchères, arbustives et les vignobles de qualité.

5 a) Les industries agroalimentaires « transforment en denrées alimentaires les productions végétales et animales issues de l'agriculture, de l'élevage ou de la pêche. Elles les commercialisent soit à d'autres industries agroalimentaires, soit via des circuits de distribution, soit directement auprès du consommateur ». b) Les IAA constituent le premier secteur de l'industrie manufacturière en France avec un chiffre d'affaires de 171 milliards d'euros et 418 332 salariés au 31 décembre 2014. c) On dénombre environ 17 647 entreprises dont 98 % ont moins de 250 salariés et 76 % moins de 10 salariés. Elles sont réparties sur l'ensemble du territoire national, le plus souvent au plus près des sources d'approvisionnement en matières premières agricoles.

LEÇON 16 Énoncés p. 243

Quiz-test

Bonnes réponses : **1** b). **2** c).

3 a) Les régions industrielles dynamiques se répartissent en deux catégories : les régions industrielles anciennes : l'Île-de-France et la vallée de la Seine (jusqu'à la ZIP du Havre), Rhône-Alpes (les villes industrielles de Lyon et de Grenoble) ; les régions devenues attractives : les façades atlantique et méditerranéenne. b) Les régions d'industrie ancienne et en reconversion sont situées dans le Nord et à l'Est.

4 a) L'aménagement du cluster Paris-Saclay, soit le rassemblement sur un territoire bien identifié et une thématique donnée, d'entreprises petites et grandes, de laboratoires de recherche et d'établissements d'enseignement supérieur (universités, grandes écoles). Ici, la thématique est scientifique et technologique. b) La production industrielle se complique en même temps que le travail manuel a tendance à disparaître. Les universités et les grandes écoles forment une main-d'œuvre qualifiée pour la recherche. c) La Silicon Valley, en Californie (États-Unis).

LEÇON 17 Énoncés p. 245

Quiz-test

Bonnes réponses : **1** b). **2** a) et c).

3 a)

Les types d'espaces très peuplés	Les atouts du territoire pouvant expliquer ces concentrations :
• une aire urbaine • un littoral • une grande vallée fluviale • une région frontalière proche de la mégalopole européenne	• plaines et bas plateaux (espaces plats) • couloirs majeurs de circulation • estuaires à proximité des grandes routes maritimes

b) Les montagnes (Alpes, Pyrénées, Massif central) sont des espaces faiblement peuplés puisque ce sont des reliefs accentués : pentes, glissements de terrain et transports difficiles.

4 a) Les effectifs augmentent très rapidement sous l'effet de la périurbanisation. c) Les sols sont de moins en moins agricoles et de plus en plus résidentiels, en relation avec la périurbanisation.

LEÇON 18 Énoncés p. 247

Quiz-test

Bonnes réponses : **1** c). **2** a), b) et c).

3 a) La métropole Nantes-St Nazaire. b) Plusieurs éléments valorisent la métropole Nantes-St Nazaire : la position de Nantes dans la partie la plus densément peuplée, dynamique et attractive de la région ; la position de Nantes au carrefour d'axes de communication rapides (autoroutes, lignes TGV) ; l'inclusion de la ZIP de St Nazaire.

4 **a)** Les espaces les plus engagés dans la mondialisation sont : les grandes métropoles (Paris et les métropoles régionales), les eurorégions « branchées » sur la mégalopole européenne et les zones industrialo-portuaires localisées dans les estuaires des grands fleuves (Seine, Loire, Rhône). **b)** Les espaces les moins engagés dans la mondialisation sont : les territoires industriels en reconversion (comme les bassins miniers de Lorraine et du Nord-Pas-de-Calais) et les territoires peu peuplés de la « diagonale du vide ».

LEÇON 19 — Énoncés p. 249

Quiz-test

Bonnes réponses : 1 b). 2 c).

3 **a)** Le Grand Paris Express (GPE) est un réseau de transport rapide (métros automatiques). **b)** L'État assure l'essentiel du financement, car ce sont des investissements lourds que même la plus riche région de France ne peut alimenter / le GPE est un projet d'intérêt national qui doit assurer l'insertion de la région Île-de-France dans l'Europe et la mondialisation.

4 **a)** Plusieurs lignes : une ligne Nord-Sud aéroport d'Orly/Saint Denis Pleyel (en violet sur le schéma) ; un métro en rocade avec un prolongement Nord Le Bourget/aéroport de Roissy (en rouge) ; un arc Ouest la Défense/aéroport d'Orly (en vert) ; un arc Est Nanterre/Champigny centre et Noisy-Champs (en orange). **b)** Les habitants d'Île-de-France qui y travaillent / des salariés franciliens qui habitent et travaillent en banlieue...

LEÇON 20 — Énoncés p. 251

Quiz-test

Bonnes réponses : 1 a) et c). 2 a) et b).

3 **a)** C'est la station balnéaire de Marina-Baie-des-Anges à proximité de Nice. **b)** Sur le littoral méditerranéen (côte d'Azur). **c)** On distingue : la mer, le port de plaisance pour amarrer les bateaux des particuliers et le bâti massif de front de mer.

4 **a)** Le tourisme balnéaire (plusieurs exemples sont possibles parmi la côte d'Azur, la côte languedocienne, la côte aquitaine, la côte vendéenne, la côte bretonne ou la côte normande) ; le tourisme montagnard (plusieurs exemples sont possibles parmi les Alpes du Nord, les Pyrénées, le Jura, les Vosges et le Massif central) ; le tourisme vert (les espaces ruraux du Grand Ouest). **b)** Les aménagements pour le transport : aéroports, principaux axes de communications terrestres ; les aménagements pour l'hébergement : principales stations de sports d'hiver. **c)** Les sites de la région parisienne, les châteaux de la Loire et le Mont-Saint-Michel.

LEÇON 21 — Énoncés p. 253

Quiz-test

Bonnes réponses : 1 b). 2 a) et c).

3 **a)** La forêt humide couvre 95 % de l'espace guyanais. **b)** La population et les activités sont concentrées sur la bande littorale, tandis que l'intérieur forestier est inoccupé et délaissé.

4 **a)** La Guyane est surtout en relation avec la France métropolitaine : la « Guyane dans l'orbite de Paris », « des liaisons aériennes quotidiennes relient la Guyane à la France hexagonale et aux Antilles françaises, mais celles avec le Suriname et le nord du Brésil (Belém) ne sont que bi ou trihebdomadaires, voire hebdomadaires pour Fortaleza ». **b)** Une « île européenne », car la Guyane est un territoire français outre-mer. Une « île en Amérique du Sud », car les relations – notamment les liaisons aériennes – ne relient la Guyane qu'à ses proches voisins (le Suriname et le Brésil). Rien au-delà de cet horizon proche.

LEÇON 22 — Énoncés p. 255

Quiz-test

Bonnes réponses : 1 a). 2 c).

3 **a)** L'Union européenne occupe le deuxième rang mondial pour le Produit intérieur brut (PIB) et le premier rang pour les exportations mondiales. **b)** L'UE dépense moins dans la recherche et l'innovation que les États-Unis et le Japon.

4 **a)** La fin de la guerre froide déclenche le retrait américain du continent européen. De plus, les guerres réapparaissent en Europe. Ces deux raisons on rendu nécessaire une réflexion sur la création d'une Europe politique (Politique étrangère et de sécurité commune). **b)** L'UE peine à s'affirmer comme une puissance politique à cause des divergences entre ses adhérents : il est difficile pour l'Union de parler d'une seule voix quand elle n'est encore que la somme d'intérêts nationaux. La plupart de ses forces armées sont encore intégrées dans l'Organisation du traité de l'Atlantique Nord (OTAN) qui est sous commandement américain. Des adhérents sont neutres et souhaitent le rester. Enfin, la crise budgétaire de l'UE pèse sur les dépenses militaires.

LEÇON 23 — Énoncés p. 257

Quiz-test

Bonnes réponses : 1 c). 2 a) et c).

3 a) Constitution d'un axe de direction Nord-Sud par le raccordement de plusieurs LGV, Londres-Lille-Bruxelles-Paris-Lyon-Marseille. b) Cet axe de gabarit européen met en relation l'Europe du Nord-Ouest et l'Europe méditerranéenne. Plusieurs prolongements de cet axe, vers l'Espagne (évitement des Pyrénées par les façades méditerranéenne et atlantique) et vers l'Italie et la Suisse (franchissement des Alpes).

4 a) La Traversée Centrale des Pyrénées (TCP) prévoit de percer au droit le massif, par un tunnel ferroviaire de basse altitude. b) Le tunnel devrait faire diminuer le trafic routier sur les deux principaux axes d'échanges entre la péninsule ibérique et le reste de l'Europe, de part et d'autre des Pyrénées, en façades atlantique et méditerranéenne. Le projet remplirait les exigences du développement durable : vitalisation économique d'une région enclavée et amélioration de la qualité de l'air grâce au ferroutage.

LEÇON 24 Énoncés p. 259

Quiz-test
Bonnes réponses : 1 c). 2 b).

3 a) La France est la sixième puissance économique mondiale. b) Plusieurs réponses sont possibles : le 5e exportateur de services commerciaux et le 8e exportateur mondial de marchandises ; 29 entreprises françaises figurent au classement des 500 plus grandes entreprises mondiales en 2016, contre 20 britanniques et 20 allemandes ; l'influence de la France au G20.

4 a) La présence militaire française en Afrique ; la présence maritime de l'armée française dans l'océan Indien et dans l'océan Atlantique ; les interventions sous mandat de l'ONU ou dans le cadre d'un accord bilatéral (par exemple, avec des pays africains). b) Beaucoup d'États ou de régions participent aux sommets de la francophonie. c) C'est en Afrique que se manifestent à la fois la puissance militaire et le rayonnement culturel de la France. Par exemple, au Sénégal, au Gabon, en Côte d'Ivoire ou au Tchad.

LEÇON 25 Énoncés p. 261

Quiz-test
Bonnes réponses : 1 b). 2 a) et b).

3 a) À sa majorité politique (à partir de 18 ans). b) Cette personne doit avoir la nationalité française. c) Sa carte électorale. d) Le maire de la commune et/ou l'un de ses adjoints. e) Les symboles républicains sont le buste de Marianne et l'écharpe tricolore des élus locaux. Autre réponse possible : la reproduction de la *Déclaration des droits de l'homme et du citoyen* de 1789.

4 a) La Constitution de la Ve République. b) La démocratie. c) La souveraineté appartient aux citoyens qui l'exercent par leurs représentants et par le référendum. d) Les partis et les groupements politiques concourent à l'expression du suffrage.

LEÇON 26 Énoncés p. 263

Quiz-test
Bonnes réponses : 1 c). 2 b).

3 Charles de Gaulle (1958-1965, 1965-1969) ; Georges Pompidou (1969-1974) ; Valéry Giscard d'Estaing (1974-1981) ; François Mitterrand (1981-1988, 1988-1995) ; Jacques Chirac (1995-2002, 2002-2007) ; Nicolas Sarkozy (2007-2012) ; François Hollande (2012-2017) ; Emmanuel Macron (depuis le 14 mai 2017).

4 a) Les Français élisent leurs représentants au suffrage universel direct (président de la République, députés, conseillers régionaux, généraux et municipaux) et indirect (sénateurs). b) et c) L'Assemblée nationale et le Sénat constituent le Parlement qui détient le pouvoir législatif (initiative et vote de la loi). d) Le président de la République et le gouvernement, sous l'autorité du Premier ministre, détiennent le pouvoir exécutif. e) Élections. ❶ référendum ; ❷ dissolution ; ❸ motion de censure. f) Le Conseil constitutionnel vérifie si la loi votée par le Parlement respecte les valeurs et les principes républicains cités par la Constitution de 1958.

LEÇON 27 Énoncés p. 265

Quiz-test
Bonnes réponses : 1 b). 2 c).

3 a) Les soldats français se battent pour libérer le Mali de groupes armés islamistes qui voulaient prendre le pouvoir. Et pour éviter que cette menace terroriste se répande aux voisins du Mali. b) Les soldats français reçoivent le soutien de soldats africains (notamment l'appui du Tchad et du Niger) et européens. Les premiers dans le cadre de la mission des Nations unies pour le Mali (la Minusma) ; les seconds dans la mission européenne EUTM.

4 a) Le président de la République. b) Chaque institution intervient dans l'élaboration et la conduite de la politique de Défense :

– le président de la République est le chef des armées. Il est le garant de l'intégrité du territoire, de l'indépendance nationale, du respect des alliances et des traités. Il est donc le seul à pouvoir donner l'ordre d'utiliser l'arme nucléaire ;

– le Premier ministre est, pour le gouvernement, responsable de la Défense nationale. Le ministre de la Défense exécute la politique militaire de défense : organisation des forces armées, recrutement du personnel, réalisation des armements. Le ministre des Affaires étrangères est responsable des relations internationales ;

– le Parlement autorise les déclarations de guerre. Il vote aussi les lois de programmation et les budgets militaires.

✓Fais le bilan ! Énoncés p. 266

1 c) **2** b) **3** c) **4** a) **5** b)
6 a), b), c) **7** c) **8** a) **9** c) **10** b)

Physique-Chimie

LEÇON 1 Énoncés p. 269

Quiz-test
Bonnes réponses : 1 c). 2 b).

3 C'est le schéma B qui modélise l'ébullition de l'eau car, dans le bécher, l'eau est à l'état liquide. Les molécules sont donc proches les unes des autres et en mouvement. Leur disposition est donc désordonnée.

4 La solubilité du sel dans l'eau est de 360 g/L. Cela signifie que l'on peut dissoudre au maximum 360 grammes de sel dans de l'eau pour fabriquer un litre de mélange.

5 a) Pour convertir en litre, on divise le volume par mille : 50/1 000 = 0,05 ; 50 mL = 0,05 L.

b) $s = m_{max}/V$, avec s en gramme par litre, m_{max} en gramme et V en litre.

c) On cherche la solubilité du sucre dans l'eau : $s = m_{max}/V$; $s = 100/0{,}05$; $s = 2\,000$ g/L.
La solubilité du sucre dans l'eau est de 2 000 g/L.

d)

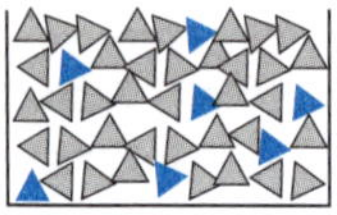

▲ molécule de sucre
△ molécule d'eau

6 a) $m_{max} = s \times V$.

b) On cherche la masse maximale pouvant être dissoute : $m_{max} = s \times V$; $m_{max} = 296 \times 3$; $m_{max} = 888$ g. La masse maximale de sulfate de fer II pouvant être dissoute est de 888 grammes.

c) La solution obtenue est dite saturée. Si le jardinier dépasse la masse maximale, alors le sulfate de fer II ne va plus se dissoudre dans l'eau.

7 a) L'air est composé de 20 % de dioxygène et de 80 % de diazote. Pour 10 molécules, il y aura : 10 × (80/100) = 8 molécules de diazote ; 10 × (20/100) = 2 molécules de dioxygène.

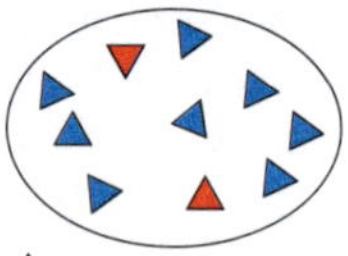

▲ molécule de dioxygène
▲ molécule diazote

b) À l'état gazeux, les molécules sont dispersées : elles ne sont pas en contact ; entre elles règne le vide. Il est donc possible de réduire l'espace entre les molécules, donc le volume du gaz.
Un gaz est compressible, car un gaz n'a pas de volume propre.

LEÇON 2 Énoncés p. 271

Quiz-test
Bonnes réponses : 1 a) et b). 2 a) et c).

3

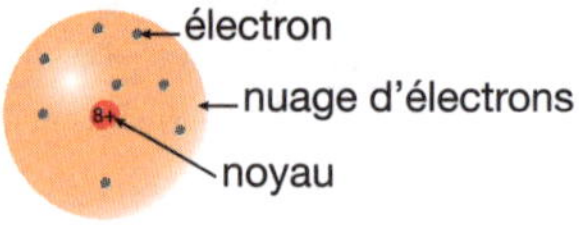

4 **Vrai :** a) Un atome est électriquement neutre./ d) Le proton est chargé positivement./ e) Proton et neutron constituent les nucléons.

5 a) Les charges positives se situent dans le noyau de l'atome. b) Cet atome possède 26 électrons, car un atome contient autant de charges positives que d'électrons. c) L'atome de fer est électriquement neutre.

6 a) Carbone : ${}_{6}C$; aluminum : ${}_{13}Al$; Fluor : ${}_{9}F$.

b) $Z = 2$: hélium, ${}_{2}He$; $Z = 7$: azote, ${}_{7}N$; $Z = 12$: magnésium, ${}_{12}Mg$.

7 a) Le numéro atomique de l'atome de sodium est $Z = 11$.

b) Un atome est électriquement neutre : il contient donc autant d'électrons que de protons. Ainsi, l'atome de sodium contient 11 électrons.

c) Le nombre de nucléons du noyau de l'atome de sodium est $A = 23$.

d) Ce noyau a pour numéro atomique $Z = 11$ et pour

nombre de nucléons $A = 23$. Le noyau contient donc 11 protons.
Le noyau contient $N = A - Z = 23 - 11 = 12$ neutrons. Ainsi, le noyau de l'atome de sodium contient 23 nucléons : 11 protons et 12 neutrons.

8 • Le diamètre d'un atome est égal à 2 fois son rayon. $d_{atome} = 2 \times r = 2 \times 1{,}2 \times 10^{-10}$ m $= 2{,}4 \times 10^{-10}$ m
• L'atome est 100 000 fois plus petit que l'atome.
$d_{noyau} = d_{atome}/100\,000$.
$d_{noyau} = 2{,}4 \times 10^{-10}/100\,000$; $d_{noyau} = 2{,}4 \times 10^{-15}$ m.

LEÇON 3 Énoncés p. 273

Quiz-test
Bonnes réponses : **1** **c).** **2** **a) et c).**

3 a)

Jus de citron	Acide chlorhydrique	Soude	Eau	Vinaigre	Coca-cola
2,3	1,5	13	7	2,9	2,5
acide	acide	basique	neutre	acide	acide

b) Le pH peut se mesurer avec un papier pH ou un pH-mètre.

4 a) On observe un précipité coloré vert.
b) Le réactif utilisé est la solution de soude.
c) Le précipité est vert donc cela met en évidence la présence d'ion fer II de formule chimique Fe^{2+}

5 a) Une solution qui contient autant d'ions H^+ que d'ions HO^- est **neutre.**
b) Une solution qui contient moins d'ions H^+ que d'ions HO^- est **basique.**
c) Une solution qui contient davantage d'ions H^+ que d'ions HO^- est **acide.**

6 a) Les réactifs sont l'acide chlorhydrique et le zinc. Les produits sont le dihydrogène et du chlorure de zinc.
b) acide chlorhydrique + zinc → dihydrogène + chlorure de zinc
(acide chlorhydrique + zinc : réactifs ; dihydrogène + chlorure de zinc : produits)

7 a)

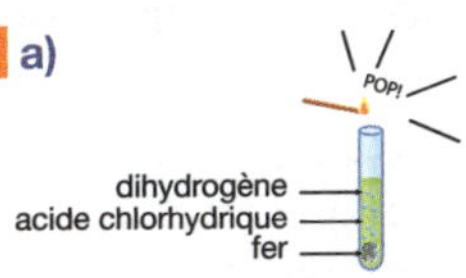

b) Le gaz formé est le dihydrogène. En présence d'une flamme, il brûle en produisant une légère détonation.
c) Le fer se trouve sous forme d'ions fer II. Il peut être mis en évidence en ajoutant de la soude dans le tube à essais. Il se forme alors un précipité vert : c'est une réaction de précipitation.

LEÇON 4 Énoncés p. 275

Quiz-test
Bonnes réponses : **1** **b) et c).** **2** **a) et c).**

3 a) La craie est rongée ; elle disparaît, donc transformation chimique.
b) Il y a changement d'état, donc transformation physique.
c) Il y a changement d'état, donc transformation physique.
d) C'est une combustion, donc transformation chimique.
e) Il y a changement d'état donc transformation physique.

4 a) Lors d'une transformation chimique, il y a conservation des **atomes**.
b) L'écriture symbolique d'une transformation chimique se nomme **équation** de **réaction**.
c) Lors d'une transformation physique, il y a conservation des **molécules**.

5 a) $S + O_2 \rightarrow SO_2$: l'équation est ajustée.
b) $3\,Fe + 2\,O_2 \rightarrow Fe_3O_4$.
c) $2\,Cu + O_2 \rightarrow 2\,CuO$.
d) $CH_4 + 2\,O_2 \rightarrow CO_2 + 2\,H_20$.

6 a) Les réactifs sont l'acide nitrique et le benzène. Les produits sont le nitrobenzène et l'eau.
b) acide nitrique + benzène → nitrobenzène + eau
c) $HNO_3 + C_6H_6 \rightarrow C_6H_5NO_2 + H_2O$: l'équation de réaction est ajustée.
d) La masse totale se conserve lors d'une transformation chimique.
La masse des réactifs utilisés est égale à la masse des produits formés :
$m_{acide\ nitrique} + m_{benzène} = m_{nitrobenzène} + m_{eau}$
$m_{nitrobenzène} = m_{acide\ nitrique} + m_{benzène} - m_{eau}$
$m_{nitrobenzène} = 63 + 78 - 18$; $m_{nitrobenzène} = 123$ g.

7 La balance indique une diminution de la masse, car Hugo n'a pas fermé le récipient. Les gaz formés lors de la transformation chimique se sont donc échappés.

LEÇON 5 Énoncés p. 277

Quiz-test
Bonnes réponses : **1** **a), b) et c).** **2** **b).**

3

Interaction de contact	Interaction à distance
action du pied sur le ballon (B) action du vent sur une voile de bateau (D)	action d'un aimant sur bille de fer (A) action de la Terre sur un corps (C) action d'un peigne qui attire des cheveux (E) action de la Terre sur une boussole (F)

4 Une action mécanique peut se manifester par la mise en mouvement d'un objet, la modification de sa trajectoire ou sa déformation. La boite de conserve est déformée : elle a donc subi une action mécanique.

5 **a)** Le vent appuie sur la voile de la planche : c'est donc une action de contact.

b) C'est une action répartie sur toute la surface de la voile.

c) L'action du vent sur la voile peut modifier le mouvement de la planche, sa trajectoire ou sa vitesse.

6 **a)** On a 1 kN = 1 000 N, donc 12 000 kN = 12 000 000 N.

La fusée reçoit une poussée de 12 millions de newtons.

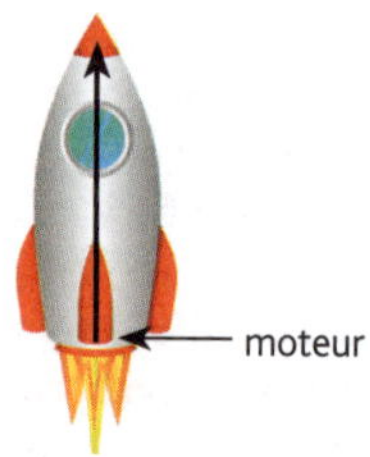

b) Point d'application : le centre du moteur ; direction : verticale ; sens : vers le haut ; valeur : 12 millions de newtons.

c) $F_{m/f}$ = 12 000 kN ; or, 1 cm ⇔ 6 000 kN. Il faut représenter un segment fléché de 2 cm de longueur. $\vec{F}_{m/f}$ = 2 cm.

7 **a)** Il s'agit d'une action de contact localisée.

b) Point d'application : contact marteau-clou, donc le point *B* ; direction : verticale ; sens : vers le bas.

c) On mesure le segment fléché : on trouve 1 cm.

Or, l'échelle indique 1 cm ⇔ 25 N.

La valeur de la force est donc $F_{m/c} = 1 \times 25$; $F_{m/c}$ = 25 N.

LEÇON 6 — Énoncés p. 279

Quiz-test

Bonnes réponses : 1 b). 2 a).

3 Mouvement A : il est uniforme, car les distances parcourues pendant des durées égales sont égales.
Mouvement B : il est accéléré, car les distances parcourues pendant des durées égales augmentent.
Mouvement C : il est ralenti, car les distances parcourues pendant des durées égales diminuent.

4 **a)** 35 km/h : c'est une vitesse en kilomètres par heure. **b)** 12 m/s : c'est une vitesse en mètres par seconde. **c)** 35 m : c'est une distance en mètres. **d)** 4 h : c'est une durée en heures.

5 **a)** $v = d/\Delta t$, avec *v* vitesse, *d* distance parcourue et Δt durée du parcours.

b) La distance parcourue est de 38 km. La durée du parcours est de 2 h 30 min. Il faut la convertir en heure : 30 minutes = 30/60 = 0,5 h ; 2 h 30 min = 2 + 0,5 = 2,5 h.
On applique ensuite la formule $v = d/\Delta t$: $v = 38/2,5$ soit v = 15,2 km/h. La vitesse du cycliste est donc de 15,2 km/h.

c) Il faut convertir la vitesse (exprimée en km/h) en m/s en la divisant par 3,6 : 15,2/3,6 ≈ 4,2 m/s. La vitesse du cycliste est donc de 4,2 m/s.

6 **a)** $d = v \times \Delta t$.

b) Pour calculer la distance parcourue, on applique la formule $d = v \times \Delta t$; il faut d'abord convertir la vitesse de km/h en m/s en divisant la valeur par 3,6 ; 115/3,6 ≈ 31,9.
$d = v \times \Delta t$ soit $d = 31,9 \times 3$; $d \approx 95,8$ mètres.

c) La vitesse a pour valeur 115 km/h, sa direction verticale, son sens vers le bas.

7 **a)** *m* = 3 g, or 1 g = 0,001 kg. La bille pèse donc 0,003 kg.

b) Il faut convertir la vitesse (exprimée en km/h) en m/s en la divisant par 3,6 ; 263/3,6 ≈ 73 m/s.

c) $E_c = \frac{1}{2} \times m \times v^2$; $E_c = \frac{1}{2} \times 0,003 \times 73^2$; $E_c \approx 8$ joules.
L'indication sur le lanceur correspond à l'énergie cinétique de la bille de peinture.

LEÇON 7 — Énoncés p. 281

Quiz-test

Bonnes réponses : 1 a) et c). 2 a).

3 **a)** Le Soleil exerce une action attractive à distance sur la Terre.
b) La Terre exerce aussi une action attractive à distance sur le Soleil, car deux objets exercent l'un sur l'autre une action attractive.
c) Cette interaction se nomme gravitation.
d) Cette interaction dépend de la masse des objets et de la distance qui les sépare.

4 **a)** La masse *m* du sac correspond à la quantité de matière qui compose le sac ; elle s'exprime en kilogramme.
b) Le poids *P* du sac est l'action attractive à distance exercée par la Terre sur le sac ; il s'exprime en newton.
c) $P = m \,.\, g$; $P = 2 \times 9,8$; P = 19,6 N/kg.
Le poids du sac est de 19,6 N/kg
d) L'information figurant sur le sac n'est pas correcte, car, pour donner une information sur une masse, elle dit « poids ». La masse s'exprime en kilogramme : il faut écrire : « Masse = 2 kg ».

5 **a)** $m_{totale} = m_{astronaute} + m_{équipement}$;
$m_{totale} = 81 + 69$; m_{totale} = 150 kg.
La masse de l'astronaute avec son équipement est de 150 kg.
b) Relation entre le poids et la masse d'un corps :

$$P = m \cdot g$$

P → N ; m → kg ; g → N/kg

c) $P = m_{totale} \cdot g_{Lune}$; $P = 150 \times 1{,}6$; $P = 240$ N.
Le poids, sur la Lune, de l'astronaute avec son équipement est de 240 N.

d) On sait que $P_{astronaute} = 240$ N ; l'échelle indique 1 cm ⇔ 200 N : le segment fléché va donc mesurer 240/200 = 1,2 cm.
$\vec{P}_{astronaute} = 1{,}2$ cm
Ce segment fléché a pour point d'application : le point *A* ; direction : la verticale ; sens : vers le bas ; longueur : 1,2 cm.

6 On va utiliser la formule $P = m \cdot g$.
Ici, on cherche la valeur de *g* : on va donc modifier la formule pour faire apparaître *g*.
$g = P/m$; $g = 34\,303{,}5/3\,500$; $g = 9{,}801$ N/kg.
En comparant cette valeur à celles du tableau, on peut dire que la mesure du poids du conteneur s'est faite à Madrid.

LEÇON 8 — Énoncés p. 283

Quiz-test
Bonnes réponses : 1 c). 2 b) et c).

3 250 W signifie 250 watts. C'est la puissance nominale du lecteur DVD. 230 V signifie 230 volts. C'est la tension nominale du lecteur DVD.

4

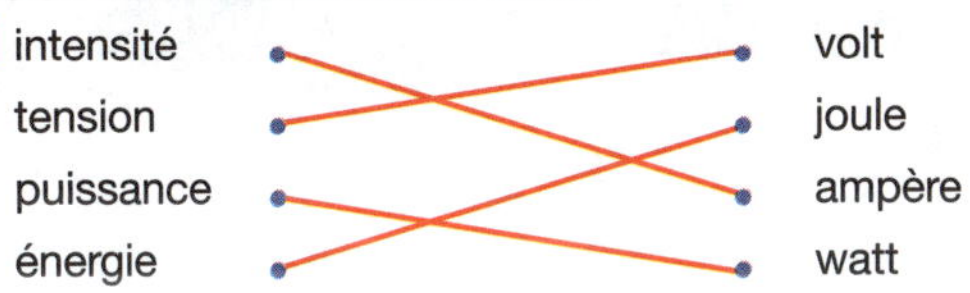

5 **a)** $P = U \cdot I$, avec *P* en watt, *V* en volt et *I* en ampère.
b) $P = U \cdot I$ $P = 6 \times 3$ $P = 18$ W.

6 **a)** Son rôle est de protéger un circuit contre les surintensités. **b)** Il se branche en série avec le dipôle à protéger.

7 **a)** $I = P / U$ $I = 1\,500 / 230$ $I = 6{,}5$ A.
b) $E = P \cdot t$ $E = 1\,500 \times 2$ $E = 3\,000$ Wh.

8 **a)** La puissance souscrite par le client est de 9 kW.
b) $E = 19\,322 - 18\,750$ $E = 572$ kWh

c) Montant = énergie consommée × prix du kWh = 572 × 0,15 = 85,8 €.
d) Le montant de la facture va être supérieur au montant de la consommation car il faut lui ajouter le prix de l'abonnement, les taxes locales et la TVA.

LEÇON 9 — Énoncés p. 285

Quiz-test
Bonnes réponses : 1 a) et c). 2 a) et b).

3 **a)** Le signal transmis par la chanteuse est un signal sonore. **b)** Le signal se propage dans l'air. **c)** L'émetteur est la chanteuse, les récepteurs sont les spectateurs.
d)

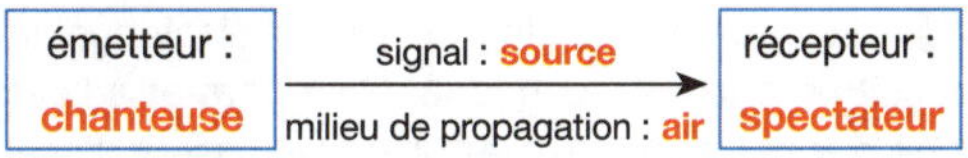

4 **a)** $d_{Terre\text{-}Bételgeuse} = 6{,}1 \times 10^{15}/9{,}5 \times 10^{12}$; $d_{Terre\text{-}Bételgeuse} \approx 642$ a.l. La distance entre la Terre et Bételgeuse est d'environ 642 années-lumière.

b) La lumière produite par Bételgeuse a voyagé pendant 642 années avant d'arriver sur Terre. Si l'on observe Bételgeuse en 2019, la lumière reçue a été émise en 1377 (2 019 − 642 = 1 377), soit au XIVe siècle.

5 **a)** La DEL émet une lumière infrarouge. Ce signal n'est pas visible pour l'œil humain. **b)** La lumière issue de la DEL se propage dans l'air. **c)** $\Delta t = d/v$.
d) On utilise la formule $\Delta t = d/v$, avec *d* en kilomètre et *v* en kilomètre par seconde.
Il faut convertir la distance en kilomètre : $d = 3$ m, or 1 m = 10^{-3} km, donc $d = 3 \times 10^{-3}$ km.
$\Delta t = 3 \times 10^{-3}/300\,000$; $\Delta t = 1 \times 10^{-8}$ seconde. La durée de propagation du signal est de 1×10^{-8} seconde.

Fais le bilan ! — Énoncés p. 286

1 b) **2** a) **3** c) **4** b) **5** a)
6 c) **7** c) **8** b) **9** a) **10** b)

Technologie

LEÇON 1 — Énoncés p. 289

Quiz-test
Bonnes réponses : 1 a). 2 b).

3 **a)** Les grandeurs mesurées sont la masse et le volume de l'échantillon.

b) On applique la formule $\rho = m/V$; $\rho = 1\,170/150$; $\rho = 7{,}8$ g/cm^3. En comparant la valeur calculée avec celles du tableau (doc. 2), on identifie le fer.

4

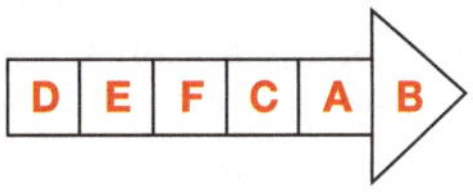

5 **a)** L'objet étudié est un feutre pour enfant. **b)** La fonction principale du feutre est de déposer une trace sur un support avec la main. **c)** Les fonctions contraintes sont : s'adapter à la main de l'utilisateur ; respecter les normes de sécurité ; avoir un prix abordable ; plaire à l'utilisateur.

6

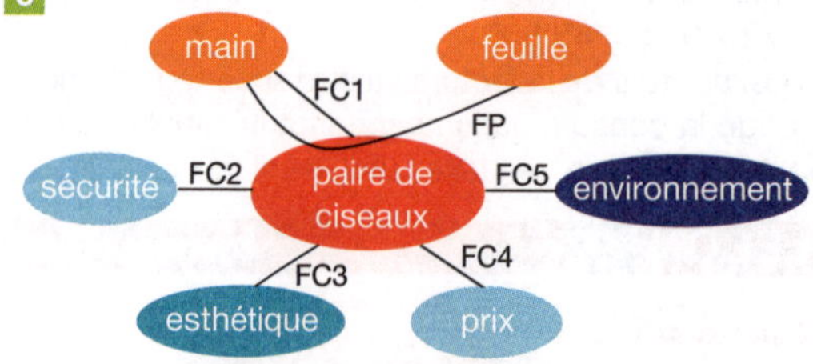

LEÇON 2 — Énoncés p. 291

Quiz-test

Bonnes réponses : 1 a) et b). 2 a) et c).

3 **a)** La bouilloire transforme l'énergie électrique qu'elle reçoit en énergie thermique. Cela permet à l'eau de chauffer. **b)** La bouilloire est un convertisseur d'énergie.

4

- Le capteur reçoit un ordre → ACQUÉRIR
- L'utilisateur est informé → COMMUNIQUER
- L'ordre est transmis à la chaîne d'énergie → TRANSMETTRE
- L'information est traitée par une interface → TRAITER

5

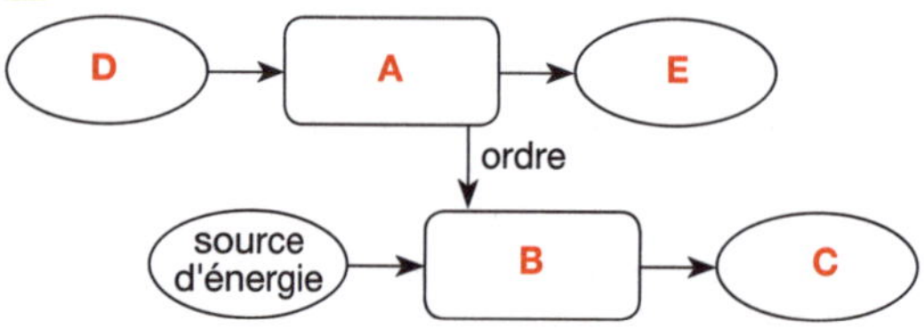

6 **a)** On utilise la formule :

$E_c = \frac{1}{2} \times m \times v^2$; $E_c = \frac{1}{2} \times 240 \times 25^2$; $E_c = 75\ 000$ J.

L'énergie cinétique de la moto est de 75 000 joules.

b) Le camion ne possède pas la même énergie cinétique, car celle-ci dépend de la masse. Le camion est plus lourd (38 000 kg) que la moto (240 kg). Il possède donc plus d'énergie.

$E_c = \frac{1}{2} \times 38\ 000 \times 25^2$; $E_c = 11\ 875\ 000$ J.

L'énergie cinétique du camion est de 11 875 000 joules.

7 **a)** L'énergie reçue par la chaîne d'énergie est de l'énergie électrique. **b)** L'action souhaitée est l'ouverture ou la fermeture de la porte de garage. **c)** Prise secteur + transformateur : alimenter – stocker. Moteur électrique : convertir. Engrenage et chaîne : transmettre. Interrupteur électromagnétique : distribuer. **d)** C'est la télécommande utilisateur qui permet de transmettre l'ordre à la chaîne d'énergie.

LEÇON 3 — Énoncés p. 293

Quiz-test

Bonnes réponses : 1 b). 2 a).

3 Si l'utilisateur introduit 40 centimes dans la machine et si le choix de la boisson est réalisé, alors la boisson se prépare.

4

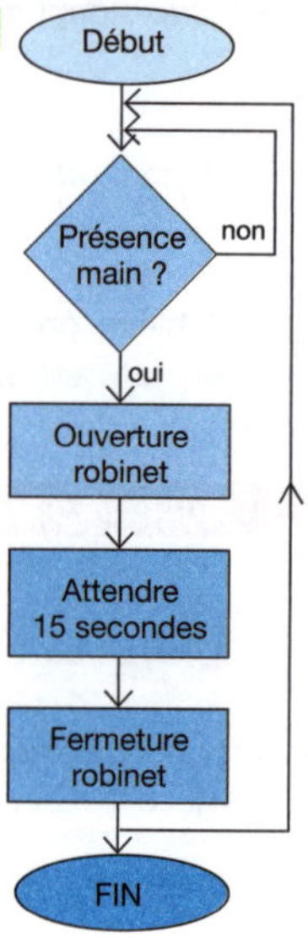

5

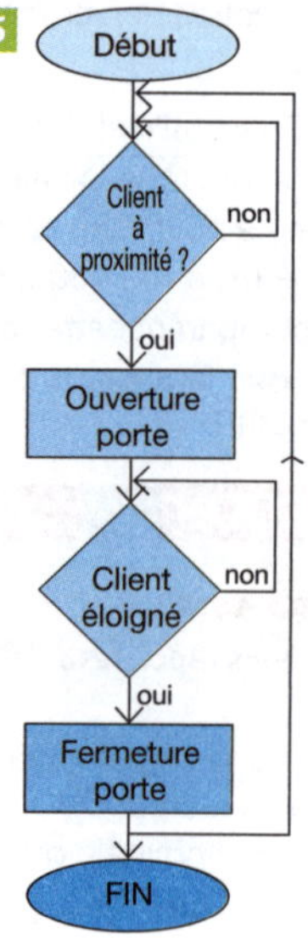

6

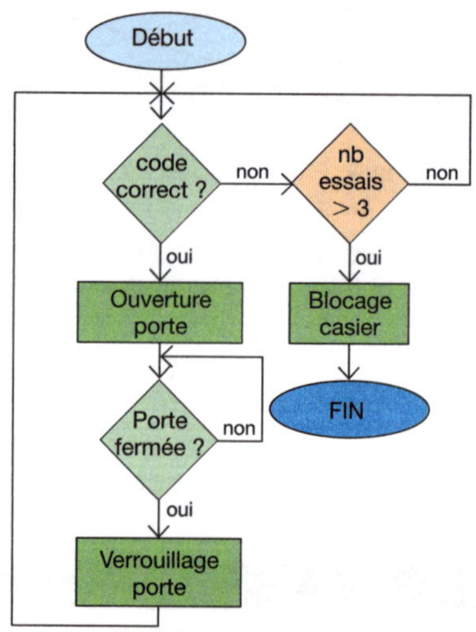

Fais le bilan ! — Énoncés p. 294

1 c) 2 b) 3 a) 4 b) 5 a)
6 c) 7 b) 8 c) 9 a) 10 b)

LEÇON 1 — Énoncés p. 297

Quiz-test

Bonnes réponses : 1 b). 2 a) et c).

3 La bonne représentation est la paire 2, car les gènes sont placés dans le même ordre et au même emplacement sur les deux chromosomes de la paire. Il faut donc cocher les deux dernières propositions.

4 a) Les cochons ne sont pas naturellement fluorescents. Les cochons issus des cellules-œufs modifiées, sont fluorescents ; le gène introduit dans le matériel génétique des cellules-œufs est donc bien celui qui est responsable de la fluorescence chez la méduse.

b) Un fragment d'ADN (gène) prélevés chez un être vivant peut s'exprimer (donc être décrypté) chez un être vivant d'une autre espèce. L'ADN est le support universel de l'information génétique

LEÇON 2 — Énoncés p. 299

Quiz-test

Bonnes réponses : 1 b). 2 c).

3 a)

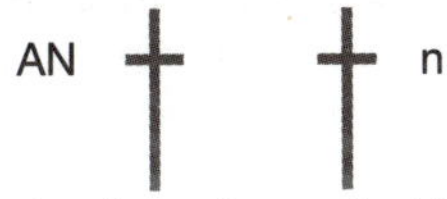

b) L'individu atteint de nanisme, dont la paire de chromosomes 4 est représentée au **a)**, fabrique 50 % de ses gamètes avec le chromosome 4 porteur de l'allèle AN responsable du nanisme et 50 % de ses gamètes avec le chromosome 4 porteur de l'allèle n. Il n'a donc pas forcément un enfant atteint de nanisme.

4 a) les parents :
– coqs blancs possèdent 2 allèles B dans leurs cellules ;
– poules noires possèdent 2 allèles N dans leurs cellules.

b) Le mâle (coq) a transmis un allèle B et la femelle (poule), un allèle N.

c) Les deux allèles s'expriment, car les poulets ne sont ni blancs (ce qui suggérerait que seul l'allèle B s'exprime), ni noirs.

d) La reproduction sexuée a fait apparaître un caractère (couleur du plumage) différent de celui des parents. Elle est source de diversité.

LEÇON 3 — Énoncés p. 301

Quiz-test

Bonnes réponses : 1 b). 2 b) et c).

3 a) La comparaison des membres des trois animaux montre que :
– la grenouille et le cœlacanthe ont une pièce basale unique.

b) L'innovation génétique indiquée du document 2 correspond :

– à l'apparition d'une pièce basale unique.

c) Cet arbre évolutif montre que :
– la grenouille et le cœlacanthe ont un ancêtre commun qu'ils ne partagent pas avec la sardine ;
– la grenouille et le cœlacanthe sont plus proches parents que le cœlacanthe et la sardine

4 a) Dans la population vivant sur sols sombres, l'allèle D est plus fréquent que l'allèle d.

Dans la population vivant sur sols clairs, l'allèle d est plus fréquent que l'allèle D.

b) Les souris sont les proies du grand hibou à cornes. Ce dernier a influencé les variations de fréquences des allèles en prélevant les souris les plus visibles dans leur environnement. La fréquence des allèles avantageux pouvant favoriser la survie de l'individu a alors augmenté (allèle D dans la région à sols foncés et allèle d dans la région à sols clairs).

c) Le phénomène illustré ici est celui de la sélection naturelle.

LEÇON 4 — Énoncés p. 303

Quiz-test

Bonnes réponses : 1 b). 2 b) et c).

3 a) La cause du réchauffement et de l'acidification de l'eau des océans est le rejet de CO_2 par les activités humaines.

b) Les récifs coralliens disparaissent.

c) La disparition des récifs coralliens entraîne une énorme perte de biodiversité, puisqu'ils abritent de très nombreuses espèces d'êtres vivants.

4 a) Le thon rouge est menacé de disparition car le seuil de pêche au-delà duquel la survie de l'espèce n'est plus assurée est largement dépassé (50 000 tonnes au lieu de 15 000).

b) La disparition du thon rouge a des répercussions sur les autres espèces de cet écosystème : diminution des requins qui le mangent, augmentation des harengs et des cormorans…

L'équilibre de l'écosystème est perturbé.

c) On peut :
– faire appliquer des quotas de pêche ;

– limiter la pêche en période de reproduction (en mai/juin).

LEÇON 5 — Énoncés p. 305

Quiz-test

Bonnes réponses : 1 b). 2 a) et c).

3 **a)** La mortalité des femmes était plus élevée dans le service où les accouchements étaient réalisés par les étudiants en médecine, car ces derniers travaillaient également sur des cadavres et ne prenaient pas de précautions particulières avant de passer en salle d'accouchement.

b) L'agent invisible évoqué par Semmelweis devait être un ensemble de micro-organismes pathogènes présents sur les mains des étudiants accoucheurs.

c) La pratique de l'asepsie (lavage des mains, stérilisation des instruments…) maintenant obligatoire en milieu hospitalier a permis de réduire considérablement les risques d'infection pour les patients.

4 Les résultats obtenus montrent que la peau de nos mains abrite de nombreux micro-organismes (lame **b**). Il convient donc de les laver régulièrement .

Le résultat sur la lame **d** montre qu'un lavage des mains suivi d'un essuyage avec un torchon ne sert à rien (le torchon, souillé par plusieurs utilisateurs, est recouvert de microbes). La solution la plus efficace est le lavage des mains, suivi de l'utilisation d'une solution antiseptique (lame **e**).

LEÇON 6 — Énoncés p. 307

Quiz-test

Bonnes réponses : 1 c). 2 b) et c).

3 **a)** Les mots se rapportant à la phagocytose sont : phagocyte, réaction non spécifique, digestion des micro-organismes pathogènes.

b) Les mots se rapportant à la défense par les lymphocytes B sont :

sécrétion d'anticorps, réaction spécifique, reconnaissance de l'antigène.

c) Les mots se rapportant à la défense par les lymphocytes T sont : destruction des cellules infectées, réaction spécifique, reconnaissance de l'antigène.

4 L'ordre chronologique des étapes de la phagocytose est : c ; d ; a ; b.

5 **a)**

Bactéries pathogènes porteuses d'antigène	Bactérie A 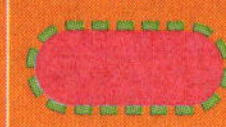	Bactérie B 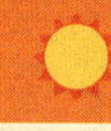	Bactérie C 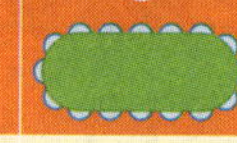
Anticorps sécrétés dans le sang pour neutraliser les bactéries	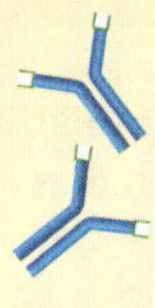	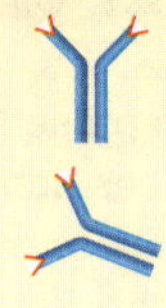	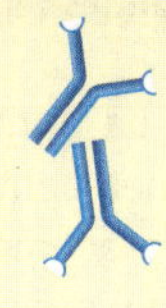

b) Les anticorps sécrétés pour neutraliser les bactéries A sont inefficaces contre les bactéries B, car ils ne les reconnaissent pas et ne peuvent pas les neutraliser : en effet, leurs sites de fixation sont inappropriés.

c) La spécificité des anticorps est ici mise en évidence.

LEÇON 7 — Énoncés p. 309

Quiz-test

Bonnes réponses : 1 b). 2 c).

3 **a)** Chez la personne vaccinée, la production d'anticorps est plus rapide (1 jour contre 6 jours chez la personne non vaccinée) et la quantité d'anticorps produits est beaucoup plus importante.

b) Comme les anticorps sont produits très rapidement et en grande quantité chez une personne vaccinée, ils neutralisent les antigènes avant que les symptômes ne s'installent.

4 **a)** Des trois pays étudiés, la France est la plus grande consommatrice d'antibiotiques. C'est également en France que sont apparues le plus de bactéries résistantes.

L'usage abusif des antibiotiques semble donc favoriser l'apparition de bactéries résistantes.

b) Le slogan « Les antibiotiques, c'est pas automatique ! » vise à sensibiliser le public sur le fait qu'il est dangereux d'abuser des antibiotiques. En effet, les utiliser systématiquement, provoque l'augmentation de bactéries résistantes. De plus, ils sont inefficaces contre les virus.

Fais le bilan ! — Énoncés p. 310

1 c) 2 a) 3 b) 4 a) 5 c)
6 b) 7 c) 8 b) 9 b) 10 c)

Pour Comprendre

Toutes les matières 3e

Annales

Français : Brigitte Réauté, Michèle Laskar
Maths : Philippe Rousseau
Histoire-Géo.- EMC : Christophe Saïsse
Physique-Chimie – Technologie : Sébastien Dessaint
SVT : Malorie Gorillot

Français
Isabelle de Lisle

Maths
Michèle Blanc
Dominique Dejean

Langues
Anglais : André Michoux
Espagnol : Oscar Torres Vera
Allemand : Ulrike Jacqueroud

Histoire-Géographie – Enseignement moral et civique
Christophe Saïsse

Physique-Chimie
Sébastien Dessaint

Technologie
Sébastien Dessaint

SVT
Fabienne Ottevaere

Orientation
Laurence Péchiné-Gautré

hachette
ÉDUCATION

Sommaire

À DÉTACHER

- **Le Guide Parents avec :**
  - des conseils et les programmes expliqués
  - tous les corrigés
- **Un Poster des repères en Histoire-Géographie**

Français

Maths

© Hachette-Livre 2018, 58 rue Jean Bleuzen, CS 70007, 92178 Vanves CEDEX.
Tous droits de traduction, de reproduction et d'adaptation réservés pour tous pays.

ISBN : 978-2-01-701381-5 www.hachette-education.com

Anglais

Histoire-Géographie-EMC

Histoire

Géographie

Enseignement moral et civique

Technologie

Espagnol

Allemand

Physique-Chimie

SVT

ORIENTATION

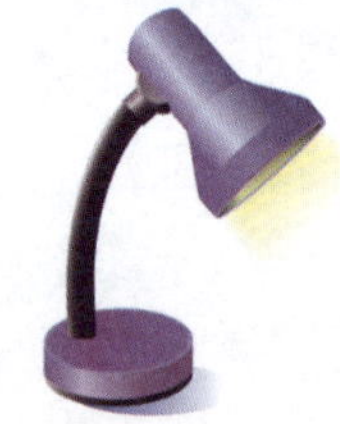

Pour comprendre toute la troisième !

Dans cet ouvrage, parfaitement conforme au programme officiel de la 3e, vous trouverez les outils indispensables pour progresser tout au long de l'année, en appui du cours dispensé en classe ou comme support des révisions de vacances.

1 Les doubles pages types dans chaque matière

Chaque double page présente **tout ce que vous devez savoir et savoir faire** sur chaque **notion fondamentale** du programme.

Retiens l'essentiel !
Un résumé de cours que vous devez bien connaître.

Bien prononcer (piste audio)
En langues, tous les exemples sont à écouter sur le site www.hachette-education.com : téléchargement gratuit du fichier AUDIO MP3.

Quiz-Test
Un test rapide pour vérifier que vous avez bien compris le cours.

Encadrés « Mots-clés », « Attention ! », « À savoir »
Des définitions, conseils ou compléments de cours.

Comment faire ?
Tout pour savoir appliquer le cours dans les exercices : des explications pas à pas, systématiquement illustrées par des exemples.

S'entraîner
Des exercices gradués (faciles : ★ à plus difficiles ★★★) pour un entraînement progressif.

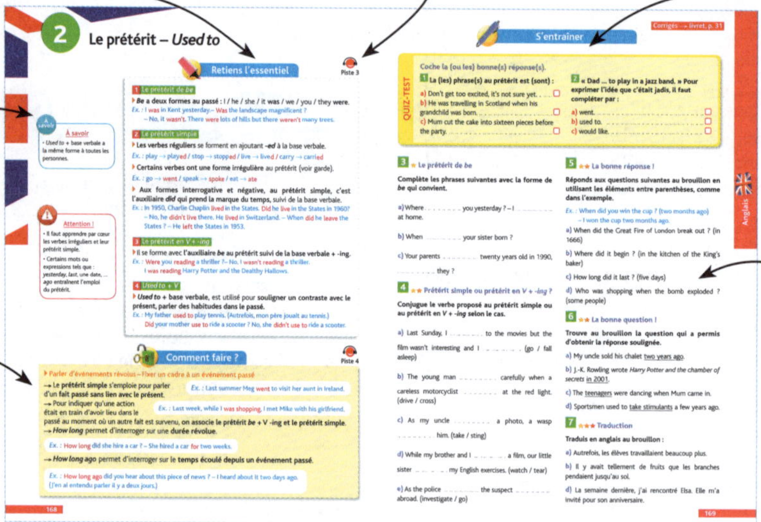

2 L'orientation

Vous trouverez, aux pages 311-317, un dossier Orientation présentant des fiches-métiers par secteur, pour découvrir différents domaines d'activités.

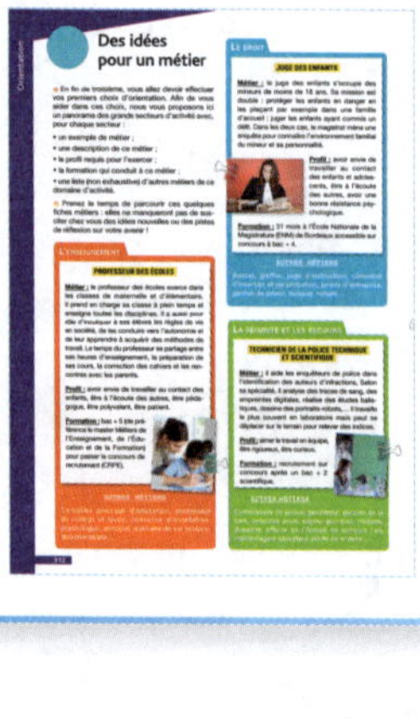

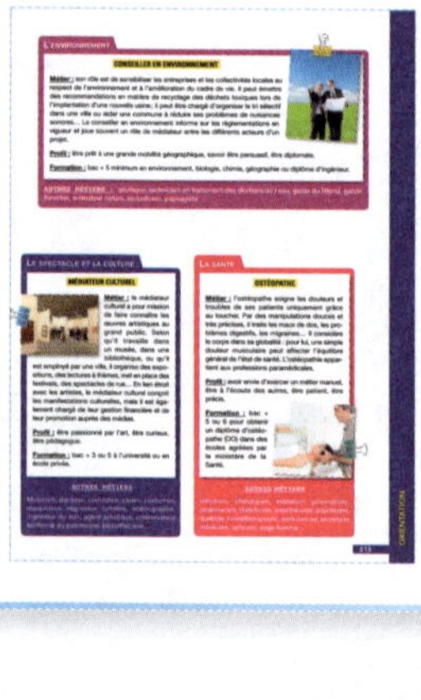

3 Le Guide Parents détachable

Le Guide Parents vous propose :

- **des conseils** pour bien accompagner votre enfant tout au long de l'année ;
- **tous les corrigés détaillés** des exercices de l'ouvrage.

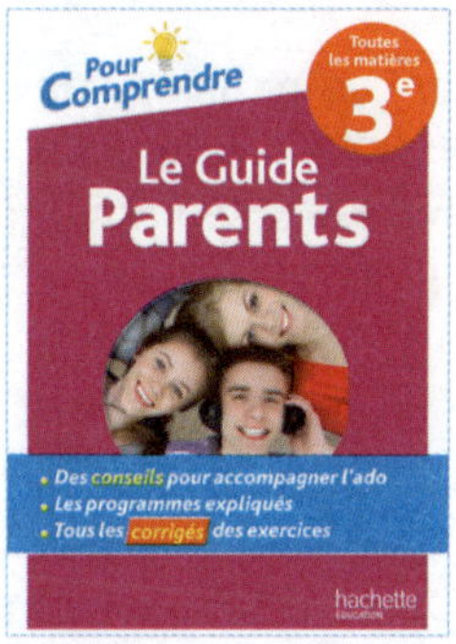

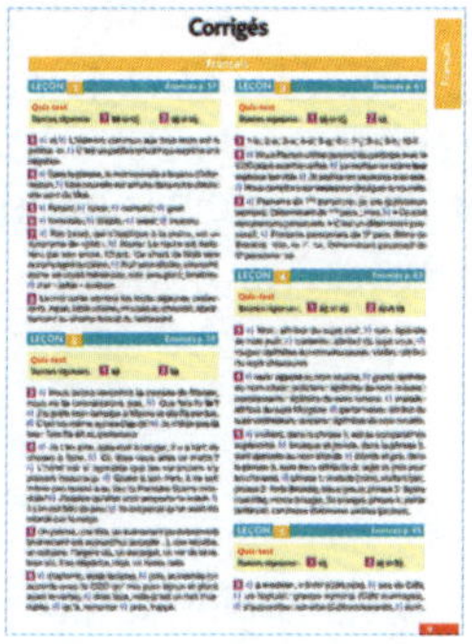

4 Le poster détachable

Le poster, ou dépliant détachable, vous présente **les dates et cartes-clés** du programme d'histoire-géographie.

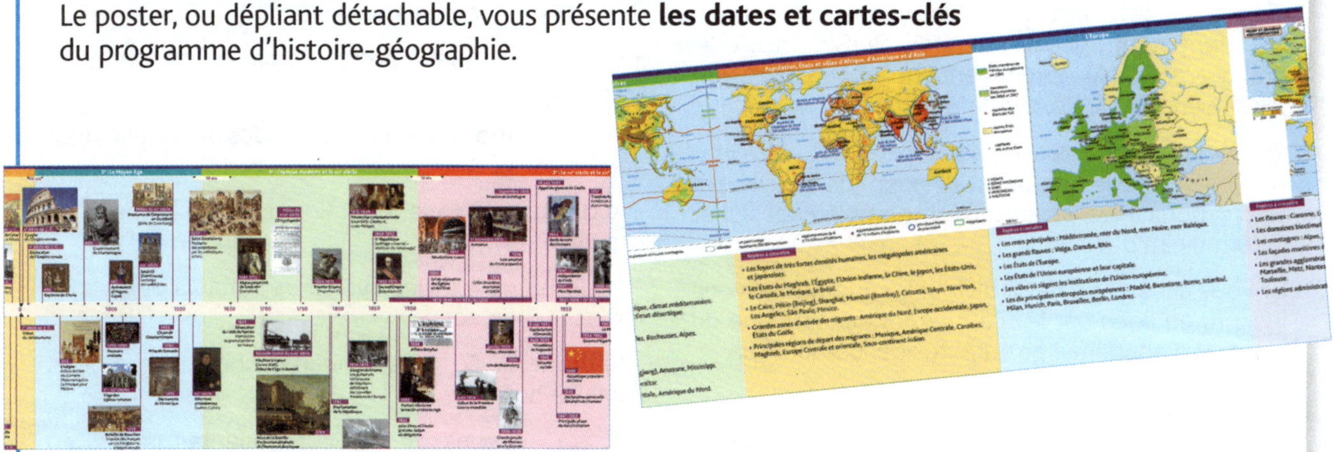

5 Les tables de référence en anglais et géographie

En fin d'ouvrage, retrouvez des savoirs de référence en français (conjugaisons), en anglais (verbes irréguliers) et en géographie (planisphère).

Conjugaisons

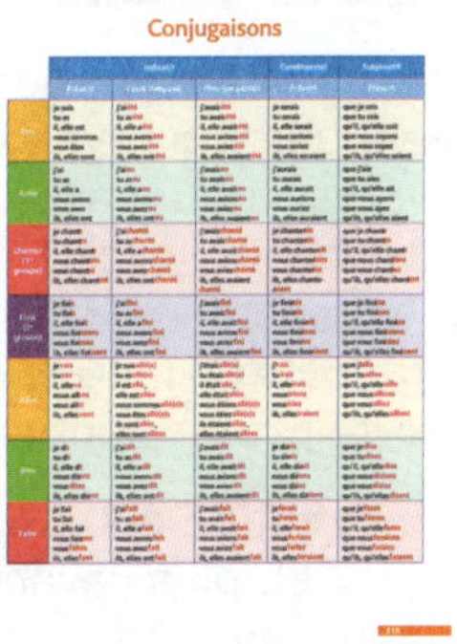

Verbes irréguliers d'anglais

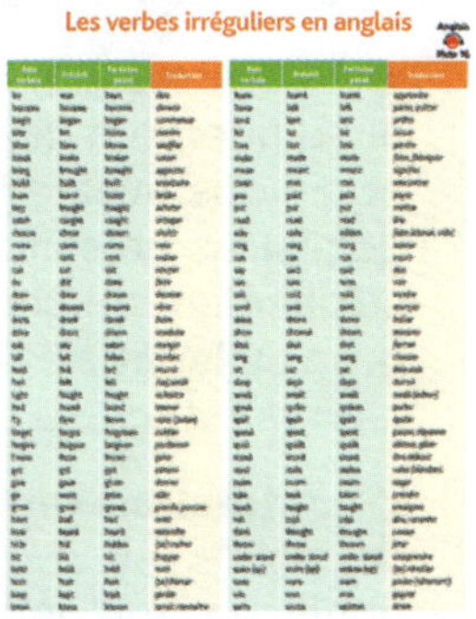

Planisphère

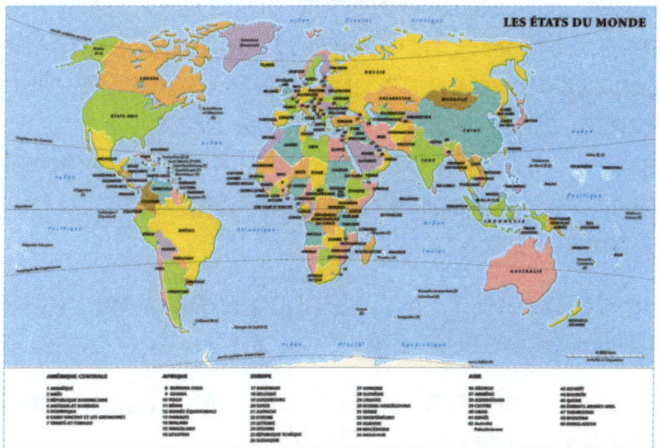

Tout savoir sur le nouveau Brevet

I-Modalités d'attribution du diplôme national du brevet

À compter de la session 2018, le diplôme national du Brevet (DNB) s'obtient en ajoutant deux types de résultats :

- les **résultats acquis en cours de scolarité** qui déterminent votre niveau de maîtrise du socle commun de connaissances, de compétences et de culture, évalué pour chacune de ses composantes par vos professeurs ; ce niveau est converti en points sur un total maximum de **400 points ;**
- les **notes obtenues aux cinq épreuves terminales de l'examen du DNB,** sur un total maximum de **400 points.**

Le DNB comporte deux séries : série générale et série professionnelle.

• Si vous êtes inscrit en classe de 3e générale, vous devez vous présenter en **série générale.**

• La **série professionnelle** est réservée aux candidats bénéficiant de dispositifs particuliers (enseignement agricole, SEGPA, ULIS, UPE2A, 3e prépa-pro, DIMA) : ils peuvent choisir de se présenter en série générale, s'ils le préfèrent.

Si vous êtes scolarisé dans un collège, votre établissement vous proposera l'inscription au DNB et vos responsables légaux devront compléter et signer le formulaire d'inscription.

Si vous êtes candidat individuel, vous devez vous inscrire en ligne sur le site Internet académique du rectorat d'académie de votre résidence/domicile.

- **Le jour de l'épreuve, prévoyez** d'avoir **votre carte nationale d'identité** ou un autre document officiel comportant une photographie : vous devez faire preuve de votre identité au moment de l'examen.

LE NIVEAU DE MAÎTRISE DU SOCLE COMMUN

Les résultats obtenus en cours d'année (qu'ils fassent l'objet de notes ou d'autres formes d'évaluation) sont pris en compte dans toutes les disciplines pour évaluer votre niveau de maîtrise des compétences attendues dans les différents éléments qui composent le socle commun (décret n° 2015-372 du 31 mars 2015) :

• **le domaine 1 :** « les langages pour penser et communiquer » décliné en ses quatre composantes :

– « Comprendre, s'exprimer en utilisant la langue française à l'oral et à l'écrit » ;

– « Comprendre, s'exprimer en utilisant une langue étrangère et, le cas échéant, une langue régionale » ;

– « Comprendre, s'exprimer en utilisant les langages mathématiques, scientifiques et informatiques » ;

– « Comprendre, s'exprimer en utilisant les langages des arts et du corps » ;

• chacun des quatre autres domaines de formation du socle :

– **le domaine 2** : « les méthodes et outils pour apprendre » ;

– **le domaine 3** : « la formation de la personne et du citoyen » ;

– **le domaine 4** : « les systèmes naturels et les systèmes techniques » ;

– **le domaine 5** : « les représentations du monde et l'activité humaine ».

Pour chacune de ces composantes (soit 8 au total), les enseignants évaluent le degré de maîtrise que vous avez atteint. Il est attribué :

• **10 points** si vous avez obtenu le niveau ***maîtrise insuffisante* ;**

• **25 points** pour le niveau ***maîtrise fragile* ;**

• **40 points** pour le niveau ***maîtrise satisfaisante* ;**

• **50 points** pour le niveau ***très bonne maîtrise*.**

Peuvent s'y ajouter les points obtenus pour un **enseignement de complément** que vous avez suivi et si vous avez atteint (10 points) ou dépassé (20 points) les objectifs d'apprentissage du cycle. L'enseignement de complément est au choix : **latin** ou **grec** ou **langue et culture régionale** ou **langue des signes française** ou **découverte professionnelle.**

Le **total maximum de points** est de **400 points** (50 points × 8 composantes = 400), plus l'éventuel bonus de l'enseignement de complément.

L'EXAMEN

L'examen terminal en fin de classe de 3e comporte cinq épreuves obligatoires :

- **quatre épreuves écrites**, communes à l'ensemble des candidats, portant sur les programmes :
– de français (3 heures – 100 points) ;
– de mathématiques (2 heures – 100 points) ;
– d'histoire et géographie et d'enseignement moral et civique (2 heures – 50 points) ;
– de sciences (1 heure – 50 points), c'est-à-dire évaluant les connaissances et compétences en physique-chimie, sciences de la vie et de la Terre, technologie ;
- et **une épreuve orale (15 minutes – 100 points)** passée en établissement.

ADMISSION ET MENTIONS

Pour être déclaré **admis au diplôme national du brevet**, vous devez obtenir un minimum de **400 points sur le total de 800.**

Des mentions sont attribuées selon le barème suivant :

- la mention **assez bien,** si vous obtenez un total de **points** au moins égal à **480 sur 800 ;**
- la mention **bien,** pour un total de **points** au moins égal à **560 sur 800 ;**
- la mention **très bien,** pour un total de **points** au moins égal à **640 sur 800.**

II-L'épreuve écrite de français

NATURE ET DÉROULEMENT

▶ **Nature de l'épreuve :** épreuve écrite qui prend appui sur un texte littéraire, éventuellement accompagné d'un document iconographique. Elle comprend 4 parties correspondant aux exercices suivants :

- **Questions portant sur l'analyse d'un texte littéraire.**
- **Réécriture.**
- **Dictée.**
- **Rédaction.**

▶ **Durée : 3 heures.**

▶ **Barème : notation sur 100.**

STRUCTURE DE L'ÉPREUVE

L'épreuve se compose de **quatre parties** :

Travail sur le texte littéraire et, éventuellement, sur une image (50 points – 1 h 10 minutes)

▶ **Questions portant sur l'analyse d'un texte littéraire, et de son éventuel document d'accompagnement**

- Des questions sur le texte permettent d'évaluer vos compétences linguistiques et votre maîtrise de la grammaire. Il s'agit d'apprécier la capacité à comprendre et analyser le fonctionnement de la langue et son organisation.
- Différentes questions portent sur l'analyse de faits de langue et d'effets stylistiques dont l'élucidation permet d'approfondir la compréhension et l'interprétation du texte. Certaines questions vous engagent à formuler vos impressions de lecture et à donner votre sentiment sur le texte proposé en justifiant votre point de vue. L'une d'entre elles au moins vous permet de développer une appréciation personnelle, d'autres, plus ponctuelles, appellent des réponses plus courtes.
- Une ou deux questions portant sur l'image, si le sujet en comporte une, vous permettent de faire valoir des compétences d'analyse spécifiques et de mettre cette image en relation avec le texte littéraire.

▶ **Réécriture**

Il s'agit d'un **court fragment de texte** dont il faut transformer les temps et/ou l'énonciation et/ou les personnes et/ou les genres, etc.

Dictée (10 points – 20 minutes)

Un **texte de 600 signes environ**, en lien avec l'œuvre, est dicté aux candidats de la série générale.

Pour les candidats de série professionnelle, le texte dicté est de 400 signes environ.

Rédaction (40 points – 1 h 30 minutes)

Deux sujets au choix vous sont proposés : un **sujet de réflexion** et un **sujet d'imagination.**

Vous devez rédiger un texte cohérent et construit, respectant les normes de la langue écrite.

Outre la qualité de l'expression écrite et de l'orthographe, il est tenu compte, dans l'évaluation du travail produit, de votre capacité à mobiliser vos connaissances et compétences de manière à répondre aux contraintes du sujet choisi.

Vous avez le droit, pour cette partie d'épreuve, de consulter un **dictionnaire de langue française ou**

un dictionnaire bilingue. Chacun doit apporter le dictionnaire qu'il souhaite pouvoir consulter.

COMPÉTENCES ÉVALUÉES

L'épreuve de français a pour but d'évaluer les connaissances et compétences déclinées par le programme de français de cycle 4, à savoir « lire », « écrire », « comprendre le fonctionnement de la langue » et avoir acquis « des éléments de culture littéraire et artistique ».

CONSEILS GÉNÉRAUX

Pendant la 3e

▶ Durant l'année scolaire

L'épreuve de français au brevet ne s'improvise pas. Il serait bien dangereux d'arriver le jour J sans avoir rien étudié au cours de l'année.

Pour bien réussir cette épreuve, il est donc indispensable de :

• connaître les conditions de l'épreuve ;

• posséder les connaissances nécessaires en orthographe, en vocabulaire, en grammaire ;

• s'entraîner régulièrement : il est indispensable d'avoir traité souvent, dans le courant de l'année, des sujets d'annales afin de se familiariser avec l'épreuve.

▶ Le jour de l'épreuve

- On prévoira d'apporter une règle, des stylos et des effaceurs en état de marche, car il ne sera pas possible d'emprunter quoi que ce soit à un voisin pendant la durée de l'épreuve.
- On soignera tout au long de l'épreuve la présentation de la copie en soulignant les titres et les mots importants, en utilisant éventuellement un stylo rouge, en sautant des lignes entre les questions pour aérer la copie et la rendre agréable. De même, une écriture lisible et régulière, des ratures soignées (une rature soignée est préférable à une erreur…) sont des atouts importants. Ajoutons que la clarté de la présentation et de l'écriture s'accompagne souvent de la clarté des réponses : bien souvent, celui ou celle qui présente clairement réfléchit aussi clairement.
- Et rappelons que la présentation, la lisibilité et l'orthographe entrent dans l'évaluation de votre travail.

Les questions

▶ Présentation

• On sautera une, voire plusieurs lignes entre les réponses. Sauter plusieurs lignes permet éventuellement de rajouter une phrase lorsqu'on relit.

• Une réponse satisfaisante est une réponse rédigée. On ne répond pas à une question par *oui*, *non* ou *parce que* : il faut reprendre dans la réponse les éléments de la question (voir les sujets types corrigés).

• Si l'on est amené à relever des expressions du texte, dans les questions de compréhension par exemple, on n'oubliera pas de mettre les guillemets. Seuls les éléments significatifs seront relevés : il est inutile de recopier tout un paragraphe en se disant que l'examinateur saura bien y trouver les éléments correspondant à la question posée.

▶ Méthode

• Lire attentivement le texte en entier avant de répondre aux questions.

• Relire plusieurs fois la question pour être sûr d'avoir bien compris ce qui est demandé.

• Rédiger soigneusement la réponse en reprenant les termes de la question.

• Relire pour vérifier que la réponse est convenablement rédigée, ponctuée et orthographiée.

La rédaction

• Il est important de consacrer une dizaine de minutes au choix et à l'analyse du sujet afin de bien discerner ce qui est demandé.

• La progression du devoir doit être tracée au brouillon.

• La relecture est indispensable. Il est prudent de garder une dizaine de minutes à la fin de l'épreuve à cet effet. Le dictionnaire est un outil indispensable.

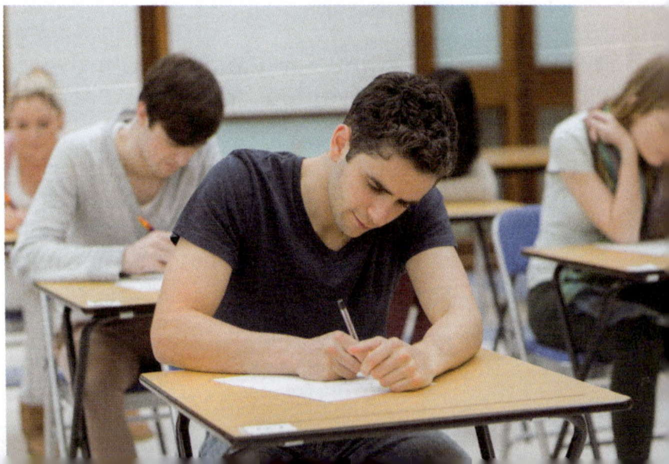

III-L'épreuve écrite de mathématiques

Nature et déroulement

▸ **Nature de l'épreuve :** épreuve écrite constituée d'une série d'exercices indépendants les uns des autres. Parmi ces exercices figure obligatoirement un exercice d'algorithmique ou de programmation.

▸ **Durée : 2 heures.**

▸ **Barème : notation sur 100** (les points attribués à chaque exercice sont indiqués dans le sujet).

STRUCTURE DE L'ÉPREUVE

Le sujet est constitué d'**exercices** qui doivent pouvoir être **traités indépendamment** les uns des autres. Le sujet de cette épreuve comporte obligatoirement un **exercice d'algorithmique** (programmation).

Certains exercices exigent de votre part une prise d'initiative.

Les exercices peuvent prendre appui sur des situations issues de la vie courante ou d'autres disciplines. Ils peuvent adopter toutes les modalités possibles, y compris la forme de questionnaires à choix multiples ou de type vrai/faux.

L'évaluation prend en compte la clarté et la précision des raisonnements ainsi que, plus largement, la qualité de la rédaction. Sont pris en compte les essais et les démarches engagées, même non aboutis. Vous en êtes informé(e) par l'énoncé.

COMPÉTENCES ÉVALUÉES

Les exercices qui composent le sujet permettent d'évaluer les connaissances figurant dans le programme de mathématiques du cycle 4, ainsi que la maîtrise des compétences « chercher », « modéliser », « représenter », « raisonner », « calculer » et « communiquer » décrites dans ce programme.

CONSEILS GÉNÉRAUX

▸ Gestion du temps

- Vous disposez de 2 heures pour traiter tous les exercices : c'est long et court à la fois.
- Prenez le temps de lire le sujet en entier (environ 5 à 10 minutes), sans oublier le barème.
- Surveillez votre montre et faites d'abord les exercices pour lesquels vous vous sentez à l'aise.
- Ne vous laissez pas surprendre par un exercice inattendu : lisez bien les consignes et faites appel à vos connaissances pour le résoudre.
- Prenez enfin la peine de vous relire (environ 10 minutes).

▸ Rédaction et présentation

- Pour améliorer votre présentation :
  - mettez en évidence vos réponses (en les encadrant par exemple) ;
  - vérifiez votre orthographe ;
  - utilisez un brouillon pour démarrer vos calculs ou faire des figures ou des schémas « propres » (laissez les traits de construction apparents) ;
  - faites apparaître clairement les questions traitées.
- Par ailleurs, la rédaction de vos réponses doit être claire et rigoureuse. Il faut citer les hypothèses et y faire référence dans votre raisonnement, en indiquant précisément les théorèmes que vous utilisez et comment vous les utilisez.

▸ Vérification des résultats

- La calculatrice est autorisée le jour du brevet. Ne l'oubliez pas (certains exercices peuvent même faire un appel explicite à son usage). Vous disposez d'un outil efficace pour vérifier vos résultats. N'hésitez pas à l'utiliser : ce n'est jamais du temps perdu.
- Vérifiez aussi la cohérence de vos résultats :

– en calculant, par exemple, l'ordre de grandeur attendu ou bien en relisant tout l'exercice (en particulier, les questions suivantes qui peuvent donner une indication) ;

– ou bien encore en vous aidant de la figure s'il s'agit d'un exercice de géométrie.

IV-L'épreuve écrite d'histoire-géographie-EMC

Nature et déroulement

▶ **Nature de l'épreuve :** épreuve écrite constituée de 3 exercices :

• **Exercice 1 :** analyser et comprendre des documents en histoire et géographie.

• **Exercice 2 :** maîtriser différents langages pour raisonner et utiliser des repères historiques et géographiques.

• **Exercice 3 :** mobiliser des compétences relevant de l'enseignement moral et civique.

▶ **Durée : 2 heures.**

▶ **Barème : notation sur 50** (les points attribués à chaque exercice sont indiqués dans le sujet).

STRUCTURE DE L'ÉPREUVE

L'épreuve comprend **3 exercices** :

Exercice 1 (20 points)

Analyser et comprendre des documents en histoire et géographie

• Les questions proposées dans cette partie s'appuient sur des documents remis avec le sujet. Peut y être adjoint un document iconographique ou audiovisuel (rendu accessible par un sous-titrage adapté), d'une durée inférieure ou égale à cinq minutes.

• Les questions ou consignes proposées ont pour objectif de tester la bonne compréhension des documents et, le cas échéant, le regard critique porté sur ces documents.

Exercice 2 (20 points)

Maîtriser différents langages pour raisonner et utiliser des repères historiques et géographiques

• Une question d'histoire ou de géographie appelle un développement construit, sous la forme d'un texte structuré et de longueur adaptée.

• Éventuellement, une question met en jeu un autre langage (croquis, schéma, frise chronologique).

Exercice 3 (10 points)

Mobiliser des compétences relevant de l'enseignement moral et civique

Une problématique d'enseignement moral et civique est posée à partir d'une situation pratique appuyée sur un document. Le questionnaire qui vous amène à y répondre comprend des questions à réponse courte et une question à réponse plus développée.

COMPÉTENCES ÉVALUÉES

L'épreuve d'histoire et géographie, et d'enseignement moral et civique a pour but d'évaluer les connaissances et compétences attendues par les programmes de cycle 4 respectivement pour chacune de ces disciplines et fondées plus particulièrement sur les contenus définis par les repères annuels de programmation pour la classe de troisième.

V-L'épreuve écrite de sciences (physique-chimie, SVT, technologie)

Nature et déroulement

▶ **Nature de l'épreuve :** épreuve écrite constituée d'exercices qui doivent pouvoir être traités indépendamment les uns des autres.

▶ **Durée : deux fois 30 minutes**, soit **1 heure.**

▶ **Barème : notation sur 50** (les points attribués à chaque exercice sont indiqués dans le sujet).

STRUCTURE DE L'ÉPREUVE

Pour cette épreuve, **à chaque session** de l'examen, **deux disciplines** seulement sur les trois citées – physique-chimie, sciences de la vie et de la Terre, technologie – **sont retenues**.

Le choix des deux disciplines est signifié deux mois avant la date de l'examen.

Le sujet est constitué d'**exercices** qui doivent pouvoir être **traités indépendamment** les uns des autres.

Certains exercices exigent de votre part une prise d'initiative dans le cadre d'une question ouverte où vous exercez votre capacité à chercher et à raisonner.

Les exercices peuvent prendre appui sur des situations issues de la vie courante ou d'autres disciplines. Ils peuvent adopter toutes les modalités possibles, y compris la forme de questionnaires à choix multiples.

Vous traitez les exercices de chacune des deux disciplines retenues sur **une seule et même copie**.

L'évaluation prend en compte la clarté et la précision des raisonnements ainsi que, plus largement, la qualité de la rédaction scientifique. Les solutions exactes, même justifiées de manière incomplète, comme la mise en œuvre d'idées pertinentes, même maladroitement formulées, sont valorisées lors de la correction. Sont aussi pris en compte les essais et les démarches engagées, même non aboutis. Vous en êtes informé(e) par l'énoncé.

COMPÉTENCES ÉVALUÉES

L'épreuve évalue principalement les connaissances et compétences définies par les programmes de cycle 4 respectivement pour chacune des trois disciplines – physique-chimie, sciences de la vie et de la Terre et technologie.

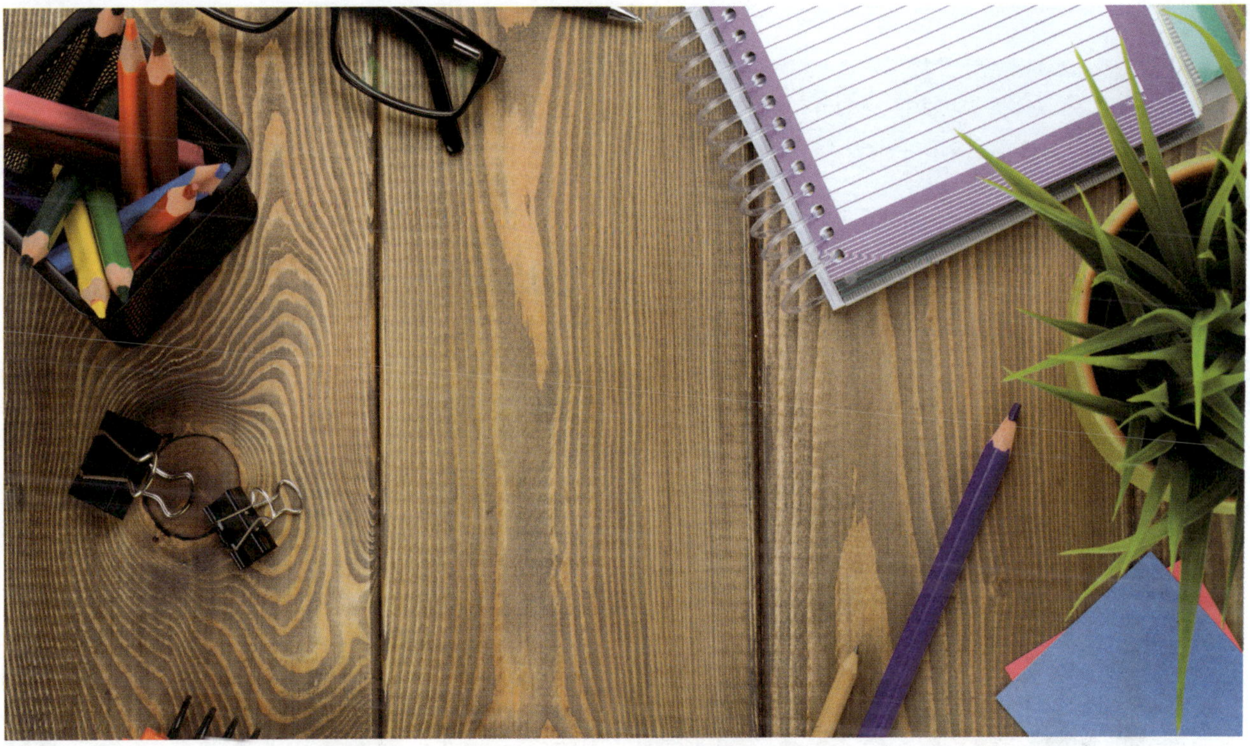

VI-L'épreuve orale : soutenance d'un projet

NATURE ET DÉROULEMENT

▶ **Nature de l'épreuve**

Dans le collège, soutenance orale d'un projet devant un jury.

▶ **Durée : 15 minutes.**

▶ **Barème : notation sur 100.**

- Maîtrise de l'expression orale : **50 points.**
- Maîtrise du sujet présenté : **50 points.**

STRUCTURE DE L'ÉPREUVE

L'épreuve orale de soutenance d'un projet permet au candidat de présenter l'un des objets d'étude qu'il a abordés dans le cadre de l'enseignement d'histoire des arts, ou l'un des projets qu'il a menés au cours des enseignements pratiques interdisciplinaires du cycle 4 ou dans le cadre de l'un des parcours éducatifs (parcours Avenir, parcours citoyen, parcours éducatif de santé, parcours d'éducation artistique et culturelle) qu'il a suivis.

Les candidats peuvent choisir de présenter l'épreuve individuellement ou en groupe, sans qu'un groupe puisse excéder trois candidats. Dans tous les cas, chaque candidat fait l'objet d'une évaluation et d'une notation individuelles.

L'oral se déroule **en deux temps** : un **exposé** suivi d'un **entretien** avec le jury.

• Dans le cas d'une **épreuve individuelle**, l'oral prend la forme d'un exposé par le candidat d'environ cinq minutes suivi d'un entretien d'une dizaine de minutes avec le jury. Le cas échéant, le candidat peut être guidé par le jury pour mener à bien son exposé personnel. La **durée totale** de l'épreuve ne peut dépasser quinze minutes.

• Si l'**épreuve** est **collective**, dix minutes d'exposé, pendant lesquelles chacun des candidats intervient, précèdent quinze minutes de reprise avec l'ensemble du groupe. Le jury veille à ce que chaque candidat dispose d'un temps de parole suffisant pour exposer son implication personnelle dans le sujet ou le projet présenté.

COMPÉTENCES ÉVALUÉES

L'épreuve orale est une soutenance : elle a pour objet d'évaluer la capacité du candidat à exposer les compétences et connaissances qu'il a acquises, notamment dans le cadre des programmes d'enseignement de l'histoire des arts et de toutes les disciplines qui auront contribué à nourrir cette soutenance.

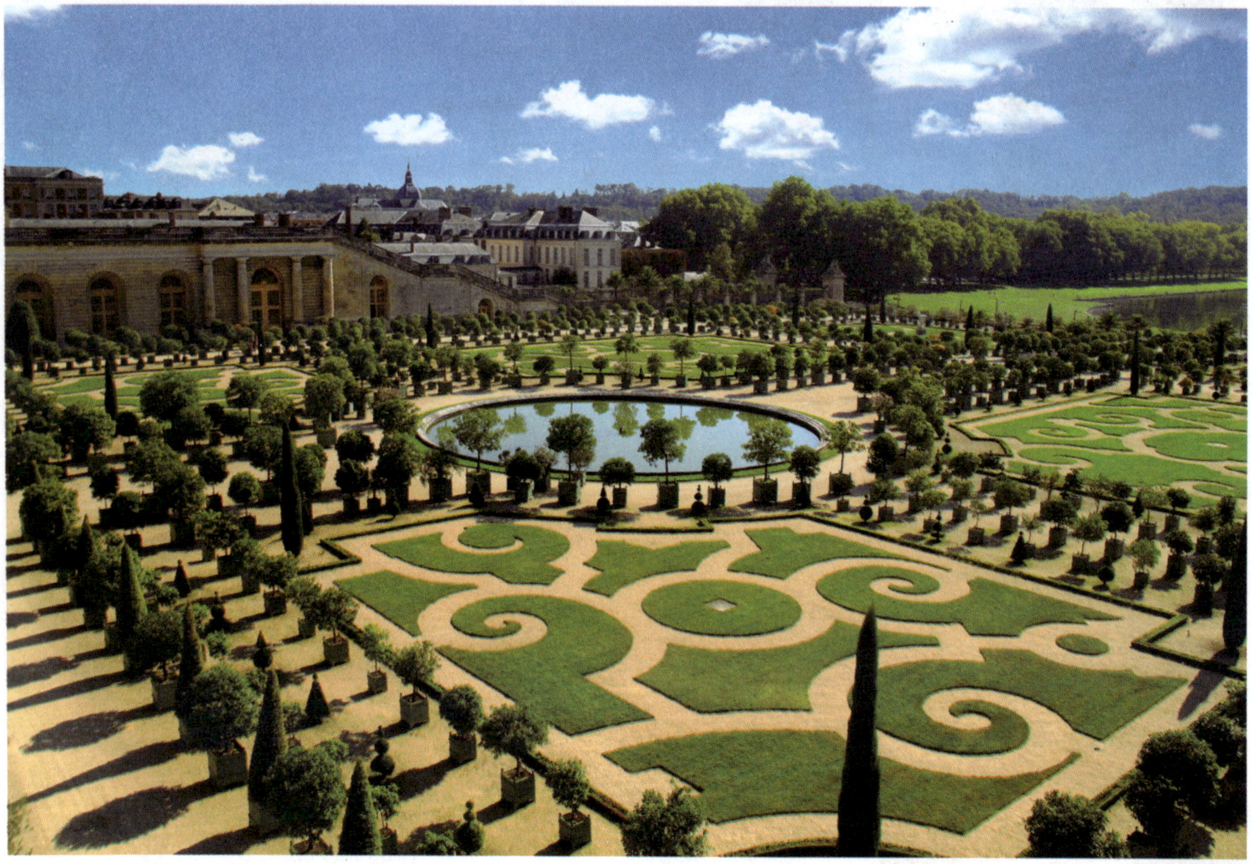

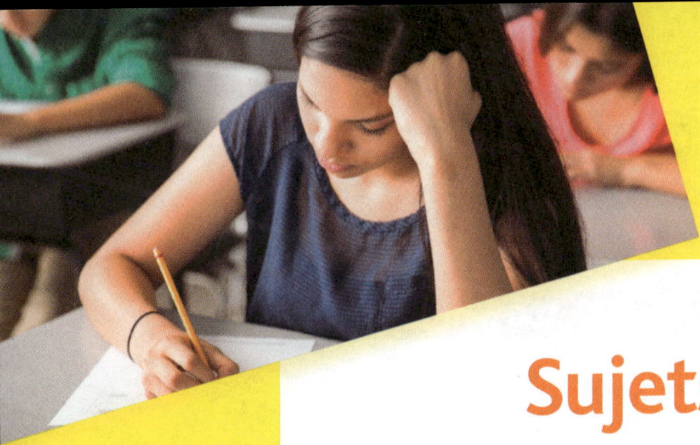

Sujets types des nouvelles épreuves du Brevet

Sujets types du nouveau Brevet

Sujet 1 FRANÇAIS (3 heures - 100 points)

Texte littéraire (1 heure 10 minutes)

QUESTIONS **40 points**

Nous traversons nos fils de fer par les passages. On ne tire encore pas sur nous. [...] Bertrand nous crie d'économiser nos grenades, d'attendre au dernier moment.

Mais le son de sa voix est emporté. Brusquement, devant nous, sur toute la longueur de la descente, de sombres flammes s'élancent en frappant l'air de détonations épouvantables. En ligne, de gauche à droite, des fusants sortent du ciel, des explosifs sortent de la terre. C'est un effroyable rideau qui nous sépare du monde, nous sépare du passé et de l'avenir. On s'arrête, plantés au sol, stupéfiés par la nuée soudaine qui tonne de toutes parts; puis un effort simultané soulève notre masse et la rejette en avant, très vite. On trébuche, on se retient les uns aux autres, dans de grands flots de fumée. On voit, avec de stridents fracas et des cyclones de terre pulvérisée, vers le fond, où nous nous précipitons pêle-mêle, s'ouvrir des cratères çà et là, à côté les uns des autres, les uns dans les autres. Puis on ne sait plus où tombent les décharges. Des rafales se déchaînent si monstrueusement retentissantes qu'on se sent annihilé[1] par le seul bruit de ces averses de tonnerre, de ces grandes étoiles de débris qui se forment en l'air. On voit, on sent passer près de sa tête des éclats avec leur cri de fer rouge dans l'eau. À un coup, je lâche mon fusil, tellement le souffle d'une explosion m'a brûlé les mains. Je le ramasse en chancelant et repars tête baissée dans la tempête à lueurs fauves, dans la pluie écrasante des laves, cinglé par des jets de poussier[2] et de suie.

Henri Barbusse, *Le Feu*, 1916.

[1] *Annihilé*: réduit à rien.
[2] *Poussier*: poussière de charbon.

Questions portants sur le texte littéraire

Toutes vos réponses seront rédigées et prendront appui sur des éléments précis du texte que vous relèverez.

1. Que comprenez-vous de ce qui se passe dans cette scène?
Racontez-le à votre façon, votre récit étant résumé en cinq lignes maximum.

2. Si vous aviez à représenter la scène en tableau, en photographie ou en film, quel décor imagineriez-vous? Décrivez-le.

3. a) Quelle impression dominante ressent-on à lire ce texte?

b) Relevez les métaphores qui contribuent à créer cette impression.

4. a) Quel traitement subissent les êtres humains dans cette scène?

b) Appuyez votre réponse sur des indices lexicaux et syntaxiques.

5. a) Quel est le temps majoritairement employé dans ce texte?

b) Expliquez son emploi: quelle impression crée-t-il?

6. Expliquez la phrase: «C'est un effroyable rideau qui nous sépare du monde, nous sépare du passé et de l'avenir.»

Corrigés p. 34

RÉÉCRITURE **10 points**

Réécrivez les deux dernières phrases du texte suivant (l. 13-15) en prenant «nous» comme sujet, en passant le premier verbe au passé composé et en appliquant les transformations nécessaires pour l'ensemble de cet extrait.

«À un coup, je lâche mon fusil, tellement le souffle d'une explosion m'a brûlé les mains. Je le ramasse en chancelant et repars tête baissée dans la tempête à lueurs fauves, dans la pluie écrasante des laves, cinglé par des jets de poussier et de suie.»

Corrigés p. 35

Dictée (20 minutes) **et rédaction** (1 heure 30 minutes)

DICTÉE — 10 points

Ma tête lourde ne m'obéit plus. Mon esprit engourdi se perd en titubant dans une rêverie confuse.

La guerre... Je vois des ruines, de la boue, des files d'hommes fourbus, des bistrots où l'on se bat pour des litres de vin, des gendarmes aux aguets, des troncs d'arbres déchiquetés et des croix de bois, des croix, des croix... Tout cela défile, se mêle, se confond. La guerre... [...]

Arrivé sur la hauteur, je m'arrête et me retourne pour voir une dernière fois, emporter dans mon âme l'image de cette grande plaine couturée de tranchées, hersée par les obus, avec les trois villages que nous avons pris : trois monceaux de ruines grises.

Comme c'est triste, un panorama de victoire !

Roland Dorgelès, *Les Croix de bois*,
© Éditions Albin Michel, 1919.

Corrigés p. 36

RÉDACTION — 40 points

Vous traiterez **au choix** le sujet A ou B.

A. Sujet d'imagination

Un survivant d'une guerre témoigne auprès de collégiens de ce qu'il a vécu quand il était soldat.

En vous appuyant sur les documents présentés dans ce sujet, votre culture personnelle de lecteur, de spectateur ou vos visites, et les connaissances acquises dans l'ensemble des disciplines, vous ferez décrire à ce personnage son expérience de la guerre, ses réactions et les réflexions que cela a pu provoquer chez lui.
Vous pouvez choisir n'importe quelle guerre étudiée que vous situerez et évoquerez.

B. Sujet de réflexion

La morale de la fable « Le loup et l'agneau » de La Fontaine dit :

« La raison du plus fort est toujours la meilleure. »

Vous examinerez cette affirmation en vous appuyant sur les textes et documents proposés dans le corpus et en utilisant également votre culture personnelle de lecteur, de spectateur ou vos visites, et les connaissances acquises dans l'ensemble des disciplines.

Corrigés p. 36

Sujet 2 FRANÇAIS (3 heures - 100 points)

Texte littéraire (1 heure 10 minutes)

QUESTIONS 40 points

Une jeune femme, blanchisseuse dans un quartier nord de Paris, guette à sa fenêtre, au petit matin, son amant, Lantier, qui n'est pas rentré de la nuit.

L'hôtel se trouvait sur le boulevard de la Chapelle, à gauche de la barrière Poissonnière. C'était une masure de deux étages, peinte en rouge lie-de-vin jusqu'au second, avec des persiennes pourries par la pluie. Au-dessus d'une lanterne aux vitres étoilées, on parvenait à lire entre les deux fenêtres : *Hôtel Boncœur, tenu par Marsoullier*, en grandes lettres jaunes, dont la moisissure du plâtre avait emporté des morceaux. Gervaise, que la lanterne gênait, se haussait, son mouchoir sur les lèvres. Elle regardait à droite du côté du boulevard de Rochechouart, où des groupes de bouchers, devant les abattoirs, stationnaient en tabliers sanglants ; et le vent frais apportait une puanteur par moments, une odeur fauve de bêtes massacrées. Elle regardait à gauche, enfilant un long ruban d'avenue, s'arrêtant presque en face d'elle, à la masse blanche de l'hôpital de Lariboisière, alors en construction. Lentement, d'un bout à l'autre de l'horizon, elle suivait le mur de l'octroi[1], derrière lequel, la nuit, elle entendait parfois des cris d'assassinés ; et elle fouillait les angles écartés, les coins sombres, noirs d'humidité et d'ordure, avec la peur d'y découvrir le corps de Lantier, le ventre troué de coups de couteau. Quand elle levait les yeux, au-delà de cette muraille grise et interminable qui entourait la ville d'une bande de désert, elle apercevait une grande lueur, une poussière de soleil, pleine déjà du grondement matinal de Paris. Mais c'était toujours à la barrière Poissonnière qu'elle revenait, le cou tendu, s'étourdissant à voir couler, entre les deux pavillons trapus de l'octroi[1], le flot ininterrompu d'hommes, de bêtes, de charrettes, qui descendait des hauteurs de Montmartre et de la Chapelle. Il y avait là un piétinement de troupeau, une foule que de brusques arrêts étalaient en mares sur la chaussée, un défilé sans fin d'ouvriers allant au travail, leurs outils sur le dos, leur pain sous le bras ; et la cohue s'engouffrait dans Paris où elle se noyait, continuellement. Lorsque Gervaise, parmi tout ce monde, croyait reconnaître Lantier, elle se penchait davantage, au risque de tomber ; puis, elle appuyait plus fortement son mouchoir sur la bouche, comme pour renfoncer sa douleur.

Émile Zola, *L'Assommoir*, 1877.

1 *octroi* : sorte de péage à l'entrée du Paris de l'époque.

Questions portant sur le texte littéraire

1. Dans quel décor habite Gervaise (l. 1 à 5) ? Relevez les éléments qui le caractérisent.

2. a) De quel point de vue est décrit Paris ? Quels éléments du texte l'indiquent ?

b) Quelles caractéristiques ressortent de la description qui est faite de la ville ? Relevez les expressions qui illustrent votre réponse.

3. En quoi la phrase : « Quand elle levait les yeux...du grondement matinal de Paris. » (l. 12-14) se différencie-t-elle du reste du texte ? Développez votre réflexion.

4. a) Dans quel état d'esprit se trouve Gervaise tout au long de la scène ?

b) Quel lien peut-on faire entre le lieu où elle vit et cet état d'esprit ?

5. Comment est évoquée la population qui vit à Paris ou dans ses alentours ? Relevez les expressions qui la décrivent.

6. D'après ce texte, par quel symbole (objet, lieu, tout signe concret) représenteriez-vous Paris ? Expliquez votre choix.

7. Proposez un titre pour ce texte.

Corrigés p. 39

RÉÉCRITURE 10 points

Réécrivez le passage allant de « Gervaise, que la lanterne gênait... » (l. 4-5) à « ... en construction » (l. 9) au présent de l'indicatif et à la première personne du singulier.

Corrigés p. 40

Dictée (20 minutes) et rédaction (1 heure 30 minutes)

DICTÉE — 10 points

Paris a pour armes[1] un vaisseau. Primitivement il est lui-même un vaisseau, une île qui nage entre la Seine et la Marne, déjà réunies, mais non confondues.

Au sud la ville savante, au nord la ville commerçante. Au centre de la cité, la cathédrale, le palais, l'autorité. Cette belle harmonie d'une cité flottant entre deux villes diverses, qui l'enserrent gracieusement, suffirait pour faire de Paris la ville unique, la plus belle qui fût jamais. Rome, Londres, n'ont rien de tel ; elles sont jetées sur un seul côté de leur fleuve. La forme de Paris est non seulement belle, mais vraiment organique[2].

Jules MICHELET (1798-1874), *Histoire de France*, tome IV, livre VI, chapitre III.

Lire aux candidats ces deux explications après la première lecture du texte.

1 *armes* a ici le sens de « armoiries », « blason ».

2 *organique* signifie ici « qui constitue un tout ».

Écrire au tableau : la Seine, la Marne, Paris, Rome, Londres.

Corrigés p. 41

RÉDACTION — 40 points

Vous traiterez **au choix** le sujet A ou B.

A. Sujet de narration

Lantier revient enfin : racontez la scène de retrouvailles entre Gervaise et lui, sans oublier de tenir compte du décor qui les entoure.

B. Sujet de réflexion

Souhaitez-vous vivre en ville ou ailleurs ? Confrontez les avantages et inconvénients de chaque mode de vie.

Corrigés p. 41

Sujet 3 MATHS (2 heures - 100 points)

D'après Amérique du Nord 2017

Indication portant sur l'ensemble du sujet

Toutes les réponses doivent être justifiées, sauf si une indication contraire est donnée.
Pour chaque question, si le travail n'est pas terminé, laisser tout de même une trace de la recherche. Elle sera prise en compte dans la notation.

EXERCICE 1 (11 points)

Recopier la bonne réponse (aucune justification n'est attendue).

		A	B	C
1.	La somme $\frac{7}{4} + \frac{2}{3}$ est égale à :	$\frac{9}{7}$	$\frac{29}{12}$	$\frac{9}{12}$
2.	L'équation $5x + 12 = 3$ a pour solution :	1,8	3	−1,8
3.	Une valeur approchée, au dixième près, du nombre $\frac{\sqrt{5}+1}{2}$ est :	2,7	1,6	1,2

Corrigés p. 43

EXERCICE 2 (21 points)

Avec un logiciel de géométrie, on exécute le programme ci-dessous.

Programme de construction :

- construire un carré *ABCD* ;
- tracer le cercle de centre *A* et de rayon [*AC*] ;
- placer le point *E* à l'intersection du cercle et de la demi-droite [*AB*) ;
- construire un carré *DEFG*.

Figure obtenue :

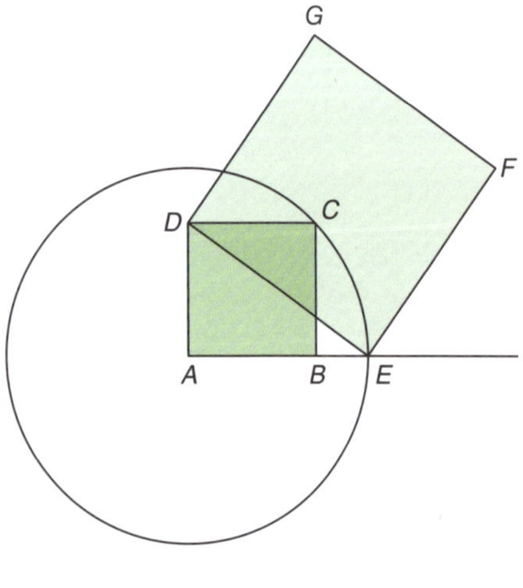

1. Sur la copie, réaliser la construction avec $AB = 3$ cm.

2. Dans cette question, $AB = 10$ cm.

a) Montrer que $AC = \sqrt{200}$ cm.

b) Expliquer pourquoi $AE = \sqrt{200}$ cm.

c) Montrer que l'aire du carré *DEFG* est le triple de l'aire du carré *ABCD*.

3. On admet pour cette question que, pour n'importe quelle longueur du côté [*AB*], l'aire du carré *DEFG* est toujours le triple de l'aire du carré *ABCD*.

En exécutant ce programme de construction, on souhaite obtenir un carré *DEFG* ayant une aire de 48 cm^2.

Quelle longueur *AB* faut-il choisir au départ ?

Corrigés p. 43

EXERCICE 3 (13 points)

Il y a dans une urne 12 boules indiscernables au toucher, numérotées de 1 à 12. On veut tirer une boule au hasard.

1. Est-il plus probable d'obtenir un numéro pair ou bien un multiple de 3 ?

2. Quelle est la probabilité d'obtenir un numéro inférieur à 20 ?

3. On enlève de l'urne toutes les boules dont le numéro est un diviseur de 6. On veut à nouveau tirer une boule au hasard.

Expliquer pourquoi la probabilité d'obtenir un numéro qui soit un nombre premier est alors 0,375.

Corrigés p. 43

EXERCICE 4 (22 points)

Les données et les questions de cet exercice concernent la France métropolitaine.

Document 1

En 2015, environ 4,7 % de la population française souffrait d'allergies alimentaires. En 2010, les personnes concernées par des allergies alimentaires étaient deux fois moins nombreuses qu'en 2015. En 1970, seulement 1 % de la population était concernée.

Source : Agence nationale de la sécurité sanitaire de l'alimentation, de l'environnement et du travail.

Document 2

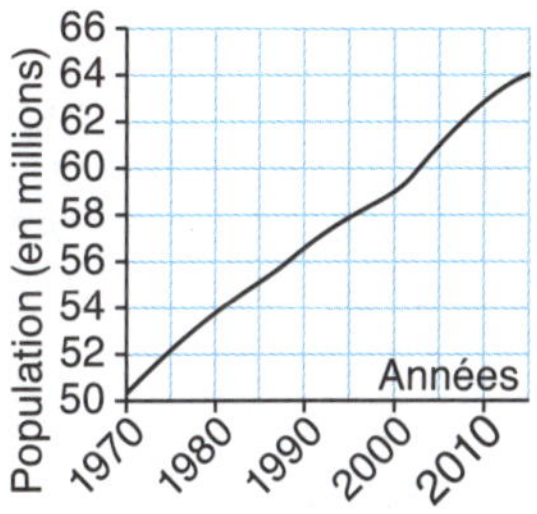

Partie 1

1. Déterminer une estimation du nombre de personnes, à 100 000 près, qui souffraient d'allergies alimentaires en France en 2010.

2. Est-il vrai qu'en 2015 il y avait environ 6 fois plus de personnes concernées qu'en 1970 ?

Partie 2

En 2015, dans un collège de 681 élèves, 32 élèves souffraient d'allergies alimentaires.

Le tableau suivant indique les types d'aliments auxquels ils réagissaient.

Aliments	Lait	Fruits	Arachides	Poisson	Œuf
Nombre d'élèves concernés	6	8	11	5	9

1. La proportion des élèves de ce collège souffrant d'allergies alimentaires est-elle supérieure à celle de la population française ?

2. Jawad est étonné : « J'ai additionné tous les nombres indiqués dans le tableau et j'ai obtenu 39 au lieu de 32. » Expliquer cette différence.

3. Lucas et Margot ont chacun commencé un diagramme pour représenter les allergies des 32 élèves de leur collège :

Diagramme de Lucas

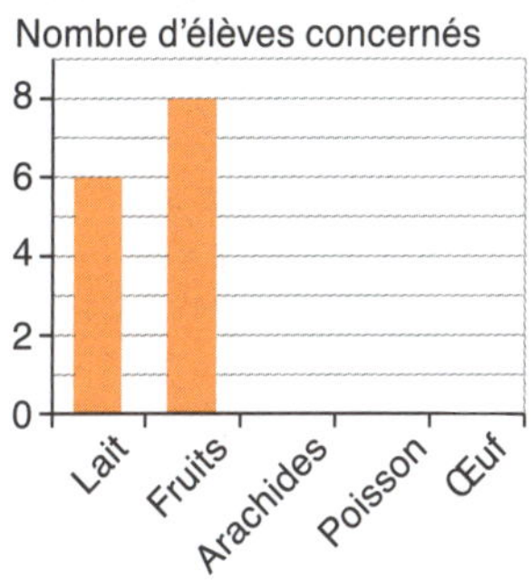

Diagramme de Margot

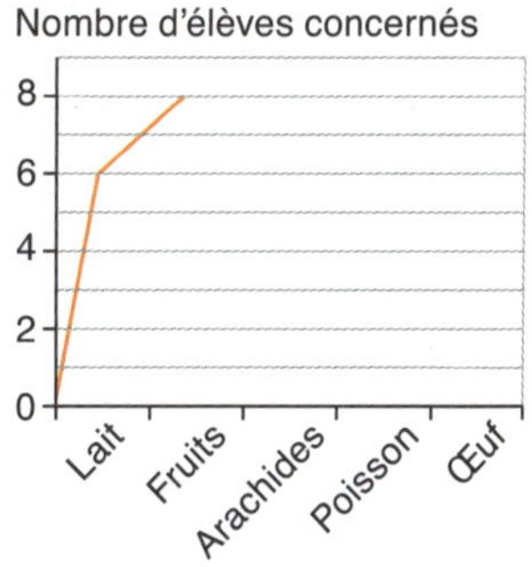

a) Qui de Lucas ou de Margot a fait le choix le mieux adapté à la situation ? Justifier la réponse.

b) Reproduire et terminer le diagramme choisi à la question a).

Corrigés p. 43

EXERCICE 5 (11 points)

L'image ci-dessous représente la position obtenue au déclenchement du bloc départ d'un programme de jeu.

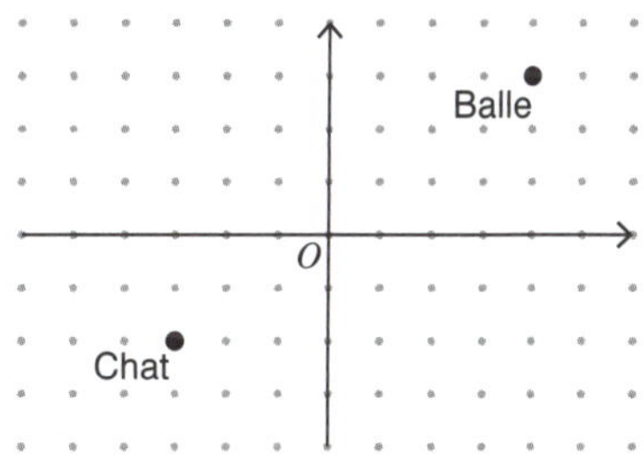

L'arrière-plan est constitué de points espacés de 40 unités. Dans cette position, le chat a pour coordonnées (– 120 ; – 80). Le but du jeu est de positionner le chat sur la balle.

1. Quelles sont les coordonnées du centre de la balle représentée dans cette position ?

2. Dans cette question, le chat est dans la position obtenue au déclenchement du bloc départ. Voici le script du lutin « chat » qui se déplace.

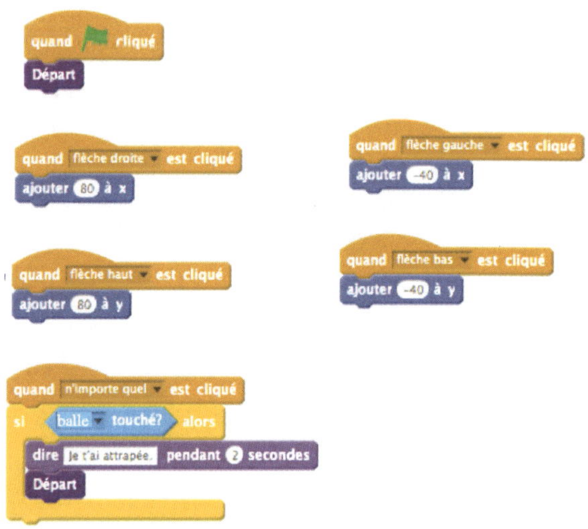

a) Expliquer pourquoi le chat ne revient pas à sa position de départ si le joueur appuie sur la touche → puis sur la touche ←.

b) Le joueur appuie sur la succession de touches suivante : → →↑←↓.

Quelles sont les coordonnées x et y du chat après ce déplacement ?

c) Parmi les propositions de succession de touches ci-dessous, laquelle permet au chat d'atteindre la balle ?

Déplacement 1	Déplacement 2	Déplacement 3
→→→→→→→↑↑↑↑↑	→→→↑↑↑→↓←	↑→↑→↑→→↓↓

3. Que se passe-t-il quand le chat atteint la balle ?

Corrigés p. 44

EXERCICE 6 (22 points)

Le schéma ci-dessous représente le jardin de Leïla. Il n'est pas à l'échelle.

[OB] et [OF] sont des murs, $OB = 6$ m et $OF = 4$ m.

La ligne pointillée $BCDEF$ représente le grillage que Leïla veut installer pour délimiter un enclos rectangulaire $OCDE$.

Elle dispose d'un rouleau de 50 m de grillage qu'elle veut utiliser entièrement.

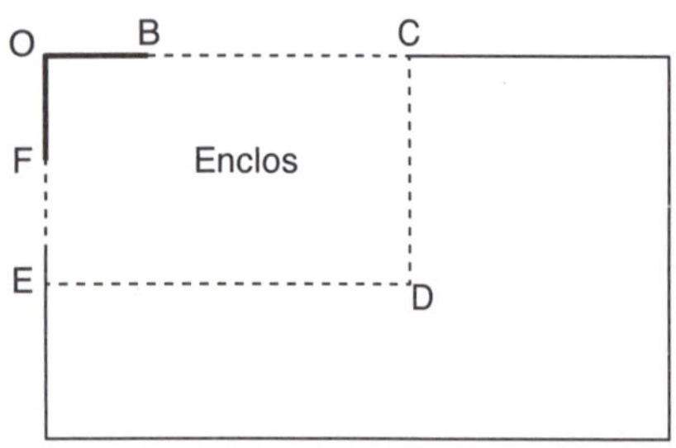

Leïla envisage plusieurs possibilités pour placer le point C.

1. En plaçant C pour que $BC = 5$ m, elle n'obtient que $FE = 15$ m.

a) Vérifier qu'elle utilise les 50 m de grillage.

b) Justifier que l'aire A de l'enclos $OCDE$ est 209 m^2.

2. Pour avoir une aire maximale, Leïla fait appel à sa voisine professeure de mathématiques qui, un peu pressée, lui écrit sur un bout de papier : « En notant $BC = x$, on a $A(x) = -x^2 + 18x + 144$ ».

Vérifier que la formule de la voisine est bien cohérente avec le résultat de la question **1.**

3. Dans cette partie, les questions **a)** et **b)** ne nécessitent pas de justification.

a) Leïla a saisi une formule en B2 puis l'a étirée jusqu'à la cellule I2.

B2	=-B1*B1+18*B1+144									
	A	B	C	D	E	F	G	H	I	J
1	x	5	6	7	8	9	10	11	12	
2	$A(x) = -x^2+18x+144$	209	216	221	224	225	224	221	216	
3										

Quelle formule est alors inscrite dans la cellule F2 ?

b) Parmi les valeurs figurant dans le tableau, quelle est celle que Leïla va choisir pour BC afin d'obtenir un enclos d'aire maximale ?

c) Donner les dimensions de l'enclos ainsi obtenu.

Corrigés p. 44

Sujet 4 MATHS (2 heures - 100 points)

D'après France Métropolitaine 2017

Indication portant sur l'ensemble du sujet

Toutes les réponses doivent être justifiées, sauf si une indication contraire est donnée.
Pour chaque question, si le travail n'est pas terminé, laisser tout de même une trace de la recherche. Elle sera prise en compte dans la notation.

EXERCICE 1 (9 points)

Dans une urne contenant des boules vertes et des boules bleues, on tire au hasard une boule et on regarde sa couleur. On replace ensuite la boule dans l'urne et on mélange les boules.

La probabilité d'obtenir une boule verte est $\frac{2}{5}$.

1. Expliquer pourquoi la probabilité d'obtenir une boule bleue est égale à $\frac{3}{5}$.

2. Paul a effectué 6 tirages et a obtenu une boule verte à chaque fois.
Au 7e tirage, aura-t-il plus de chances d'obtenir une boule bleue qu'une boule verte ?

3. Déterminer le nombre de boules bleues dans cette urne sachant qu'il y a 8 boules vertes.

Corrigés p. 45

EXERCICE 2 (13 points)

On donne le programme suivant qui permet de tracer plusieurs triangles équilatéraux de tailles différentes.
Ce programme comporte une variable nommée « **côté** ». Les longueurs sont données en pixels.
On rappelle que l'instruction [s'orienter à 90] signifie que l'on se dirige vers la droite.

Numéros d'instruction   Script   Le bloc **triangle**

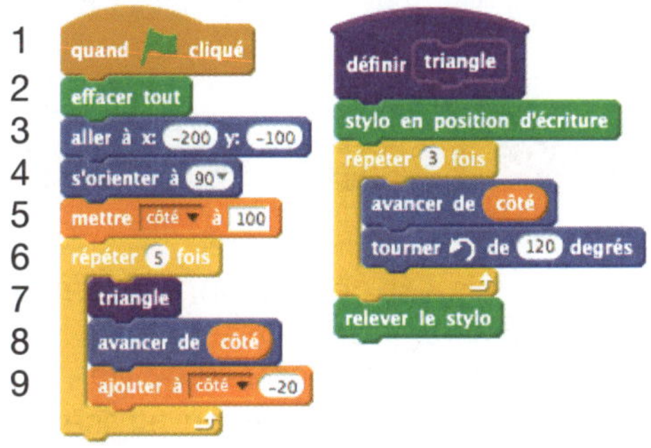

1. Quelles sont les coordonnées du point de départ du tracé ?

2. Combien de triangles sont dessinés par le script ?

3. a) Quelle est la longueur (en pixels) du côté du deuxième triangle tracé ?

b) Tracer à main levée l'allure de la figure obtenue quand on exécute ce script.

4. On modifie le script initial pour obtenir la figure ci-dessous.

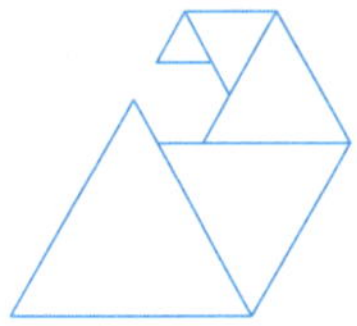

Indiquer le numéro d'une instruction du script **après laquelle** on peut placer l'instruction [tourner de 60 degrés] pour obtenir cette nouvelle figure.

Corrigés p. 45

EXERCICE 3 (9 points)

Un condensateur est un composant électronique qui permet de stocker de l'énergie électrique pour la restituer plus tard.
Le graphique ci-dessous montre l'évolution de la tension mesurée aux bornes d'un condensateur en fonction du temps lorsqu'il est en charge.

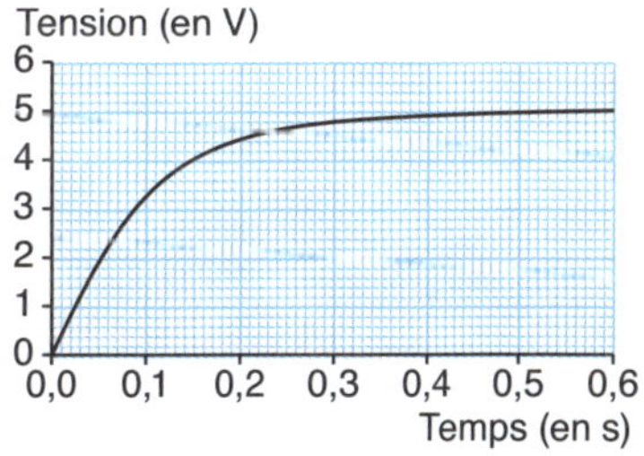

1. S'agit-il d'une situation de proportionnalité ? Justifier.

2. Quelle est la tension mesurée au bout de 0,2 s ?

3. Au bout de combien de temps la tension aux bornes du condensateur aura-t-elle atteint 60 % de la tension maximale qui est estimée à 5 V ?

Corrigés p. 45

EXERCICE 4 (18 points)

Les panneaux photovoltaïques permettent de produire de l'électricité à partir du rayonnement solaire.

Une unité courante pour mesurer l'énergie électrique est le kilowattheure, abrégé en kWh.

1. Le plus souvent, l'électricité produite n'est pas utilisée directement, mais vendue pour être distribuée dans le réseau électrique collectif. Le prix d'achat du kWh, donné en **centimes d'euros**, dépend du type d'installation et de sa puissance totale, ainsi que de la date d'installation des panneaux photovoltaïques. Ce prix d'achat du kWh est donné dans le tableau ci-dessous.

Tarifs d'un kWh en centimes d'euros

		Date d'installation			
Type d'installation	Puissance totale	du 01/01/15 au 31/03/15	du 01/04/15 au 30/06/15	du 01/07/15 au 30/09/15	du 01/10/15 au 31/12/15
Type A	**0 à 9 kW**	26,57	26,17	25,78	25,39
Type B	**0 à 36 kW**	13,46	13,95	14,7	14,4
	36 à 100 kW	12,79	13,25	13,96	13,68

Source : http://www.developpement-durable.gouv.fr

En mai 2015, on installe une centrale solaire du type B, d'une puissance de 28 kW.

Vérifier que le prix d'achat de 31 420 kWh est d'environ 4 383 €.

2. Une personne souhaite installer des panneaux photovoltaïques sur la partie du toit de sa maison orientée au sud. Cette partie est grisée sur la figure ci-dessous. Elle est appelée *pan sud du toit*.

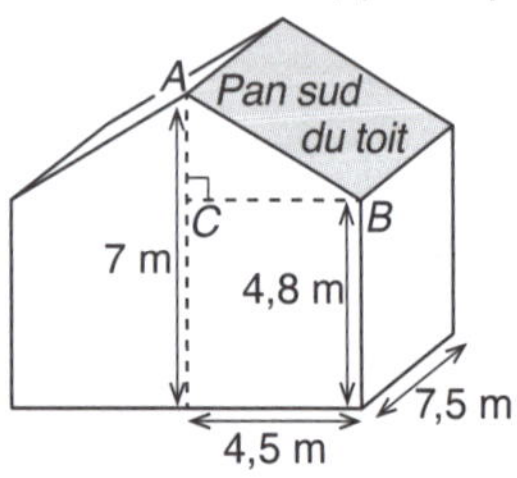

La production d'électricité des panneaux solaires dépend de l'inclinaison du toit.

Déterminer, au degré près, l'angle $\widehat{ABC}$ que forme ce pan sud du toit avec l'horizontale.

3. a) Montrer que la longueur AB est environ égale à 5 m.

b) Les panneaux photovoltaïques ont la forme d'un carré de 1 m de côté. Le propriétaire prévoit d'installer 20 panneaux.

Quel pourcentage de la surface totale du pan sud du toit sera alors couvert par les panneaux solaires ? On donnera une valeur approchée du résultat à 1 % près.

c) La notice d'installation indique que les panneaux doivent être accolés les uns aux autres et qu'une bordure d'au moins 30 cm de large doit être laissée libre pour le système de fixation tout autour de l'ensemble des panneaux.

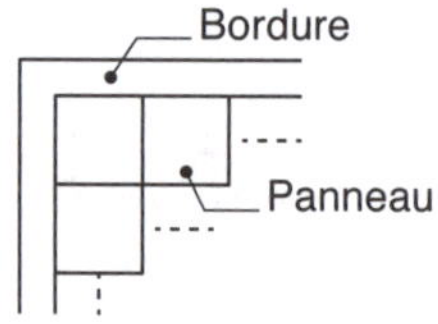

Le propriétaire peut-il installer les 20 panneaux prévus ?

Corrigés p. 45

EXERCICE 5 (18 points)

1. Lors des Jeux olympiques de Rio en 2016, la danoise Pernille Blume a remporté le 50 m nage libre en 24,07 secondes.

A-t-elle nagé plus rapidement qu'une personne qui se déplace en marchant vite, c'est-à-dire à 6 km/h ?

2. On donne l'expression $E = (3x + 8)^2 - 64$.

a) Développer E.

b) Montrer que E peut s'écrire sous forme factorisée : $3x(3x + 16)$.

c) Résoudre l'équation $(3x + 8)^2 - 64 = 0$.

3. La distance d de freinage d'un véhicule dépend de sa vitesse et de l'état de la route. On peut la calculer à l'aide de la formule suivante : $d = k \times V^2$ avec d : distance de freinage en m ; V : vitesse du véhicule en m/s ; k : coefficient dépendant de l'état de la route. On a : $k = 0{,}14$ sur route mouillée et $k = 0{,}08$ sur route sèche.

Quelle est la vitesse d'un véhicule dont la distance de freinage sur route mouillée est égale à 15 m ?

Corrigés p. 46

EXERCICE 6 (18 points)

Document 1

Le surpoids est devenu un problème majeur de santé, celui-ci prédispose à beaucoup de maladies et diminue l'espérance de vie.

L'indice le plus couramment utilisé est celui de masse corporelle (IMC).

Document 2

L'IMC est une grandeur internationale permettant de déterminer la corpulence d'une personne adulte entre 18 ans et 65 ans.

Il se calcule avec la formule suivante :

$$\text{IMC} = \frac{\text{masse}}{\text{taille}^2}$$

avec « masse » en kg et « taille » en m.

Normes : $18{,}5 \leqslant \text{IMC} < 25$ Corpulence normale

$25 \leqslant \text{IMC} < 30$ Surpoids

$\text{IMC} \geqslant 30$ Obésité

1. Dans une entreprise, lors d'une visite médicale, un médecin calcule l'IMC de six des employés. Il utilise pour cela une feuille de tableur dont voici un extrait :

	A	B	C	D	E	F	G
1	Taille (en m)	1,69	1,72	1,75	1,78	1,86	1,88
2	Masse (en kg)	72	85	74	70	115	85
3	IMC (*)	25,2	28,7	24,2	22,1	33,2	24,0
4	(*) valeur approchée au dixième						

a) Combien d'employés sont en situation de surpoids ou d'obésité dans cette entreprise ?

b) Laquelle de ces formules a-t-on écrite dans la cellule B3, puis recopiée à droite, pour calculer l'IMC ?

Recopier la formule correcte sur la copie.

=72/1.69^2	=B1/(B2*B2)	=B2/(B1*B1)	=$B2/($B1*$B1)

2. Le médecin a fait le bilan de l'IMC de chacun des 41 employés de cette entreprise. Il a reporté les informations recueillies dans le tableau suivant dans lequel les IMC ont été arrondis à l'unité près.

IMC	20	22	23	24	25	29	30	33	**Total**
Effectif	9	12	6	8	2	1	1	2	**41**

a) Calculer une valeur approchée, arrondie à l'entier près, de l'IMC moyen des employés de cette entreprise.

b) Quel est l'IMC médian ? Interpréter ce résultat.

c) On lit sur certains magazines : « On estime qu'au moins 5 % de la population mondiale est en surpoids ou est obèse. » Est-ce le cas pour les employés de cette entreprise ?

Corrigés p. 46

EXERCICE 7 (15 points)

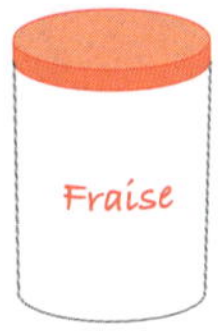

Léo a ramassé des fraises pour faire de la confiture.

1. Il utilise les proportions de sa grand-mère : 700 g de sucre pour 1 kg de fraises.

Il a ramassé 1,8 kg de fraises. De quelle quantité de sucre a-t-il besoin ?

2. Après cuisson, Léo a obtenu 2,7 litres de confiture.

Il verse la confiture dans des pots cylindriques de 6 cm de diamètre et de 12 cm de haut, qu'il remplit jusqu'à 1 cm du bord supérieur.

Combien pourra-t-il remplir de pots ?

Rappels : 1 litre = 1 000 cm^3

Volume d'un cylindre = $\pi \times R^2 \times h$

3. Il colle ensuite sur ses pots une étiquette rectangulaire de fond blanc qui recouvre toute la surface latérale du pot.

a) Montrer que la longueur de l'étiquette est d'environ 18,8 cm.

b) Dessiner l'étiquette à l'échelle $\frac{1}{3}$.

Corrigés p. 46

Histoire **EXERCICE 1** 20 points

Les Français dans la Grande Guerre

Document 1 : Intervention à la Chambre des députés, le 20 novembre 1917, de M. Georges Clemenceau, président du Conseil, ministre de la Guerre, à l'occasion de son investiture.

« Messieurs, nous avons accepté d'être au Gouvernement pour conduire la guerre avec un redoublement d'efforts en vue du meilleur rendement de toutes les énergies. Nous nous présentons devant vous dans l'unique pensée d'une guerre totale. [...] Ces Français que nous fûmes contraints de jeter dans la bataille, ils ont des droits sur nous. [...] Nous leur devons tout, sans aucune réserve. [...] Ferme dans les espérances puisées aux sources de l'humanité la plus pure, (la France) accepte de souffrir encore, pour la défense du sol des grands ancêtres, avec l'espoir d'ouvrir, toujours plus grandes aux hommes comme aux peuples, toutes les portes de la vie. La force de l'âme française est là. C'est ce qui meut notre peuple au travail comme à l'action de guerre. Ces silencieux soldats de l'usine, sourds aux suggestions mauvaises, ces vieux paysans courbés sur leurs terres, ces robustes femmes au labour, ces enfants qui leur apportent l'aide d'une faiblesse grave : voilà de nos *poilus* ! De nos poilus qui, plus tard, songeant à la grande œuvre, pourront dire, comme ceux des tranchées : *J'en étais* ! [...]
Plus de campagnes pacifistes, plus de menées allemandes. Ni trahison, ni demi-trahison : la guerre. Rien que la guerre. [...] Une censure sera maintenue des informations diplomatiques et militaires, aussi bien que de celles qui seraient susceptibles de troubler la paix civile [...]. Nous allons entrer dans la voie des restrictions alimentaires, à la suite de l'Angleterre, de l'Italie, de l'Amérique elle-même, admirable d'élan. Nous demanderons à chaque citoyen de prendre toute sa part de la défense commune, de donner plus et de consentir à recevoir moins. L'abnégation[1] est aux armées. Que l'abnégation soit dans tout le pays ! »

Source : *http://www.assemblee-nationale.fr/histoire/clemenceau/clem3.asp*

[1] *Abnégation* : sacrifice de son intérêt personnel au profit de l'intérêt général.

Document 2 : La délégation des « Gueules cassées » à Versailles, le 28 juin 1919.

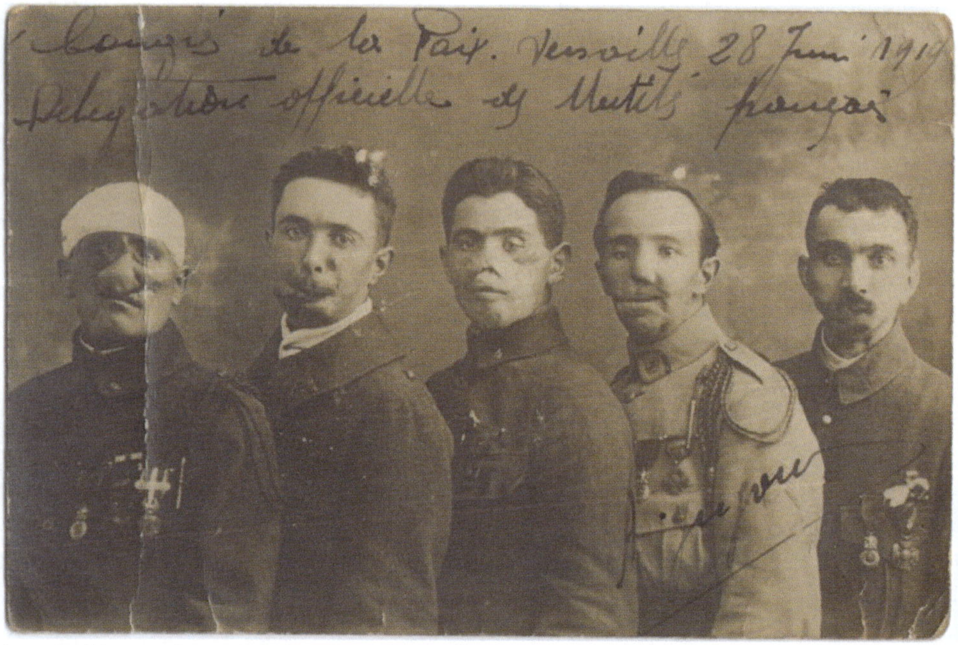

Inscription sur la carte postale : « Congrès de la paix, Versailles, 28 juin 1919, Délégation des mutilés français »

Questions

1. Repères sur le document 1 :

– Nommez et datez la guerre évoquée dans ce discours de Georges Clemenceau. **(2 points)**

– Quelles fonctions politiques Clemenceau occupe-t-il au moment où il prononce ce discours ? À qui parle-t-il et à quelle occasion ? **(3 points)**

– Citez la bataille qui s'est déroulée sur le front de l'Ouest en 1916, soit l'année qui précède ce discours. **(1 point)**

– Nommez le pays dans lequel des révolutions se déroulent en 1917. **(1 point)**

2. Trouvez deux adjectifs pour qualifier ce discours de Clemenceau. Justifiez votre réponse en soulignant deux passages du texte, un pour chaque adjectif. **(3 points)**

3. Expliquez la phrase soulignée dans le texte. **(3 points)**

4. Selon Clemenceau, comment la guerre doit-elle être conduite si les Français veulent la gagner ? Citez deux éléments de réponse et explicitez votre réponse si nécessaire. **(3 points)**

5. Qui sont les « Gueules cassées » photographiées sur le document 2 ? **(2 points)**

6. Expliquez en quoi le destin de ces hommes est représentatif de « l'abnégation » demandée aux Français par Clemenceau. **(2 points)**

Corrigés p. 47

Géographie **EXERCICE 2** 20 points

En vous appuyant sur des exemples précis, rédigez un développement construit sur le processus d'intégration des pays et de leur population dans l'Union européenne. Pour cela :

– indiquez les grandes étapes de la construction européenne ;

– présentez les liens qui unissent les États membres et les peuples vivant dans l'Union européenne.

Corrigés p. 47

EMC **EXERCICE 3** 10 points

Questions

1. Complétez le schéma de l'organisation des pouvoirs sous la Ve République.

– Dans la case « Électeurs », indiquez deux conditions nécessaires pour être électeur en France. **(2 points)**

– Dans la case « Parlement », précisez le rôle de cette institution dans la Ve République. **(2 points)**

– Complétez les deux cases grisées, puis indiquez dans la légende le nom du pouvoir partagé par ces deux institutions. **(2 points)**

2. Avec l'aide du schéma complété, montrez que la République française est une démocratie. Donnez deux arguments pour justifier votre réponse. **(4 points)**

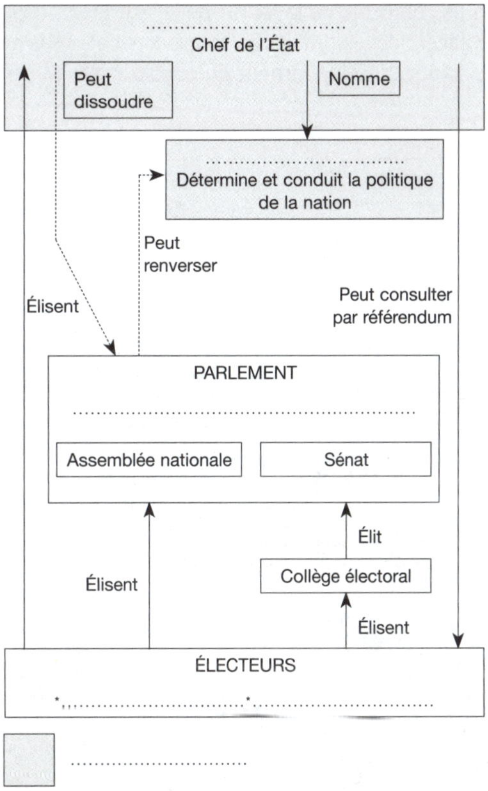

Corrigés p. 48

Sujet 6 HISTOIRE / GÉOGRAPHIE / EMC (2 heures - 50 points)

Géographie **EXERCICE 1** 20 points

Document 1 : Étalement urbain et mobilités à Angoulême (département de la Charente, région Nouvelle Aquitaine).

Le phénomène de périurbanisation est fort à Angoulême et dure depuis plusieurs décennies. Pendant 50 ans, l'expansion démographique s'est faite davantage par étalement que par densification de la ville-centre. Alors qu'Angoulême voit sa population diminuer légèrement, les communes de la périphérie enregistrent de fortes hausses. Cette tendance s'est même amplifiée sur la période 1999-2010.

Si ce phénomène de périurbanisation s'explique par un meilleur cadre de vie dans le périurbain avec la possibilité de vivre en maison individuelle, il peut également être motivé par une fiscalité[1] locale plus attractive.

En s'installant loin des villes, les familles allongent pourtant leurs déplacements, non seulement pour se rendre au travail, mais aussi pour accéder aux équipements (achats, démarches, loisirs).

Un des objectifs de la loi Grenelle[2] sur les transports durables est d'ouvrir la voie à de nouvelles façons de se déplacer : développent des transports collectifs avec l'aide de l'État, mise en place d'un plan véhicule électrique, développement du covoiturage.

D'après le site de l'INSEE, Décimal n° 325 – avril 2013.

[1] *fiscalité* : impôts

[2] *loi Grenelle* : ensemble des mesures en faveur du développement durable (2009-2010)

Document 2 : Photographie aérienne de la commune de Chassieu, dans la banlieue est de Lyon.

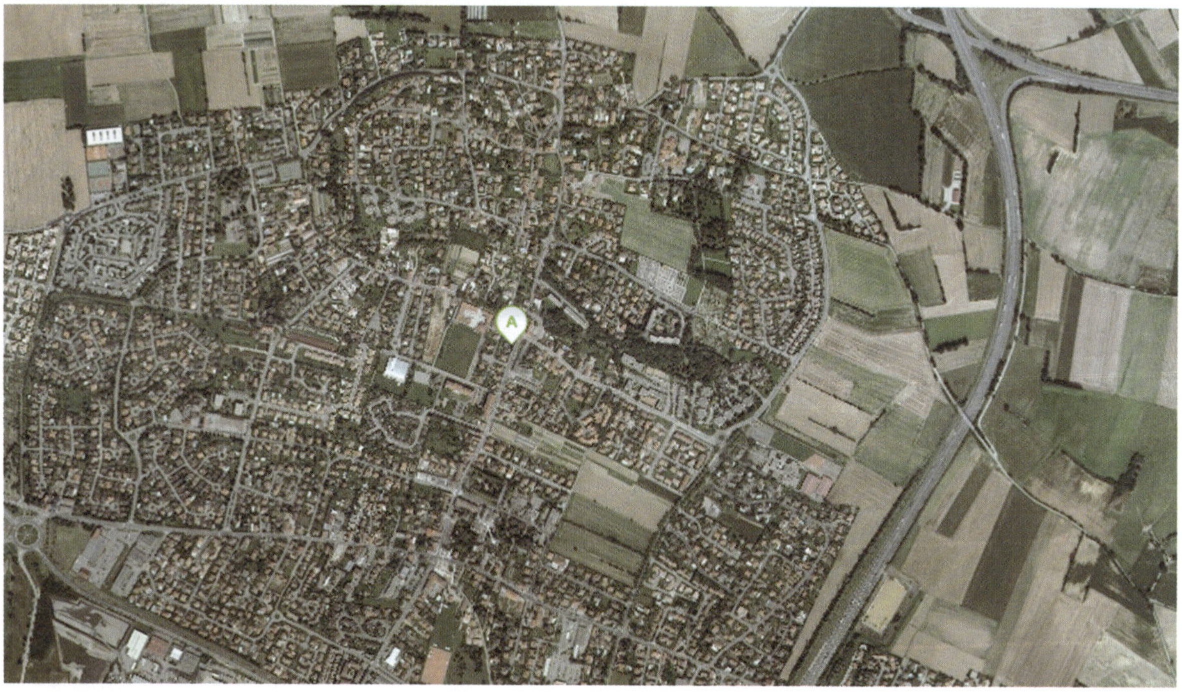

Questions

1. D'après le document 1, citez pour l'aire urbaine d'Angoulême :
– un espace qui gagne des habitants ; **(2 points)**
– un espace qui perd des habitants. **(2 points)**

2. Quel phénomène est ainsi mis en évidence ? Peut-on le généraliser à l'échelle de la France ? **(3 points)**

3. Dans le document 1, relevez deux raisons qui expliquent la périurbanisation. **(3 points)**

4. Tâche cartographique

À l'aide du document 1 et de vos connaissances, complétez le schéma d'une aire urbaine suivant :

– complétez la légende ; **(2 points)**

– reportez sur le schéma les déplacements quotidiens des habitants. **(2 points)**

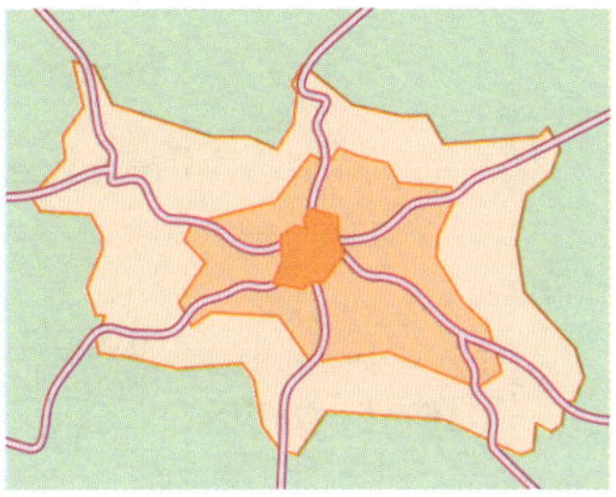

- Ville-centre
- Banlieues
- ....
- Principaux axes de transport
- Déplacement quotidien des habitants

5. À l'aide des documents 1 et 2 et de vos connaissances, décrivez deux conséquences de la périurbanisation. **(3 points)**

6. Quel est l'impact de la périurbanisation sur le développement durable ? Pour répondre à cette question, complétez le schéma suivant en donnant un argument par « pilier » du développement durable. **(3 points)**

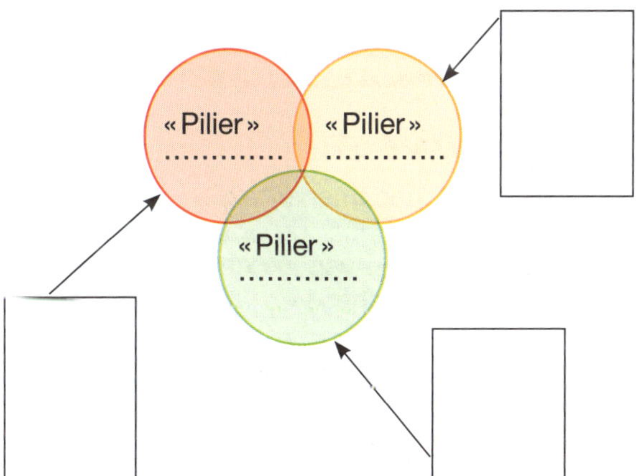

Corrigés p. 49

Histoire — EXERCICE 2 — 20 points

En vous appuyant sur des exemples précis, rédigez un développement construit racontant la crise de Berlin et montrant qu'elle est révélatrice de la guerre froide.

Corrigés p. 49

EMC — EXERCICE 3 — 10 points

Document : Les médias retransmettent le débat des candidats à l'élection présidentielle en mai 2012.

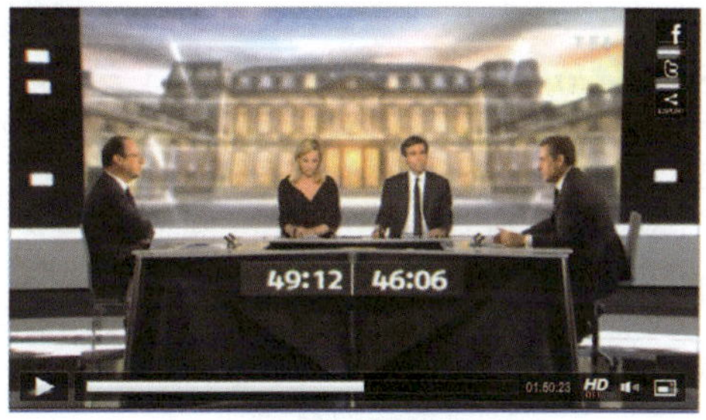

TF1.fr, TF1 NEWS, le débat de l'entre-deux tours ; http://videos.tf1.fr/infos/elections-presidentielles/debat/2012-le-debat-françois-hollande-face-a-nicolas-sarkozy-7209564.html.

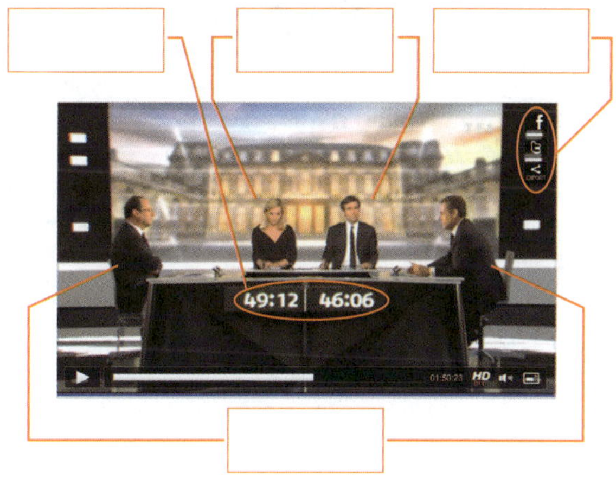

Questions

1. Décrivez le document 1 :

– Complétez les cartouches ci-dessus sans employer le nom des personnes. **(2 points)**

– Dans quel lieu a été filmé ce débat ? **(0,5 point)**

– Que représente le décor de l'arrière-plan ? **(0,5 point)**

2. Relevez dans le document deux médias différents. **(1 point)**

3. Dans notre démocratie, chaque personne a le droit de penser et de s'exprimer sauf à répondre de l'abus de cette liberté dans les cas déterminés par la loi… Montrez que pluralisme des médias est au service de cette liberté. **(6 points)**

Corrigés p. 50

Sujet 7 — SCIENCES (Physique-Chimie / Technologie) (1 heure - 50 points)

PHYSIQUE-CHIMIE

Science et parfum

Un brûle-parfum est constitué d'un support en terre cuite, d'une bougie chauffe-plat et d'un flacon d'essence de rose. On se propose d'étudier les phénomènes physiques et chimiques observables lors de l'utilisation du brûle-parfum.

Document 1 : Ensemble brûle-parfum

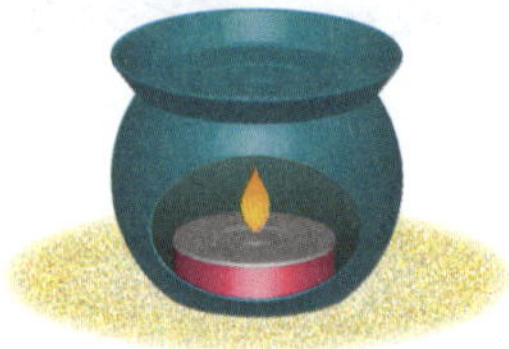

Document 2: Notice d'utilisation

Verser de l'eau dans la coupelle, puis déposer quelques gouttes d'essence de rose. Allumer la bougie. L'essence de rose n'est pas miscible avec l'eau: elle flotte au-dessus de l'eau. Grâce à la combustion de la bougie, l'essence de rose s'évapore au fur et à mesure que l'eau chauffe, parfumant agréablement la pièce d'une odeur de rose.

Document 3: Obtention et composition de l'essence de rose

L'huile essentielle de rose (ou essence de rose) est obtenue par hydrodistillation des pétales de roses. L'essence de rose contient de nombreuses molécules, mais c'est la molécule de citronellol, contenue dans les pétales, qui compose principalement son odeur.

Document 4: Molécule de citronellol

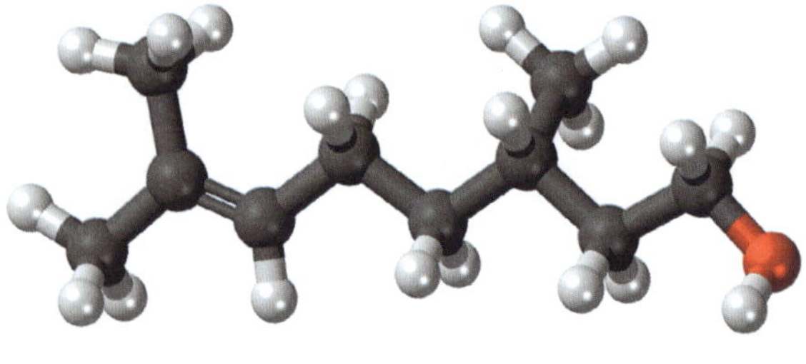

Document 5: Tests d'identification de quelques espèces chimiques

Ions	Fe^{2+}	Fe^{3+}	Cu^{2+}	Zn^{2+}
Couleur du précipité obtenu par le test à la soude	vert	orange	bleu	blanc

Molécules	eau	dioxygène	dioxyde de carbone
Test de reconnaissance	bleuit le sulfate de cuivre anhydre	ravive la combustion d'une bûchette incandescente	trouble l'eau de chaux

Document 6: Tableau périodique de quelques éléments chimiques

$_{1}H$ hydrogène							$_{2}He$ hélium
$_{3}Li$ lithium	$_{4}Be$ béryllium	$_{5}B$ bore	$_{6}C$ carbone	$_{7}N$ azote	$_{8}O$ oxygène	$_{9}F$ fluor	$_{10}Ne$ néon
$_{11}Na$ sodium	$_{12}Mg$ magnésium	$_{13}Al$ aluminium	$_{14}Si$ silicium	$_{15}P$ phosphore	$_{16}S$ soufre	$_{17}Cl$ chlore	$_{18}Ar$ argon

EXERCICE 1 — 15 points

L'essence de rose

1. À l'aide des documents, expliquer comment est obtenue l'essence de rose. La molécule obtenue est-elle une espèce chimique naturelle, artificielle ou de synthèse?

2. On verse 2 ml d'eau et 2 ml d'essence de rose dans un tube à essais. Représenter le mélange obtenu en annotant votre schéma.

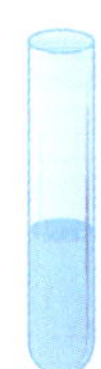

Ce mélange est-il un homogène ou hétérogène?

Justifier votre réponse.

3. Pour représenter les molécules, les chimistes utilisent des modèles moléculaires.

Compléter le tableau suivant en indiquant les informations manquantes.

Nom de l'atome	Carbone		
Symbole de l'atome	....	H	....
Modélisation	....	....	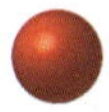

4. Le citronellol est la molécule qui compose principalement l'odeur de l'essence de rose. Utiliser les documents pour donner la composition de cette molécule.

5. Proposer une formule chimique de la molécule de citronellol.

6. La molécule de citronellol contient des atomes de carbone, d'hydrogène et d'oxygène.

À l'aide des documents, compléter le tableau suivant.

Nom de l'atome	....	....	....
Symbole	....	....	....
Numéro atomique	....	....	....
Nombre de charges positives contenues dans le noyau	....	....	....
Nombre d'électrons contenus dans le nuage électronique	....	....	....

7. En vous aidant du tableau précédent, justifier l'affirmation: «un atome est électriquement neutre».

Corrigés p. 51

EXERCICE 2 — 10 points

Fonctionnement du brûle-parfum

Pour permettre à l'essence de rose de s'évaporer, on utilise la chaleur produite par la combustion de la bougie.

1. Annoter le schéma ci-dessous.

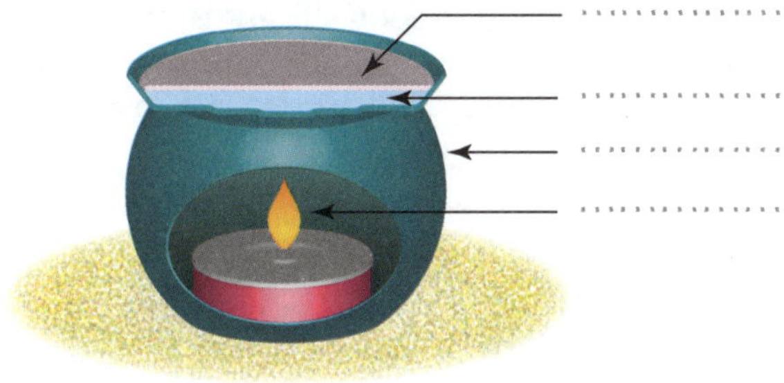

2. Quand on l'allume, la cire de la bougie devient liquide.

Compléter le diagramme suivant en indiquant les états de la cire lorsque la bougie est allumée, ainsi que le nom du changement d'état correspondant.

État.............. → État..............

3. Ce changement d'état correspond-il à une transformation physique ou a une transformation chimique? Justifier votre réponse.

4. Une fois liquide, la cire de la bougie monte dans la mèche, puis brûle en produisant une flamme jaune. Elle réagit avec le dioxygène de l'air pour former du dioxyde de carbone et de l'eau.

Nommer les réactifs, puis les produits de cette combustion.

5. Écrire, en toutes lettres, le bilan de cette transformation chimique.

6. Choisir la (ou les) bonne(s) réponse(s).

Lors l'une transformation chimique, il y a:

- ☐ conservation des atomes.
- ☐ conservation des molécules.
- ☐ conservation de la masse.

Corrigés p. 51

TECHNOLOGIE

La société Aspi-Tech est spécialisée dans la fabrication d'aspirateurs pour les professionnels du nettoyage hôtelier.

Cette société a développé une brosse innovante capable d'enlever 40 % de poussière en plus sans perdre d'aspiration.

Pour créer ce nouveau produit, elle a réalisé une analyse fonctionnelle. Celle-ci lui a permis d'élaborer le cahier des charges fonctionnel du produit afin de lancer la fabrication.

On étudie ici les différentes étapes de l'élaboration de ce produit.

EXERCICE 1 — 10 points

1. Répondre aux questions suivantes, puis compléter le diagramme « bête à cornes » ci-après.

a) À qui rend service l'objet créé par la société Aspi-Tech ?

b) Sur quoi ou sur qui va agir cet objet ?

c) Quel est le but de cet objet ?

d)

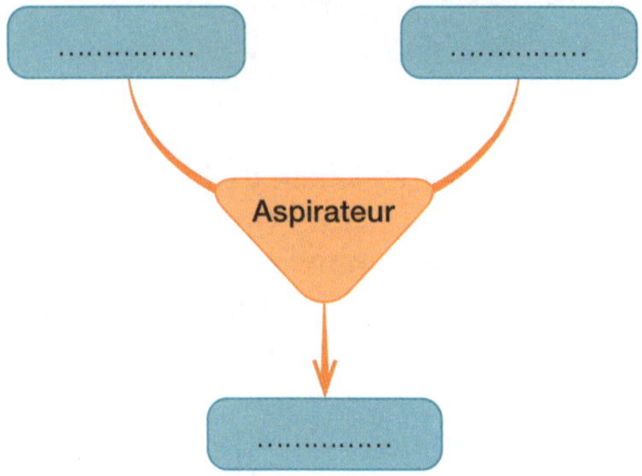

2. Énoncer le besoin sous la forme d'une phrase complète.

3. Quelles sont les trois questions essentielles à se poser pour réaliser un diagramme dit « bête à cornes » ?

Corrigés p. 52

EXERCICE 2 — 10 points

1. Qu'est ce que la fonction principale d'un objet technique ?

2. Énoncer la fonction principale FP de l'aspirateur.

3. L'aspirateur d'Aspi-Tech doit répondre aux exigences d'une chaîne hôtelière.

Celle-ci veut un appareil à ses couleurs et capable de s'adapter aux formes spécifiques de son mobilier.

L'engin doit aussi avoir un prix compétitif, fonctionner sous la tension du secteur et être facilement transportable.

Associer chaque description à la fonction de service correspondante.

Fonctions de service		Description
FC1	mobilier	....
FC2	énergie	....
FC3	esthétique	....
FC4	utilisateur	....
FC5	prix	....

4. Comment peut-on nommer ces cinq fonctions ?

☐ Fonction principale.

☐ Fonction secondaire.

☐ Fonction contrainte.

☐ Fonction complémentaire.

5. Compléter le diagramme, ci-dessous, des interactions de l'aspirateur en indiquant la fonction principale et les fonctions contraintes.

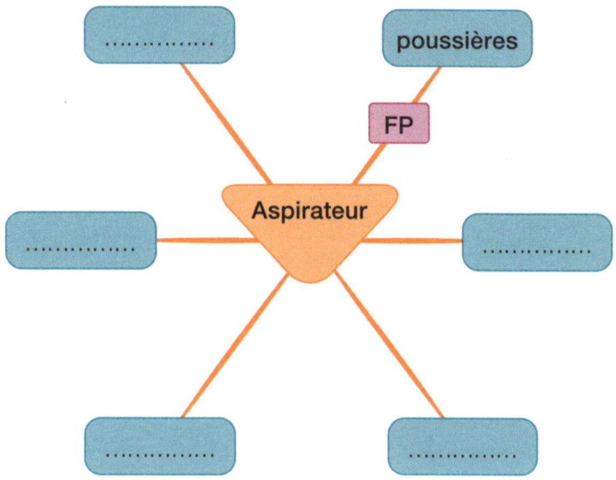

Corrigés p. 52

Sujet 8 SCIENCES (Physique-Chimie / SVT) (1 heure - 50 points)

PHYSIQUE-CHIMIE

Sciences et archéologie

Le plus important trésor viking jamais trouvé en Écosse a été déterré par un passionné de détecteur de métaux. Ce trésor comportait plus de 100 objets datant des IXe et Xe siècles. Il contenait des bijoux en or et en argent. Et c'est grâce à un détecteur de métaux qu'il a été découvert !

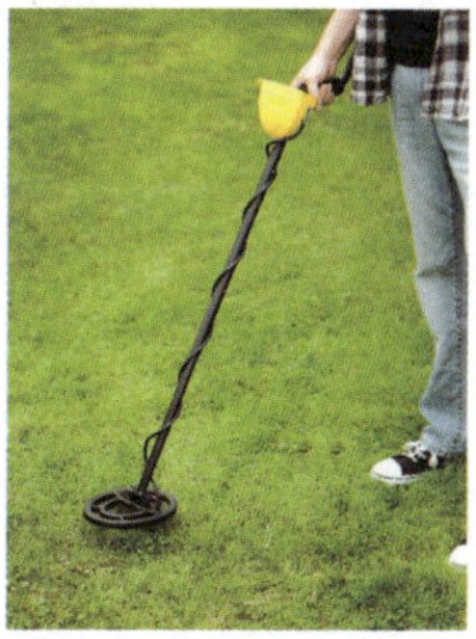

EXERCICE 1 — 15 points

Fonctionnement du détecteur

Le détecteur de métaux est alimenté par quatre piles LR06. Chaque pile possède une tension de 1,5 volt. Lorsque le détecteur fonctionne, il est traversé par un courant électrique de 2,5 ampères.

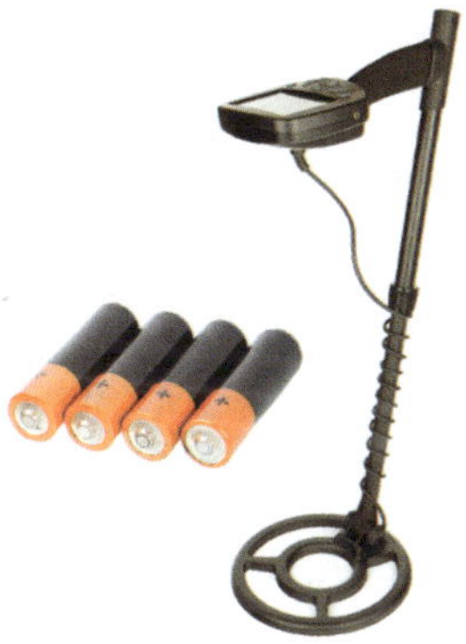

Document :
Détecteur de métaux et ses piles

1. Calculer la tension reçue par le détecteur alimenté par les quatre piles LR06.
2. Avec quel appareil pourrait-on mesurer cette tension ?
3. La puissance électrique reçue par un appareil est égale au produit de la tension électrique qu'il reçoit par l'intensité du courant qui le traverse. Transformer cette phrase en une égalité mathématique entre *P*, *U* et *I*.
4. Calculer la puissance électrique reçue par le détecteur.
5. Rappeler la relation reliant l'énergie électrique *E*, la puissance électrique *P* et la durée de fonctionnement *t*, ainsi que les unités correspondantes.
6. Utiliser la relation précédente pour calculer, en wattheure, l'énergie électrique consommée par le détecteur en deux heures.

Corrigés p. 53

EXERCICE 2 — 10 points

Un métal inconnu

Le chasseur de trésor à trouvé une chevalière – une sorte de bague. Cet objet est en métal, c'est sûr ! Mais est-ce de l'or ? Pour le savoir, il pèse l'objet : 48,25 g. Il réalise ensuite une expérience très simple. Il immerge la bague dans une éprouvette contenant 50,0 mL d'eau. Après immersion, le volume de l'éprouvette est de 52,5 mL.

Masses volumiques de quelques métaux :
ρ_{cuivre} : 8,9 g/cm^3 ;
$\rho_{platine}$: 21,45 g/cm^3 ;
ρ_{or} : 19,3 g/cm^3 ;
ρ_{plomb} : 11,35 g/cm^3;
$\rho_{aluminium}$: 2,7 g/cm^3.

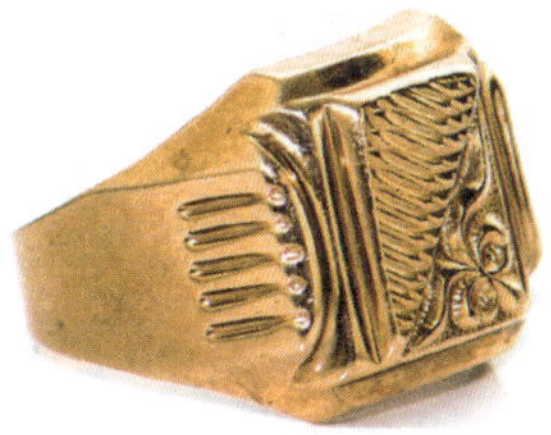

1. Utiliser les données expérimentales pour déterminer la nature du métal constituant ce bijou.
2. Après une analyse plus fine, il s'avère que l'objet est bien en or. Le chasseur décide d'en savoir un peu plus sur ce métal et trouve les renseignements suivants sur Internet.

Or
Élément chimique
L'or est un élément chimique de symbole Au et de numéro atomique 79. Il s'agit d'un métal précieux très recherché et apprécié sous forme de parures ou de pièces de monnaie depuis l'aube des temps historiques.
Wikipédia
Symbole : Au
Point de fusion : 1 064 °C
Numéro atomique : 79
Masse d'un atome : $3,27 \times 10^{-22}$ g

Proposer une modélisation d'un atome d'or en indiquant le nombre, le nom et la charge électrique de ses constituants.

3. Donner un ordre de grandeur du diamètre de l'atome d'or.
4. Utiliser ce modèle pour justifier l'affirmation : « un atome d'or est électriquement neutre ».
5. Qu'arrive-t-il au métal si on le chauffe à 1 000 °C ? Justifier sa réponse.
6. Calculer le nombre d'atomes que contient la chevalière.

Corrigés p. 53

SCIENCES DE LA VIE ET DE LA TERRE

EXERCICE 1 **10 points**

Une infection bactérienne

Bastien se réveille un matin en ayant une toux persistante, des maux de gorge et de tête. Il se rend aussitôt chez son médecin qui lui diagnostique une bronchite bactérienne (inflammation des bronches pulmonaires causée par une bactérie).

Document 1 : Graphique illustrant l'évolution des quantités de bactéries et d'anticorps dans le sang de Bastien lors de l'infection

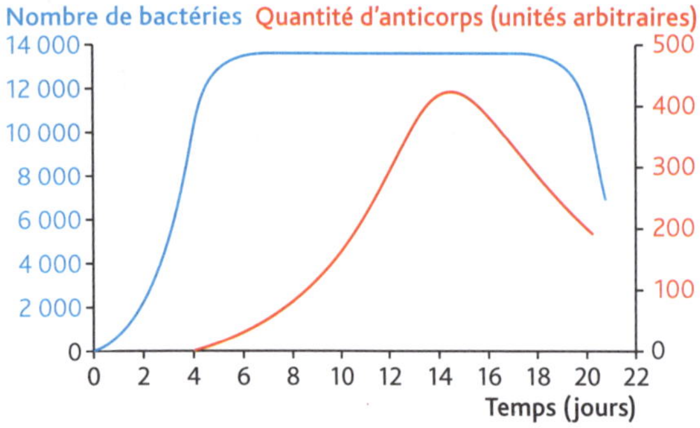

Document 2 : Schéma illustrant un antibiogramme

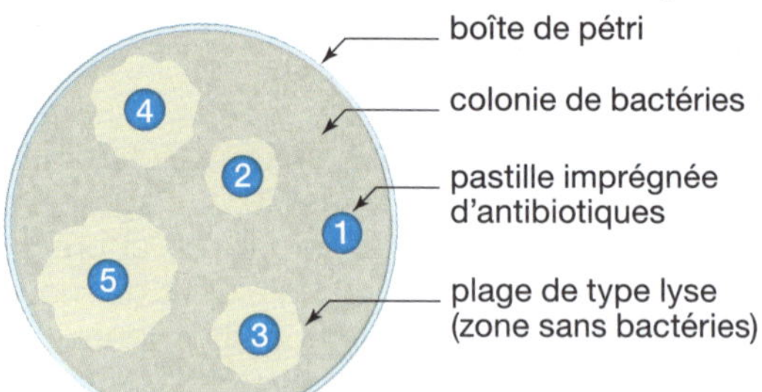

Des pastilles imbibées d'antibiotiques sont placées sur une colonie bactérienne. Une plage de lyse se forme dans la colonie suite à la mort des bactéries. La taille de la plage de lyse dépend de l'efficacité des antibiotiques à détruire les bactéries.

Document 3 : Tableau illustrant l'évolution de la présence de bactéries et des symptômes ressentis par Bastien au cours du temps

Jours	1	2	3	4	5
Présence de bactéries dans l'organisme	oui +++	oui +++	oui ++	oui +	non -
Symptômes ressentis	Maux de tête Mal de gorge fièvre	Maux de tête Mal de gorge	aucun	aucun	aucun

1. À l'aide du document 1, décrire l'évolution de la quantité de bactéries dans le sang suite à la contamination.

2. L'organisme de Bastien se défend face à cette attaque bactérienne. Compléter le schéma en bas de page illustrant l'action des lymphocytes B dans la défense de l'organisme.

Dans l'étape 3, vous représenterez le complexe antigène/anticorps au niveau de la bactérie.

3. Le médecin informe Bastien qu'il est séropositif pour la bactérie responsable de sa bronchite. Rappeler la définition de *séropositivité* et expliquer pourquoi le médecin peut dire cela à Bastien.

4. Pour aider l'organisme à se défendre face aux bactéries, des antibiotiques peuvent être prescrits. Déterminer à partir de l'antibiogramme du document 2 l'antibiotique qui sera prescrit à Bastien par le médecin.

5. Expliquer, à l'aide du document 3, pourquoi il ne faut pas arrêter de prendre ses antibiotiques avant la fin de la durée du traitement, même si les symptômes disparaissent.

6. Rappeler pourquoi le médecin ne prescrit pas d'antibiotiques lors d'une bronchite virale.

Corrigés p. 53

Schéma illustrant l'action des lymphocytes B dans la défense de l'organisme

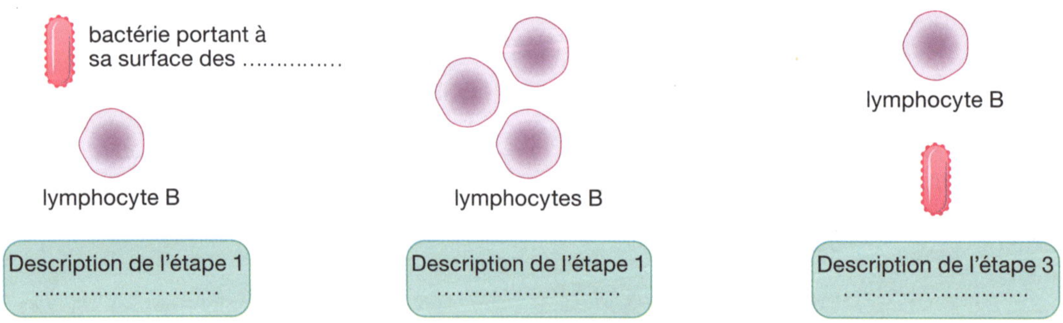

EXERCICE 2 — 10 points

Le principe de vaccination

Certaines infections bactériennes graves, telles que la coqueluche, peuvent être évitées par la vaccination.

À l'aide de vos connaissances, cocher la bonne réponse pour chaque proposition.

1. Un vaccin contient :
- ☐ la bactérie en grande quantité.
- ☐ une forme inoffensive de la bactérie.
- ☐ des lymphocytes B spécifiques de la bactérie.

2. Un vaccin a une action :
- ☐ curative, afin de guérir une maladie infectieuse.
- ☐ préventive, afin d'éviter une maladie infectieuse.

3. La vaccination permet :
- ☐ de produire des lymphocytes B mémoires spécifiques de la bactérie.
- ☐ d'affaiblir les bactéries déjà présentes dans l'organisme.
- ☐ de détruire les anticorps présents.

4. Si une personne vaccinée entre en contact avec l'antigène présent dans le vaccin :
- ☐ elle sera malade, mais de façon moins grave que si elle n'était pas vaccinée.
- ☐ elle sera malade, mais non contagieuse.
- ☐ elle ne sera pas malade.

5. Suite à un vaccin, la production d'anticorps spécifiques à l'antigène présent dans le vaccin :
- ☐ sera la même.
- ☐ sera plus rapide.
- ☐ sera plus rapide et plus importante.

6. Les rappels de vaccination :
- ☐ ne sont pas indispensables.
- ☐ permettent de maintenir la quantité de lymphocytes mémoires suffisante.
- ☐ permettent de maintenir la quantité d'antigènes suffisante.

Corrigés p. 54

Corrigés des sujets types

Sujet 1 FRANÇAIS (p. 14)

Premier réflexe : observer le corpus

• Observez bien le paratexte des textes proposés (date, auteur, titre) pour comprendre dans quelles circonstances ils ont été écrits et faites appel à vos connaissances en histoire sur la période pour saisir l'ensemble du contexte.

• La thématique qui lie ces différents documents est bien évidemment la guerre, et plus particulièrement la Première Guerre mondiale. Ce texte littéraire de Barbusse s'inscrit en opposition avec le discours politique de Clemenceau : comme la photographie des « gueules cassées », ce texte, ainsi que celui de la dictée, vient en contrepoint au discours militariste du chef de guerre qu'est Clemenceau.

• C'est la raison pour laquelle, dans l'esprit du nouveau Brevet – associer et croiser les différents savoirs disciplinaires que vous avez acquis pour leur donner plus de sens et de cohérence – on vous pose une question sur l'ensemble du corpus.

QUESTIONS

Remarques préalables

• Il y a relativement peu de questions comme c'est la tendance désormais. Mais vos réponses doivent être développées et toujours appuyées sur des relevés du texte, même si le texte de la question ne le précise pas.

• La première question permet de cerner si vous avez compris l'ensemble de la scène. Ne donnez surtout pas trop de détails. Répondez en une phrase ou deux à ces questions : qui fait quoi ? où et quand ? pourquoi ? dans quelle « ambiance » ?

1. Des soldats de la Première Guerre mondiale sont lancés à l'attaque de l'ennemi : ils franchissent des barbelés mais ils se retrouvent au milieu de l'enfer des obus qui explosent et des rafales des armes. Tétanisés par le nombre, la violence et le fracas de ces tirs, ils ont l'impression d'être transportés dans une tempête déchaînée où ils perdent toute capacité d'agir.

2. [Cette réponse peut être très variée, selon votre sensibilité, du moment que ressortent les idées de tempête, de chaos, d'enfer ou de notions semblables. Regardez le tableau *Verdun* de Félix Vallotton, peint en 1917.] Le décor peut être celui d'un fond noir avec des zones de brume grise (la « nuée », l. 6) et, dans tous les sens, des boules de feu, des éclairs ou des « étoiles » (l. 12) à multiples branches dans des couleurs agressives, de façon à ne pas en faire un ciel étoilé inspirant l'admiration, mais une menace. Pour suggérer le chaos que les obus provoquent, on peut représenter des trous profonds (les « cratères », l. 9) et des projections de terre ou de pierres pour traduire les deux dernières lignes du texte.

3. a) L'impression dominante est celle de la violence, du chaos, d'un déchaînement terrifiant de tous côtés.

b) Les métaphores commencent par « le **rideau** » (l. 5) symbole de ce qui cache, empêche de voir et de comprendre. Ensuite, ce sont des métaphores, empruntées à la nature ou à la météorologie dans ce qu'elles ont de plus violent, qui traduisent la force destructrice des tirs : « des **cyclones** de terre » (l. 8-9), « des **cratères** » (l. 9), « de ces **averses de tonnerre**, de ces grandes étoiles de **débris** » (l. 11-12), « leur **cri de fer** rouge » (l. 12-13), « dans la **tempête** à lueurs fauves, dans la **pluie** écrasante **des laves** » (l. 14-15).

4. a) C'est plus que de la maltraitance qui est faite à ces hommes, c'est carrément une forme de torture, d'écrasement qui provoque chez eux un sentiment de perdition : ils deviennent des pantins subissant un déchainement de violence où ils ne comprennent ni ne maîtrisent plus rien.

b) Le premier indice syntaxique est l'emploi du passif (l. 3) : « le son de sa voix **est emporté** », signe qu'une force supérieure à eux les domine. Ils y perdent leur identité (le pronom personnel « nous » devient l'impersonnel « on » qui, à la première ligne, désignait l'ennemi invisible) ; le narrateur lui-même se qualifie, lui et ses compagnons, de « masse » (l. 7). Autre signe qu'ils sont le jouet des tirs et non plus des « acteurs » : « notre masse » est un COD (« un effort [...] soulève **notre masse** », l. 7). Quand on retrouve l'usage du « je » (l. 13) comme sujet, le personnage n'accomplit que des actions qui traduisent sa faiblesse (« je lâche », l. 13) ou qui sont tout de suite corrigées pour souligner leur écrasement (« je le ramasse en chancelant et repars tête baissée [...] cinglé », l. 14-15). Le lexique qui s'applique aux hommes marque leur impuissance : « **plantés** au sol, **stupéfiés** » (l. 6), « on **trébuche** » (l. 7). Cette impuissance physique est doublée d'une confusion intellectuelle : « **on ne sait plus** » (l. 10), « on se sent **annihilé** » (l. 11).

5. a) Le temps majoritairement employé dans ce texte est le présent de l'indicatif (« nous traversons », « s'élancent », « se déchaînent »...)

b) Ces nombreux présents ont à la fois valeur d'actualité (le narrateur raconte ce qu'il vit à l'instant présent) mais enferme aussi les personnages dans une forme d'éternité : cela donne au lecteur l'impression qu'on ne sort pas de cet enfer, que cette situation horrible se répète à l'infini, qu'on n'en verra jamais la fin. Donc les valeurs de répétition et d'éternité sont aussi exprimées par ces formes verbales au présent.

6. [De la réponse précédente, on peut enchaîner la réponse 6 qui y est liée.] La phrase : « C'est un effroyable rideau qui nous sépare du monde, nous sépare du passé et de l'avenir » rend compte du sentiment ressenti par les soldats : les explosions, les tirs qui les visent sont tellement effrayants qu'ils ont l'impression que plus rien d'autre n'existe ni n'existera, qu'ils sont prisonniers de cet enfer à jamais. Ils en perdent tout souvenir qu'autre chose, qu'un monde « normal » ait pu advenir et ils pensent également qu'il n'y a plus pour eux aucun espoir d'en sortir.

RÉÉCRITURE

Repérer les difficultés

• **Passer le sujet à la première personne du pluriel** ne touche pas que le sujet : transformer « je » en « nous » est facile, mais il faut également modifier ce qui se rapporte à ce sujet, comme l'adjectif possessif « mon », transformé ici en « nos fusils ». Il n'aurait pas été impossible de laisser le singulier « notre fusil » mais on pourrait alors penser qu'il n'y en a qu'un pour tous les soldats, alors que le pluriel « nos fusils » fait plus aisément comprendre qu'ils en ont chacun un, donc qu'il y en a plusieurs.

• **Mettre le verbe au passé composé et à la 1re personne du pluriel** oblige à faire attention aux accords du participe passé : « lâché » est invariable car le participe est employé avec l'auxiliaire « avoir » et le COD (« nos fusils ») est placé après le verbe ; en revanche, « ramassés » est accordé avec « les » (mis pour « nos fusils ») placé avant le verbe ; « repartis » est accordé au pluriel avec le sujet « nous » puisque l'auxiliaire employé dans cette forme verbale est « être ».

• **Ne pas oublier d'accorder au pluriel** « cinglé », participe employé comme adjectif et se rapportant à « nous ».

« À un coup, **nous avons lâché nos fusils**, tellement le souffle d'une explosion **nous avait** brûlé les mains. **Nous les avons ramassés** en chancelant et **sommes repartis** tête baissée dans la tempête à lueurs fauves, dans la pluie écrasante des laves, **cinglés** par des jets de poussier et de suie. »

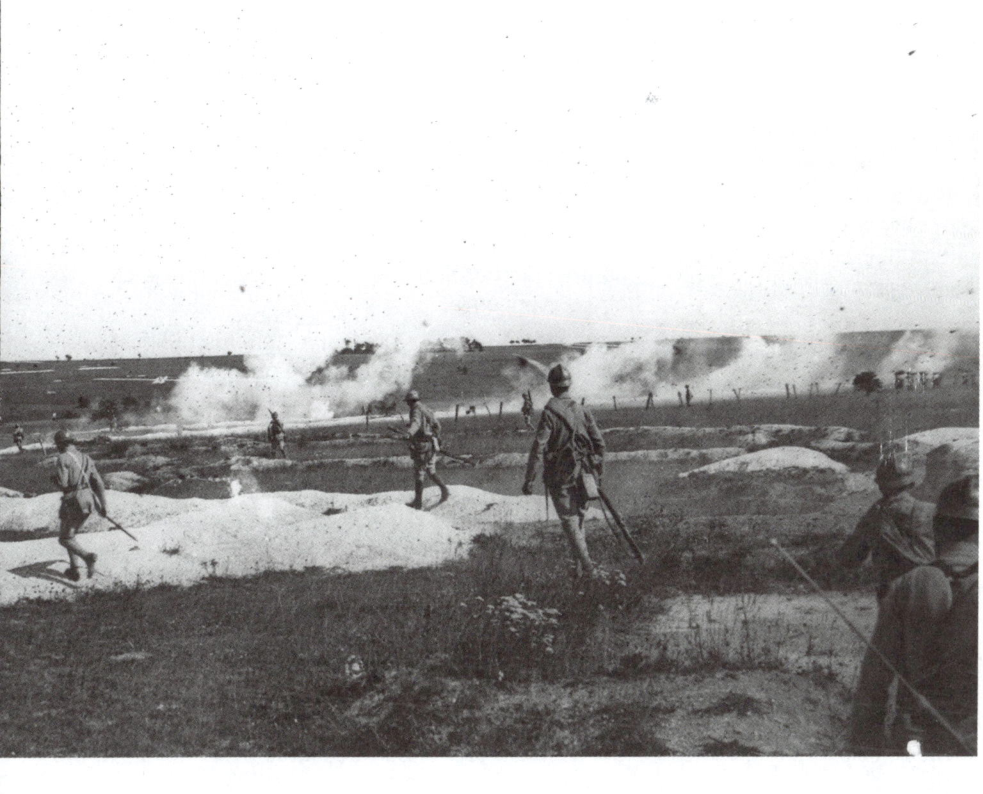

Le départ
de la première vague
d'assaut
(photographie de Louis
Meurisse, 1917).

DICTÉE

Repérer les difficultés

• **Difficultés grammaticales:**
– penser aux accords dans le groupe nominal, surtout quand on n'entend pas la lettre finale (« une rêverie confuse », « hommes fourbus », « arbres déchiquetés », « cette grande plaine couturée…, hersée »);
– attention à bien identifier la tournure de mise en relief « c'est » dans l'expression « comme c'est triste »;
– bien comprendre que « emporter » est un infinitif actif et non un participe passé passif (« emporté »): en effet, « emporter » dépend de la préposition « pour » et il admet un COD, alors que ce serait impossible avec une forme passive; penser à le remplacer par un verbe du 3e groupe comme « prendre » (« pour prendre l'image de cette grande plaine… »)
• **Difficultés de conjugaison:** cet extrait est majoritairement au présent, mais attention aux formes verbales du 3e groupe dont la 3e personne du singulier peut être en –t ou en –d (« se perd », « se bat », « se confond »).
• **Difficultés lexicales:** la lettre finale de « engourdi »; retenir « bistrot » (ou « bistro »), « aux aguets », « hersé(e) », « monceau(x) ».

RÉDACTION

A. Sujet d'imagination

Comprendre le sujet

• **C'est un sujet assez facile** pour vous car vous avez dû, pendant votre année de 3e, lire beaucoup de témoignages de soldats, voire étudier les « paroles de poilus » à travers leurs lettres adressées à leur(s) famille(s). Vous pouvez vous inspirer de ces lectures ou de films que vous avez vus sur les différentes guerres du XXe siècle.

• **Pensez à bien préciser la situation d'énonciation:** ancien combattant intervenant devant une classe (ce qui est le choix du « corrigé » ci-après), soldat intervenant dans un documentaire devant la caméra … ou – pourquoi pas? – combattant d'une guerre futuriste transmettant sa « science » à un jeune militant…

• **L'essentiel est de bien mettre l'accent sur les valeurs** que le personnage veut transmettre: courage, héroïsme, pacifisme, respect des autres peuples…

[Présentation de la situation d'énonciation] Quand notre professeur fit entrer l'invité dans notre salle de classe, il y eut bien, en catimini, quelques ricanements car ce monsieur, boiteux et très ridé, faisait très vieux et nous avions du mal à nous imaginer le « héros » que notre professeur nous avait annoncé. Mais les clins d'œil et les moqueries disparurent rapidement car Madame R. nous avait demandé d'être « dignes » de notre invité et nous savions qu'elle ne plaisantait pas avec la politesse et notre comportement qu'elle voulait irréprochable en toutes circonstances. De toute façon, dès que le monsieur prit la parole, il y eut quelque chose de très profond et de très grave dans sa voix qui nous captiva…

[Témoignage] « Bonjour, je me présente, je m'appelle Pierre D. Si je me trouve devant vous aujourd'hui, c'est à la demande de votre professeur d'histoire, Mme R., qui m'a sollicité pour venir témoigner de ce que j'ai vécu lorsque j'étais soldat.

Tout au long de votre scolarité, vous avez malheureusement eu à étudier de nombreuses guerres qui ont jalonné toutes les époques: au hasard, la guerre des Gaules relatée par César, la guerre de Cent Ans – ce qui veut dire que plusieurs générations d'affilée n'ont pas connu un seul moment de paix –, et plus proches de nous les deux grandes guerres mondiales qui ont embrasé la terre entière et puis d'autres, moins « voyantes », moins connues, mais dont il ne faut pas sous-estimer le pouvoir destructeur, aussi bien sur les soldats que les civils.

Et me voilà devant vous, avec mes souvenirs et mes blessures, pour vous parler de « ma » guerre… Vous avez sans doute pu remarquer que j'ai tendance à marcher un peu difficilement: un jour, alors que nous étions en reconnaissance sur le territoire ennemi, notre jeep a sauté sur une mine. Lorsque les secours sont arrivés ils ont trouvé trois corps complètement pulvérisés et le quatrième, c'était moi, miraculeusement vivant malgré ma jambe complètement déchiquetée: le médecin a opéré sur place pour stopper l'hémorragie, j'ai ensuite été rapatrié pour être soigné et me voici encore debout avec une prothèse. »

[Réactions de l'auditoire] Il y eut un frémissement parmi mes camarades car nous, nous jouons à la guerre avec des personnages virtuels qui disparaissent de l'écran: là notre combattant réapparaissait, marqué dans sa chair.

[Témoignage] « Ce rapatriement, continua notre invité, a mis fin à ce qui était devenu pour moi un cauchemar, une souffrance encore plus morale que physique. Que vous dire de ce que j'ai vécu? Je me suis engagé en pensant que j'allais défendre une juste cause: au début, oui, j'ai été fier de toucher une cible – j'étais assez habile au tir –, de réussir à « dégommer » ceux que je croyais être des ennemis.

Mais, peu à peu, sur place, j'ai compris qu'il est parfois très difficile de distinguer ce qui est juste, chacun clamant son bon droit. Il n'y avait partout que l'horreur sanglante d'une affreuse boucherie… Dans les villages, les hommes valides étaient souvent réunis sur la place centrale et tués à bout portant et leurs corps restaient longtemps là à pourrir… Les femmes et les enfants cherchaient un refuge dans les hautes herbes mais quelqu'un s'avisait de leur fuite et mettait le feu au champ: la nuit, dans mes cauchemars, j'entends encore les hurlements de ceux qui mouraient ainsi, piégés et brûlés vifs… Les quelques rares rescapés subissaient un sort atroce qui leur faisait regretter de ne pas être morts avec les autres: des jeunes filles violées, des garçons enrôlés de force qui devaient tuer à leur tour. Quand ils refusaient, on les droguait ou on les battait… et ils devenaient des machines à tuer, sans état d'âme, le doigt collé sur la gâchette… Et, quelques jours après, toutes ces morts et souffrances étaient vengées : c'était le village adverse qui était à son tour rayé de la carte et les réfugiés continuaient à s'entasser dans des camps surpeuplés ou des bidonvilles puants et infestés de rats. J'ai vite été frappé par l'absurdité de ce que je devais vivre. »

[Réactions de l'auditoire] Plus personne n'avait envie de ricaner : la voix du monsieur était devenue presque sourde, on sentait qu'il avait du mal à prononcer certains mots et nous étions suspendus à ses paroles.

[Témoignage] « Le soir nous rentrions à notre base ; lors du « débriefing », souvent je n'arrivais pas à parler. J'étais venu pour assurer une mission de paix et je ne voyais que des morts, les souffrances inouïes des blessés, je n'entendais que les explosions des grenades, le bruit des armes automatiques… et la nuit ne m'apportait aucun repos. J'avais constamment mal à l'âme.

Je ne vous cacherais pas que j'ai songé plusieurs fois à abandonner ma mission mais lorsque je voyais le courage et la ténacité de mes autres compagnons d'armes, je me disais que je ne pouvais pas les laisser ainsi et je repartais sur le front des opérations, le cœur si lourd…

Il y eut aussi heureusement quelques moments qui tenaient du miracle où j'ai eu le sentiment que ma mission était pleinement justifiée. Un jour, parti en éclaireur dans les marais, je suis tombé sur une femme terrée là, dans la boue putride : on aurait pu croire qu'elle nous espionnait mais, en voyant son regard suppliant, j'ai préféré croire qu'elle s'était cachée là pour échapper à des tortionnaires. Elle était enceinte : terrée là pendant une semaine, elle avait survécu en mangeant quelques plantes et l'espoir de pouvoir mettre au monde son enfant l'avait soutenue dans sa détresse. Elle était d'une maigreur effroyable, je l'amenai à notre hôpital de fortune en la portant dans mes bras tellement elle était affaiblie. Une forte fièvre la faisait trembler et je fis mon possible pour apporter mon aide au médecin, accomplissant des gestes que je n'avais jamais imaginés, serrant sa main dans la mienne et de l'autre, donnant au médecin les instruments dont il avait besoin. Elle réussit à mettre au monde une petite fille malingre mais en bonne santé. Et cette jeune mère, en me regardant de ses yeux brûlants de fièvre, me demanda mon prénom. « Je l'appellerai Pierrette » me dit-elle. C'est peu de temps après que je me suis fait blesser à mon tour. Mais le destin me rendit le cadeau de vie : comme je vous l'ai dit, j'ai survécu à ce guet-apens. »

Le monsieur se tut, perdu dans ses souvenirs. Je regardais autour de moi : des filles essuyaient furtivement une larme et des garçons se rongeaient les ongles pour ne pas trahir leur émotion.

« Je sais, je sais – et c'est une joie profonde et inaltérable pour moi – qu'il y a quelque part une petite Pierrette qui me doit sans doute la vie mais qu'est cette vie actuellement ? Je lui souhaite de tout cœur de connaître la paix, ce bien si précieux. Vous, vous trouvez cela naturel de pouvoir vivre tranquillement : c'est effectivement ce à quoi a droit chaque être humain. Mais dites-vous que, dans de très nombreux pays, l'enfant qui part à l'école le matin, la femme qui va au marché, l'homme qui cultive son champ n'est pas sûr(e) de rentrer vivant(e) ou indemne le soir dans sa maison. »

Notre invité n'eut pas besoin de conclure : nous avions compris que la guerre n'est pas un jeu vidéo et que personne ne se relève une fois qu'il est mort. Des applaudissements spontanés fusèrent dans la classe et nous fîmes le serment que la guerre ne puisse vaincre la paix et la vie !

B. Sujet de réflexion

Comprendre le sujet

- Cette « maxime » (« *La raison du plus fort est toujours la meilleure* ») est le premier vers de la fable de La Fontaine « Le loup et l'agneau » et lui sert de « morale » si l'on peut dire. Mais on peut s'étonner de la violence de cette affirmation qui, précisément, va à l'encontre de la morale qui veut habituellement qu'on protège les faibles.
- La Fontaine, quand il écrit cette fable, a en tête l'injustice faite à son protecteur, le surintendant Fouquet, qui a été spolié de ses biens (entre autres le château de Vaux-le-Vicomte) et emprisonné à vie sur ordre de Louis XIV qui avait pris ombrage de sa puissance et de sa splendeur. C'est donc un constat réaliste et amer qu'il énonce et non une leçon de morale. Mais il donne à cette fable un sens universel (présent de vérité générale).
- Bien comprendre le mot « raison » ; ici : il signifie « argument » et non pas « raisonnement, discernement, sagesse ».

[Introduction] Nous sommes souvent révoltés par des dénouements où les plus faibles sont écrasés ou n'obtiennent pas justice, que ce soit dans des situations de guerre ou de la vie quotidienne. Faut-il admettre que la « morale » de cette célèbre fable « Le Loup et l'Agneau » de La Fontaine – « *La raison du plus fort est toujours la meilleure.* » – soit une vérité éternelle ?

[Étude du sens de la fable : thèse] Il est étonnant que La Fontaine écrive dès le premier vers cette « morale » qui affirme que les « forts » ont toujours raison. De quels forts s'agit-il ? Des forts sur le plan du physique ou bien celui de l'habileté, de la technique : à la fin d'un match, on dit fréquemment du vainqueur qu'« il était le plus fort ». Dans la fable, c'est bien le cas : le loup est plus fort physiquement que l'agneau. Mais cette morale vise aussi les « forts » sur le plan économique : ceux qui sont plus riches peuvent facilement prendre le pas sur les plus pauvres. Et sur d'autres plans également : dans le monde, les pays les plus puissants peuvent exploiter ou ruiner des petits pays.

Pourtant, on peut s'étonner que le loup éprouve le besoin de dialoguer avec l'agneau : après tout, il aurait pu le dévorer d'emblée. Et si sa « raison » est « la meilleure », cela signifie qu'il l'emporte et non pas qu'il ait raison.

Que veut donc nous dire La Fontaine par cet échange d'arguments ? Il est troublant de constater que c'est l'agneau qui émet les arguments irréfutables : il boit l'eau en dessous du loup, il ne peut donc pas la troubler ; il n'était pas né lors des médisances dont l'accuse le loup, etc. Et les arguments qu'oppose le loup sont au contraire infondés : de mauvaise foi, il condamne à mort l'agneau par un abus de pouvoir. Est-ce que cela signifie que les puissants trouvent toujours de fausses et bonnes raisons d'écraser les faibles ? Comme le dit Phèdre, le fabuliste latin dont La Fontaine s'est inspiré : « Cette fable a été écrite à l'intention de ces hommes qui oppriment les innocents pour des raisons inventées ».

[Contradiction : antithèse] Cependant, les sociétés se sont construites en essayant de limiter cette « loi de la jungle ». Les lois que les hommes ont peu à peu mises en place tentent de donner la même chance à tout le monde : c'est, par exemple, le sens du mot « Égalité » dans la devise de la République française. C'est également le sens de la Révolution française : abolir une société de classes, de privilèges accordés à certains qui leur permettent d'écraser le peuple. L'histoire du monde a le plus souvent évolué dans cette voie, à savoir donner des droits aux plus faibles : aux enfants (*Déclaration des droits de l'enfant* en 1959), aux handicapés (loi de 2005)... On note aussi que, dans les organisations internationales comme à l'ONU, chaque pays a une voix égale à celle des autres, que le pays soit vaste et puissant ou petit et pauvre. Ce fut le cas lors de la COP21, où les plus petites îles avaient même pouvoir de veto que la Chine ou les États-Unis.

Et même lorsque la guerre semble annuler toutes les lois élaborées par la société civile, il existe la Convention de Genève pour protéger les civils et les prisonniers de guerre et défendre le droit international humanitaire.

Les hommes essaient donc de réguler, de réglementer ces différences de puissance entre les individus pour parvenir à plus de justice. Il n'est pas sûr que ces efforts soient récompensés, car comme le constate le fabuliste grec Ésope qui a aussi écrit une fable sur le loup et l'agneau : « Auprès des gens décidés à faire le mal la plus juste défense reste sans effet ».

[Autre contradiction] Il y a pourtant des cas où le recours à la force sert les faibles. Dans ce cas, peut-on dire que le plus fort est également le plus brutal, le plus cruel et faut-il le condamner ?

Lorsqu'un groupe est opprimé de manière physique, mais aussi et surtout économique, n'a-t-il pas raison de se révolter et d'imposer sa force et sa volonté ? Peut-on par exemple condamner la révolte des esclaves menée par Spartacus, les jacqueries des paysans écrasés d'impôts et souffrant de la faim sous l'Ancien Régime ou les mouvements des paysans sans terre au Brésil ?

Il faut dans ce cas savoir ne pas laisser la révolte dégénérer, outrepasser les limites, car elle peut devenir la « Terreur » comme cela s'est produit lors de la Révolution française en 1793. Par ces excès, les causes des faibles qui semblaient légitimes deviennent à leur tour révoltantes.

[Conclusion] Ce vers de « morale » révolte, car le lecteur est porté à soutenir l'innocence de l'agneau contre la force brutale de la « bête cruelle ». La civilisation progresse vers plus de justice entre le fort et le faible, mais il convient de rester toujours vigilant et lucide sur les « bonnes raisons » invoquées par les uns et les autres pour justifier leur action et sur leurs modalités d'action, car la fin ne justifie pas forcément les moyens.

Sujet 2 FRANÇAIS (p. 16)

Premier réflexe : observer le corpus

• La thématique qui fait le lien entre les différents documents du corpus est « la ville sous ses différents aspects ».

• Pour la partie littéraire de l'épreuve, un texte du XIXe siècle d'un auteur de romans très connu : Émile Zola.

• Un texte dense, pas forcément facile à comprendre. Mais soyez sensible à certains termes (par exemple, « moisissure », l. 4 ; « sanglants », l. 6...), certaines sensations (« odeur fauve de bêtes massacrées », l. 7 ; « des cris d'assassinés », l. 10) pour bien saisir l'ambiance particulière de ce texte qui illustre la théorie développée dans l'œuvre romanesque de Zola : le milieu influence, voire conditionne, l'individu.

QUESTIONS

Remarques préalables

• Aucune question ne vous est posée sur le Paris de l'époque de Zola, car cela défavoriserait les élèves qui ne connaissent pas la capitale. Mais sachez qu'à la fin du XIXe siècle, Paris n'a pas les mêmes limites qu'actuellement : Montmartre et la Chapelle sont des villages hors les murs de Paris (le « mur de l'octroi », l. 9, ou la « muraille grise », l. 12), alors qu'actuellement ils sont devenus des quartiers du nord de la ville ; les marchandises ne rentrent pas dans la ville sans payer une taxe (« l'octroi », l. 9 et 15).

• Les questions essaient, dans leur progression et leur regroupement, de vous faire comprendre que le milieu de vie influence les personnages (*cf.* le « naturalisme » dans les romans de Zola).

1. Gervaise habite dans un hôtel délabré, indice qu'elle n'a pas les moyens d'avoir un logement à elle. Le bâtiment est vraiment sordide : c'est une « masure » (l. 1), les persiennes sont « pourries » (l. 2), et on arrive à peine à lire le nom de cet hôtel, car la « moisissure » (l. 4) a effacé l'inscription. Les vitres de la lanterne sont cassées, « étoilées » (l. 3). [Vous pouvez élargir la description de son habitat au quartier où elle vit, même si cela est mentionné dans les lignes suivantes.] Par ailleurs, son quartier est délimité, d'un côté, par les abattoirs et ses « bêtes massacrées » dont le sang est rappelé par la couleur « lie-de-vin » (l. 2) de l'hôtel, de l'autre, par un hôpital en construction et, enfin, par « le mur de l'octroi » (l. 9).

2. a) Paris est décrit du point de vue de Gervaise : c'est son œil qui parcourt le quartier. En effet, le texte dit qu'« elle regardait à droite » (l. 5), « elle regardait à gauche » (l. 7), « lentement [...] elle suivait » (l. 9), « elle fouillait » (l. 10), « Quand elle levait les yeux, [...] elle apercevait » (l. 12-13), « elle revenait » (l. 14). Tous ces verbes indiquent que la description se fait selon le regard de Gervaise, comme si elle tenait une caméra et l'orientait.

b) Paris apparaît comme un endroit inquiétant et inhumain ; inquiétant par la présence de la mort dès le premier élément décrit (les abattoirs et les bouchers qui y travaillent (« en tabliers sanglants », l. 6 ; « bêtes massacrées », l. 7 ; les « cris d'assassinés », l. 10) et de la maladie (« la masse blanche de l'hôpital », l. 8). La ville est inhumaine, car elle enferme les êtres par « une muraille grise et interminable » (l. 12) et « une bande de désert » (l. 13), signifiant l'enfermement, l'absence de vie. Paris est un gouffre qui dévore les hommes : « la cohue s'engouffrait dans Paris où elle se noyait, continuellement » (l. 18-19). À cette impression de mort s'ajoute celle de noirceur, de saleté (l. 11). Rien n'est dit des autres bâtiments, des boutiques, des rues, des éventuels arbres.

3. Cette phrase s'oppose au reste de la description de Paris, car elle est la seule qui se termine sur une image positive : « une grande lueur », « une poussière de soleil » (l. 13) ; même si la poussière indique que ce soleil est faible, il est présent et l'arrivée du jour peut apaiser la peur de Gervaise. Cet élément positif, lumineux, s'oppose aux « coins sombres, noirs d'humidité et d'ordure » (l. 10-11). Cette notation visuelle trouve un écho dans le « grondement matinal » (l. 13-14) : ce grondement n'est pas menaçant, mais signe d'une vie qui commence. Cela s'oppose à la « bande de désert » (l. 13) qui isole la ville, c'est-à-dire une zone où rien ne pousse, une zone stérile.

D'ailleurs, cette opposition est soulignée par le « mais » qui introduit la phrase suivante.

4. a) Gervaise est inquiète et dans l'expectative : elle regarde partout « d'un bout à l'autre de l'horizon » (l. 9) ; « elle fouill[e] les angles écartés, les coins sombres » (l. 10-11). Cette attente lui cause une douleur physique : « le cou tendu » (l. 14). Son angoisse l'obsède : elle presse « son mouchoir sur les lèvres » (l. 5 et 20), elle a « peur » (l. 11), elle ne parvient pas à fixer son attention sur « une poussière de soleil » (l. 13), qui pourrait la réconforter. Aussitôt, elle revient au passage (« la barrière Poissonnière », l. 14).

b) Gervaise semble conditionnée par le décor médiocre où elle vit : elle ne voit que l'horrible et le négatif dans ce quartier de Paris. Comme dit en **2. b)**, elle ne mentionne rien d'autre que des lieux de mort, de maladie, signifiant l'emprisonnement (« muraille ») ou l'absence de vie (« désert »). Quand elle a l'occasion de regarder au-delà, vers un horizon plus lumineux, elle renonce vite à ce regard positif.

5. À la fin du texte (l. 16 à 21), Gervaise s'intéresse à la population qui n'est pas décrite à travers les individus qui la composent, mais comme une masse indifférenciée. Les mots « troupeau » (l. 16), « foule » (l. 17), « défilé sans fin» (l. 17), «cohue» (l. 18), désignent à chaque fois un ensemble et insistent sur le nombre; l'image de l'eau l'emporte même sur les hommes («flot ininterrompu», l. 15; «mares», l. 17). On constate également que les hommes sont associés indistinctement aux bêtes et aux charrettes (l. 15). Cette population est déshumanisée et réduite à sa force de travail («ouvriers allant au travail», l. 17). D'ailleurs, l'idée de mort qui domine le texte se retrouve ici puisque cette foule s'engouffre dans Paris pour s'y «noy[er]» (l. 18).

6. [Vous pouvez choisir votre symbole, du moment qu'il évoque un aspect majeur de la description de Paris et que vous justifiez votre avis.] D'après ce texte, on pourrait symboliser Paris par une prison (Gervaise décrit souvent la «muraille» de l'octroi), ou un lieu de crime (comme l'abattoir où sont tués des animaux), voire un tombeau, puisqu'elle craint que Lantier ait été assassiné. On peut également penser à une bouche de métro où tous les passants s'engouffrent ou à une fourmilière à cause du nombre d'habitants.

7. [Vous avez beaucoup de possibilités, mais il faut associer, si possible, trois informations dans cette synthèse qu'est le titre: Gervaise qui attend, son angoisse, le décor négatif de Paris.] Proposons «Attente angoissée dans un Paris mortifère» (*mortifère* signifie «porteur de mort») ou «Mort dans Paris?» (le point d'interrogation traduit l'attente de Gervaise et le mot «mort» peut s'appliquer à Paris comme à Lantier).

RÉÉCRITURE

Repérer les difficultés

- **Écrire les formes verbales au présent** n'est pas difficile ici, car les verbes sont du 1er groupe.
- **Attention à ne pas oublier** de passer à la 1re personne tous les adjectifs et les pronoms personnels qui se rapportent à Gervaise dans le texte.

Moi, que la lanterne **gêne**, **je me hausse, mon** mouchoir sur les lèvres. **Je regarde** à droite du côté du boulevard de Rochechouart, où des groupes de bouchers, devant les abattoirs, **stationnent** en tabliers sanglants; et le vent frais **apporte** une puanteur par moments, une odeur fauve de bêtes massacrées. **Je regarde** à gauche, enfilant un long ruban d'avenue, s'arrêtant presque en face **de moi,** à la masse blanche de l'hôpital de Lariboisière, alors en construction.

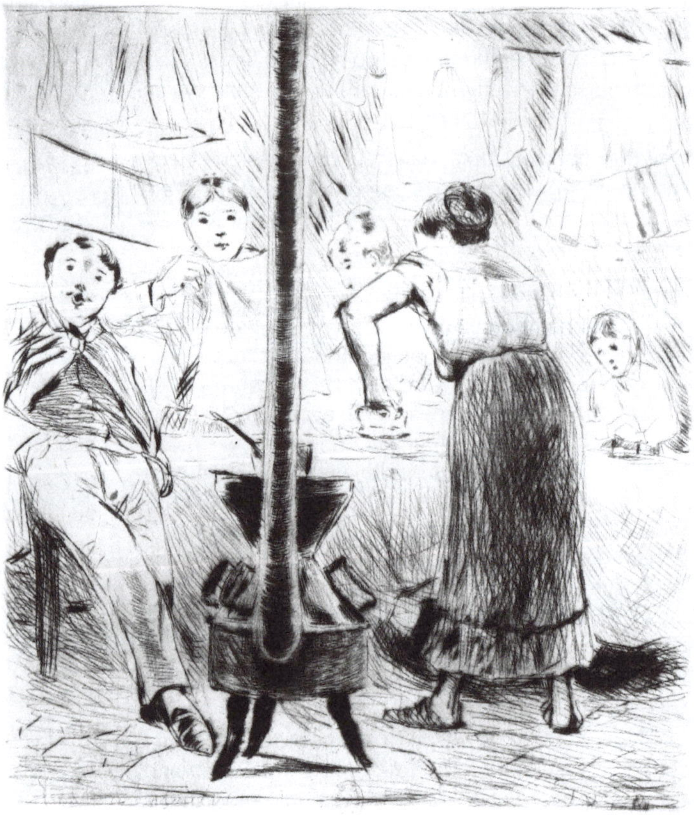

Gervaise dans sa blanchisserie
(Gaston de Latouche, 18 gravures pour *L'Assommoir* d'Émile Zola, Paris, 1879).

DICTÉE

Repérer les difficultés

• **Difficultés grammaticales :** essentiellement, ici, l'accord du participe passé passif, qu'il soit employé comme adjectif et accordé avec le nom auquel il se rapporte (ainsi « réunies » et « non confondues » accordés avec « la Seine et la Marne ») ou employé avec l'auxiliaire *être* et accordé au sujet (« jetées » accordé avec le sujet « elles »).

• **Difficultés de conjugaison :** attention à bien repérer le subjonctif imparfait dans l'expression « la plus belle qui **fût** jamais » ; c'est la tournure au superlatif qui commande le subjonctif, mode utilisé pour les faits supposés, qui relèvent plus de la pensée que de la réalité.

• **Difficultés lexicales :** bien repérer les noms qui se terminent en -té bien qu'ils soient féminins (la « cité », l'« autorité ») ; mais la principale difficulté est le verbe « enserrer » que vous devez reconnaître comme composé de « serrer » avec ses deux -r- et le préfixe en- : le décomposer vous le rend plus facile à écrire, car vous connaissez le verbe simple « serrer ».

RÉDACTION

A. Sujet de narration

Comprendre le sujet

• On vous demande une suite de texte : révisez ses caractéristiques à la leçon 24, p. 102.

• Faites cependant attention aux termes de la consigne : « sans oublier de tenir compte du décor qui les entoure ».

En effet, le questionnement sur le texte est orienté de façon à vous faire comprendre que, chez Zola, le comportement des personnages est en grande partie conditionné par le milieu dont ils sont issus : ici, par le décor dans lequel ils vivent (*cf.* réponse à la question 4. b)). Il ne faut donc pas réduire la suite de texte à une confrontation entre les personnages, mais mentionner le décor décrit par le texte ou celui dont rêveraient les personnages, ou même en faire un élément de leur évolution (les passages qui évoquent le décor sont **en gras** dans la proposition de corrigé).

• Vous êtes libre d'imaginer que Gervaise et Lantier se réconcilient ou, au contraire, s'affrontent.

Le temps passait et Gervaise, qui succombait désormais à de brusques accès de sommeil dont elle se réveillait en sursaut, se penchait de plus en plus dangereusement à la fenêtre en écarquillant les yeux dans l'espoir d'apercevoir Lantier.

Mais, à chaque fois qu'elle croyait le reconnaître, elle était cruellement déçue : elle était désormais convaincue qu'il s'était fait assassiner derrière le mur de l'octroi ; d'ailleurs, **cette odeur de sang écœurante que le vent charriait depuis les abattoirs du boulevard Rochechouart** ne se mêlait-elle pas à celle des blessures auxquelles avait succombé son amour ?
Décidément la vie était trop injuste : elle qui avait toujours rêvé d'avoir une vie honnête et de pouvoir s'établir **dans une boutique proprette** où elle aurait, à force de travail, gagné sa vie pour leur **installer un petit nid d'amour, au plancher tout brillant d'encaustique, avec de jolis rideaux en coton fleuri...** Mais non, elle devait **vivre dans ce taudis qui puait le moisi, dont les murs suintaient d'humidité !** À quoi cela servait-il de s'échiner à la tâche comme tous ces ouvriers qu'elle voyait défiler sous ses yeux, le dos courbé sous le poids de leurs outils, abrutis de fatigue déjà bien avant d'avoir commencé leur journée de bête de somme ? Le matin se levait à peine et **la ville pulsait d'un bruit sourd, comme un cœur usé, mais malgré tout infatigable.**

Elle avait fermé les yeux un court instant, accablée par le tourment et la fatigue d'une nuit blanche et, lorsqu'elle les rouvrit, elle crut l'apercevoir : mais oui, c'était bien lui qui arrivait ! Enfin ! Elle se précipita **dans l'escalier branlant, faillit tomber parce que la dernière marche était grasse de saleté ;** elle courut dans la rue, les cheveux au vent (elle n'avait même pas pris le temps de se faire un chignon et de mettre un chapeau pour se rendre respectable : au diable le regard des autres, alors qu'elle était sur le point de pouvoir serrer dans ses bras l'homme qu'elle aimait !).

Elle allait se jeter dans les bras de Lantier quand quelque chose l'arrêta brusquement : il était complètement saoul ! Elle, qui avait tant souffert dans son enfance de l'ivrognerie de son père, retrouvait les mêmes ravages de l'alcool chez Lantier : une démarche hésitante, des paroles balbutiées, un vague sourire sur les lèvres... Il semblait tout réjoui d'avoir passé une bonne nuit à boire **dans un cabaret sordide** avec des amis de fortune, rencontrés autour d'un verre d'eau-de-vie... et elle qui s'était morfondue toute la nuit, qui l'avait imaginé le ventre lardé de coups de couteau !...

Elle avait été bien bête de se faire tant de souci pour lui, un ivrogne pour lequel elle gâchait sa vie, qui buvait les quelques sous qu'elle gagnait durement ! Mais elle devait bien reconnaître aussi que, malgré ses défauts, elle l'aimait passionnément, d'un amour fou et irraisonné.

Elle l'apostropha brutalement : « D'où viens-tu à cette heure ? Tu sais que je me suis fait du souci toute la nuit à t'attendre ? Je croyais ne jamais te revoir... ». Lui la regardait, l'air hébété, comme s'il ne savait plus où il était. Ils se faisaient face **sur le trottoir maculé par les immondices, bousculés par la cohue incessante des ouvriers.** Il se détourna : elle crut qu'il regardait en arrière, **vers la menace sombre des abattoirs**, comme à regret. Le vent leur charriait les odeurs âcres du sang qui coulait dans les abattoirs. Lantier se détourna, eut un violent haut-le-cœur et il vomit : **les éclaboussures**

se confondirent avec le crépi rouge lie-de-vin de la façade de l'hôtel.

Elle le prit sous le bras pour le ramener **vers leur minable «chez eux».** Il s'appuyait sur elle, murmurait des «Ma douce, tu m'aimes, toi» un peu indistincts, mais qui finirent par l'attendrir. Étrangement, elle avait retrouvé de l'énergie, de l'espoir: elle l'aida à s'étendre **sur le lit dont les draps illuminaient la pièce de leur blancheur** (elle connaissait son métier! elle en était fière!). C'était comme une promesse de jours meilleurs...

B. Sujet de réflexion

Comprendre le sujet

- C'est un sujet d'argumentation assez simple pour vous car, quel que soit l'endroit où vous habitez, vous avez une opinion sur la question.
- En fin de cycle 4, vous devez produire des «textes défendant une opinion en réponse à un texte argumentant en faveur d'un point de vue différent» (programme de français du cycle 4, B.O. n° 11 du 26 novembre 2015): vous devez confronter le pour et le contre, la thèse et l'antithèse (voir leçon 26, p. 106), mais vous n'êtes pas tenu(e) de développer aussi longuement les deux.
- Pensez à envisager les différents aspects de la ville: architecture, mode de vie, relations sociales, distractions.

[Introduction] Gervaise ne tire aucun plaisir du quartier de Paris où elle vit et elle aimerait sans doute habiter ailleurs, peut-être dans cette campagne, au-delà du mur de l'octroi, où le soleil a l'air de briller. Pourtant, vivre en ville offre de nombreux avantages.

[Premier argument: diversifier les occupations] La ville offre d'abord une grande diversité d'activités et de loisirs. Vous y trouvez aussi bien des cafés, des restaurants que des endroits où acheter des livres, des journaux, de la musique. Dans les grandes villes, vous avez le choix d'entrer dans un musée ou dans un cinéma à presque toute heure du jour et, le soir, les théâtres ou les salles de concert vous offrent encore d'autres distractions. Les lieux culturels sont accessibles à toutes catégories de publics, depuis les enfants jusqu'aux adultes ou aux seniors et, souvent, les municipalités proposent des tarifs très intéressants pour y accéder.

C'est également souvent plus facile de trouver du travail en ville: les offres d'emploi y sont plus variées.

Certes, les amoureux de la nature diront que la campagne regorge d'activités diverses: travailler la terre, observer les oiseaux ou les animaux, ou encore rêver en suivant des yeux les merveilleux nuages. Ils ajouteront que ces activités n'ont pas besoin d'être monnayées: la nature s'offre gratuitement à vos yeux ou à vos bras, alors qu'en ville il faut payer pour tout, pour les fleurs chez le fleuriste, les fruits chez l'épicier, alors que les prés ou les arbres fruitiers vous tendent leurs offrandes... Enfin, à condition que ce soit des fleurs et des fruits sauvages ou que vous soyez propriétaire du champ...

[Deuxième argument: multiplier les rencontres] La ville présente aussi la possibilité de multiples rencontres, d'amitiés nouvelles. Quand on habite dans un village, on croise toujours à peu près les mêmes gens. Certes, c'est très agréable de se connaître tous, de s'entraider souvent et de partager les joies et les peines de quelques familles. Cela crée le sentiment d'avoir des racines quelque part, d'exister. En ville, en revanche, on peut souffrir de l'anonymat: tous ces gens qui défilent sous vos yeux sans se parler, comme le décrit Gervaise, un «flot ininterrompu», déshumanisé dans lequel on se noie...

Mais cette densité est aussi propice aux rencontres: au collège, au lycée, sur les lieux de travail, on découvre des visages nouveaux et la sympathie crée des liens avec une ou plusieurs personnes différentes. Même si notre voisin de palier, de classe ou de bureau vient d'un horizon très différent du nôtre, il peut partager nos goûts, nos réactions et devenir un complice, un ami. Ses racines différentes nous enrichissent en nous dévoilant d'autres coutumes, d'autres modes de vie. Et c'est le brassage de la ville qui offre cette opportunité.

[Troisième argument: admirer l'architecture] Enfin, c'est la ville qui inspire aux architectes leurs plus belles créations, mais aussi aux urbanistes leurs agencements réussis ou aux artistes leurs œuvres de «street art»: gratte-ciel de New York, tours rivalisant d'audace de Shanghai ou Kuala Lumpur, sculptures ornant les centres de ronds-points, pyramide du musée du Louvre, harmonieuse perspective de la Défense à la Concorde passant par l'Arc-de-Triomphe de l'Étoile à Paris, fresques... la ville fournit au passant de quoi s'émerveiller, s'indigner ou s'interroger.

[Conclusion] La ville a le grand mérite de titiller notre curiosité, de susciter l'intérêt, même si parfois ce qu'elle propose nous irrite plus qu'il ne nous convient.

Sujet 3 MATHS (p. 18)

EXERCICE 1

1. $\frac{7}{4}+\frac{2}{3}=\frac{7\times3}{4\times3}+\frac{2\times4}{3\times4}=\frac{21}{12}+\frac{8}{12}=\frac{21+8}{12}=\frac{29}{12}$.

La somme $\frac{7}{4}+\frac{2}{3}$ est égale à $\frac{29}{12}$.

Pour additionner deux fractions, on commence par les réduire au même dénominateur.

2. $5x + 12 = 3$ donne successivement :
$5x = 3 - 12$; $5x = -9$;
$x = -9 \div 5$;
$x = -1{,}8$.
L'équation $5x + 12 = 3$ a pour solution $-1{,}8$.

3. Sur une calculatrice on tape $(\sqrt{5}+1)/2$.
Une valeur approchée, au dixième près, du nombre $\frac{\sqrt{5}+1}{2}$ est 1,6.

Attention : pour une écriture fractionnaire, la barre de fraction donne lieu à des priorités comme si le numérateur et le dénominateur étaient entre parenthèses.

EXERCICE 2

1.

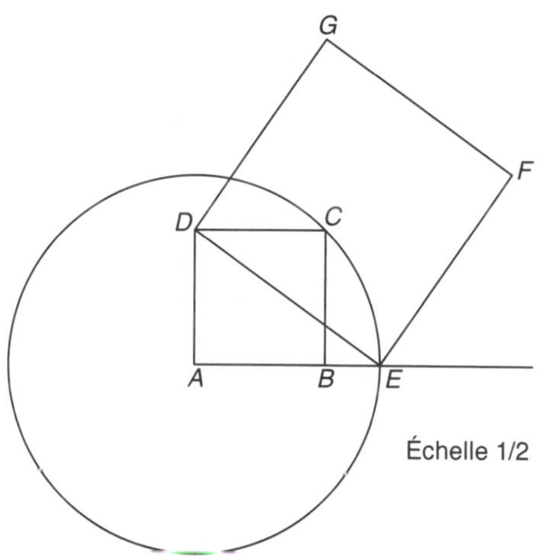

Échelle 1/2

2. a) *ABCD* étant un carré, le triangle *ABC* est rectangle en *B*.
D'après le théorème de Pythagore, on a :
$AC^2 = AB^2 + BC^2$, soit $AC^2 = 10^2 + 10^2$
ou encore $AC^2 = 200$.
Comme *AC* est une longueur, on a bien **$AC = \sqrt{200}$ cm.**

b) *E* est sur le cercle de centre *A* et de rayon *AC*, donc on a **$AE = AC = \sqrt{200}$ cm.**

c) Le triangle *EAD* est rectangle en *A*.
D'après le théorème de Pythagore, on a :
$ED^2 = AE^2 + AD^2 = 200 + 10^2 = 300$.
L'aire du carré *DEFG* est ED^2, soit 300 cm^2.
L'aire du carré *ABCD* est AB^2, soit 10^2 cm^2 ou encore 100 cm^2.

L'aire d'un carré de côté *a* est a^2.

L'aire du carré *DEFG* est le triple de l'aire du carré *ABCD*.

3. L'aire du carré *DEFG* étant toujours le triple de l'aire du carré *ABCD*, pour obtenir un carré *DEFG* ayant une aire de 48 cm^2, il faut que le carré *ABCD* ait une aire de $48 \div 3$ cm^2, soit 16 cm^2.
Son côté mesure $\sqrt{16}$ cm, soit 4 cm.
Il faut choisir au départ *AB* = 4 cm.

EXERCICE 3

1. On choisit au hasard une boule parmi 12.
Il y a 6 boules avec un numéro pair (2 – 4 – 6 – 8 – 10 – 12) et seulement 4 boules avec un numéro multiple de 3 (3 – 6 – 9 – 12).
Il est plus probable d'obtenir un numéro pair qu'un multiple de 3.

2. Les numéros des boules étant tous inférieurs à 20, **obtenir un numéro inférieur à 20 est un événement certain de probabilité 1.**

3. Les diviseurs de 6 sont 1, 2, 3 et 6. En enlevant de l'urne toutes les boules dont le numéro est un diviseur de 6, il reste 8 boules. Parmi ces 8 boules, celles qui portent un nombre premier sont les boules numérotées 5, 7 et 11.

Les nombres premiers inférieurs à 30 sont :
2 – 3 – 5 – 7 – 11 – 13 – 17 – 19 – 23 – 29.

La probabilité d'obtenir un numéro qui soit un nombre premier est $3 \div 8$, soit 0,375.

EXERCICE 4

Partie 1

1. En 2015, il y avait 64 millions de Français (document 2) dont 4,7 % souffraient d'allergies alimentaires (document 1).
$64\,000\,000 \times 4{,}7 \div 100 = 3\,008\,000$.
3 008 000 personnes souffraient d'allergies alimentaires en 2015.
En 2010, elles étaient deux fois moins nombreuses.
$3\,008\,000 \div 2 = 1\,504\,000$.
À 100 000 près, **1,5 million de personnes souffraient d'allergies alimentaires en France en 2010.**

2. Il y avait environ 50 millions de Français en 1970 dont 1 % souffrait d'allergies alimentaires, ce qui représentait environ 0,5 million de personnes.
On a : 3 millions = $6 \times 0{,}5$ million.
Il est vrai qu'en 2015 il y avait environ 6 fois plus de personnes concernées qu'en 1970.

Partie 2

1. On a 32 ÷ 681 = 0,047 à 10^{-3} près. Environ 4,7 % des élèves de ce collège souffrent d'allergies alimentaires, **ce qui est semblable au pourcentage de la population française**.

2. La différence entre le 32 annoncé et le 39 compté par Jawad est due au fait que **certains élèves peuvent avoir plusieurs allergies et être comptabilisés plusieurs fois**.

3. a) Les données étant qualitatives, la représentation correcte est celle en bâtons/rectangles, donc **celle de Lucas**.

b)

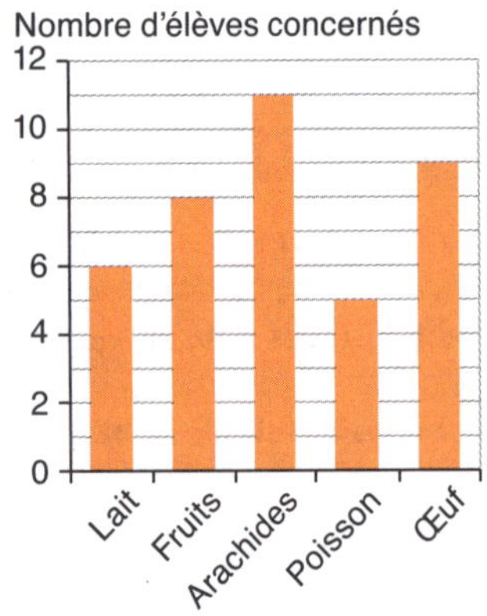

EXERCICE 5

1. Le centre de la balle se trouvant 4 graduations à droite de l'origine O et 3 unités au-dessus, ses coordonnées sont (40 × 4 ; 40 × 3), soit **(160 ; 120)**.

2. a) Si le joueur appuie sur la touche → puis sur la touche ←, l'abscisse du chat augmente de 80, puis diminue de 40, donc globalement elle augmente de 40 et **le chat ne revient pas à sa position de départ**.

b) Le joueur appuie sur la succession de touches suivante : →→↑←↓.
Comme il y a deux flèches vers la droite et une flèche vers la gauche, son abscisse augmente de 2 × 80 et diminue de 40.
On a $x = -120 + 2 \times 80 - 40 = 0$.
Comme il y a une flèche vers le haut et une flèche vers le bas, son ordonnée augmente de 80 et diminue de 40.
On a $y = -80 + 80 - 40 = -40$.
Après ce déplacement, les coordonnées du chat sont (0 ; –40).

c) Avec la séquence →→→↑↑↑→↓←, le chat se déplace 4 fois vers la droite et une fois vers la gauche.
Son abscisse devient – 120 + 4 × 80 – 40 = 160.
Il se déplace également 3 fois vers le haut et une fois vers le bas.
Son ordonnée devient – 80 + 3 × 80 – 40 = 120.
Or (160 ; 120) sont les coordonnées du centre de la balle.
La séquence →→→↑↑↑→↓← permet au chat d'atteindre la balle.

3. Quand le chat atteint la balle, **le message « Je t'ai attrapée. » est affiché pendant deux secondes et le chat retourne à sa position de départ.**

EXERCICE 6

1. a) Comme le point B appartient au segment [BC], on a $OC = OB + BC = 6 + 5 = 11$.
Comme le point F appartient au segment [OE], on a $OE = OF + FE = 4 + 15 = 19$.
Dans le rectangle $OCDE$, on a :
$DE = OC = 11$ et $CD = OE = 19$.
La longueur de grillage utilisée est :
$FE + ED + DC + CB = 15 + 11 + 19 + 5 = 50$.
Elle utilise donc les 50 m de grillage.

b) L'aire du rectangle $OCDE$ est :
$OC \times OE = 11 \times 19 = 209$.
L'aire de l'enclos est 209 m².

2. Si $x = 5$ alors on a :
$A(5) = -5^2 + 18 \times 5 + 144 = -25 + 90 + 144 = 209$.
La formule de la voisine est bien cohérente avec le résultat de la question 1.

3. a) Dans la cellule F2, on a **=-F1*F1+18*F1+144**.

b) Dans le tableau l'aire est maximale quand ***BC* = 9**.

c) On a alors $OC = OB + BC = 6 + 9 = 15$.
L'aire de l'enclos étant alors de 225, on a :
$OE = 225 \div OC = 15$.
L'enclos est donc un carré dont les côtés mesurent 15 m.

Sujet 4 MATHS (p. 21)

EXERCICE 1

1. L'urne ne contient que des boules vertes ou bleues. Obtenir une boule bleue est l'événement contraire d'obtenir une boule verte.
On a la probabilité d'obtenir une boule bleue qui vaut 1 moins la probabilité d'obtenir une boule verte et :

$$1 - \frac{2}{5} = \frac{5}{5} - \frac{2}{5} = \frac{3}{5}.$$

La probabilité d'obtenir une boule bleue est égale à $\mathbf{\frac{3}{5}}$.

2. Comme, après tirage, la boule est remise et que le contenu de l'urne est mélangé, à chaque tirage la probabilité d'obtenir une boule bleue est $\frac{3}{5}$ et celle d'obtenir une boule verte est $\frac{2}{5}$; donc, en particulier au 7e tirage, même si les 6 premiers tirages ont donné des boules vertes.
On a $\frac{3}{5} > \frac{2}{5}$, donc au 7e tirage, Paul aura plus de chances d'obtenir une boule bleue qu'une boule verte.

3. Les 8 boules vertes représentent les deux cinquièmes des boules de l'urne. Soit x le nombre de boules dans l'urne. On a : $\frac{2}{5}x = 8$, soit $x = 8 \times \frac{5}{2}$, ou encore $x = 20$.
Le nombre de boules bleues dans cette urne est $\frac{3}{5} \times 20$, soit **12**.

> On peut aussi raisonner avec de la proportionnalité.

EXERCICE 2

1. L'instruction 3 donne les coordonnées du point de départ du tracé qui sont **(–200 ; –100)**.

2. L'instruction 6 donne que **5 triangles sont dessinés par le script**.

3. a) La longueur du côté du premier triangle dessiné est 100 (instruction 5), puis on ajoute –20 à cette longueur (instruction 9), donc la longueur (en pixels) du côté du deuxième triangle tracé est 100 + (–20), soit **80**.

b) Quand on exécute ce script, on obtient :

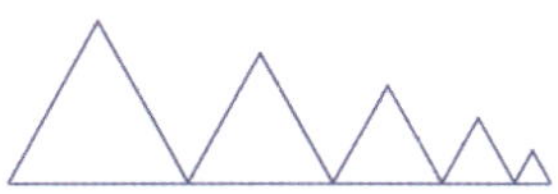

4. On peut placer l'instruction **après l'instruction 8 ou après l'instruction 9** afin d'obtenir la nouvelle figure.

EXERCICE 3

1. La courbe n'étant pas une droite, **ce n'est pas une situation de proportionnalité**.

> La représentation graphique d'une situation de proportionnalité est une droite passant par l'origine du repère.

2. Graphiquement, au bout de 0,2 seconde, **la tension mesurée est de 4,4 V**.

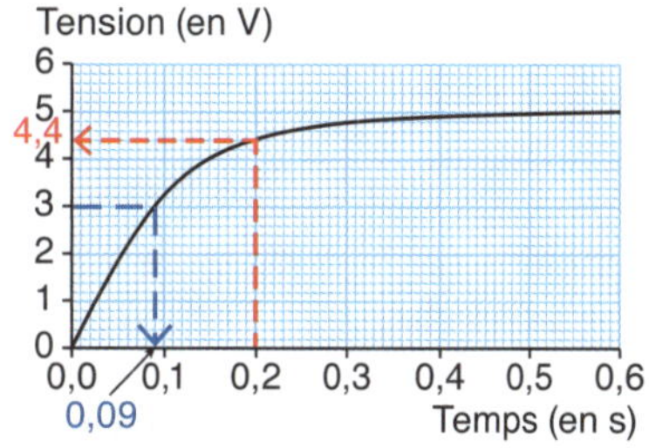

3. 60 % de 5 V, c'est 0,60 × 5 V, soit 3 V.
Graphiquement, la tension aux bornes aura atteint 60 % de la tension maximale au bout de **0,09 seconde**.

EXERCICE 4

1. D'après le tableau, pour une installation de type B installée en mai 2015 avec une puissance de 28 kW, le prix d'achat du kWh est de 13,95 centimes d'euros, soit 0,1395 euro. Pour 31 420 kWh achetés, le prix d'achat est 31 420 × 0,1395 €, soit **environ 4 383 €**.

2. ABC est un triangle rectangle en C avec $AC = 7\text{ m} - 4{,}8\text{ m} = 2{,}2\text{ m}$ et $CB = 4{,}5\text{ m}$.

On a $\tan \widehat{ABC} = \dfrac{\text{côté opposé à } \widehat{B}}{\text{côté adjacent à } \widehat{B}} = \dfrac{AC}{BC} = \dfrac{2{,}2}{4{,}5}$.

On fait $\widehat{ABC} = \tan^{-1}\left(\dfrac{2{,}2}{4{,}5}\right)$.

L'angle $\widehat{ABC}$ que forme le pan sud du toit avec l'horizontale est de **26°** à 1° près.

3. a) ABC est un triangle rectangle en C.
D'après le théorème de Pythagore, on a :
$AB^2 = AC^2 + BC^2$, soit $AB^2 = 2{,}2^2 + 4{,}5^2$,
ou encore $AB^2 = 25{,}09$.
Comme AB est une longueur, on a $AB = \sqrt{25{,}09}$, d'où $AB \approx 5$. **La longueur *AB* est environ égale à 5 m.**

b) Chaque panneau solaire est un carré de 1 m de côté et d'aire 1 m^2.
La surface des 20 panneaux solaires est de 20 m^2.
La surface du pan sud du toit est celle d'un rectangle de 5 m sur 7,5 m ; sa surface est 5 m × 7,5 m soit 37,5 m^2.
On a 20 ÷ 37,5 ≈ 0,53.
Environ 53 % de la surface du pan sud du toit sera occupée par les panneaux solaires.

> Aire d'un rectangle de dimensions l et $L = lL$.

c) En faisant un rectangle avec 4 panneaux solaires dans le sens de la hauteur et 5 panneaux solaires dans le sens de la longueur et en ajoutant 0,3 m pour les fixations sur chaque bord, il faut avoir dans le sens de la hauteur 4 × 1 m + 2 × 0,3 m, soit 4,6 m et dans le sens de la longueur 5 × 1 m + 2 × 0,3 m, soit 5,6 m.

Le propriétaire peut installer les 20 panneaux prévus.

1 cm = 0,01 m.

EXERCICE 5

1. La vitesse moyenne de la Danoise est $v = \dfrac{50 \text{ m}}{24{,}07 \text{ s}}$, soit environ 2,08 m/s.

On a aussi 6 km/h = $\dfrac{6 \text{ km}}{1 \text{ h}} = \dfrac{6\,000 \text{ m}}{3\,600 \text{ s}}$, soit environ 1,67 m/s.

Pernille Blume nage plus rapidement qu'une personne qui marche vite.

$v = \dfrac{d}{t}$ 1 h = 3 600 s 1 km = 1 000 m

2. a) $E = (3x + 8)^2 - 64$
$= (3x)^2 + 2 \times 3x \times 8 + 8^2 - 64$
$= 9x^2 + 48x + 64 - 64$
$= \mathbf{9x^2 + 48x}$.

$(a + b)^2 = a^2 + 2ab + b^2$ $(kx)^2 = k^2x^2$

b) $E = 9x^2 + 48x = 3x \times 3x + 16 \times 3x =$ **$3x(3x + 16)$**.

c) $(3x + 8)^2 - 64 = 0$ s'écrit successivement :
$E = 0$;
$3x(3x + 16) = 0$;
$3x = 0$ ou $3x + 16 = 0$;
$x = 0 \div 3$ ou $3x = -16$;
$x = 0$ ou $x = -16 \div 3$.

Les solutions de $(3x + 8)^2 - 64 = 0$ sont 0 et $\dfrac{-16}{3}$.

Si un produit AB est nul, alors l'un des facteurs A ou B est nul.

3. Si la route est mouillée, alors $k = 0{,}14$.

On veut V tel que $15 = 0{,}14 \times V^2$, ce qui donne $15 \div 0{,}14 = V^2$,

puis $\sqrt{\dfrac{15}{0{,}14}} = V$ car V est un nombre positif.

La vitesse du véhicule est de 10,35 m/s, soit 37,26 km/h.

1 m/s = 3,6 km/h.

EXERCICE 6

1. a) Parmi les six employés examinés, 3 ont un IMC supérieur ou égal à 25, donc **3 employés sont en surpoids ou obèses**.

b) Les formules =72/1.69^2 et =$B2/($B1*$B1) ne calculent que l'IMC de la première personne car elles sont inchangées par recopie.

La formule =B1/(B2*B2) correspond à taille/masse^2, ce qui n'a aucun sens.

La bonne formule est **=B2/(B1*B1)**.

2. a) On effectue une moyenne pondérée.

$$m = \frac{20 \times 9 + 22 \times 12 + 23 \times 6 + 24 \times 8 + 25 \times 2 + 29 \times 1 + 30 \times 1 + 33 \times 2}{41}$$

$$m = \frac{949}{41}.$$

À l'entier près, **l'IMC moyen est de 23.**

b) Il y a 41 valeurs, donc la médiane est la 21e valeur de la série ordonnée. Or 9 + 12 = 21, donc la 21e valeur de la série ordonnée est 22.

L'IMC médian est 22.

50 % au moins des personnes ont un IMC inférieur ou égal à 22 et 50 % au moins des personnes ont un IMC supérieur ou égal à 22.

c) Dans cette entreprise, le nombre de personnes en surpoids ou obèses est : 2 + 1 + 1 + 2, soit 6 personnes.

Cela représente 14,6 % $\left(\text{c'est-à-dire } \dfrac{6}{41}\right)$ de l'effectif.

Le personnel de cette entreprise correspond à l'affirmation du magazine qui indique « qu'*au moins 5 %* de la population mondiale est en surpoids ou est obèse ».

EXERCICE 7

1. On a une situation de proportionnalité :

Masse fraises	1 kg	1 800 g
Masse sucre	700 g	x

Par produit en croix, on a $x = 700 \times 1\,800$.

Léo a besoin de 1,26 kg de sucre.

2. Le volume rempli dans un pot est celui d'un cylindre de rayon 3 cm (6 cm ÷ 2) et de hauteur 11 cm (12 cm – 1 cm).

Ce volume est $\pi \times 3^2 \times 11$, soit environ 311 cm^3.

Avec 2,7 litres de confiture, soit 2 700 cm^3, on a :
$2\,700 \div 311 \approx 8{,}68$.

Léo remplira 8 pots entiers et une partie d'un 9e pot.

3. a) La longueur de l'étiquette doit être égale à la circonférence d'un cercle de rayon 3 cm, soit à $2\pi \times 3$ cm ou encore **18,85 cm environ**.

b) À l'échelle $\dfrac{1}{3}$, on a comme dimensions :

$12 \text{ cm} \times \dfrac{1}{3} = 4 \text{ cm}$ et $18{,}85 \text{ cm} \times \dfrac{1}{3} = 6{,}28 \text{ cm}$.

Sujet 5 HISTOIRE / GÉOGRAPHIE / EMC (p. 24)

Histoire EXERCICE 1

1. Repères sur le document 1 :

– la Première Guerre mondiale (1914/1918) ou la Grande Guerre de 1914-1918 ;

– M. Georges Clemenceau est président du Conseil (Premier ministre aujourd'hui) et ministre de la Guerre le 20 novembre 1917. Son discours s'adresse à la Chambre des députés. Il est prononcé à l'occasion de son investiture (la nomination de Clemenceau à la présidence du Conseil est validée par un vote des députés) ;

– la bataille de Verdun ;

– la Russie.

2. *Plusieurs réponses sont possibles. Par exemple :*

– **un discours volontariste** : « Messieurs, nous avons accepté d'être au Gouvernement pour conduire la guerre avec un redoublement d'efforts en vue du meilleur rendement de toutes les énergies. »

– **un discours patriote** : « (la France) accepte de souffrir encore, pour la défense du sol des grands ancêtres, avec l'espoir d'ouvrir, toujours plus grandes aux hommes comme aux peuples, toutes les portes de la vie. La force de l'âme française est là. C'est ce qui meut notre peuple au travail comme à l'action de guerre. »

3. D'habitude, le mot « poilu » désigne affectueusement les soldats français. Ici, Clemenceau englobe volontairement toute la population dans ce mot (« ces vieux paysans courbés sur leurs terres, ces robustes femmes au labour, ces enfants qui leur apportent l'aide [...] ». **C'est une manière d'évoquer la guerre totale qui rassemble toutes les énergies de la nation sur le front et à l'arrière pour vaincre l'adversaire.** Ainsi, la guerre totale n'épargne aucune catégorie d'âge, de sexe, de condition.

4. **La guerre totale impose** :

– **la mobilisation de tous** : des hommes en âge de se battre sur tous les fronts (terre, mer, air) ; des travailleurs à l'arrière, des femmes et des enfants pour apporter une aide morale aux soldats ;

– **le recul des libertés individuelles et collectives**, car il faut à tout prix éviter le défaitisme. Par exemple, l'effort de guerre justifie l'abandon du droit de grève en France, qui est assimilé à une trahison de la patrie. La presse censurée reprend les communiqués militaires toujours victorieux.

5. Cette carte postale représente la délégation des mutilés (ou des « gueules cassées ») français au Congrès de la Paix à Versailles.

6. **L'artillerie, les gaz asphyxiants, les armes nouvelles, comme les avions ou les chars, donnent à cette guerre un niveau de violence jamais atteint jusque-là.** Par exemple, les obus tirés par les canons sont étudiés pour qu'ils ne perdent pas leur vitesse et leur force après l'explosion. Leurs éclats provoquent ainsi les pires blessures sur les champs de bataille, comme le montrent les « gueules cassées ».

Pourtant, les « poilus » tiennent dans les tranchées ! Les mutineries de 1917 ne déclenchent pas d'insurrection révolutionnaire comme en Russie. Le défaitisme de l'arrière n'empêche pas les soldats français de se battre jusqu'à la victoire de 1918.

Géographie EXERCICE 2

• **L'Union européenne a été créée par le traité sur l'Union européenne (TUE) signé à Maastricht en 1992.** Elle est l'aboutissement du processus lancé par la ***Déclaration Schuman***, le 9 mai 1950. Cette déclaration précise les objectifs de **la construction européenne :**

– assurer la paix grâce à la fin de « *l'opposition séculaire de la France et de l'Allemagne* » ;

– affirmer l'indépendance de l'Europe dans la Guerre froide entre les États-Unis et l'Union soviétique ;

– faire progresser le rang économique de l'Europe.

Schuman appelle à la mise en commun des productions de charbon et d'acier de la France et de l'Allemagne, au sein d'une Communauté européenne du charbon et de l'acier (CECA, 1951) ouverte aux autres pays d'Europe. Pour lui, la CECA est la première étape vers une **fédération européenne**. Par la suite, la **Communauté économique européenne (CEE, 1957**) vise la réalisation d'un **marché unique** grâce à la libre circulation des marchandises, des services et des capitaux. En même temps, ses adhérents conduisent des politiques économiques communes (*ex. :* la politique agricole commune, la réduction des inégalités entre les régions).

• **Le traité de Maastricht indique que tout pays européen qui défend les valeurs démocratiques peut devenir membre de l'Union.** Le Conseil européen de Copenhague (1993) précise encore les critères d'adhésion : le pays candidat doit avoir des institutions garantissant l'exercice démocratique du pouvoir et le respect des droits de l'homme ; son économie doit être assez forte pour supporter la concurrence ; sa population doit montrer son envie d'entrer dans l'Union par un vote parlementaire ou par un référendum ; ses relations avec ses voisins doivent être pacifiques... L'adhésion doit être approuvée par tous les membres et les institutions de l'Union.

• Après la signature du traité de Maastricht, **l'Union européenne approfondit encore les relations** entre les États et les peuples en instaurant une **monnaie unique, l'euro,** une **citoyenneté européenne** et une Politique étrangère et de sécurité commune (PESC).

Parallèlement, la construction européenne s'élargit. **On désigne par élargissement le processus par lequel de nouveaux États adhèrent à l'Union européenne.** Depuis 1950, **l'Union s'est élargie à sept reprises passant de six membres à vingt-huit** aujourd'hui. Vingt-sept membres si l'on retient la sortie programmée du Royaume-Uni de l'Union après le référendum de juin 2016 (ou Brexit). L'élargissement s'opère sur une base géographique : les pays de l'Europe du Nord-Ouest dans les années 1970 ; de l'Europe méditerranéenne dans les années 1980 ; de l'Europe de l'Est (anciennement communiste) dans les années 2000.

EMC EXERCICE 3

1. Voir colonne ci-contre.

2. *Deux éléments de réponse possible parmi d'autres :*

– **La République française respecte la règle démocratique de la souveraineté du peuple** (ou des citoyens). Par exemple, elle autorise la consultation directe des citoyens par référendum. Le référendum est un vote sur une question ou un texte, qui ne sera adopté qu'en cas de réponse positive. Ainsi, la Constitution prévoit des référendums nationaux pour soumettre au vote de tous les électeurs un projet de loi, un traité international, une révision constitutionnelle. Elle autorise aussi les référendums locaux pour recueillir l'avis des citoyens d'une collectivité territoriale.

– **La République française respecte la règle démocratique de la séparation des pouvoirs pour éviter les abus de pouvoir.** Par exemple, l'initiative législative appartient concurremment au Gouvernement et au Parlement. Mais le vote des lois est réservé au Parlement.

1.

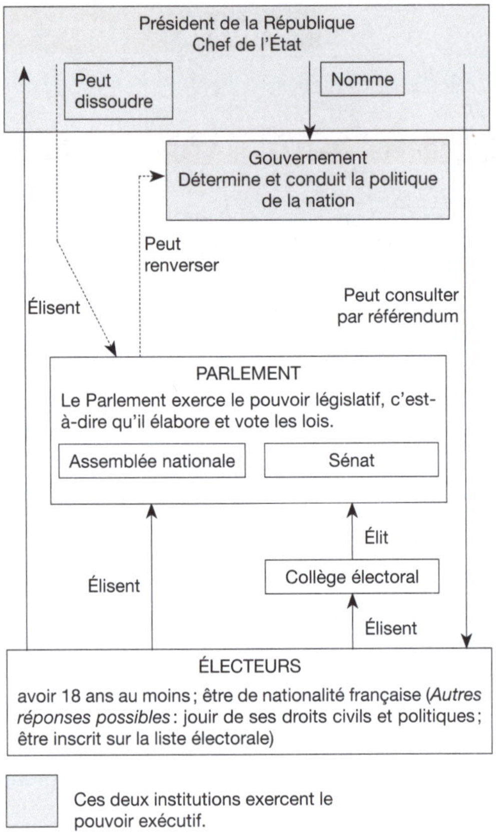

Sujet 6 HISTOIRE / GÉOGRAPHIE / EMC (p. 26)

Géographie EXERCICE 1

1. – **un espace de l'aire urbaine qui gagne des habitants :** la couronne périurbaine (ou les communes de la périphérie, ou le périurbain) ;

– **un espace de l'aire urbaine qui perd des habitants :** la ville-centre d'Angoulême.

2. **Le phénomène de périurbanisation est mis en évidence** : la couronne périurbaine d'Angoulême gagne des habitants alors que la ville-centre en perd. Cette observation peut être généralisée à l'échelle nationale : les espaces périurbains sont la partie des aires urbaines qui progressent le plus (+ 40,4 % pour la population entre 1999 et 2008), tandis que la croissance des villes-centres (ou « grands pôles urbains ») est beaucoup plus faible (+ 8,8 %).

3. *Citer deux réponses parmi les suivantes.*

La périurbanisation s'explique par :

– l'envie d'un meilleur cadre de vie ;

– la possibilité de vivre en maison individuelle ;

– la recherche d'une fiscalité locale plus attractive.

4.

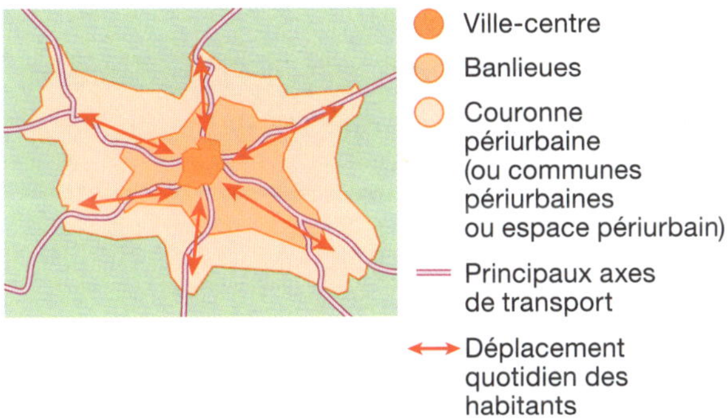

5. *Deux réponses parmi les suivantes :*

– l'agrandissement du périmètre des aires urbaines par l'étalement du bâti ;

– le mitage des espaces ruraux/agricoles par l'urbanisation ;

– les conflits d'usage déclenchés par le mitage des espaces ruraux/agricoles ;

– l'allongement des temps de transport entre le lieu de résidence et le lieu de travail ;

– le gaspillage d'énergie fossile (consommation de carburant) causé par l'étalement des aires urbaines ;

– l'augmentation de la pollution de l'air provoquée par la croissance de la circulation automobile.

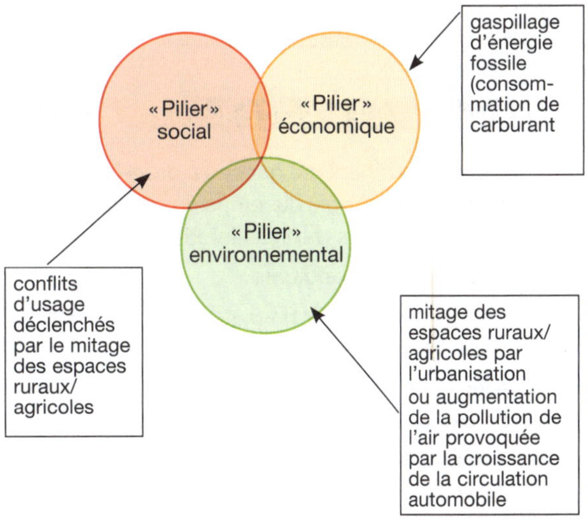

Histoire EXERCICE 2

Après 1945, **la menace de la bombe atomique interdit la guerre** entre les superpuissances américaine et soviétique. Mais elle n'empêche pas des crises graves, notamment en Allemagne et à Berlin.

– **Occupée puis divisée, l'Allemagne n'a pas le choix de son destin**. Pendant la Deuxième Guerre mondiale, un accord entre les États-Unis d'Amérique, l'Union soviétique et le Royaume-Uni établit trois zones d'occupation militaire en Allemagne, Berlin constituant un espace à part, divisé lui-même en trois zones d'occupation. La France, à son tour, est admise à occuper une partie de l'Allemagne et de Berlin pendant la conférence interalliée de Yalta en 1945.

– Mais le désaccord entre les vainqueurs se creuse au début de l'année 1947. Le président américain Harry Truman s'alarme de la mise en place de gouvernements communistes en Europe de l'Est sans le libre consentement des populations. **L'avenir de l'Allemagne divise les superpuissances américaine et soviétique et déclenche la première crise de la guerre froide : le blocus de Berlin-Ouest par l'URSS en 1948-1949**. Cette crise aboutit à la création de deux États allemands en 1949 : d'un côté, la République fédérale d'Allemagne (RFA), sous protection américaine ; de l'autre, la République démocratique allemande (RDA), sous contrôle soviétique. La séparation de l'Allemagne annonce la bipolarisation de l'Europe, coupée en deux par le « rideau de fer ».

– La reprise des tensions entre les États-Unis et l'URSS en 1961 réveille la question du statut de Berlin. Elle se traduit par **la construction du Mur entre les deux secteurs de la ville en août 1961**.

– **La chute du Mur de Berlin en novembre 1989** est le signal attendu par les peuples d'Europe de l'Est pour se libérer du bloc communiste. Elle a une double signification : d'une part la fin brutale de la guerre froide à la suite de l'effondrement du système soviétique, d'autre part la reconnaissance de la pleine souveraineté de l'État allemand réunifié (3 octobre 1990).

EMC EXERCICE 3

1. – Cartouches en haut, de gauche à droite : temps de parole écoulé (ou contrôle du temps de parole) ; journalistes ; réseaux sociaux (ou liens Internet).

– Cartouche en bas : candidats.

– Ce débat a été filmé sur un plateau de télévision (ou dans un studio de télévision).

– Le décor représente la façade de l'Élysée, qui est le palais présidentiel.

2. Les deux médias sont la télévision (chaîne TF1) et Internet (réseaux sociaux et lecture en streaming).

3. En France, la **liberté d'expression** est affirmée pour la première fois par la *Déclaration des droits de l'homme et du citoyen* de 1789. Pourtant, c'est au xxe siècle que **l'information s'est imposée dans notre vie, avec le développement des médias de masse :**

– La **presse écrite** a longtemps été le seul média d'information, permettant à toutes les opinions de s'exprimer. Les premiers journaux remontent à la Révolution française.

– La **radio** s'impose à partir des années 1930. C'est aujourd'hui encore le moyen le plus rapide pour informer en tout lieu la population.

– La **télévision** se développe à partir des années 1960.

– **Internet** est le média le plus récent. Ce réseau informatique mondial propose des services, comme le courrier électronique (e-mail), le Web (les pages des sites), l'échange de fichiers. Internet sert de plus en plus aux communications téléphoniques et à la transmission de vidéos et de sons en direct.

Ainsi, **la grande offre médiatique autorise le débat démocratique** en formant l'opinion des citoyens par la connaissance de l'actualité, la présentation publique d'arguments. **Elle permet aussi le développement de l'esprit critique** grâce à la confrontation des opinions diffusées. Dans le document proposé, les médias (télévision et Internet) font connaître les idées des deux candidats à l'élection présidentielle avant le second tour. Les citoyens voteront donc en connaissance de cause.

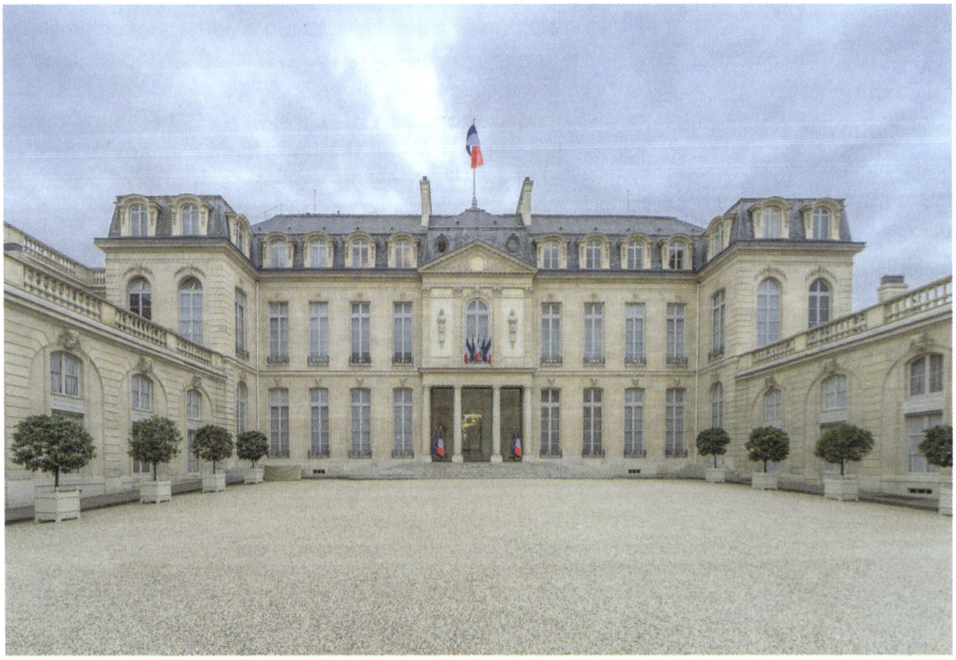

Le Palais de l'Élysée.

Sujet 7 SCIENCES (p. 28)

PHYSIQUE-CHIMIE

EXERCICE 1

L'essence de rose

1. L'huile essentielle de rose est obtenue par hydrodistillation des pétales de roses. La molécule est extraite de la fleur : il s'agit donc d'une **espèce chimique naturelle**.

2. D'après le document (2), l'essence de rose n'est pas miscible avec l'eau. Elle flotte au-dessus de l'eau. **Ce mélange est donc hétérogène.**

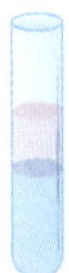

3.

Nom de l'atome	Carbone	Hydrogène	Oxygène
Symbole de l'atome	C	H	O
Modélisation		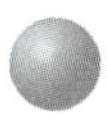	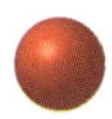

4. D'après le document (4), la molécule de citronellol contient **1 atome d'oxygène, 20 atomes d'hydrogène et 10 atomes de carbone.**

5. La formule chimique de la molécule de citronellol est donc $\mathbf{C_{10}H_{20}O}$.

6.

Nom de l'atome	carbone	hydrogène	oxygène
Symbole	C	H	O
Numéro atomique	6	1	8
Nombre de charges positives contenues dans le noyau	6 +	1 +	8 +
Nombre d'électrons contenus dans le nuage électronique	6 -	1 -	8 -

7. Un atome est électriquement neutre, car il contient **autant de charges positives dans son noyau que d'électrons (négatifs) dans son nuage d'électrons.**

EXERCICE 2

Fonctionnement du brûle-parfum

1. Schéma annoté :

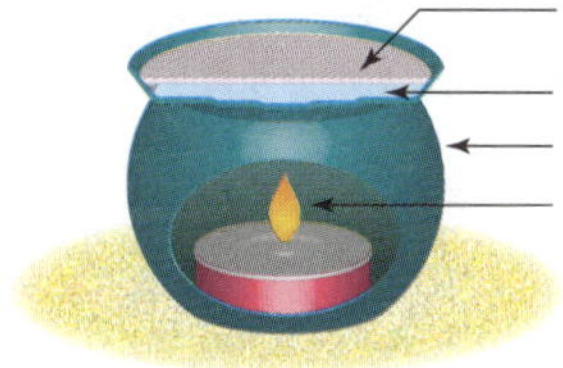

2.

État solide —FUSION→ État liquide

3. Un changement d'état est une **transformation physique.** La cire passe de l'état solide à l'état liquide. Les molécules qui constituent la cire ne sont pas modifiées. Seule leur disposition change.

4. Réactifs : **cire et dioxygène**

Produits : **dioxyde de carbone et eau**

5. Bilan de la transformation chimique :

cire + dioxygène → dioxyde de carbone + eau

6. Lors l'une transformation chimique il y a **: conservation des atomes et conservation de la masse.**

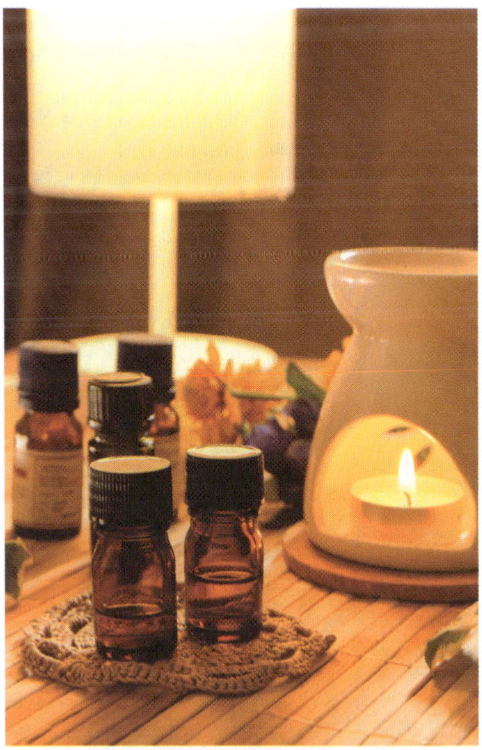

Un brûle-parfum et des flacons d'huiles essentielles.

EXERCICE 1

1. a) L'objet créé par la société Aspi-Tech va rendre service aux **clients appartenant au secteur professionnel du nettoyage hôtelier.**

b) L'objet va **agir sur la poussière.**

c) Cet objet va permettre à l'utilisateur (professionnel du nettoyage) d'**enlever la poussière sur le sol.**

d)

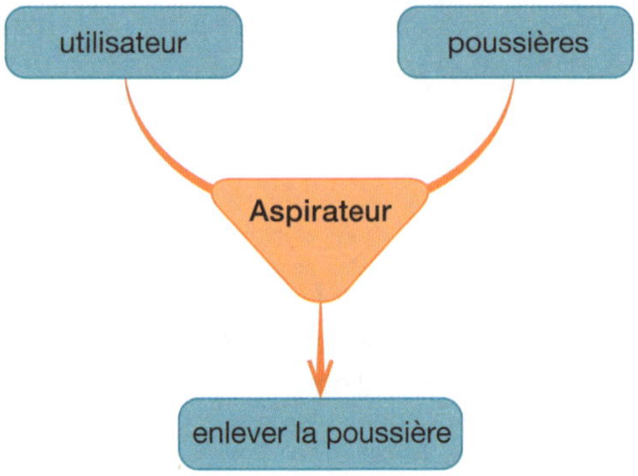

2. Permettre aux employés du secteur hôtelier d'aspirer la poussière se trouvant sur les moquettes.

3. Les trois questions sont:

À qui l'objet rend-il service?

Sur quoi l'objet agit-il?

Quel est le but de l'objet?

EXERCICE 2

1. La fonction principale d'un objet technique représente l'**action accomplie par l'objet technique pour répondre au besoin de l'utilisateur.**

2. Fonction principale FP: l'aspirateur doit permettre d'**aspirer la poussière sans perdre d'aspiration.**

3.

Fonctions de service		Description
FC1	mobilier	s'adapter aux formes spécifiques de l'hôtel
FC2	énergie	fonctionner sous la tension du secteur
FC3	esthétique	être de la couleur demandée par le client
FC4	utilisateur	être facilement transportable
FC5	prix	avoir un prix compétitif

4. Ces cinq fonctions sont des **fonctions contrainte.**

5.

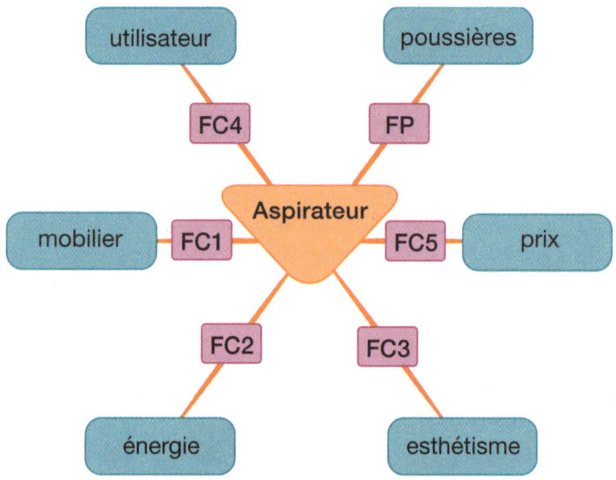

Sujet 8 SCIENCES (p. 31)

PHYSIQUE-CHIMIE

EXERCICE 1

Fonctionnement du détecteur

1. Le détecteur contient 4 piles de 1,5 volt.

La tension reçue par le détecteur est donc de :

$$U = 4 \times 1{,}5 = 6 \text{ volts.}$$

2. Un **voltmètre** permet de mesurer une tension électrique.

3. **$P = U \,.\, I$** avec P en watt, U en volt et I en ampère.

4. Puissance électrique reçue par la bobine :

$P = U \,.\, I$ avec $U = 6$ volts et $I = 2{,}5$ ampères.

$P = 6 \times 2{,}5$; **$P = 15$ watts.**

5. **$E = P \,.\, t$** avec E en wattheure, P en watt et t en heure.

6. Énergie électrique consommée par le détecteur en deux heures :

$E = P \,.\, t$ avec P puissance du détecteur : 15 watts, et t durée de fonctionnement : ici, 2 heures.

$E = 15 \times 2$; **$E = 30$ wattheures.**

EXERCICE 2

Un métal inconnu

1. La bague est plongée dans une éprouvette contenant 50,0 mL d'eau. Après immersion, le volume est de 52,5 mL. Le volume de la bague est donc de :

$$V = 52{,}5 - 50{,}0 = 2{,}5 \text{ mL soit } 2{,}5 \text{ cm}^3.$$

On connaît la masse et le volume de la bague. On peut donc calculer sa masse volumique ρ :

$\rho = \frac{m}{V}$; $\rho = \frac{48{,}25}{2{,}5}$; $\rho = 19{,}3 \text{ g/cm}^3$.

Cette masse volumique correspond à la masse volumique de l'or. On peut en conclure que **la bague est en or.**

2. Modélisation d'un atome d'or :

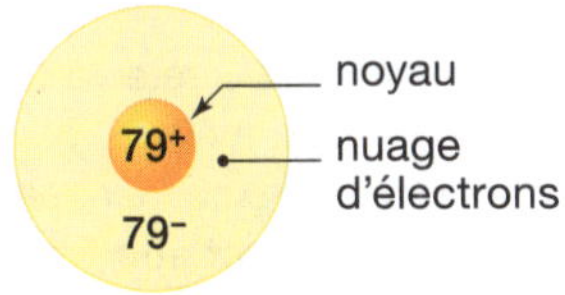

Le noyau contient 79 charges positives et le nuage d'électrons contient 79 électrons (de charge négative).

3. L'ordre de grandeur du diamètre de l'atome d'or est de **10^{-10} mètre.**

4. L'atome d'or est électriquement neutre, car il contient **autant de charges positives dans son noyau que d'électrons (négatifs) dans son nuage d'électrons.**

5. La température de fusion de l'or est de 1 064 °C. Cela signifie que, à 1 064 °C, l'or commence à fondre (il devient liquide). **À la température de 1 000 °C, l'or reste** donc **solide.**

6. La chevalière pèse 48,25 grammes. Un atome d'or pèse $3{,}27 \times 10^{-22}$ gramme.

Le nombre d'atomes d'or contenus dans la bague s'obtient par le rapport de la masse de la bague par la masse d'un atome d'or :

$$\text{Nb atomes} = \frac{\text{masse bague}}{\text{masse d'un atome}} ;$$

$$\text{Nb atomes} = \frac{48{,}25}{3{,}27 \times 10^{-22}} ;$$

Nb atomes ≈ $1{,}47 \times 10^{23}$ atomes.

SVT

EXERCICE 1

1. La quantité de bactéries augmente dans le sang (de 450 UA en 11 jours) suite à la contamination : c'est l'**infection.**

2.

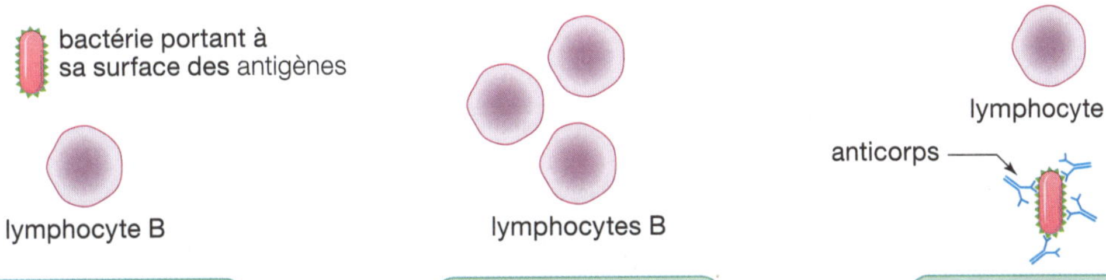

Étape 1
reconnaissance des antigènes de la bactérie par le lymphocyte B

Étape 2
multiplication dans les ganglions du lymphocyte B ayant reconnu l'antigène

Étape 3
fabrication d'anticorps spécifiques à l'antigène et neutralisation de la bactérie.

3. Une personne est dite **séropositive lorsque des anticorps contre un antigène donné sont présents dans son organisme.** Bastien est séropositif pour la bactérie responsable de sa bronchite, car ses lymphocytes B ont fabriqué des anticorps spécifiques contre cette bactérie et qu'ils sont détectables dans son sang.

4. L'antibiotique qui sera **prescrit à Bastien est le n° 5.** La plage de lyse autour de la pastille imprégnée de cet antibiotique est la plus grande, donc la quantité de bactéries tuées par celui-ci est la plus importante. Cet antibiotique est, par conséquent, le plus efficace contre cette bactérie.

5. Il ne faut pas arrêter la prise d'antibiotiques avant la fin du traitement, même si les symptômes disparaissent au bout du deuxième jour ; en effet, **les bactéries les plus résistantes sont encore présentes dans l'organisme jusqu'au quatrième jour.** Si le traitement est stoppé, les bactéries les plus fortes pourront à nouveau se multiplier et développer une résistance face à cet antibiotique.

6. Le médecin ne prescrit pas d'**antibiotiques** lors d'une bronchite virale, car ceux-ci sont **inefficaces contre les virus.**

EXERCICE 2

1. Un vaccin contient **une forme inoffensive de la bactérie.**

2. Un vaccin a une **action préventive, afin d'éviter une maladie infectieuse.**

3. La vaccination permet **de produire des lymphocytes B mémoires spécifiques de la bactérie.**

4. Si une personne vaccinée entre en contact avec l'antigène présent dans le vaccin, **elle ne sera pas malade.**

5. Suite à un vaccin, la production d'anticorps spécifiques à l'antigène présent dans le vaccin **sera plus rapide et plus importante.**

6. Les rappels de vaccination **permettent de maintenir la quantité de lymphocytes mémoires suffisante.**

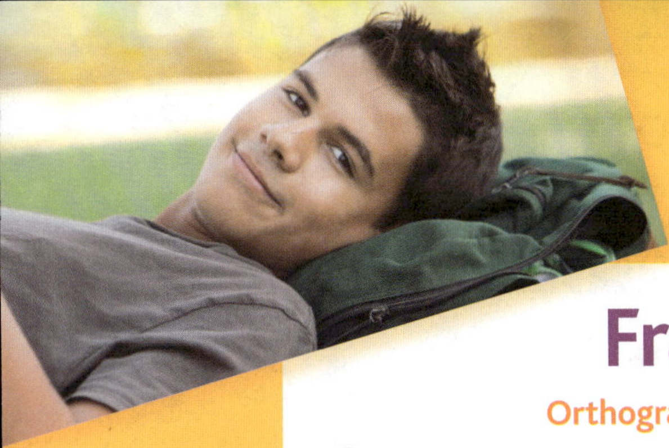

Français

Orthographe – Grammaire

Conjugaison

Lecture – Écriture

1 La formation des mots

Retenir l'essentiel

À savoir Les mots construits avec le même radical appartiennent à la même **famille**.

Attention !
Ne pas confondre **champ lexical** et **champ sémantique** d'un mot.

Mot-clé

Polysémie
La polysémie d'un mot est l'ensemble de ses significations.
Ex. : théâtre → pièce de théâtre et salle
souris → animal et accessoire d'ordinateur

1 La composition des mots

- Certains mots peuvent se décomposer. *Ex. : in* (*préfixe*) *activ* (*radical*) *ité* (*suffixe*)

Le **radical** est l'élément irréductible d'un mot ; le **préfixe** se place devant le radical et le **suffixe** derrière afin d'en modifier le sens.

Ex. : actif et *inaction* appartiennent à la même famille.

- Le processus qui aboutit à la fabrication d'un mot à partir d'un autre s'appelle la **dérivation**.

Ex. : le mot *portuaire* est un dérivé du mot *port*.

2 Quelques définitions

- Deux **antonymes** sont deux mots de sens contraire. *Ex. : chaud* et *froid*.
- Deux **homonymes** sont deux mots qui se prononcent de la même manière mais n'ont pas le même sens. *Ex. : chant* et *champ*.
- Deux **synonymes** sont deux mots de sens voisin. *Ex. : crier* et *hurler*.
- On appelle **champ lexical** un ensemble de termes se rapportant à un même thème, à une même idée.

Ex. : liquide, couler, humide... appartiennent au champ lexical de l'eau.

- On appelle **champ sémantique** d'un mot l'ensemble des significations possibles de ce mot.

Ex. : le champ sémantique du mot *cœur* comprend des significations différentes : l'organe, le centre, le siège des sentiments, la mémoire (par cœur)...

- L'**étymologie** est la science qui étudie l'origine des mots.
- La **racine** d'un mot est le mot (latin, grec, germanique...) dont il est issu.

Comment faire ?

Bien orthographier les mots en s'aidant de leur formation

Pour connaître la dernière lettre d'un mot, on peut s'aider des mots de la même famille.

Ex. : regretter → regret ; tapisserie → tapis ; serpentin, serpenter → serpent

Écrire les adverbes en *-ment*

→ Les adverbes en *-ment* se forment à partir des adjectifs.

Ex. : aimable → aimablement ; facile → facilement

→ Quand l'adjectif se termine par *-ant* ou *-ent*, le *m* est doublé.

Ex. : courant → couramment ; patient → patiemment

Comprendre le sens d'un mot

Le dictionnaire permet de comprendre le sens d'un mot mais, si l'on n'en dispose pas, il faut s'aider des mots de la même famille ou du contexte dans lequel se trouve le mot.

Corrigés → livret, p. 9

S'entraîner

QUIZ-TEST

Coche la (ou les) bonne(s) réponse(s).

1 Les mots *possible* et *impossible* :

a) appartiennent au même champ sémantique .... ☐
b) appartiennent à la même famille .... ☐
c) sont deux antonymes .... ☐

2 Les mots qui font partie du champ lexical de la campagne sont :

a) terre, champ .... ☐
b) camping, campement .... ☐
c) tracteur, brebis .... ☐

3 ★ La composition des mots

« invisible », « inconnu », « interminable »

a) Quel est l'élément commun à ces trois mots ?

....

b) Comment appelle-t-on cet élément ?

....

c) Qu'exprime-t-il ? ....

4 ★ Le sens des mots

« pourvu que ce ne soit pas une mauvaise *nouvelle* »

a) Explique le sens du mot *nouvelle* dans cette phrase.

....

b) Emploie-le, avec un sens différent, dans une phrase de ton choix. ....

....

5 ★★ Les mots de la même famille

Donne les noms formés à partir des verbes suivants.

a) retarder → .... b) forcer → ....

c) comploter → .... d) guetter → ....

6 ★★ Les mots de la même famille

Donne l'antonyme des mots en ajoutant un préfixe.

a) mobile → .... b) lisible → ....

c) réel → .... d) connu → ....

7 ★★ Exercice brevet

Dans la plaine rase, sous la nuit sans étoiles, d'une obscurité et d'une épaisseur d'encre, un homme suivait seul la grande route de Marchiennes à Montsou, dix kilomètres de pavé coupant tout droit à travers les champs de betteraves. Devant lui, il ne voyait même pas le sol noir, et il n'avait la sensation de l'immense horizon plat que par les souffles du vent de mars, des rafales larges comme sur une mer, glacées d'avoir balayé des lieues de marais et de terres nues. Aucune ombre ne tachait le ciel, le pavé se déroulait avec la rectitude d'une jetée, au milieu de l'embrun aveuglant des ténèbres.

Émile Zola, *Germinal*.

a) Relève un synonyme de l'adjectif *plat*.

b) Trouve un homonyme des mots *encre* et *champ*.

c) Surligne les mots ou expressions appartenant au champ lexical de l'obscurité.

d) Souligne les mots appartenant au champ lexical de la mer.

8 ★★★ Exercice brevet

À l'heure du déjeuner, nous nous arrêtâmes à mi-chemin dans un des ses restaurants familiers où, après qu'il eut pris soin d'annoncer notre visite, nous fut servi un repas qui correspondait moins à la **carte** du jour qu'à ses goûts. C'est ainsi qu'à la table voisine qui convoitait notre mousse au chocolat il fut répondu qu'elle n'existait pas.

Jean Rouaud, *Des Hommes illustres*,
© Les Éditions de Minuit.

À quel champ lexical appartient le mot *carte* ?

....

2 Les confusions à éviter

Mot-clé

Homophones

On appelle homophones deux mots qui se prononcent de la même manière mais s'écrivent différemment.

À savoir

Homophones lexicaux

Ex. : • un pull vert, un ver de terre, un verre d'eau, un poème de 14 vers.
• un courant d'air, une ère géologique, l'aire du carré.

Retenir l'essentiel

1 Les homophones grammaticaux

On évitera de confondre les **homophones grammaticaux** :

– ***a*** et ***à*** : on peut remplacer ***a*** par ***avait***.

– ***ou*** et ***où*** : on peut remplacer ***ou*** par ***ou bien***.

– ***on*** et ***on n'*** : ***on n'*** est une forme négative. *Ex. :* On n'a pas toujours raison.

– ***ce*** et ***se*** : *Ex. :* Ce jus de fruit se boit frais.

– ***si*** et ***s'y***. *Ex. :* Il est si désireux de gagner ce tournoi qu'il s'y prépare avec soin.

– ***c'est*** et ***s'est***. *Ex. :* C'est lui qui s'est décidé le premier.

– ***ses*** et ***ces*** : ***ses*** suppose une idée de possession.

– ***quand***, ***quant*** et ***qu'en*** : on ne rencontre ***quant*** que devant ***à***, ***au*** et ***aux***.
Ex. : Quant à Léo, il ne sait pas quand il viendra. / Je ne sais qu'en penser.

– ***t'en*** et ***tant***.
Ex. : Il a tant travaillé ! / Peux-tu me prêter ta gomme si tu ne t'en sers pas ?

– ***quelle*** et ***qu'elle*** : on peut remplacer ***qu'elle*** par ***qu'il***.
Ex. : Quelle bonne idée ! / Qu'elle est étrange !

– ***la***, ***l'a***, ***l'as*** et ***la*** : ***la*** est un déterminant ou un pronom.
Ex. : C'est la (dét.) sœur de Louise ; je la (pronom) connais bien.

l'a et ***l'as*** (*l'* + verbe *avoir* au présent) peuvent être remplacés par *l'avait* ou *l'avais*. *Ex. :* Il a pris mon stylo et me l'a (*l'avait*) rendu. Tu l'as (*l'avais*) vu ?

là est une indication de lieu. Il peut aussi compléter un démonstratif.
Ex. : Nous ne serons pas là lundi. Ce roman-là est passionnant.

2 Les accents

On ne met pas d'**accent** sur un **e** qui précède une double consonne, un ***x*** ou quelques successions de consonnes particulières.

Ex. : une erreur, un exemple, estival.

Comment faire ?

Relire efficacement un texte

Qu'il s'agisse d'une dictée, d'un exercice d'orthographe ou d'un devoir d'expression écrite, il faut relire en cherchant les erreurs possibles. On pourra relire plusieurs fois en menant plusieurs recherches différentes :

→ **les pluriels** : à partir de chaque déterminant pluriel, on suivra jusqu'au bout le « fil du pluriel » ;

> *Ex. :* Les grands romans de Victor Hugo sont encore beaucoup lus et traduits.
> *À partir de* Les, *on repère tous les pluriels : nom* (romans), *adjectif* (grands), *verbe* (sont), *participes* (lus et traduits).

→ **les féminins** : on vérifiera que l'on a bien accordé les adjectifs et les participes avec les noms féminins ;

→ **les homophones grammaticaux** : a et à, ou et où... ;

→ **les accords de participes passés.**

Corrigés → livret, p. 9

S'entraîner

QUIZ-TEST

Coche la (ou les) bonne(s) réponse(s).

1 Le mot correctement orthographié est

a) nécessaire ☐
b) nécéssaire ☐
c) necessaire ☐

2 Dans la phrase «[..] à *Nadia, je ne crois pas* [..] *vienne.*», les mots manquants sont :

a) quand, qu'elle ☐
b) quant, qu'elle ☐
c) quant quelle ☐

3 ★ *la, l'a, l'as, là*

Complète les phrases avec l'homophone qui convient.

a) Nous avons rencontré .... cousine de Marion; nous ne .... connaissions pas.

b) Que fais-tu .... ?

c) J'ai prêté mon écharpe à Marine et elle .... perdue !

d) C'est toi-même qui me .... dit !

e) Je n'étais pas .... hier : Tom .... dit au professeur.

4 ★★ Les homophones

Dans les phrases suivantes, entoure le mot qui convient à l'intérieur des parenthèses.

a) Je (t'en, tant, tends) prie, aide-moi (à, a, as) ranger, il y a (t'en, tant, tend) de choses (a, à, as) faire.

b) (Où, Ou) êtes-vous allés (ce, se, ceux) matin ?

c) L'hôtel est (si, s'y) agréable que les vacanciers (si, s'y) plaisent beaucoup.

d) (Quand, Qu'en, Quant) à (son, sont) frère, il ne (c'est, s'est, sait) même pas (quand, qu'en, quant) (a, as, à) eu lieu la Première Guerre mondiale !

e) J'espère (quelle, qu'elle, quelles, qu'elles) vont remporter le match.

f) Il (sans, s'en, cent) est fallu de peu !

g) Ils (on, ont) pensé qu'(on, on n', ont) avait été retardé par la neige.

5 ★★ Les accents

Recopie les mots ci-après en ajoutant les accents qui manquent.

Un poeme, une tete, un evenement, une raclette, un estuaire, l'argent du, un escargot, un ver de terre, bien sur, il se depeche, deja, un festin, cela.

....

....

....

6 ★★★ Relecture

Corrige les deux erreurs commises dans chacune des phrases suivantes.

a) « Le soleil tombait presque daplomb sur le sable et son écla sur la mer était insoutenable. » (Camus)

....

b) « Il ramassait des galets mauves, bleus et tachetés, bien plus joli dans leur vérité et leur simplicité que les gros bijoux compliqués qu'il avait accroché aux cactus. » (Tournier)

....

c) « Du vent, il en venait du tout frais dans face à travers milles feuilles, en rafales douces. » (Céline)

....

d) « Parti à présent, il savait qu'il n'avait plus qu'a remonté la vallée sur cette rive gauche. » (Clavel)

....

e) « Ce fut à peu prêt à ce moment-là que le bruit d'un gong, frapper avec force, remplit la maison. » (Beckett)

....

3 Les classes grammaticales

Retenir l'essentiel

1 Les cinq classes grammaticales de mots variables

- Les **verbes** désignent un état ou une action. *Ex. :* sembler, faire....
- Les **noms** désignent un élément qui existe en plusieurs exemplaires (les noms communs) ou un élément unique (les noms propres). *Ex. :* Un livre (*il existe plusieurs livres*), Victor Hugo (*unique*).
- Les **adjectifs** précisent un nom. *Ex. :* une bonne idée ; un pull rouge.
- Les **pronoms** remplacent un mot ou un groupe de mots. *Ex. :* Les biscuits sont prêts ; ils sentent bon.

Les **pronoms** peuvent aussi désigner la personne qui parle ou celle qui écoute. *Ex. :* Je te parle !

- Les **déterminants** accompagnent les noms. *Ex. :* un livre, ce chat, mon crayon.

2 Les cinq classes grammaticales de mots invariables

- Les **adverbes** précisent le sens d'un adjectif ou d'un verbe. *Ex. : hier, loin, toujours, vite, vraiment...*
- Les **prépositions** introduisent un mot ou un groupe de mots. *Ex. : à, dans, par, pour, en, vers, avec, de, sans, sous, chez, malgré, sur...*
- Les **conjonctions de coordination** relient deux mots ou deux groupes de mots. *Ex. : mais, ou, et, donc, or, ni, car.*
- Les **conjonctions de subordination** introduisent une proposition subordonnée conjonctive. *Ex. : que, puisque, dès que, quand, parce que, lorsque, étant donné que...*
- Les **interjections** expriment une émotion. *Ex. : ah ! oh ! hélas !...*

À savoir

Les pronoms

Il existe **différentes catégories de pronoms** : les pronoms **possessifs** (*le mien, le tien, le sien...*), les pronoms **démonstratifs** (*celui, celle, ceux...*), les pronoms **indéfinis** (*chacun, tous...*), les pronoms **relatifs**, les pronoms **interrogatifs**, les pronoms **personnels** (*je, tu, nous... me, te, se... le, la, les, l', lui, eux, en, y*).

Les déterminants

- Les déterminants **possessifs** : *mon, ton, son...*
- Les déterminants **démonstratifs** : *ce, cet, cette, ces.*
- Les **articles indéfinis** : *un, une, des.*
- Les **articles définis** : *le, la, les, l', au (à + le)...*
- Les **articles partitifs** : *du, de la* (on peut les remplacer par *un peu de*).

Comment faire ?

Ne pas confondre les déterminants et les pronoms

Le **déterminant** accompagne le nom alors que le **pronom** le remplace.

Ex. : Je lis le journal. (le ↑ *déterminant, article défini*) — Je le lis. (le ↑ *pronom personnel*)

Bien repérer les articles

Certains articles (*du, des...*) appartiennent à plusieurs catégories. On veillera à ne pas les confondre.

Ex. : Il habite au bout du chemin. (du ↑ *article défini contracté (de + le)*) — Il coupe du bois. (du ↑ *article partitif (un peu de)*)

Bien orthographier *leur*

Quand *leur* est placé devant un verbe, il est un pronom personnel et il est invariable.

Ex. : Ce sont leurs amis. (leurs ↑ *déterminant possessif*) — Je leur ai parlé. (leur ↑ *pronom personnel*)

Corrigés → livret, p. 9

S'entraîner

QUIZ-TEST

Coche la (ou les) bonne(s) réponse(s).

1 **Dans la phrase « *Voici un stylo noir ; je te le prête.* », *le* est :**

a) pronom ☐
b) déterminant ☐
c) le COD du verbe *prêter* ☐

2 ***Particulièrement* est :**

a) un nom ☐
b) un adjectif ☐
c) un adverbe ☐

3 ★ Les classes grammaticales

Associe les mots de la première colonne à leur classe grammaticale, dans la seconde colonne.

1. de sorte que	a) conjonction de coordination
2. mais	b) conjonction de subordination
3. mes	c) interjection
4. hier	d) adverbe
5. sûr	e) déterminant possessif
6. lire	f) pronom indéfini
7. pour	g) adjectif
8. Oh !	h) nom commun
9. grammaire	i) verbe
10. chacun	j) préposition

4 ★★ Les pronoms personnels

Remplace le groupe nominal en gras par le pronom personnel qui convient.

a) Nous avons utilisé **un nouveau logiciel.**

....

b) Le metteur en scène explique **aux acteurs** leur rôle.

....

c) Je partirai en vacances avec **trois de mes camarades.**

....

d) Nous comptons sur **Léa et toi** pour divulguer la nouvelle.

....

5 ★★★ Exercice brevet

Je ne trouvai point Madame de Warens ; on me dit qu'elle venait de sortir pour aller à l'église. C'était le jour des Rameaux de l'année 1728. Je cours pour la suivre ; je la vois, je l'atteins, je lui parle... Je dois me souvenir du lieu ; je l'ai souvent depuis mouillé de mes larmes et couvert de mes baisers. Que ne puis-je entourer d'un balustre d'or cette heureuse place ! que n'y puis-je attirer les hommages de toute la terre ! Quiconque aime à honorer les monuments du salut des hommes n'en devrait approcher qu'à genoux.

C'était un passage derrière sa maison, entre un ruisseau à main droite qui la séparait du jardin, et le mur de la cour à gauche, conduisant par une fausse porte à l'église des cordeliers.

Jean-Jacques ROUSSEAU, *Les Confessions*.

a) Relève dans cet extrait les marques de la présence du narrateur et classe-les en deux catégories : les pronoms et les déterminants.

Pronoms	Déterminants

b) • De quelle sorte de pronoms s'agit-il ?

....

• De quelle sorte de déterminants ?

....

c) Effectue au brouillon le même relevé et la même classification pour les marques de la présence de Madame de Warens.

4 L'adjectif

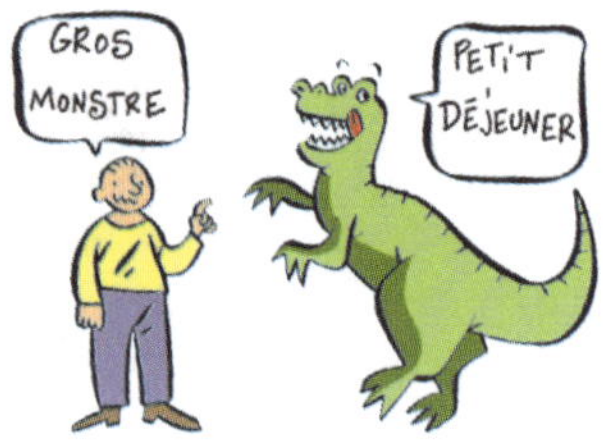

Retenir l'essentiel

1 Définition

▸ L'adjectif précise le **nom** auquel il se rapporte. Il s'accorde en **genre** et en **nombre** avec ce nom. *Ex. :* un petit jardin, des petits jardins, une petite fenêtre, des petites fenêtres.

2 Les trois fonctions de l'adjectif

▸ **Épithète du nom** : l'adjectif se rapporte directement au nom.
Ex. : une aventure incroyable (*incroyable* : épithète du nom *aventure*.)

▸ **Attribut du sujet** : l'adjectif se rapporte au sujet par l'intermédiaire d'un verbe attributif.
Ex. : Ces champignons semblent délicieux ; ces champignons paraissent délicieux.

▸ **Apposé au nom** : l'adjectif est détaché du nom par une virgule que l'on entend fortement.
Ex. : Satisfaits, les clients reviendront. (*Satisfaits* : apposé au nom *clients*.)

3 Les degrés de signification de l'adjectif

▸ **Le comparatif** :
– comparatif de supériorité. *Ex. :* Il est plus accueillant que son voisin.
– comparatif d'infériorité. *Ex. :* Il est moins accueillant que son voisin.
– comparatif d'égalité. *Ex. :* Il est aussi accueillant que son voisin.

▸ **Le superlatif relatif** :
– superlatif relatif de supériorité. *Ex. :* Il est le plus accueillant de tous.
– superlatif relatif d'infériorité. *Ex. :* Il est le moins accueillant de tous.

▸ **Le superlatif absolu** *Ex. :* Il est très accueillant ; il est particulièrement accueillant…

À savoir

L'attribut du COD

L'adjectif peut aussi être attribut du COD : il se rapporte au COD par l'intermédiaire d'un verbe.

Ex. : Nous avons trouvé ces champignons délicieux.
= Nous avons trouvé que ces champignons étaient délicieux.

Comment faire ?

▸ **Mettre un adjectif au pluriel**

→ En règle générale, les adjectifs prennent un *-s* au pluriel. Les adjectifs terminés par *-eau* prennent un *-x*.

Ex. : aimable/aimables ; verte/vertes ; nouveau/nouveaux

→ Les adjectifs terminés par *-al* se finissent par *-aux* au pluriel.
Exceptions : *banal, bancal, fatal, glacial, natal, naval*

Ex. : national/nationaux ; vertical/verticaux

▸ **Trouver la fonction d'un adjectif**

Pour trouver la fonction d'un adjectif, il faut regarder à quel mot il se rapporte et examiner ce qui les sépare :
– un verbe les sépare : l'adjectif est attribut du sujet. *Ex. :* Ils sont enchantés.
– rien ne les sépare ou bien un autre adjectif, un adverbe : l'adjectif est épithète du nom. *Ex. :* C'est un gros chien très affectueux.
– une virgule importante les sépare : l'adjectif est apposé. *Ex. :* Fatigués, nous sommes allés nous coucher.

Corrigés → livret, p. 9

S'entraîner

QUIZ-TEST

Coche la (ou les) bonne(s) réponse(s).

1 Dans la phrase « *Les vacances scolaires durent deux semaines.* », *scolaires* est :

a) un adjectif ☐
b) un complément du nom ☐
c) l'épithète du nom *vacances* ☐

2 Dans la phrase « *Léa est une musicienne très douée.* », *douée* est :

a) un adjectif au superlatif absolu ☐
b) l'attribut du sujet *Léa* ☐
c) l'épithète du nom *musicienne* ☐

3 ★ Épithète du nom ou attribut du sujet

Donne la fonction des adjectifs en gras.

a) Le ciel est **noir** ; il va pleuvoir.

....

b) Ce pull **noir** te va très bien.

....

c) Vous semblez **contents** de votre journée.

....

d) Ces chaussures **rouges** sont trop **vieilles**.

rouges : ....

vieilles : ....

4 ★★ Les trois fonctions de l'adjectif

Dans les phrases suivantes, donne la fonction des adjectifs en gras.

a) Nos cousins, **ravis** (....................) de leur séjour, ont réservé la même maison pour l'an prochain.

b) Nous allons proposer à nos camarades un **grand** (....................) choix de romans **policiers** (....................), tous **passionnants** (....................).

c) Morgane est tombée **malade** (....................) et elle a dû quitter le cours de mathématiques.

d) Les derniers ordinateurs sont beaucoup plus **performants** (....................) que les **anciens** (....................) modèles.

5 ★★★ Sujet brevet : étude d'un portrait

1. « Jean, son fils, s'installa avec elle aux environs de Bruges, pour donner à sa mère malade la chance de respirer un air plus vivifiant que celui de Namur. »

2. « Brusque, joviale, cette forte blonde aux yeux bleus était adorée de ses blessés, et redoutée, mais vénérée par le personnel de son hôpital. »

3. « Une légère mantille drape le mince et fin visage, recouvre des cheveux dont on ne peut décider s'ils sont blonds ou déjà gris. »

4. « C'est sous cet aspect que j'aperçus une ou deux fois la tante Isabelle dans ma petite enfance, souffrant déjà d'une faiblesse cardiaque [...] et si fatiguée que j'avais à peine le temps de m'asseoir au salon, balançant mes petites jambes.

Marguerite Yourcenar, *Souvenirs pieux*, © Gallimard.

a) Relève dans les phrases précédentes un adjectif au comparatif de supériorité.

....

b) Relève deux adjectifs apposés au nom et précise à quel nom ils se rapportent.

....

....

c) Relève un adjectif attribut du sujet et précise à quel nom il se rapporte.

....

d) Relève six adjectifs épithètes en indiquant le nom auquel chacun d'eux se rapporte.

....

5 Les fonctions et les accords au sein du groupe nominal

Retenir l'essentiel

Mots-clés

Groupe nominal minimal et enrichi

Le **groupe nominal minimal** est constitué du nom et de son déterminant.

On ajoute un adjectif, un CdN, une relative pour obtenir un **groupe nominal étendu (ou enrichi)**.

Exceptions

– **Noms**: des pneus, des bleus, des landaus; des poux, des bijoux, des hiboux, des choux, des genoux; des coraux, des émaux, des travaux, des vitraux; des bals, des carnavals, des chacals, des festivals.

– **Adjectifs**: banals, fatals, navals.

1 Les fonctions au sein au groupe nominal

▸ L'**adjectif**, quand il se rapporte directement à un nom au sein d'un groupe nominal (GN), est **épithète de nom**.

Ex.: C'est **un bel été**. (*bel*: épithète du nom été)

▸ Le nom noyau du GN peut être précisé par un **complément du nom** (CdN). Le plus souvent le CdN est introduit par une préposition (à, de, dans, par, pour, sur, sans, avec…).

Ex.: C'est une locomotive à vapeur. (à vapeur: CdN *locomotive*)

▸ Le nom noyau du GN peut être précisé par une **subordonnée relative**; la fonction de cette dernière est **complément de l'antécédent**.

Ex.: J'ai lu **le message** que tu m'as envoyé. (*que tu m'as envoyé*: complément de l'antécédent *message*)

2 Les accords au sein du groupe nominal

▸ Les **noms communs et les adjectifs** prennent un –s ou un –x au pluriel. Ceux qui se terminent par *–al* ont leur pluriel en *–aux*.

Ex.: des films, des clous, des détails, des jeux, un journal/des journaux, de beaux décors, un vaisseau spatial/des vaisseaux spatiaux

▸ **Le déterminant s'accorde avec le nom auquel il se rapporte.**

Ex.: cet ordre, cette occasion, ces propositions

Comment faire ?

▸ **Bien accorder les déterminants numéraux cardinaux**

→ **Les déterminants numéraux ordinaux sont invariables sauf 20 et 100** quand ils sont multipliés et non suivis d'un autre nombre. Depuis la réforme de l'orthographe de 1990, on peut mettre un trait d'union entre tous les mots du nombre.

Ex.: 500: cinq cents (ou cinq-cents); 80: quatre-vingts; 480: quatre cent quatre-vingts, 381: trois cent quatre-vingt-un; 6020 (6000 + 20): six mille vingt ou six-mille-vingt.

→ ***Millier*** (= 1000), ***million*** et ***milliard*** se mettent au pluriel.

▸ **Bien accorder les adjectifs de couleur**

→ Les adjectifs de couleur s'accordent sauf s'ils viennent d'un nom comme **marron, argent, azur**… ou s'ils sont composés comme **gris clair, jaune citron, bleu marine**…

→ Certains adjectifs sont des exceptions; bien que provenant d'un nom, ils s'accordent: **mauve, rose**.

Ex.: des yeux noisette, des yeux bleus, des yeux bleu clair, des joues roses.

Corrigés → livret, p. 9

S'entraîner

QUIZ-TEST

Coche la (ou les) bonnes réponses.

1 Dans la phrase « *Ta chanson ressemble beaucoup à une musique de Mozart.* », *de Mozart* est :

a) un COI du verbe *ressembler* .... ☐
b) un attribut du sujet *ta chanson* .... ☐
c) un complément du nom *musique* .... ☐

2 La (les) expression(s) correctement orthographiée(s) est (sont) :

a) Des vitraux banals .... ☐
b) Des carnavals originaux .... ☐
c) De beaux landaux .... ☐

3 ★★ Le complément du nom

Dans les phrases suivantes, souligne les compléments du nom.

Attention ! Toutes les phrases ne contiennent pas obligatoirement un CdN.

a) Il effectue des réparations avec de la pâte à modeler !

b) Je ne me sers pas de ce stylo.

c) Les avantages de ce logiciel ne doivent pas nous faire oublier ses défauts.

d) Les adolescents d'aujourd'hui se servent de l'ordinateur comme on se servait autrefois de la gomme et du crayon.

e) Le jeu dont je viens d'installer le logiciel est un jeu éducatif qui me donnera des informations sur l'Antiquité.

4 ★ Le pluriel des noms et des adjectifs

Mets les expressions suivantes au pluriel

a) un animal amical ....

b) un vieil habit ....

c) un accident fatal ....

d) un garçon matinal ....

e) un nouveau bal ....

f) un plat régional ....

5 ★★ L'écriture des nombres

Écris ces nombres en lettres.

a) 220 ....

b) 83 ....

c) 1300 ....

d) 451 ....

6 ★★ L'accord de l'adjectif

Dans les phrases suivantes, accorde les adjectifs entre parenthèses.

a) Lire est son occupation (quotidien) ....

b) J'ai choisi ces espadrilles (mauve) ....

c) Il voudrait repeindre sa chambre avec des rayures (vert pomme) .... et (jaune) ....

d) Ton rhume est une maladie (bénin) ....

e) Le platane est un arbre à feuilles (caduc) ....

f) Ces fauteuils (orange) .... sont (bancal) ....

7 ★★★ Exercice brevet : réécriture

Réécris ces phrases en mettant au pluriel le mot en gras et en effectuant les modifications nécessaires.

a) Un haut **mur** encerclait la cité.

....

b) Le **chou-fleur** est un légume riche en vitamines.

....

6 Les fonctions essentielles

Retenir l'essentiel

1 Le sujet

▸ **Le sujet commande la terminaison du verbe.** À la voix active, il **effectue l'action**. Le sujet est généralement placé avant le verbe ; il peut aussi être placé après (**sujet inversé**).

▸ Un nom ou groupe nominal, un pronom, un verbe à l'infinitif, une proposition subordonnée peuvent être sujet du verbe.

2 Les compléments du verbe

▸ Les compléments du verbe sont des compléments **essentiels** du verbe. Avec le verbe, ils font partie du prédicat : **ils ne peuvent être supprimés.**

▸ On distingue **trois sortes de compléments du verbe (ou compléments d'objet)** :

– le **COD** : sa construction est **directe** (sans préposition) ; il répond aux questions **qui ?** ou **quoi ?**

– le **COI** : sa construction est **indirecte** (avec préposition) ; il répond aux questions **à qui ?**, **à quoi ?**, **de qui ?**, **de quoi ?**, posées à partir du verbe.

– le **COS** : quand un verbe admet deux compléments d'objet de constructions différentes, on appelle COS (complément d'objet second) le COI qui accompagne le COD (parfois un autre COI).

Ex. : Il écrit une lettre (COD du verbe écrire) à son frère (COS du verbe écrire) (écrire *quelque chose à quelqu'un*).

3 La tournure impersonnelle

▸ On parle de **tournure impersonnelle** lorsque le pronom ***il*** ne renvoie à rien.

Ex. : Il pleut, il neige, il arrive que…

▸ Dans la tournure impersonnelle, il est fréquent que le verbe soit suivi d'un groupe nominal qui effectue réellement l'action : on parle alors de **sujet réel** ou de **sujet logique**, le pronom **il** étant le **sujet grammatical**.

Ex. : Il (sujet grammatical) s'est produit un accident (sujet logique).

À savoir — Sujet et prédicat

Le **sujet** de la phrase est ce dont elle parle, son thème. Le **prédicat** désigne les informations concernant le sujet.

Ex. : Les élèves de 3e (*sujet*) préparent le brevet. (*prédicat*)

⚠ L'attribut du sujet est aussi une fonction essentielle.

Ex. : Je (*sujet*) suis menuisier. (*attribut du sujet*)

À savoir — Verbe transitif/intransitif

Si un verbe admet un COD, c'est un **verbe transitif direct** ; s'il admet un COI, c'est un **verbe transitif indirect**.

Si le verbe n'admet aucun complément, c'est un verbe **intransitif**.

Comment faire ?

▸ **Repérer quelques pièges**

→ **Attention à ne pas confondre** COD, attribut du sujet, sujet inversé et sujet logique d'un verbe employé dans une tournure impersonnelle.

→ **Attention aux exercices de réécriture** : lorsqu'il s'agit de remplacer un groupe nominal complément d'objet par le pronom personnel correspondant, on veillera tout particulièrement aux accords ; si l'on remplace un groupe COD par un pronom COD, on peut être amené à effectuer un accord de participe passé (voir *leçon* 16).

Ex. : J'ai cueilli des framboises. (*COD après le verbe*) → Je les (*COD avant le verbe*) ai cueillies.

Corrigés → livret, p. 10

S'entraîner

QUIZ-TEST

Coche la (ou les) bonne(s) réponse(s).

1 Dans la phrase « *Il ne reste que deux biscuits.* », *deux biscuits* est :

a) le COD du verbe *rester* ☐
b) le COI du verbe *rester* ☐
c) le sujet logique du verbe *rester* ☐

2 Dans la phrase « *M'as-tu rapporté mon skate ?* », *m'* est :

a) le sujet du verbe *rapporter* ☐
b) le COI du verbe *rapporter* ☐
c) le COS du verbe *rapporter* ☐

3 ★ Sujet ou complément d'objet ?

Dans les phrases suivantes, donne la fonction des mots ou groupes de mots soulignés.

a) Il a acheté le maillot de son équipe préférée.

....

b) Sans doute n'arriveront-ils que par le train de 18 h 12.

....

c) La vieille dame demanda au contrôleur de lui descendre sa valise.

....

d) Des hauts sommets descendaient lentement les alpinistes chevronnés.

....

e) Il pleut des cordes depuis ce matin !

....

4 ★★ Les classes grammaticales du sujet

Dans les phrases suivantes, souligne les sujets des verbes en gras et indique leur classe grammaticale au brouillon.

a) « Son abondante chevelure blonde, peu soignée, lui **tombait** sur ses épaules à la manière allemande, mais dans un désordre qui **s'harmonisait** à la bizarrerie de sa personne. »

b) « Il **paraissait** âgé de plus de soixante ans, quoiqu'il en **eût** environ cinquante. »

c) « Un des spectacles où **se rencontre** le plus d'épouvantement **est** certes l'aspect général de la population parisienne. »

d) « Personne ne **faisait** la moindre attention à cette douleur cachée qui **gémissait** sur un fauteuil doré au coin de la cheminée. »

e) Décrire les fastes et les misères de la société de son temps **est** un des projets de Balzac.

f) Que les lecteurs **soient épouvantés** par certaines descriptions de Balzac **n'est** pas étonnant.

g) **Savez**-vous que les quatre premières phrases **ont été écrites** par Balzac ?

5 ★★★ Réécriture

Réécris les phrases suivantes en remplaçant tous les compléments d'objet par des pronoms personnels. Attention à l'accord du participe passé.

a) Avez-vous lu *Le Père Goriot* de Balzac ?

....

b) Le père Goriot aime ses filles au point de renoncer à sa fortune.

....

c) Il a offert à ses deux filles tous ses biens.

....

d) Balzac a montré à ses contemporains l'ambition et les passions des hommes.

....

....

e) L'ambition a fait oublier aux filles Goriot l'amour et les sacrifices de leur père.

....

7 L'accord du verbe

Retenir l'essentiel

1 L'accord du verbe

▶ **La terminaison du verbe est commandée par le sujet** qui peut être un nom (ou un groupe nominal), un pronom, un verbe à l'infinitif ou une proposition subordonnée.

▶ Le verbe se met au pluriel quand son **sujet est au pluriel** ou quand il a **plusieurs sujets au singulier**. Le masculin l'emporte sur le féminin.

Ex. : Julien et Anaëlle sont déjà repartis.

2 Le verbe qui a plusieurs sujets

▶ Quand le verbe a **plusieurs sujets dont un à la 1re personne, le verbe se met à la 1re personne du pluriel.**

Ex. : Adèle et moi partons jouer au foot.
3e pers. 1re pers.

▶ Quand le verbe a **plusieurs sujets dont un à la 2e personne, le verbe se met à la 2e personne du pluriel.**

Ex. : Julia et toi devez passer au CDI.
3e pers. 2e pers.

▶ Quand le sujet comprend **une 1re et une 2e personne, le verbe se met à la 1re personne.**

Ex. : Toi et moi pouvons faire équipe pour ce TP.
2e pers. 1ere pers.

3 Le verbe qui a pour sujet un nom de sens collectif

▶ Le verbe est au singulier lorsque son sujet est *la/une foule, le monde, un groupe, une équipe, une assemblée, une troupe...*

Ex. : Tout le monde est arrivé. L'assemblée était nombreuse.

▶ Le verbe se met au pluriel quand le sujet est *la plupart, beaucoup, plusieurs, certains...*

Ex. : Certains ne viendront pas mais la plupart ont été prévenus.

À savoir

Quand le sujet est un infinitif ou une subordonnée, le verbe est au singulier.

Ex. : S'entraîner est indispensable.
infinitif

Que Tom soit d'accord m'étonnerait.
subordonnée

À savoir

Lorsque le sujet est un groupe nominal, le verbe s'accorde avec le noyau du groupe.

Ex. : L'équipe des basketteurs monte dans le car.

!

Le sujet n'est pas toujours le mot placé avant le verbe.

Ex. : Je les observe.

Les est un pronom personnel complément qui ne commande pas la terminaison du verbe.

Comment faire ?

▶ **Bien accorder un verbe dont le sujet est le pronom *qui***

→ Lorsque *qui* est un **pronom relatif**, le verbe s'accorde avec l'antécédent.

Ex. : C'est toi qui arbitreras notre match. C'est moi qui ai tourné cette vidéo.
antécédent — *antécédent*

→ Lorsque *qui* est un **pronom interrogatif**, le verbe est au singulier.

Ex. : Qui habite dans ce château? Je me demande qui habite ici.

Corrigés → livret, p. 10

S'entraîner

QUIZ-TEST

Coche la (ou les) bonnes réponses.

1 La phrase correctement orthographiée est :

a) La famille de Manon et Tessa habitent maintenant en Italie. ☐

b) Qu'ils puissent venir nous surprendraient. ☐

c) Réussir cette compétition nous permet d'accéder au niveau académique. ☐

2 Les phrases correctement orthographiées sont :

a) La troupe des comédiens salue à la fin du spectacle. ☐

b) Tony, Audrey et moi ne sommes pas libres demain. ☐

c) Tout le monde admirent le talent de ces acteurs. ☐

3 ★ L'accord du verbe avec le sujet

Place dans les phrases le verbe qui convient :

commençons – sont – donnes – accordons – prête – est – accorde.

a) Le Principal nous .... une subvention pour notre club théâtre.

b) La plupart de ces romans policiers .... passionnants ; je te les ....

c) Est-ce que tu me .... ton pull qui .... trop petit ?

d) Nous .... nos instruments et ....

4 ★★ Bien accorder le verbe avec le sujet

Écris au présent de l'indicatif les verbes entre parenthèses.

a) C'est toi qui .... eu cette idée mais c'est moi qui .... tout organisé (*avoir, avoir)*

b) Dorian et moi .... accompagner le chant avec nos guitares tandis que Julie et toi vous ....des percussions. *(pouvoir, s'occuper)*

c) Je me demande qui .... du bruit sous notre fenêtre et nous .... de répéter notre concert. *(faire, empêcher)*

d) L'assemblée des collégiens .... deux délégués qui .... ensuite les différents clubs ; un groupe de professeurs .... la réflexion et la plupart des surveillants .... pour animer les activités. *(élire, organiser, guider, se proposer)*

5 ★★ L'accord du verbe avec le pronom sujet *qui*

Place dans les phrases le verbe qui convient :

ai – as – a – es – est.

a) C'est Balzac qui .... l'auteur de ce roman.

b) C'est toi qui .... réparé mon ordinateur.

c) C'est Monet qui .... peint ce tableau.

d) C'est toi qui .... responsable.

e) C'est moi qui .... abîmé ton écharpe.

6 ★★★ Exercice brevet : réécriture

Récris les phrases suivantes au brouillon en mettant au pluriel le mot en gras.

a) Le **romancier** qui cherche à représenter le réel a le souci du détail.

b) C'est au XIXe siècle que se développe ce **genre** littéraire.

c) Le **personnage** qui donne son nom au roman est en général le personnage principal.

d) **Toi**, qui as lu attentivement ce roman, pourrais-tu nous en parler ?

8 La phrase complexe

Les infinitifs et les participes sans auxiliaire ne sont pas des verbes conjugués à un mode personnel.

À savoir

Les liens entre les propositions

Deux propositions indépendantes ou principales, deux propositions subordonnées peuvent être juxtaposées ou coordonnées.

Ex. : Il pleut ; je préfère que nous restions à la maison et que nous regardions un film.

[Il pleut] et [je préfère] sont juxtaposées.

[que nous restions à la maison] et [que nous regardions un film] sont deux subordonnées coordonnées.

Retenir l'essentiel

1 La phrase non verbale

La **phrase non verbale** ne contient aucun verbe conjugué à un mode personnel. Elle est plus courante à l'oral qu'à l'écrit.

Ex. : D'accord. Vite ! Pourquoi ?

2 La phrase simple

Une **phrase simple** est une phrase qui comporte **un seul verbe conjugué**.

3 La phrase complexe

▸ Une **proposition** est un groupe de mots organisé autour du noyau qu'est le verbe conjugué. Une phrase complexe comporte au moins deux propositions. Il y a, dans une phrase, **autant de propositions que de verbes conjugués.**

▸ À l'intérieur de la phrase complexe, les propositions peuvent s'organiser de trois manières :

– les propositions ne sont pas reliées, elles sont **juxtaposées** ;

Ex. : [Il est entré], [je suis aussitôt sorti].

– les propositions sont reliées par une conjonction de coordination (*mais*, *ou*, *et*, *donc*, *or*, *ni*, *car*) ou un adverbe de liaison, elles sont **coordonnées** ;

Ex. : [Il est entré], [mais je suis sorti aussitôt].

– les propositions sont reliées par un mot subordonnant (conjonction de subordination, pronom relatif ou interrogatif, adverbe interrogatif) : la proposition introduite par le mot subordonnant est **subordonnée** à l'autre proposition.

Ex. : [Il est entré] [quand je suis sorti].

Comment faire ?

▸ **Repérer les propositions**

→ Les termes **subordonnée**, **principale** et **indépendante** désignent la nature d'une proposition. En revanche, les propositions **juxtaposées** et **coordonnées** ne désignent pas des sortes de propositions mais des relations possibles entre celles-ci.

→ **Pour repérer les propositions** sans se tromper :

– je souligne et je compte les verbes conjugués pour connaître le **nombre de propositions** ;

– j'entoure les **mots subordonnants** ;

– je mets entre crochets les propositions subordonnées (elles commencent par un mot subordonnant) ;

– je repère **les indépendantes** ;

– je repère **les propositions principales** qui dirigent les subordonnées.

Ex. : [Il pleut,] / [je pense] / [que nous allons rester à la maison].
prop. indépendante — *prop. principale* — *prop. subordonnée*

Corrigés → livret, p. 10

S'entraîner

Français

QUIZ-TEST

Coche la (ou les) bonne(s) réponse(s).

1 « *Tu es d'accord ?* » **est :**

a) une phrase juxtaposée ☐
b) une phrase simple ☐
c) une proposition indépendante ☐

2 **La phrase « *Je viendrai mais je ne resterai pas longtemps.* » est :**

a) une phrase complexe ☐
b) une phrase composée de deux propositions indépendantes coordonnées ☐
c) une phrase composée d'une principale et d'une subordonnée ☐

3 ★ Les types de phrases

Il y a un jardin derrière l'école, avec une balançoire et un trapèze.
Je regarde avec admiration ce trapèze et cette balançoire ; seulement il m'est interdit d'y monter.
[...]
Y a-t-il un mystère dans mon organisation ?
J'ai peut-être le derrière plus lourd que la tête !
... Oh ! ma mère ! ma mère !
Pourquoi ne me laissez-vous pas monter sur le trapèze et me mettre la tête en bas ? Rien qu'une fois !
Vous me fouetterez après, si vous voulez !

Jules Vallès, *L'Enfant*.

a) Souligne dans le texte deux phrases non verbales.

b) Combien de propositions contiennent les deux premières phrases ? ....

c) De quelle sorte de proposition s'agit-il ?

....

4 ★★ Les propositions subordonnées

Dans les phrases suivantes, surligne les propositions subordonnées. Les mots subordonnants sont en rouge.

a) « Emma ne dormait pas, elle faisait semblant d'être endormie ; et, tandis qu'il s'assoupissait à ses côtés, elle se réveillait en d'autres rêves. »

b) « Au galop de quatre chevaux, elle était emportée depuis huit jours vers un pays nouveau, d'où ils ne reviendraient plus. »

c) « On marchait au pas à cause des grandes dalles, et il y avait par terre des bouquets de fleurs que vous offraient des femmes habillées en corset rouge. »

d) « Et puis ils arrivaient, un soir, dans un village de pêcheurs, où des filets bruns séchaient au vent, le long de la falaise et des cabanes. »

e) « Emma ne s'endormait que le matin, quand l'aube blanchissait les carreaux et que déjà le petit Justin ouvrait les auvents de la pharmacie. »

f) Les phrases qui précèdent sont extraites du roman de Gustave Flaubert, *Madame Bovary*.

5 ★★★ Exercice brevet

Dans le texte suivant, souligne en vert une phrase simple, en bleu deux propositions indépendantes juxtaposées et surligne les propositions subordonnées.

Je suis né à Genève en 1712, d'Isaac Rousseau, citoyen, et de Suzanne Bernard, citoyenne. Un bien fort médiocre à partager entre quinze enfants ayant réduit presque à rien la portion de mon père, il n'avait pour subsister que son métier d'horloger, dans lequel il était à la vérité fort habile. Ma mère, fille du ministre Bernard, était plus riche ; elle avait de la sagesse et de la beauté ; ce n'était pas sans peine que mon père l'avait obtenue.

Jean-Jacques Rousseau, *Les Confessions*.

9 La subordonnée relative

Retenir l'essentiel

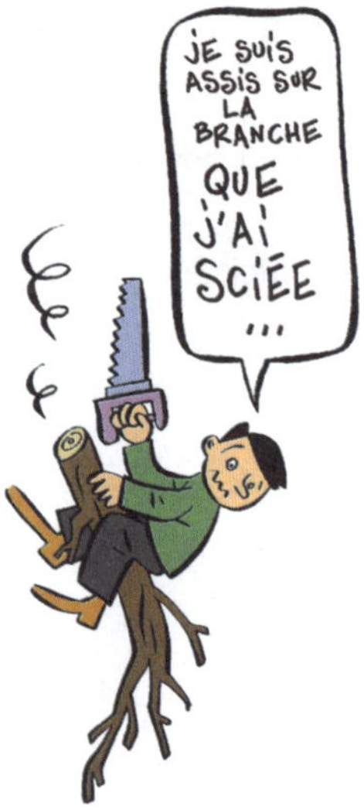

1 Définition et construction

▸ La proposition subordonnée relative appartient au **groupe nominal** : elle donne des précisions sur le nom auquel elle se rapporte.

Ex. : La revue à laquelle je suis abonné est un mensuel.

▸ Comme toute proposition subordonnée, la proposition subordonnée relative est introduite par un mot subordonnant ; ce mot est un pronom relatif.

▸ On distingue :

– **la proposition subordonnée relative déterminative** qui ne peut être supprimée sans que le sens de la phrase soit modifié ;

– **la proposition subordonnée relative explicative** qui peut être supprimée.

Ex. : Voici le livre que j'ai choisi. (prop. subordonnée relative déterminative)
Il s'arrêta devant une porte qui s'ouvrit. (prop. subordonnée relative explicative)

2 Les pronoms relatifs

▸ On distingue :

– les **pronoms relatifs simples** : *qui*, *que*, *quoi*, *dont*, *où* ;

– les **pronoms relatifs composés** : *lequel*, *duquel*, *à laquelle*, *lesquels*…

▸ Dans la très grande majorité des cas, le pronom relatif a un **antécédent**. L'antécédent d'un pronom relatif est le nom ou le groupe nominal que le pronom relatif remplace.

Ex. : L'article que je lis est très intéressant (*article* est l'antécédent de *que*).

À savoir

Dans de rares cas (proverbes), le pronom *qui* n'a pas d'antécédent.

Ex. : Qui vivra verra.

Comment faire ?

▸ **Trouver la fonction d'un pronom relatif et d'une subordonnée relative**

→ **Le pronom relatif** peut avoir toutes les fonctions d'un nom (sujet, COD, COI, CdN…).
Pour trouver cette fonction, il faut remplacer, dans la subordonnée, le pronom par son antécédent.

Ex : L'article que je lis est très intéressant.
Pour trouver la fonction de *que*, je le remplace par son antécédent : *je lis l'article* ;
l'article est le COD du verbe *lire* donc *que* est COD du verbe *lire*.

→ Lorsque le pronom relatif a un antécédent (cas le plus fréquent), la fonction de **la subordonnée relative** est « complément de l'antécédent ».

→ Lorsque **le pronom relatif** n'a pas d'antécédent (très rare), il faut regarder le rôle que joue la subordonnée dans la phrase.

Ex : Qui dort dîne. La fonction de *qui dort* est sujet du verbe *dîner*.

→ On veillera à ne pas confondre la fonction du **pronom relatif**, la fonction de **l'antécédent** du pronom relatif et la fonction de **la subordonnée relative**.

Corrigés → livret, p. 10

S'entraîner

QUIZ-TEST

Coche la (ou les) bonne(s) réponse(s).

1 Les phrases contenant une subordonnée relative sont :

a) C'est Molière qui a écrit *L'Avare*. ☐

b) La pièce que nous étudions est une comédie. ☐

c) Le comédien dont je te parle est très connu. ☐

2 Concernant la phrase « *C'est Pierre qui fera cet exposé.* », on peut dire que :

a) *Pierre* est l'antécédent du pronom relatif *qui* ☐

b) *qui fera cet exposé* est complément de l'antécédent *Pierre*. ☐

c) *qui* est le COD du verbe *fera* ☐

3 ★ Repérer une subordonnée relative

Dans les phrases suivantes, extraites du *Colonel Chabert* de Balzac, surligne les propositions subordonnées relatives et entoure l'antécédent du pronom relatif.
***Attention !* Toutes les phrases ne contiennent pas nécessairement une subordonnée relative.**

a) « Monsieur le comte Ferraud était le fils d'un ancien conseiller au Parlement de Paris, qui avait émigré pendant le temps de la Terreur. »

b) « J'ai eu mille fois raison de repousser tous les Chabert qui sont venus, comme je repousserai tous ceux qui viendront. »

c) « En sautant de place en place, Derville arriva sur le seuil de la porte par où le colonel était sorti. »

d) « Je vous déclare que je ne me mêlerai en rien de cette affaire. »

e) « Il y eut entre la comtesse Ferraud et le colonel Chabert un combat de générosité d'où le soldat sortit vainqueur. »

4 ★★ Les pronoms relatifs

Complète les phrases avec le pronom relatif qui convient.

a) Je peux te prêter le compas .... je ne me sers pas.

b) Le roman .... tu fais allusion est un chef-d'œuvre de Balzac.

c) La branche .... il était suspendu s'est brisée.

d) Tu es le seul .... je vais confier ce secret.

e) À gauche, tu prendras le boulevard au bout .... j'habite.

f) C'est ce en .... tu as parfaitement raison.

g) L'endroit .... est enterré le trésor est presque inaccessible.

h) Pierre .... nous avons regretté l'absence hier a téléphoné pour s'excuser.

5 ★★★ Construire une subordonnée relative

Les phrases qui suivent sont composées de deux propositions indépendantes. Transforme-les au brouillon de façon à obtenir une phrase complexe contenant une subordonnée relative.

a) J'ai emprunté un roman policier à la bibliothèque ; je l'ai lu en une soirée.

b) Nous avons atteint le sommet ; du haut de ce sommet, la vue est splendide.

c) La forêt longeait une plage ; le bord de cette plage était recouvert de galets.

d) Un nouveau magasin s'est ouvert ; dans ce magasin, on peut trouver un grand choix de logiciels et de jeux.

e) Nous avons monté un club vidéo ; Nicolas est le président de ce club.

f) En 1998, la France a gagné la coupe du monde de football ; elle avait lieu sur son territoire.

10 Les subordonnées interrogative et conjonctive

Retenir l'essentiel

À savoir

Indicatif/subjonctif

Le verbe de la proposition subordonnée conjonctive complétive ou circonstancielle est au **mode indicatif** lorsque l'action est présentée comme certaine; il est au **mode subjonctif** lorsque l'action n'est pas présentée comme certaine.

Ex. : Je sais que tu viens (indicatif) → action certaine.
Je veux que tu viennes (subjonctif) → action incertaine.

1 La proposition subordonnée interrogative

- Elle est **introduite par un pronom interrogatif** (*qui, que, quoi, lequel, laquelle*...) ou par un adverbe interrogatif (*pourquoi, quand, où, comment*...).
- Sa fonction est **complément d'objet du verbe de la proposition principale**.

2 Les propositions subordonnées conjonctives

- La subordonnée introduite par la **conjonction de subordination** *que* est une subordonnée **conjonctive complétive**.

Ex. : Je sais qu'il ne m'a pas menti. (La nature de la subordonnée est *conjonctive complétive*; sa fonction est COD du verbe *savoir*.)

- Les subordonnées introduites par les autres conjonctions de subordination sont des **conjonctives circonstancielles**. Elles indiquent les circonstances de l'action :

– **le temps**. *Ex.* : *Quand il fera nuit*, le fantôme fera son apparition.
– **la conséquence**. *Ex.* : Il a huilé ses chaînes *si bien qu'on ne l'entend pas*.
– **la cause**. *Ex.* : On ne l'entend pas *parce qu'il a huilé ses chaînes*.
– **le but**. *Ex.* : Il a huilé ses chaînes *pour qu'on ne l'entende pas*.
Ex. : Soyez vigilants *de peur qu'il ne vous surprenne*.
– **l'opposition**. *Ex.* : *Bien qu'il traîne des chaînes*, on ne l'entend pas.
– **l'hypothèse**. *Ex.* : *S'il vous entend parler* il ne viendra pas.

Comment faire ?

Ne pas confondre subordonnée relative et subordonnée interrogative

Si l'on excepte les très rares subordonnées relatives sans antécédent, on peut distinguer les relatives des interrogatives en considérant **le mot subordonnant** qui les introduit :

– **le pronom interrogatif** n'a pas d'antécédent. *Ex.* : Je me demande *qui a téléphoné*. (*sub. interrogative*)

– **le pronom relatif** a un antécédent. *Ex.* : C'est mon frère *qui a téléphoné*. (frère ↑ *antécédent* ; qui a téléphoné ↑ *sub. relative*)

Identifier une subordonnée introduite par *que*

Selon la classe grammaticale de *que*, la subordonnée sera relative, interrogative ou conjonctive.

– ***que* a un antécédent** : c'est un pronom relatif, il introduit une subordonnée **relative**.

– ***que* (*ce que*) est un pronom sans antécédent** : à moins que ce ne soit un des rares cas de pronom relatif sans antécédent, c'est un pronom interrogatif ; il introduit une subordonnée **interrogative**.

– ***que* n'est pas un pronom,** il ne remplace rien : c'est une conjonction de subordination ; celle-ci introduit une subordonnée **conjonctive complétive**.

Corrigés —> livret, p. 11

S'entraîner

QUIZ-TEST

Coche la (ou les) bonne(s) réponse(s).

1 La phrase « *Mon téléphone est déchargé si bien que je n'ai pas reçu ton message.* » contient :

a) une subordonnée de cause ☐
b) une subordonnée de conséquence ☐
c) une principale ☐

2 La (les) phrase(s) contenant une subordonnée interrogative est (sont) :

a) Inès, qui a été interrogée, a eu une bonne note. ☐
b) Je me demande qui sera interrogé en histoire. ☐
c) Où est passée ma gomme ? ☐

3 ★★ Identifier les subordonnées

Dans les phrases suivantes, indique si les subordonnées en gras sont relatives, interrogatives, conjonctives complétives ou conjonctives circonstancielles.

a) Je voudrais savoir **où aura lieu la réunion d'information sur l'orientation en fin de troisième.**

....

b) La conseillère d'orientation a suggéré **que je prenne contact avec quelqu'un du métier.**

....

c) **Depuis qu'il est tout petit,** il est passionné par la géologie.

....

d) Je ne sais pas **quelle est la meilleure filière pour préparer ce concours.**

....

e) La brochure **que je vais vous distribuer** présente les choix possibles après la troisième.

....

f) **Si vous voulez être médecin** vous devez connaître la longueur des études.

....

g) Je voudrais **que vous m'expliquiez votre métier.**

....

4 ★★ Repérer et identifier les subordonnées

Dans le texte suivant, souligne les propositions subordonnées, numérote-les et donne leur nature.

Les voyageurs ne manquèrent pas de ramasser l'or, les rubis et les émeraudes. « Où sommes-nous ? s'écria Candide, il faut que les enfants des rois de ce pays soient bien élevés puisqu'on leur apprend à mépriser l'or et les pierreries. » [...] Cacambo [...] entendit qu'on parlait péruvien ; c'était sa langue maternelle ; car tout le monde sait que Cacambo était né au Tucuman, dans un village où on ne connaissait que cette langue.

VOLTAIRE, *Candide*.

5 ★★★ Exercice brevet : rédaction

Transforme l'indépendante en gras en une proposition subordonnée circonstancielle dont tu préciseras le sens.

a) **Le ciel est couvert** ; ce n'est pas la peine d'emporter un parasol.

....

b) **Son train a eu du retard** ; il a manqué la correspondance.

....

c) **Tes notes s'améliorent au prochain trimestre** et je t'offre de nouveaux rollers.

....

d) Il finissait de se préparer ; **à ce moment-là, le téléphone a sonné.**

....

11 Les valeurs des modes et des temps

À savoir

Les six modes

L'indicatif, le conditionnel, le subjonctif et l'impératif sont les quatre **modes personnels**.

L'infinitif et le participe sont les deux **modes impersonnels**.

Temps simples et composés

Les modes indicatif et conditionnel réunis comptent dix temps : cinq temps simples (présent, futur simple, conditionnel présent, imparfait, passé simple) et cinq temps composés.

Mot-clé

La valeur d'un mode ou d'un temps

On appelle valeur d'un mode ou d'un temps ce qu'il signifie dans la phrase.

Retenir l'essentiel

1 Les valeurs des modes personnels

- L'**indicatif** exprime des actions certaines.
- Le **subjonctif** et le **conditionnel** expriment des actions dont la réalisation est possible mais pas certaine.

Ex. : Je souhaite que tu viennes. (Subjonctif : l'action de *venir* n'est pas certaine.)

- L'**impératif** exprime un ordre, un conseil, une invitation, une supplication.

Ex. : Courez ! Commencez plutôt par la leçon. Venez dîner jeudi. Aidez-moi !

2 Le présent

Les principales valeurs du présent sont :
– présent d'**énonciation** ou d'**actualité** : le moment où l'on parle ;
– présent de **vérité générale** : action réelle ou imaginaire, toujours vraie ;
– présent d'**habitude** : action qui se répète ;
– présent de **narration** : pour rapporter une action passée et la rendre vivante.

3 Le futur simple et le conditionnel présent

- Le **futur simple** exprime une action qui aura lieu dans l'avenir ou un ordre.

Ex. : Tu rangeras tes affaires !

- Le **conditionnel présent** exprime un futur dans le passé ou une action soumise à une hypothèse.

Ex. : Il m'a dit qu'il serait là. Si tu me le demandais, je viendrais.

4 L'imparfait et le passé simple

- L'imparfait (action non limitée) et le passé simple (action limitée) sont les deux temps complémentaires du récit écrit au passé.

Ex. : Je dormais (imparfait) quand l'orage éclata (passé simple).

- L'imparfait peut exprimer une habitude, un décor (description) et une action de second plan.

Comment faire ?

Identifier un temps composé

À chaque temps simple correspond un temps composé :
– **passé composé** : auxiliaire au présent (j'ai décidé, je suis venu(e)) ;
– **futur antérieur** : auxiliaire au futur simple (j'aurai décidé, je serai venu(e)) ;
– **plus-que-parfait** : auxiliaire à l'imparfait (j'avais décidé, j'étais venu(e)) ;
– **passé antérieur** : auxiliaire au passé simple (j'eus décidé, je fus venu(e)) ;
– **conditionnel passé** : auxiliaire au conditionnel présent (j'aurais décidé, je serais venu(e)) ;
– **passé du subjonctif** : auxiliaire au présent du subjonctif (que j'aie décidé, que je sois venu(e)).

Donner la valeur d'un temps composé

Les temps composés expriment une action achevée, accomplie, antérieure au temps simple correspondant.

Ex. : Quand j'aurai lu ce roman, je te le prêterai. (L'action de *lire* est accomplie avant celle de *prêter*.)

Corrigés → livret, p. 11

S'entraîner

QUIZ-TEST

Coche la (ou les) bonne(s) réponse(s).

1 Dans la phrase « *Ce matin, je travaille.* », le présent est :

a) un présent d'énonciation (actualité) ☐
b) un présent d'habitude ☐
c) un présent de narration ☐

2 L'imparfait peut évoquer :

a) une action de premier plan ☐
b) une habitude ☐
c) un décor ☐

3 ★ Les valeurs des modes

Entoure les verbes qui expriment une action certaine.

Je l'aiderai. – Il faut que tu m'aides. – Aide-moi. – Lis cet article. – Il n'est pas sûr qu'il pleuve. – Il a plu.

4 ★ Les valeurs du présent

Précise la valeur du présent dans chacune des phrases suivantes.

a) Le lundi, je vais à la piscine. ....

b) Je te téléphone pour te proposer d'aller à la patinoire. ....

c) La tortue et le serpent sont deux reptiles. ....

d) À cet instant le chevalier se retourne et aperçoit le félon qui le surveille. ....

5 ★★ La valeur des temps

Dans les phrases suivantes, indique le temps et la valeur des verbes en gras.

a) Chaque été, nous **retrouvions** nos cousins dans la maison de campagne familiale.

....

b) Quand vous **aurez fini** votre partie de cartes, vous irez acheter du pain.

....

c) Les planètes **gravitent** autour du Soleil.

....

6 ★★ Le récit au passé

« Le faubourg n'est pas moins dépeuplé que la ville, les volets des fenêtres y sont fermés pareillement. »

« Alors Rebecca caresse de la main la courbe bien fuselée (selon son goût) du réservoir, geste qu'elle a vu faire aux cavaliers sur l'encolure, puis elle revient à la poignée d'admission et elle ouvre en grand l'entrée des gaz. »

André Pieyre de Mandiargues, *La Motocyclette*, © Gallimard.

a) Réécris ces deux phrases au brouillon en les transposant au passé.

b) Quels temps du passé as-tu employés ? Justifie l'emploi de ces temps.

....

7 ★★★ Exercice brevet

Aussitôt, il extirpa de la poche quatre (en bas, à droite) de son gilet le tube de verre dont le fond était garni de cyanure de potassium et que nous commencions à bien connaître. Ma mère fronça les sourcils, mais ne dit rien. Elle respectait la science.

Hervé Bazin, *Vipère au poing*, © Grasset.

a) Quels sont les temps verbaux utilisés dans ce passage ? ....

b) Justifie leur emploi au brouillon.

c) Quelle est la valeur particulière du temps employé dans l'expression *Elle respectait la science* ?

....

12 L'indicatif et le conditionnel

Attention !

Il faut faire attention à la conjugaison des verbes en *-ier*. Ils se conjuguent ainsi :

Au présent : je crie ;
au futur : je crierai ;
à l'imparfait : nous criions.

Attention !

Il ne faut pas confondre, à la 1re personne du singulier, le futur et le présent du conditionnel d'une part, l'imparfait et le passé simple d'autre part (voir aussi p. 84).

À savoir

Passé simple des verbes qui ne sont pas en *-er*

en i	en u	en in
-is	*-us*	*-ins*
-is	*-us*	*-ins*
-it	*-ut*	*-int*
-îmes	*-ûmes*	*-înmes*
-îtes	*-ûtes*	*-întes*
-irent	*-urent*	*-inrent*

Retenir l'essentiel

1 Le présent

- **1er groupe (*-er*, sauf *aller*)** : les terminaisons sont toujours : *-e*, *-es*, *-e*, *-ons*, *-ez*, *-ent*.
- **2e groupe (*-ir*, participe présent : *-issant*)** : *-is*, *-is*, *-it*, *-issons*, *-issez*, *-issent*.
- **3e groupe** : il existe quatre sortes de terminaisons.

– *-s*, *-s*, *-t*, *-ons*, *-ez*, *-ent* pour les verbes *dire*, *croire*, *courir*...

– *-ds*, *-ds*, *-d*, *-ons*, *-ez*, *-ent* pour les verbes en *-dre*, sauf ceux en *-indre* et *-soudre* qui se conjuguent comme *dire*.

– *-e*, *-es*, *-e*, *-ons*, *-ez*, *-ent* pour les verbes *cueillir*, *offrir*...

– *-x*, *-x*, *-t*, *-ons*, *-ez*, *-ent* pour les verbes *vouloir*, *pouvoir* et *valoir*.

2 Le futur simple et le présent du conditionnel

Quel que soit le groupe, le futur simple et le présent du conditionnel ont le même radical (très souvent l'infinitif du verbe).
Futur simple : je crierai, tu crieras, il criera, nous crierons, vous crierez, ils crieront.
Présent du conditionnel : je crierais, tu crierais, il crierait, nous crierions, vous crieriez, ils crieraient.

3 L'imparfait

Les terminaisons sont toujours : *-ais*, *-ais*, *-ait*, *-ions*, *-iez*, *-aient*.
Ex. : je partais, nous criions, vous envoyiez.

4 Le passé simple

- **Verbes en *-er*** : *-ai*, *-as*, *-a*, *-âmes*, *-âtes*, *-èrent*. *Ex.* : je chantai, tu chantas...
- **Autres verbes** : *-(i, u, in)s*, *-(i, u, in)s*, *-(i, u, in)t*, *-(î, û, în)mes*, *-(î, û, în)tes*, *-(i, u, in)rent*. *Ex.* : je finis, je partis, je courus, je vins.

5 Les temps composés

Les cinq temps composés se conjuguent avec les auxiliaires *avoir* ou *être* : le **passé composé** (j'ai dit, nous sommes allés), le **futur antérieur** (j'aurai dit, nous serons allés), le **plus-que-parfait** (j'avais dit, nous étions allés), le **passé antérieur** (j'eus dit, nous fûmes allés), le **conditionnel passé** (j'aurais dit, nous serions allés).

Comment faire ?

Bien conjuguer les verbes en *-yer*

→ Devant un **e** muet, le **y** se transforme en **i**. *Ex.* : j'appuie, j'appuierai ; je nettoie, je nettoierai

→ Seuls les verbes en *-ayer* présentent deux formes. *Ex.* : je paie, paye ; je paierai, payerai

→ À l'imparfait, le **y** du radical est, pour les deux premières personnes du pluriel, suivi du **i** de la terminaison. *Ex.* : nous appuyions, vous payiez

Corrigés → livret, p. 11

S'entraîner

QUIZ-TEST

Coche la (ou les) bonne(s) réponse(s).

1 La (les) forme(s) correcte(s) au présent de l'indicatif est (sont) :

a) je vaux ☐
b) j'éteins ☐
c) je répond ☐

2 La (les) forme(s) correcte(s) au passé simple de l'indicatif est (sont) :

a) je proposai ☐
b) nous vînmes ☐
c) nous disâmes ☐

3 ★ Le présent et le futur de l'indicatif

Complète le tableau suivant.

Infinitif	Présent	Futur
a) écrire	il …………………	ils …………………
b) broyer	elles …………………	vous …………………
c) s'écrier	tu …………………	tu …………………
d) …………………	nous …………………	je peindrai
e) peigner	vous …………………	vous …………………
f) …………………	je …………………	tu suivras
g) …………………	je sais	je …………………

4 ★★ Les temps du passé

Complète le tableau suivant.

Participe passé	Imparfait	Passé simple
a) conduit	tu …………………	tu …………………
b) …………………	vous …………………	nous criâmes
c) écrit	ils …………………	ils …………………
d) …………………	nous …………………	vous sciâtes
e) …………………	nous …………………	tu peignis
f) …………………	il vivait	je …………………
g) vu	nous …………………	vous …………………
h) …………………	je venais	nous …………………
i) …………………	nous longions	je …………………

5 ★★ Conjuguer à l'indicatif

Donne les formes verbales correspondant aux indications suivantes.

a) s'asseoir : imparfait, 2e personne du pluriel.

……………………………………………………………………

b) répondre : présent, 3e personne du singulier.

……………………………………………………………………

c) oublier : présent du conditionnel, 1re personne du singulier.

……………………………………………………………………

d) accueillir : imparfait, 1re personne du pluriel.

……………………………………………………………………

e) vendre : passé simple, 1re personne du singulier.

……………………………………………………………………

f) revenir : passé simple, 3e personne du singulier.

……………………………………………………………………

6 ★★★ Chasse à l'intrus

Dans chacune des séries suivantes, trouve l'intrus et barre-le.

a) je courrai, je marchai, je pensai, je dansai, je vérifiai.

b) nous oublions, nous crions, nous parions, nous partions, nous vérifions.

c) descendus, entrevus, courus, entendus, vendus.

d) nous venions, nous viendrons, nous venons, nous vîmes, nous étions venus, nous serons venus.

e) j'ai été, je saurai, je fus, j'avais été, j'étais, j'eus été.

13 Le subjonctif et l'impératif

Retenir l'essentiel

1 Le subjonctif

▶ Le **subjonctif** compte **deux temps simples** et **deux temps composés**:
– Le **présent**: les terminaisons sont toujours: *-e, -es, -e, -ions, -iez, -ent* sauf pour *avoir* et *être*. *Ex.:* que je coure, que tu coures, qu'il coure, que nous courions, que vous couriez, qu'ils courent.
– le **passé**: l'auxiliaire (*être* ou *avoir*) est au présent du subjonctif.
Ex.: que j'aie porté, que tu aies porté, qu'il ait porté, que nous ayons porté…
– l'**imparfait**. *Ex.:* que je portasse, que tu portasses, qu'il portât, que nous portassions, que vous portassiez, qu'ils portassent.
– le **plus-que-parfait**: l'auxiliaire est à l'imparfait du subjonctif.
Ex.: que j'eusse porté, que tu eusses porté, qu'il eût porté, que nous eussions porté, que vous eussiez porté, qu'ils eussent porté.

▶ Le subjonctif se rencontre essentiellement dans les propositions subordonnées; il exprime une **action incertaine** car soumise à la réalisation de l'action exprimée par le verbe de la proposition principale.
On peut aussi utiliser le subjonctif **pour remplacer l'impératif**.
Ex.: Qu'il vienne me voir à cinq heures précises.

2 L'impératif

▶ L'**impératif** ne se conjugue qu'à **trois personnes**.

▶ L'**impératif présent** reprend le plus souvent les formes du présent de l'indicatif.
Ex.: **parler**: parle, parlons, parlez; **finir**: finis, finissons, finissez; **prendre**: prends, prenons, prenez; **ouvrir**: ouvre, ouvrons, ouvrez; **savoir**: sache, sachons, sachez; **aller**: va, allons, allez.

▶ L'**impératif passé** est moins employé. *Ex.:* **finir**: aie fini, ayons fini, ayez fini.

À savoir

Avoir et *être* au présent du subjonctif

Avoir: que j'aie, que tu aies, qu'il ait, que nous ayons, que vous ayez, qu'ils aient.

Être: que je sois, que tu sois, qu'il soit, que nous soyons, que vous soyez, qu'ils soient.

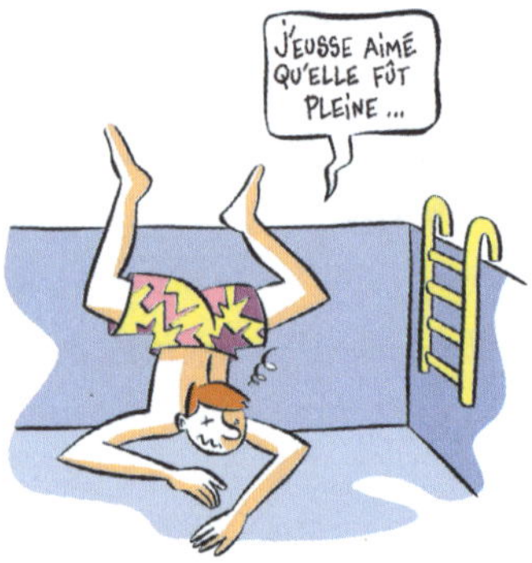

Attention!

Jamais *-es* à l'impératif!
Ex.: parle, cueille, crie.

Comment faire?

▶ **Conjuguer un verbe au présent du subjonctif**

Pour conjuguer un verbe au présent du subjonctif, il faut le faire précéder de « il faut que » et se rappeler qu'au singulier les terminaisons sont: *-e, -es, -e*.

Ex.: **aller** → il faut que j'aille; **prendre** → il faut que je prenne; **voir** → il faut que je voie…

▶ **Reconnaître un verbe au présent du subjonctif**

Pour savoir si un verbe est au présent du subjonctif quand ce n'est pas évident, il faut le remplacer par le verbe *prendre*.

Ex.: Je crois qu'il se **prépare** (prend). → indicatif / Je voudrais qu'il se **prépare** (prenne). → subjonctif

Corrigés → livret, p. 11

S'entraîner

QUIZ-TEST

Coche la (ou les) bonne(s) réponse(s).

1 Les formes au présent du subjonctif sont :

a) que tu aies ☐
b) que tu crois ☐
c) que tu saches ☐

2 Les formes qui peuvent être à l'impératif présent sont :

a) Tiens. ☐
b) Cours. ☐
c) Marches. ☐

3 ★★ Le présent de l'indicatif et du subjonctif

Complète le tableau suivant.

Infinitif	Présent de l'indicatif	Présent du subjonctif
a)	je sais	que tu ....
b) courir	tu	que je ....
c) mourir	nous	que vous ....
d) nourrir	vous	qu'ils ....
e)	ils	que je puisse
f) écrire	tu	que tu ....
g)	je	que je m'assoie
h) crier	vous	que nous ....
i) résoudre	il	que je ....
j)	je vois	qu'il ....

4 ★★ Le présent du subjonctif

Complète les phrases en mettant le verbe entre parenthèses au présent du subjonctif.

a) Le professeur veut qu'il .... son rôle la semaine prochaine. (savoir)

b) Nous souhaitons que les parents ne .... pas admis dans la salle lors de la répétition générale. (être)

c) Mes grands-parents voudraient acheter une petite maison qui .... un grand jardin. (avoir)

d) Je ne crois pas qu'il .... à cette heure-ci, il a dû avoir un empêchement. (venir)

e) Pensez-vous qu'il .... encore possible de trouver un billet pour la finale ? (être)

f) Je ne pense pas qu'il .... venir. (pouvoir)

5 ★★★ Le passé du subjonctif

Mets les verbes en rouge au passé du subjonctif.

a) Il faut que tu terminer .... les rangements avant que je revenir .... à la maison.

b) Connais-tu quelqu'un qui réussir .... cet exercice ?

c) Bien que j' manquer .... un épisode, j'ai pu suivre le feuilleton.

d) J'aurais bien aimé que tu voir.................. ce film !

e) Que tu oublier.................. une fois de plus tes clés n'étonne plus personne !

f) Tom a tout réussi sans qu'il avoir .... besoin d'aide.

6 ★ L'impératif

Parmi les formes verbales suivantes, coche celles qui peuvent être à l'impératif.

a) jouez ☐
b) cours ☐
c) viens ☐
d) prends ☐
e) manges ☐
f) sachent ☐
g) fais ☐
h) réponds ☐
i) sois ☐
j) voies. ☐

14 Le passif

À savoir
Le verbe au passif n'est pas toujours accompagné d'un complément d'agent.
Ex. : Les consignes ont été données.

Retenir l'essentiel

1 Définition

▸ Seuls les **verbes transitifs directs** (qui admettent un COD) peuvent se mettre au passif (voix passive).

▸ À la **voix active**, le sujet **agit** et c'est le COD qui subit l'action.

Ex. : La mer use la falaise.
sujet (La mer) – *COD* (la falaise)

▸ À la **voix passive**, le sujet est passif : il **subit** l'action et c'est le complément d'agent (CA) qui agit.

Ex. : La falaise est usée par la mer.
sujet (La falaise) – *CA* (par la mer)

2 La transformation passive

On appelle transformation passive d'une phrase la réécriture de cette phrase au passif.

Actif → La rivière charrie de gros galets.
Passif → De gros galets sont charriés par la rivière.

L'expression qui était **sujet** à la voix active devient **complément d'agent** à la voix passive (de gros galets).

L'expression qui était **COD** à la voix active devient **sujet** au passif (la rivière).

3 Le complément d'agent

Le complément d'agent est introduit par la préposition ***par*** et parfois ***de***.

Ex. : Il est estimé par tous ; il est estimé de tous.

! Lors de la transformation à la voix passive, on veillera à bien conserver le **même temps** pour le verbe et à accorder le participe passé (conjugué avec *être*) avec le sujet.

Comment faire ?

▸ **Repérer un verbe au passif**

À la voix passive, le verbe est toujours conjugué avec l'auxiliaire *être*. Cependant, certains verbes comme *venir* ou *aller*, qui sont intransitifs, se conjuguent aussi avec l'auxiliaire *être*. On reconnaîtra donc une forme passive à ce qu'on peut lui adjoindre le complément d'agent ***par quelqu'un***.

Ex. : Il est récompensé par quelqu'un. → forme passive.
Il est venu ~~par~~ quelqu'un. → c'est impossible → forme active.

▸ **Repérer un temps au passif**

À chaque forme active correspond une forme passive.

Ex. :	Présent actif	elle regarde	→ elle est regardée	Présent passif
	Futur actif	elle regardera	→ elle sera regardée	Futur passif
	Passé composé actif	elle a regardé	→ elle a été regardée	Passé composé passif

Ainsi, pour identifier le temps d'un verbe à la voix passive, on ne considérera que **l'auxiliaire**.

S'entraîner

Corrigés → livret, p. 11

QUIZ-TEST

Coche la (ou les) bonne(s) réponse(s).

1 Au passif, la phrase « *Le Nôtre a dessiné les jardins de Versailles.* » devient :

a) Les jardins de Versailles sont dessinés par Le Nôtre. ☐

b) Les jardins de Versailles ont été dessinés par Le Nôtre. ☐

c) Les jardins de Versailles avaient été dessinés par Le Nôtre. ☐

2 La phrase contenant un complément d'agent est :

a) Cette comédie sera jouée demain à 20 h. ☐

b) Nous nous sommes rencontrés par hasard. ☐

c) Nos calculs ont été vérifiés par notre professeur. ☐

3 ★ Reconnaître la voix passive

Parmi les formes verbales suivantes, souligne celles qui sont à la voix passive. *Attention !* l'auxiliaire *être* peut être utilisé à la voix active.

a) il a déjeuné b) nous étions entrés c) nous aurions voulu d) il avait été reconnu e) elles seront venues f) nous sommes étonnés g) ils auront été retenus h) tu t'es promené i) il fut surpris j) elle est appelée k) qu'il soit entendu l) ils seraient devenus m) vous auriez été conseillés n) nous avons été encouragés.

4 ★★ Identifier un temps au passif

Donne le temps et le mode des formes passives suivantes.

a) elle est ouverte ....

b) ils étaient rassurés ....

c) que tu sois récompensé ....

d) il avait été entraîné ....

e) sois félicité ....

f) vous seriez contraints ....

g) elles auront été découvertes ....

h) il aurait été reconnu ....

i) nous serons séduits ....

j) qu'il ait été convoqué ....

5 ★★ Le complément d'agent

Dans les phrases suivantes, surligne les compléments d'agent (s'il y en a) et entoure le verbe (ou le participe) auquel ils se rattachent.

a) Encouragé par son entraîneur et par ses amis, il a remporté la victoire.

b) Le malfaiteur sera entré par la porte de la cave et aura ensuite gagné les étages.

c) Il aurait été aperçu par un électricien qui réparait la minuterie de l'escalier.

d) Le médecin que j'avais appelé n'était pas encore arrivé quand tu m'as téléphoné.

e) C'est un médecin estimé de tous pour ses qualités humaines autant que professionnelles.

6 ★★★ Exercice brevet : réécriture

Au brouillon, réécris au passif les phrases suivantes.

a) Notre classe prépare la mise en scène des *Femmes savantes* de Molière.

b) Le professeur d'arts plastiques a conseillé notre troupe pour le choix des décors.

c) On a préparé également des rafraîchissements et des gâteaux pour l'entracte.

d) Le journal du collège mais aussi la presse locale annonceront la date et le lieu de notre représentation.

15 Les terminaisons à ne pas confondre

Retenir l'essentiel

1 Passé simple et imparfait de l'indicatif : *-ai* ou *-ais*

▸ Pour les verbes **en *-er*** à la 1re personne du singulier, il faut **distinguer l'imparfait et le passé simple.**

Ex. : Je travaillai puis rejoignis mes amis.
passé simple

Je travaillais quand retentit l'alarme.
imparfait

▸ Le **passé simple** exprime une **action limitée dans le temps** alors que **l'imparfait** rend compte d'une **action qui dure**.

2 Futur de l'indicatif et conditionnel présent : *-rai* ou *-rais*

▸ Pour tous les verbes, à la 1re personne du singulier, il faut **distinguer le futur et le conditionnel présent.**

Ex. : Cet été, je ferai de l'escalade. Je ferais de l'escalade si je n'avais pas peur.
futur *présent du conditionnel*

3 Présent de l'indicatif et présent du subjonctif

▸ **Au singulier**, certains verbes se prononcent de la même manière au présent de l'indicatif et au présent du subjonctif.

Ex. : Je sais que tu vois bien de loin ; j'aimerais que tu voies bien de loin.
indicatif *subjonctif*

▸ Aux deux premières personnes du pluriel, les verbes en ***-ier***, ***-yer*** et quelques autres verbes se prononcent de la même façon au présent de l'indicatif et au présent du subjonctif.

Ex. : Je pense que nous n'oublions rien ; il faut que nous n'oubliions rien.
indicatif *subjonctif*

À savoir

Pour **éviter la confusion entre *–ai* et *–ais***, on met le verbe à la 3e personne du singulier.

Ex. : Il travailla (passé simple ⟶ Je travaillai) puis rejoignit ses amis.

Il travaillait (imparfait ⟶ Je travaillais) quand retentit l'alarme.

À savoir

Pour **éviter la confusion entre *–rai* et *–rais***, on met le verbe à la troisième personne du singulier.

Ex. : Cet été, il fera (futur ⟶ je ferai) de l'escalade.

Il ferait (conditionnel présent ⟶ je ferais) de l'escalade s'il n'avait pas le vertige.

Comment faire ?

▸ **Tenir compte du groupe auquel appartient le verbe**

Au présent de l'indicatif notamment, il est essentiel de repérer le groupe du verbe pour écrire sa terminaison au singulier.

Ex. : Je lui écris (écrire, 3e groupe) un message. Je m'écrie (s'écrier, 1er groupe en *-er*) : « Formidable ! »

▸ **Distinguer l'indicatif et le subjonctif**

Pour choisir le bon mode, il faut remplacer le verbe par ***faire*** (***fais/fasse, faisons/fassions***)

Ex. : Je sais que tu vois (*tu fais* : indicatif) bien / que vous voyez (*vous faites* : indicatif) bien.
J'aimerais que tu voies (*tu fasses* : subjonctif) bien/ que vous voyiez (*vous fassiez* : subjonctif) bien.

Corrigés → livret, p. 12

S'entraîner

QUIZ-TEST

Coche la (ou les) bonnes réponses.

1 La phrase correctement orthographiée est :

a) Quand j'étais petit, je répétai mes gammes au piano chaque soir. .... ☐

b) J'ouvris la porte et me retrouvai dans un immense salon. .... ☐

c) Lorsque le jour se leva, je me décidais à sortir. .... ☐

2 Les phrases correctement orthographiées sont :

a) Je voudrais deux baguettes s'il vous plaît. .... ☐

b) Je passerai demain à la poste. .... ☐

c) Si tu me montrais ton exercice, je pourrai t'expliquer. .... ☐

3 ★ L'imparfait et le passé simple

Complète le tableau.

	1re pers. du sing.		3e pers. du sing.	
	Imparfait	Passé simple	Imparfait	Passé simple
s'écrier				
déplacer				
ranger				

4 ★ Le futur et le conditionnel présent

Complète le tableau.

	1re pers. du sing.		3e pers. du sing.	
	Futur	Cond. présent	Futur	Cond. présent
approuver				
faire				
savoir				

5 ★★ Passé simple ou imparfait ?

Complète la terminaison (*ai* ou *ais*) des verbes en soulignant les passés simples.

a) Autrefois, je pass.................... toutes mes vacances chez mes grands-parents.

b) Je courus, but.................... sur une souche et tomb....................

c) Tandis que tu dormais, je travaill.................... !

d) J'aperçus le château maudit et décid.................... de m'en approcher.

6 ★★ Futur ou conditionnel présent ?

Complète les terminaisons et souligne les verbes au futur.

a) On me répète que je ser...... un bon comédien.

b) On m'avait promis que je deviendr...... une célébrité.

c) Si tu me confiais ta tablette, je pourr...... t'installer un logiciel utile.

d) Je souhaiter...... que vous veniez avec moi.

7 ★★ Le présent de l'indicatif

Écris *-is*, *-ie*, *-ies*, *-it*.

Je tradu...... un texte. – J'oubl...... tout. – Il suppl...... son frère. – Il écr...... une lettre. – Tu recop...... les devoirs. – Je bond...... . – Je rel...... mon devoir. – Je vérif...... les terminaisons.

8 ★★★ Indicatif ou subjonctif ?

Complète les terminaisons des verbes en différenciant les modes indicatif et subjonctif.

a) Il faut vraiment que j'a.................... une bonne note à ce contrôle !

b) Le principal souhaite que nous rejoign.................... le club théâtre de la ville.

c) Je crois que vous oubl.................... souvent vos affaires de sport.

d) J'aimerais que tu vo.................... ce film avec moi.

16 Les participes présent et passé

Retenir l'essentiel

1 Le participe présent, le gérondif et l'adjectif verbal

▸ **Le participe présent** est une forme active du verbe ; il peut avoir des compléments et est **invariable**.

Ex. : On voyait les patineurs glissant sur la glace.

▸ **Le gérondif** est le participe présent précédé de la préposition ***en***. Il est **invariable**.

Ex. : Ils sont tombés en glissant sur une plaque de verglas.

▸ **L'adjectif verbal** se prononce comme le participe présent mais il ne s'écrit pas toujours de la même manière. Il est **employé comme un adjectif** et il s'accorde en genre et en nombre avec le nom auquel il se rapporte.

Ex. : Évitez de prendre la route ; même les grands axes sont glissants.

2 Le participe passé

▸ **Le participe passé employé sans auxiliaire** s'accorde en genre et en nombre avec le nom auquel il se rapporte.

Ex. : Souvent les histoires inventées semblent vraies.

▸ **Le participe passé employé avec l'auxiliaire *être*** s'accorde avec le sujet.

Ex. : Cette histoire est inventée. / Elles étaient reparties.

▸ **Le participe passé employé avec l'auxiliaire *avoir*** ne s'accorde jamais avec le sujet ; il s'accorde avec le COD si celui-ci est placé avant le verbe.

Ex. : J'ai inventé une histoire. / Voilà l'histoire que j'ai inventée.
COD

▸ **Le participe passé employé avec un verbe pronominal** ne s'accorde pas lorsque le verbe pronominal est suivi d'un COD.

Ex. : Elle s'est lavé les mains.

Si le COD est placé avant le verbe pronominal, on accorde le participe passé avec le COD. *Ex.* : Ses mains ? Elle se les est lavées.
COD

À savoir

Participe présent et adjectif verbal

Le participe présent et l'adjectif verbal ne s'écrivent pas toujours de la même manière.

p. présent	adj. verb.
fatiguant	fatigant(e)(s)
naviguant	navigant(e)(s)
négligeant	négligent(e)(s)
convainquant	convaincant(e)(s)
précédant	précédent(e)(s)

À savoir

Le participé passé d'un verbe pronominal s'accorde avec le sujet quand il n'y a pas de COD.

Ex. : Elle s'est lavée.

Comment faire ?

▸ **Bien orthographier les participes passés**

→ Il faut tout d'abord vérifier qu'il s'agit bien d'un participe passé et non d'un verbe à l'imparfait ou d'un infinitif en -**er**.

Ex. : Il a travaillé. / Il travaillait. / Il va travailler.

→ Pour connaître l'orthographe d'un participe passé au masculin singulier, on le mettra au féminin, ce qui permet d'entendre la lettre finale.

Ex. : interdit → interdite ; soumis → soumise ; fini → finie ; peint → peinte.

Corrigés → livret, p. 12

S'entraîner

QUIZ-TEST

Coche la (ou les) bonne(s) réponse(s).

1 Dans la phrase « *En nous* [..], *nous avons observé des oiseaux* [..]. », les mots manquants sont :

a) promenant, étonnant .... ☐
b) promenants, étonnant .... ☐
c) promenant, étonnants .... ☐

2 Les phrases correctement orthographiées sont :

a) Nous avons déjà mangé la tarte que nous avons confectionnés. .... ☐
b) Merci pour ces journaux, je les ai lus avec plaisir. .... ☐
c) Regarde les cheveux de Clara ; elle se les est coupés. .... ☐

3 ★ *-ant* ou *-ants* ?

Complète les phrases suivantes en écrivant *-ant* ou *-ants*.

a) En examin.................... les échantillons prélevés sur Mars, on peut émettre des hypothèses concern.................... la formation de notre système solaire.

b) Ils se sont montrés reconnaiss.................... .

c) En reconnaiss.................... la voiture du coupable, les témoins ont permis à l'enquête de progresser.

d) Je préfère les quartiers plus viv.................... .

e) Viv.................... dans ce quartier depuis dix ans, ils connaissent presque tous les habitants.

4 ★★ Adjectif verbal ou participe présent ?

Dans les phrases suivantes, remplace les verbes entre parenthèses par une forme en *-ant* (adjectif verbal ou participe présent).

a) « Très douée, elle [la vipère] dansait de manière exceptionnelle, (se tortiller) .... à souhait, (suivre) .... le rythme avec précision, (sortir) .... la langue pour ponctuer la séance. »

(Tahar Ben Jelloun)

b) Le vent « venait se répandre en cris (ne pas cesser) .... sur le forum qui s'ouvrait dans le ciel. »

(Albert Camus)

5 ★★ Le participe passé

Mets au passé composé les verbes en gras.

a) Les histoires que je **traduis** sont destinées aux enfants.

....

b) C'est un château qu'ils **restaurent** eux-mêmes.

....

c) Je sais quels sentiments tu **éprouves** car je les **éprouve** aussi.

....

d) Les règles que j'**applique** ne sont pas si compliquées.

....

6 ★★★ Le participe passé d'un verbe pronominal

Complète les phrases suivantes avec le participe passé du verbe entre parenthèses.

a) Nous nous sommes .... car nous étions en retard. (presser)

b) Elle s'est .... deux oranges. (presser)

c) Elle s'est .... à un poteau dans la rue. (cogner)

d) Elle a mal aux doigts car elle se les est .... en sortant le gâteau du four. (brûler)

17 Les différents discours et genres littéraires

Retenir l'essentiel

1 Les types de discours

- Le texte **narratif** raconte une histoire réelle ou fictive.
- Le texte **descriptif** présente un lieu, un objet, un personnage en précisant ses différentes caractéristiques et en créant une impression (admiration, peur, etc.).
- Le texte **explicatif** explique une situation, un fonctionnement.
- Le texte **argumentatif** cherche à transmettre une opinion en utilisant des arguments, un raisonnement, des procédés de style.

2 Les principaux genres littéraires

- Les genres rattachés au discours narratif: le **roman**, la **nouvelle** (court récit), le **conte** (court récit qui exprime une leçon, une morale), l'**autobiographie** (récit de sa propre vie), la **biographie**.
- Le texte **théâtral** est destiné à être représenté sur une scène.
- Le texte **poétique**, en vers réguliers, en vers libres ou en prose, transmet des émotions en utilisant les différentes ressources de la langue (vocabulaire, sonorités).

Ne pas confondre discours et genres

Les types de discours peuvent se rencontrer dans différents genres. Dans un roman, on croise des passages narratifs, descriptifs et parfois explicatifs ou argumentatifs.

À savoir — Les principaux genres théâtraux

La **comédie** dénonce des défauts par le rire. L'histoire se finit bien.
La **tragédie** inspire crainte et pitié. L'histoire se finit mal.

Comment faire ?

Comprendre un texte

→ Il faut d'abord lire le texte en entier et dégager les informations **explicites** (claires): que se passe-t-il? Qui sont les personnages? Quel est le cadre de l'action?

→ Il faut ensuite comprendre ce qui est **implicite** (sous-entendu). On pourra s'interroger:

- À quelle époque ce passage a-t-il été écrit? Dans quelles circonstances?
- À qui le texte est-il destiné?
- De quel type de texte s'agit-il? De quel genre?
- Quelles sont les intentions de l'auteur? Pourquoi a-t-il écrit cette page?
- Quelle est l'idée générale de ce texte? Quelles en sont les différentes étapes?

Connaître les règles de versification pour étudier un poème traditionnel

Pour étudier un poème traditionnel, il faut connaître quelques **points de versification**:

→ Il existe trois principales **sortes de vers**: l'**alexandrin** (12 syllabes), le **décasyllabe** (10 syllabes) et l'**octosyllabe** (8 syllabes).

→ Il existe trois principales **sortes de rimes**: les **rimes plates** (a, a, b, b), les **rimes croisées** (a, b, a, b) et les **rimes embrassées** (a, b, b, a).

→ Les -**e** se prononcent devant une consonne. *Ex.:* « Une grenouille vit un bœuf. »

→ Dans un poème, un groupe de vers s'appelle une **strophe**. Le mot « paragraphe » ne s'emploie que pour un texte en prose.

Corrigés → livret, p. 12

S'entraîner

QUIZ-TEST

Coche la (ou les) bonne(s) réponse(s).

1 On compte dans les genres narratifs :

a) la comédie ☐
b) l'autobiographie ☐
c) la nouvelle ☐

2 Le vers « *Maître Corbeau sur un arbre perché* » est :

a) un octosyllabe ☐
b) un décasyllabe ☐
c) un alexandrin ☐

3 ★ Identifier un genre et un discours

Indique à quel genre appartiennent les extraits suivants et précise le type de discours.

a) « En approchant de son usine, le père Sorel appela Julien de sa voix de stentor ; personne ne répondit. Il ne vit que ses fils aînés, espèces de géants qui, armés de lourdes haches, équarrissaient les troncs de sapins, qu'ils allaient porter à la scie. » (STENDHAL)

....

b) « Carmen est maigre, un trait de bistre
Cerne son œil de gitana.
Ses cheveux sont d'un noir sinistre,
Sa peau, le diable la tanna. » (Théophile GAUTIER)

....

c) « J'étais le seul garçon dans cette ronde, où j'avais amené ma compagne toute jeune encore, Sylvie, une petite fille du hameau voisin, si vive, si fraîche, avec ses yeux noirs, son profil régulier et sa peau légèrement hâlée. » (Gérard de NERVAL)

....

d) « La liberté politique dans un citoyen est cette tranquillité d'esprit qui provient de l'opinion que chacun a de sa sûreté ; et pour qu'on ait cette liberté, il faut que le gouvernement soit tel qu'un citoyen ne puisse pas craindre un autre citoyen. » (MONTESQUIEU)

....

e) « DOM JUAN – Il n'y a plus de honte maintenant à cela : l'hypocrisie est un vice à la mode, et tous les vices à la mode passent pour vertus. » (MOLIÈRE)

....

4 ★★★ Sujet brevet

Quels souvenirs ai-je encore de ma vie de petit enfant ? Je me rappelle que, devant la fenêtre, les oiseaux viennent l'hiver picorer dans la neige ; que l'été, je salis mes culottes dans une cour qui sent mauvais ; qu'au fond de la cave, un des locataires engraisse des dindes. [...]

Ma mère apparaît souvent pour me prendre par les oreilles et me calotter. C'est pour mon bien ; aussi, plus elle m'arrache de cheveux, plus elle me donne de taloches, et plus je suis persuadé qu'elle est une bonne mère et que je suis un enfant ingrat.

Jules VALLÈS, *L'Enfant*.

a) Quel est le genre du texte ?

....

b) Quel est le temps utilisé dans ce passage ? Justifie son emploi dans le second paragraphe.

....

c) Quels sont les différents personnages mentionnés dans le texte ?

....

d) Relève les éléments qui montrent que la vie de l'enfant est triste.

....

e) Quelle est l'expression qui, dans le second paragraphe, explique le paradoxe « *plus elle me donne de taloches, et plus je suis persuadé qu'elle est une bonne mère.* »

....

18 Les paroles rapportées

Retenir l'essentiel

Mot-clé

Parole rapportée

On appelle **parole rapportée** les mots qu'un personnage a prononcés et qui sont rapportés dans un récit. Les quatre sortes de discours correspondent aux quatre façons de rapporter les paroles.

À savoir

- Le **discours direct** rend **vivant** le récit dans lequel il est inséré.
- Le **discours indirect libre** permet **d'entrer dans les pensées du personnage** et de s'identifier à lui.

Attention !

Il ne faut pas confondre les **discours** narratif, descriptif, explicatif, argumentatif et les **discours** direct, indirect, indirect libre, narrativisé.

1 Le discours direct

- Le narrateur rapporte directement les paroles du personnage.

Ex. : Elle lui répondit : « Je ne suis pas tout à fait d'accord. »

- L'intonation de la phrase est exprimée par la **ponctuation** : points d'interrogation, d'exclamation, de suspension.
- La parole est introduite par un **tiret** ou des **guillemets**.
- Parfois, la réplique est liée au récit grâce à une courte **proposition incise** (dit-il ; répond-il…). Elle est au minimum constituée d'un verbe introducteur (*dire*, *demander*, *répondre*…) et de son sujet inversé.

2 Le discours indirect

- Le discours n'est pas rapporté directement ; on n'entend pas parler le personnage. La parole est insérée dans le récit car elle est rapportée dans une **proposition subordonnée**.
- L'intonation n'est pas reproduite ; les paroles ne sont pas signalées par des tirets ou des guillemets.

Ex. : – Es-tu d'accord ? (*discours direct*) → Il lui demanda si elle était d'accord. (*discours indirect : pas de point d'interrogation ni de tiret*)

3 Le discours indirect libre

- C'est un style **intermédiaire entre le discours direct et le discours indirect**. La parole est insérée dans le récit comme dans un discours indirect mais le lecteur perçoit l'intonation comme dans le discours direct.

Ex. : La servante réfléchit. Madame lui accorderait-elle un jour de congé ?

- L'intonation de la phrase est exprimée par la ponctuation. La parole rapportée n'est ni introduite par un tiret, ni placée entre guillemets.

4 Le discours narrativisé

Les paroles ne sont pas rapportées dans leur intégralité mais **résumées**.

Ex. : Paul raconta ses magnifiques vacances en Italie.

Comment faire ?

Réécrire un discours direct en discours indirect

La **proposition introductrice** ou **incise** devient **proposition principale** et la **ponctuation** change.
Attention à **la concordance des temps** : le verbe qui était au présent dans la réplique se met au passé si le verbe de la principale est au passé ; s'il était au futur, il se met au présent du conditionnel (futur dans le passé).

Ex. : « Viendras-tu ? » demanda-t-elle. → Elle lui demanda s'il viendrait.

Corrigés → livret, p. 12

S'entraîner

QUIZ-TEST

Coche la (ou les) bonne(s) réponse(s).

1 Au discours indirect, la phrase « *Viendras-tu ?* » devient :

a) Mathilde demande à Baptiste s'il viendra ? .. ☐
b) Mathilde demande à Baptiste s'il viendra. ... ☐
c) Mathilde demanda à Baptiste s'il viendrait. .... ☐

2 La phrase correcte est :

a) – Quelle bonne idée, s'écria Julia ! .... ☐
b) – Quelle bonne idée ! s'écria Julia. .... ☐
c) – Quelle bonne idée ! S'écria Julia. .... ☐

3 ★ Entraînement à la rédaction

Réécris les phrases suivantes en les corrigeant.

a) – Comment est-il entré dans la pièce, demanda l'enquêteur.

....

b) Il m'a demandé qu'est-ce que j'avais fait.

....

c) L'inspecteur demanda qui était entré dans le salon en dernier ?

....

d) Il cria entrez ! la porte n'est pas fermée !

....

e) – Qui a touché aux empreintes ? Questionna-t-il.

....

f) Il a expliqué à l'inspecteur « qu'il avait un rendez-vous chez le dentiste ce jour-là ».

....

4 ★★ Transformation au style indirect

Écris au style indirect les phrases suivantes extraites d'*Aurélien* d'Aragon.

a) « Vous n'avez guère l'air d'une Provençale », lui avait-il dit.

....

b) « Il ne m'a pas regardée ! » dit Bérénice.
[Le verbe *dire* est ici au passé simple.]

....

c) – Oh, s'exclama Mme Barbentane, Mary a bon dos !

....

d) – Voulez-vous danser ? demanda Edmond.

....

5 ★★★ Exercice brevet : étudier un dialogue

« Elle travaille ? »
« Non, pas encore, Monsieur », dit Aama ; elle dit « Monsieur » quand elle a peur.
« Mais elle va travailler ici ? »
« Oui, Monsieur, si elle trouve du travail. Ce n'est pas facile de trouver du travail pour une jeune fille. »
« Elle a dix-sept ans ? »
« Oui, Monsieur. »

J. M. G. Le Clézio, *Désert*, © Gallimard.

a) Souligne une proposition incise.

....

b) Quels sont les signes de ponctuation utilisés dans les répliques d'Aama ?

....

c) Quels sont ceux présents dans celles de son interlocuteur ?

....

d) Que peut-on en déduire ?

....

19 Les procédés de style

Retenir l'essentiel

1 Les images

▶ **La comparaison** : deux éléments sont rapprochés par un outil de comparaison (*comme*, *pareil à*, *ainsi que*…).

Ex. : Il ouvre des yeux ronds comme des billes.
(yeux : *comparé* ; comme : *outil de comparaison* ; billes : *comparant*)

▶ **La métaphore** : c'est une comparaison sous-entendue car l'outil de comparaison est absent.

Ex. : « cette faucille d'or » (Hugo) = la lune.

▶ **La personnification** : une chose ou un animal sont représentés sous les traits d'une personne ; ils sont **personnifiés**. La majuscule pour un nom commun peut être un signe de personnification.

2 Autres figures de style

▶ **L'oxymore** : deux termes opposés sont réunis.

Ex. : une nuit lumineuse.

▶ **L'hyperbole** : c'est l'**exagération**.

Ex. : Le nez de Cyrano, selon Edmond Rostand, est « un pic », « un roc », « une péninsule ».

▶ **La répétition** : un mot (ou une expression) est répété. Lorsque ce mot se situe en début de vers ou en début de phrase, on parle d'**anaphore**.

▶ **L'énumération** : des mots de même nature se suivent dans une liste.

Ex. : Victor Hugo a écrit des romans, des poèmes, des pièces de théâtre.

▶ **La gradation** : les termes énumérés suivent une progression.

Ex. : « Va, cours, vole et nous venge ! » (Corneille)

▶ **La litote** : l'expression est atténuée pour faire entendre davantage.

Ex. : « Va, je ne te hais point. » (Corneille). (Chimène aime Rodrigue.)

▶ **Le parallélisme** : des constructions identiques se succèdent.

Ex. : Hugo est un poète du XIXe siècle ; Eluard est un poète du XXe siècle.

▶ **Le chiasme** : c'est un procédé de symétrie qui croise des termes.

Ex. : Il faut manger pour vivre et non vivre pour manger.
(manger : *a* ; vivre : *b* ; vivre : *b* ; manger : *a*)

À savoir

La spécificité d'un texte repose en partie sur certains choix de vocabulaire ou de syntaxe effectués par l'auteur : ce sont les **procédés de style**. Les possibilités sont nombreuses ; on doit en connaître quelques-unes.

Attention !

Il ne suffit pas d'identifier un procédé de style, il faut aussi voir quel est son **rôle dans le texte**.

Comment faire ?

▶ **Commenter un procédé**

→ Certains procédés (comparaison, métaphore, litote) permettent de dire ce qu'il est difficile d'exprimer autrement.

→ D'autres procédés (hyperbole, gradation…) mettent en relief ce qui est dit pour toucher plus efficacement le lecteur afin de l'amener à partager l'opinion ou/et l'émotion exprimées.

Corrigés → livret, p. 12

S'entraîner

QUIZ-TEST

Coche la (ou les) bonne(s) réponse(s).

1 Dans la phrase « *La fourmi n'est pas prêteuse.* », on relève :

a) une métaphore ☐
b) une personnification ☐
c) un oxymore ☐

2 Dans la phrase « *Ma chambre est vaste comme une salle de bal.* », on relève :

a) une comparaison ☐
b) une litote ☐
c) une hyperbole ☐

3 ★ Bien connaître les procédés

Coche les propositions exactes.

a) La métaphore est une sorte de comparaison. ☐

b) La litote dit le contraire de ce que l'on pense. ☐

c) L'oxymore unit deux termes contraires. ☐

d) Le chiasme réunit deux termes contraires. ☐

e) L'hyperbole est une sorte de répétition. ☐

f) L'anaphore est une sorte de métaphore. ☐

g) Le comparant désigne ce à quoi un mot est comparé. ☐

4 ★★ Identifier les procédés

Quels sont les procédés dominants dans les citations suivantes ?

a) « Les champs n'étaient point noirs, les cieux n'étaient pas mornes. » (Hugo)

....

b) « Je suis hanté. L'Azur ! L'Azur ! L'Azur ! L'Azur ! »

.... (Mallarmé)

c) « Son regard est pareil au regard des statues. »

....

(Verlaine)

d) « Les feuilles qui gisaient dans le bois [solitaire,
S'efforçant sous ses pas de s'élever de terre
Couraient dans le jardin. »

.... (Hugo)

e) « Le sable rouge est comme une mer sans limites. »

.... (Leconte de Lisle)

f) « Le fleuve est pareil à ma peine
Il s'écoule et ne tarit pas. »

.... (Apollinaire)

g) « Je me meurs, je suis mort, je suis enterré. »

.... (Molière)

5 ★★★ Sujet brevet

Petite, ronde de partout, grasse à lard, avec des doigts bouffis, étranglés aux phalanges, pareils à des chapelets de courtes saucisses, avec une peau luisante et tendue, une gorge énorme qui saillait sous sa robe, [Boule-de-Suif] restait cependant appétissante et courue, tant sa fraîcheur faisait plaisir à voir. **Sa figure était une pomme rouge, un bouton de pivoine prêt à fleurir**, et là-dedans s'ouvraient, en haut, des yeux noirs magnifiques, ombragés de grands cils épais.

Guy de Maupassant, *Boule-de-Suif.*

a) Souligne en bleu deux énumérations d'adjectifs. Pourquoi Maupassant a-t-il recours à ce procédé ?

....

b) Souligne en rouge une comparaison et commente son rôle dans le texte.

....

c) Quel est le procédé utilisé dans l'extrait en gras ?

....

20 Étudier un texte et une image

Retenir l'essentiel

1 Identifier le type de texte

▸ Les **textes littéraires** montrent un véritable travail sur le langage pour émouvoir le lecteur. Les lettres professionnelles, les articles de journaux, qui sont avant tout utilitaires, ne sont pas, en principe, des textes littéraires.

▸ Les œuvres littéraires appartiennent à un **genre** (roman, poésie, théâtre..) et font appel à différents types de **discours** (narratif, descriptif, explicatif ou argumentatif) ; voir p. 88.

2 Les différentes images

▸ On distingue l'image **fixe** de l'image **mobile** (le cinéma).

▸ Les images **fixes** peuvent être : un tableau (différentes techniques), une gravure, une photographie (noir et blanc ou couleur, argentique, numérique).

▸ Les images peuvent éclairer un texte : bande dessinée, illustration, adaptation d'un roman au cinéma…

3 L'explicite et l'implicite (texte et image)

▸ Les **informations explicites** sont celles que l'on peut comprendre immédiatement : le lieu, l'époque, les noms des personnages, ce qu'ils font…

▸ Les **informations implicites** sont à déduire de la lecture du texte ou de l'image : les sentiments d'un personnage, les intentions de l'auteur…

Ex. : « Je n'aime pas quand tu regardes Marie ! » dit Jules à Thomas.
(**Information explicite** : le nom des deux personnages ;
information implicite : Jules est jaloux.)

À savoir

Les procédés de style

Les procédés de style permettent à l'écrivain d'exprimer ce qu'il ressent et de toucher son lecteur : comparaison, métaphore, oxymore, hyperbole… (voir p. 92).

À savoir

Étudier une image

- Il faut penser à identifier la **technique** de l'image : huile, pastel, collage, photographie…
- Les différentes **lignes** doivent être étudiées : lignes courbes, droites…
- Étudiez les **couleurs** : contrastes ou nuances…
- Demandez-vous **quel élément attire** votre attention : comment et pourquoi ?

Comment faire ?

▸ Étudier une image en s'appuyant sur des procédés

→ **L'angle de la prise de vue** : en face, sur le côté, en plongée (de haut), en contre-plongée.

→ **Le plan** : tout devant (gros plan, premier plan) ou à l'arrière de la scène (arrière-plan).

→ **L'échelle** : plan d'ensemble, plan de demi-ensemble (ne couvrant qu'une partie du décor), plan moyen (personne en pied), plan américain (cadrage au-dessus du genou), plan rapproché (buste), gros plan (tête et cou), très gros plan (visage).

→ **La fixité ou le mouvement de la caméra (film)** : travelling avant/arrière, caméra portée, effet de zoom…

▸ Répondre à l'écrit à une question sur un texte ou sur une image

→ À l'écrit, il faut soigneusement rédiger la réponse à la question posée. La réponse doit pouvoir être comprise par quelqu'un qui ne connaît pas la question.

→ Il faut donc reprendre les mots de la question dans la première phrase de la réponse.

Ex. : Comment le cinéaste procède-t-il pour inquiéter le spectateur ? → Pour inquiéter le spectateur, le cinéaste…

→ Quand il s'agit d'un texte, la réponse doit être justifiée par des citations et chaque citation doit être placée entre guillemets.

Corrigés → livret, p. 13

S'entraîner

QUIZ-TEST

Coche la (ou les) bonne(s) réponse(s).

1 Quand une image montre un personnage à partir de ses genoux, on parle de :

a) plan rapproché. ☐
b) plan moyen. ☐
c) plan américain. ☐

2 Une information implicite est :

a) sous-entendue. ☐
b) clairement exprimée. ☐
c) inaccessible au lecteur ou au spectateur. ☐

3 ★★ Étudier un texte

Alors, il porta le verre à ses lèvres et le vida d'une traite. Ensuite, il poussa un cri, chancela, s'appuya à la table. Puis il se tint immobile, haletant, le regard fixe. Tandis que je l'observais, j'eus l'impression qu'il se transformait, qu'il grossissait, grandissait.

D'après Robert Louis Stevenson, *Le Cas étrange du Docteur Jekyll et de Mr Hyde.*

a) À quel discours appartient ce passage ?

....

b) À quel genre appartient ce passage ?

....

c) Surligne les verbes d'action. Quel effet produisent-ils ?

....

....

d) Entoure les indices temporels. Quel effet produisent-ils ?

....

....

e) Quel signe de ponctuation domine ? Pourquoi ?

....

....

f) Quelle impression crée ce passage ? Justifie ta réponse.

....

....

4 ★★ Étudier une image

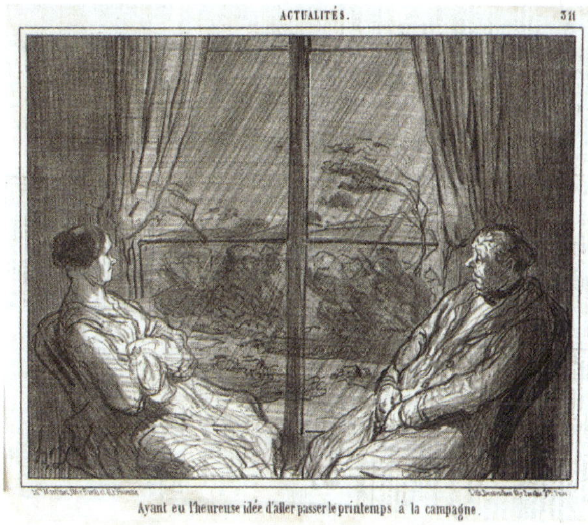

Honoré Daumier, « Ayant eu l'heureuse idée d'aller passer le printemps à la campagne », 19,53 x 24,77 cm, lithographie publiée dans *Le Charivari*, 19 mai 1856.

a) Quels sont les trois plans successifs ? Qu'exprime chacun d'eux ?

....

....

b) Montre que l'image est organisée autour d'un axe de symétrie.

....

....

c) Quel effet produit la répétition due à la symétrie ?

....

....

21 Préciser sa pensée à l'écrit et à l'oral

Retenir l'essentiel

1 Distinguer l'écrit et l'oral

Oral	Écrit
▶ Je peux utiliser des **phrases non verbales.** *Ex. :* Impossible.	▶ Je privilégie les phrases verbales. *Ex. :* C'est impossible.
▶ J'utilise les niveaux de langue **familier** ou **courant** : – **familier** : *Ex. :* Tu m'aides ? – **courant** : *Ex. :* Est-ce que tu peux m'aider ?	▶ J'utilise les niveaux de langue **courant** ou **soutenu** : – **courant** : *Ex. :* Est-ce que ce récit est autobiographique ? – **soutenu** : *Ex. :* Ce récit est-il autobiographique ?

2 Enrichir une phrase

▶ Pour enrichir une phrase, on peut **développer les groupes nominaux** avec des adjectifs, un complément du nom, une subordonnée relative.

Ex. : J'ai vu un crocodile. (Phrase minimale)
J'ai vu un immense crocodile à la gueule ouverte et qui me regardait.
(Phrase étendue ou enrichie)

▶ Pour enrichir une phrase, on peut ajouter des **compléments circonstanciels** (lieu, temps, manière, moyen but, cause...).

Ex. : Hier, au zoo, dans le département des reptiles, j'ai vu avec terreur un crocodile.

À savoir

Écrire une phrase minimale correcte : sujet et prédicat

Une phrase minimale correcte comprend le **sujet** (ce dont parle la phrase) et le **prédicat** (les informations concernant le sujet). Le **prédicat** est généralement composé d'un **verbe** et de son **complément d'objet** ou d'un **verbe** et d'un **attribut**.

Ex. : Je regarde un crocodile.
Cet animal est un crocodile.

Comment faire ?

▶ Enrichir un dialogue inséré dans un récit

Pour intéresser le lecteur, il faut éviter le verbe *dire*, enrichir les incises et ajouter des phrases de récit entre les répliques pour décrire la scène.

Ex. : J'ai réussi ! annonça-t-elle en se précipitant vers nous.

▶ Exprimer son point de vue

→ Le **lexique mélioratif** permet de montrer qu'on apprécie l'objet, la personne, la situation dont on parle.

Ex. : extraordinaire, superbe, grandeur, apprécier, aimer...

→ Le **lexique péjoratif ou dépréciatif** permet d'exprimer un rejet.

Ex. : épouvantable, repoussant, sot, laideur...

→ Les **modalisateurs** sont des mots ou des expressions qui laissent passer l'opinion de celui qui parle.

- **Adverbes** : *Ex. :* certainement, peut-être, probablement... Il pleuvra probablement demain.
- **Verbes** : *Ex. :* il me semble, je crois, je suis sûr... Je crois qu'il va pleuvoir.

Corrigés → livret, p. 13

S'entraîner

QUIZ-TEST

Coche la (ou les) bonne(s) réponse(s).

1 La phrase « *Qu'est-ce que tu dis ?* » utilise un niveau de langue :

a) familier. ☐
b) courant. ☐
c) soutenu. ☐

2 La subordonnée relative :

a) fait partie de la phrase minimale. ☐
b) permet d'enrichir une phrase. ☐
c) permet d'étoffer un groupe nominal. ☐

3 ★ La phrase minimale correcte

Écris les phrases minimales correctes en mettant les mots dans le bon ordre et en ajoutant le mot manquant dans chaque phrase.

a) regarde film je.

……………………………………………………………………

b) bassin vide est.

……………………………………………………………………

c) cela pourquoi dis ?

……………………………………………………………………

d) retrouve je mes pas clés.

……………………………………………………………………

e) pas vu on ton a frère.

……………………………………………………………………

4 ★ Le prédicat

Relève dans l'exercice précédent un prédicat formé d'un verbe et d'un attribut du sujet.

……………………………………………………………………

5 ★★ Exprimer son point de vue

Surligne les phrases qui expriment le point de vue de celui qui parle.

Le ciel est gris. Selon moi, cette chanson est très belle. Qui a parlé ? Quelle drôle d'idée ! Cette pièce est rectangulaire. Cette pièce est vraiment magnifique. Je n'aime pas ce tableau. J'apprends un poème de Victor Hugo.

6 ★★ Enrichir une phrase

Enrichis les phrases avec les mots ou expressions proposés.

tumultueux – étrange – très – qui me menaçait – dans le couloir désert – brun – sous le pont – toute petite – énorme

a) Cette ………………… graine est malgré tout ………………… dangereuse.

b) Le flot………………… de la rivière gronde ………………… .

c) Le grincement ………………… des chaînes résonne ………………… .

d) Je me souviens d'un ………………… chien ………………… ………………… .

7 ★★★ Préciser un dialogue

Associe chaque réplique à l'incise qui convient.

Dépêche-toi ! •	• supposa-t-il.
Mais, ce n'est pas moi ! •	• suggéra-t-il.
C'est bien moi qui ai dit cela, •	• protesta-t-il.
C'est à cause du brouillard, •	• assura-t-il.
Et si nous allions à la patinoire ? •	• ordonna-t-il.
Nous avons gagné ! •	• annonça-t-il.
Tom a dû manquer son bus, •	• expliqua-t-il.

22 Utiliser la ponctuation et les connecteurs pour écrire un texte

Retenir l'essentiel

1 Utiliser la ponctuation

Les signes de ponctuation en fin de phrase

Le **point** marque la fin d'une phrase déclarative ou injonctive.
Ex. : Je reviendrai tout à l'heure. Termine ton exercice.

Le **point d'interrogation** marque la fin d'une question. *Ex. :* Que racontes-tu ?

Le **point d'exclamation** marque la fin d'une phrase exclamative ou injonctive.
Ex. : Quelle belle surprise ! Viens vite !

Les **points de suspension** indiquent qu'une phrase est inachevée et que le lecteur doit imaginer la suite. *Ex. :* Alors, la porte s'ouvrit lentement…

Les signes de ponctuation en cours de phrase

La **virgule** marque une pause légère alors que le **point-virgule** marque une pause importante, proche du point.
Ex. : Tom est parti ; il a oublié ses clés, son bonnet et son livre de maths.

Les **deux-points** introduisent une explication, une parole, une citation…

2 Organiser son texte avec des connecteurs

Les connecteurs temporels marquent les étapes d'un texte narratif.
Ex. : d'abord, puis, ensuite, enfin, finalement…

Les connecteurs logiques marquent les étapes d'une argumentation.

Pour marquer les étapes de la réflexion	*d'abord, en premier lieu, puis, dans un second temps, de plus, par ailleurs…*
Pour introduire une conséquence	*donc, en conséquence, par conséquent, si bien que, c'est pourquoi…*
Pour introduire une conclusion	*enfin, pour conclure, en conclusion, ainsi…*

À savoir

La ponctuation du dialogue

- Les **guillemets** permettent de signaler une citation ou une parole isolée.
- Les **tirets** sont employés pour un dialogue (plusieurs répliques).

Attention !

Le **point-virgule** marque une pause importante mais il n'est jamais suivi d'une majuscule

Comment faire ?

Construire un texte

Chaque texte est organisé en paragraphes qui développent :
- **pour le récit** : un moment de l'histoire ;
- **pour la description** : portrait physique/moral ; arrière-plan/premier plan ;
- **pour l'argumentation** : un argument accompagné d'un ou deux exemples.

Pour marquer le début d'un paragraphe, on décale le texte de deux centimètres par rapport à la marge.

Bien employer les deux-points

Les deux-points peuvent remplacer un connecteur en introduisant une cause ou une conséquence.

Ex. : Tu as pris du retard : **tu as été malade.** (cause)
Tu as pris du retard : **je vais te donner un coup de main.** (conséquence)

Corrigés → livret, p. 13

S'entraîner

QUIZ-TEST

Coche la (ou les) bonne(s) réponse(s).

1 La phrase correcte est :

a) Il m'a demandé si j'étais prêt ? ☐
b) Je suis prêt ; Nous partons. ☐
c) Que lis-tu ? ☐

2 Le connecteur qui peut introduire une conclusion est :

a) Ensuite. ☐
b) Ainsi. ☐
c) Depuis. ☐

3 ★ Les points

Ajoute les différents points manquants.

a) Que prépares-tu de bon......

b) Quel étrange projet......

c) Nous nous demandons quel chemin prendre......

d) J'habite près de la rivière...... Et toi......

e) Je dois faire un exercice de maths, un de français, un d'anglais, un d'espagnol......

4 ★ La virgule et les deux-points

Ajoute les virgules et les deux-points manquants.

a) Thomas m'a dit « j'ai déjà écrit deux romans trois poèmes et quatre comédies. ».

b) Il n'avait pas fait ses lacets il est tombé.

c) Marine courant pour attraper son bus a trébuché.

d) Un beau matin enfin décidé Lucas annonça qu'il serait ébéniste.

e) Le violon la guitare la harpe voici des instruments à cordes.

5 ★★ Les connecteurs logiques

Souligne en bleu les connecteurs qui expriment une opposition et en rouge ceux qui peuvent introduire une cause.

depuis – puisque – mais – en premier lieu – cependant – en raison de – par exemple – ensuite – par conséquent – toutefois – comme – néanmoins – pourtant – à cause

6 ★★ La ponctuation

Réécris le texte en ajoutant les majuscules et les signes manquants.

> c'étaient bien deux voitures arrêtées le cheval de l'une attaché derrière l'autre un homme avait sauté à terre
> « c'est ici la Mairie dit-il en s'approchant pourriez-vous m'indiquer M. Fromentin métayer à la Belle Étoile
>
> D'après Alain-Fournier, *Le Grand Meaulnes*.

....

....

....

....

7 ★★★ Les connecteurs

Complète les phrases avec les connecteurs qui conviennent.

par ailleurs – donc – puis – de plus – d'abord – c'est pourquoi

a) .... je sépare les blancs des jaunes, ... je bats les blancs.

b) Nous avons terminé nos recherches ; nous sommes .... prêts à présenter notre exposé.

c) J'ai lu *Germinal* de Zola ; .... j'ai lu un roman de Maupassant. .... j'effectue des recherches complémentaires sur le roman au XIXe siècle.

d) Je parle espagnol ; j'ai .... quelques notions de russe.

23 Traiter un sujet

Retenir l'essentiel

1 Le sujet

Le sujet définit ce qu'il faut faire et il doit être lu avec attention.

- **Le sujet s'appuie sur un texte** : il faut avoir bien compris le texte et pouvoir l'imiter (histoire, style...).
- **Le sujet demande d'imaginer une histoire** : il est important de bien définir ce qui doit être inventé.
- **Le sujet demande de développer une argumentation** : après avoir clarifié ce qui doit être soutenu, il faut chercher des arguments et des exemples précis.

2 Les critères de notation

La correction de la langue

On attend une maîtrise convenable de l'orthographe, de la ponctuation, des majuscules et de la syntaxe des phrases. Une copie qui a recours à des constructions variées et à un vocabulaire recherché sera valorisée.

Le traitement du sujet

On attend de l'élève qu'il tienne compte de tous les termes du sujet et qu'il sache même tirer parti des éléments donnés. Une copie peut être « originale » à condition que ce mot ne soit pas synonyme de « hors sujet ».

La construction du devoir

Il faut construire le devoir (en suivant un **plan**) et prévoir une progression qui prépare le dénouement choisi.

À savoir

Bien traiter le sujet

Il ne faut pas se précipiter, mais consacrer du temps à la **lecture de la consigne**.

Pour s'aider, on peut **reformuler le sujet** en utilisant la première personne.

Ainsi, « vous raconterez » devient « je raconte ».

Attention !

Le travail de rédaction suppose que l'on **réfléchisse**, que l'on **imagine**, que l'on **fasse attention** à ce que l'on écrit.

Comment faire ?

Organiser son temps

→ **Préparer la copie** en respectant les consignes de présentation données par le professeur.

→ **Lire attentivement le sujet** et se demander : « Qu'est-ce qu'on attend de moi ? ».

→ **Esquisser un plan au brouillon** en prévoyant précisément le dénouement s'il s'agit d'une narration.

→ **Si on a le temps, rédiger au brouillon** en n'écrivant qu'au recto des feuilles pour pouvoir relire et recopier facilement.

→ **Corriger** et améliorer le texte : préciser les paragraphes, supprimer les passages inutiles, varier le vocabulaire, vérifier la ponctuation, l'orthographe et la correction des phrases.

Relire le devoir pour corriger l'orthographe et la ponctuation

→ Vérifier les accords des adjectifs et des participes.

→ Vérifier la conjugaison des verbes et leurs accords.

→ Vérifier les homophones.

→ Vérifier la ponctuation, notamment les points et les majuscules.

Corrigés → livret, p. 13

S'entraîner

QUIZ-TEST

Coche la (ou les) bonne(s) réponse(s).

1 Pour réussir un devoir d'expression écrite, il faut absolument :

a) respecter la consigne ☐
b) rédiger correctement ☐
c) être original ☐

2 Pour traiter un sujet contenant l'expression « *vous raconterez* », il faut absolument :

a) présenter des arguments ☐
b) écrire un récit ☐
c) écrire un devoir à la première personne ☐

3 ★ Analyser un sujet

Parmi les propositions suivantes concernant le sujet ci-dessous, coche celles qui sont exactes.

Il vous est déjà arrivé de désirer très fort, comme le narrateur, quelque chose qui vous paraissait inaccessible. Vous raconterez cette expérience, en incluant, comme dans le texte, une description.

a) Le sujet s'appuie sur le texte étudié précédemment. ☐
b) Il faut raconter ce qui est arrivé au personnage du texte. ☐
c) Il faut insérer dans le devoir une des descriptions du texte. ☐
d) Le devoir est un récit qui comprend un passage descriptif. ☐
e) Le récit est à la première personne. ☐
f) On ne peut recourir au dialogue. ☐
g) Le désir évoqué ne doit jamais se réaliser. ☐
h) Il faut exprimer l'intensité du désir. ☐
i) La description doit être le portrait du narrateur. ☐

4 ★★ Employer un vocabulaire précis

Dans les phrases suivantes, remplace le verbe *voir* par un verbe plus précis choisi dans la liste donnée.

Verbes : scruter, constater, regarder, deviner, examiner, épier, contempler, distinguer, repérer.

a) Il vit (....................) la lueur d'une maison dans le lointain.

b) Je vois (....................) qu'ils seront encore en retard.

c) Je vois (....................) la beauté de ce coucher de soleil.

d) Ma voisine voit (....................) tous mes faits et gestes.

e) Le détective voit (....................) un détail étonnant.

f) La femme de Barbe-Bleue voit (....................) la route par laquelle doivent arriver ses frères.

g) Je vois (....................) un reportage sur le Brésil à la télévision.

h) Je vois (....................) une fois encore qu'il s'est trompé.

i) Je dois voir (....................) ce dossier plus attentivement.

5 ★★★ Relire son devoir

Rétablis la ponctuation dans le texte suivant.

Un canon qui casse son amarre devient brusquement on ne sait quelle bête surnaturelle c'est une machine qui se transforme en un monstre cette masse court sur ses roues a des mouvements de bille de billard penche avec le roulis plonge avec le tangage va vient s'arrête paraît méditer reprend sa course traverse comme une flèche le navire d'un bout à l'autre [...] et que faire comment en venir à bout

Victor Hugo.

24 Étudier et composer une narration complexe

Retenir l'essentiel

À savoir

Les cinq étapes du schéma narratif

– la situation initiale;
– l'élément perturbateur;
– les péripéties;
– l'élément de résolution;
– la situation finale.

Pour dégager ce schéma, il faut lire en entier le récit (le plus souvent un conte ou une fable).

1 Le texte narratif

▸ Le traitement du temps

– Le récit peut suivre la **progression chronologique** des événements. L'auteur raconte les événements dans l'ordre où ils se sont produits.

– Le récit peut procéder à un **retour en arrière** en racontant des événements qui se sont produits avant le début du récit.

– Le récit peut présenter une **anticipation** en mentionnant des événements qui auront lieu plus tard.

– Le récit peut omettre des périodes sans intérêt et procéder ainsi par **ellipse**.

▸ Le récit à la première ou à la troisième personne

Le récit peut se faire à la première personne ou à la troisième personne du singulier.

▸ Si le récit à la première personne est véridique, si le narrateur et l'auteur sont une seule et même personne: c'est un récit **autobiographique**.

▸ Si l'histoire est imaginaire, on dira que le récit est de **forme autobiographique**.

À savoir

• Un portrait critique est un **portrait à charge**.

• Un portrait qui exagère les traits physiques ou moraux d'un personnage s'appelle une **caricature**.

2 La pause descriptive au sein du récit

▸ La description peut donner les caractéristiques d'un paysage ou d'un objet; quand elle s'applique à un personnage, on parle de **portrait**.

Le **portrait physique** présente l'aspect extérieur du personnage alors que le **portrait moral** se rapporte à son intériorité (caractère, sentiments).

Comment faire ?

▸ Étudier et utiliser les points de vue

→ Le narrateur semble tout savoir; la description a l'air de s'effectuer toute seule: c'est le **point de vue omniscient** (ou **focalisation zéro**).

→ La description ou le récit est fait **du point de vue d'un personnage** qui participe à l'action: c'est le point de vue interne (ou **focalisation interne**).

→ La description ou le récit est fait **du point de vue d'un personnage extérieur à l'action**: c'est le point de vue externe (ou **focalisation externe**).

▸ Enrichir un texte narratif

Les paroles rapportées et les descriptions ou portraits permettent au lecteur de s'imaginer ce qui se passe. Il faut pour cela:

→ préciser le vocabulaire;
→ développer les groupes nominaux (adjectifs, compléments du nom, subordonnées relatives);
→ utiliser les compléments circonstanciels.

Corrigés → livret, p. 13

S'entraîner

QUIZ-TEST

Coche la (ou les) bonne(s) réponse(s).

1 L'autobiographie :

a) est un genre narratif ☐
b) est une fiction ☐
c) s'écrit à la première personne ☐

2 Quand la description est faite du point de vue d'un des personnages de l'histoire, on parle de :

a) point de vue omniscient ☐
b) point de vue interne ☐
c) point de vue externe ☐

3 ★ La description et le récit

Coche les propositions exactes.

a) Une description ne peut être écrite à la première personne. ☐

b) Un récit fictif à la première personne est un récit de forme autobiographique. ☐

c) Un récit à la première personne est nécessairement vrai. ☐

d) Un récit est un texte de fiction. ☐

e) Un récit ne suit pas toujours la chronologie des événements. ☐

f) L'*auteur* et le *narrateur* ne sont pas deux synonymes. ☐

4 ★★ Le traitement du temps

Relie chaque indice temporel au traitement du temps correspondant.

Indices temporels	*Traitement du temps*
plus tard •	• progression chronologique
puis •	• retour en arrière
la veille •	• anticipation
ensuite •	• ellipse
deux années passèrent •	
cet événement se reproduira •	
avant leur mariage •	
demain •	

5 ★★★ Sujet brevet

Un chemin creux s'enfonçait. Tout disparut. L'homme avait à sa droite une palissade, quelque mur de grosses planches fermant une voie ferrée ; tandis qu'un talus d'herbe s'élevait à gauche, surmonté de pignons confus, d'une vision de village aux toitures basses et uniformes. Il fit environ deux cents pas. Brusquement, à un coude du chemin, les feux reparurent près de lui, sans qu'il comprît davantage comment ils brûlaient si haut dans le ciel mort, pareils à des lunes fumeuses. Mais au ras du sol, un autre spectacle venait de l'arrêter. C'était une masse lourde, un tas écrasé de constructions, d'où se dressait la silhouette d'une cheminée d'usine ; de rares lueurs sortaient des fenêtres encrassées, cinq ou six lanternes tristes étaient pendues dehors [...] ; une seule voix montait, la respiration **grosse** et longue d'un échappement **de vapeur** qu'on ne voyait point.

Émile Zola, *Germinal*.

a) À l'oral : quels sont les temps utilisés dans ce texte ? Justifie leur emploi.

b) Délimite par des crochets les trois parties de cet extrait.

c) De quel point de vue est présentée la description ? Justifie ta réponse par un relevé complet au brouillon.

d) Souligne les comparaisons en vert et les métaphores en bleu. Pourquoi Zola a-t-il recours à ces procédés ?

e) Au brouillon : montre, en t'appuyant sur des citations, que le paysage décrit est sinistre.

25 Étudier et composer un texte autobiographique

Retenir l'essentiel

1 Les caractéristiques de l'écriture de soi

▸ **Les marques de la 1re personne** : pronoms personnels (*je, me, moi*..) et déterminants possessifs de 1re personne (*mon, ma, nos*..).

▸ **Les temps de l'énonciation** : le présent, le futur simple, le passé composé.
Ex. : Aujourd'hui, je chante ; demain je chanterai encore ; hier j'ai joué de la guitare.

2 Les différentes formes de l'écriture de soi

▸ **Le journal intime** : récit des évènements au jour le jour.

▸ **Le journal de voyage** : récit des évènements et évocation des paysages au fil d'un voyage.

▸ Le **poème lyrique** : expression poétique des sentiments.

▸ L'**autobiographie** : récit que l'on fait de sa vie quand on a atteint un certain âge et que le passé permet de mieux comprendre ce que l'on est devenu.

▸ Les **mémoires** : récit que l'on fait de sa vie pour témoigner d'évènements historiques.

Mots-clés

Énonciation, communication

- L'énonciation est le fait de parler. Le message que l'on produit est un énoncé ; il peut être oral ou écrit.
- Le mot « communication » a un sens plus large : on peut communiquer par d'autres moyens que les mots, par images ou signes.

À savoir

Le **locuteur** (ou **énonciateur**) est la personne qui prononce l'**énoncé** (un message oral ou écrit) ; le **destinataire** (ou **récepteur**) est la personne qui le reçoit.

Comment faire ?

▸ Relever les indices de l'énonciation

Pour montrer qu'un énoncé est ancré dans la situation d'énonciation (c'est-à-dire qu'il est rattaché au locuteur, au destinataire, au moment et au lieu de l'énonciation), on relève les **indices de l'énonciation**.

→ Les **indices personnels** désignant **le locuteur ou le destinataire** : les pronoms personnels de première et deuxième personnes, les pronoms possessifs de première et deuxième personnes, les déterminants possessifs de première et deuxième personnes, les démonstratifs, les apostrophes.

Ex. : Marie, tu as pu venir !

→ Les **temps verbaux** qui se rattachent au moment de l'énonciation : le présent, le futur simple, le passé composé de l'indicatif. En revanche, le passé simple est un temps coupé de l'énonciation.

→ Les **indicateurs spatio-temporels** qui définissent un lieu ou un moment par rapport à la situation d'énonciation.

Ex. : Il habite à Paris. → Paris ne se situe pas par rapport à l'énonciation.
Il habite ici. → ici est le lieu de l'énonciation ; cet adverbe de lieu est donc un indice de l'énonciation.

Ex. : La Fontaine vivait **au XVIIe siècle**. → **au XVIIe siècle** ne se définit pas par rapport au moment de l'énonciation.
Il viendra demain. → demain désigne le jour qui suit le moment de l'énonciation ; cet adverbe de temps est donc un indice de l'énonciation.

Corrigés → livret, p. 14

S'entraîner

QUIZ-TEST

Coche la (ou les) bonne(s) réponse(s).

1 L'énonciation :

a) est toujours une communication écrite .... ☐
b) suppose un locuteur et un destinataire .... ☐
c) se situe dans un certain cadre spatio-temporel .... ☐

2 L'autobiographie est :

a) fictive. .... ☐
b) un récit à la 1re personne. .... ☐
c) un journal intime. .... ☐

3 ★ Le locuteur et le destinataire

Devine le locuteur et le destinataire des énoncés suivants. Note-les au brouillon.

a) Messieurs les voyageurs sont informés que le train pour Brest partira de la voie A.

b) Allumez vos phares dans le tunnel.

c) Ne pas dépasser la dose prescrite et consulter en cas de surdosage accidentel.

d) Sortez votre livre de mathématiques.

4 ★★ Les indices de l'énonciation

Dans chacune des phrases suivantes, surligne les indices de l'énonciation.

a) Chaque été nous passons nos vacances à la campagne.

b) Je vous conseille ce livre qui devrait vous plaire.

c) Le mois prochain, notre équipe rencontrera celle de votre collège.

d) Hier, j'étais à la piscine quand tu as téléphoné chez moi ; ma sœur m'a transmis ton message ce matin.

e) Que pensez-vous de cette étrange histoire ?

5 ★★ L'écriture de soi

À quelle forme de l'écriture de soi ces phrases appartiennent-elles ?

a) Aujourd'hui j'ai fait la connaissance de Paul.

....

b) Napoléon, mon Général, nous fit franchir le col du Saint-Bernard.

....

6 ★★★ Étude d'un texte autobiographique

C'était un passage derrière sa maison, entre un ruisseau à main droite qui la séparait du jardin et le mur de la cour à gauche, conduisant par une fausse porte à l'église des cordeliers. Prête à entrer dans cette porte, madame de Warens se retourne à ma voix. Que devins-je à cette vue ! Je m'étais figuré une vieille dévote bien rechignée ; la bonne dame de M. de Pontverre ne pouvait être autre chose à mon avis. Je vois un visage pétri de grâces, de beaux yeux bleus pleins de douceur, un teint éblouissant, le contour d'une gorge enchanteresse.

Jean-Jacques ROUSSEAU, *Les Confessions*.

a) Surligne les mots qui montrent qu'il s'agit d'un texte autobiographique.

b) Relève les mots qui montrent que le souvenir est précis. Pourquoi ?

....

....

....

c) Souligne les verbes au présent. Quelle est la valeur de ce temps ?

....

d) Relève les termes mélioratifs qui se rapportent à madame de Warens. Qu'en déduit le lecteur ?

....

....

....

26 Étudier et composer un texte argumentatif

Mot-clé

Texte argumentatif
Un texte argumentatif est un texte dans lequel un auteur (un narrateur ou un personnage) **soutient son point de vue** sur un sujet, défend son opinion pour emporter l'adhésion de son lecteur.

À savoir

La composition d'un texte argumentatif
• Chaque paragraphe développe un argument et les exemples qui l'illustrent.
• Les connecteurs (*de plus, par ailleurs, enfin*...) introduisent les paragraphes.

Retenir l'essentiel

1 Le texte argumentatif

▸ L'auteur essaie de **convaincre** en développant des **arguments**, souvent illustrés par des **exemples**. L'auteur essaie également de **persuader** grâce à différents procédés de style (**procédés de rhétorique**).

▸ **Thèse** : point de vue que l'auteur défend ; elle est sous-entendue tout au long du texte et soutenue par des arguments.

▸ **Antithèse** : thèse contraire à la thèse soutenue par l'auteur.

▸ **Argument** : idée qui tend à prouver que la thèse est fondée ; un texte développe souvent plusieurs arguments pour soutenir la thèse.

▸ **Exemple** : situation particulière ou événement présenté pour illustrer l'argument et ainsi rendre clair ce qui est démontré.

▸ **Argumenter** : développer des arguments pour soutenir une thèse donnée.

▸ **Réfuter** : développer des arguments qui s'opposent à un argument, à plusieurs arguments, ou à une thèse.

▸ **Discuter** : montrer en quoi une thèse est fondée et en quoi elle ne l'est pas ; développer des arguments en faveur d'une thèse donnée mais aussi en faveur de la position contraire.

2 Traiter un sujet argumentatif

Dans une forme purement argumentative (essai ou article de journal) ou bien dans un dialogue ou une narration, la rédaction présente un ou plusieurs points de vue. Il s'agit **d'organiser** une réflexion en utilisant notamment des **connecteurs logiques**, de développer des **arguments** et de les illustrer avec des **exemples** précis.

Comment faire ?

▸ **Rédiger un texte argumentatif**

→ Avant de rédiger le devoir il faut, au brouillon, rechercher les **arguments** et les **exemples** à développer. Ces arguments seront présentés dans le devoir par **ordre inverse d'importance** : du moins important au plus important.

→ Qu'il s'agisse d'une narration ou d'un dialogue, le devoir compte trois parties : l'introduction, le développement et la conclusion.

• **L'introduction** présente le sujet et annonce le plan suivi. Elle pose le problème.

• **Le développement** comprend plusieurs parties constituées de paragraphes ; chaque paragraphe développe une idée en s'appuyant sur des exemples.

• **La conclusion** rassemble ce qui a été montré et élargit la réflexion.

Corrigés → livret, p. 14

S'entraîner

QUIZ-TEST

Coche la (ou les) bonne(s) réponse(s).

1 Dans un texte argumentatif, les procédés de style contribuent à :

a) emporter l'adhésion du lecteur ☐
b) convaincre le lecteur ☐
c) persuader le lecteur ☐

2 Discuter une thèse suppose :

a) qu'on l'explique ☐
b) qu'on la défende ☐
c) qu'on la réfute ☐

3 ★ Les connecteurs logiques

Complète les phrases suivantes avec le connecteur logique qui convient : *parce que*, *mais*, *tandis que*, *comme*, *donc*.

a) .... les hommes ont besoin les uns des autres, la vie est nécessairement sociale.

b) Certains se sentent incompris .... personne ne prend le temps de les écouter.

c) Nous sommes tous habitants de la même planète ; nous devons .... être solidaires.

d) Copernic a dit que la Terre tournait autour du Soleil, ... personne ne l'a cru.

e) Certains aiment une vie paisible .... d'autres préfèrent tenter l'aventure.

4 ★★ Les arguments et les exemples

Associe chaque argument à l'exemple qui l'illustre.

Arguments en faveur du progrès technique

1. Il facilite la vie quotidienne.
2. Il sauve des vies.
3. Il favorise notre connaissance de l'Univers.
4. Il facilite la communication entre les hommes.

Arguments dénonçant le progrès technique

5 Il a permis aux guerres de devenir mondiales.

6 Il déshumanise les relations.

Exemples

a) Internet est un réseau mondial.

b) Les missiles accomplissent des milliers de kilomètres très rapidement.

c) Le taux de guérison des cancers ne cesse d'augmenter.

d) Les villages ont été remplacés par de grandes cités.

e) La construction de télescopes géants nous permet de mieux comprendre nos origines.

f) Sans l'électricité, notre vie serait très compliquée.

5 ★★★ Bâtir le plan d'un texte argumentatif

Propose les grandes lignes des plans correspondant aux deux sujets suivants.

a) *Dans* La Promesse de l'aube *de Romain Gary, la mère décide à la place de son fils. Imaginez un dialogue entre une mère, qui ressemble à celle de Romain Gary, et son fils qui, lui, soutient que les parents ne doivent pas intervenir dans les projets ou les choix importants de la vie de leurs enfants. Vous exposerez de manière organisée les points de vue et arguments de chaque personnage.*

....

....

....

b) *Quels sont les héros (ou les héroïnes) de votre enfance, de votre adolescence ? Présentez-les et donnez les raisons de votre intérêt. Quelles sont les conséquences de la fréquentation de ces êtres dans votre vie quotidienne ?*

....

....

....

Corrigés → livret, p. 14

Français : fais le bilan !

Coche, pour chaque exercice, la bonne réponse. Reporte-toi ensuite aux corrigés, p. 14, pour obtenir ton score sur 10.

1 Une proposition subordonnée relative est le plus souvent :

a) COD du verbe de la principale. ☐
b) complément de l'antécédent du pronom relatif. ☐
c) COD du verbe de la subordonnée. ☐

2 Un adjectif peut être :

a) CC de manière. ☐
b) complément du nom. ☐
c) épithète du nom. ☐

3 « Il se lève tôt par habitude. » *Par habitude* est :

a) complément d'agent de *se lever*. ☐
b) CC de manière. ☐
c) CC de cause. ☐

4 Au passé simple, le verbe *venir* est :

a) nous vînmes. ☐
b) nous vîmes. ☐
c) il vînt. ☐

5 Le plus-que-parfait exprime :

a) une action parfaite. ☐
b) une action antérieure à une action passée. ☐
c) une action antérieure à l'action précédente. ☐

6 *Bûche* et *cheminée* appartiennent :

a) au même champ lexical. ☐
b) au même champ sémantique. ☐
c) à la même famille. ☐

7 La phrase correcte est :

a) Voici les livres que tu m'as prêté. ☐
b) Voici les livres que tu m'as prêtée. ☐
c) Voici les livres que tu m'as prêtés. ☐

8 Argumenter, c'est :

a) se disputer avec quelqu'un. ☐
b) proposer une antithèse. ☐
c) développer des arguments. ☐

9 Le discours indirect :

a) insère la parole dans le récit. ☐
b) transcrit l'intonation de la parole. ☐
c) rapporte les paroles avec des tirets. ☐

10 Une métaphore est :

a) une comparaison sans l'outil de comparaison. ☐
b) la répétition d'un mot en tête de phrase. ☐
c) une comparaison qui concerne plusieurs termes. ☐

TOTAL BILAN .... /10

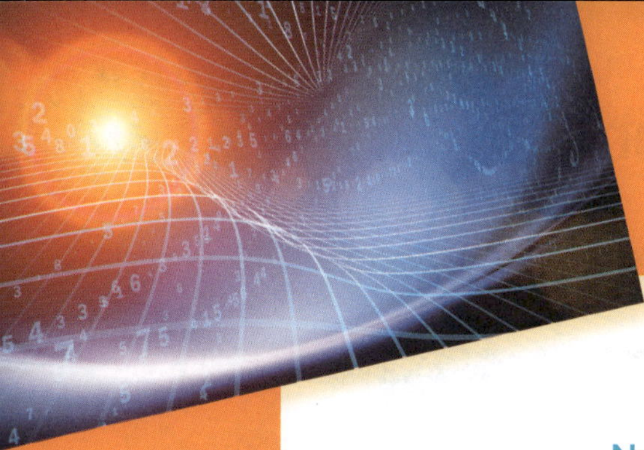

Maths

Nombres et calculs

Fonctions – Organisation et gestion de données

Espace et géométrie

Grandeurs et mesures

1 Calculs sur les fractions

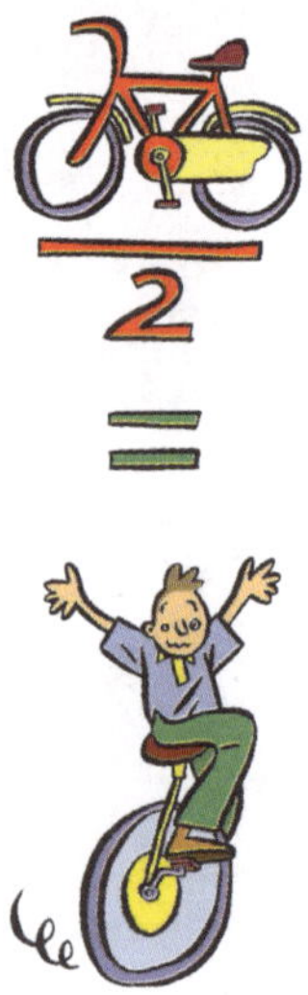

Retiens l'essentiel

1 Simplifier une fraction ou réduire au même dénominateur

▶ On utilise la règle : $\frac{a}{b} = \frac{a \times k}{b \times k}$ (avec k, $b \neq 0$).

Ex. : $\frac{4}{12} = \frac{\cancel{4} \times 1}{\cancel{4} \times 3} = \frac{1}{3}$.

Attention ! $\frac{12 - 5}{4 - 5}$ ou $\frac{12 + 5}{4 + 5}$ n'est pas égal à $\frac{12}{4}$.

On ne peut pas simplifier par 5, car on ne lit pas × 5.

2 Additionner ou soustraire deux fractions

▶ On **réduit au même dénominateur**, et on utilise l'une des deux règles suivantes : $\frac{a}{d} + \frac{b}{d} = \frac{a + b}{d}$; $\frac{a}{d} - \frac{b}{d} = \frac{a - b}{d}$ ($d \neq 0$).

Ex. : $\frac{1}{3} + \frac{4}{3} = \frac{1 + 4}{3} = \frac{5}{3}$.

3 Multiplier deux fractions

▶ On utilise la règle :

$\frac{a}{b} \times \frac{c}{d} = \frac{ac}{bd}$ ($b, d \neq 0$).

Ex. : $\frac{1}{2} \times \frac{3}{7} = \frac{3}{14}$.

4 Diviser deux fractions

▶ On multiplie la première fraction par **l'inverse** de la seconde :

$\frac{a}{b} : \frac{c}{d} = \frac{a}{b} \times \frac{d}{c} = \frac{ad}{bc}$ ($b, c, d \neq 0$).

Ex. : $\frac{1}{2} : \frac{3}{7} = \frac{1}{2} \times \frac{7}{3} = \frac{7}{6}$.

Attention !

Lorsqu'on **multiplie** deux fractions, il ne faut pas réduire au même dénominateur.

Comment faire ?

▶ **Pour calculer avec des fractions**

Calculer $A = 1 - \frac{2}{3} : 4$.

On utilise les règles de priorité sur les opérations :

$A = 1 - \frac{2}{3} : 4 = 1 - \left(\frac{2}{3} : 4\right) = 1 - \left(\frac{2}{3} \times \frac{1}{4}\right) = 1 - \left(\frac{\cancel{2} \times 1}{3 \times 2 \times \cancel{2}}\right)$

$A = 1 - \frac{1}{6} = \frac{6}{6} - \frac{1}{6} = \frac{5}{6}$

On effectue d'abord les calculs entre parenthèses.

Sans parenthèse, on effectue d'abord les puissances, s'il y en a, puis les multiplications, puis les additions.

Calculer $B = \frac{2 - \frac{2}{3}}{1 + \frac{5}{9}}$.

1° Il faut d'abord calculer séparément le numérateur et le dénominateur. $B = \frac{\frac{6}{3} - \frac{2}{3}}{\frac{9}{9} + \frac{5}{9}} = \frac{\frac{4}{3}}{\frac{14}{9}}$.

2° Diviser par $\frac{14}{9}$, c'est multiplier par la fraction inverse $\frac{9}{14}$. $B = \frac{4}{3} \times \frac{9}{14}$.

3° Simplifier B en décomposant. $B = \frac{\cancel{2} \times 2 \times \cancel{3} \times 3}{\cancel{3} \times 7 \times \cancel{2}} = \frac{6}{7}$.

Corrigés → livret, p. 14

S'entraîner

QUIZ-TEST

Coche la (ou les) bonne(s) réponse(s).

1 $\frac{2}{7} - \frac{9}{5}$ **est égal à :**

a) $\frac{2 \times 5}{7 \times 5} - \frac{9 \times 7}{5 \times 7}$ ☐

b) $\frac{10}{35} + \frac{63}{35}$ ☐

c) $-\frac{53}{35}$ ☐

2 $\frac{2}{7} \times \frac{9}{4}$ **est égal à :**

a) $\frac{2 \times 9}{7 \times 4}$ ☐

b) $\frac{9}{14}$ ☐

c) 0,6 ☐

3 ★ Applications du cours

Calcule au brouillon en détaillant les calculs :

$A = \frac{7}{3} - \frac{5}{3} \times \frac{2}{3}$ $B = \left(\frac{3}{4} - \frac{1}{2}\right) \times \frac{5}{6}$

$C = \left(\frac{3}{8}\right)^2 - \frac{1}{8}$ $D = 1 - \frac{5}{4} : \frac{2}{5}$

$E = 6 - 4\left(\frac{1}{4} - 1\right)^2$ $F = \frac{2}{3} - \frac{1}{4} \times 6 + 7$

$G = \dfrac{\frac{8}{7} - 2}{\frac{9}{14}}$ $H = \dfrac{1 + \frac{1}{2}}{\frac{1}{4} - 3}$

$I = \dfrac{10 + 5}{10 - 5}$ $J = \left(4 - \frac{2}{3}\right)\left(2 - \frac{4}{3}\right)$

4 ★★ Entraînement

Calcule au brouillon en détaillant les calculs :

$A = \left(\frac{3}{5} - \frac{1}{2}\right) \times \frac{5}{2}$ $B = \frac{3}{4} + \frac{1}{2} \times \left(\frac{2}{3} - 1\right)$

$C = \dfrac{3 - \frac{2}{3}}{\frac{4}{3} \times 7}$ $D = \left(\frac{1}{4} - \frac{1}{5}\right) \times \left(7 + \frac{37}{9}\right)$

$E = \dfrac{3 - \frac{5}{2}}{1 + \frac{1}{5}}$ $F = \dfrac{\frac{2}{3}}{\frac{5}{6}} - \frac{2}{5}$

$G = \frac{3}{7} - \frac{15}{7} : \frac{5}{24}$ $H = \dfrac{-\frac{3}{4} + \frac{1}{2}}{\frac{2}{5} - \frac{5}{2}}$

5 ★★ Exercice brevet : calculs

Calcule successivement ab, $\frac{a}{b}$ et b^2 pour :

$$a = \frac{1}{3} \quad \text{et} \quad b = -\frac{3}{5}.$$

a) $ab =$ ....

b) $\frac{a}{b} =$ ....

c) $b^2 =$ ....

6 ★★★ Exercice brevet : problème

a) Effectue le calcul suivant :

$1 - \left(\frac{1}{4} + \frac{3}{4} \times \frac{4}{5}\right) =$ ....

b) Un propriétaire terrien a vendu le quart de sa propriété en 2010 et les quatre cinquièmes du reste en 2012.

• Quelle fraction de la propriété a-t-il vendue en 2012 ?

....

• Quelle fraction de la propriété reste invendue à l'issue des deux années ?

....

• Quelle était la superficie de la propriété, sachant que la partie invendue au bout des deux années représente six hectares ?

....

2 Multiples et diviseurs d'un nombre

Retiens l'essentiel

À savoir

Multiple et diviseur

Les propositions suivantes ont la même signification :

- $48 = 6k$, avec k entier naturel (ici, $k = 8$).
- 6 est un diviseur de 48 ; 6 **divise** 48.
- 48 est un multiple de 6 ; 48 est divisible par 6.

1 Définition

▸ Dans la division d'un nombre entier a par le nombre b, si le quotient est un nombre entier, et si le reste est nul, alors :

b est un **diviseur** de a ;

a est **divisible** par b ;

a est un **multiple** de b.

a	b
reste égal à zéro	quotient nombre entier

2 Exemples

▸ $182 \div 7 = 26$ reste 0.

7 est un diviseur de 182 ;

182 est divisible par 7 ;

182 est un multiple de 7.

▸ $47 \div 9 = 5$ reste 2.

47 n'est pas divisible par 9 (ou par 5) car le reste de la division euclidienne n'est pas égal à zéro.

Comment faire ?

▸ Comment reconnaître si un nombre entier est divisible par 2

Son chiffre des unités doit être 0 ; 2 ; 4 ; 6 ou 8.

Ex. : 94 ; 108 sont divisibles par 2.

▸ Comment reconnaître si un nombre entier est divisible par 5

Son chiffre des unités doit être 0 ou 5.

Ex. : 135 ; 20 sont divisibles par 5.

▸ Comment reconnaître si un nombre entier est divisible par 10

Son chiffre des unités doit être 0.

Ex. : 1 900 ; 540 sont divisibles par 10.

▸ Comment reconnaître si un nombre entier est divisible par 3

La somme de ses chiffres doit être un multiple de 3.

Ex. : 741 est divisible par 3, car la somme de ses chiffres 7 + 4 + 1 est égale à 12 (et 12 est un multiple de 3).

▸ Comment décomposer le nombre entier 72 en un produit de facteurs premiers

On cherche le plus petit entier qui divise 72, et on recommence avec le quotient obtenu, jusqu'à l'obtention d'un quotient égal à 1.

72	2	36	2	18	2	9	3	3	3
0	36	0	18	0	9	0	3	0	1

$72 = 2 \times 2 \times 2 \times 3 \times 3$

Corrigés → livret, p. 16

S'entraîner

QUIZ-TEST

Coche la (ou les) bonne(s) réponse(s).

1 **15 est un :**

a) diviseur de 5. ☐
b) multiple de 5. ☐
c) divisible par 5. ☐

2 **75 est :**

a) divisible par 2. ☐
b) divisible par 3. ☐
c) divisible par 5. ☐

3 ★ Vrai ou faux ?

Justifie ta réponse.

	V	F
a) 143 est divisible par 3.	☐	☐
b) 143 est divisible par 8.	☐	☐
c) 13 est un diviseur de 143.	☐	☐
d) 143 est un multiple de 11.	☐	☐
e) 143 n'est pas divisible par 13.	☐	☐
f) 143 n'est pas divisible par 5.	☐	☐

4 ★ Trouver les diviseurs d'un nombre entier

Trouve les 15 diviseurs de 144.

....
....
....
....
....

5 ★ Nombre entier en facteurs premiers

Décompose 144 en facteurs premiers.

....
....
....
....
....

6 ★★ Multiple de 3

Montre que la somme de trois nombres entiers consécutifs est un multiple de 3.

....
....
....
....

7 ★★ Parmi les nombres suivants, entoure ceux qui sont divisibles par 3.

134 – 741 – 618 – 450 – 225 – 935 – 651

8 ★★★ L'opérateur (modulo) dans Scratch

Cet opérateur permet de calculer le reste d'une division euclidienne.

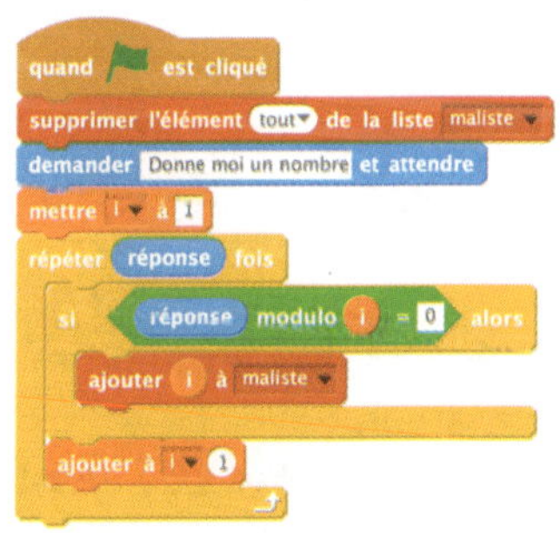

a) Décris ce que fait ce programme.

....
....

b) Teste-le avec 144. Quelle liste obtiens-tu ?

....
....

3 Diviseurs communs à deux entiers Application aux fractions

Retiens l'essentiel

À savoir

Premiers entre eux ?

Pour montrer que deux nombres ne sont pas premiers entre eux, sans calculer leur PGCD, il suffit de trouver un seul diviseur (autre que 1) qui soit commun à ces deux nombres.

Ex. : 118 et 906 ne sont pas deux nombres premiers entre eux, car ils sont tous deux divisibles par 2.

1 Simplifier une fraction

▶ **Simplifier une fraction**, c'est diviser le numérateur et le dénominateur par un même nombre non nul, en utilisant la règle : $\frac{ka}{kb} = \frac{a}{b}$ $(k \neq 0)$.

Ex. : $\frac{35}{45} = \frac{5 \times 7}{5 \times 9} = \frac{7}{9}$.

2 Le PGCD

▶ Le **PGCD** (plus grand commun diviseur) de deux entiers a et b est le plus grand entier qui divise à la fois a et b. On le note PGCD(a ; b).

▶ Deux entiers sont **premiers entre eux** si leur PGCD est **1**.

▶ Une fraction est **irréductible** si le numérateur et le dénominateur sont premiers entre eux.

Comment faire ?

▶ Déterminer le PGCD de deux entiers

Calculer le PGCD de 5 733 et 1 820.

1° On effectue les divisions successives suivantes :

$$\begin{array}{r|l} 5\,733 & 1\,820 \\ \hline 273 & 3 \end{array} \longrightarrow \begin{array}{r|l} 1\,820 & 273 \\ \hline 182 & 6 \end{array} \longrightarrow \begin{array}{r|l} 273 & 182 \\ \hline 91 & 1 \end{array} \longrightarrow \begin{array}{r|l} 182 & 91 \\ \hline 0 & 2 \end{array}$$

2° Le PGCD (5 733 ; 1 820) est le **dernier reste non nul** de ces divisions successives, soit **PGCD(5 733 ; 1 820)** = 91.

▶ Simplifier une fraction *A* et la rendre irréductible

Calculer : $A = \frac{324}{432}$.

1° On détermine les diviseurs communs au numérateur et au dénominateur.
On utilise les critères usuels de divisibilité par 2 ; 3 ; 5 ; 9 :

$324 = 2 \times 162 = 2 \times 2 \times 81 = 4 \times 9 \times 9 = \mathbf{36 \times 3 \times 3}$.

$432 = 2 \times 216 = 2 \times 2 \times 108 = 4 \times 9 \times 12 = \mathbf{36 \times 3 \times 4}$.

Remarque : 2e méthode.
On calcule le PGCD(324 ; 432).

$$\begin{array}{r|l} 432 & 324 \\ \hline 108 & 1 \end{array} \longrightarrow \begin{array}{r|l} 324 & 108 \\ \hline 0 & 3 \end{array}$$

soit PGCD(324 ; 432) = 108.

2° On utilise la règle $\frac{\cancel{k} \times a}{\cancel{k} \times b} = \frac{a}{b}$:

$A = \frac{324}{432} = \frac{\cancel{2} \times 162}{\cancel{2} \times 216} = \frac{162}{216} = \frac{\cancel{2} \times 81}{\cancel{2} \times 108}$

$A = \frac{81}{108} = \frac{\cancel{9} \times 9}{\cancel{9} \times 12} = \frac{9}{12} = \frac{\cancel{3} \times 3}{\cancel{3} \times 4}$ $\quad A = \frac{3}{4}$.

ou bien $A = \frac{324}{432} = \frac{\cancel{108} \times 3}{\cancel{108} \times 4}$ $\quad A = \frac{3}{4}$.

La fraction $A = \frac{3}{4}$ est irréductible, car PGCD (3 ; 4) = 1.

Corrigés → livret, p. 16

S'entraîner

QUIZ-TEST

Coche la (ou les) bonne(s) réponse(s).

1 9 et 12 sont :

a) divisibles par 3. ☐
b) premiers entre eux. ☐
c) divisibles par 2. ☐

2 PGCD (3 ; 5) = 1 signifie :

a) 3 et 5 sont deux nombres premiers entre eux. ☐
b) $\frac{3}{5}$ est une fraction irréductible. ☐
c) $\frac{5}{3}$ est une fraction irréductible. ☐

3 ★ Simplifier des fractions

Simplifie les fractions suivantes :

a) en déterminant les diviseurs communs au numérateur et au dénominateur.

$A = \frac{126}{462}$ ....

....

....

$B = \frac{168}{252}$ ....

....

....

b) en utilisant le PGCD.

....

....

....

4 ★★ Nombres premiers entre eux ?

Les entiers suivants sont-ils premiers entre eux ? Justifie ta réponse.

a) 441 et 777 ....

....

b) 1 998 et 1 789..

....

c) 2 173 et 1 961..

....

5 ★★ Exercice brevet

a) Reproduis le tableau ci-dessous et complète chaque case par *oui* ou *non*.

	2	5	9
1 035 est divisible par			
774 est divisible par			
322 est divisible par			

b) D'après ce tableau, les fractions $\frac{774}{1035}$ et $\frac{322}{774}$ sont-elles irréductibles ? Pourquoi ? ....

....

c) Calcule le PGCD de 322 et 1 035. La fraction $\frac{322}{1035}$ est-elle irréductible ?..

....

6 ★★★ Problème culinaire

Un pâtissier dispose de 411 framboises et de 685 fraises. Afin de préparer des tartelettes, il désire répartir ces fruits en les utilisant tous et en obtenant le maximum de tartelettes identiques.

a) Calcule le nombre de tartelettes.

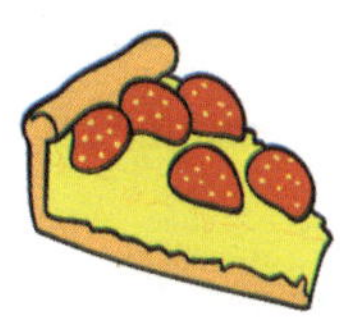

....

....

b) Calcule le nombre de framboises et de fraises dans chaque tartelette.

....

....

4 Puissances

Attention !

- La puissance paire d'un nombre négatif est positive :
Ex. : $(-1)^2 = (-1) \times (-1) = +1$
- La puissance impaire d'un nombre négatif est négative :
Ex. : $(-2)^3 = (-2) \times (-2) \times (-2) = -2^3$.

À savoir — Ne pas confondre

Il ne faut pas confondre 10^{-5} avec $5^{-1} = \frac{1}{5}$.

Retiens l'essentiel

1 Calculs sur les puissances

▶ On utilisera l'une des règles suivantes avec $a, b \neq 0$ et n entier :

- $a^0 = 1$
- $a^m \times a^n = a^{m+n}$
- $a^1 = a$
- $\left(\frac{a}{b}\right)^n = \frac{a^n}{b^n}$
- $(ab)^n = a^n b^n$
- $(a^m)^n = a^{mn}$
- $\frac{a^m}{a^n} = a^{m-n}$
- $a^{-n} = \frac{1}{a^n}$

2 L'écriture scientifique

▶ C'est le produit d'une puissance de 10 par un nombre décimal, **ayant un seul chiffre, autre que zéro**, avant la virgule :

$N = a \times 10^p$ a = nombre décimal tel que $1 \leqslant a < 10$ et p entier (ou $-10 < a \leqslant -1$).

Attention ! $N = 0{,}2 \times 10^5$ n'est pas une écriture scientifique ; à remplacer par :
$N = 2 \times 10^{-1} \times 10^5 = 2 \times 10^{-1+5} = 2 \times 10^4$.

3 Rappel sur les puissances de 10

▶ $10^5 = \underbrace{100\,000}_{\text{5 zéros}}$ $10^{-5} = 0{,}000\,01$ (↑ 5e chiffre après la virgule)

Comment faire ?

▶ Calculer avec les puissances

On utilise les règles précédentes :

$5^0 = 1$ $(a^0 = 1)$; $5^1 = 5$ $(a^1 = a)$; $5^{-2} = \frac{1}{5^2}\left(a^{-n} = \frac{1}{a^n}\right)$;

$5^2 \times 5^4 = 5^{2+4} = 5^6$; $(5^2)^4 = 5^{2\times4} = 5^8$; $\frac{5^6}{5^2} = 5^{6-2} = 5^4$;

$(a^m \times a^n = a^{m+n})$; $(a^m)^n = a^{m\times n}$; $\frac{a^m}{a^n} = a^{m-n}$.

▶ Donner l'écriture scientifique d'un nombre

Trouver l'écriture scientifique de $B = \frac{5 \times 10^5 \times 9 \times 10^3}{(5 \times 10^2)^3}$.

1° On regroupe les puissances de 10 entre elles :

$$B = \frac{5 \times 10^5 \times 9 \times 10^3}{(5 \times 10^2)^3} = \frac{5 \times 9}{5^3} \times \frac{10^5 \times 10^3}{(10^2)^3} = \frac{5^1}{5^3} \times 9 \times \frac{10^5 \times 10^3}{(10^2)^3}$$

2° On utilise les règles de calculs sur les fractions et puissances :

$$B = 5^{1-3} \times 9 \times \frac{10^{5+3}}{10^{2\times3}} = 5^{-2} \times 9 \times \frac{10^8}{10^6} = \frac{9}{25} \times 10^{8-6} = \frac{9 \times 10}{25} \times 10 = \frac{18}{5} \times 10 = 3{,}6 \times 10.$$

Corrigés → livret, p. 17

S'entraîner

QUIZ-TEST

Coche la (ou les) bonne(s) réponse(s).

1 5^3 est égal à :

a) $5 \times 5 \times 5$ ☐
b) 5×3 ☐
c) 125 ☐

2 5^{-3} est égal à :

a) $\frac{1}{5^3}$ ☐
b) $\frac{1}{5} \times \frac{1}{5} \times \frac{1}{5}$ ☐
c) $5 \times 5 \times 5$ ☐

3 ★ Puissances de 10 et écriture décimale

Donne au brouillon l'écriture décimale de :

a) 10^4 b) 10^{-3} c) 10^{-5} d) 3×10^{-2}
e) $3{,}5 \times 10^4$ f) $3{,}5 \times 10^{-4}$ g) $(10^{-3})^2$ h) $(10^{-1})^{-1}$.

4 ★★ Écriture décimale

Donne l'écriture décimale de :

$A = 2^2 \times 3^3 =$ ……

$B = 3^5 \times 2^2 =$ ……

$C = 2^{-1} \times 5 =$ ……

$D = 2^3 \times 5^{-1} =$ ……

$E = 5 \times 10^3 + 3 \times 10^2 + 2 \times 10^{-1} =$ ……

$F = 10^3 + 2 \times 10^2 + 7 \times 10^{-3} =$ ……

$G = 5^3 - (2^4 + 7{,}5)^2 =$ ……

5 ★★ Puissances d'un nombre entier

Écris sous la forme d'une puissance d'un nombre entier :

$A = \frac{1}{2^5} =$ …… $B = \frac{1}{3^2} =$ ……

$C = 7^3 \times 7^{-5} =$ …… $D = (7^{-2})^{-1} =$ ……

$E = \frac{7^5}{7^{-6}}$ …… $F = \frac{2^5 \times 2^{-4}}{2^3} =$ ……

$G = 3^{-2} \times 3^{-1} \times 3^4 =$ …… $H = (5^3)^{-2} =$ ……

6 ★★ Exercice brevet : écriture scientifique

On donnera les écritures scientifiques et décimales, en détaillant les calculs.

$A = \frac{5 \times 10^8 \times 4}{0{,}25 \times 10^{-4}}$ ……

$B = \frac{7 \times 10^3 \times 5 \times 10^5}{14 \times (10^2)^3}$ ……

$C = \frac{3 \times 10^2 \times 1{,}2 \times (10^{-3})^4}{0{,}2 \times 10^{-7}}$ ……

7 ★★★ De la Terre au Soleil

Range ces planètes de la plus proche à la plus éloignée du Soleil, sachant que leur distance au Soleil est donnée en km, par les valeurs arrondies suivantes :

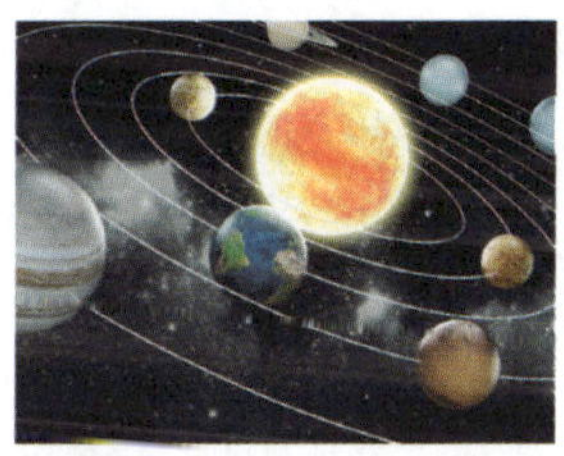

Neptune : $4{,}5 \times 10^9$ ◯
Saturne : 15×10^8 ◯
Mercure : 6×10^7 ◯
Mars : 23×10^7 ◯
Vénus : 10^8 ◯
La Terre : 150×10^6 ◯
Uranus : 3×10^9 ◯
Pluton : 590×10^7 ◯
Jupiter : 8×10^8 ◯

5 Racines carrées

À savoir

À retenir

- Une racine carrée est toujours positive.
- La racine carrée d'un nombre négatif n'existe pas.

Attention

Ne pas confondre la racine carrée avec le carré d'un nombre.

Ex. : $\sqrt{25} = 5$
mais $25^2 = 625$.

Retiens l'essentiel

1 Définition

▸ Si a est un **nombre positif**, alors la racine carrée de a est le **nombre positif** dont le carré est a. La racine carrée de a se note $\sqrt{a}$.

▸ Si $a \geqslant 0$, alors $\sqrt{a} \geqslant 0$ et $(\sqrt{a})^2 = a$.

Ex. : Si $a = 49$, $\sqrt{49} = 7$ car $7^2 = 49$; si $a = 121$, $\sqrt{121} = 11$ car $11^2 = 121$;
mais si $a = 5$, la racine carrée de 5 ne pourra s'écrire que sous la forme $\sqrt{5}$ ($\sqrt{5} > 0$ et $(\sqrt{5})^2 = 5$).

2 Propriétés

▸ **Racine carrée d'un carré :** si $a \geqslant 0$, alors $\sqrt{a^2} = a$.

▸ **Racine carrée d'un produit :** si $a \geqslant 0$ et $b \geqslant 0$, alors $\sqrt{a \times b} = \sqrt{a} \times \sqrt{b}$.

▸ **Racine carrée d'un quotient :** si $a \geqslant 0$ et $b > 0$ ($b \neq 0$), alors $\sqrt{\dfrac{a}{b}} = \dfrac{\sqrt{a}}{\sqrt{b}}$.

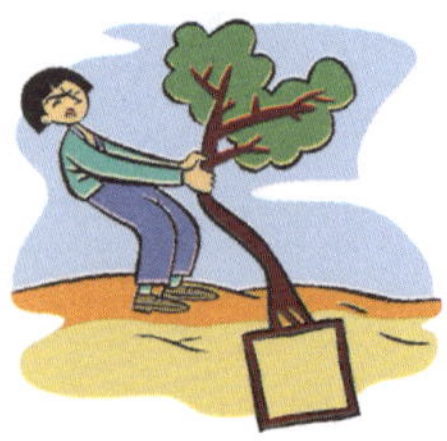

Comment faire ?

▸ Simplifier une écriture

On fait apparaître le **carré d'un nombre entier.**

Ex. : $\sqrt{50} = \sqrt{25 \times 2} = \sqrt{25} \times \sqrt{2} = 5\sqrt{2}$ (car $\sqrt{25} = 5$)

▸ Calculer la valeur exacte d'une expression

$A = (x - 5)(x + 2)$ pour $x = 3\sqrt{2}$.

On remplace x par $3\sqrt{2}$ et **on utilise la distributivité.**

On notera que $3\sqrt{2} \times 3\sqrt{2} = 3 \times 3 \times \sqrt{2} \times \sqrt{2}$
$= 3 \times 3 \times 2 = 18$
$3\sqrt{2} \times 2 = 3 \times 2 \times \sqrt{2} = 6\sqrt{2}$.

Ex. : $A = (3\sqrt{2} - 5)(3\sqrt{2} + 2)$
$A = 3\sqrt{2} \times 3\sqrt{2} + 3\sqrt{2} \times 2 - 5 \times 3\sqrt{2} - 5 \times 2$
$A = 18 + 6\sqrt{2} - 15\sqrt{2} - 10$
$A = 18 - 10 + \sqrt{2}(6 - 15)$
$A = 8 + \sqrt{2}(-9) = 8 - 9\sqrt{2}$.

▸ Calculer une longueur dans un triangle rectangle

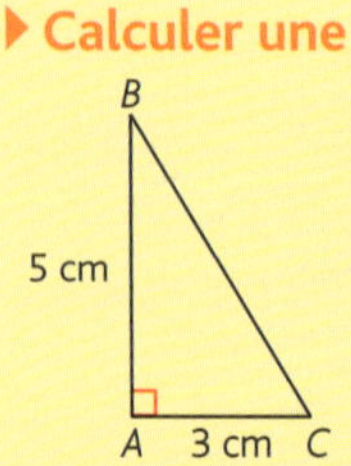

On utilise le théorème de Pythagore.

$BC^2 = AC^2 + AB^2 = 5^2 + 3^2 = 25 + 9 = 34$

$BC = \sqrt{34}$ cm en valeur exacte

$BC \approx 5{,}8$ cm à 1 mm près (en utilisant la calulatrice $\sqrt{34} \approx 5{,}83$).

▸ Résoudre l'équation $x^2 = a$

Si $a > 0$, l'équation $x^2 = a$ admet deux solutions $\sqrt{a}$ et $-\sqrt{a}$.

Si $a = 0$, l'équation $x^2 = 0$ admet une seule solution $x = 0$.

Si $a < 0$, l'équation $x^2 = a$ n'a pas de solution.

Ex. : L'équation $x^2 = 7$ admet deux solutions : $x = \sqrt{7}$ ou $x = -\sqrt{7}$; mais l'équation $x^2 = -5$ n'a pas de solution car $-5 < 0$.

Corrigés → livret, p. 17

S'entraîner

Maths

QUIZ-TEST

Coche la (ou les) bonne(s) réponse(s).

1 $\sqrt{100-64}$ **est égal à :**

a) $\sqrt{36}$ ☐

b) 6 ☐

c) $\sqrt{100} - \sqrt{64}$ ☐

2 $\sqrt{9 \times 25}$ **est égal à :**

a) $\sqrt{9} \times \sqrt{25}$ ☐

b) 15 ☐

c) 225 ☐

3 ★ Comparaison

a) Compare $\sqrt{36} + \sqrt{64}$ avec $\sqrt{36+64}$.

....

b) Compare $\sqrt{25} - \sqrt{9}$ avec $\sqrt{25-9}$.

....

4 ★★ Simplifier une écriture

Calcule et donne la valeur exacte la plus simple des nombres suivants :

$A = 4\sqrt{75} - 5\sqrt{3}$

....

$B = (\sqrt{3} - 5)^2$

....

5 ★★ Exercice brevet

Écris sous la forme $a\sqrt{b}$ où a est un entier relatif et b un entier naturel le plus petit possible :

$A = \sqrt{12} - 7\sqrt{3} - \sqrt{75} =$ ....

$B = \sqrt{48} - 3\sqrt{12} + 7\sqrt{3} =$ ....

$C = 50\sqrt{45} - 3\sqrt{5} + 6\sqrt{125} =$ ....

$D = 2\sqrt{24} + \sqrt{96} - \sqrt{600} =$ ....

$E = 2\sqrt{32} - \sqrt{5} \times \sqrt{10} =$ ....

6 ★★★ Calcul d'aire au brouillon

Calcule l'aire du triangle équilatéral *ACD* de l'exercice 8, puis l'aire du quadrilatère *ABCD*.

7 ★★ Remue-méninges !

Calcule la valeur exacte de *AC*.

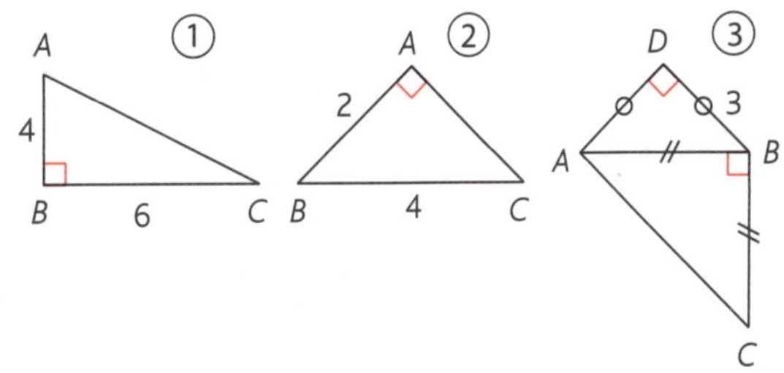

① $AC =$ ....

....

② $AC =$ ....

....

③ $AC =$ ....

....

8 ★★★ Construction d'une racine carrée

Construis (d'après cette figure à main levée) un triangle équilatéral *ACD* de côté $\sqrt{7}$, à partir d'un triangle *ABC* rectangle en *A*.
On prendra *AB* = 3 cm et *BC* = 4 cm.
Trace la hauteur [*CH*] dans le triangle *ACD*.

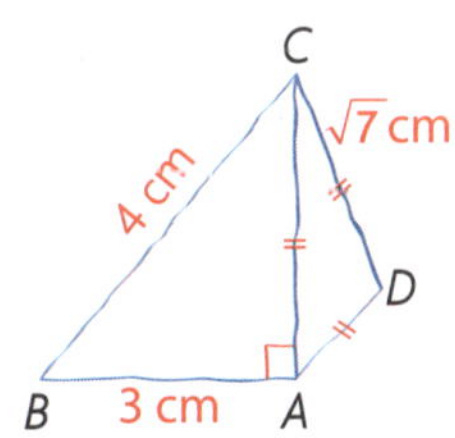

6 Développer : identités remarquables

Retiens l'essentiel

1 Développer un produit

- **Développer un produit**, c'est l'écrire sous la forme **d'une somme** ou **d'une différence**.

2 La distributivité

- Pour développer, on pourra utiliser **la propriété de la distributivité**, en appliquant les règles des signes suivantes :

⊖ × ⊖ donne ⊕   ⊕ × ⊕ donne ⊕   ⊖ × ⊕ donne ⊖

$k(a + b) = ka + kb$ $k(a - b) = ka - kb$

3 Les identités remarquables

- On retiendra **les identités remarquables** suivantes :

– Carré d'une somme : $(a + b)^2 = a^2 + 2ab + b^2$.

– Carré d'une différence : $(a - b)^2 = a^2 - 2ab + b^2$.

– Produit de la somme de deux nombres par leur différence :
$(a + b)(a - b) = a^2 - b^2$.

Attention !

Lorsqu'on utilise l'identité remarquable

$(a - b)^2$

pour développer, par exemple,

$(3 - 5x)^2$

on identifie :

$a = 3$ et $b = 5x$
et non pas $(-5x)$

Comment faire ?

Appliquer la propriété de la distributivité

On multiplie chaque terme de la première somme par chaque terme de la seconde, puis on réduit.

Ex. : $P = (6a - 2)(3a + 2)$
$= 6a(3a + 2) - 2(3a + 2)$
$= 6a \times 3a + 6a \times 2 - 2 \times 3a - 2 \times 2$
$= 18a^2 + 12a - 6a - 4$
$P = 18a^2 + 6a - 4.$

On effectue les produits à l'intérieur des parenthèses.
On supprime les parenthèses et on réduit.

Pour appliquer une égalité remarquable

On reconnaît une identité remarquable en observant l'expression à développer.
On identifie chacun des termes en posant $a = \ldots$, $b = \ldots$, pour pouvoir calculer a^2, b^2 et $2ab$.

Ex. : $B = (7 - 5x)^2$
$= 7^2 - 2 \times 7 \times 5x + (5x)^2$
$= 49 - 70x + 25x^2.$

$(7 - 5x)^2$ est de la forme $(a - b)^2$ avec $a = 7$ et $b = 5x$.

Démontrer l'égalité de deux expressions

On peut **développer** chacune des deux expressions (ou l'une ou l'autre) **et réduire**.

Ex. : Montrer que $A = (2x - 1)(2x + 1) + (2x - 1)(x - 3)$ peut aussi s'écrire $A = 6x^2 - 7x + 2$.
$A = (2x)^2 - 12 + 2x \times x + 2x \times (-3) - 1 \times x - 1 \times (-3)$
$A = 4x^2 - 1 + 2x^2 - 6x - x + 3$
$A = 6x^2 - 7x + 2.$

Corrigés → livret, p. 18

S'entraîner

QUIZ-TEST

Coche la (ou les) bonne(s) réponse(s).

1 **$(5x + 3)^2$ est égal à :**

a) $(5x)^2 + 2 \times 5x \times 3 + 3^2$ ☐
b) $25x^2 + 30x + 9$ ☐
c) $(5x)^2 + 3^2$ ☐

2 **$(5x + 3)^2$ est égal à :**

a) $(5x + 3)(5x + 3)$ ☐
b) $25x^2 + 9$ ☐
c) $5x^2 + 30x + 9$ ☐

3 ★★ Application du cours

a) Développe au brouillon à l'aide des identités remarquables :

On rappelle $(a + b)^2 = a^2 + 2ab + b^2$
$(a - b)^2 = a^2 - 2ab + b^2$
$(a + b)(a - b) = a^2 - b^2$.

$A = (x + 7)^2$ $B = (x - 3)^2$

$C = (x - 2)(x + 2)$ $D = (2t - 5)^2$

$E = (-3t + 11)^2$ $F = (3 - 2\sqrt{3})^2$

b) Développe au brouillon en utilisant la distributivité :

$A = (x - 1)(2x + 3)$

$B = (2x + 1)(3x - 5)$

$C = (-3t + 2)(5t - 4)$

4 ★★ Exercice brevet

a) Développe et réduis l'expression :

$$P = (x - 2)(2x + 1) - (2x + 1)^2.$$

....

....

....

....

b) Pour $x = -\frac{3}{7}$, écris la valeur de P sous forme fractionnaire.

On rappelle $(a + b)^2 = a^2 + 2ab + b^2$.

....

....

....

5 ★★★ Remue-méninges !

On pose : $E = (4x - 3)^2 + 6x(4 - x) - (x^2 + 9)$.

a) Montre que E est égal au carré de $3x$.

....

b) Trouve les valeurs de x pour lesquelles $E = 144$.

....

c) Calcule la valeur de E pour $x = \frac{\sqrt{3}}{3}$.

....

....

6 ★★★ Exercice brevet

• On considère l'expression :

$C = (3x + 2)^2 - (5 - 2x)(3x + 2)$.

a) Au brouillon, développe et réduis C.

b) Calcule la valeur de C pour $x = -2$.

....

• On considère l'expression :

$D = (2x + 3)^2 + (2x + 3)(7x - 2)$.

c) Au brouillon, développe et réduis D.

d) Calcule D pour $x = -4$.

....

• On considère l'expression :

$F = (x - 1)(2x + 5) - (x - 1)^2$.

e) Au brouillon, développe et réduis F.

On rappelle : $(a + b)^2 = a^2 + 2ab + b^2$
$(a - b)^2 = a^2 - 2ab + b^2$.

7 Factoriser

À savoir

Carrés utiles

Pour reconnaître rapidement un carré, il est utile de connaître les carrés suivants :

$1 = 1^2$; $4 = 2^2$; $9 = 3^2$;
$16 = 4^2$; $25 = 5^2$; $36 = 6^2$;
$49 = 7^2$; $64 = 8^2$; $81 = 9^2$;
$100 = 10^2$; $121 = 11^2$;
$144 = 12^2$; $169 = 13^2$.

Retiens l'essentiel

1 Qu'est-ce que factoriser ?

▸ **Factoriser une somme**, c'est l'écrire sous la forme d'un **produit de facteurs**.

2 Comment factoriser ?

▸ On reconnaît un facteur commun en utilisant **les propriétés de la distributivité** :

$ka + kb = k(a + b)$ $\quad ka - kb = k(a - b)$ $\quad ka + kb - kc = k(a + b - c)$

▸ On reconnaît l'une des trois **identités remarquables** :

- $a^2 + 2ab + b^2 = (a + b)^2 = (a + b)(a + b)$
- $a^2 - 2ab + b^2 = (a - b)^2 = (a - b)(a - b)$
- $a^2 - b^2 = (a + b)(a - b)$

Comment faire ?

▸ Factoriser lorsqu'un facteur est présent dans chacun des termes

Il faut utiliser les formules de la distributivité.

Ex. : $A = (x + 1)(x + 2) - 2(x + 2)$

facteur commun : $(x + 2)$

$= (x + 2)\,[(x + 1) - 2]$
$= (x + 2)(x + 1 - 2)$
$A = (x + 2)(x - 1).$

On extrait $(x + 2)$ et on réduit ensuite l'expression entre crochets pour écrire le plus simplement possible le 2e facteur.

▸ Factoriser lorsque le facteur commun n'est pas apparent

Il faut le faire apparaître avant de factoriser.

Ex. : $B = (2x - 1)(x - 1) + 4x - 2$
$= (2x - 1)(x - 1) + 2(2x - 1)$
$= (2x - 1)[(x - 1) + 2]$
$B = (2x - 1)(x + 1).$

Le facteur commun est $(2x - 1)$, car $4x - 2 = 2(2x - 1)$.

Ex. : $C = (x + 1)^2 + (x + 1)$
$= (x + 1)(x + 1) + (x + 1) \times 1$
$= (x + 1)\,[(x + 1) + 1]$
$C = (x + 1)(x + 2).$

Le facteur commun est $(x + 1)$.
Attention ! Ne pas oublier que $(x + 1) = (x + 1) \times 1$.

▸ Factoriser en utilisant les identités remarquables

On cherche quels sont les termes qui apparaissent au carré. On pose $a^2 = \dots$, $a = \dots$, $b^2 = \dots$, $b = \dots$.
On vérifie que le terme restant, s'il existe, est $2ab$ ou $-2ab$.

Ex. : $E = 4x2 - 12x + 9$
$4x^2 = (2x)^2$, on pose $a = 2x$,
$9 = 3^2$, on pose $b = 3$.
Donc $2ab = 2(2x)(3) = 12x$.
$E = (2x - 3)^2$.

On reconnaît l'expression $a^2 - 2ab + b^2 = (a - b)^2$, avec $a = 2x$ et $b = 3$.

Il faut toujours vérifier : en redéveloppant $(2x - 3)^2$, on doit retrouver $4x^2 - 12x + 9$.

Corrigés → livret, p. 19

S'entraîner

QUIZ-TEST

Coche la (ou les) bonne(s) réponse(s).

1 $3x^2 + 3x$ **est égal à :**

a) $3x \times x + 3x \times 1$ ☐
b) $3x(x + 1)$ ☐
c) $6x$ ☐

2 $7x^2 - 35x$ **est égal à :**

a) $7 \times x^2 - 7 \times 5$ ☐
b) $7(x^2 - 5x)$ ☐
c) $7x(x - 5)$ ☐

3 ★ Factoriser avec la distributivité

Factorise au brouillon en utilisant la distributivité :

$A = (x + 3)(x - 2) + (x + 3)$

$B = 4x - 12 + (x - 3)(x + 2)$

$C = (x + 2)^2 + 3(x + 2)$

$D = 4x - 8 + (x - 2)^2 + (x - 2)(x + 1)$

$E = 5x - 20 + (x - 4)(3 - x)$

$F = (x - 1)(2x + 1) - (1 + 2x)(x + 1)$

$G = (2x - 4)(x + 1) - 2 + x$

Pour les exercices suivants, on rappelle :
$a^2 + 2ab + b^2 = (a + b)^2 = (a + b)(a + b)$
$a^2 - 2ab + b^2 = (a - b)^2 = (a - b)(a - b)$
$a^2 - b^2 = (a + b)(a - b)$.

4 ★ Factoriser avec les identités remarquables

Factorise au brouillon avec les identités remarquables :

$A = x^2 - 49$

$B = x^2 + 12x + 36$

$C = 4x^2 - 4x + 1$

$D = 36t^2 - 144$

$E = 4 - 20x + 25x^2$

5 ★★ Exercice brevet

a) Factorise au brouillon :
$A = 9 - 12x + 4x^2$; $B = (2x - 3)^2 - 4$.

b) Déduis-en une factorisation de :
$E = (9 - 12x + 4x^2) - 4$.

c) Montre que, pour $x = \frac{3}{2}$, E est un entier.

6 ★★ Exercice brevet

Soit : $D = (x - 5)(3x - 2) - (3x - 2)^2$

$E = (5x - 2)^2 - (x - 8)(5x - 2)$

a) Développe, réduis et ordonne D et E.

....

....

b) Factorise D et E au brouillon.

7 ★★★ Factoriser

Factorise les expressions suivantes :

$A = (4x - 1)(5x - 3) - (4x - 1)^2$

$B = (2x + 5)^2 - (2x + 5)(x - 3)$

$C = 4x^2 - 81 + (x - 3)(2x - 9)$

$D = (3x - 2)(x + 5) - (x^2 - 25)$

$E = (2x + 3)^2 - (x - 4)^2$

$F = (2x - 1)^2 - (2x - 1)$

8 ★★★ QCM

Pour chacune des questions, trois réponses sont proposées. Une ou deux sont exactes. Lesquelles ?

	A	B	C
$x^2 - 1 =$	$(x + 1)(x + 1)$	$(x - 1)(x - 1)$	$(x + 1)(x - 1)$
$x^2 - 2x + 1 =$	$(x - 1)^2$	$(x - 1)(x + 1)$	$(x - 1)(x - 1)$
$4x^2 - 25 =$	$(2x - 5)^2$	$(2x - 5)(2x - 5)$	$(2x - 5)(2x + 5)$
$9x^2 + 6x + 1 =$	$(3x + 1)^2$	$(3x - 1)^2$	$(9x + 1)^2$
$x^2 - \frac{1}{4} =$	$\left(x - \frac{1}{2}\right)^2$	$\left(x - \frac{1}{2}\right)\left(x + \frac{1}{2}\right)$	$\left(x - \frac{1}{2}\right)\left(x - \frac{1}{2}\right)$
$25x^2 - 16 =$	$(5x - 4)^2$	$(5x - 4)(5x + 4)$	$(5x + 4)^2$

8 Équations et problèmes se ramenant à une équation du 1er degré

Retiens l'essentiel

À savoir

À retenir

Résoudre une équation, c'est trouver **toutes les valeurs numériques** qui vérifient l'égalité.

1 L'équation $a + b = x$

▸ **L'équation $a + x = b$ a une solution $x = b - a$.**

Ex. : $3 + x = -5$ a pour solution $x = -5 - 3$; $x = -8$.

2 L'équation $ax = b$

▸ **L'équation $ax = b$ a une solution $x = \dfrac{b}{a}$ si $a \neq 0$.**

Ex. : $5x = 3$ a pour solution $x = \dfrac{3}{5}$.

3 Le produit nul

▸ On peut aussi utiliser la propriété du produit nul : **si un produit est nul, alors au moins l'un de ses facteurs est nul :**

si $a \times b = 0$ alors $a = 0$ ou $b = 0$.

Ex. : si $(x - 3)(x + 1) = 0$ alors $x - 3 = 0$ ou $x + 1 = 0$.

L'équation produit a deux solutions $x = 3$ et $x = -1$.

Comment faire ?

▸ **Résoudre un problème se ramenant à une équation du premier degré**

Pour quelle valeur de x l'aire de B est-elle le triple de l'aire de A ?

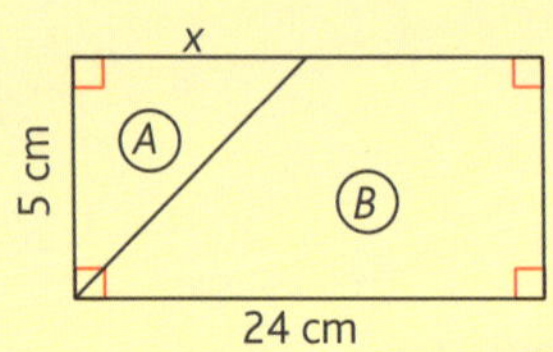

1° Choix de l'inconnue : x est une longueur $0 \leqslant x \leqslant 24$.

2° Mise en équations :

aire totale $= 5 \times 24 = 120$

aire de $A = \dfrac{5 \times x}{2} = 2{,}5x$

aire de $B = 120 - 2{,}5x$.

aire de $B = 3 \times$ aire de A

d'où $120 - 2{,}5x = 3 \times 2{,}5x$

3° Résolution de l'équation :

$120 - 2{,}5x = 3 \times 2{,}5x$

$120 = 7{,}5x + 2{,}5x$

$120 = 10x$ | On se ramène à une équation de la forme $ax = b$.

d'où $120 : 10 = x$; $12 = x$.

4° Solution du problème :

Si $x = 12$ cm, l'aire de B est le triple de l'aire de A.

Vérification : aire de $A = \dfrac{12 \times 5}{2} = 30 \text{ cm}^2$;

aire de $B = (120 - 30) \text{ cm}^2 = 90 \text{ cm}^2 = 3 \times 30 \text{ cm}^2 = 3 \times$ aire de A.

Corrigés → livret, p. 19

S'entraîner

QUIZ-TEST

Coche la (ou les) bonne(s) réponse(s).

1 L'équation $5 + x = 17$ a pour solution :

a) $x = 5 - 17$ .... ☐
b) $x = 17 - 5$ .... ☐
c) 12 .... ☐

2 L'équation $5x = 17$ a pour solution :

a) $x = 17 - 5$ .... ☐
b) $x = \frac{17}{5}$ .... ☐
c) $x = \frac{5}{17}$ .... ☐

3 ★ Application du cours

Résous au brouillon les équations suivantes :

a) $2 + \frac{3x}{5} = 6 + \frac{x}{4}$

b) $\frac{(x+2)}{3} + \frac{(x-1)}{4} = 5$

c) $\frac{(x-2)}{3} - \frac{(x+1)}{4} = 5$

d) $3(2x+1) - 9 = 2(2x+1)$

4 ★★ Entraînement

Résous au brouillon les équations suivantes :

a) $169x^2 - 130x + 25 = 0$

b) $x^2 + 1 = 26$

c) $2x^2 = 10$;

d) $x^2 + 1 = 0$.

5 ★★ Application du cours (2)

Résous les équations suivantes :

a) $\frac{x}{5} = \frac{2}{3}$

....

b) $(3x + 5)(2x + 13) = 0$

....

c) $(3x + 2)(x - 2) = 0$

....

d) $4x^2 = 100$

....

6 ★★★ Exercice brevet

x désigne un nombre supérieur à 2.
On considère un rectangle $VOUS$ tel que :
$VO = 2x + 7$ et $VS = 2x - 3$.

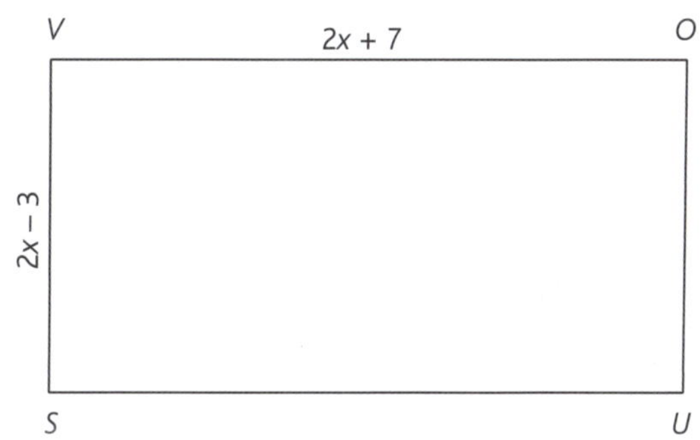

On donne : $E = (2x + 7)(2x - 3)$ et $G = 2(2x + 7) + 2(2x - 3)$.

a) Développe et réduis E au brouillon.

b) Développe et réduis G.

c) Que représente, géométriquement, l'expression E ? l'expression G ?

d) Détermine x pour que VO soit le double de VS. Que vaut la valeur de G dans ce cas ?

7 ★★★ Histoire de triangle et de rectangle

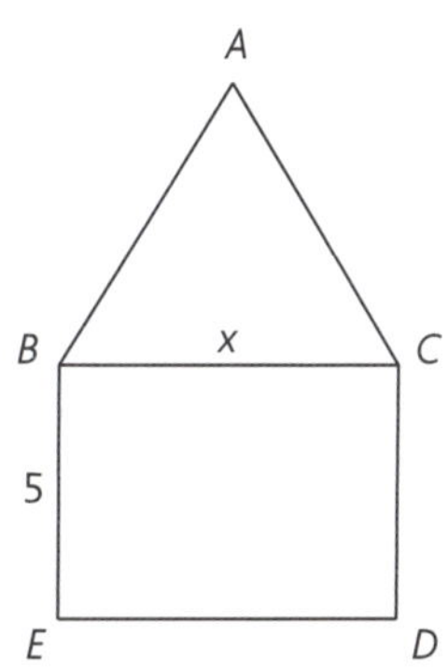

- ABC est un triangle équilatéral.
- $BCDE$ est un rectangle.

Pour quelle valeur de x, le triangle et le rectangle ont-ils le même périmètre ?

....

....

Maths

9 Inéquations du premier degré

Retiens l'essentiel

1 Addition ou soustraction d'un même terme

- Si on **ajoute un même terme** aux deux membres d'une inégalité, alors **l'inégalité ne change pas de sens.**

Ex. :

$3 < 5 \xrightarrow{+4} 7 < 9$; $-7 < -1 \xrightarrow{-2} -9 < -3$; $9 > -3 \xrightarrow{-5} 4 > -8$

À savoir

À retenir

Résoudre une inéquation, c'est trouver **toutes les valeurs numériques** qui vérifient l'inégalité.

2 Multiplication ou division des membres d'une inégalité

- Si on **multiplie** ou si on **divise** les deux membres d'une inégalité **par un même facteur positif**, alors **l'inégalité ne change pas de sens.**

Ex. :

$6 < 12 \xrightarrow{:3} 2 < 4$; $-1 > -3 \xrightarrow{\times 5} -5 > -15$; $-7 < 5 \xrightarrow{\times 2} -14 < 10$

- Si on **multiplie** ou si on **divise** les deux membres d'une inégalité **par un même facteur négatif**, alors **l'inégalité change de sens.**

Ex. :

$6 < 12 \xrightarrow{:(-3)} (-2) > (-4)$; $-1 > -3 \xrightarrow{\times(-5)} 5 < 15$

$-7 < 5 \xrightarrow{\times(-2)} 14 > -10$

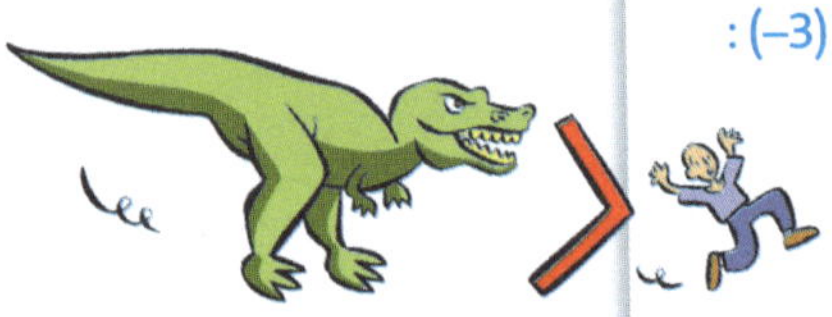

Comment faire ?

Résoudre une inéquation du premier degré

Il faut se ramener, après transformation, à l'une des formes suivantes :

$$ax \leqslant b \; ; \; ax \geqslant b \; ; \; ax < b \; ; \; ax > b,$$

où a et b sont des nombres et x l'inconnue.

Ex. : $x - 3 \geqslant 5x + 4$

$x - 3 - 5x \geqslant 5x + 4 - 5x$

$-4x - 3 \geqslant 4$

Il faut regrouper tous les termes en x dans un même membre, et tous les termes numériques dans l'autre membre.

$-4x - 3 + 3 \geqslant 4 + 3$

$-4x \geqslant 7$

$-4x : (-4) \leqslant 7 : (-4)$

d'où $x \leqslant -\frac{7}{4}$

On divise les deux membres par un facteur négatif (– 4), donc on inverse le sens de l'inégalité.

Les solutions de l'inéquation sont les nombres inférieurs à $-\frac{7}{4}$, $-\frac{7}{4}$ étant solution.

Corrigés → livret, p. 20

S'entraîner

QUIZ-TEST

Coche la (ou les) bonne(s) réponse(s).

1 Si $a < b$, alors :

a) $a + 5 < b + 5$ ☐
b) $a \times 5 < b \times 5$ ☐
c) $a \times (-5) < b \times (-5)$ ☐

2 Si $x \geqslant y$, alors :

a) $x - y \geqslant 0$ ☐
b) $\frac{x}{2} \leqslant \frac{y}{2}$ ☐
c) $\frac{x}{-2} \leqslant \frac{y}{-2}$ ☐

3 ★ Application du cours

Les nombres 0, –1, + 2, + 7 sont-ils solutions des inéquations suivantes ? Justifie ta réponse.

a) $2x - 5 < -3x + 2$

b) $5x - 4 \leqslant 7x - 8$

4 ★★ Résolution d'inéquations

Résous au brouillon les inéquations suivantes :

a) $5 - 2x \geqslant 7$

b) $x + 2(x + 1) \geqslant 4$

c) $50 < 30x + 250$

d) $\frac{(5x + 1)}{6} > \frac{(3x - 3)}{8}$

5 ★★★ Exercice brevet

a) 60 est-il solution de l'inéquation :
$2{,}5x - 75 > 76$? ....

b) Résous l'inéquation.

c) Pendant la période estivale, un marchand de glaces a remarqué qu'il dépensait 75 € par semaine, pour faire en moyenne 150 glaces.

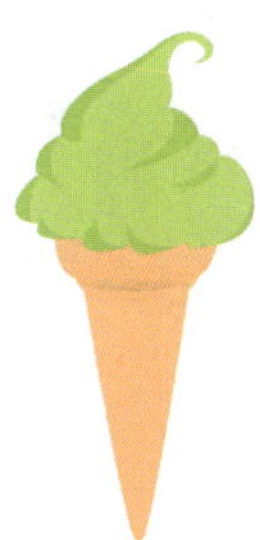

Sachant qu'une glace est vendue 2,50 €, combien doit-il vendre de glaces, au minimum, dans la semaine, pour avoir un bénéfice supérieur à 76 € ? ....
On expliquera la démarche.

....

....

....

6 ★★★ Histoire d'aires

a) Écris, en fonction de x, les aires $\mathcal{A}_1$ et $\mathcal{A}_2$.

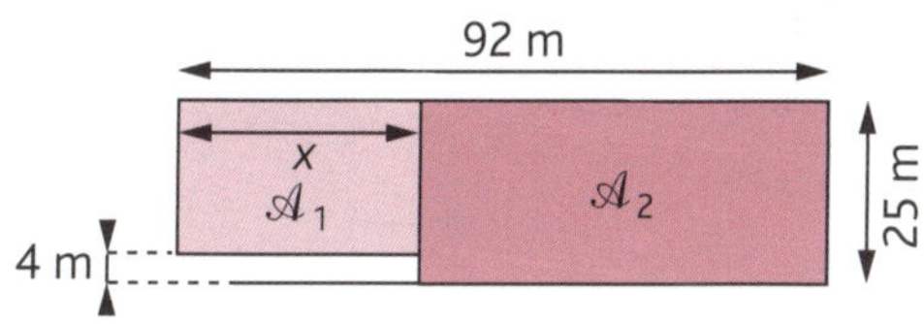

....

....

....

b) Pour quelles valeurs de x a-t-on :

$\mathcal{A}_1 > \mathcal{A}_2$?

....

....

7 ★★★ Problème

a) Résous l'inéquation $x + 15 \geqslant \frac{2}{3}(x + 27)$.

....

b) Un bureau de recherche emploie 27 informaticiens et 15 mathématiciens. On envisage d'embaucher le même nombre x d'informaticiens et de mathématiciens. Combien faut-il embaucher de spécialistes de chaque catégorie pour que le nombre de mathématiciens soit au moins égal aux $\frac{2}{3}$ du nombre d'informaticiens ?

....

....

Maths

10 Généralités sur les fonctions

Retiens l'essentiel

1 Définition

▸ Une **fonction** f est un procédé qui, à partir d'un nombre de départ x, associe un unique nombre d'arrivée y.

2 Différentes représentations d'une fonction

<table>
<tr><th></th><th>Une courbe</th><th>Un tableau de valeurs</th><th>Une formule</th></tr>
<tr><td>Ex. :</td><td>La température T à Cergy le 14 août 2016 est donnée par :
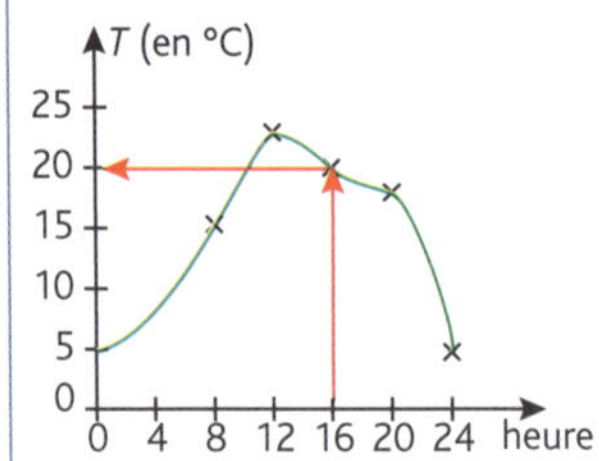</td><td>La distance de freinage d (en m) d'une voiture en fonction de sa vitesse v (en km.h^{−1}) est donnée par :<table><tr><td>v</td><td>0</td><td>30</td><td>50</td><td>90</td></tr><tr><td>d</td><td>0</td><td>11</td><td>32</td><td>63</td></tr></table></td><td>L'aire du carré de côté x est donnée par :
$y = x^2$.</td></tr>
<tr><td></td><td>À 16, on associe 20.</td><td>À 50, on associe 32.</td><td>À 4, on associe $4^2 = 16$.</td></tr>
<tr><td>Vocabulaire</td><td>20 est l'image de 16 par la fonction température. 16 est un antécédent de 20 par cette fonction.</td><td>32 est l'image de 50 par la fonction distance. 50 est un antécédent de 32 par cette fonction.</td><td>16 est l'image de 4 par la fonction aire. 4 est un antécédent de 16 par cette fonction.</td></tr>
<tr><td>Notation</td><td>$f(16) = 20$</td><td>$f(50) = 32$</td><td>$f(4) = 16$</td></tr>
</table>

De façon générale, on note : $f : x \mapsto f(x)$

antécédent de $y = f(x)$ par f ↑ ↑ image de x par f

À savoir

Lecture graphique

- **L'image $f(a)$ du nombre a** se lit sur l'axe des ordonnées, en plaçant a sur l'axe des abscisses.
- **L'antécédent de b** (tel que $f(x) = b$) se lit sur l'axe des abscisses, en plaçant b sur l'axe des ordonnées.

Comment faire ?

▸ **Déterminer l'image d'un nombre a par une fonction f**

→ **Si f est donnée par une courbe** (exemple ci-contre),

{ on considère le point de la courbe qui a pour **abscisse** a ;
son **ordonnée** est alors l'image de a par f, $f(a)$.

→ **Si f est donnée par une formule**, on remplace x par a dans l'expression de $f(x)$.

Ex. : $f : x \mapsto x^2 + 1$.
L'image de 2 par f est $f(2) = 2^2 + 1 = 5$.

Ex. :

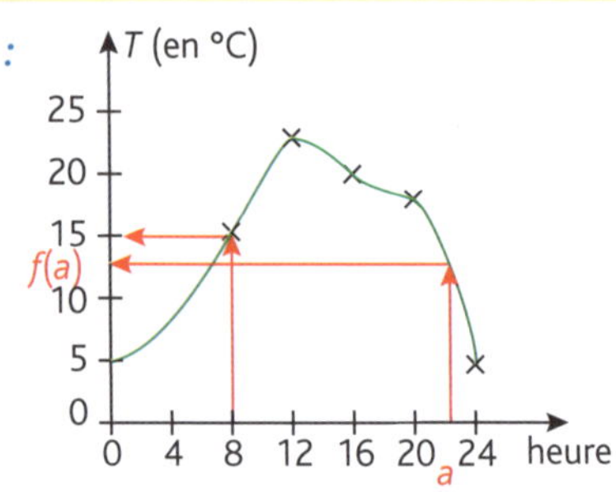

L'image de 8 par f est 15 : $f(8) = 15$.

Corrigés → livret, p. 21

S'entraîner

QUIZ-TEST

Coche la (ou les) bonne(s) réponse(s).

1 Soit f la fonction telle que $f(2) = 3$:

a) 2 a pour image 3 par f .... ☐
b) 3 est l'image de 2 par f .... ☐
c) 3 est un antécédent de 2 par f .... ☐

2 L'image de (–1) par la fonction $x \to 3x + 4$ est :

a) 4 .... ☐
b) –1 .... ☐
c) 1 .... ☐

3 ★★ Lectures graphiques

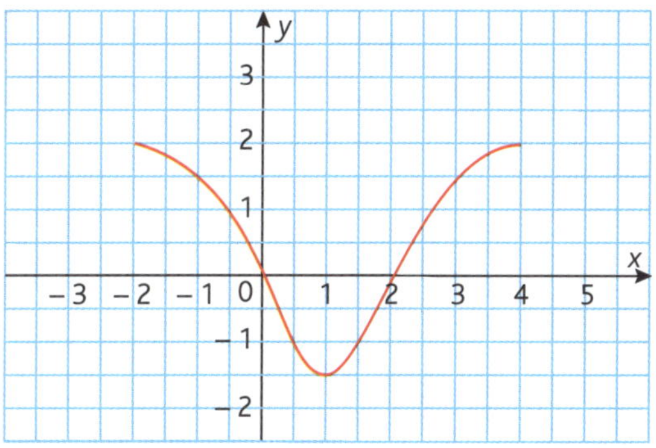

Une fonction f est donnée par la courbe ci-dessus.

a) Quelle est l'image de 3 par f ? ....

b) Lis $f(-1)$. ....

c) Lis les antécédents éventuels de 2 par f. ....

4 ★★ Fonctions et Excel

Dans la réserve de Savuti, lorsqu'il y a une multitude d'impalas, les lions sont bien nourris et leur population augmente. Lorsque les lions sont plus nombreux, ils mangent trop d'impalas et la population de gazelles est alors rapidement décimée. Une étude statistique sur 20 ans a permis d'établir que la population d'impalas est donnée par la formule : $f(t) = -3t^2 + 60t + 250$ où t est le nombre d'années écoulées depuis le début de l'étude (t varie de 0 à 20 ans).

À l'aide d'un tableur, on a obtenu le tableau de valeurs ci-après :

En A3, on a saisi la formule = A2 + 2

a) Quelle formule a été saisie dans la cellule B2 ?

....

	A	B
1	t	$f(t)$
2	0	250
3	2	358
4	4	442
5	6	502
6	8	538
7	10	550
8	12	538
9	14	502
10	16	442
11	18	358
12	20	250

b) Au bout de combien d'années la population d'impalas revient-elle à son niveau initial ? ....

c) Complète :

$f(4) =$ .... ; $f($...........$) = 550$.

d) Vrai ou faux ?

	V	F
• L'image de 12 par f est 538.	☐	☐
• Un antécédent de 12 par f est 538.	☐	☐
• Les antécédents de 502 par f sont 6 et 14.	☐	☐
• 16 a pour image 442.	☐	☐
• 538 a plusieurs antécédents.	☐	☐

5 ★★★ Scratch et fonctions

On considère le programme de calcul ci-dessous dans lequel x, étape 1, étape 2 et résultat sont quatre variables. Leila affirme que « Chaque résultat peut s'obtenir en ajoutant le nombre entier de départ et le nombre entier qui le suit ». Est-ce vrai quel que soit le nombre entier n de départ ?

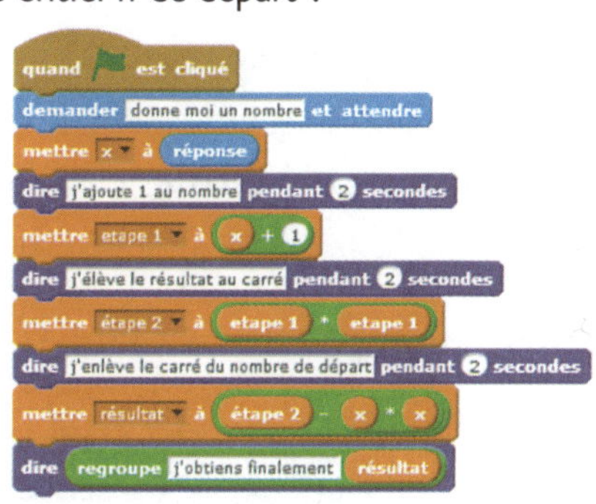

....

11 Utiliser les fonctions pour résoudre un problème

À savoir

À retenir

- Une lecture graphique peut être une **valeur exacte** ou une **valeur approchée**, suivant la fonction étudiée.
- Alors que par le calcul, on obtient une **valeur exacte**.

Retiens l'essentiel

▸ Si une fonction f représente une situation donnée, alors on utilisera le **tableau**, la **formule** ou le **graphique** qui définissent cette fonction pour résoudre les problèmes.

Comment faire ?

▸ Utiliser le graphique d'une fonction pour résoudre les problèmes

Soit la fonction f, définie sur $[-3\,;5]$, représentée par la courbe $\mathscr{C}$.

1° Pour quelles valeurs de x a-t-on $f(x) = 4$?

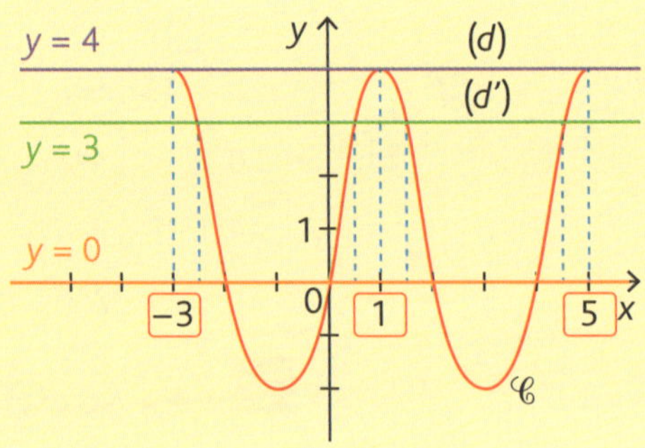

On trace la droite (d) d'équation $y = 4$.

On lit sur le graphique les abscisses des points d'intersection de $\mathscr{C}$ et de (d).

$S = \{-3\,;1\,;5\}$ $\qquad$ $f(-3) = f(1) = f(5) = 4$

2° Pour quelles valeurs de x a-t-on $f(x) \geqslant 3$?

On trace la droite (d') d'équation $y = 3$.

Lorsque $f(x) \geqslant 3$, alors la courbe $\mathscr{C}$ est au-dessus de la droite (d').

On lit sur le graphique les abscisses correspondantes.

$-3 \leqslant x \leqslant 2{,}5$ ou $0{,}5 \leqslant x \leqslant 1{,}5$ ou $4{,}5 \leqslant x \leqslant 5$

3° Pour quelles valeurs de x a-t-on $f(x) < 0$?

On trace la droite d'équation $y = 0$ (c'est l'axe des abscisses).

Et on lit les solutions sur l'axe des abscisses.

$-2 < x < 0$ ou $2 < x < 4$

Corrigés → livret, p. 21

S'entraîner

QUIZ-TEST

Coche la (ou les) bonne(s) réponse(s).

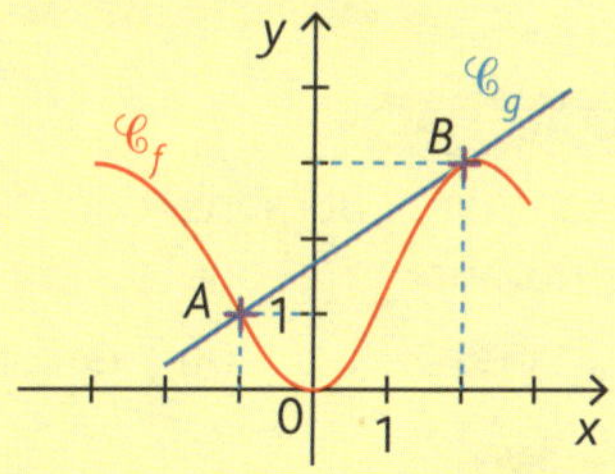

1 **a)** $f(x) = g(x)$ a pour solutions les abscisses des points A et B. ☐

b) $f(x) = g(x)$ a pour solutions les ordonnées des points A et B. ☐

c) $f(x) = g(x)$ a pour solutions les coordonnées des points A et B. ☐

2 **a)** Les solutions de $f(x) = g(x)$ sont $S = \{-1;2\}$. ☐

b) $f(x) = g(x)$ a pour solutions 1 et 3. ☐

c) $f(x) = g(x)$: $S = \{(-1;1);(2;3)\}$. ☐

3 ★ Le bon choix

Dans une salle de sports, deux formules d'abonnement sont proposées.

La formule Azur représentée par la droite d_A et la formule Bien-Être représentée par la droite d_B.

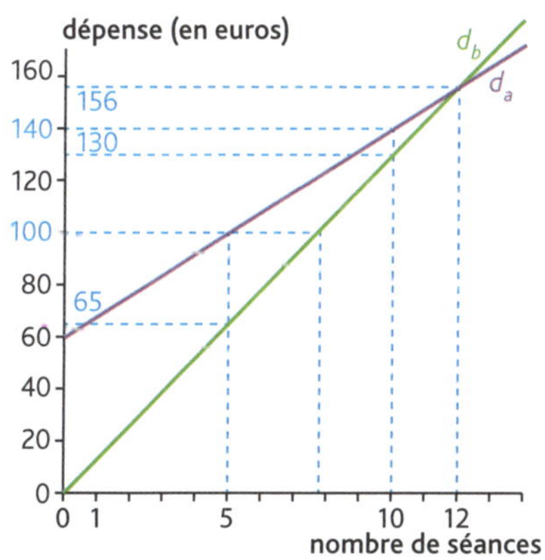

a) Complète le tableau suivant.

Nombre de séances	5	10	12
Dépense formule Azur d_A			
Dépense formule Bien-Être d_B			

b) Lis sur le graphique quelle formule est la plus avantageuse pour 10 séances.

....

c) Quel est le nombre maximal de séances que l'on peut faire avec 100 € pour chacune des deux formules ?

....

d) Pour quel nombre de séances la dépense est-elle identique quelle que soit la formule choisie ?

....

e) Déduis-en la formule la plus intéressante suivant le nombre de séances.

....

4 ★★ CO_2 dans l'atmosphère

Calcule au brouillon, à l'unité près, le pourcentage d'augmentation de la masse de CO_2 dans l'atmosphère entre 1968 et 1998.

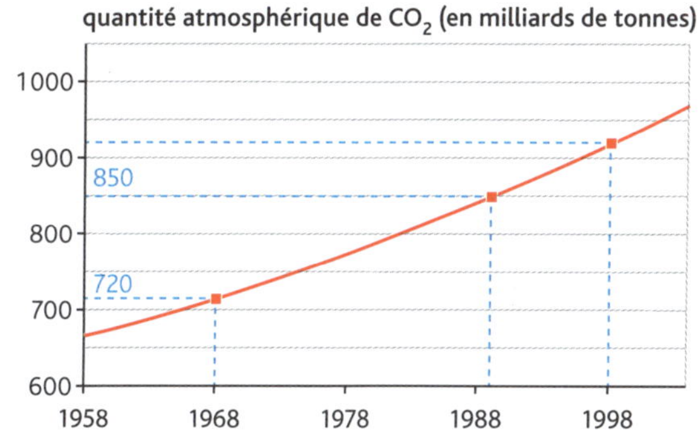

Maths

12 Fonction affine – Fonction linéaire

Retiens l'essentiel

1 Fonction affine

▸ a et b étant deux nombres donnés, la **fonction f** qui, **à tout nombre x, associe le nombre y**, tel que **$y = ax + b$**, est une **fonction affine**.

On écrit : $f : x \mapsto ax + b$ ou encore $f(x) = ax + b$.

2 Image de x

▸ $f(x)$ est appelée **l'image de x par la fonction f**.

Ex. : $f : x \mapsto 2x + 1$.

Pour trouver l'image y de x par la fonction f, quand $f : x \mapsto 2x + 1$, je multiplie x par 2 et j'ajoute 1 au produit obtenu.

3 Fonction linéaire

▸ Si $b = 0$, la fonction affine définie par **$f(x) = ax$** est une fonction linéaire.

Ex. : $f : x \mapsto -0{,}3x$.

Je multiplie x par $-0{,}3$ pour trouver y quand $f : x \mapsto -0{,}3x$.

À savoir

Fonction linéaire

Une fonction linéaire traduit une situation de proportionnalité.

Ex. : la longueur d'un cercle est proportionnelle au rayon : $l = 2 \times \pi \times r$

$f(x) = 2\pi x$ fonction linéaire de coefficient 2π

c'est la fonction qui associe le périmètre d'un cercle à son rayon x.

Comment faire ?

▸ Trouver l'image d'un nombre x

On remplace x par ce nombre dans l'expression de $f(x)$.

Ex. : Si $f : x \mapsto 3x - 1$, l'image de 2 par f est 5 (car $3 \times 2 - 1 = 5$) ; on écrit $f(2) = 5$.

▸ Trouver l'antécédent d'un nombre a

Pour trouver le nombre x qui a pour image a, on résout $f(x) = a$.

Ex. : Si $f : x \mapsto 0{,}2x$, pour trouver l'antécédent de 5, on résout :

$$0{,}2x = 5 \qquad x = \frac{5}{0{,}2} \qquad x = 25.$$

Le nombre 25 a pour image 5 = l'antécédent de 5 est 25.

▸ Modéliser par une fonction linéaire ou une fonction affine

On doit trouver la fonction linéaire ou la fonction affine qui va modéliser une situation donnée par un énoncé.

Ex : Un voyageur effectue des trajets fréquents en autocar ; il doit choisir entre deux types de tarifs :
– tarif 1 : chaque voyage coûte 12 € ;
– tarif 2 : chaque voyage coûte 6 € moyennant l'achat d'une carte de fidélité de 30 €.
Trouve les fonctions linéaire et affine qui modélisent cette situation.

Nombre de voyages	1	2	3	x
Tarif 1	12×1	12×2	12×3	$12 \times x$
Tarif 2	$30 + 6 \times 1$	$30 + 6 \times 2$	$30 + 6 \times 3$	$30 + 6 \times x$

D'où : le tarif 1 est modélisé par : $f(x) = 12x$ (fonction linéaire) et le tarif 2 est modélisé par : $g(x) = 6x + 30$ (fonction affine).

Corrigés → livret, p. 22

S'entraîner

QUIZ-TEST

Coche la (ou les) bonne(s) réponse(s).

1 Parmi les définitions suivantes, lesquelles sont vraies :

a) $f : x \mapsto 3x^2 - 4$ est une fonction affine .... ☐

b) $g : x \mapsto \frac{1}{4}x$ est une fonction linéaire .... ☐

c) $h : x \mapsto 7x + 3$ est une fonction affine .... ☐

2 Soit $f : x \mapsto 5x + 1$.

a) L'image de 2 par la fonction f est 11 .... ☐

b) 16 est l'image de 3 par la fonction f .... ☐

c) 1 est l'image de 6 par la fonction f .... ☐

3 ★ Entraînement

À la S.N.T.F. (Société nationale des trains français), le prix national d'un billet est proportionnel au nombre de kilomètres parcourus : le prix demandé pour 1 km est de 0,20 €.

La S.N.T.F. décide de proposer un tarif réduit aux 15-25 ans, selon deux possibilités :

• *Tarif 1* : réduction de 25 % sur tous les trajets ;

• *Tarif 2* : achat d'une carte « 15-25 » au prix de 35 €, valable 1 an, permettant d'obtenir une réduction de 50 % sur tous les trajets.

a) Complète le tableau ci-dessous :

	Au tarif 1	Au tarif 2
Dépense annuelle pour 500 km		
Dépense annuelle pour 2 000 km		

b) Soit y_1 la dépense annuelle en euros pour x kilomètres au tarif 1 et y_2 la dépense annuelle en euros pour x kilomètres au tarif 2.

Montre que :

$$y_1 = 0{,}15x \text{ et } y_2 = 35 + 0{,}1x.$$

c) Résous l'inéquation :

$$35 + 0{,}1x < 0{,}15x.$$

....

d) Quand est-il plus intéressant d'acheter la carte « 15-25 » ? ....

4 ★★ Exercice brevet

L'unité de longueur est le cm. L'unité d'aire le cm². Sur la figure ci-après, *AFET* est un rectangle et *ETC* un triangle rectangle en *T*.

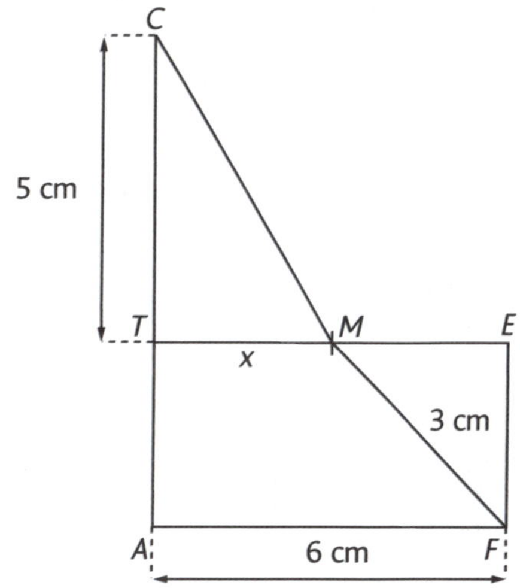

On donne les longueurs :

$$TC = 5,\ ET = 6 \text{ et } EF = 3.$$

Le point M peut se déplacer sur le segment $[TE]$ et la longueur TM est désignée par x.

a) Quelles sont les valeurs possibles de x ?

....

b) Exprime en fonction de x l'aire $\mathcal{A}_1$ du triangle TCM.

....

c) Exprime la longueur ME en fonction de x.

....

d) Exprime en fonction de x l'aire $\mathcal{A}_2$ du triangle MEF et écris-la sous la forme $ax + b$, a et b étant deux nombres que l'on déterminera.

....

e) Pour quelles valeurs de x l'aire $\mathcal{A}_2$ est-elle strictement supérieure à l'aire $\mathcal{A}_1$?

....

13 Représentation d'une fonction affine

Retiens l'essentiel

La représentation graphique d'une **fonction constante** $y = b$ est une droite parallèle à l'axe des abscisses.

Ex. : $y = 3$

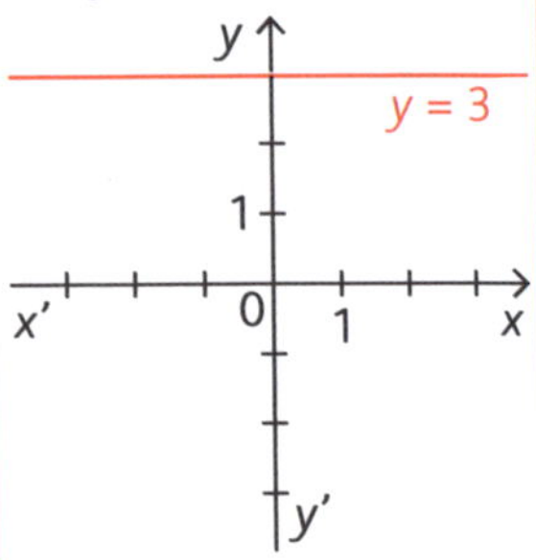

1 Représentation d'une fonction affine

▶ La représentation graphique de la **fonction affine f** définie par $f : x \mapsto ax + b$ est la **droite d'équation $y = ax + b$** qui passe par le point de coordonnées $(0 ; b)$ (si $x = 0$; $y = b$).

2 Représentation d'une fonction linéaire

▶ La représentation graphique de la **fonction linéaire** définie par $f : x \mapsto ax$ est la **droite d'équation $y = ax$**. Cette droite passe par **l'origine du repère**.

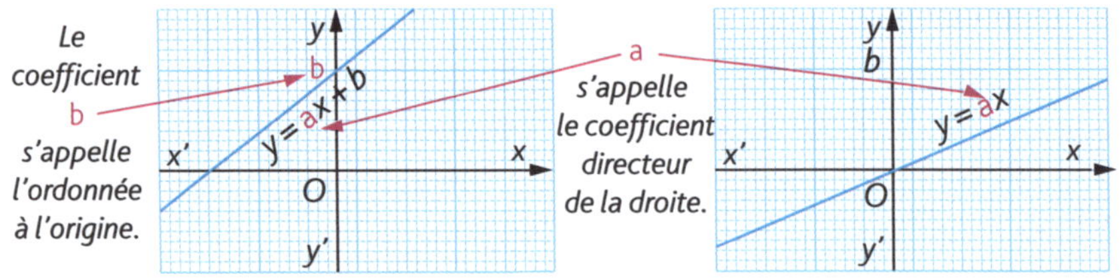

Fonction affine **Fonction linéaire**

Comment faire ?

▶ Représenter graphiquement une fonction affine

Méthode 1 : on utilise l'interprétation graphique de a et de b (s'ils sont entiers).

Ex. : f est définie par $f(x) = 2x - 1$.
On a $a = 2$ et $b = -1$. Comme a et b sont des entiers, on peut facilement représenter f. On place l'ordonnée à l'origine -1 sur l'axe des ordonnées.
On se décale d'une unité vers la droite selon l'axe des abscisses ;
on monte (si $a > 0$) ou on descend (si $a < 0$) de a unités selon l'axe des ordonnées.

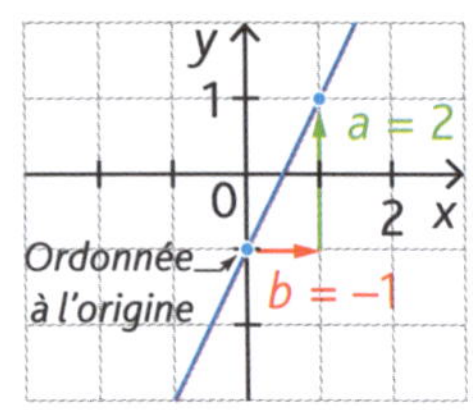

Méthode 2 : on détermine deux points A et B de cette représentation et on trace la droite (AB).

Ex. : f est définie par $f(x) = \frac{x}{5} + 1$.
On se donne deux valeurs de x et on cherche leurs images :
Si $x = 0$, alors $y = \frac{0}{5} + 1 = 1$. Si $x = 5$, alors $y = \frac{5}{5} + 1 = 2$.
On trace la droite (AB), où $A(0 ; 1)$ et $B(5 ; 2)$.

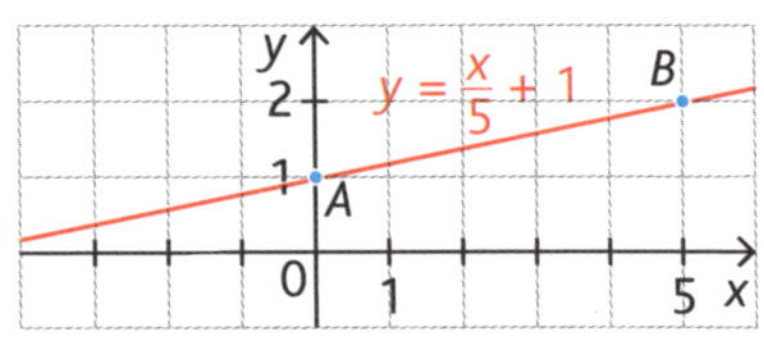

▶ Déterminer graphiquement la fonction affine représentée par la droite (AB)

On utilise l'interprétation de a et de b (s'ils sont entiers).

Ex. : détermine f représentée par la droite tracée ci contre :
On lit l'ordonnée à l'origine $b = 3$.
On lit le coefficient directeur $a = -4$.
La fonction affine est f définie par $f(x) = -4x + 3$.

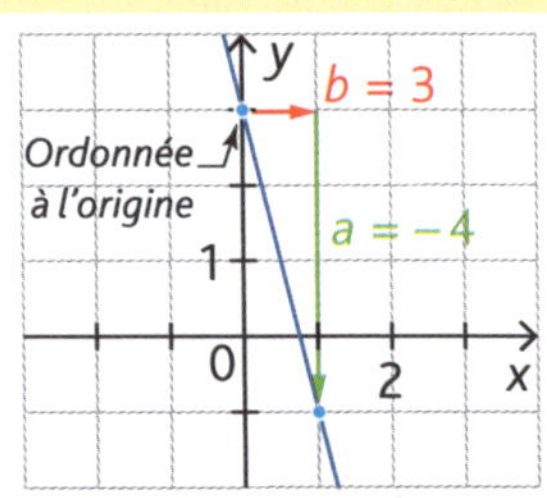

Corrigés → livret, p. 22

S'entraîner

QUIZ-TEST

Coche la (ou les) bonne(s) réponse(s).

1 Soit $f : x \mapsto 5x + 4$.

a) La représentation graphique de f est une droite. ☐

b) Cette droite passe par l'origine du repère. ☐

c) L'ordonnée à l'origine est 4. ☐

2 Soit $g : x \mapsto \frac{1}{5}x$.

a) La représentation graphique de g est une droite ☐

b) Cette droite passe par l'origine. ☐

c) Le coefficient directeur est 5. ☐

3 ★ Application du cours

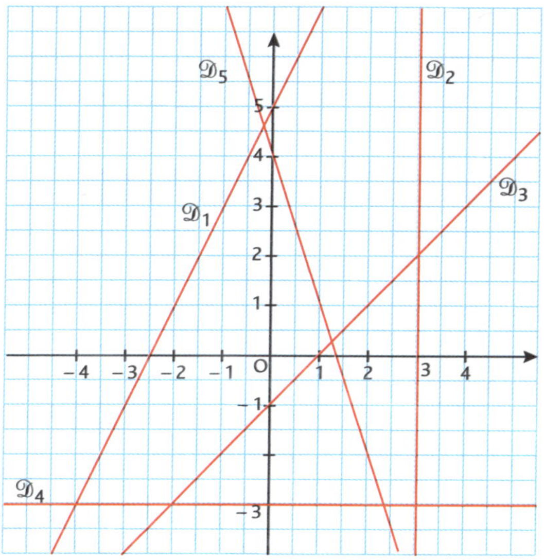

Les cinq droites tracées ci-dessus dans un repère orthonormé $(O ; I, J)$ sont notées $\mathcal{D}_1$, $\mathcal{D}_2$, $\mathcal{D}_3$, $\mathcal{D}_4$ et $\mathcal{D}_5$.
On considère les cinq équations de droites suivantes :

$y = 2x + 5$; $y = -3$; $x = 3$;
$y = x - 1$; $y = -3x + 4$.

Associe à chacune des cinq droites l'une des équations données ci-dessus.
Pour ce faire, complète les phrases suivantes :

- $\mathcal{D}_1$ a pour équation ....
- $\mathcal{D}_2$ a pour équation ....
- $\mathcal{D}_3$ a pour équation ....
- $\mathcal{D}_4$ a pour équation ....
- $\mathcal{D}_5$ a pour équation ....

4 ★★ Brevet

Il existe différentes unités de mesure de la température. En France, on utilise le degré Celsius (°C) et, aux États-Unis, c'est le degré Fahrenheit (°F). Voici la représentation de cette correspondance :

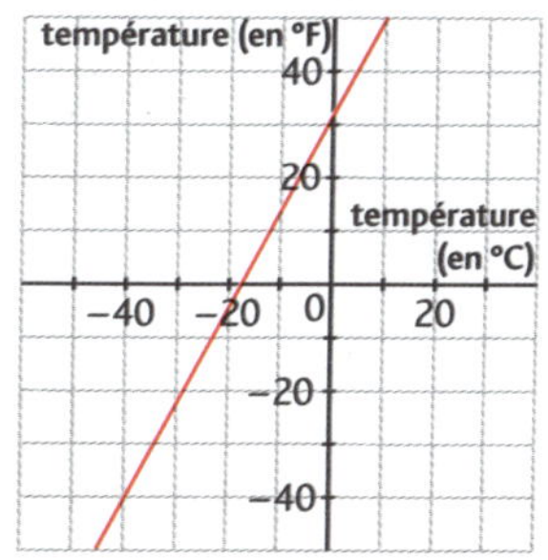

a) À l'aide la représentation, détermine s'il y a proportionnalité entre la température en degré Celsius et celle en degré Fahrenheit. Justifie ta réponse.

....

....

b) Soit f la fonction qui, à une température en degré Celsius, associe la température en degré Fahrenheit correspondante. On propose trois expressions de $f(x)$:

Proposition 1:	Proposition 2:	Proposition 3:
$f(x) = x + 32$	$f(x) = 1{,}8x + 32$	$f(x) = 2x + 30$

Laquelle convient ?

....

c) Trace dans le repère précédent la représentation graphique de la fonction g définie par $g(x) = x$.
Détermine les coordonnées du point d'intersection de la droite rouge et de la droite représentant g.

Existe-t-il une valeur pour laquelle la température en degré Celsius est égale à celle en degré Fahrenheit ?

....

14 Proportionnalité – Pourcentage

Retiens l'essentiel

À savoir

Coefficient de proportionnalité

x	35	70	280
y	49	98	392

× 1,4 ; ÷ 1,4

$\frac{49}{35} = \frac{7}{5} = 1,4$

Pour trouver le coefficient de proportionnalité, on divise un nombre de la 2e ligne du tableau par le nombre correspondant sur la 1re ligne.

1 Tableau et coefficient de proportionnalité

▶ Lorsque deux suites de nombres sont proportionnelles, on passe des nombres de la première suite à ceux de la seconde suite, en les multipliant par un même nombre appelé le **coefficient de proportionnalité**.

Ex. : Dans ce tableau de proportionnalité, le coefficient de proportionnalité est 1,4 :

× 1,4

x	35	40	50	85
y	49	56	70	119

$35 \times 1,4 = 49$; $40 \times 1,4 = 56$; $50 \times 1,4 = 70$; $85 \times 1,4 = 119$, d'où $x \times 1,4 = y$.

▶ Dans ce **tableau de proportionnalité**, les nombres de la seconde ligne sont les **images** des nombres de la première ligne dans l'**application linéaire** de coefficient directeur 1,4.

2 Représentation graphique d'une situation de proportionnalité

▶ La **représentation graphique d'une situation de proportionnalité** est donc une **droite qui passe par l'origine du repère**.

Comment faire ?

▶ Appliquer un pourcentage a à un nombre

On multiplie ce nombre par la fraction $\frac{a}{100}$.

Ex. : 14 % des 1 250 élèves du lycée sont externes, donc il y a 175 externes au lycée :

$$1\,250 \times 14\,\% = 1\,250 \times \frac{14}{100} = 175.$$

▶ Augmenter ou diminuer en pourcentage

On trouve la fonction linéaire qui fait passer de la valeur de départ à la valeur augmentée ou diminuée.

Ex. : • Les 1 250 m² d'un dépôt-vente ont augmenté de 14 % en une année.

$$1\,250 + 1\,250 \times 14\,\% = 1\,250\left(1 + \frac{14}{100}\right) = 1,14 \times 1\,250 = 1\,425.$$

(1 250 : aire de départ ; 1 250 × 14 % : augmentation ; 1 425 : nouvelle aire)

• Un objet qui coûtait x euros diminue de 14 %. Sa valeur a été multipliée par 0,86.

$$x - x \times 14\,\% = x\left(1 - \frac{14}{100}\right) = 0,86x$$ (fonction linéaire de coefficient 0,86).

▶ Calculer un pourcentage

On cherche la 4e proportionnelle dans un tableau de proportionnalité, en posant la question : « Pour cent objets, combien y en aurait-il qui... ? ».

Ex. : Dans 90 g de chocolat, il y a 63 g de cacao. Pour trouver le pourcentage de cacao, on cherche combien il y aurait de grammes de cacao dans 100 g de chocolat. Il y a 70 % de cacao dans cette tablette de chocolat.

Masse de chocolat (en grammes)	90	100
Masse de cacao (en grammes)	63	$63 \times 100 : 90 = 70$

Corrigés → livret, p. 23

S'entraîner

QUIZ-TEST

Coche la (ou les) bonne(s) réponse(s).

1 Voici un tableau :

30	12	6
105	370	21

a) c'est un tableau de proportionnalité........... ☐

b) le coefficient de proportionnalité est 3,5..... ☐

c) ce n'est pas un tableau de proportionnalité.. ☐

2 Dans le tableau de proportionnalité suivant :

15	7	b
105	a	7

a) le coefficient de proportionnalité est 7....... ☐

b) $a = 49$. .... ☐

c) $b = 49$. .... ☐

3 ★ Application du cours : proportionnalité

Pour préparer un biscuit, Mathilda utilise les proportions suivantes :

farine 80 g, œufs 2, sucre 75 g.

En respectant les proportions, calcule la quantité de farine et de sucre qu'elle devra mélanger avec 5 œufs.

....

....

4 ★ Application du cours : pourcentages

C'est la période des soldes.

a) J'achète un pull dont le prix est 90 € ; combien vais-je payer ce pull sachant qu'à la caisse on me fera une remise de 20 % ?

....

b) J'achète aussi une chemise que je paie 56 € ; quel était le prix de la chemise avant la réduction de 20 % ?

....

5 ★★ Entraînement

Dans un magasin, le prix affiché sur une armoire est 600 €. Après remise, l'armoire est vendue 492 €.

a) Calcule le montant de la remise.

....

b) Calcule, en pourcentage, le montant de la réduction accordée sur le prix affiché.

....

6 ★★ Exercice brevet

En 2015, une entreprise a augmenté ses ventes de 30 %.

En 2016, les ventes ont encore agmenté, cette fois de 20 %.

Calcule l'augmentation globale en pourcentage sur ces deux années.

....

....

7 ★★★ Exercice brevet

Sur la planète imaginaire Oméga vivent 15 millions d'êtres : 30 % de ces êtres sont des alphas, $\frac{3}{5}$ de ces êtres sont des lambdas et tous les autres sont des epsilons.

a) Calcule le nombre d'alphas vivant sur la planète Oméga.

....

....

b) Calcule le nombre de lambdas vivant sur Oméga.

....

....

c) Calcule le pourcentage des habitants de la planète Oméga qui sont des epsilons.

....

....

15 Séries statistiques : tableaux et représentations

Retiens l'essentiel

À savoir

Fréquence

La fréquence d'une valeur est : $\dfrac{\text{effectif de cette valeur}}{\text{effectif total}}$.

1 Séries statistiques : tableaux

▸ On peut donner une série statistique sous la forme d'un **tableau** récapitulant les **effectifs** et les fréquences des différentes valeurs du caractère étudié :

valeur du caractère « note » →	Notes	0	1	2	3	4	
nombres d'élèves qui ont eu la note… →	Effectifs	2	1	7	5	10	25
pourcentage d'élèves qui ont eu la note… →	Fréquences (en %)	8	4	28	20	40	100

2 Séries statistiques : représentations

On peut également représenter la série ci-dessus sous forme :

▸ de **diagrammes en bâtons** : hauteur proportionnelle à l'effectif.

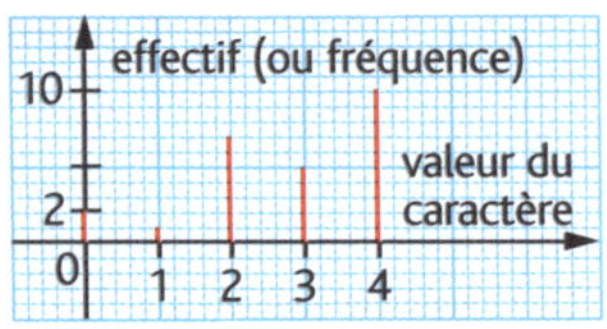

▸ d'**histogrammes** : surface du rectangle proportionnelle à l'effectif.

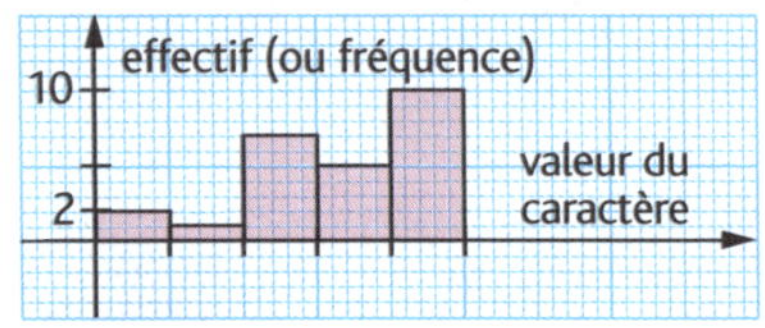

▸ de **diagrammes circulaires** : secteur proportionnel à l'effectif.

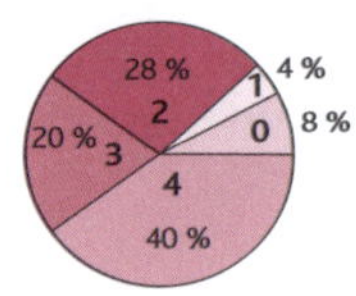

Comment faire ?

▸ **Compléter un tableau statistique et construire un diagramme circulaire**

On utilisera la définition de la fréquence, et la proportionnalité entre l'angle et l'effectif (ou la fréquence).

1° Compléter le tableau suivant (pelotes de réjection d'une chouette).

	Campagnols	Mulots	Musaraignes	Autres	Total
Effectifs	244	114	106	14	478
Fréquences (en %)	51	23,8	$\frac{106}{478} \times 100$	$\frac{14}{478} \times 100$	100

→ 244 est le nombre de pelotes contenant des restes de campagnols sur 478 étudiées.
La fréquence correspondante est donc (244 : 478), soit ≈ 0,51, ce qui correspond à 51 %.
→ 23,8 % est la fréquence de pelotes contenant des restes de mulots.
Ainsi l'effectif correspondant, n, est tel que : $\dfrac{23{,}8}{100} = \dfrac{n}{478}$, soit $n = 478 \times \dfrac{23{,}8}{100} \approx 114$.

2° Construire le diagramme semi-circulaire.

$\times \dfrac{180}{100}$

Fréquences (en %)	51	23,8	22,2	3	100
Angles (en °)	92	43	40	5	180

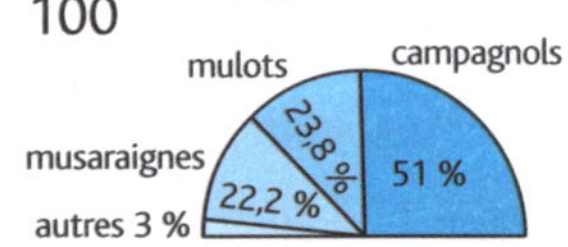

Corrigés → livret, p. 23

S'entraîner

QUIZ-TEST

Le diagramme circulaire ci-dessous donne la répartition des ventes entre les diverses marques d'automobiles de 162 800 voitures.

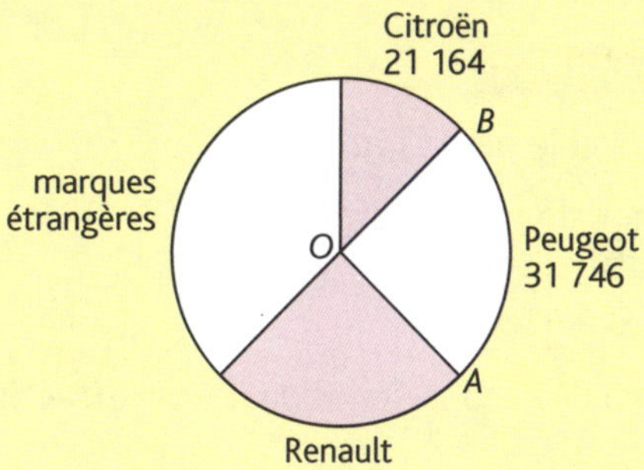

1 D'après le graphique, le pourcentage de voitures Citroën vendues est :

a) 13 % .... ☐
b) 7,7 % .... ☐
c) 21,1 % .... ☐

2 L'angle $\widehat{AOB}$ correspondant sur le diagramme aux voitures de marque Peugeot est :

a) On ne peut pas le calculer avec ces seules données .... ☐
b) ≈ 69,6° .... ☐
c) 70,2° .... ☐

3 ★ Entraînement

On a répertorié les activités favorites de 28 élèves d'une classe de 3e dans un tableau.

a) Complète ce tableau (les fréquences seront arrondies au dixième près et les angles au degré près).

Loisirs	Effectifs	Fréquence (%)	Angle (%)
sport	7	25	45
T.V.	8	....	51
lecture	3	....	....
musique	4	14,3	....
informatique	6	....	39
total	28	100	180

b) Construis un diagramme semi-circulaire sur une feuille à part.

4 ★★ Enquête

La S.N.T.F., Société nationale des trains français, a effectué une enquête auprès des jeunes de 15 à 25 ans. Les réponses à la question : « Que pourrait faire la S.N.T.F. pour vous permettre de voyager plus souvent par le train ? » sont représentées dans le diagramme ci-dessous :

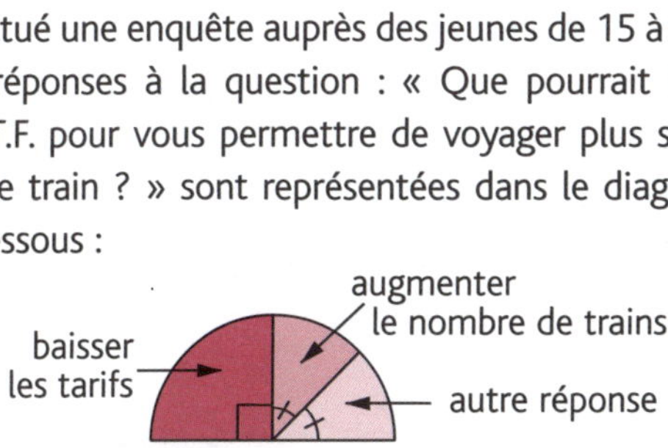

a) Quel est le pourcentage de jeunes pensant qu'il faut augmenter le nombre de trains ?

....

b) 516 jeunes ont répondu qu'il faudrait baisser les tarifs. Quel est le nombre total de jeunes ayant répondu à cette enquête ?

....

5 ★★★ Exercice brevet

Lors d'un contrôle, on a pesé 20 boîtes de conserve à la sortie d'une chaîne de montage. On a obtenu les masses suivantes en grammes.

Masses (en g)	Effectifs
$92 \leqslant x \leqslant 95$	3
$92 \leqslant x \leqslant 98$	6
$98 \leqslant x \leqslant 101$	4
$101 \leqslant x \leqslant 104$	7

a) Représente l'histogramme des effectifs.

b) Combien de boîtes de conserve pèsent moins de 98 g ?

....

16 Séries statistiques : moyennes et médianes

À savoir

Rang de la médiane

Pour trouver le rang de la médiane :
– si l'**effectif total** *N* est **impair,** la médiane est la valeur centrale, soit le terme de rang immédiatement supérieur à *N*/2 ;
– si l'**effectif total** *N* est **pair,** la médiane est la demi-somme des valeurs centrales, soit la demi-somme du terme de rang *N*/2 et du terme de rang suivant.

Retiens l'essentiel

1 Calcul de la moyenne pondérée

▸ **La moyenne pondérée** se calcule par la formule :

$$\overline{m} = \frac{\text{valeur 1} \times \text{effectif 1} + \text{valeur 2} \times \text{effectif 2} + \ldots}{\text{effectif total}}.$$

2 Calcul de la médiane

▸ **La médiane** sépare la série en deux sous-séries de **même effectif** environ.

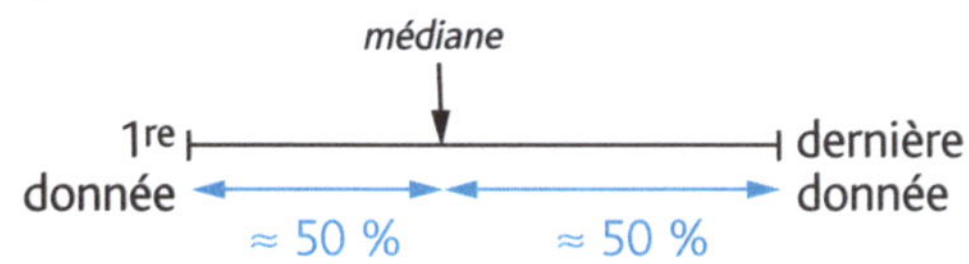

2 Calcul de l'étendue

▸ **L'étendue** est la différence entre la valeur maximale et la valeur minimale. Plus elle est élevée, plus la série est dispersée.

Comment faire ?

▸ **Pour déterminer une médiane**

On utilise les effectifs cumulés croissants.

1° Déterminer la médiane de la série suivante :

Notes	0	1	2	3	4
Effectifs	2	1	10	7	6
Effectifs cumulés croissants	2	3	13	20	26

2° Que devient cette médiane lorsque l'on supprime un zéro ?

1° L'effectif total est pair : par convention, la médiane est la demi-somme des valeurs centrales.

En utilisant les effectifs cumulés croissants, on voit que la 13e note (26 ÷ 2 = 13) est un 2 et la 14e note est un 3. Ainsi la médiane est le milieu, 2,5.

Au moins 50 % des élèves ont obtenu une note inférieure à 2,5.

2° Il n'y a plus que 25 notes comme l'indique le tableau ci-dessous :

Notes	0	1	2	3	4
Effectifs cumulés croissants	1	2	12	19	25

L'effectif total est maintenant impair : la médiane est alors la valeur centrale.

La note médiane est donc la 13e ([25 + 1] ÷ 2 = 13) donnée, soit 3.

Corrigés → livret, p. 24

S'entraîner

QUIZ-TEST

Coche la (ou les) bonne(s) réponse(s).

Le tableau ci-dessous donne les âges des adhérents d'un club de natation.

âge	12	13	14	15	16	17
effectif	2	3	7	5	4	4

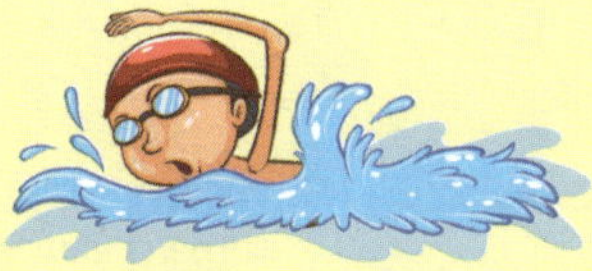

1 L'âge moyen des adhérents de ce club est :

a) ≈ 3,5 ☐

b) ≈ 14,5 ☐

c) ≈ 14,7 ☐

2 D'après les données, l'âge médian des adhérents de ce club est :

a) 12,5 ans ☐

b) 15 ans ☐

c) 14,7 ans ☐

3 ★ Entraînement

Un laboratoire a réalisé des analyses de glycémie à jeun sur 49 personnes. Les résultats sont regroupés dans les tableaux suivants :

Glycémie en mg/L	0,65	0,68	0,74	0,81	0,83
Effectifs	1	1	3	5	10

Glycémie en mg/L	0,87	0,92	0,96	1	1,02	1,11
Effectifs	11	8	6	1	1	2

Pour chaque question, une seule des trois propositions est exacte. Indique le numéro de la question et la réponse choisie. Aucune justification n'est demandée.

a) La glycémie moyenne de ces personnes en mg/L à 10^{-3} près est :

☐ 0,870 ☐ 0,872 ☐ 0,874

b) La médiane est le terme de rang :

☐ 24 ☐ 24,5 ☐ 25

c) La médiane en mg/L est :

☐ 0,83 ☐ 0,87 ☐ 0,92

4 ★★★ Brevet Métropole 2013

Les informations suivantes concernent les salaires des hommes et des femmes d'une même entreprise :

Salaire des femmes :
1 200 €, 1 230 €, 1 250 €, 1 310 €, 1 376 €, 1 400 €, 1 440 €, 1 500 €, 1 700 €, 2 100 €

Salaire des hommes :
Effectif total : 20
Moyenne : 1 769 €
Étendue : 2 400 €
Médiane : 2 000 €
Les salaires des hommes sont tous différents.

a) • Compare le salaire moyen des hommes à celui des femmes.

....

....

....

• Pour un employé, vaut-il mieux connaître le salaire moyen ou le salaire médian ?

....

....

b) Le plus bas salaire de l'entreprise est de 1 000 €. Quel salaire est le plus élevé ?

....

....

....

c) Dans cette entreprise, combien de personnes gagnent plus de 2 000 € ?

....

....

....

Maths

17 Probabilités

Retiens l'essentiel

1 Définitions

▸ Une **expérience aléatoire** est une expérience dont on ne peut pas prévoir à l'avance le résultat de façon certaine.

Définition ensembliste	Définition probabiliste
Ensemble de tous les éléments possibles	Univers U
A sous-ensemble de l'univers	Événement A
A ne contient qu'un seul élément	Événement élémentaire

Ex. : Pour le lancer de dé : $U = \{1 ; 2 ; 3 ; 4 ; 5 ; 6\}$.
L'événement A « j'obtiens un entier pair » est $A = \{2 ; 4 ; 6\}$.

▸ La **probabilité d'un événement** A, notée $p(A)$, mesure « les chances » qu'a l'événement A de se réaliser.
C'est un nombre compris entre 0 et 1, c'est-à-dire $0 \leqslant p(A) \leqslant 1$ et $p(U) = 1$.

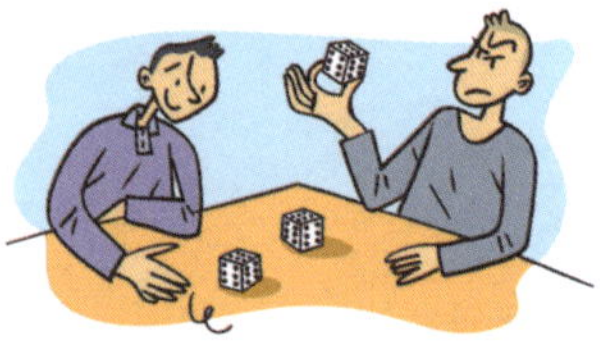

Attention !
La probabilité que la pièce que je viens de lancer tombe sur le côté « face » est 1/2. Mais cela ne signifie pas que la pièce tombera, à coup sûr, sur « face » au lancer suivant !

2 Deux approches pour estimer une probabilité

▸ **L'approche a priori** repose généralement sur l'hypothèse d'équiprobabilité, quand chaque résultat a autant de chances de se réaliser. Alors :

$$p(A) = \frac{\text{nombre de cas favorables à } A}{\text{nombre total de cas possibles}}$$

Sinon $p(A)$: somme des probabilités des événements élémentaires qui réalisent A.

▸ **L'approche a posteriori** (ou fréquentiste) assimile fréquence de réalisation et probabilité, lorsqu'on répète un grand nombre de fois l'expérience (simulation/expérimentation).

Comment faire ?

▸ Estimer une probabilité en situation d'équiprobabilité

On suppose l'équiprobabilité dès que l'on rencontre des expressions du type « tirage au hasard », « dé non pipé », « boules indiscernables »…

On tire au hasard une carte dans un jeu de 32 cartes. On suppose l'équiprobabilité.
Quelle est la probabilité des événements :
A : « on obtient un as » ?   C : « on obtient l'as de cœur » ?
B : « on obtient un cœur » ?   D : « on obtient un as ou un cœur » ?

Il y a équiprobabilité, donc $p(A) = \dfrac{\text{nombre de cas favorables à } A}{\text{nombre total de cas possibles}}$.

Comme il y a 4 as, il y a 4 cas favorables à A.

Comme il s'agit d'un jeu de 32 cartes, il y a 32 cas possibles en tout.

Ainsi $p(A) = \dfrac{4}{32} = \dfrac{1}{8}$. De même, $p(B) = \dfrac{8}{32} = \dfrac{1}{4}$ (il y a 8 cœurs dans un jeu de 32 cartes).

$p(C) = \dfrac{1}{32}$ (il n'y a qu'un seul as de cœur).

$p(D) = \dfrac{11}{32}$ (il y a 8 cœurs dont l'as de cœur ainsi que les 3 autres as qui réalisent D).

Corrigés → livret, p. 24

S'entraîner

QUIZ-TEST

Coche la (ou les) bonne(s) réponse(s).

1 Une boîte contient 3 boules rouges, 2 boules bleues, 5 boules noires, 4 boules vertes, une boule blanche. La probabilité de tirer une boule rouge de la boîte est :

a) 1/3 .... ☐
b) 1/5 .... ☐
c) 3/14 .... ☐

2 D'après la question 1, la probabilité de tirer une boule rouge ou une boule bleue de cette boîte est :

a) 1/3 .... ☐
b) 5/10 .... ☐
c) 1/15 .... ☐

3 ★ Application du cours

Une pièce a été truquée de telle façon qu'il y a 2 fois plus de chance d'obtenir pile que face. On lance cette pièce en l'air.

Quelle est la probabilité d'obtenir pile ?

....

4 ★★ Entraînement

On réalise un sondage auprès de 1 000 personnes sur le choix du mode de connexion à Internet : 430 personnes déclarent utiliser leur téléphone portable (*T*) pour se connecter, 590 déclarent utiliser leur ordinateur (*O*) et 210 déclarent utiliser les deux modes. On choisit une personne au hasard.

Quelle est la probabilité pour que cette personne n'utilise que son téléphone portable pour se connecter ?

....

5 ★★★ Exercice brevet

Un laboratoire veut tester l'efficacité d'un vaccin contre une certaine forme de gastro-entérite chez les adultes. Certains ont été vaccinés, d'autres pas. Tous ont reçu le virus de la maladie. Certains ont développé la maladie, d'autres pas. Voici les informations dont on dispose :

- le laboratoire a effectué cette expérience sur 1 750 personnes ;
- 1 000 ont été vaccinées ;
- 1 460 ont développé la maladie et, parmi celles-ci, 850 avaient été vaccinées.

a) Complète le tableau suivant :

	Personnes ayant développé la maladie	Personnes n'ayant pas développé la maladie	Total
Personnes vaccinées	....	....	....
Personnes non vaccinées	....	....	....
Total	....	....	....

b) On choisit une personne au hasard : on suppose l'équiprobabilité.

Calcule la probabilité des événements suivants :

A : « La personne ne tombe pas malade. »

....

B : « La personne est vaccinée. »

....

C : « La personne ne tombe pas malade et est vaccinée. »

....

D : « La personne ne tombe pas malade ou est vaccinée. »

....

c) On choisit une personne au hasard parmi celles qui ont été vaccinées. Quelle est la probabilité p_1 pour qu'elle développe la maladie ?

....

18 Simuler des expériences aléatoires

Retiens l'essentiel

1 Loi des grands nombres

▸ On répète un nombre n de fois suffisamment grand une même expérience aléatoire. On enregistre la fréquence f_n des issues réalisant un événement A.

Plus n est grand, plus f_n se rapproche de la probabilité de réalisation de l'événement A.

Comment faire ?

▸ Simuler une expérience aléatoire avec le tableur

On utilise la fonction ALEA() ou/et la fonction ENT().

On peut aussi utiliser la fonction ALEA.ENTRE.BORNES(2;5) qui renvoie un nombre aléatoire compris entre 2 et 5.

Ainsi, la formule =ENT(8×ALEA( )+1) ou =ENT(ALEA. ENTRE. BORNES(1;8)) permet de générer un entier aléatoire compris entre 1 et 8.

À l'aide du tableur, on veut simuler l'expérience aléatoire suivante :

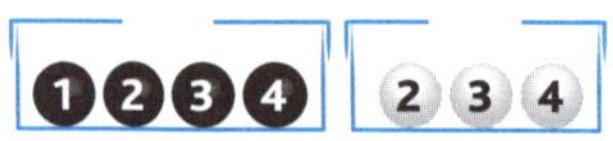

– tirer au hasard une boule noire ;
– tirer au hasard une boule blanche ;
– puis calculer la somme des deux numéros tirés.

	A	B	C	D
1	Expérience	Numéro de la boule noire	Numéro de la boule blanche	Somme
2	n° 1	3	2	5
3	n° 2	1	3	4
4	n° 3	4	3	7
5	n° 4	4	2	6
6	n° 5	3	2	5

1° Parmi les formules suivantes, quelle est celle qui a été saisie en C3 ?

=ENT(3×ALEA( )+1)   3×B3   =2×ALEA( )   =ENT(3×ALEA( )+1)+1

2° Quelle formule écrire en B3 pour générer un entier aléatoire entre 1 et 4 ?

3° Sur une seconde feuille de calcul, on a copié les résultats obtenus avec 1 000 expériences et on a calculé les fréquences des différentes sommes.

Quelle formule a-t-on saisie dans la cellule E3 ?

	A	B	C	D	E	F	G	H
1	Somme	3	4	5	6	7	8	Effectif total
2	Effectif	90	150	267	244	165	84	1000
3	Fréquence en %	9	15	26,7	24,4	16,5	8,4	100

1° C'est la quatrième formule qui convient puisqu'elle génère un entier aléatoire entre 1 + 1 et 3 + 1.

2° En B3, il faut saisir =ENT(4×ALEA( )+1) ou =ENT(ALEA. ENTRE. BORNES(1; 4)).

3° En E3, il faut saisir =E2/H2 * 100. (La fréquence est égale à l'effectif /effectif total.)

Il faut mettre l'adresse absolue ($) pour la cellule H2 afin de pouvoir recopier les formules sans changer la valeur de l'effectif total.

Corrigés → livret, p. 25

S'entraîner

QUIZ-TEST

Coche la (ou les) bonne(s) réponse(s).

1 Pour simuler 100 lancers d'un dé parfaitement équilibré sur un tableur, on utilise la formule :

a) = 6 × ALEA( ) + 1 .... ☐
b) = ENT(6×ALEA( ) + 1) .... ☐
c) = ENT(ALEA. ENTRE. BORNES( ) .... ☐

2 On veut simuler 1 000 tirages d'une boule dans une urne qui contient 3 boules rouges et 5 boules noires. Pour cela, on utilise la formule :

a) = ENT(8×ALEA( ) + 1) ; on interprète les chiffres 1, 2, 3 comme le tirage d'une boule rouge et les chiffres 4, 5, 6, 7 et 8 comme le tirage d'une boule noire. .... ☐
b) = ENT(ALEA. ENTRE. BORNES(4;8) pour le tirage d'une boule rouge et la formule pour le tirage d'une boule noire. .... ☐
c) = ENT(ALEA. ENTRE. BORNES(1;3) pour le tirage d'une boule rouge et la formule = ENT(ALEA. ENTRE. BORNES(1;5) pour le tirage d'une boule noire. .... ☐

3 ★★ Simulation et algorithmes

a) Que fait l'algorithme suivant ?

```
Variables : dé, nombre_de_lancers : entier

Début
    dé prend la valeur 0
    nombre_de_lancers prend la valeur 0
    Tant que dé ≠ 6
    dé prend la valeur entier aléatoire compris entre 1 et 6
        nombre_de_lancers prend la valeur nombre_de_lancers + 1
        Fin Tant que
    Afficher nombre_de_lancers
Fin
```

....

....

b) On considère une urne contenant 13 boules indiscernables au toucher numérotées de 1 à 13.
On tire au hasard une boule de l'urne et on s'intéresse au numéro affiché sur la boule.
Quelle(s) instruction(s) faut-il modifier pour obtenir le nombre de tirages nécessaires pour obtenir un 10 ?

....

....

On pourra réécrire cet algorithme en modifiant les noms des variables utilisées (la variable « Dé » pourra s'appeler « Numéro » et la variable « nombre_de_lancers » « nombre_de_tirages »).

```
Variables : numéro, nombre_de_tirages : entier

Début
    numéro prend la valeur ..................
    nombre_de_lancers prend la valeur..................
    Tant que ..................
        numéro prend la valeur..................
        nombre_de_lancers prend la valeur ..................
    Fin Tant que
    Afficher ..................
Fin
```

4 ★★★ Exercice Brevet

On tire 1 000 fois une boule d'une urne qui contient 3 boules rouges numérotées de 1 à 3 et 5 boules noires numérotées de 4 à 8 ; on s'intéresse alors à la fréquence d'apparition d'une boule noire. Complète l'algorithme ci-dessous qui permet de simuler cette expérience aléatoire.

```
Variables :  numéro, nombre_de_noires, i : entier
             fréquence : réel

Début
    numéro prend la valeur 0
    nombre_de_noires prend la valeur 0
    Pour i variant de 1 à ..................
      numéro prend la valeur entier aléatoire compris entre ..................
      si numéro ..................
      alors nombre_de_noires prend la valeur ..................
      Fin si
    Fin Pour
    fréquence prend la valeur ..................
Afficher ..................
Fin
```

19 Relations trigonométriques

Retiens l'essentiel

À savoir

Le **sinus** et le **cosinus** d'un angle aigu sont des **nombres strictement positifs et inférieurs à 1.**

1 Définition

Dans le triangle ABC, rectangle en B, présenté ci-dessous, on a :

- $\cos\widehat{A} = \dfrac{\text{côté adjacent}}{\text{hypoténuse}} = \dfrac{AB}{AC}$ (1). $AB = AC \times \cos\widehat{A}$ (4).
- $\sin\widehat{A} = \dfrac{\text{côté opposé}}{\text{hypoténuse}} = \dfrac{BC}{AC}$ (2). $BC = AC \times \sin\widehat{A}$ (5).
- $\tan\widehat{A} = \dfrac{\text{côté opposé}}{\text{côté adjacent}} = \dfrac{BC}{AB}$ (3). $BC = AB \times \tan\widehat{A}$ (6).

2 Propriétés

- Si $\cos\widehat{A} \neq 0$ ($\widehat{A} \neq 90°$), alors $\tan\widehat{A} = \dfrac{\sin\widehat{A}}{\cos\widehat{A}}$.
- Quel que soit l'angle $\widehat{A}$, on a :

$\sin^2\widehat{A} + \cos^2\widehat{A} = 1$ avec $\sin^2\widehat{A} = (\sin\widehat{A})^2$

et $\cos^2\widehat{A} = (\cos\widehat{A})^2$

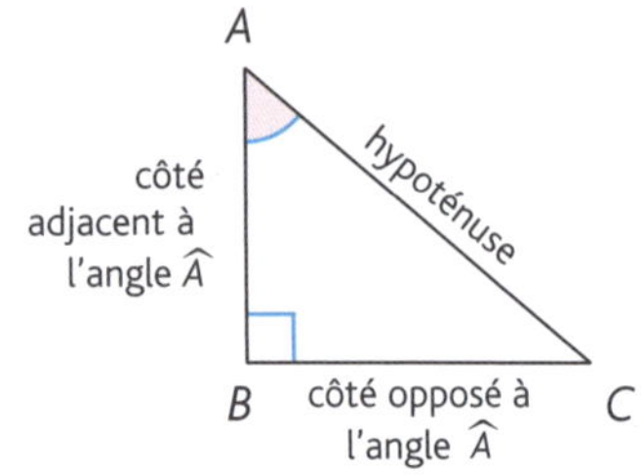

Comment faire ?

Retrouver les relations trigonométriques dans un triangle rectangle

Pour calculer le sinus, le cosinus ou la tangente d'un angle aigu, on utilise les formules du cours (1), (2) et (3) :

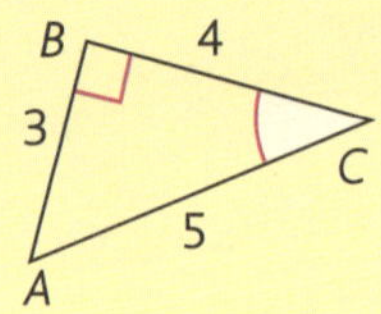

$\sin\widehat{C} = \dfrac{AB}{AC} = \dfrac{3}{5} = 0{,}6$; $\cos\widehat{C} = \dfrac{BC}{AC} = \dfrac{4}{5} = 0{,}8$; $\tan\widehat{C} = \dfrac{AB}{BC} = \dfrac{3}{4} = 0{,}75$.

Utiliser la calculatrice

Pour trouver la mesure approchée d'un angle dont on connaît le sinus, le cosinus ou la tangente, on tape la valeur donnée, suivie de (INV) ou (2nd), avant la touche (sin) ou (cos) ou (tan), ou suivie de ($\sin^{-1}$) ou ($\cos^{-1}$) ou ($\tan^{-1}$), selon la calculatrice.

Ex. : Je cherche l'angle dont la tangente est 0,7.
La calculatrice étant en mode degrés, je tape 0,7 (INV) (ou (2nd)) (tan) ou 0,7 ($\tan^{-1}$)
et je lis 34.9920202. Si $\tan(\widehat{A}) = 0{,}7$, alors $\widehat{A} \approx 35°$ (arrondir à l'unité).

Pour calculer la longueur d'un côté dans un triangle rectangle

Pour calculer la longueur d'un côté en fonction d'un angle aigu et d'un autre côté, on utilise les formules du cours (4), (5) et (6) :

Ex. : On connaît l'angle $\widehat{A}$ (37°) et le côté AB qui est le côté adjacent à $\widehat{A}$.
On cherche le côté BC qui est le côté opposé à $\widehat{A}$.
On utilise donc $BC = AB \times \tan\widehat{A}$. D'où $BC = 8 \times \tan 37° = 8 \times 0{,}75$; $BC = 6$.

Corrigés → livret, p. 25

S'entraîner

QUIZ-TEST

Coche la (ou les) bonne(s) réponse(s).

1 Dans le triangle rectangle *ABC*,

a) [*AB*] est le côté opposé à l'angle $\widehat{C}$ .... ☐

b) [*AB*] est le côté adjacent à l'angle $\widehat{C}$......... ☐

c) [*AB*] est l'hypothénuse.......................... ☐

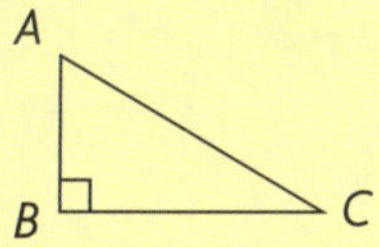

2 tan $\widehat{C}$ vaut :

a) $\dfrac{AB}{AC}$ .... ☐

b) $\dfrac{AB}{BC}$ .... ☐

c) $\dfrac{BC}{AB}$ .... ☐

3 ★ Application du cours

a) Construis au brouillon un triangle *ABC* rectangle en *B*, tel que *AB* = 7 cm et *BC* = 3 cm.

b) Calcule la mesure de l'angle $\widehat{A}$ (donne la valeur arrondie au degré le plus proche).

....

4 ★★ Historique de téléphérique

Le câble du téléphérique de la Crête Blanche fait un angle de 25° avec l'horizontale.

Calcule la longueur du câble à un mètre près.

....

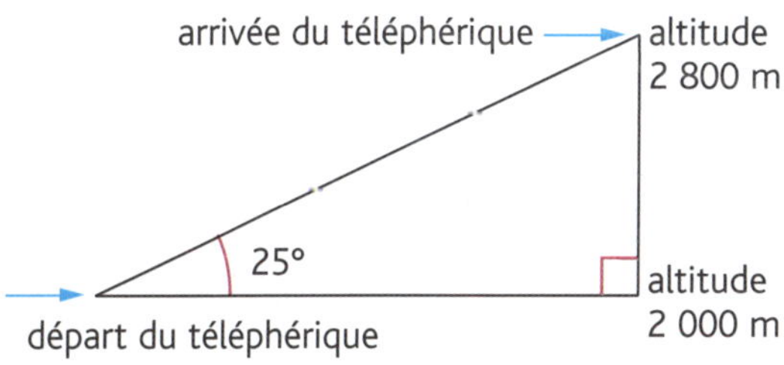

5 ★★ Entraînement

On donne :

AM = *MB* = 5 cm et *SM* = 3 cm.

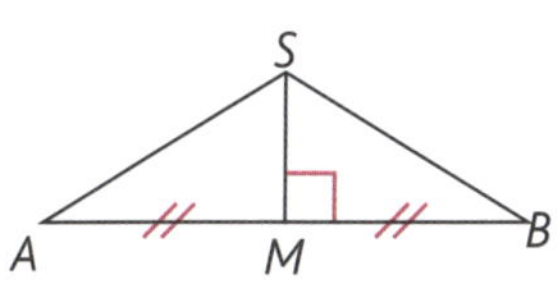

a) Calcule tan ($\widehat{SAM}$). ....

b) Évalue, à un degré près par excès, l'angle $\widehat{SAM}$.

....

6 ★★★ Exercice brevet

La figure représente la façade d'une habitation (les dimensions sont en mètres).

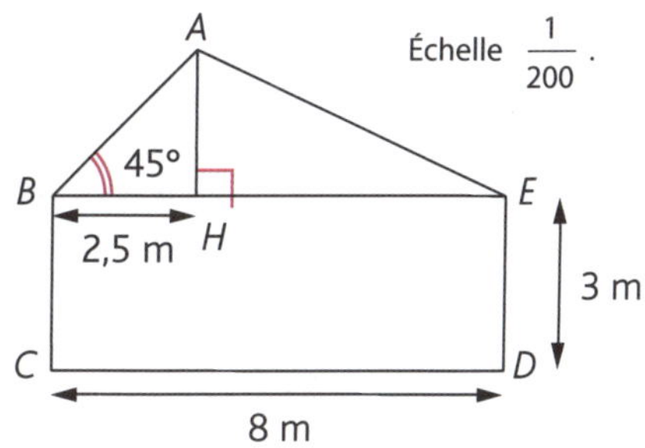

a) Calcule *EH*.

....

b) Calcule $\widehat{BAH}$; déduis-en la nature du triangle *ABH*.

....

c) Déduis-en *AH*.

....

d) Calcule *AE* au mètre près.

....

e) Calcule la mesure de l'angle $\widehat{AEH}$ à 0,1 degré près par défaut.

....

f) Calcule, en m^2, l'aire du mur *ABCDE*.

....

....

....

Maths

20 Configuration de Thalès

Retiens l'essentiel

1 Calculer une longueur

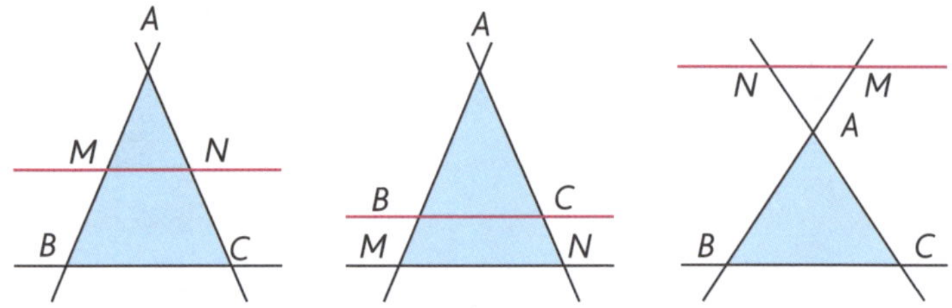

▸ Pour calculer une longueur dans l'un des trois cas de figures ci-dessus, on utilisera **le théorème de Thalès** :

Dans un triangle ABC, soient $M \in (AB)$ et $N \in (AC)$.

Si $(MN) // (BC)$, **alors** les triangles ABC et AMN sont à côtés proportionnels et $\frac{AM}{AB} = \frac{AN}{AC} = \frac{MN}{BC}$.

À savoir

Homothétie

Les triangles ABC et AMN sont homothétiques : il existe une homothétie de centre A qui transforme B en M et C en N.

2 Montrer le parallélisme de deux droites

▸ Pour montrer le parallélisme de deux droites (dans l'un des trois cas ci-dessus), on utilisera **le théorème réciproque de Thalès** :

Dans un triangle ABC, soient $M \in (AB)$ et $N \in (AC)$.

Si les points A, M, B et A, N, C sont alignés dans le même ordre, et si $\frac{AM}{AB} = \frac{AN}{AC}$, **alors** $(MN) // (BC)$.

Comment faire ?

▸ Utiliser le théorème de Thalès

À l'aide des données ci-contre, calcule la longueur PV.

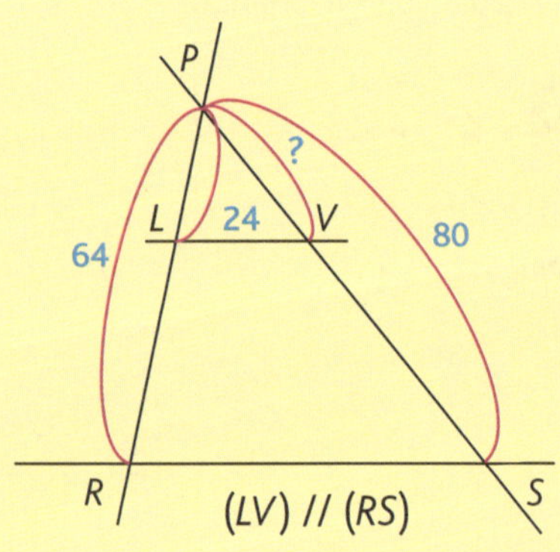

1° On vérifie, à l'aide des hypothèses de l'exercice, que :
$(LV) // (RS)$ et que $L \in (PR)$ et $V \in (PS)$.

2° On écrit l'égalité des rapports $\frac{PL}{PR} = \frac{PV}{PS}$.
(Les triangles PLV et PRS sont à côtés proportionnels.)

3° On remplace les longueurs connues :
$\frac{24}{64} = \frac{PV}{80}$.

4° On fait le produit en croix : $24 \times 80 = 64 \times PV$.

5° On en déduit la longueur recherchée :
$PV = \frac{24 \times 80}{64} = 30$.

Corrigés → livret, p. 26

S'entraîner

QUIZ-TEST

Coche la (ou les) bonne(s) réponse(s).

1 En utilisant la figure, alors *AB* vaut :

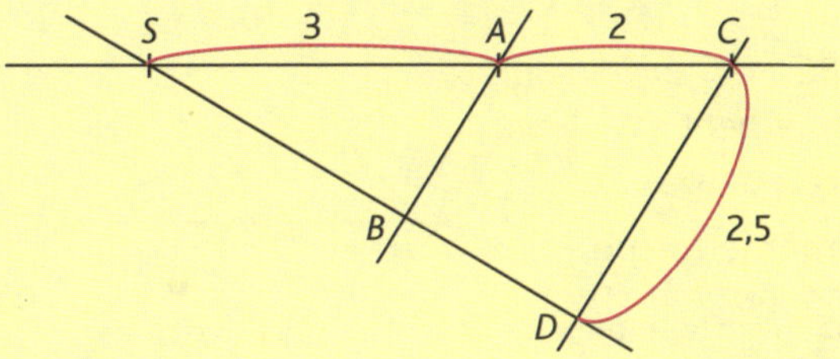

a) 6. ☐
b) 3,75 ☐
c) 1,5. ☐

2 Sur cette figure :

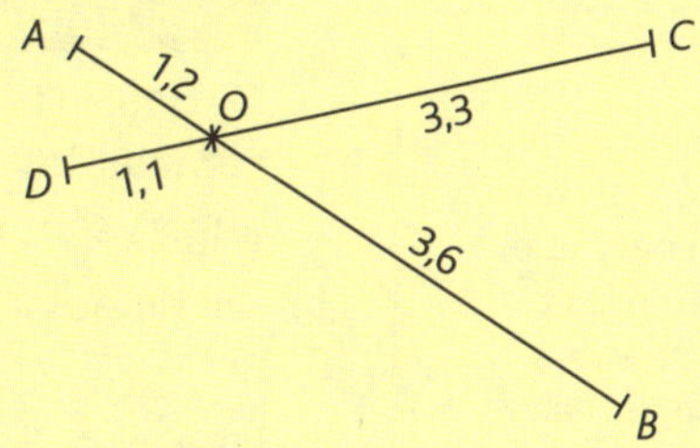

a) (*AD*) // (*BC*) ☐
b) (*AC*) // (*DB*) ☐
c) (*AD*) et (*BC*) ne sont pas parallèles. ☐

3 ★ Application du cours

Un fabricant d'enseignes lumineuses doit réaliser la lettre Z (en tubes de verre soudés) pour la fixer sur le haut d'une vitrine. Voici le schéma donnant la forme et certaines dimensions de l'enseigne :

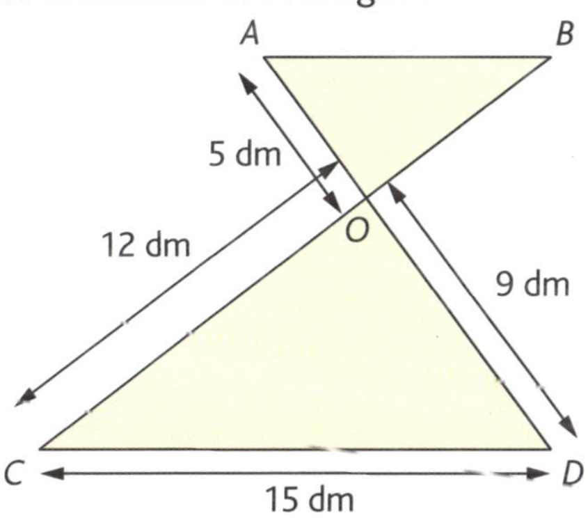

Les droites (*AD*) et (*BC*) se coupent en *O*.

Sachant que (*AB*) // (*CD*), calcule les longueurs *AB* et *OB*.

....

4 ★★ Parallèles ?

Soit un triangle *ABC* et *O* un point distinct de *A*, *B* et *C*.
Soit *A'* un point de (*OA*).
La parallèle à (*AB*) passant par *A'* coupe (*OB*) en *B'*.
La parallèle à (*AC*) passant par *A'* coupe (*OC*) en *C'*.

Montre que (*B'C'*) // (*BC*).

....

5 ★★★ Exercice brevet

Sur la figure, (*MK*) // (*OD*) ; les points *E*, *S*, *M* et *O* sont alignés dans cet ordre ; les points *F*, *S*, *K* et *D* sont alignés dans cet ordre.

Données : *SO* = 6 cm ; *SD* = 10 cm ;
SM = 4,8 cm ; SE = 2 cm ; *SF* = 3 cm.

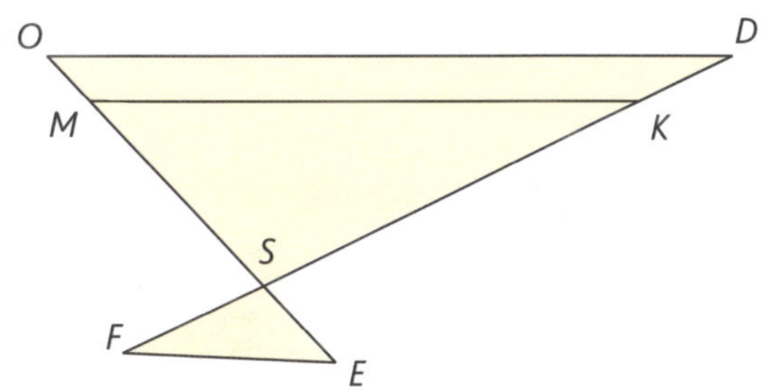

a) Calcule *SK*.

....

....

b) Les droites (*EF*) et (*OD*) sont-elles parallèles ? Justifie.

....

....

....

....

....

21 Triangles semblables

Retiens l'essentiel

À savoir

En utilisant une **rotation** et une **translation**, qui conservent les angles et les distances, on peut toujours se ramener à la configuration de Thalès

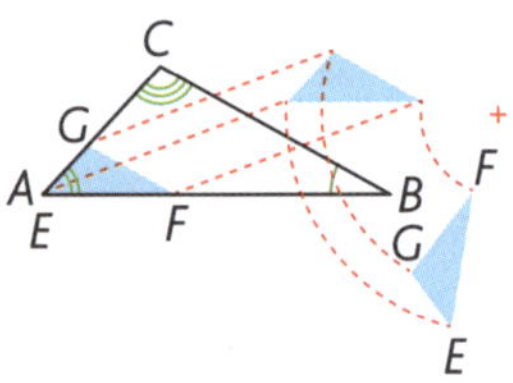

1 Définitions

▸ Deux triangles *ABC* et *EFG* sont **semblables** si, et seulement si, leurs **angles** sont **égaux deux à deux**.

On dit aussi qu'ils ont **même forme**.

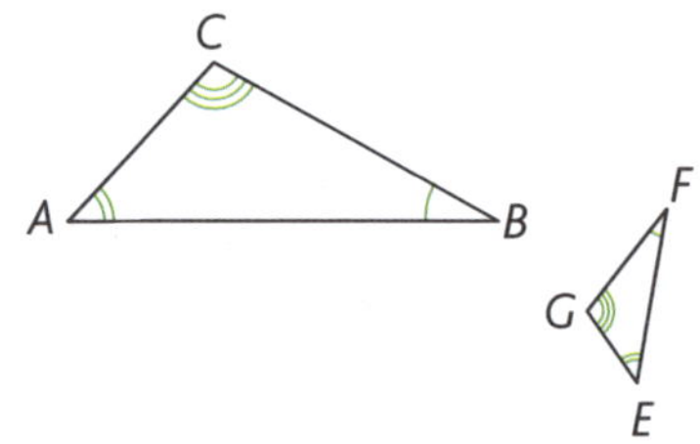

Angles homologues	Côtés homologues	Sommets homologues
$\widehat{BAC}$ et $\widehat{FEG}$	*BC* et *FG*	*A* et *E*
$\widehat{ABC}$ et $\widehat{EFG}$	*AC* et *EG*	*B* et *F*
$\widehat{ACB}$ et $\widehat{EGF}$	*AB* et *EF*	*C* et *G*

2 Propriétés

▸ Deux triangles *ABC* et *EFG* sont **semblables** si, et seulement si, leurs **côtés** sont **proportionnels** soit si, et seulement si, $\frac{AB}{EF} = \frac{AC}{EG} = \frac{BC}{FG} = k$.

▸ Si $k > 1$, *ABC* est un **agrandissement** de *EFG*.
Si $k < 1$, *ABC* est une **réduction** de *EFG*.
Si $k = 1$, *ABC* et *EFG* sont **isométriques**.

Comment faire ?

▸ **Montrer que deux triangles *ABC* et *EFG* sont semblables**

On montre qu'ils ont deux angles égaux ou on montre qu'ils ont des côtés proportionnels.

ABC est un triangle rectangle en *A*. $(AH) \perp (BC)$.
1° Montrer que les triangles CHA et CAB sont semblables.
2° En déduire que $CA^2 = CH \times CB$.

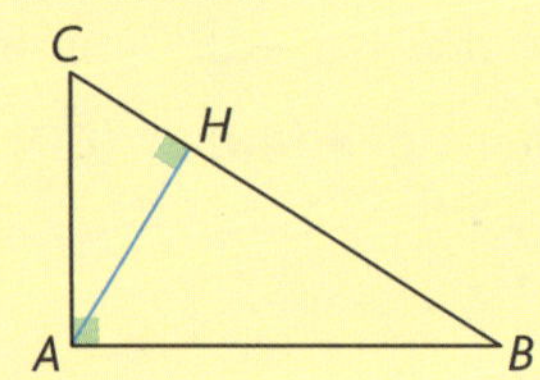

1° On montre que deux angles sont égaux.
Par hypothèse, $\widehat{CAB} = 90°$ et $\widehat{CHA} = 90°$: ainsi, $\widehat{CAB} = \widehat{CHA}$. De plus, comme *C*, *H*, *B* sont alignés, $\widehat{HCA} = \widehat{BCA} = \widehat{ACB}$. Les triangles *CHA* et *CAB* ont donc deux angles égaux : ils sont bien semblables.

2° Les triangles étant semblables, on écrit $\frac{CHA}{CAB}$ dans l'ordre des angles homologues pour obtenir les côtés proportionnels :
Ainsi, comme *CHA* et *CBA* sont semblables, $\frac{CH}{CA} = \frac{CA}{CB} = \frac{HA}{AB}$ et $\frac{CH}{CA} = \frac{CA}{CB}$.

En faisant le produit en croix, on obtient : $CA^2 = CH \times CB$.

Corrigés → livret, p. 26

S'entraîner

QUIZ-TEST

Coche la (ou les) bonne(s) réponse(s).

1 ***ABCD* est un trapèze de centre *I* tel que $AB = 4$ cm et $DC = 2{,}5$ cm.**

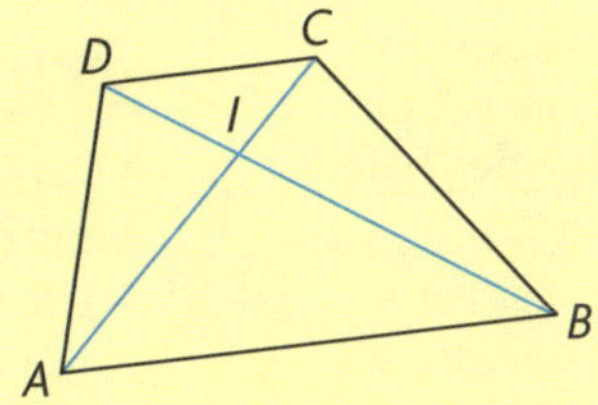

a) Les triangles *IAB* et *ICD* sont semblables...... ☐

b) L'aire du triangle *ICD* est égale à $\frac{25}{64}$ × l'aire du triangle *IAB*........................ ☐

c) L'aire du triangle *ICD* est égale à $\frac{5}{8}$ × l'aire du triangle *IAB*......................... ☐

2 On donne $AB = 6$ cm ; $AC = 4{,}5$ cm ; $CB = 5{,}25$ cm ; $AD = 4$ cm ; $AE = 3$ cm et $ED = 3{,}5$ cm.

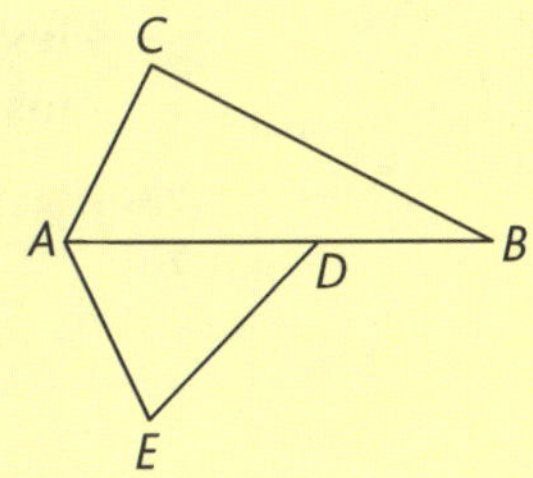

a) Les triangles *ABC* et *ADE* sont semblables.... ☐

b) (*AB*) est la bissectrice de l'angle $\widehat{EAC}$.......... ☐

c) Les côtés *ED* et *AC* sont homologues.......... ☐

3 ★★ Exercice type brevet

Soit *ABC* un triangle isocèle en *A* tel que $AB = 5$ cm et $BC = 3$ cm. Soit $\mathscr{C}$ le cercle de centre *B* passant par *C* et *E* le point d'intersection de $\mathscr{C}$ et de (*AC*).

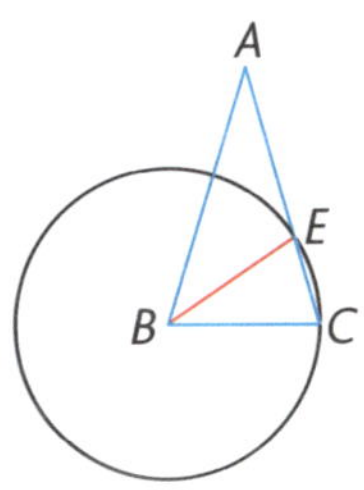

a) Montre que les triangles *ABC* et *BCE* sont semblables.

....

....

....

b) Déduis-en la distance *CE*.

....

....

....

c) Exprime l'aire du triangle *BCE* en fonction de l'aire du triangle *ABC*.

....

....

....

4 ★★ Exercice Brevet

ABCD est un carré. *I* est le milieu de [*AD*] et *J* celui de [*AB*].

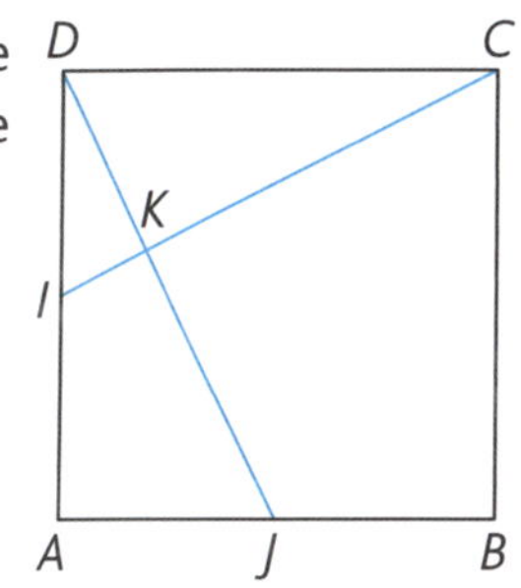

a) Montre que : $\tan \widehat{ADJ} = \widehat{DCI}$.

....

....

....

b) Montre que les triangles *DIK* et *CID* sont semblables.

....

....

....

c) Déduis-en que $ID^2 = CI \times IK$.

....

....

....

....

22 Réduction et agrandissement de figures

À savoir

Réduction/agrandissement et configuration de Thalès

Si $(MN) // (BC)$, le triangle AMN est une réduction ou un agrandissement du triangle ABC à l'échelle $k = \frac{AM}{AB}$;

– si , AMN est une réduction de ABC :

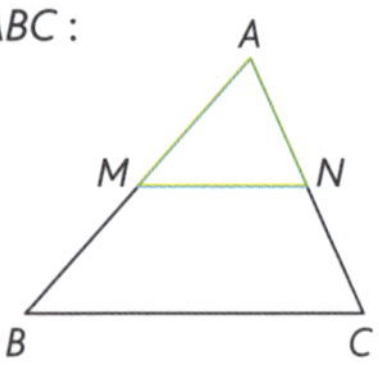

– si , AMN est un agrandissement de ABC :

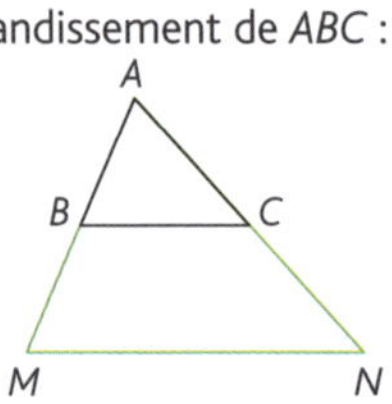

Retiens l'essentiel

1 Règles de réduction et agrandissement

▸ Dans un dessin à l'échelle, **toutes les dimensions** sont **multipliées** par **un même nombre $k > 0$**, et les **angles** sont **conservés** :
– si $k > 1$, il s'agit d'un **agrandissement** ;
– si $k < 1$, il s'agit d'une **réduction**.

▸ Si, au cours d'un agrandissement ou d'une réduction, les dimensions d'une figure sont toutes multipliées par $k > 0$, alors :
– **les aires** sont multipliées par k^2 ;
– **les volumes** sont multipliés par k^3.

2 Un exemple particulier de réduction

La section d'une pyramide ou d'un cône de révolution par un plan parallèle à la base est une **réduction de la base**.

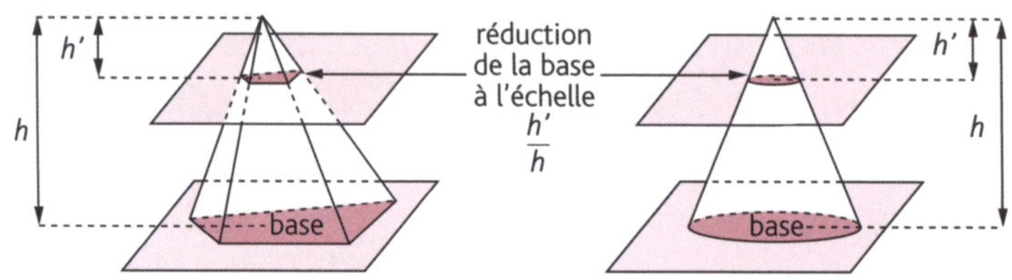

Comment faire ?

▸ Calculer des grandeurs après réduction/agrandissement d'une figure $\mathcal{F}$ en $\mathcal{F}'$

On détermine l'échelle k de la réduction ou de l'agrandissement : $k = \frac{A'B'}{AB}$.

$$\text{Alors } l_{\mathcal{F}'} = kl_{\mathcal{F}} \ ; \quad A_{\mathcal{F}'} = k^2 A_{\mathcal{F}} \text{ et } V_{\mathcal{F}'} = k^3 V_{\mathcal{F}}.$$

Emmanuel possède une piscine rectangulaire de 12 m de longueur et de 4 m de largeur.
Il décide de réaliser une maquette de cette piscine à l'échelle 1/200.

1° Quelle sera sur la maquette la longueur du mur de 12 m ?

2° Quelle est la surface au sol de la piscine dans la maquette (en cm²) ?

3° Le volume de la piscine de la maquette est de 13,125 cm³.
Quel est le volume réel de la piscine (en cm³, puis en m³) ?

1° Par hypothèse, l'échelle k de réduction est $k = 1/200$.
Alors la longueur du mur sur la maquette est $l' = 12 \times \frac{1}{200}$ m, soit $l' = 0{,}06$ m $= 6$ cm.

2° La surface réelle de la piscine est $A = 12 \times 4$ soit 48 m².
La surface de la piscine dans la maquette est alors $A' = 48 \times \left(\frac{1}{200}\right)^2$ soit :
$A' = \frac{48}{40\,000} = 0{,}0012$ m² $= 12$ cm².

3° On sait que le volume réel de la piscine V en cm³ est tel que : $V' = \left(\frac{1}{200}\right)^3 \times V$
soit tel que $13{,}125 = \frac{1^3}{200^3} \times V$. Ainsi, $V = 13{,}125 \times 200^3 = 105\,000\,000$ cm³ $= 105$ m³.

Corrigés → livret, p. 27

S'entraîner

QUIZ-TEST

Coche la (ou les) bonne(s) réponse(s).

1 Quand on réduit de moitié le rayon d'une boule, son volume est divisé par :

a) 2 .... ☐
b) 4 .... ☐
c) 8 .... ☐

2 Son aire est multipliée par :

a) 0,5 .... ☐
b) 0,25 .... ☐
c) 4 .... ☐

3 ★ Application du cours

On donne dans la figure ci-dessous :

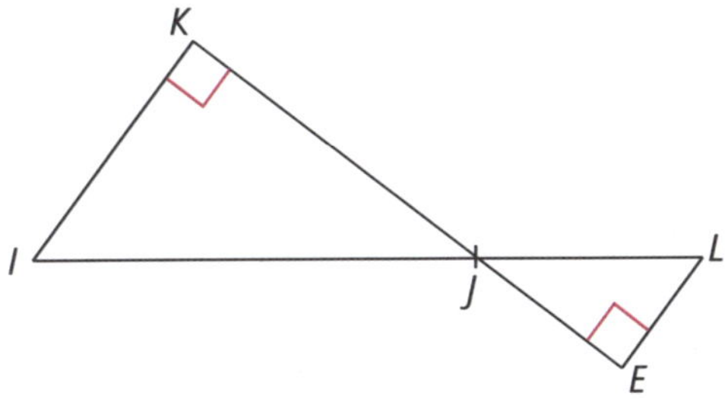

IJ = 10 cm ; IK = 6 cm ; JK = 8 cm ; JE = 4 cm.
On admet que JLE est une réduction de JIK.

a) Quel est le coefficient de réduction ?

....

b) Déduis-en que l'aire B_2 de JLE est 6 cm^2.

....

4 ★★ Histoire de cônes

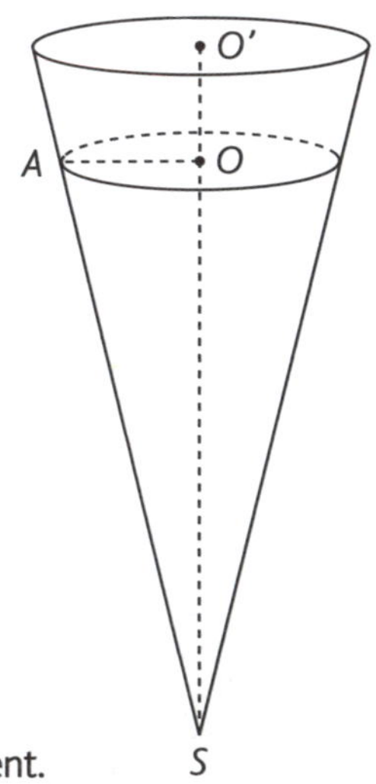

Un cornet de glace appelé « petit cône » a la forme d'un cône de hauteur SO = 10 cm, de rayon OA = 3 cm, de volume 30π cm^3.
Pour l'été, l'entreprise décide de fabriquer des « grands cônes ». La hauteur d'un grand cône est 12 cm = SO'.

a) On admet que le grand cône est un agrandissement du petit cône.
Calcule l'échelle d'agrandissement.

....

b) Déduis-en le volume du grand cône.

....

....

Rappel : Volume du cône = $\frac{1}{3}$ × aire de base × hauteur.

5 ★★★ Exercice brevet : pyramide

Un jouet a la forme d'une pyramide régulière de volume V = 196 cm^3. La pyramide est lestée à la base, de telle sorte que, plongée dans une baignoire, elle flotte pointe en haut, laissant hors de l'eau la moitié de sa hauteur. Le plan de sa base est alors parallèle à celui de la surface de l'eau.

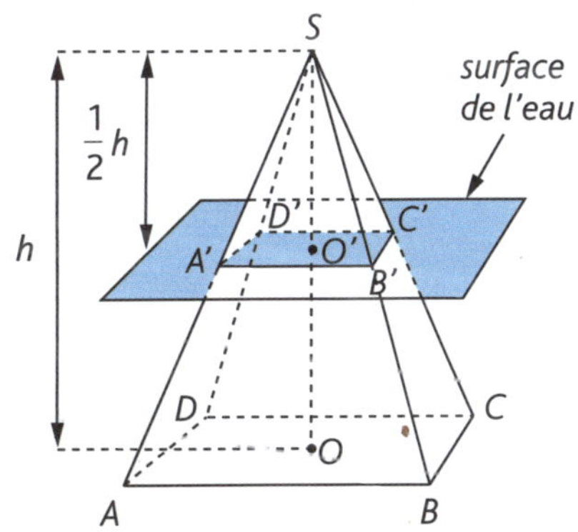

On admet que la pyramide $SA'B'C'D'$ est une réduction de la pyramide $SABCD$.

a) Calcule l'échelle de réduction.

....

....

b) Déduis-en le volume de la partie sous l'eau.

....

....

Maths

23 Translations et rotations

Retiens l'essentiel

1 Translation

▸ La figure $\mathcal{F}'$ est l'image de $\mathcal{F}$ dans une **translation** signifie que :
si A, B, M sont des points de la figure $\mathcal{F}$ et A', B', M' des points de la figure $\mathcal{F}'$,
alors
- $AA' = BB' = MM'$;
- les droites (AA'), (BB') et (MM') sont **parallèles** ;
- les demi-droites $[AA')$, $[BB')$ et $[CC')$ sont de même sens.

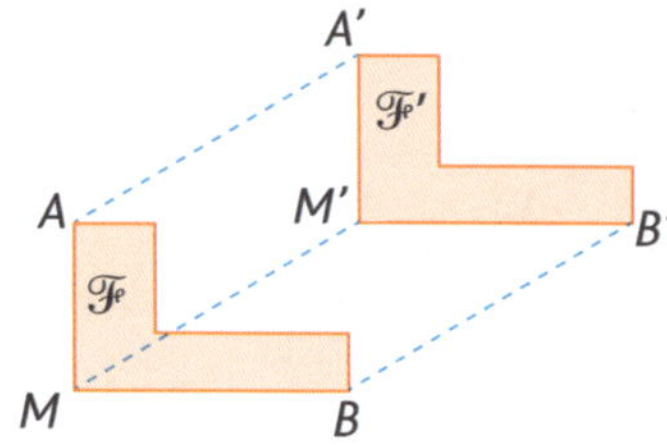

2 Rotation

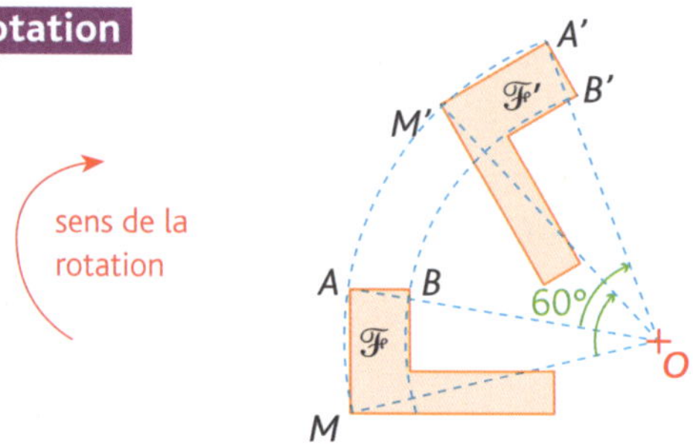

rotation de centre O, d'angle $\alpha = 60°$ et de sens négatif.
(sens négatif = sens des aiguilles d'une montre)

▸ La figure $\mathcal{F}'$ est l'image de la figure $\mathcal{F}$ dans la **rotation** de **centre** O, **d'angle** α signifie que :
si A, B, M sont des points de la figure $\mathcal{F}$ et A', B', M' des points de la figure $\mathcal{F}'$,
alors
- $OA = OA'$; $OB = OB'$; $OM = OM'$;
  $\widehat{AOA'} = \widehat{BOB'} = \widehat{MOM'} = \alpha$;
- les angles $\widehat{AOA'}$, $\widehat{BOB'}$ et $\widehat{MOM'}$ sont orientés dans le même sens.

À savoir

- Dans une **translation**, on fait glisser une figure selon une direction.
- Dans une **rotation**, on fait tourner une figure autour d'un point.
  Dans une **rotation** de **centre** O, l'image de O est O.
- Dans les deux cas, les figures restent inchangées.

Comment faire ?

▸ Trouver le point M', image du point M, dans la translation qui transforme le point A en B

Il faut construire le 4e sommet du parallélogramme $ABM'M$:
avec les arcs de cercle $\overset{\frown}{AB}$ et $\overset{\frown}{AM}$
reportés respectivement à partir des points M et B.

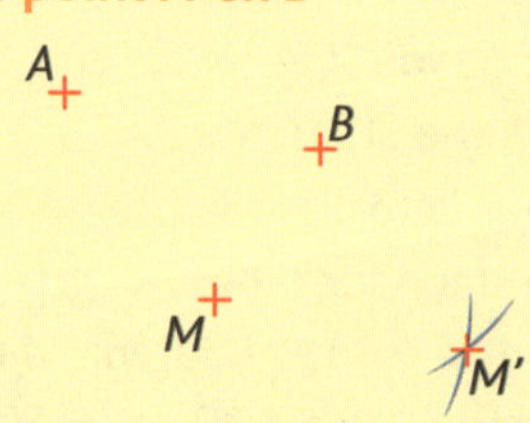

▸ Trouver le segment $[M'N']$, dans la rotation de centre O, d'angle 30°, de sens positif

Il faut tracer l'arc de cercle de centre O et de longueur OM, puis mesurer un angle de 30° dans le sens positif (= sens inverse des aiguilles d'une montre), pour trouver le point M'.
Même construction : $ON = ON'$ et $\widehat{NON'} = 30°$ pour trouver le point N'.

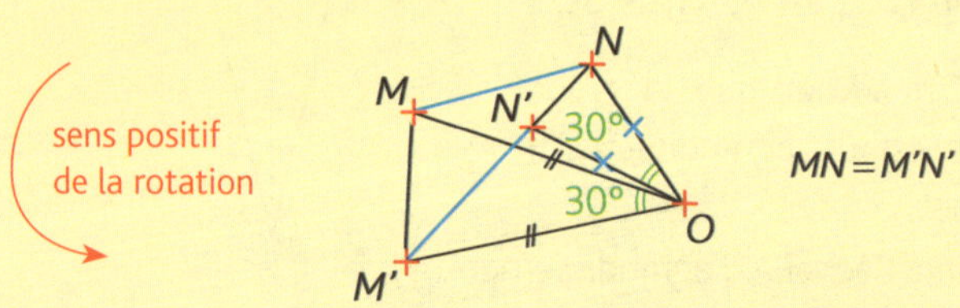

Corrigés → livret, p. 27

S'entraîner

QUIZ-TEST

Coche la (ou les) bonne(s) réponse(s).

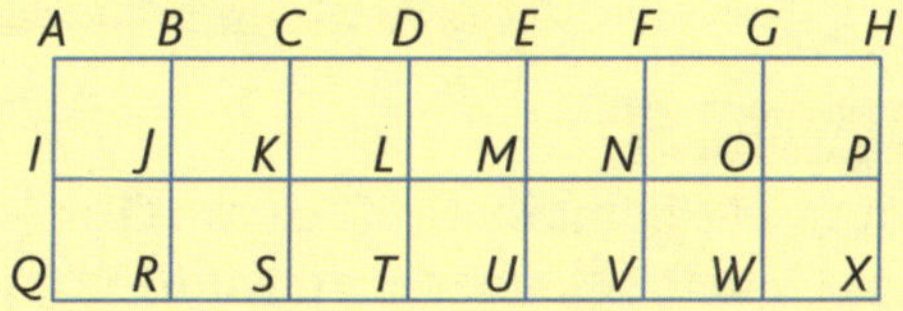

1 L'image de *K* par la translation qui transforme *A* en *C* est :

a) le point *L*. ☐
b) le point *T*. ☐
c) le point *M*. ☐

2 L'image de *D* par la rotation de centre *K*, d'angle 90°, de sens négatif est :

a) le point *T*. ☐
b) le point *M*. ☐
c) le point *B*. ☐

Maths

3 ★ Image du point *B*

Construis le point *D*, image du point *B*, dans la translation qui transforme *A* en *C*

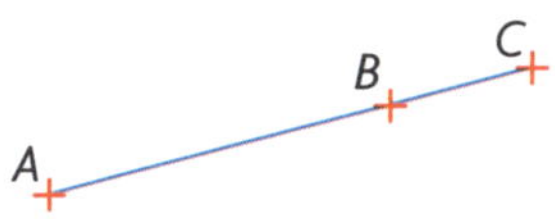

4 ★★ Rotations

Complète.

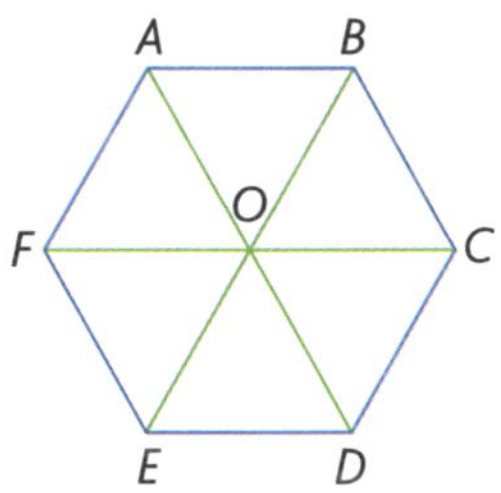

Dans la rotation de centre *O*, d'angle 120° et de sens négatif :

a) l'image du point *O* est ....

b) l'image du triangle *BOC* est le triangle..............

c) l'image du losange *OBCD* est..............................

d) l'image de l'hexagone *ABCDEF* est.....................

5 ★★ Scratch et notations

a) Avec le logiciel Scratch, on réalise le programme suivant :

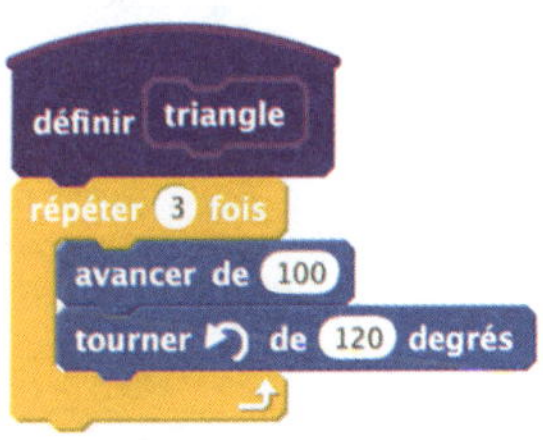

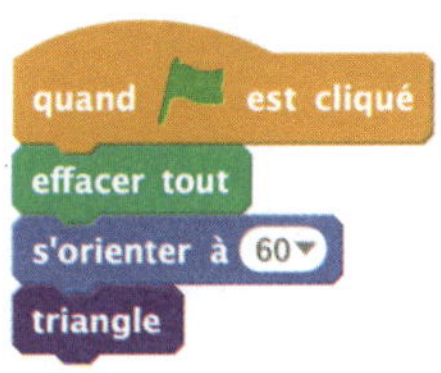

Quelle figure construit-on ?

....

On complète ce programme en rajoutant la consigne « répéter 1 fois ».

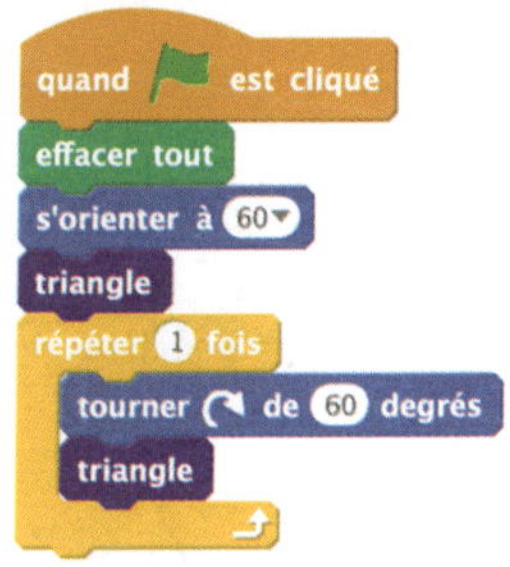

b) Quelle transformation définit-on ainsi : une translation, une symétrie, une rotation ?

....

c) Précise les caractéristiques de cette transformation.

....

....

d) Corrige ce programme pour obtenir un hexagone.

6 ★★ Rotation de trois points alignés

Soient trois points alignés *E*, *G*, *H*, tels que *G* soit le milieu de [*EH*]. Construis au brouillon leurs images *E'*, *G'*, *H'* par la rotation de centre *O*, d'angle 90° et de sens positif. Que remarque-t-on ?

....

....

7 ★★★ Rotation d'un carré

Construis l'image *A'B'C'D'* de ce carré dans la rotation de centre *O*, d'angle 45° et de sens négatif.

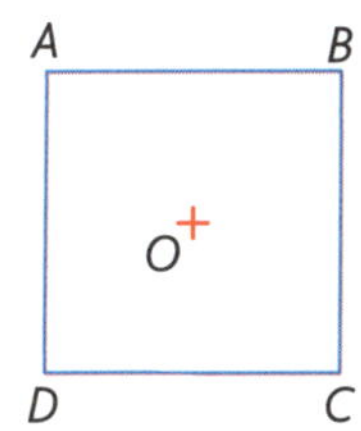

24 Homothéties

Retiens l'essentiel

1 Définition

▸ On appelle **homothétie de centre O et de rapport $k \neq 0$** la transformation du plan qui transforme tout point M en un point M' défini par :

- Si M est en O, alors M' est en O.
- Sinon, M' est sur la droite (OM) et est tel que :
  - **Si $k > 0$:**
    M' est sur la demi-droite $[OM)$;
    $OM' = kOM$.

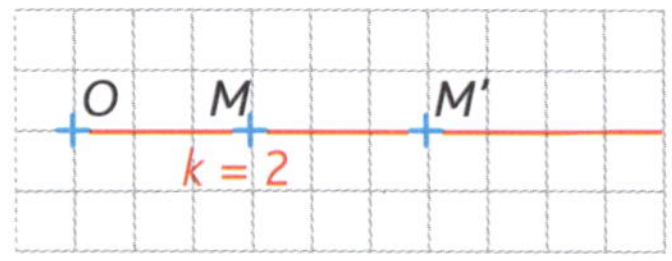

  - **Si $k < 0$:**
    M' est sur la demi droite d'origine O qui ne contient pas M ;
    $OM' = -kOM$.

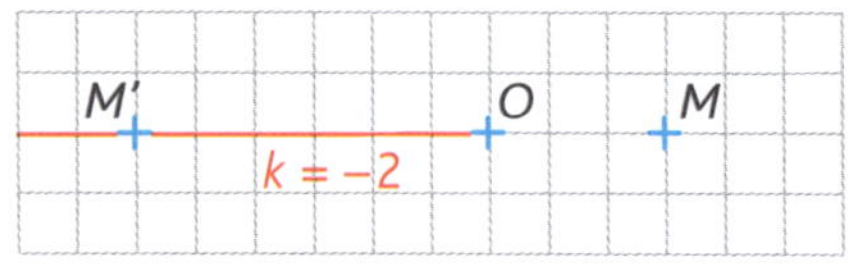

On dit que M' est l'image de M par l'homothétie de centre O de rapport k. On note $M \mapsto M'$.

2 Propriétés

▸ Soit A' l'image de A par l'homothétie de centre O de rapport k.
Soit B' l'image de B par l'homothétie de centre O de rapport k.

Alors $(A'B') \parallel (AB)$ et $A'B' = |k|AB$ où $\begin{cases} |k| = k, & \text{si } k < 0\,; \\ |k| = -k, & \text{si } k < 0. \end{cases}$

▸ **L'image d'une figure $\mathcal{F}$** par l'homothétie de centre O de rapport k est un **agrandissement ou une réduction de $\mathcal{F}$** à l'échelle $|k|$.
Une homothétie multiplie donc les aires par k^2, les volumes par $|k|^3$.

À savoir

Propriétés

- Les homothéties transforment une droite en une droite parallèle.

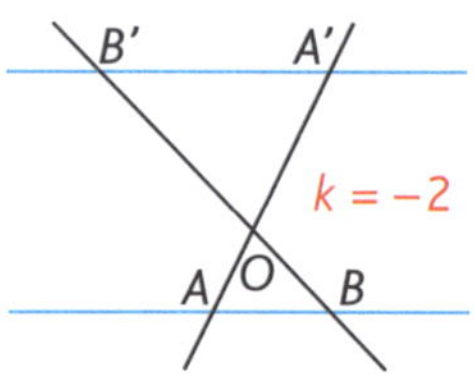

- Les homothéties conservent les angles, l'alignement, le parallélisme.

Comment faire ?

▸ Construire l'image d'un point

Ex : soit ABC un triangle. Soit O un point de (AB).

1° Consruis l'image $A'B'C'$ de ABC par l'homothétie h de centre O et de rapport -2.

2° Construis l'image D de C par l'homothétie h' de centre O qui transforme A en B.

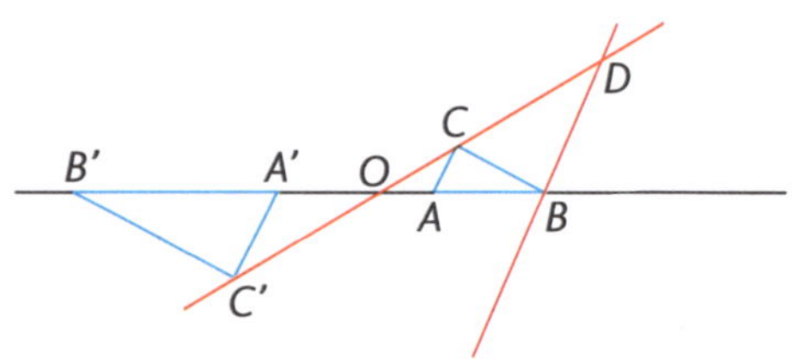

1° Pour cela, on construit $A' = h(A)$: A' est sur (OA), mais pas sur $[OA)$ et $OA' = 2OA$. On construit de même $B' = h(B)$ et $C' = h(C)$.

2° On a $\begin{cases} A \mapsto B \\ C \mapsto D \end{cases}$ donc $(AC) \parallel (BD)$. De plus, comme $C \mapsto D$, D est sur (OC). D'où la construction de D.

Corrigés ⟶ livret, p. 27

S'entraîner

QUIZ-TEST

Coche la (ou les) bonne(s) réponse(s).

1 ***ABCDEF* est un hexagone régulier**

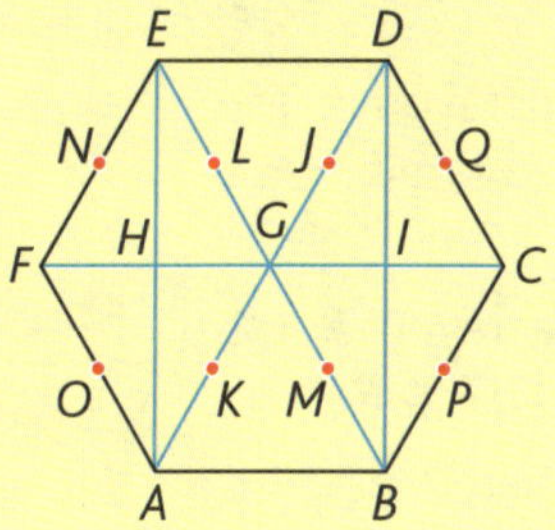

a) L'image du point H par l'homothétie de centre G et de rapport -2 est C. ☐

b) L'image du triangle GHL par l'homothétie de centre G et de rapport -2 est le triangle GEF. ☐

c) L'homothétie de centre O qui transforme H en L transforme K en P. ☐

2 **a)** La symétrie de centre O est une homothétie de centre O et de rapport -1. ☐

b) Si $OB = 3OA$, alors B est l'image de A par l'homothétie de centre O et de rapport 3. ☐

c) Si $\mathcal{F}_2$ est une réduction à l'échelle 0,4 de $\mathcal{F}_1$, alors il existe une homothétie de rapport 0,4 ou $-0,4$ qui transforme $\mathcal{F}_1$ en $\mathcal{F}_2$. ☐

3 ★ Exercice Brevet

a) Construis en rouge $\mathcal{F}_2$ l'image de la figure $\mathcal{F}_1$ par l'homothétie de centre A et de rapport -2.

b) Construis en vert $\mathcal{F}_3$ l'image de la figure $\mathcal{F}_1$ par l'homothétie de centre A et de rapport $\frac{1}{3}$.

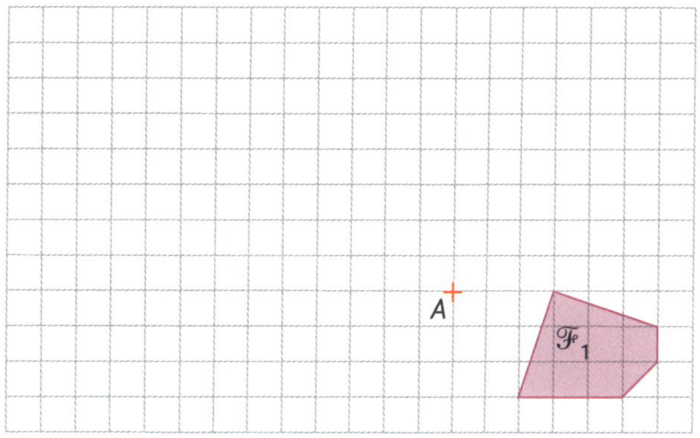

c) En sachant que l'aire d'un carré sur la figure est 1 cm², montre que l'aire de $\mathcal{F}_1$ est 8,5 cm².

....

....

d) En déduire l'aire de la figure $\mathcal{F}_2$.

....

4 ★★ Exercice Brevet

On considère le trapèze $ABCD$ ci-dessous où $(AB) // (CD)$, $AB = 7$ cm et $CD = 3$ cm.

Soit h l'homothétie de centre O qui transforme A en D et B en C.

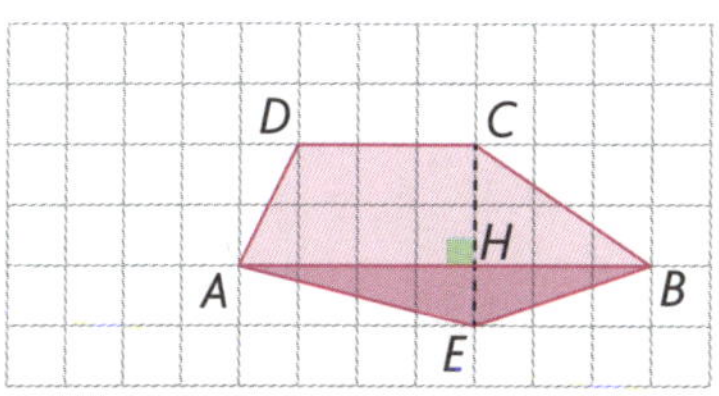

a) Construis le point O.

b) • Construis le point F image du point E par h.

• Déduis-en l'image $\mathcal{F}$ du triangle AEB par l'homothétie h.

c) Détermine le rapport k de cette homothétie.

....

d) • Construis l'image $\mathcal{C}$ du cercle de centre E et passant par H.

• On donne $EH = 1$ cm. Calcule l'aire du cercle $\mathcal{C}$.

....

....

....

....

25 Solides dans l'espace : la sphère

Retiens l'essentiel

À savoir

Sphère et boule

– Visuellement, la **sphère** correspond à la peau d'une orange.
– La **boule** correspond au fruit entier : peau et chair.

Calculer le volume d'une sphère n'a donc pas de sens !

1 Sphère et boule

▶ Une **sphère** de centre O et de rayon R est l'ensemble des points M de l'espace tels que : $\boldsymbol{OM = R}$.

▶ Une **boule** de centre O et de rayon R est l'ensemble des points N tels que : $\boldsymbol{ON \leqslant R}$.

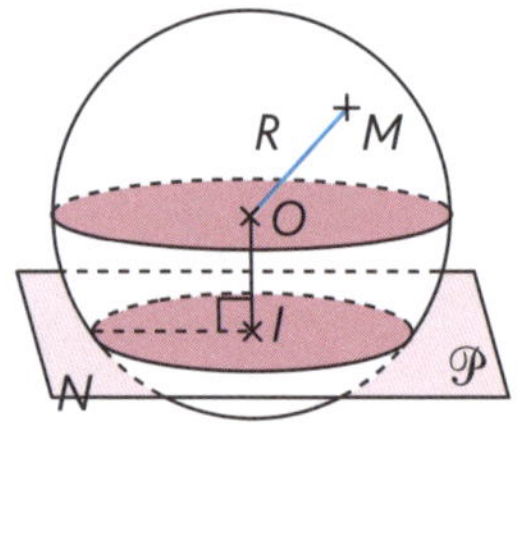

▶ La **section** d'une sphère par un plan $\mathcal{P}$ est :
– un cercle si $OI < R$;
– un point si $OI = R$;
– vide si $OI > R$. (Le triangle OIN est rectangle en I.)

2 Coordonnées géographiques

▶ La Terre peut être assimilée à une sphère de rayon 6 370 km qui tourne autour d'un axe passant par les deux pôles N (nord) et S (sud).

▶ Un **méridien** a pour diamètre $[NS]$.

Tout point M sur cette sphère peut être repéré par :
– sa **latitude** : l'angle $\widehat{LOM}$
– sa **longitude** : l'angle $\widehat{GOL}$

Ici, M a pour latitude 50° N et longitude 30° Est.

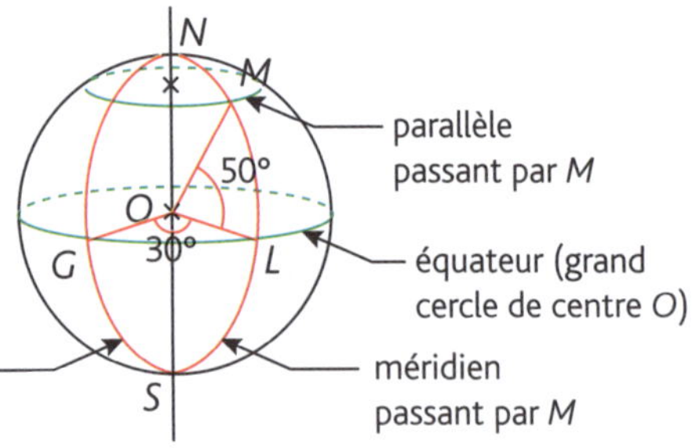

▶ Un **parallèle** est un petit cercle de la sphère.

Comment faire ?

▶ **Déterminer des coordonnées géographiques**

On utilise la trigonométrie dans un triangle rectangle (voir *leçon* 19).

Le dessin ci-contre représente la Terre assimilée à une sphère de centre O et de rayon $R = 6370$ km. On a représenté l'équateur et la ville de Londres L, qui est située sur le cercle de centre S. On admet que LSO est rectangle en S. On donne $OS = 4\,880$ km.

1° Calcule la mesure de l'angle $\widehat{SOL}$ (arrondir au degré près).

2° En déduire la latitude Nord de Londres, l'angle $\widehat{LOM}$.

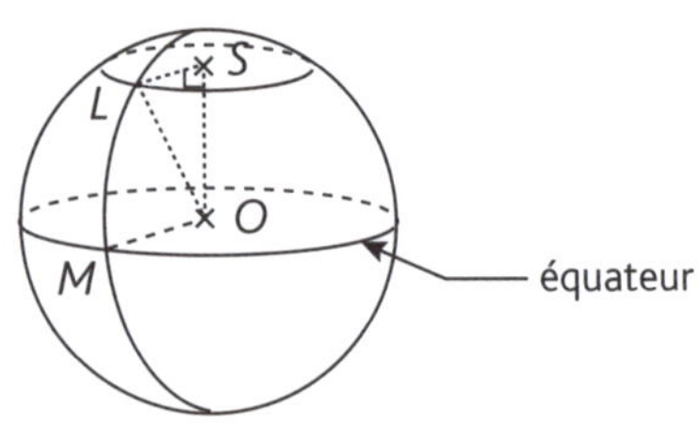

1° Pour cela, représentons le triangle SLO, rectangle en S.

On a $\cos \widehat{SOL} = \dfrac{OS}{OL} = \dfrac{4880}{6370} \approx 0{,}766$ et $\widehat{SOL} \approx 40°$.

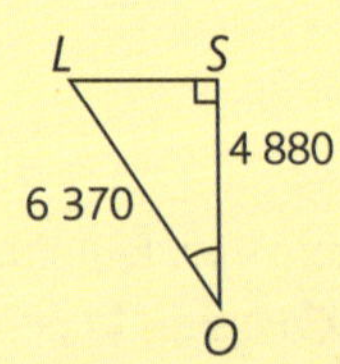

2° Comme $\widehat{MOS} = 90°$, $\widehat{LOM} = 90 - \widehat{SOL} \approx 50°$. La latitude de Londres est 50° Nord.

Corrigés → livret, p. 28

S'entraîner

QUIZ-TEST

Coche la (ou les) bonne(s) réponse(s).

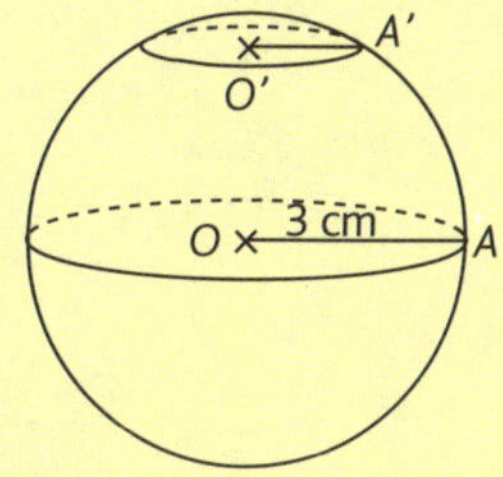

1 Sachant que $OO' = 2$ cm, alors $O'A'$ vaut :

a) 1 .... ☐
b) $\sqrt{5}$ .... ☐
c) ne peut être calculé avec ces seules données........ ☐

2 D'après la figure, la mesure de l'angle $\widehat{O'OA'}$ arrondie à 0,1 degré près est :

a) 0,6° .... ☐
b) 48,2° .... ☐
c) 41,8° .... ☐

3 ★★ Application du cours

Une calotte sphérique est un solide obtenu en sectionnant une sphère par un plan. Un doseur de lessive liquide, représenté ci-dessous, a la forme d'une calotte sphérique de centre O et de rayon $R = OA = 4{,}5$ cm.
L'ouverture de ce récipient est délimitée par le cercle de centre H et de rayon $HA = 2{,}7$ cm.
La hauteur totale de ce doseur est HK.

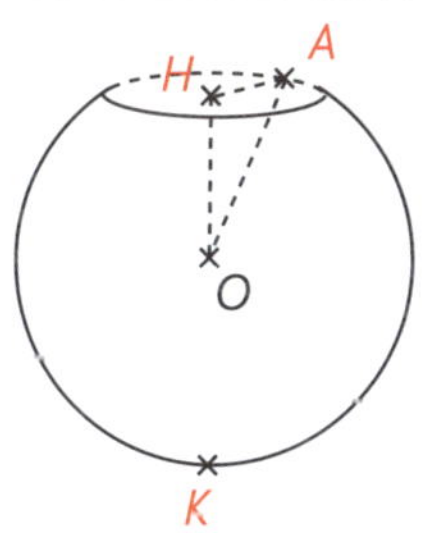

a) Dessine en vraie grandeur le triangle AHO.

b) Calcule OH en justifiant.

....

c) Déduis-en que $HK = 8{,}1$ cm.

....

4 ★★★ Longueur du cercle polaire

La Terre est assimilée à une sphère de rayon 6 370 km.
Un explorateur a décidé de faire le tour du cercle Polaire Arctique en canoë, en ski et en raquette afin de mesurer l'impact du réchauffement de la Terre sur la Planète.
On sait qu'un cercle polaire est un parallèle situé à une latitude de 66,5° comme représenté ci-dessous.

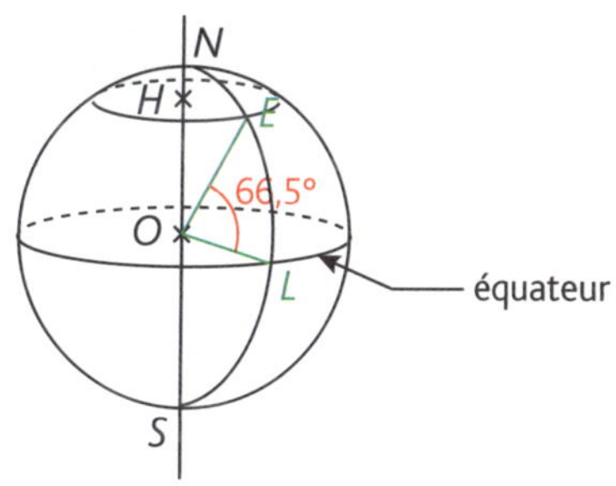

a) Quelle est la nature du triangle OHE ? Quelle est la mesure de l'angle $\widehat{HEO}$?

....

b) Calcule HE (donne une valeur approchée à 1 km près par défaut).

....

c) Déduis-en la longueur du cercle polaire.

....

d) Sachant que l'explorateur compte avancer de 30 km/jour, combien de jours seront nécessaires à son expédition ?

....

Maths

26 Grandeurs composées Changements d'unités

Retiens l'essentiel

À savoir

À retenir

On distingue les **grandeurs simples** (longueurs, durées, masses...) des **grandeurs composées** formées par le quotient ou le produit de grandeurs simples.

1 Exemples de grandeurs quotients

▸ La **vitesse moyenne** v, quotient de la distance d parcourue par le temps t mis pour parcourir cette distance, s'exprime en km/h, m/s...

$$v = \frac{d}{t}.$$

▸ La **masse volumique** μ, masse m d'un corps par unité V de volume, s'exprime en kg/m³, g/m³...

$$\mu = \frac{m}{V}.$$

2 Exemples de grandeurs produits

▸ L'**aire** d'un rectangle ($A = L \times \ell$) s'exprime en m², en cm²... ; le **volume** d'un cube ($V = c \times c \times c = c^3$) s'exprime en m³, en dm³...

▸ L'**énergie** consommée par un appareil électrique, produit de la puissance de l'appareil par la durée d'utilisation, s'écrit : $E = P \times t$.

et s'exprime en :
- kWh (kilowattheure) ;
- Wh (wattheure) ;
- kWj (kilowattjour).

Comment faire ?

▸ Transformer des unités de grandeurs composées

On exprime chaque mesure de grandeurs simples, dans la nouvelle unité, pour en faire le produit ou le quotient.

Ex. : Transformer 90 km/h en m/s.

$$90 \text{ km/h} = \frac{90 \text{ km}}{1 \text{ heure}} = \frac{90\,000 \text{ m}}{3\,600 \text{ s}} = 25 \text{ m/s}.$$

(1 heure = 3 600 s).

Ex. : Transformer 15 m/s en km/h.

$$15 \text{ m/s} = \frac{15 \text{ m}}{1 \text{ s}} \underset{\times 3\,600}{\overset{\times 3\,600}{=}} \frac{54\,000 \text{ m}}{3\,600 \text{ s}} = \frac{54 \text{ km}}{1 \text{ h}} = 54 \text{ km/h}.$$

$1 \text{ s} \xrightarrow{\times 3\,600} 3\,600 \text{ s} = 1 \text{ h}.$

Ex. : Convertir 3 kWj en Wh.

3 kWj = 3 000 Wj (car 1 kW = 1 000 W) = (3 000 × 24) Wh (car 1 j = 24 h) = 72 000 Wh.

▸ Calculer une vitesse moyenne, une distance, une durée

Ex. : Calculer la vitesse moyenne d'un automobiliste ayant parcouru 120 km en 1 h 30 min.

On transforme 1 h 30 min en écriture décimale : 1,5 h. $v = \frac{d}{t} = \frac{120 \text{ km}}{1{,}5 \text{ h}} = 80 \text{ km/h}.$

Ex. : Un automobiliste roule à 130 km/h sur l'autoroute. Combien de mètres parcourt-il en une seconde ?

$d = v \times t$

distance parcourue en mètres	130 000	?
temps en secondes	3 600	1

$d = (130\,000 \times 1) : 3\,600$; $d \approx 36$ m.

Corrigés → livret, p. 29

S'entraîner

QUIZ-TEST

Coche la (ou les) bonne(s) réponse(s).

1 Une grandeur composée est formée :

a) par la somme de grandeurs simples. ☐
b) par le produit de grandeurs simples. ☐
c) par le quotient de grandeurs simples. ☐

2 Si $v = \frac{d}{t}$, alors :

a) $d = v \times t$ ☐
b) $d = \frac{v}{t}$ ☐
c) $d = \frac{t}{v}$ ☐

3 ★★ Conversion de durées

Convertis les durées suivantes :

a) en heures décimales : 3 h 15 min ....

10 h 24 min .... 105 min ....

2 h 54 min ....

b) en heures, minutes, secondes : 2,25 h ....

3,6 h .... 1,2 h ....

5,47 h ....

4 ★★ Conversion de vitesses

Convertis les vitesses suivantes :

a) en m/s : 12,6 km/h ....

540 km/h ....

b) en km/h : 5 m/s ....

350 m/s ....

5 ★★ Conversion de débits

Rappel : Le débit d'un robinet, comme celui d'un fleuve, est le quotient du volume d'eau versée par le temps correspondant :

$$D = \frac{V}{T}$$

V → en litres ou en m^3...
T → en s, en min, en h.

Convertis les débits suivants :

a) en m^3/h : 1,5 L/s ....

3,5 L/min ....

b) en L/s : 15 m^3/h ....

2,4 m^3/min ....

6 ★★ Coût de cuisson

Il faut une heure pour faire rôtir un poulet dans un four électrique de 2 500 W de puissance.

À combien revient cette cuisson, sachant qu'un kWh coûte 0,1325 € ?

....

7 ★★ Puissance du fer

Un fer à repasser consomme en une demi-heure une énergie de 0,4 kWh.

Calcule la puissance du fer, en watts.

....

8 ★★ Calcul de durée

Le débit d'un robinet est de 5,4 L/min.

Calcule la durée nécessaire pour remplir un bassin de 108 litres.

....

9 ★★★ Scratch et conversion de vitesse

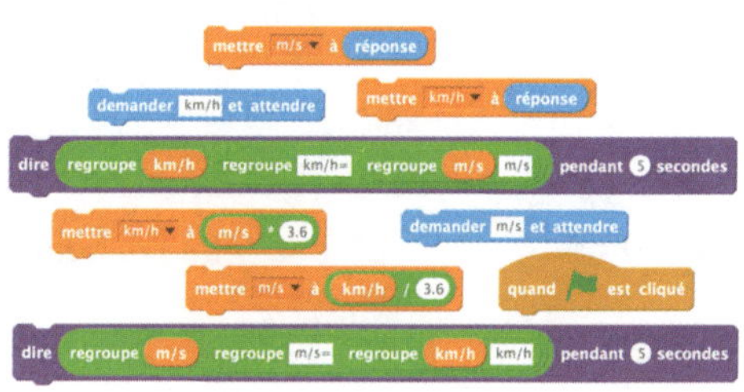

En utilisant les instructions ci-dessus :

a) Écris le programme A qui permet de convertir des km/h en m/s.

b) Écris le programme B qui permet de convertir des m/s en km/h.

27 Solides dans l'espace : calcul de volumes

À savoir

Les volumes, comme les aires, s'ajoutent ou se soustraient.

Ex :

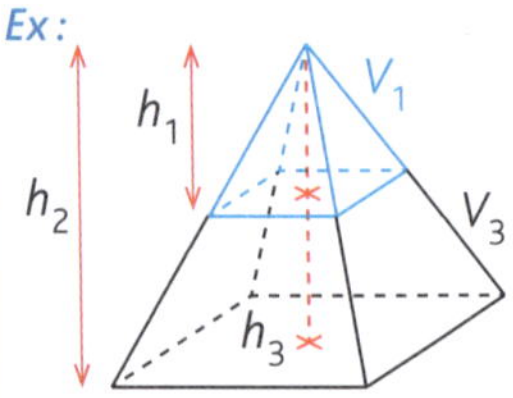

V_1 : volume de la pyramide de hauteur h_1 ;
V_2 : volume de la pyramide de hauteur h_2 ;
V_3 : volume de la pyramide de hauteur h_3.
On a : $V_3 = V_2 - V_1$.

Retiens l'essentiel

1 Calculer un volume

▸ Pour calculer un volume, on utilisera l'une des formules rappelées ci-dessous.

Solide	cube de côté c	pavé de côtés L, ℓ, h	boule de rayon R	prisme droit, cylindre	pyramide, cône
Volume V	c^3	$L \times \ell \times h$	$\frac{4}{3}\pi R^3$	aire base × hauteur	$\frac{1}{3}$ aire base × hauteur

Comment faire ?

▸ Construire un patron

On considère un cylindre de révolution de hauteur h et dont la base a pour rayon $R = 2$ cm et une boule de rayon $r = 3$ cm.

1° Calcule h sachant que le cylindre et la boule ont même volume.

2° Construire un patron du cylindre à l'échelle $\frac{1}{4}$.

1° Le volume du cylindre est :

V_c = aire de base × hauteur = $\pi R^2 \times h$ soit $V_c = \pi \times 4 \times h$.

Le volume de la boule est :

$V_s = \frac{4}{3}\pi r^3 = \frac{4}{3}\pi \times 3^3 = 36\pi$.

Par hypothèse, h est tel que $4\pi h = 36\pi$, soit $h = \frac{36\pi}{4\pi} = 9$ cm.

2° On calcule les dimensions des deux cercles et du rectangle du patron :

Comme on doit réaliser un patron à l'échelle $\frac{1}{4}$, chaque dimension est multipliée par $\frac{1}{4}$.

$R_{patron} = R \times \frac{1}{4} = 0{,}5$ cm

$L_{patron} = 2\pi R_{patron} \approx 3{,}14$ cm

$h_{patron} = 9 \times \frac{1}{4} = 2{,}25$ cm

D'où le patron ci-contre :

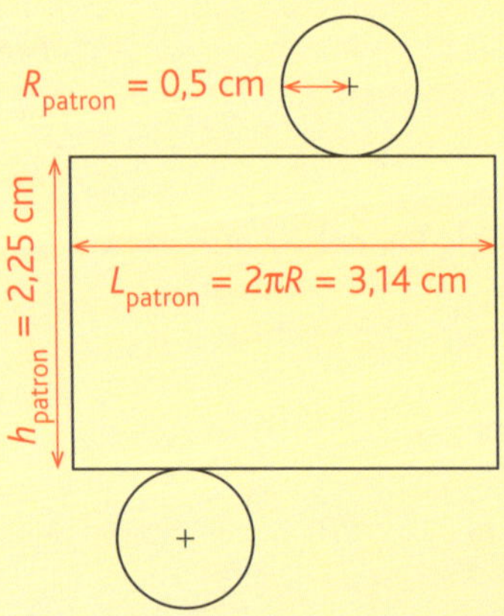

Corrigés → livret, p. 30

S'entraîner

QUIZ-TEST

Coche la (ou les) bonne(s) réponse(s).

1 La valeur exacte du volume d'une boule de rayon 6 cm est :

a) 36π cm². ☐
b) 288π cm². ☐
c) 144π cm². ☐

2 Un cône de diamètre 4 cm et de hauteur 6 cm a pour volume :

a) 8π cm³. ☐
b) 32π cm³. ☐
c) 24π cm³. ☐

3 ★ La pyramide du Louvre

La pyramide du Louvre est une pyramide régulière à base carrée de 35 m de côté ; sa hauteur est de 22 m.

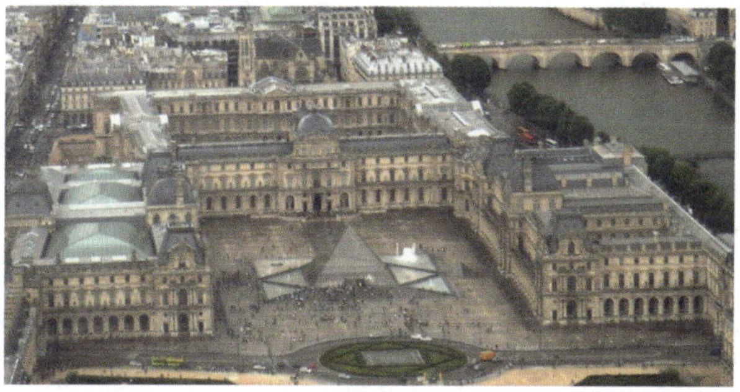

a) Calcule la valeur exacte du volume V de cette pyramide.

....

....

b) Donne la valeur arrondie de V au mètre cube.

....

c) On veut tracer le patron de cette pyramide à l'échelle $\frac{1}{800}$.

• Calcule les dimensions nécessaires de ce patron en les arrondissant au mm.

....

....

....

• Construis au brouillon le patron en faisant apparaître les traits de construction. On attend une précision de tracé au mm.

4 ★★ Volume d'un cube et d'un cylindre

Un cube a des arêtes de 16 cm. Un cylindre de révolution a une base de 8 cm de rayon et une hauteur de 8 cm.

a) Calcule le volume du cube.

....

b) Calcule la valeur exacte du volume du cylindre.

....

c) On place le cylindre à l'intérieur du cube. Occupe-t-il plus de 40 % du volume du cube ?

....

Rappel : Volume du cylindre = aire de base × hauteur

5 ★★★ Exercice brevet

La partie supérieure d'un verre a la forme d'un cône de 6 cm de diamètre de base et de hauteur $AS = 9$ cm.

Le liquide versé dans le verre arrive à la hauteur du point $H \in [SA]$ tel que $HS = 5$ cm.

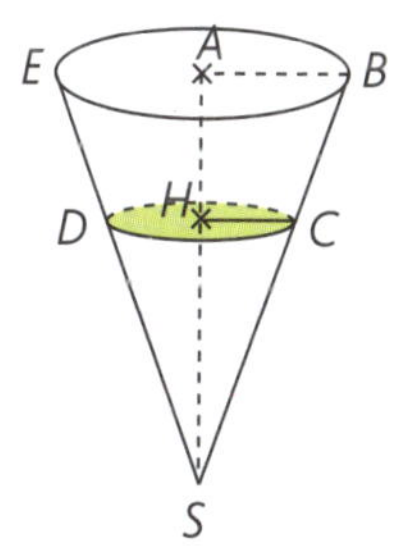

a) Sachant que $(HC)//(AB)$ et que $C \in [SB]$, calcule HC.

....

b) Quel est le volume de liquide dans le verre ?

....

Rappel : Volume du cône = $\frac{1}{3}$ × aire de base × hauteur

Corrigés → livret, p. 30

Maths : fais le bilan !

Coche, pour chaque exercice, la bonne réponse. Reporte-toi ensuite aux corrigés, p. 30, pour obtenir ton score sur 10.

1 Le PGCD de 665 et 1 435 est :

a) 5 ☐
b) 35 ☐
c) 19 ☐

2 L'écriture scientifique du nombre 135 000 est :

a) $1,35 \times 10^5$ ☐
b) $13,5 \times 10^4$ ☐
c) 135×10^3 ☐

3 $(9 - 2x)^2$ est égal à :

a) $81 - 4x^2$ ☐
b) $81 - 36x + 2x^2$ ☐
c) $81 - 36x + 4x^2$ ☐

4 Si $(5x + 4)(6x - 3) = 0$ alors :

a) $x = -\frac{4}{5}$ ou $x = \frac{1}{2}$ ☐
b) $x = \frac{4}{5}$ ou $x = -\frac{1}{2}$ ☐
c) $x = -\frac{4}{5}$ ou $x = -\frac{1}{2}$ ☐

5 Les solutions de l'inéquation $6x + 11 < 9x + 13$ sont :

a) Les nombres supérieurs à $-\frac{2}{3}$ ☐
b) Les nombres inférieurs à $\frac{2}{3}$ ☐
c) Les nombres inférieurs à $-\frac{2}{3}$ ☐

6 Le volume d'une boule ($r = 3$ cm) est :

a) 36π cm^3 ☐
b) 38π cm^3 ☐
c) 12π cm^3 ☐

7 Les tailles de 11 basketteurs : 1,68 m – 1,65 m – 1,83 m – 1,78 m – 1,75 m – 1,79 m – 1,85 m – 1,71 m – 1,69 m – 1,70 m – 1,72 m.
La médiane de cette série est :

a) 1,74 m ☐
b) 1,79 m ☐
c) 1,72 m ☐

8 Une boîte contient 3 boules rouges, 2 bleues, 5 noires, 4 vertes, 1 blanche. La probabilité de tirer une boule rouge ou bleue est :

a) $\frac{1}{3}$ ☐
b) $\frac{5}{10}$ ☐
c) $\frac{1}{15}$ ☐

9 Sachant que (*AB*) // (*CD*), d'après Thalès, *AB* mesure :

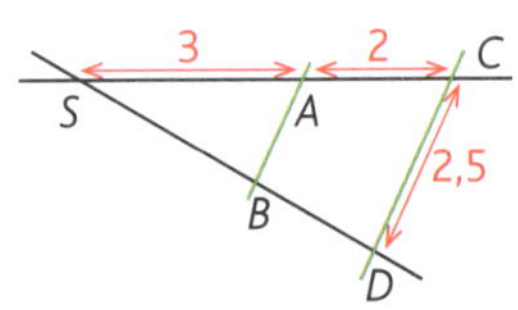

a) 6 ☐
b) 3,75 ☐
c) 1,5 ☐

10 36 km/h, c'est aussi :

a) 36 m/s ☐
b) 100 m/s ☐
c) 10 m/s ☐

TOTAL BILAN .... /10

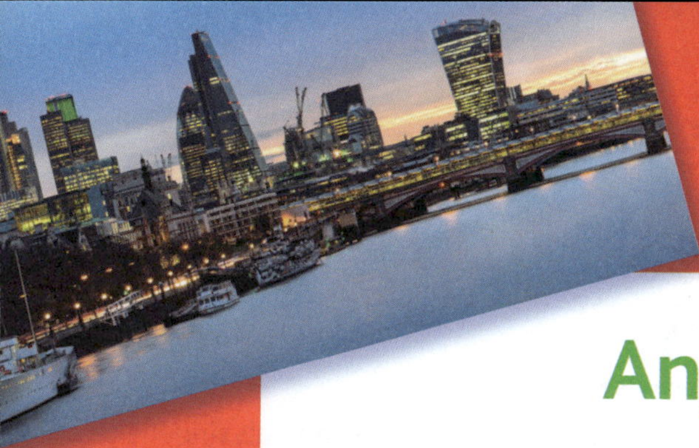

Anglais

Espagnol

Allemand

1 L'expression du présent et de l'avenir

Retiens l'essentiel

Piste 1

1 L'expression du présent

Le présent simple : « verbe seul »

Base verbale à laquelle on ajoute un -s à la 3e personne du singulier.

Ex. : I / we / you / they appreciate good food. He / she appreciates good wine.
– Do you believe in ghosts ? – No, I don't (believe in ghosts).
– Does your father sometimes worry ? – No, he doesn't. He rarely worries.

Le présent continu : « *Be* + *V-ing* »

***Be* conjugué au présent + base verbale** à laquelle on ajoute – **ing.**

Ex. : Look ! Mark is choosing a present.
– Is he choosing a book ? – No, he's choosing a CD, isn't he ?

2 L'expression de l'avenir

***Will* + base verbale** (emploi le plus courant pour parler d'une idée future.)

Ex. : I'll call you again tomorrow. Will you come to my party next Saturday ?
– Yes, I will but my sister won't be free. Your dad will phone my parents, won't he ?

Le présent « *Be* + *V-ing* » accompagné d'un marqueur de temps.

Ex. : Tomorrow, I'm taking an exam.

***Be going to* + base verbale**

Ex. : Amélie is going to write a new novel.

Le présent simple

Ex. : The plane leaves at 9:00 a.m.

À savoir

- La contraction de *will* est *'ll*.
- On emploie *won't* à la place de *will not*.
- Le verbe de la subordonnée de temps introduite par *as soon as*, *when*, *while*... est au présent.

Ex. : When I'm older, I'll go... (Quand je serai plus âgé, j'irais à ...).

Attention !

Aux formes interrogative et négative, on utilise l'opérateur ***do*** ou ***does*** (he / she / it).

Comment faire ?

Piste 2

Choisir entre les deux formes de présent

→ Le **présent simple** s'utilise pour **une caractéristique, une habitude, une opinion.**

Ex. : He works as a lorry driver for a big company.

→ Le **présent « *Be* + *V-ing* »** sert à **décrire, à dire ce que l'on est en train de faire.**

Ex. : What's your mother doing ? – She's cooking cakes for the party.

Parler d'une situation future

Pour exprimer un futur, on emploie :
– ***will* + *V*** ou ***be going to* + *V*** si la **décision est déjà prise** ;
– le **présent « *be* + *V-ing* »** avec **un marqueur de temps** ;
– le **présent simple pour un horaire** ;
– ***be about to* + *V*** pour **une action sur le point de se produire.**

Ex. : We're flying to Scotland next summer. We'll see the Loch Ness.
I'm going to visit my friends this afternoon.
We're about to go to the station : the train leaves at three p.m.

Corrigés → livret, p. 30

S'entraîner

QUIZ-TEST

Coche la (ou les) bonne(s) réponse(s).

1 Le présent « *Be + V-ing* » permet :

a) de décrire ce que l'on voit. ☐
b) d'exprimer une idée future. ☐
c) d'exprimer une idée générale. ☐

2 L'emploi le plus courant pour parler d'une idée future est :

a) *Be going to* + base verbale. ☐
b) le présent simple. ☐
c) *Will* + base verbale ☐

3 ★ « Tags » et « Yes/No questions »

Complète par un « tag » ou réponds par une réponse brève.

a) Are you writing your curriculum ? – No, ...

b) Do young children look forward to Christmas ? – Yes,

....

c) The police know the thief, ... ?

d) Will your parents take you to a museum, tomorrow ?

– No, ...

e) We long for freedom, ... ?

4 ★★ Présent simple ou présent continu ?

Conjugue le verbe au présent simple ou au présent « *be* + V-ing » selon le sens.

a) Shush ! I .... my friend about tomorrow's party. (mail)

b) Mum often .... me. (embarrass)

c) Listen ! the boys .... about the pretty blond hair teacher. (talk)

d) We .... English better than Spanish. (like)

e) Ema is very shy. She .... talking to people first and she never .... to the cinema alone. (not like / go)

5 ★★ Le bon ordre

Remets les mots dans le bon ordre pour redonner un sens à chaque phrase.

a) to / My parents / going / me / help / are / they / holiday / are / when / on / . /

....

b) any / information / have / ? / the / you / Do / school rules / about /

....

c) teens / Those / spend / Irish / , / they / ? / won't / winter holidays / will / their / in France /

....

6 ★★ Le bon temps

Complète en conjuguant au temps qui convient.

a) I .... you as soon as I .... at London. (phone / arrive)

b) The pupils .... in writing an essay when .... their lessons better. (succeed / learn)

c) As soon as she .... 16, Ema .... school. (be / leave)

7 ★★★ Traduction

Comment dirais-tu à un Anglais que :

a) tu n'apprécies pas beaucoup les parents de Kathy parce qu'ils parlent toujours de ses résultats scolaires ?

b) ta tante est sur le point d'appeler un taxi : le train part à huit heures ?

2 Le prétérit – *Used to*

Retiens l'essentiel

Piste 3

1 Le prétérit de *be*

▸ ***Be* a deux formes au passé :** I / he / she / it **was** / we / you / they **were**.

Ex. : I was in Kent yesterday.– Was the landscape magnificent ?
– No, it wasn't. There were lots of hills but there weren't many trees.

2 Le prétérit simple

▸ **Les verbes réguliers** se forment en ajoutant ***-ed*** à la base verbale.

Ex. : play → played / stop → stopped / live → lived / carry → carried

▸ **Certains verbes ont une forme irrégulière** au prétérit (voir garde).

Ex. : go → went / speak → spoke / eat → ate

▸ **Aux formes interrogative et négative, au prétérit simple, c'est l'auxiliaire *did* qui prend la marque du temps,** suivi de la base verbale.

Ex. : In 1950, Charlie Chaplin lived in the States. Did he live in the States in 1960?
– No, he didn't live there. He lived in Switzerland. – When did he leave the States ? – He left the States in 1953.

3 Le prétérit en *V + -ing*

▸ Il se forme avec **l'auxiliaire *be* au prétérit suivi de la base verbale + -ing.**

Ex. : Were you reading a thriller ?– No, I wasn't reading a thriller.
I was reading Harry Potter and the Deathly Hallows.

4 *Used to + V*

▸ ***Used to* + base verbale,** est utilisé pour **souligner un contraste avec le présent, parler des habitudes dans le passé.**

Ex. : My father used to play tennis. (Autrefois, mon père jouait au tennis.)
Did your mother use to ride a scooter ? No, she didn't use to ride a scooter.

À savoir

- *Used to* + base verbale a la même forme à toutes les personnes.

Attention !

- Il faut apprendre par cœur les verbes irréguliers et leur prétérit simple.
- Certains mots ou expressions tels que : *yesterday*, *last*, une date, … *ago* entraînent l'emploi du prétérit.

Comment faire ?

Piste 4

▸ **Parler d'événements révolus – Fixer un cadre à un événement passé**

→ Le **prétérit simple** s'emploie pour parler d'un **fait passé sans lien avec le présent.**

Ex. : Last summer Meg went to visit her aunt in Ireland.

→ Pour indiquer qu'une action était en train d'avoir lieu dans le passé au moment où un autre fait est survenu, **on associe le prétérit *be* + V -ing et le prétérit simple.**

Ex. : Last week, while I was shopping, I met Mike with his girlfriend.

→ ***How long*** permet d'interroger sur une **durée révolue.**

Ex. : How long did she hire a car ? – She hired a car for two weeks.

→ ***How long ago*** permet d'interroger sur le **temps écoulé depuis un événement passé.**

Ex. : How long ago did you hear about this piece of news ? – I heard about it two days ago.
(J'en ai entendu parler il y a deux jours.)

S'entraîner

Corrigés → livret, p. 31

QUIZ-TEST

Coche la (ou les) bonne(s) réponse(s).

1 La (les) phrase(s) au prétérit est (sont) :

a) Don't get too excited, it's not sure yet. .... ☐
b) He was travelling in Scotland when his grandchild was born. .... ☐
c) Mum cut the cake into sixteen pieces before the party. .... ☐

2 « Dad ... to play in a jazz band. » Pour exprimer l'idée que c'était jadis, il faut compléter par :

a) went. .... ☐
b) used to. .... ☐
c) would like. .... ☐

3 ★ Le prétérit de *be*

Complète les phrases suivantes avec la forme de *be* qui convient.

a) Where .... you yesterday ? – I .... at home.

b) When .... your sister born ?

c) Your parents .... twenty years old in 1990, ... they ?

4 ★★ Prétérit simple ou prétérit en *V + -ing* ?

Conjugue le verbe proposé au prétérit simple ou au prétérit en *V + -ing* selon le cas.

a) Last Sunday, I .... to the movies but the film wasn't interesting and I .... (go / fall asleep)

b) The young man .... carefully when a careless motorcyclist .... at the red light. (drive / cross)

c) As my uncle .... a photo, a wasp .... him. (take / sting)

d) While my brother and I .... a film, our little sister .... my English exercises. (watch / tear)

e) As the police .... the suspect .... abroad. (investigate / go)

5 ★★ La bonne réponse !

Réponds aux questions suivantes au brouillon en utilisant les éléments entre parenthèses, comme dans l'exemple.

Ex. : When did you win the cup ? (two months ago)
– I won the cup two months ago.

a) When did the Great Fire of London break out ? (in 1666)

b) Where did it begin ? (in the kitchen of the King's baker)

c) How long did it last ? (five days)

d) Who was shopping when the bomb exploded ? (some people)

6 ★★ La bonne question !

Trouve au brouillon la question qui a permis d'obtenir la réponse soulignée.

a) My uncle sold his chalet <u>two years ago</u>.

b) J.-K. Rowling wrote *Harry Potter and the chamber of secrets* <u>in 2001</u>.

c) The <u>teenagers</u> were dancing when Mum came in.

d) Sportsmen used to <u>take stimulants</u> a few years ago.

7 ★★★ Traduction

Traduis en anglais au brouillon :

a) Autrefois, les élèves travaillaient beaucoup plus.

b) Il y avait tellement de fruits que les branches pendaient jusqu'au sol.

d) La semaine dernière, j'ai rencontré Elsa. Elle m'a invité pour son anniversaire.

3 Le « *present perfect* » – La durée

Retiens l'essentiel

Piste 5

1 Le « *present perfect* »

Formation du « *present perfect* »

Il se compose de l'**auxiliaire *have* au présent + participe passé du verbe.**
Le participe passé peut être symbolisé par V -en.
Present perfect = *have* / *has* + V -en.

Ex. : I've forgotten my book at home. (Donc maintenant je ne l'ai pas.)

Affirmation	Interrogation	Négation
I've checked in.	Have you checked in?	You haven't checked in.
He's lost his cellular.	Has he lost his cellular?	He hasn't lost his cellular.

Le « *present perfect* » continu

Il se compose de **l'auxiliaire *have* au présent + *been* + verbe auquel on ajoute -ing.**
Present perfect continuous = *have* / *has been* + V -ing.

Ex. : It has been raining all day. = It's been raining all day.
Il a plu toute la journée (et ça continue).

Le « *present perfect* » avec *just*

Ex. : Our friends have just moved away from here. (... viennent de partir d'ici.)

2 Ever / already – Never / not... yet

Les **adverbes *ever*, *already*, *never*, *not ... yet*** sont souvent employés avec le « *present perfect* » pour établir un lien entre le présent et le passé.

On utilise habituellement ***ever*** dans une **phrase interrogative**, ***already*** dans une **phrase affirmative**, tandis que ***never*** et ***not ... yet*** ont un sens **négatif**.

Ex. : Have you ever gambled on the stock exchange ? – Yes, I've already gambled on... / No, I've never gambled on... / No, I haven't gambled on the stock exchange yet.

3 La durée

```
        ‹          for          ›              since
——— |/////////////////////|———>        —|———————————————|———>
             2 years       Now           2012            Now
```

Ex. : How long have they lived there ? (Depuis combien de temps...)
Peter has lived there for two years. Greg has lived there since 2012.

À savoir — *For et since*

- *For* + « present prefect » exprime la **durée d'une action** ou d'un fait toujours d'actualité.
- *Since* + « present perfect » indique le **début d'une action** ou d'un fait toujours vrai.

À savoir — *Have been/ have gone*

Ex. : Adele has been to the States. (Elle est allée aux États-Unis. Elle en est revenue.)
Ex. : They have gone to England. (Ils y sont toujours.)

Comment faire ?

Piste 6

Relier le présent au passé

Le « *present perfect* » n'est **pas un temps du passé.**
Il permet de faire le **bilan actuel d'un événement passé**, de constater le résultat présent d'une situation passée.

Ex. : I've been to England twice.
They've been watching TV for two hours.

Lorsque l'on veut insister sur la **durée de l'action**, on utilise le « ***present perfect*** » **progressif.**

Corrigés → livret, p. 31

S'entraîner

QUIZ-TEST

Coche la (ou les) bonne(s) réponse(s).

1 « He's never been to London. » : « 's » est :

a) la contraction de « is ». ☐
b) la contraction de « has ». ☐
c) la marque de la possession. ☐

2 Les phrases correctes sont :

a) He's lived here since two months. ☐
b) He's lived here since 2012. ☐
c) He's lived here for three months. ☐

3 ★ Le « *present perfect* »

Dans les phrases suivantes, conjugue le verbe proposé au « *present perfect* ».

a) We .... a room in a 'Bed and Breakfast' for two nights in Dublin. (book)

b) The burglar .... in the victim's car. (drive away)

c) They .... since January. (be married)

d) Since 2015, rap .... more popular and more diverse. (become)

4 ★★ Questions-Réponses

Utilise les éléments suivants pour poser une question (au brouillon) et y répondre en contractant, comme dans l'exemple.

Ex. : you / write a poem / write one. Have you ever written a poem ? – Yes, I've just written one.

a) she / clear the table / do it

b) he / dig his father's garden / dig it

c) they / buy any presents / buy some presents

5 ★★ Les adverbes

Complète avec *ever*, *never*, *already* ou *yet*.

a) Have you .... been to Scotland ?

b) – Yes, I've .... been there but I've .... been to Wales.

c) Has she .... visited the National Gallery ?

d) – No, she hasn't visited it ....

6 ★★★ Compréhension

Lis attentivement le texte suivant puis relie chaque élément de la première colonne à celui qui lui correspond dans la seconde.

It is a quarter to eight. Some people are at the railway station. They are waiting for a train to go back home but there aren't many trains because there is a rail strike.

a) Mr. Brown has been here for twenty minutes.	1) They've been here since twenty-five to eight.
b) Mary has been here for two hours.	2) He's been here here since twenty-five past seven.
c) Paul has been here for half an hour.	3) She's been here since twenty-five to seven.
d) Kate and Greg have been here for ten minutes.	4) She's been here since seven o'clock.
e) Mrs. Jones has been here for one hour and ten.	5) He's been here since half past seven.
f) Mark has been here for a quarter of an hour.	6) She's been here since a quarter to six.
g) Sue has been here for three quarters of an hour.	7) He's been here since a quarter past seven.

• Who has arrived at the station first ? ....

• Who has arrived here last ? ....

7 ★★★ Traduction

Traduis en anglais au brouillon :

a) Mon voisin est allé en Chine. Il y habite depuis deux mois. Ann vient de partir le rejoindre.

b) Mon père n'a pas fumé de cigarette depuis 1999.

c) Ça fait deux heures que le chien creuse dans ce coin ?

d) Justin n'a jamais été obsédé par le tatouage.

4 Gérondif – Infinitif – Impératif

Retiens l'essentiel

Piste 7

1 Le gérondif (*V + -ing*)

Formation du gérondif

Il est formé à partir d'une **base verbale à laquelle on ajoute -ing.**

Ex. : Swimming is a good sport but I prefer cycling.

Le **gérondif est obligatoire après certaines expressions** telles que : *can't stand, can't help, don't mind, it's no use, it's no good, it's worth.*

Ex. : I'm not enthusiastic about working hard but it's worth making an effort.

2 L'infinitif (*to + V*)

C'est la **base verbale précédée de *to***.

Ex. : My grandfather is old enough to retire.

Certains verbes sont suivis de *to* + V.

Les plus courants sont : *prefer, want, manage, choose, decide, hesitate, promise, oblige, I'd like.*

3 La subordonnée infinitive

La subordonnée infinitive avec *to*

Ex. : Mrs. Jones wants her son to work harder.

– « Mrs. Jones wants » : proposition principale ;

– « her son to work harder » : proposition subordonnée infinitive.

Pour qu'il y ait proposition infinitive, **il faut que l'infinitif ait un sujet propre.**

Ex. : Mrs. Jones wants her son to work hard. = Mrs. Jones wants him to work hard.

Lorsque le sujet de l'infinitif est un pronom, il est sous la forme complément.

La subordonnée infinitive sans *to*

Après les verbes *make* et *let*, la proposition infinitive est construite sans *to*.

Ex. : My schoolmate always makes me laugh.

4 L'impératif

À la 2e personne, on utilise la **base verbale, précédée de *don't* à la forme négative.**

Aux autres personnes, *let* est suivi du pronom personnel complément et de la base verbale.

Ex. : Bet on that horse ! Don't bet on that horse !

Let 's prevent him from doing that ! (Empêchons-le de faire cela !)

Let them watch television ! (Qu'ils regardent la télévision !)

À savoir

Les fonctions du gérondif

Le gérondif peut être sujet mais aussi complément, notamment **après** :

– **une préposition** (sauf *to*) ;

– des **verbes d'appréciation** (*like, enjoy, avoid...*) ;

– des **verbes de perception** comme *see, hear, feel* ;

– *go* lorsque l'on parle de sports ou d'activités.

Attention !

Pour parler d'un **projet à réaliser**, d'un **but à atteindre** ou pour **exercer une pression** sur quelqu'un, on utilise une **proposition principale suivie d'une subordonnée infinitive**.

Ex. : My parents want me to pass my GCSE.

Comment faire ?

Piste 8

Savoir utiliser le gérondif et l'infinitif

→ **Le gérondif** sert à parler d'une **activité exécutée, expérimentée.**

Ex. : I like travelling abroad.

→ **L'infinitif avec *to*** permet d'évoquer une chose non encore réalisée.

Ex. : I'd like to go to the States.

Corrigés → livret, p. 31

S'entraîner

QUIZ-TEST

Coche la (ou les) bonne(s) réponse(s).

1 « Dad enjoys.... chess. » peut être complété par :

a) play. ☐
b) playing. ☐
c) to play. ☐

2 « The teacher asked the girl to spell her name. » Cette phrase contient :

a) une seule proposition. ☐
b) une principale et une subordonnée infinitive. ☐
c) une principale et une subordonnée interrogative. ☐

3 ★ Le gérondif

Mets le verbe entre parenthèses au gérondif.

a) My uncle is very keen on .... (garden)

b) I really enjoy .... (sunbathe)

c) Lots of people hate .... in queues. (wait)

d) My father has no intention of .... the post. (accept)

e) Is there any chance of .... your motorbike while you're at your grandparents. (borrow)

4 ★★ Gérondif ou infinitif ?

Complète les phrases suivantes en utilisant le verbe entre parenthèses comme gérondif ou infinitif (sans *to* ou avec *to*).

a) It's Sunday. It's no use (get up) .... early.

b) I'd like (be) .... a surgeon because I'm not afraid of blood.

c) I won't let you (be) .... treated like that.

d) It would be incorrect (exaggerate) .... the importance of the information.

e) Yesterday, we decided where (go) .... during the next holidays.

f) I'd like (go – camp) ....

5 ★★ La proposition infinitive

Au brouillon, réponds aux questions suivantes de deux façons différentes, si c'est possible, en utilisant les éléments entre parenthèses.

Ex. : What do you want Mary to do ? (tell her parents the truth). – I want Mary to tell her parents the truth. – I want her to tell her parents the truth.

a) What do they want their son to do ? (finish his homework before going out with his girlfriend)

b) What did he promise his teachers ? (be more disciplined in class)

c) What do you expect me to do ? (help me)

d) What did they make their daughter do ? (study Chinese)

6 ★★★ Poser des questions

Pose les questions qui ont entraîné les réponses en gras.

a) My parents like **listening to classical music**.

b) The maths teacher wants his pupils to **be more concentrated**.

c) I told her **not to be so jealous**.

7 ★★★ Traduction

Traduis en anglais les phrases suivantes :

a) Les sportifs évitent de grossir. Ils aiment manger des fruits et des légumes.

b) J'aimerais devenir ingénieur chimiste.

c) Il y a un bon film qui passe. Allons au cinéma !

d) Fumer est strictement interdit à bord.

5 Les comparaisons – Les relatifs

Retiens l'essentiel

Piste 9

1 Les comparatifs

Le comparatif de supériorité (plus ... que ...)

– **Adjectifs courts** (1 syllabe + 2 syllabes terminés par -er, -y, -ow, -le) = adjectif + *-er* + *than*

Ex. : tall → taller ; big → bigger ; heavy → heavier

– **Adjectifs longs** = *more* + adjectif + *than*

Ex. : patient → more patient

Ex. : Michel Blanc is funnier than Julia Roberts but she is more attractive than him.

– **Comparatifs de supériorité irréguliers :**
good / well → better ; bad → worse ; far → farther / further ; old → older / elder (aîné)

Le comparatif d'égalité (aussi ... que ...) = *as* + adjectif + *as*

Ex. : Your school bag is as heavy as mine.

Le comparatif d'infériorité (moins ... que ...)

– **Adjectifs courts** = *not as* + adjectif + *as*

Ex. : My English teacher is young but she isn't as pretty as my girlfriend.

– **Adjectifs longs** = *not as* + adjectif + *as* ou *less* + adjectif + *than*

Ex. : Mary is not as talkative as Betty. = Mary is less talkative than Betty.

2 Les superlatifs

Le superlatif de supériorité (le plus...)

Adjectifs courts : *the* + adjectif + *-est*

Ex. : far → the farthest / the furthest ; old → the oldest / the eldest (l'aîné)

– **Adjectifs longs** = *the most* + adjectif

Ex. : She's the prettiest actress he's ever seen but in the most stupid film.

– **Superlatifs irréguliers** : *good / well → the best ; bad → the worst*

3 Les pronoms relatifs

Un pronom relatif **remplace un nom** (l'antécédent) et **introduit une subordonnée relative.**

Fonction	Antécédent animé	Antécédent non animé
Sujet	*who* (that : plus familier)	*which / that*
Complément d'objet	*who / that / Ø*	*which / that / Ø*
Complément de nom		*whose*
Compl. de lieu, cause, temps		*where, why, when*

Le pronom relatif complément d'objet est généralement omis.

Ex. : Some people I know are shocked by the article.

Which peut remplacer une proposition et *what* (ce qui, ce que) n'a pas d'antécédent.

Ex. : What is done is done. He said he won the jackpot, which is true.

À savoir

Le double comparatif

On peut aussi utiliser un double comparatif (= de plus en plus) pour exprimer une progression ou un accroissement.

Ex. : On hearing the news, he turned paler and paler. Our teachers' lessons are more and more boring.

Attention !

On peut ajouter le **suffixe** *-ever* à certains relatifs : *whoever* = qui que ce soit qui, *whichever* = quel que soit..., *whatever* = quoi que, *wherever / whenever* = quel que soit le lieu / le moment.

Ex. : Whatever you say, he'll be right !

Corrigés → livret, p. 31

S'entraîner

QUIZ-TEST

Coche la (ou les) bonne(s) réponse(s).

1 La phrase avec un comparatif de supériorité est :

a) Giving is better than taking. ☐
b) She's the most timid girl. ☐
c) He's clever but selfish. ☐

2 « The teacher ... car never starts is nice. » : il faut compléter par :

a) whatever. ☐
b) who. ☐
c) whose. ☐

3 ★ Le comparatif de supériorité

Complète les phrases suivantes en mettant l'adjectif proposé au comparatif de supériorité.

a) Is your girlfriend .... your sister ? (gentle)

b) My English teacher is .... my maths teacher. (ironical)

c) She has a .... job .... her husband. (nasty)

d) This worker is .... a machine. (efficient)

4 ★★ Comparaison

Steve et Fanny sont frère et sœur. En te servant des éléments du tableau, rédige au brouillon des phrases pour les comparer.

Utilise les adjectifs suivants, d'abord au comparatif de supériorité, puis d'infériorité : good – young – tall – heavy – interested in – pessimistic

Steve	Fanny
16 years old	17 years old
Maths : 18	Maths : 10
1 m 70	1 m 75
123 lbs	110 lbs
Always listens to music	Sometimes listens to music
Thinks whatever happens it will be bad	Very optimistic

5 ★★ Le superlatif de supériorité

Mets l'adjectif proposé au superlatif de supériorité.

a) Bill Gates is one of .... men in the world. (rich)

b) It's .... person I've ever met. (gorgeous)

c) Kate is .... pupil in our class. (shy)

d) This film is .... I've ever seen. (bad)

e) Eileen is .... girl I know. (jealous)

f) Mary was .... of three children. (old)

6 ★★ Les pronoms relatifs

Complète avec le pronom relatif qui convient

a) William the Conqueror .... built the Tower of London was a French duke.

b) The British Museum .... opened in 1759 is famous for its Egyptian mummies.

c) It's the most stupid film .... I've ever seen.

d) Chaplin .... was born in France and .... brother was an artist too, settled in Switzerland .... he died in 1977.

7 ★★★ Transformation

Transforme les deux phrases en une seule grâce à un pronom relatif.

a) Dad went to Ireland last week. He said it was a wonderful country.

b) I didn't like that film. I saw it last summer.

c) I know a boy. His father is a pilot.

d) An old bachelor is a man. An old bachelor has never been married.

6 La modalité – La subordination

Retiens l'essentiel

Piste 10

1 Les auxiliaires modaux

▸ **Ils sont invariables et toujours suivis d'une base verbale.**

Le modal peut avoir des **valeurs diverses** et exprimer :
– la capacité, la possibilité : *can* – l'incapacité, l'impossibilité : *can't*
– l'obligation : *must* – l'absence d'obligation : *needn't*
– l'interdiction : *can't, mustn't, may not*
– la permission : *can, may* – la possibilité éventuelle : *may*
– l'incertitude : *could, might* – le conseil / le reproche : *should / shouldn't*
– le conditionnel : *would / wouldn't* / une suggestion : *Shall I / we... ?*

▸ ***Can – Could – Be able to***

Can devient *could* au passé et au conditionnel.

Ex. : – Can you tell me the way to the National Gallery, please ?
– Sorry, I can't. I'm French. You could ask a policeman.

▸ ***Must – Have to***

Have to, l'équivalent de *must*, se conjugue comme un verbe ordinaire.

Ex. : – Did she have to do this exercise ? – Of course, she had to do it.

▸ ***May – Might – Be allowed to*** (équivalent de ***may***)

May a une forme passée, *might*, qui correspond souvent à un conditionnel.

Ex. : He might come for Christmas. (Il se pourrait qu'il vienne pour Noël.)

À savoir

Be able to

L'équivalent de *can* est *be able to*.

À savoir

Had better + V

Had better suivi d'une base verbale permet d'exprimer un conseil.

Ex. : You'd better ring them at once. (Tu ferais mieux de les appeler tout de suite).

2 Les subordonnées

▸ **La subordonnée complétive**

Elle est introduite par la conjonction *that*, qui est le plus souvent omise.

Ex. : She said (that) her stepfather was scornful.

▸ **Les subordonnées circonstancielles**

– La **subordonnée de condition** est introduite par *if*.

Ex. : You'll be late if you don't hurry.

– La **subordonnée causale** est introduite par *because* (parce que), *as* (comme), *since* (puisque). *Ex. :* The accident happened as they were telephoning.

– La **subordonnée de conséquence** est introduite par *so that* (de sorte que), *so ... that* (si ... que).

Ex. : That pupil was so intelligent (that) he couldn't be forgotten.

Comment faire ?

Piste 11

▸ Exprimer une contrainte avec *have to*, une non nécessité avec *don't have to*.

Ex. : Joe is ill. He has to stay at home but the doctor says he doesn't have to stay in bed.

▸ Parler de ce que l'on préférerait, désirerait faire

On utilise *Would prefer* + *to* + V et *would rather* + V.

Ex. : May I wash the glasses ? I'd prefer you to dry them. I'd rather wash than dry.

Corrigés → livret, p. 31

S'entraîner

QUIZ-TEST

Coche la (ou les) bonne(s) réponse(s).

1 « You shouldn't eat so much » exprime :

a) une interdiction. ☐
b) un reproche. ☐
c) une incapacité. ☐

2 « You won't be able to pass your exam... you don't work». il faut compléter par :

a) if. ☐
b) that. ☐
c) when. ☐

3 ★ Les auxiliaires modaux

Complète par l'auxiliaire modal qui convient en tenant compte des informations données entre parenthèses.

a) He .... eat less fattening food. (conseil)

b) .... you help me ? (possibilité)

c) I'm going to take my raincoat. It .... rain later. (possibilité éventuelle)

d) It isn't going to rain : you .... take an umbrella. (absence d'obligation)

e) He .... be here before 7. (non nécessité)

f) You .... finish your homework before going to the cinema. (obligation)

g) – .... we invite all our friends for the party ?
– Yes, let's (= let us) invite them. (suggestion)

4 ★★ Changement de temps

Mets les phrases suivantes au prétérit, puis au futur.

a) He must redecorate the house before moving.

....

b) My neighbour can repair his computer.

....

c) You may go out with your friends.

....

5 ★★ Les subordonnées

Transforme au brouillon comme dans l'exemple.

Ex. : She swims fast / win (conséquence)
She swims so fast that she'll win.

a) They took the bus / be late (cause)

b) He'll fail his exam / not work harder (condition)

c) Anne told me / give her an incorrect e-mail address (complétive objet)

6 ★★ Dans le bon ordre !

Remets au brouillon les éléments dans le bon ordre.

a) I / Can / one double / for / ? / single room / book / and / one / tonight /

b) this form / fill / . / must / in / You / me / for /

c) he's / absent-minded / that / credit card / so / My / . / his / is / stepfather / lost /

7 ★★★ Traduction

Traduis en anglais les phrases suivantes :

a) Ce doit être un riche étranger, c'est pourquoi il se pourrait qu'il achète la maison hantée.

b) Si l'homme achète la maison, il devra habiter avec un fantôme.

c) Il trouva la maison si coquette qu'il l'acheta.

d) Ce n'est pas la peine que vous fermiez la porte à clé, le fantôme l'ouvrira.

e) Son épouse lui a dit qu'elle ne pouvait pas rester avec lui.

7 Les quantifieurs – L'exclamation

Retiens l'essentiel

Piste 12

1 Les quantifieurs

On les utilise **devant des noms dénombrables ou indénombrables.**

Notion exprimée	Noms dénombrables	Noms indénombrables
la totalité	*all / each* ou *every* + sing	*all*
la plus grande partie	*most*	*most*
une grande partie	*(a) lot(s) of / plenty of / many*	*a lot of / plenty of / much*
une quantité indéfinie	*some / any*	*some / any*
une quantité suffisante	*enough*	*enough*
une petite quantité	*a few*	*a little*
une faible quantité	*few*	*little*
une quantité nulle	*not any / no*	*not any / no*

À savoir

Not any

On peut remplacer *not any* par *no*.

Ex. : There are no nuclear wastes ...

Some – any – not any / no

Some s'emploie dans une phrase affirmative et interrogative si l'on sait la réponse positive. *Any* s'emploie dans une phrase interrogative et négative.

Ex. : – Is there any pollution in China? – Yes, there is some pollution in all the big cities but there aren't any nuclear wastes in each country.

Les composés de *some, any, no, every*

Les pronoms *someone, somebody, everybody, something, everything* et les adverbes *somewhere, everywhere* suivent les mêmes règles d'emploi que *some, any, no*.

Ex. : – Are there any absentees today ? – No, nobody (no-one) is absent.

Enough

Enough se place avant un nom, mais après un adjectif.

Ex. : My brother is strong enough to carry that heavy case (... assez fort...)

2 Les phrases exclamatives

***What* et *such* + nom**

Lorsque l'exclamation porte sur un nom ou un groupe nominal, on emploie *what* au début d'une phrase et *such* à l'intérieur.

Ex. : What a sensible teen ! She is such a sensible teen !

***How* et *so* + adjectif ou adverbe**

Lorsque l'exclamation porte sur un adjectif ou un adverbe, on utilise *how* au début d'une phrase et *so* à l'intérieur.

Ex. : How anxious she is ! She is so anxious !

Comment faire ?

Piste 13

Interroger sur la quantité ou le prix ; exprimer un excès

→ ***How much*** permet d'interroger sur une **quantité indénombrable**, ainsi que sur le **prix**.
→ ***How many*** sert à interroger sur une **quantité dénombrable**. Il est **suivi d'un pluriel**.
→ ***Too*** accompagne un adjectif ou un adverbe, ***too much*** un indénombrable ou un verbe et ***too many*** un dénombrable (un nom au pluriel).

Ex. : There is too much noise : too many children are too talkative.

Corrigés → livret, p. 32

S'entraîner

QUIZ-TEST

Coche la (ou les) bonne(s) réponse(s).

1 « Is there ... orange juice in the fridge » : on peut compléter par :

a) a little. ☐
b) enough. ☐
c) a few. ☐

2 « How pretentious this girl is... » : il faut ajouter :

a) ? ☐
b) ! ☐
c) . ☐

3 ★ *Some, any* ou *no* ?

Complète les phrases suivantes par *some*, *any* ou *no*.

a) She bought .... fruit because her friend's children don't eat .... cakes.

b) Did you take .... photos when you were in London? – Yes, I took ....

c) She has to walk to school : there are .... buses in this part of the town.

d) He gave you .... money, didn't he ?

4 ★ Les quantifieurs

Complète les phrases suivantes en choisissant la proposition entre parenthèses qui convient.

a) .... evening at six, my uncle goes to the pub. (All / Every)

b) He drinks very .... beer. (few / little)

c) .... people are tired at the end of the holidays. (Few / Little)

d) .... children wanted presents. (every / all)

e) I've never seen so .... people. (much / many)

5 ★ Les composés de *some*, *any* et *no*

Complète ces phrases par des composés de *some*, *any*, *no*.

a) Did you go .... yesterday ?

b) He wants to buy .... funny for his girlfriend's.

c) .... has lost the key and .... can come in.

d) An old lady lived in this flat. She went ...., just stayed at home.

6 ★★ Transformation

Mets les phrases suivantes à la forme interrogative, puis à la forme négative en utilisant les deux possibilités.

a) There is some food left.

....

b) She'll buy something cheap for her nephew.

....

c) They spent their honeymoon somewhere in the British Isles.

....

7 ★★★ Traduction

Traduis en anglais les phrases suivantes.

a) La plupart des enfants aiment la nourriture qui fait grossir mais ils ne mangent pas assez de fruits.

b) Autrefois, il y avait peu d'ordinateurs dans les écoles.

c) Son chien la suit partout où elle va.

d) Invitons quelques amis !

e) Quelle ambitieuse femme c'est !

8 Le discours indirect – La voix passive

Retiens l'essentiel

Piste 14

À savoir

Le discours indirect

Le discours indirect permet de **rapporter les propos de quelqu'un**.

Attention !

L'ordre des mots de la subordonnée interrogative est celui de la phrase affirmative.

1 Le discours indirect

Passage au discours indirect avec un verbe introducteur au présent

Dans ce cas, le temps ne change pas mais il faut modifier la personne des adjectifs possessifs et des pronoms personnels, possessifs et réfléchis.

Ex. : « I'm in a hurry. » → She says she's in a hurry.
« I've lost my wallet. » → He says he has lost his wallet.

Passage au discours indirect avec un verbe introducteur au passé

Discours direct	Discours indirect
présent	prétérit
present perfect	*had* + participe passé
prétérit	*had* + participe passé
will + base verbale	*would* + base verbale
impératif	*to* + base verbale

Ex. : « I want to change my image. »
What did Joss Stone say ? She said she wanted to change her image.

2 La voix passive

Un verbe à la voix passive se compose de **l'auxiliaire *be* suivi du verbe au participe passé**. C'est l'auxiliaire *be* qui prend la marque du temps.

Passage de la voix active à la voix passive

Ex. : William the Conqueror built The Tower of London in 1078.
→ The Tower of London was built by William the Conqueror in 1078.

Le passif des verbes à deux compléments

Certains verbes tels que : *tell, offer, give, send...* sont généralement employés avec un complément d'objet direct (COD) et un complément d'objet second (COS). Lorsque l'on met ce type de phrase à la voix passive, c'est le COS qui devient sujet.

Ex. : They gave the winners (COS) a present. → The winners (Sujet) were given a present.

Comment faire ?

Piste 15

Traduire le pronom « on »

On emploie souvent la voix passive pour rendre le « on » français.

Ex. : We were given your telephone number. (On nous a donné votre numéro...)
A new school is being built. (On construit une nouvelle école.)

Faire la différence entre *say* et *tell*

→ **Avec *tell***, on cite l'interlocuteur. Il est donc suivi d'un nom ou d'un pronom.

Ex. : He *told* me to ride my motorbike carefully. He *said* he was tired.

→ **Avec *say***, l'interlocuteur n'est pas mentionné ou introduit par la préposition ***to***.

Corrigés → livret, p. 32

S'entraîner

QUIZ-TEST

Coche la (ou les) bonne(s) réponse(s).

1 « I won on the lottery last year. » : William said he...... on the lottery last year., il faut compléter par :

a) won. ☐
b) wins. ☐
c) had won. ☐

2 « They sent their parents a message yesterday. » : à la voix passive, le sujet est :

a) a message. ☐
b) their parents. ☐
c) they. ☐

3 ★ *Tell, say* ou *ask* ?

Complète les phrases suivantes en employant *tell*, *say* ou *ask* au prétérit.

a) My parents .... me that they were worried.

b) My girlfriend .... me where I was.

c) My friend .... he'd like to try a bungee jumping. (saut à l'élastique)

d) He .... his friend how to find the solution.

4 ★★ Du discours direct au discours indirect

Transforme les phrases suivantes, comme dans l'exemple.

Ex. : Joe : « I like watching TV. » What does Joe say ?
– He says he likes watching TV.

a) Ema : « How can you be so shy, Jeff ? »

What did Ema ask Jeff ?

....

b) « Are you from France ? » she asked me.

....

c) Peter : « I want to know your girlfriend. » What did Peter tell you ?

....

d) « What have you broken ? » Mum asked Steve.

....

e) John : « Where will you spend your holidays ? » What did John ask Mary ?

....

f) « You must go on a diet. » What does she tell her boyfriend ?

....

g) « I can't do it myself. » What did Mark tell his parents ?

....

5 ★★ Du discours indirect au discours direct

Transforme au brouillon le discours indirect en discours direct.

a) Billy said he had bought a new smartphone.

b) Liz asks him what colour his smartphone is.

c) His parents told him to be careful.

d) Sue asks him if he's ever been to town.

e) John answered he would go to London next week.

6 ★★★ De la voix active à la voix passive

Au brouillon, transforme les phrases à la voix active en phrases à la voix passive et inversement.

a) *Harry Potter and the Goblet of Fire* was written by J.-K. Rowling in 2000.

b) He'll carry that heavy bag to the car.

c) The suspect has been arrested by the police.

1 L'emploi des prépositions

Retiens l'essentiel

Piste 1

- On emploie la préposition **a** devant un COD de personne ou pour exprimer le mouvement vers un but. ***A*** se contracte devant ***el*** et fait ***al***.
  Ex. : Veo a Thomas. Va al cine. (Je vois Thomas. Il va au cinéma.)
- La préposition ***con*** indique l'accompagnement ou introduit l'expression de la manière ou du moyen.
  Ex. : Vamos al museo con vosotros. (Nous allons au musée avec vous.)
  Hace sus deberes con el diccionario. (Il fait ses devoirs avec un dictionnaire.)
- On utilise ***de*** pour indiquer l'appartenance, la provenance ou la matière.
  Ex. : El coche es de mi tío. (La voiture est à mon oncle.)
  Vienen de Pisa. (Ils viennent de Pise.)
  La camisa es de algodón. (La chemise est en coton.)
- La préposition ***en*** permet de situer dans le temps ou dans l'espace.
  Ex. : En los años ochenta, vivimos en Buenos Aires.
  (Dans les années quatre-vingts, nous vivions à Buenos Aires.)
- On utilise ***para*** pour exprimer le point de vue, le but ou le destinataire.
  Ex. : Para mí es difícil. (Pour moi, c'est difficile.)
  El bolígrafo es para escribir. (Le stylo est pour écrire.)
  Este teléfono es para ti. (Ce téléphone est pour toi.)
- La préposition ***por*** indique le lieu par où l'on passe ou la cause.
  Ex. : Para ir al colegio, pasamos por el parque. (Pour aller au collège, nous passons par le parc.) El supermercado está cerrado por vacaciones. (Le supermarché est fermé pour les vacances.)

À savoir

« Depuis... jusqu'à ... »

La formule **« *de...a...* »** sert à préciser le point de départ et le point d'arrivée, dans l'espace ou dans le temps. On peut aussi utiliser **« *desde... hasta...* »**.
Ex. : De Madrid a Cuenca hay 150 kilómetros.
Tenemos clase desde las ocho hasta las once.

Comment faire ?

Piste 2

Bien utiliser la préposition *de*

→ Certains verbes qui se construisent avec la préposition « de » en français ne sont pas suivis d'une préposition en espagnol.

Ex. : decidir (décider de) ; pedir (demander de) ; permitir (permettre de) ; proponer (proposer de).
He decidido Ø participar en la reunión. (J'ai décidé de participer à la réunion.)

→ En espagnol, on ne met pas de préposition ***de*** après une tournure avec ***ser***.

Ex. : es difícil (il est difficile de) ; es interesante (il est intéressant de).
Es difícil Ø leer en chino. (C'est difficile de lire en chinois.)

Bien traduire les prépositions

Certains verbes se construisent avec une préposition différente en français et en espagnol.

Ex. : pensar en (penser à) ; consistir en (consister à) ; soñar con (rêver de).
Soñamos con el mar. (Nous rêvons de la mer.)

Corrigés → livret, p. 32

S'entraîner

QUIZ-TEST

Coche la (ou les) bonne(s) réponse(s).

1 **« Voy a visitar a mis amigos ....Toledo. »**
Le mot manquant est :

a) en. ☐
b) a. ☐
c) con. ☐

2 **La (les) phrase(s) correcte(s) est (sont) :**

a) Paso para Madrid por ir a Sevilla. ☐
b) Paso por Madrid para ir a Sevilla. ☐
c) Para ir a Sevilla paso para Madrid. ☐

3 ★ *A* ou *de* ?

Complète les phrases avec *a* ou *de*.

a) Esperamos .... tus amigos para ir al cine.

b) Vienes .... Salamanca.

c) Los chicos van .... Madrid.

d) Vuelvo .... casa.

e) Salís .... casa a las dos.

4 ★ La bonne préposition

Entoure la préposition qui convient.

a) En/De septiembre, es el cumpleaños de/a Pedro.

b) Vamos al/en restaurante para/por comer.

c) Estás en/de el salón para/por ver la televisión.

d) Van de/a Madrid a/para Zaragoza en/a tren.

e) Puedo hablar en/con mis amigos.

5 ★ Construire des phrases

Construis des phrases en reliant les éléments des deux colonnes.

a) Van	1) en la cocina.
b) Volvemos	2) al supermercado.
c) Estoy	3) del teatro.
d) Dormís	4) en la universidad.
e) Estudias	5) en la cama.

6 ★★ *Por* ou *para* ?

Complète les phrases avec *por* ou *para*.

a) Esta bicicleta es .... tu hermano.

b) ¿.................... qué aprendes el chino?

c) Hoy .... la tarde visitaremos Cuzco.

d) ¿ .... qué estáis tristes ?

e) Compro este móvil .... cien euros.

7 ★★ *De* ou Ø ?

Complète les phrases par *de* ou Ø selon les cas.

a) Decidió .... venir con nosotros.

b) Me pide .... que llegue por la mañana.

c) Salimos a las diez .... clase.

d) Para ir .... París a Marsella, cogemos el tren.

e) Es interesante .... hablar con un escritor.

8 ★★★ Traduire en espagnol

Comment dirais-tu en espagnol :

a) J'habite en France.

....

b) Je vais à la maison de Cecilia.

....

c) Tu étudies pour être médecin.

....

2 Les pronoms personnels

Pronoms et prépositions

Lorsqu'il est utilisé avec une préposition autre que *con*, le pronom personnel est à la forme sujet, sauf pour les première et deuxième personnes du singulier :
yo → mí ; tú → ti.
Ex. : El libro es para nosotros. mais El libro es para ti.

À savoir — Vouvoyer

Pour vouvoyer, on emploie la troisième personne du singulier ou du pluriel avec le pronom personnel sujet ***usted*** (***ustedes***), et les pronoms compléments correspondants :
lo, la le, los, las, les (COD) ; le, les (COI) ; se (réfléchi) ; con usted, con ustedes.
Ex. : Le veo. → usted
(Je vous vois → singulier).
Les veo. → ustedes
(Je vous vois → pluriel).

Retiens l'essentiel

Piste 3

1 Les formes des pronoms personnels

Sujet	COD	COI	Réfléchi	Avec con
Yo	Me	Me	Me	Conmigo
Tú	Te	Te	Te	Contigo
Él, ella	Lo, la, le	Le	Se	Con él, ella, consigo
Usted	Lo, la, le	Le	Se	Con usted
Nosotros, as	Nos	Nos	Nos	Con nosotros, as
Vosotros, as	Os	Os	Os	Con vosotros, as
Ellos, ellas	Los, las, les	Les	Se	Con ellos, ellas
Ustedes	Los, las, les	Les	Se	Con ustedes

2 La place des pronoms personnels

Dans la phrase, le pronom personnel COI se place avant le pronom personnel COD, lui-même placé avant la forme verbale : **pronom COI + pronom COD + verbe.**

Ex. : Me lo dice. (Il me le dit.)
COI COD verbe

3 L'enclise

▸ **L'enclise** consiste à coller le pronom après le verbe. On l'utilise :

– après un verbe à **l'infinitif**.
Ex. : Hay que hacerlo. (Il faut le faire.)

– après un verbe au **gérondif**.
Ex. : Está buscándolo. (Il est en train de le chercher.)

– après un verbe à **l'impératif** (voir *leçon* 4).
Ex. : Hazlo. (Fais-le.)

▸ La construction avec l'enclise est : **verbe + pronom personnel COI + pronom personnel COD.**
Ex. : Dímelo. (Dis-le-moi.)
verbe COI COD

Comment faire ?

Piste 4

▸ Construire une phrase avec deux pronoms compléments

Lorsque deux pronoms compléments de troisième personne se suivent, le pronom COI ***le***, ***les*** devient ***se*** devant les pronoms COD ***lo***, ***la***, ***los***, ***las***, pour éviter le contact de deux « **l** ».
L'ordre de la phrase reste : pronom COI + pronom COD +verbe.
En français, l'ordre est inverse : pronom COD + pronom COI + verbe.

Ex. : Regalo un libro a mi sobrina. → Le regalo un libro. → Se lo regalo.
(J'offre un livre à ma nièce. → Je lui offre un livre. → Je le lui offre.)

Corrigés → livret, p. 32

S'entraîner

QUIZ-TEST

Coche la (ou les) bonne(s) réponse(s).

1 « Yo ...lavo las manos. »
Le pronom manquant est :

a) te. ☐
b) me. ☐
c) nos. ☐

2 Dans la phrase « No lo entiendo. », *lo* est :

a) un pronom COI. ☐
b) un pronom COD. ☐
c) un pronom sujet. ☐

3 ★ Pronom personnel COD

Remplace les expressions en rouge par le pronom personnel COD qui convient.

a) He visto a Laura en la calle.

....

b) Encontré al director en la clase.

....

c) Invitaré a mis primos a mi casa.

....

d) Preparo los pasteles para la fiesta.

....

4 ★ Pronom personnel COI

Relie les phrases qui vont ensemble.

a) Damos un regalo a vosotros	1. Les hablo.
b) Hablo a mis abuelos	2 Os damos un regalo.
c) Lee la carta a ti	3. Me prestas tu bolígrafo.
d) Prestas tu bolígrafo a mí	4. Te lee la carta.

5 ★★ Avec deux compléments

Transforme les phrases en utilisant les pronoms compléments, comme dans l'exemple.

Ex. : Él da las instrucciones a nosotros. → Nos las da.

a) Decimos la verdad al profesor.

....

b) Pido el número de teléfono a Pedro.

....

c) Tú devuelves los libros a la bibliotecaria.

....

6 ★★ Enclise

Réponds aux questions en respectant l'enclise, comme dans l'exemple.

Ex. : ¿Quieres comprar el armario? → Sí, quiero comprarlo.

a) ¿Vas a llamar a tu hermano?

....

b) ¿Vais a ver a vuestros amigos?

....

c) ¿Van a hacer sus deberes?

....

d) ¿Quieres leer la novela?

....

7 ★★★ Tu et vous

Réécris les phrases en passant du tutoiement au vouvoiement.

a) Tú lees el correo electrónico.

....

b) Os llamo por la mañana.

....

c) ¿Puedes venir el domingo?

....

d) Voy a buscaros a la estación.

....

3 *Gustar* et les tournures affectives – Le comparatif – La forme négative

Retiens l'essentiel

Piste 5

1 Le verbe *gustar*

▸ ***Gustar*** se construit comme le verbe français **plaire**. Il se conjugue uniquement aux troisièmes personnes du singulier et du pluriel : ***gusta***, ***gustan***.

▸ Dans une phrase construite avec ***gustar***, le sujet (***yo***, ***tú***, ***él***, ...) devient le complément. On l'exprime par un **pronom personnel COI** (***me***, ***te***, ***le***,... voir *leçon* 2), qui se place devant le verbe. **L'objet** devient le sujet de la phrase : le verbe se met au singulier ou au pluriel selon le nombre de l'objet.

Ex. : Te gusta la música clásica. (verbe au singulier, sujet au singulier) Me gustan las películas cómicas. (verbe au pluriel, sujet au pluriel)

2 Le comparatif

▸ Le comparatif de supériorité : ***más*** **+ adjectif ou nom +** ***que***

Ex. : Tengo más libros que tú. Eres más alta que tu amiga.

▸ Le comparatif d'égalité : ***tan*** **+ adjectif +** ***como*** ; ***tanto*** **+ nom +** ***como***

Ex. : Es tan listo como su hermano. Me gusta tanto el rugby como el fútbol.

▸ Le comparatif d'infériorité : ***menos*** **+ adjectif ou nom +** ***que***

Ex. : Estoy menos contento que vosotros. Tenemos menos tiempo libre que ellos.

3 La forme négative

▸ Pour construire une phrase négative, on met ***no*** devant le verbe.

Ex. : No tengo gafas.

▸ On peut utiliser les adverbes ***nadie*** (personne), ***nunca*** (jamais) et ***tampoco*** (non plus), pour renforcer la négation. Ces mots se placent après le verbe.

Ex. : No viene nunca. (Il ne vient jamais.)

▸ Employés seuls, ***nunca***, ***nada*** et ***tampoco*** précèdent le verbe.

Ex. : Nunca viene.

À savoir

« a mí... »

Pour insister sur la personne, on peut utiliser la préposition ***a*** suivi des pronoms personnels ***mí***, ***ti***, ***él/ella/usted***, ***nosotros***, ***vosotros***, ***ellos/ellas/ustedes***.

Ex. : A nosotros nos gustan los fines de semana. (Nous, nous aimons les week-ends.)

Comparatifs irréguliers

grande → mayor ;
pequeño → menor ;
bueno → mejor ;
malo → peor.

Comment faire ?

Piste 6

▸ **Exprimer les sentiments, les goûts, les émotions**

De nombreux verbes affectifs exprimant les sentiments et les goûts se construisent comme ***gustar***.

Ex. : encantar (adorer), doler (avoir mal), agradar (plaire), cansar (ennuyer).

C'est aussi le cas de la tournure ***dar + nom.***

Ex. : dar asco (faire horreur), dar pena (faire de la peine), dar miedo (faire peur).

▸ **Négation et verbes affectifs**

Lorsque la négation porte sur un verbe du type ***gustar***, ***no*** se place devant le pronom COI, mais après la tournure d'insistance.

Ex. : A usted no le gustan los cuadros de Goya.

Corrigés → livret, p. 33

S'entraîner

QUIZ-TEST

Coche la (ou les) bonne(s) réponse(s).

1 La (les) phrase(s) correcte(s) est (sont) :

a) A ti te gustan los videojuegos. ☐
b) A ustedes le gusta los videojuegos. ☐
c) A vosotros les gustan los videojuegos. ☐

2 La phrase « Paco es tan desordenado como Miguel. » est :

a) Un comparatif de supériorité. ☐
b) Un comparatif d'infériorité. ☐
c) Un comparatif d'égalité. ☐

3 ★ *Gustar*

Conjugue le verbe *gustar* au singulier ou au pluriel, en respectant le temps indiqué.

a) Me .... (présent de l'indicatif) ir al cine.

b) Nos .... (imparfait de l'indicatif) los desportes.

c) A ti te ....(passé simple) el chocolate.

d) ¿Os .... (présent de l'indicatif) los gatos?

4 ★ Comparatif

Mets les phrases aux comparatifs de supériorité et d'infériorité comme dans l'exemple.

Ex. : Tú/yo (rápido) → Eres más rápido que yo. Eres menos rápido que yo.

a) Película/libro (interesante)

....

....

b) Cuadro/escultura (bonito)

....

....

c) Vosotros/nosotros (hacer deporte)

....

....

d) Ana/tú (tener amigas)

....

....

5 ★★ Forme négative

Réponds aux questions en utilisant la forme négative comme dans l'exemple.

Ex. : ¿Quieres ir al teatro?/nunca → No quiero ir nunca al teatro.

a) ¿A quién has encontrado?/nadie

....

b) ¿Qué vas a comprar?/nada

....

c) ¿A ti no te gustan los cómics?/tampoco

....

d) ¿Te levantas a las once?/nunca

....

6 ★★ Remplacer *gustar*

Dans les phrases suivantes, remplace le verbe *gustar* par le verbe à valeur affective proposé, comme dans l'exemple.

Ex. : No me gustan las reuniones (disgustar) → Me disgustan las reuniones.

a) No me gustan las películas románticas. (cansar [ennuyer])

....

b) Nos gustan las vacaciones en España. (agradar [plaire])

....

c) ¿A ti te gustan los viajes? (encantar)

....

4 L'obligation

Retiens l'essentiel

Piste 7

1 L'obligation impersonnelle

Avec l'obligation impersonnelle, le sujet n'est pas exprimé. Les expressions de l'obligation impersonnelle ***hay que***, ***es preciso***, ***es necesario***, ***es menester***, ***hace falta*** sont suivies de l'infinitif. On les traduit par « il faut ».

Ex. : Es necesario ir al colegio. (Il faut aller à l'école.)

2 L'obligation personnelle

Avec l'obligation personnelle, le sujet est exprimé. On utilise les verbes ***tener que***, ***haber de*** et ***deber*** conjugués, suivis de l'infinitif.

Ex. : Tengo que hacer los deberes de español.
(Je dois faire mes devoirs d'espagnol.)

3 L'impératif de la deuxième personne

▸ Pour former la **deuxième personne du singulier** à l'impératif, on prend la deuxième personne du singulier du présent de l'indicatif et on enlève le *–s* final. La construction est la même pour tous les groupes de verbes. L'impératif respecte la diphtongue.

Ex. : tú hablas → habla ; tú escribes → escribe ; tú vuelves → vuelve.

▸ Pour former la **deuxième personne du pluriel** à l'impératif, on prend l'infinitif du verbe et on remplace le *–r* final par *–d*.

Ex. : hablar → hablad ; escribir → escribid.

▸ Les irréguliers à la deuxième personne du singulier sont : decir → di ; hacer → haz ; ir → ve ; poner → pon ; salir → sal ; ser → sé ; tener → ten ; venir → ven.

À savoir

***Deber* ou *tener* ?**

Tener que exprime une obligation nécessaire, alors que ***deber*** exprime une obligation morale.

Ex. : Tienes que estudiar.
(Tu dois étudier.)
Debes decir la verdad.
(Tu dois dire la vérité.)

Comment faire ?

Piste 8

▸ **Exprimer une interdiction : la défense**

Pour exprimer une interdiction, on utilise ***no*** suivi du verbe au présent du subjonctif (voir *leçon* 6).

Ex. : No comas la tarta. (Ne mange pas le gâteau.)

▸ **Obligation personnelle et subjonctif**

On peut aussi exprimer l'obligation personnelle avec les tournures ***es necesario que***, ***es preciso que***, ***hace falta que***, suivies du subjonctif.

Ex. : Para coger el tren, hace falta que compres un billete.
(Pour prendre le train, il faut que tu achètes un billet.)

▸ **Concordance des temps**

Lorsque la proposition principale est à l'impératif, la subordonnée est au subjonctif présent.

Ex. : **Dile que venga.** (Dis-lui de venir [qu'il vienne].)

Corrigés → livret, p. 33

S'entraîner

QUIZ-TEST

Coche la (ou les) bonne(s) réponse(s).

1 « Es necesario ir a la estación para tomar el tren. » est :

a) Une obligation impersonnelle. ☐
b) Une obligation personnelle. ☐
c) Une phrase impérative. ☐

2 « No ... de tu vecino. »
Le verbe manquant est :

a) te copias. ☐
b) te copies. ☐
c) te copís. ☐

3 ★ Conjugaison

Complète les phrases en conjugant le verbe proposé entre parenthèses si nécessaire.

a) Para la fiesta es necesario .... la sala. (decorar)

b) Cada invitado .... traer un postre [dessert]. (tener que)

c) Tú .... pedir una confirmación. (deber)

d) Hace falta .... unos regalos. (preparar)

4 ★ À l'impératif

Conjugue les verbes à l'impératif, aux deuxièmes personnes du singulier et du pluriel.

a) estudiar ....

b) leer ....

c) tener ....

d) pensar ....

5 ★★ Obligation

Réécris les phrases suivantes en remplaçant les éléments en rouge par l'expression proposée, comme dans l'exemple. Attention aux verbes !

Ex. : Es preciso ir al trabajo. (tener que/yo) → Tengo que ir al trabajo.

a) Es necesario que compres un diccionario. (Hay que)

....

b) Hay que viajar para aprender inglés. (haber de/vosotros)

....

c) Es preciso decir la verdad. (deber/tú)

....

d) Tenemos que comer el desayuno. (hace falta que)

....

6 ★★ À l'impératif

Mets les phrases à l'impératif, comme dans l'exemple.

Ex. : Tienes que visitar la exposición. → Visita la exposición.

a) Tienes que ver esta película.

....

b) Tenéis que ir a su casa.

....

c) Tienes que ordenar tu habitación.

....

d) Tenéis que llegar pronto.

....

7 ★★★ Traduire en espagnol

Comment dirais-tu en espagnol :

a) Il faut que tu viennes à mon anniversaire.

....

b) Mettez vos chaussures (ponerse).

....

c) Ne ferme pas la porte (cerrar).

....

5 Le futur et le conditionnel

Retiens l'essentiel

Piste 9

1 Le futur

▸ Le futur se construit à partir de l'infinitif suivi des terminaisons *-é*, *-ás*, *-á*, *-emos*, *-éis*, *-án*. Ces terminaisons sont les mêmes pour les trois groupes de verbes. *Ex. :* hablar → hablaré ; vivir → viviré.

Les terminaisons portent toutes un accent écrit, sauf la première personne du pluriel. Il n'y a pas de diphtongue au futur.

▸ Certains verbes ont un radical irrégulier au futur, mais leurs terminaisons restent régulières : decir → diré ; haber → habré ; hacer → haré ; poder → podré ; poner → pondré ; querer → querré ; saber → sabré ; salir → saldré ; ser → seré ; tener → tendré ; venir → vendré.

Ex. : Mañana iremos al teatro. Pedro vendrá con nosotros.

▸ On utilise le futur pour exprimer une action ou un événement à venir.

Ex. : Comprará un libro.

On peut aussi utiliser le futur pour exprimer un doute ou une hypothèse au présent.

Ex. : La secretaria no contesta. Estará enferma.
(La secrétaire ne répond pas. Elle est peut-être malade.)

2 Le conditionnel

▸ Le conditionnel se construit à partir de l'infinitif suivi des terminaisons *–ía*, *-ías*, *-ía*, *-íamos*, *-íais*, *-ían*. Ces terminaisons sont les mêmes pour les trois groupes de verbes. *Ex. :* hablar → hablaría ; vivir → viviría.

Toutes les terminaisons portent un accent écrit sur le *–í-*.

▸ Le conditionnel suit les irrégularités du futur : decir → diría ; hacer → haría, etc.

▸ On utilise le conditionnel pour exprimer une probabilité, une hypothèse ou un futur dans le passé.

Ex. : Querría ser médico. Ella viajaría a otro país. Antes, creías que serías un deportista.

À savoir

Le futur proche

La construction ***ir a* + infinitif** exprime le futur proche.
Ex. : Ella va a cantar.
(Elle va chanter.)

Expressions du futur

Certaines expressions impliquent l'emploi du futur : ***mañana***, ***pasado mañana***, ***dentro de dos días***, ***la semana que viene***, ***el año próximo***, etc.
Ex. : Mañana celebraremos tu cumpleaños.

Futur et subjonctif imparfait

Pour les verbes du 1er groupe en *–ar*, l'accent écrit permet de distinguer le futur du subjonctif imparfait (voir *leçon* 6)
Ex. : tú hablarás **(futur)** ; tú hablaras **(subjonctif imparfait)**.

Comment faire ?

Piste 10

▸ **Bien utiliser la concordance des temps**

Lorsqu'une proposition subordonnée relative ou temporelle est au futur en français, on utilise le subjonctif en espagnol. Si la proposition principale est au futur, le verbe de la proposition subordonnée est au subjonctif présent. Si la proposition principale est au conditionnel, le verbe de la proposition subordonnée est au subjonctif imparfait (voir aussi *leçon* 7).

Ex. : Los alumnos que sean elegidos participarán en la reunión.
prop. relative
(Les élèves qui seront élus participeront à la réunion.)

Corrigés → livret, p. 33

S'entraîner

QUIZ-TEST

Coche la (ou les) bonne(s) réponse(s).

1 La (les) phrase(s) au futur est (sont) :

a) Tomaremos un taxi para llegar a la estación. ☐
b) Estamos en el aeropuerto. ☐
c) Querría ir al hotel. ☐

2 À la deuxième personne du pluriel du conditionnel, le verbe *invitar* fait :

a) invitaré. ☐
b) invitaríais. ☐
c) invitabais. ☐

3 ★ Au futur

Complète les phrases en conjuguant le verbe entre parenthèses au futur.

a) Mañana .... mis amigos. (llegar)

b) Yo .... al aeropuerto para llevarlos. (ir)

c) Ustedes .... en un restaurante italiano. (comer)

d) Nosotros .... la ciudad. (visitar)

e) Tú .... una postal a tus padres. (escribir)

4 ★★ Verbes irréguliers

Complète avec les verbes irréguliers au futur.

a) Yo .... (venir) a las siete.

b) Después yo .... con mis amigos. (salir)

c) Tu me .... el horario del cine. (decir)

d) Nosostros .... ir a la piscina. (querer)

e) Él .... la comida. (hacer)

5 ★★ Du futur au conditionnel

Réécris les phrases en remplaçant le verbe au futur par un verbe au conditionnel.

a) Terminaremos las clases a las dos.

....

b) Viajarás a Puerto Rico.

....

c) Dormiré en tu casa.

....

d) Pondréis en orden vuestras habitaciones.

....

6 ★★ *Ir a* + infinitif

Réécris les phrases en remplaçant les verbes au futur par la structure *ir a* + infinitif.

a) Todavía no sé el regalo que querré.

....

b) Sabrán pronto el tiempo que ustedes tendrán.

....

c) Este fin de semana saldremos de excursión.

....

d) ¿Podrás ir a la fiesta?

....

7 ★★★ Traduire en espagnol

Comment dirais-tu en espagnol :

a) En juin, je fêterai mon anniversaire. (celebrar)

....

b) Tu me prêterais ton téléphone portable ? (prestar)

....

c) Je vais apprendre l'anglais. (aprender)

....

6 Les temps du subjonctif

Retiens l'essentiel

Piste 11

1 Le présent du subjonctif

▸ Le présent du subjonctif se construit avec le radical du verbe suivi des terminaisons :
– Pour les verbes en *–ar* : habl-*e*, *-es*, *-e*, *-emos*, *-éis*, *-en*.
– Pour les verbes en *–er* et *–ir* : com-*a*, *-as*, *-a*, *-amos*, *-áis*, *-an*.
Ex. : Él nos dice que escribamos el nombre. Quiero que tú hables más alto.

▸ Les verbes à diphtongue sont les mêmes que ceux au présent de l'indicatif : pensar → piense ; poder → pueda ; jugar → juega.

▸ Certains radicaux subissent une modification de leur consonne finale :
– Les verbes se terminant en *–acer*, *-ecer*, *-ocer* et *–ucir* prennent un *–z-* devant le *–c-*. *Ex. :* conocer → conozca.
– Les verbes en *–ger* et *–gir* changent le *–g-* pour un *–j-*. *Ex. :* coger → coja.
– Les verbes en *–gar* prennnet un *–u-* devant le *–e-*. *Ex. :* llegar → llegue.
– Les verbes en *–guir* perdent le *–u-*. *Ex. :* distinguir → distinga.
– Les verbes en *–uir* prennent un *–y-* à la place du *–i-*. *Ex. :* distribuir → distribuya.

▸ Certains verbes sont entièrement irréguliers au présent du subjonctif : ***Dar*** : dé, des, dé, demos deis, den. ***Estar*** : esté, estés, esté, estemos, estéis, estén. ***Haber*** : haya, hayas, haya, hayamos, hayáis, hayan. ***Ir*** : vaya, vayas, vaya, vayamos, vayáis, vayan. ***Saber*** : sepa, sepas, sepa, sepamos, sepáis, sepan. ***Ser*** : sea, seas, sea, seamos, seáis, sean. ***Ver*** : vea, veas, vea, veamos, veáis, vean.

2 L'imparfait du subjonctif

▸ L'imparfait du subjonctif se construit à partir de la troisième personne du pluriel du passé simple. On supprime la terminaison *–ron* et on rajoute les terminaisons : *-ra*, *-ras*, *-ra*, *-ramos*, *-rais*, *-ran*.
Ex. : hablar → hablaron (3e personne du pluriel du passé simple) → hablara
Me dijeron que leyera este libro. (Ils m'ont dit de lire ce livre.)

▸ Les verbes irréguliers se conjuguent avec les mêmes terminaisons que les verbes réguliers, en reprenant le radical irrégulier du passé simple. ***Dar*** → dieron → diera ; ***decir*** → dijeron → dijera ; ***estar*** → estuvieron → estuviera ; ***haber*** → hubieron → hubiera ; ***hacer*** → hicieron → hiciera ; ***ir/ser*** : fueron → fuera ; ***poder*** → pudieron → pudiera ; ***poner*** → pusieron → pusiera ; ***querer*** → quisieron → quisiera ; ***tener*** → tuvieron → tuviera ; ***venir*** → vinieron → viniera.

Autres irrégularités

Le présent du subjonctif suit les irrégularités de la première personne du singulier du présent de l'indicatif.
Ex. : decir → digo → diga ; poner → pongo → ponga, etc.

À savoir — Les terminaisons en *–se*

L'imparfait du subjonctif peut aussi se construire avec les terminaisons *–se*, *-ses*, *-se*, *-semos*, *-seis*, *-sen*, toujours à partir de la troisième personne du pluriel du passé simple.
Ex. : hablar → hablaron → hablase
On peut employer l'une ou l'autre de ces formes indifféremment.

Comment faire ?

Piste 12

▸ **Bien placer l'accent écrit**

À l'imparfait du subjonctif, à la première personne du pluriel, il y a un accent écrit sur la voyelle qui précède la terminaison.

Ex. : habláramos ; comiéramos ; viviéramos.

Corrigés → livret, p. 33

S'entraîner

QUIZ-TEST

Coche la (ou les) bonne(s) réponse(s).

1 À la troisième personne du pluriel du subjonctif présent, *volver* s'écrit :

a) volvan. ☐
b) vuelvan. ☐
c) vuelven. ☐

2 *Fuera* est l'imparfait du subjonctif des verbes :

a) ir. ☐
b) ser. ☐
c) fuerar. ☐

3 ★ *Yo* et *nosotros*

Conjugue les verbes au présent du subjonctif, aux premières personnes du singulier et du pluriel.

a) entrar ....
b) correr ....
c) anunciar ....
d) abrir ....
e) beber ....

4 ★ *Tú* et *vosotros*

Mets les verbes à l'imparfait du subjonctif, aux deuxièmes personnes du singulier et du pluriel.

a) redactar ....
b) recorrer ....
c) salir ....
d) imaginar ....
e) volver ....

5 ★★ Infinitif

Donne l'infinitif des verbes suivants.

a) diga ....
b) piense ....
c) hiciera ....
d) llegue ....
e) coja ....
f) tuviera ....

6 ★★ Subjonctifs présent et imparfait

Complète les phrases avec les verbes proposés, en respectant le temps du subjonctif indiqué.

a) Los niños quieren que el profesor .... con ellos. (jugar/présent)

b) Vosotros quisierais que nosotros .... lo mismo. (pensar/imparfait)

c) Yo le digo a ella que .... más tiempo. (dar/présent)

d) Tú me ordenaste que .... puntual. (ser/imparfait)

e) Vamos de viaje para que .... conocer otro país. (poder/présent)

f) Era necesario que él .... la botella de agua. (tomar/imparfait)

7 ★★★ Bon ordre

Remets les mots dans l'ordre pour construire des phrases.

a) Creo que/ir/no/podamos/piscina/hoy/a la.

....

b) ?/llame/¿/teléfono/que /por/quieres/por qué/te.

....

c) Que/vosotros/esperaban/vinierais/ellos/con.

....

d) Pudiera/yo/playa/iría/si/a la.

....

7 Les emplois du subjonctif – La concordance des temps

Retiens l'essentiel

Piste 13

1 Les emplois du subjonctif

On emploie le subjonctif :

– Pour exprimer une hypothèse, après ***no creo que***, ***no pienso que***, ***quizás***, ***tal vez***, etc. *Ex. :* Quizás venga a visitarme.

– Après un verbe de volonté, comme ***querer que***, ***desear que***, ***esperar que***. *Ex. :* Queremos que tú vengas al cine con nosotros.

– Pour exprimer un ordre, un conseil, une demande, avec ***ordenar que***, ***aconsejar que***, ***pedir que***. *Ex. :* Le aconsejo que haga deporte.

– Pour exprimer une finalité avec la construction ***para que***. *Ex. :* Se lo repito para que no lo olvide.

– Pour exprimer la concession après ***aunque***, ***si bien***, ***a pesar de que***. *Ex. :* No nos cree aunque se lo repitamos.

– Après ***cuando***, pour exprimer le futur dans une subordonnée. *Ex. :* Cuando vengas a casa, estaré de vacaciones.

2 La concordance des temps

▸ Selon le mode et le temps utilisés dans la proposition principale, le temps de la proposition subordonnée au subjonctif varie.

▸ Lorsque le verbe de la proposition principale est au présent de l'indicatif, au passé composé, au futur ou à l'impératif, le verbe de la proposition subordonnée est au présent du subjonctif.
Ex. : Quiero que venga. He querido que venga. Querrá que venga. Ordénale que venga.

▸ Lorsque le verbe de la proposition principale est à l'imparfait de l'indicatif, au passé simple, au plus-que-parfait ou au conditionnel, le verbe de la proposition subordonnée est à l'imparfait du subjonctif.
Ex. : Le ordenaba que viniera. Le ordenó que viniera. Le había ordenado que viniera. Le habría ordenado que viniera.

Emploi de l'indicatif

Après les tournures affirmatives ***creer que***, ***pensar que***, le verbe se met à l'indicatif et non au subjonctif.

Ex. : Creo que la película es interesante.

À savoir — Utiliser la concordance des temps

En espagnol, la concordance des temps est toujours respectée, même lorsqu'il faut employer l'imparfait du subjonctif. En français, on traduira le plus souvent par le présent du subjonctif.

Ex. : Querías que te diera el libro. (Tu voulais que je te donne le livre.)

Comment faire ?

Piste 14

▸ **Bien employer l'imparfait du subjonctif**

L'imparfait du subjonctif s'emploie systématiquement :

→ Dans une proposition subordonnée introduite par ***como si***.

Ex. : Hablaba como si fuera el profesor.
(Il parlait comme s'il était le professeur.)

→ Dans une proposition subordonnée introduite par ***si***, lorsque elle exprime une condition irréalisée ou irréalisable.

Ex. : Si fuera rico, compraría un coche nuevo.

→ Pour exprimer un souhait ou un regret difficile à réaliser, avec ***si al menos***, ***quién***, ***ojalá***.

Ex. : ¡ Si al menos pudiéramos ir de vacaciones !
(Si seulement nous pouvions partir en vacances !)

Corrigés → livret, p. 33

S'entraîner

QUIZ-TEST

Coche la (ou les) bonne(s) réponse(s).

1 « ....vayamos a la exposición. » Le(s) mot(s) manquant(s) est (sont) :

a) quizás. ☐
b) no creo que. ☐
c) debemos que. ☐

2 La (les) phrase(s) correcte(s) est (sont) :

a) Si tuviera dinero, me compraría una casa. ☐
b) Si tenía dinero, me compré una casa. ☐
c) Si tengo dinero, compraré una casa. ☐

3 ★ Le bon verbe

Entoure le verbe correctement conjugué.

a) Yo le digo que piense/pensas.

b) Le ordeno que pides/pida hora.

c) Toma nota para que no lo olvides/olvidaré.

d) Tú sugieres que vosotros tomáis/toméis el autobús.

e) Ustedes quieren que el profesor venga/vengo.

4 ★ Construire des phrases

Construis des phrases en reliant les éléments des deux colonnes.

a) Le pido que	1) durmáis temprano.
b) Me ordenas que	2) mires la televisión.
c) Os aconsejan que	3) escuche a la profesora.
d) Te prohíbo que	4) venga a las siete.

5 ★★ Subjonctif présent

Réécris les phrases au subjonctif présent.

a) Iremos a visitar el museo.

Quizás ....

b) Aprenderé la partitura.

Es necesario que..........

c) Deme la carta.

Deseo que ....

d) Llévame a la playa.

Te pido que ....

6 ★★ Le bon temps

Complète les phrases avec le verbe entre parenthèses au temps du subjonctif qui convient.

a) Queremos que él .... Matemáticas. (estudiar)

b) No creía que yo .... ir al teatro. (poder)

c) Le aconseja que usted .... al médico. (ir)

d) Viniste aunque .... enferma. (estar)

e) Cocina como si .... un jefe de cocina. (ser)

f) Si .... tiempo, iría de viaje a Barcelona. (tener)

7 ★★★ À l'imparfait

Réécris les phrases en transposant le verbe principal (en rouge) à l'imparfait, en respectant la concordance des temps.

a) Quiere que yo venga a su casa.

....

b) Es necesario que compres un ordenador.

....

....

c) Tomamos el coche para que no lleguemos tarde.

....

....

d) No pensáis que el libro sea interesante.

....

1 La déclinaison des déterminants et pronoms

Retiens l'essentiel

Piste 1

Mots-clés

Déclinaison

Forme que prend le déterminant, le pronom ou l'adjectif pour indiquer la fonction du mot dans la phrase.

Cas

Fonction qu'occupe le mot dans la phrase.

1 La déclinaison et les cas

▸ **L'allemand est une langue à déclinaison et possède trois genres** (masculin, neutre, féminin).

▸ Les déterminants du groupe nominal et les pronoms prennent une **forme différente selon la fonction** qu'occupe le mot dans la phrase.

▸ En français, la fonction du groupe nominal (sujet / attribut du sujet, COD, COI) est déterminée par la place qu'occupe le groupe nominal dans la phrase. **En allemand, ce sont les cas qui donnent cette information**.

2 Les articles définis, indéfinis et adjectifs possessifs

	Masculin	Neutre	Féminin	Pluriel
Nominatif	der (m)einØ	das (m)einØ	die (m)eine	die meine keine
Accusatif	den (m)einen	das (m)einØ	die (m)eine	die meine keine
Datif	dem (m)einem	dem (m)einem	der (m)einer	den meinen keinen

Attention !

Au **datif pluriel**, il faut ajouter un *n* au nom (sauf pour les noms qui ont déjà leur pluriel en –n ou –s).

Ex. : Ich spiele mit meinen Brüdern.
(Je joue avec mes frères.)

Ex. : Ich gebe den Kindern ein Geschenk.
(Je donne un cadeau aux enfants.)

Ex. : In diesen Kinos darf man Popcorn essen.
(Dans ces cinémas, on a le droit de manger du popcorn.)

3 Les pronoms personnels

	Nominatif	Accusatif	Datif
1re pers du sing	ich	mich	mir
2e pers du sing	du	dich	dir
3e pers masculin	er	ihn	ihm
3e pers neutre	es	es	ihm
3e pers féminin	sie	sie	ihr
1re pers du pluriel	wir	uns	uns
2e pers du pluriel	ihr	euch	euch
3e pers pluriel (+ politesse)	sie/Sie	sie/Sie	ihnen/Ihnen

Comment faire ?

Piste 2

▸ Connaître la déclinaison des adjectifs possessifs au nominatif

Personnes	Masculin	Neutre	Féminin	Pluriel
1re pers du singulier	meinØ	meinØ	meine	meine
2e pers du singulier	deinØ	deinØ	deine	deine
3e pers du singulier possesseur masculin/neutre	seinØ	seinØ	seine	seine
3e pers du singulier possesseur féminin	ihrØ	ihrØ	ihre	ihre
1re pers du pluriel	unserØ	unserØ	unsere	unsere
2e pers du pluriel	euerØ	euerØ	eure	eure
3e pers du pluriel (+ politesse)	ihrØ (IhrØ)	ihrØ (IhrØ)	ihre (Ihre)	ihre (Ihre)

Corrigés → livret, p. 34

S'entraîner

QUIZ-TEST

Coche la (ou les) bonne(s) réponse(s).

1 En allemand, les cas servent à :

a) donner le genre du mot. ☐
b) donner la fonction du mot. ☐
c) donner le sens du mot. ☐

2 *Ich* est :

a) un article défini. ☐
b) un adjectif possessif. ☐
c) un pronom personnel sujet. ☐

3 ★ De quel cas s'agit-il ?

Classe les groupes nominaux dans le tableau. Certains groupes peuvent être classés plusieurs fois.

der Mann	die Schüler	einem Elefanten
den Jungen	das Auto	deiner Tante
die Touristen	die Freundin	seine Schultasche
dem Mädchen	den Tisch	ihr Baby

	Nominatif	Accusatif	Datif
Masculin			
Neutre			
Féminin			
Pluriel			

4 ★★ Les adjectifs possessifs

Complète avec l'adjectif possessif qui convient.

a) .... (1re pers. sing.) Bruder heiß Leo.

b) Sie sucht .... Tasche.

c) Wir wollen heute .... Tante besuchen.

d) Wo habt ihr .... Handy gekauft ?

e) Ich finde .... (2e pers. sing.) Hund lustig.

f) Oliver will .... Playstation verkaufen.

5 ★★ Les pronoms personnels

Remplace les groupes nominaux par le pronom qui convient.

a) Herr Jahn (....................) kauft seiner Tochter (....................) eine neue Tasche.

b) Seine Tochter (....................) freut sich sehr über die Tasche (....................).

c) Sie backt ihrem Vater (....................) seinen Lieblingskuchen.

d) Aber sie vergisst den Kuchen (....................) im Backofen.

6 ★★ Les cas

Complète avec la bonne terminaison.

Jule und ihr... Freundinnen sind in der Stadt. Sie wollen viel... Sachen kaufen. In einem Buchladen wollen sie ein... Roman kaufen. Bei M&H suchen sie ein... Pulli und ein... Hose für Jule. Sie finden kein.... Pulli aber ein... super tolle Hose und ein... T-Shirt.

Danach gehen sie in ein... Eiscafé und essen ein.... Eis. Zum Schluss wollen sie d... neuesten Film von Brad Pitt sehen. D... Film ist super und gefällt allen.

7 ★★★ Traduction

Traduis les phrases suivantes au brouillon.

a) Timo veut organiser une fête.

b) Timo voudrait inviter tous ses amis.

c) Il demande à sa maman.

d) Sa maman veut d'abord parler avec son père.

e) Son père est d'accord et trouve l'idée très bonne.

2 Les temps du passé : parfait et prétérit

Retiens l'essentiel

Piste 3

1 Le parfait

Le parfait se forme à l'aide de l'auxiliaire *haben* ou *sein* (conjugué, en 2e position) **et d'un participe parfait** (invariable, en dernière position).

Verbes faibles	ge + radical + t	spielen	gespielt
Verbes forts	ge + radical (evt. modifié) + en	singen	gesungen
Verbes avec particule séparable	particule + ge + radical + t particule + ge + radical (evt .modifié) + en	mitmachen teilnehmen	mitgemacht teilgenommen
Verbes avec particule inséparable	pas de « ge »	besuchen versprechen	besucht versprochen
Verbes en « -ieren »	pas de « ge »	telefonieren	telefoniert

2 Le prétérit

- Le prétérit est un **temps simple**. C'est le **temps du récit**. Il correspond en français au **passé simple** ou à **l'imparfait**.
- Tous les verbes ont **les mêmes terminaisons** : **Ø, st, Ø, (e)n, t, (e)n.**
- **Auxiliaires**

sein : ich warØ, du warst, er warØ, wir waren, ihr wart, sie waren.
haben : ich hatteØ, du hattest, er hatteØ, wir hatten, ihr hattet, sie hatten.
werden : ich wurdeØ, du wurdest, er wurdeØ, wir wurden, ihr wurdet, sie wurden.

- **Verbes faibles et verbes forts**

Verbes faibles	Verbes forts
On intercale **–te entre le radical et la terminaison.**	Les verbes forts sont marqués par un **changement de la voyelle du radical.**
lachen ich lach te Ø — wir lach te n du lach te st — ihr lach te t er lach te Ø — sie lach te n	sehen ich sah Ø — wir sah en du sah st — ihr sah t er sah Ø — sie sah en

À savoir

Quelques verbes faibles sont **irréguliers** : ils modifient également leur voyelle au prétérit et au participe passé.

Infinitif	Prétérit	Participe passé
bringen (apporter)	ich brachte	gebracht
denken (penser)	ich dachte	gedacht
kennen (connaître)	ich kannte	gekannt
nennen (nommer)	ich nannte	genannt
verbringen (passer du temps)	ich verbrachte	verbracht

Comment faire ?

Piste 4

Connaître le prétérit des verbes de modalité

Ils forment leur prétérit avec **–te**. Les verbes qui ont un tréma le perdent.

	können être capable	müssen devoir/être obligé	sollen devoir/être incité	dürfen avoir le droit	wollen vouloir	mögen aimer
ich	konnteØ	mussteØ	sollteØ	durfteØ	wollteØ	mochteØ
du	konntest	musstest	solltest	durftest	wolltest	mochtest
er, es, sie	konnteØ	mussteØ	sollteØ	durfteØ	wollteØ	mochteØ
wir	konnten	mussten	sollten	durften	wollten	mochten
ihr	konntet	musstet	solltet	durftet	wolltet	mochtet
sie/Sie	konnten	mussten	sollten	durften	wollten	mochten

Corrigés → livret, p. 34

S'entraîner

QUIZ-TEST

Coche la (ou les) bonne(s) réponse(s).

1 Au prétérit des verbes forts :

a) on ajoute –te au radical. ☐
b) la voyelle du radical change. ☐
c) on ajoute –ge au radical. ☐

2 Parmi le verbes faibles suivants, un seul est irrégulier :

a) wohnen. ☐
b) bringen. ☐
c) kaufen. ☐

3 ★ Le bon infinitif

Trouve l'infinitif de ces verbes au prétérit.

a) ging : ....

b) sah : ....

c) war : ....

d) blieb : ....

e) nahm : ....

f) trank : ....

g) traf : ....

4 ★★ Biographie de Mozart

Conjugue les verbes entre parenthèses au prétérit.

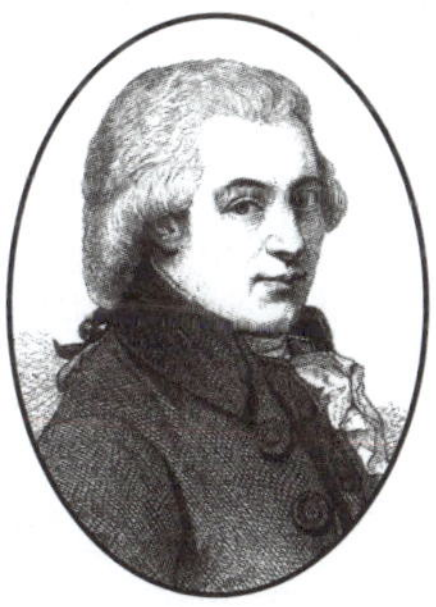

Wolfgang Amadeus Mozart .... (werden) 1756 in Salzburg geboren. Er .... (sein) ein richtiges Wunderkind. Schon mit drei Jahren .... (können) er Klavier spielen , mit vier .... (komponieren) er seine ersten Musikstücke. Als er sechs Jahre alt .... (war),.................... (geben) er sein erstes Konzert und mit neun .... (schreiben) er seine erste Oper. Mit seinem Vater .... (fahren) er durch ganz Europa und .... (spielten) für viele Könige.

Mozart .... (sterben) 1791 mit nur 35 Jahren.

5 ★★ Les participes passés cachés

Retrouve et entoure 11 participes passés.

T	G	E	T	R	O	F	F	E	N
R	H	S	F	Q	X	T	K	N	E
E	G	C	U	Q	G	B	N	E	S
P	E	B	A	Q	E	A	E	S	S
A	F	E	K	M	W	H	G	E	E
R	U	S	E	U	E	E	A	L	G
I	N	U	G	F	S	G	R	E	R
E	D	C	N	Z	E	L	T	G	E
R	E	H	I	V	N	S	E	I	V
T	N	T	E	T	M	A	G	T	M

6 ★★★ Parfait et prétérit

Traduis les phrases suivantes.

a) Il voulait aller au cinéma.

....

b) Le professeur de maths a corrigé les tests.

....

c) Tu étais mon meilleur ami.

....

d) J'avais trois chiens.

....

e) J'ai été malade.

....

Allemand

3 Les subordonnées

Retiens l'essentiel

Piste 5

1 Les subordonnées complétives

- On emploie ***dass*** (que) quand le verbe qui dépend de cette complétive exprime un **fait** ou une **certitude**.

Ex. : Ich bin sicher, dass er kommt. (Je suis sûr(e) qu'il vient.)

Ex. : Er hat gesagt, dass du schreiben sollst. (Il a dit que tu dois écrire.)

- La complétive est introduite par ***ob*** (si), lorsque le verbe dont elle dépend exprime une **question** ou une **incertitude**.

Ex. : Ich frage mich, ob er mich verstanden hat. (Je me demande s'il m'a compris(e).)

Ex. : Ich weiß nicht, ob das richtig ist. (Je ne sais pas si c'est juste.)

2 Les subordonnéees temporelles en *als* et *wenn*

- Les conjonctions *als* et *wenn* expriment une **simultanéité de deux actions**.
- Si le fait relaté est **unique**, on emploie ***als*** (quand, lorsque) + verbe au passé.

Ex. : Als ich in Berlin war, hat es geregnet. (Lorsque j'étais à Berlin, il a plu.)

- Si le fait relaté **se répète** ou est une **habitude**, on emploie ***wenn*** (quand, lorsque).

Ex. : Wenn ich dich sehe, bin ich glücklich. (Quand je te vois, je suis heureuse.)

3 Les subordonnées de cause en *weil*

- La subordonnée introduite par *weil* est généralement **placée à la fin de la phrase**.

Ex. : Ich habe Fieber, weil ich Grippe habe. (J'ai de la fièvre parce que j'ai la grippe.)

4 Les subordonnées de condition en *wenn*

- En utilisant ***wenn*** **+ indicatif**, on exprime une **condition** et une **conséquence réalisables**.

Ex. : Wenn du in Deutsch eine gute Note hast, bekommst du ein Geschenk. (Si tu as une bonne note en allemand, tu auras un cadeau.)

- ***Wenn*** **+ subjonctif** exprime une **condition** et une **conséquence irréelles**.

Ex. : Wenn du nicht so schnell gefahren wärst, hätten wir keinen Unfall gehabt. (Si tu n'avais pas roulé aussi vite, nous n'aurions pas eu d'accident.)

Attention

Dans toutes les subordonnées le **verbe conjugué** est à la fin !

Comment faire ?

Piste 6

- Choisir entre *als* et *wenn* (temporel)

Si on peut remplacer *quand* par « à chaque fois que », on doit utiliser *wenn*.
Cet aspect de répétition est d'ailleurs souvent renforcé en allemand par *immer wenn*.

Ex. : Immer wenn ich Ferien habe, bin ich krank.
À chaque fois que je suis en vacances, je suis malade.

Corrigés → livret, p. 34

S'entraîner

QUIZ-TEST

Coche la (ou les) bonne(s) réponse(s).

1 Pour exprimer un événement unique dans le passé, on utilise :

a) wenn. ☐
b) als. ☐
c) weil. ☐

2 Pour exprimer une cause, on utilise :

a) dass. ☐
b) weil. ☐
c) als. ☐

3 ★ *Dass ou ob ?*

Complète avec la conjonction qui convient.

a) Ich bin sicher, ... er Deutsch spricht.

b) Weißt du, ... wir einen Anorak brauchen?

c) Denkt ihr, ... es heute kalt ist?

d) Meine Mutter hat mir gesagt, ... ich nicht auf Lisas Party gehen darf.

e) Ich frage mich, ... ich im Physiktest eine gute Note bekomme.

f) Bis wann wissen wir, ... die Maschine funktioniert?

4 ★★ *Als ou wenn ?*

Complète avec la conjonction qui convient.

a) .... ich klein war, hatte ich keine Freunde.

b) .... ich Fisch esse, bekomme ich eine Allergie.

c) .... Elias zu mir kommt, spielen wir Mario Kart.

d) .... ich meinen Arm gebrochen hatte, konnte ich nicht schreiben.

e) .... ich in Italien war, war das Wetter einfach herrlich!

f) .... ich eine Maus sehe, habe ich Angst.

5 ★★ Justifier une réponse

Relie les deux propositions en utilisant la conjonction *weil*

a) Nils ist glücklich. Er ist in Anna verliebt.

....

b) Ich bin traurig. Ich darf mir keine Playstation kaufen.

....

c) Sarah kann nicht kommen. Sie ist krank.

....

d) Ich kaufe mir eine neue Jeans. Meine alte ist zu klein.

....

6 ★★★ Exprimer une condition

Relie les deux propositions en transformant le groupe verbal entre parenthèses en une subordonnée en *wenn*.

a) Ich fliege nach Amerika. (im Lotto gewinnen)

....

b) Sie fahren in die Berge zum Skifahren. (schneien)

....

c) Laura geht an den Strand. (das Wetter schön sein)

....

d) Ich besuche dich. (es mir besser gehen)

....

4 Les prépositions

Retiens l'essentiel

Piste 7

1 À quoi servent les prépositions ?

- Les prépositions servent à **exprimer des relations spatiales ou temporelles.**
- **On les classe** en différentes catégories, **selon le cas** qu'elles imposent au groupe nominal qu'elles introduisent.

2 Prépositions toujours suivies de l'accusatif

durch	für	gegen	ohne	um
à travers, par	pour	vers, contre	sans	à, autour de

Ex. : Das Geschenk ist für meinen Freund. (Le cadeau est pour mon ami.)

3 Prépositions toujours suivies du datif

aus	bei	mit	nach	seit	von	zu
de (origine)	chez (lieu)	avec	à, vers, après	depuis	de (provenance)	chez (direction)

Ex. : Ich bin bei meiner Großmutter. (Je suis chez ma grand-mère.)

4 Prépositions suivies soit de l'accusatif, soit du datif

- **Ces préposotions sont suivies :**

– **d'un GN à l'accusatif** quand celui répond à la question ***wohin?*** **(direction.)**

– **d'un GN au datif** quand celui-ci répond à la question ***wo?*** **(localisation.)**

an	auf	hinter	in	neben	über	unter	vor	zwischen
à, au contact de	sur	derrière	dans	à côté de	au-dessus de	sous	avant, devant	entre, parmi

Ex. : Er geht in die Schule. (Il va à l'école.) Er ist in der Schule. (Il est à l'école.)

À savoir

- Pour dire qu'on va ou qu'on est **dans une ville ou un pays**, on distingue *nach* et *in* :
Ex. : Ich fahre nach Paris./ Ich bin in Paris.
Je vais à Paris/ Je suis à Paris.
- Pour dire qu'on va ou qu'on est **chez une personne**, on distingue *zu* et *bei* :
Ex. : Ich gehe zu meiner Freundin/ Ich bin bei meiner Freundin.
Je vais chez mon amie. /Je suis chez mon amie.

Comment faire ?

Piste 8

- Distinguer le directif et le locatif

On parle du **directif** quand une préposition mixte est suivie de **l'accusatif.**
On parle du **locatif** quand une préposition mixte est suivie du **datif.**

Directif	Locatif
stellen Ich stelle das Buch in das Regal. (Je pose le livre dans l'étagère.)	**stehen** Das Buch steht in dem Regal. (Le livre est posé dans l'étagère.)
(sich) legen Er legt sich auf das Sofa. (Il se couche sur le canapé.)	**liegen** Er liegt auf dem Sofa. (Il est couché sur le canapé)
(sich) setzen Setz dich auf den Stuhl ! (Assieds-toi sur la chaise !)	**sitzen** Du sitzt auf dem Stuhl. (Tu es assis(e) sur la chaise.)

Corrigés → livret, p. 34

S'entraîner

QUIZ-TEST

Coche la (ou les) bonne(s) réponse(s).

1 Ces prépositions sont suivies du datif :

a) an, für, mit. ☐
b) nach, aus, zu. ☐
c) von, bei, ohne ☐

2 La préposition *auf* est suivie :

a) de l'accusatif. ☐
b) du datif. ☐
c) de l'accusatif ou du datif ☐

3 ★ En cuisine

Où se trouvent les objets et les personnes ? Complète avec la préposition qui convient.

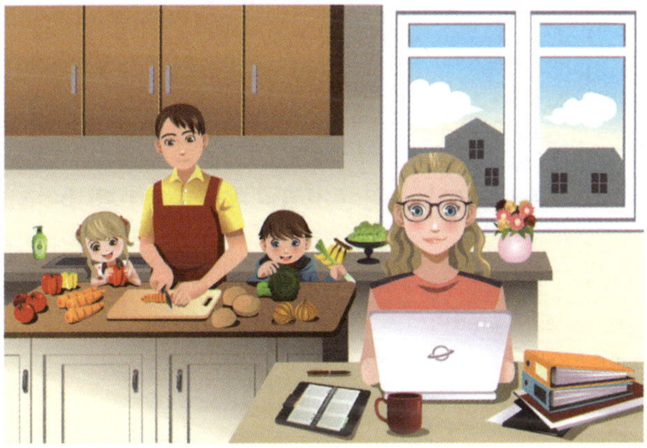

a) Das kleine Mädchen steht .... der Mutter.

b) Die Mutter steht .... dem Tisch.

c) Die rote Tasse steht .... dem Tisch.

d) Der Kalender liegt .... der Tasse.

e) Der türkise Ordner liegt .... dem orangen Ordner.

f) Die Vase steht .... dem Fenster.

4 ★★ *Nach – in / zu – bei ?*

Complète avec la préposition qui convient.

a) Im Sommer fahre ich .... Deutschland.

b) Am Wochenende schlafe ich .... meinem Freund.

c) .... Österreich gibt es viele Berge und Seen.

d) Wann gehst du .... deiner Oma?

e) Ich habe .... Köln das Schokolade-Museum besichtigt.

5 ★★ Accusatif ou datif ?

Complète le déterminant avec la bonne terminaison en fonction de la préposition utilisée.

a) Das Geschenk ist für mein.................... Vater.

b) Ich gehe gerne mit mein.................... Freundin in die Stadt.

c) Nach d.................... Schule geht Fabian zum Judo.

d) Sie ist seit ein.................... Woche krank.

e) Ohne mein.................... Brille sehe ich nichts.

6 ★★★ Directif ou locatif ?

Complète le déterminant avec la bonne terminaison.

a) Ich stelle die Tassen in d.................... Regal.

b) Meine Socken liegen unter d.................... Bett.

c) Er legt sein Handy neben d.................... Fernseher.

d) Die Lampe hängt über d.................... Tisch.

e) Vor d.................... Post gibt es eine Bushaltestelle.

f) In den Ferien gehen wir an d.................... Strand.

5 L'adjectif qualificatif épithète

Retiens l'essentiel

Piste 9

1 Le fonctionnement de l'adjectif épithète

- Lorsque l'adjectif est **placé devant le nom** auquel il se rapporte, **il s'accorde avec lui.** On l'appelle alors **adjectif épithète.**
- Pour chaque genre et chaque cas, il existe une **marque de déclinaison.** Ces **marques** peuvent être **fortes** ou **faibles.**

2 Les règles

- En général, **c'est le déterminant qui porte la marque** forte.

L'adjectif qui le suit **porte une marque** faible.

	Masculin	Neutre	Féminin	Pluriel
Nominatif	der alte Mann	das alte Kind	die alte Frau	die alten Eltern
Accusatif	den alten Mann	das alte Kind	die alte Frau	die alten Eltern
Datif	dem alten Mann	dem alten Kind	der alten Frau	den alten Eltern

- Quand il n'y a **pas de déterminant, c'est l'adjectif qui reçoit la marque** forte.

	Masculin	Neutre	Féminin	Pluriel
Nominatif	alter Mann	altes Kind	alte Frau	alten Eltern
Accusatif	alten Mann	altes Kind	alte Frau	alten Eltern
Datif	altem Mann	altem Kind	alten Frau	alten Eltern

- **Quand le déterminant est un article indéfini ou un possessif**, il y a un **mélange des deux procédures.** Si le déterminant ou le possessif ne portent pas la marque forte, c'est l'adjectif qui la prend au nominatif masculin, au nominatif et accusatif neutre.

	Masculin	Neutre	Féminin	Pluriel
Nominatif	einØ alter Mann	einØ altes Kind	eine alte Frau	meine alten Eltern
Accusatif	einen alten Mann	einØ altes Kind	eine alte Frau	meine alten Eltern
Datif	einem alten Mann	einem alten Kind	einer alter Frau	meinen alten Eltern

À savoir

A savoir

L'adjectif peut être **attribut.**
Il est alors **invariable,** contrairement au français.

Ex. : Der Opa von Tim ist alt.
(Le papi de Tim est vieux.)
Ex. : Die Omi von Julia ist alt.
(La mamie de Julia est vieille.)

Comment faire ?

- Bien accorder et décliner son adjectif épithète

Ex. : Er hat einen schönen Pulli.

Pour bien choisir la forme que doit prendre mon adjectif épithète, je :

1° détermine **le genre et le nombre du nom** qu'il accompagne (Pulli = masculin).

2° détermine à **quel cas** se trouve le nom (cas = accusatif).

3° vérifie le **type de déterminant qui le précède** (déterminant = indéfini, accusatif).

Corrigés → livret, p. 35

S'entraîner

QUIZ-TEST

Coche la (ou les) bonne(s) réponse(s).

1 Dans « *der grüne Bus* », *grüne* porte :

a) une marque forte. ☐
b) une marque faible. ☐
c) une marque neutre. ☐

2 Pour compléter « *das ...... Haus* », je choisis :

a) moderne. ☐
b) modernes. ☐
c) modernem. ☐

3 ★ Transformation

Transforme l'adjectif attribut en adjectif épithète.

a) Das T-Shirt von Tom ist rot. Tom hat ein .... T-Shirt.

b) Anitas Schuhe sind blau. Sie hat .... Schuhe.

c) Der Mann ist alt. Siehst du den .... Mann ?

d) Der Film ist interessant. Ich zeige dir einen .... Film.

e) Die Frau ist jung. Kennst du die .... Frau?

4 ★★ L'adjectif épithète au nominatif

Complète les groupes nominaux avec les marques qui conviennent au nominatif.

a) ein klein.................... Mann

b) das nett.................... Mädchen

c) eine aktuell.................... Information

d) meine alt.................... Turnschuhe

e) der groß.................... Junge

f) die sympathisch.................... Nachbarn

g) ein schnell.................... Auto

h) die modisch.................... Jeans

5 ★★ Marque forte ou faible ?

Remplace l'article défini par un article indéfini et fais des changements sur l'adjectif si nécessaire.

a) Der neue Freund von Tina heißt Timo.

....

b) Ich sehe den neuen Stuhl im Klassenzimmer.

....

c) Hast du das neue Rezept ?

....

d) Levi spricht mit dem neuen Lehrer.

....

e) Ich kaufe die neue CD von Rihana.

....

6 ★★★ Un portrait-robot

Complète avec les marques qui conviennent.

Der Dieb ist groß.................... und jung.................... Er hat ein.................... oval.................... Gesicht, braun...................., lang.................... Haare und ein.................... groß.................... Mund. Er trägt ein.................... schwarz.................... Kapuzenpulli und ein.................... braun.................... Hose. Er hat auch ein.................... grün.................... Rucksack und schwarz.................... Turnschuhe.

6 La proposition subordonnée relative

Retiens l'essentiel

Piste 10

1 La proposition subordonnée relative

- La proposition subordonnée relative sert à **apporter des précisions sur une chose ou une personne.**
- Cette subordonnée est **reliée à la proposition principale par un pronom relatif**.
- Comme dans toutes les subordonnées, le **verbe conjugué** est en **dernière position.**

2 Les pronoms relatifs

- **Les pronoms relatifs se déclinent.**
- Ils ont la **même forme que les articles définis sauf pour le datif pluriel.**

	Masculin	Neutre	Féminin	Pluriel
Nominatif	der	das	die	die
Accusatif	den	das	die	die
Datif	dem	dem	der	denen

Ex. : Ich suche die Schüler, **die** ein Haustier haben.
(Je cherche les élèves qui ont un animal de compagnie.)

Le pronom relatif **remplace l'antécédent *die Schüler***, dont il prend le genre et le nombre. Il est au **nominatif** car il est le **sujet** de la subordonnée.

Ex. : Der Pulli, den ich gestern gekauft habe, hat 18 € gekostet.
(Le pull que j'ai acheté hier a coûté 18 €.)

Le pronom relatif **remplace l'antécédent *der Pulli***, dont il prend le genre et le nombre. Il est **l'accusatif** car il est le **complément direct** (*qui ?*) de la subordonnée.

Ex. : Wo sind die Schüler, **denen** ich ein Buch geliehen habe ?
(Où sont les élèves à qui j'ai prêté un livre ?)

Le pronom relatif **remplace l'antécédent *die Schüler***, dont il prend le genre et le nombre. Il est au **datif** car il est le **complément indirect** (à *qui ?*) de la subordonnée.

Ex. : Das ist die Frau, **mit der** ich gesprochen habe.
(C'est la femme avec laquelle j'ai parlé.)

Le pronom relatif ***der*** est au féminin singulier, comme son antécédent *die Frau*. Il est au **datif** car il est utilisé **après la préposition *mit***.

Attention

Le pronom relatif en allemand s'appuie sur l'article défini alors que l'anglais s'appuie sur le pronom interrogatif.

Ex. : Das Mädchen, das eine rote Jeans trägt, ist Mia.
– The girl, who is wearing a red jeans, is Mia.
– La fille qui porte un jeans rouge, est Mia.

Comment faire ?

- Bien choisir et décliner le pronom relatif

Pour bien choisir la forme que doit prendre le pronom relatif, je :

1° détermine le **genre et le nombre du nom dont il dépend** (antécédent).

2° détermine la **fonction qu'occupe le pronom relatif dans la phrase** (sujet, COD, COI).

Corrigés → livret, p. 35

S'entraîner

QUIZ-TEST

Coche la (ou les) bonne(s) réponse(s).

1 Dans la subordonnée relative, le verbe se trouve :

a) au début. ☐
b) en deuxième position. ☐
c) à la fin. ☐

2 « Der Freund, mit ... ich Judo mache, heißt Simon. » : le pronom relatif qui convient est :

a) der. ☐
b) den. ☐
c) dem. ☐

3 ★ Association

Associe chaque proposition principale à la subordonnée relative qui convient.

1) Wo ist der Mann,

2) Siehst du die Schüler,

3) Das ist meine Lieblings-CD,

4) Daniel Brühl ist ein Schauspieler,

5) Das ist der Kuchen,

a) mit dem ich gesprochen habe ?

b) der die besten deutschen Filme dreht.

c) die ich jeden Tag höre.

d) die im Pausenhof Fußball spielen ?

e) den ich am liebsten esse.

1 – ☐ / 2 – ☐ / 3 – ☐ / 4 – ☐ / 5 – ☐

4 ★★ La déclinaison du pronom relatif

Complète les pronoms relatifs avec la marque qui convient.

a) Der Sänger, d.................... im Radio singt, ist mein Lieblingssänger.

b) Die Frau, d.................... neben mir sitzt, arbeitet in meiner Firma.

c) Das Land, in d.................... ich gerne reisen möchte, ist Italien.

d) Das sind meine Freunde, d.................... eine Rockband haben.

e) Der Zug, mit d.................... ich nach Berlin fahre, hat Verspätung.

5 ★★★ Transformation

Transforme la seconde phrase en une relative en la rattachant à l'élément souligné.

a) <u>Das Mädchen</u> heißt Vera. Es hat blonde Haare.

....

b) Wir suchen <u>einen Babysitter</u>. Er soll auf unsere Tochter aufpassen.

....

c) Ist das <u>der Lehrer</u> ? Du wolltest ihn etwas fragen .

....

d) Wie heißt <u>der Film</u> ? Du hast mir von ihm erzählt.

....

e) Das ist <u>mein Füller</u>. Ich schreibe am liebsten mit ihm.

....

f) Schau mal, <u>unsere Katze</u>. Wir haben sie im Garten gefunden.

....

....

7 Le subjonctif

Retiens l'essentiel

Piste 11

1 Utilisation du subjonctif II

▶ Le subjonctif II est le temps utilisé pour exprimer **l'irréel et l'imaginaire**. Il permet d'indiquer que le fait qui est annoncé ne s'est pas encore réalisé.

Il correspond au conditionnel en français.

▶ On utilise souvent le subjonctif pour exprimer un **souhait**, une **hypothèse**, une **suggestion** ou un **conseil**.

Souhait :

Ex. : Ich hätte gerne einen Hund. (J'aimerais avoir un chien.)

Hypothèse :

Ex. : Wenn wir im Lotto gewinnen würden, könnten wir nach Tahiti fliegen.
(Si nous gagnions au loto, nous pourrions aller à Tahiti.)

Conseil :

Ex. : Du könntest deinen Freund fragen. (Tu pourrais demander à ton ami.)

2 Formation du subjonctif II

▶ Le subjonctif se forme à partir du prétérit.

Il a les **mêmes terminaisons que le prétérit** : **Ø, st, Ø, (e)n, t, (e)n.**

▶ On distingue **trois cas de figure** :

– **Les verbes faibles** : le subjonctif II prend la **même forme que le prétérit.**

– **Les verbes forts** : on **ajoute un e** si c'est possible + **inflexion de la voyelle du radical** (a, o, u deviennent ä, ö, ü).

– **Les verbes de modalité** : **inflexion sur la voyelle du radical.**

	Verbes faibles		Verbes forts		Verbes de modalité	
	Prétérit	Subjonctif II	Prétérit	Subjonctif II	Prétérit	Subjonctif II
ich	kaufte	kaufte	kam	käme	musste	müsste
du	kauftest	kauftest	kamst	kämest	musstest	müsstest
er/es/sie	kaufte	kaufte	kam	käme	musste	müsste
wir	kauften	kauften	kamen	kämen	mussten	müssten
ihr	kauftet	kauftet	kamt	kämet	musstet	müsstet
sie/Sie	kauften	kauften	kamen	kämen	mussten	müssten

Attention !

Les verbes de modalité *sollen* et *wollen* ne prennent pas d'inflexion au subjonctif II :

Ex. : ich sollte, ich wollte.

Comment faire ?

Piste 12

▶ Connaître le subjonctif II des auxiliaires

	haben	sein	werden
ich	hätte	wäre	würde
du	hättest	wärest	würdest
er/es/sie	hätte	wäre	würde
wir	hätten	wären	würden
ihr	hättet	wäret	würdet
sie/Sie	hätten	wären	würden

Corrigés → livret, p. 35

S'entraîner

QUIZ-TEST

Coche la (ou les) bonne(s) réponse(s).

1 Le subjonctif II sert à exprimer :

a) un souhait. ☐
b) un ordre. ☐
c) une hypothèse. ☐

2 Lesquelles de ces formes sont au subjonctif II ?

a) hättest. ☐
b) kam. ☐
c) möchte. ☐

3 ★ Rêverie...

Jan rêve. Complète avec la forme du subjonctif II qui convient.

a) Zuerst .... er im Lotto gewinnen.

b) Dann .... er auf eine Tropeninsel fliegen.

c) Dort .... (können) er jeden Tag an den Stand gehen.

d) Er .... viel schwimmen.

e) Natürlich .... (haben) er dort auch einen fantastischen Bungalow.

f) Und er .... (müssen) nie mehr arbeiten!

4 ★★ Conseils à un ami

Donne des conseils à ton ami pour qu'il ait de meilleurs notes.

a) Du .... (können) mich fragen.

b) Du .... (sollen) deine Vokabeln besser lernen.

c) Du .... (müssen) regelmäßig lernen.

d) Ein Nachhilfelehrer .... (können) dir helfen.

e) Dein Nachbar und du .... (sollen) im Unterricht nicht miteinander reden.

5 ★★ Émettre une hypothèse

Transforme les énoncés selon l'exemple en commençant la première proposition par *wenn*.

Ex. : Das Wetter ist schön. Ich gehe an den Strand.
Wenn das Wetter schön wäre, würde ich an den Stand gehen.

a) Es schneit. Ich fahre Ski.

....

b) Er hat viel Zeit. Er kann ein Buch lesen

....

c) Sie ist sich sicher. Sie glaubt ihm.

....

d) Du trägst keine Brille. Du kannst Pilot werden.

....

e) Ich habe viel Geld. Ich kaufe mir diesen neuen Computer.

....

6 ★★★ Traduction

Traduis ces phrases en allemand au brouillon.

a) Si tu avais écouté, tu n'aurais pas répondu faux.

b) Si mon oncle pouvait venir, je serais contente.

c) Tu pourrais le manger, si tu n'avais pas d'allergie.

d) Si je chantais mieux, je gagnerais *The Voice*.

e) S'il était meilleur en maths, il pourrait devenir ingénieur.

Corrigés → livret, p. 32

Anglais : fais le bilan !

Coche, pour chaque exercice, la bonne réponse. Reporte-toi ensuite aux corrigés, p. 32, pour obtenir ton score sur 10.

1 La phrase correcte est :

a) She'll help me as soon as I ask her. ☐

b) She'll help me as soon as I'll ask her. ☐

c) She'll help me as soon as she'll be free. ☐

2 La phrase correcte est :

a) He's hurt himself last week. ☐

b) He hurts himself last week. ☐

c) He hurt himself last week. ☐

3 La phrase correcte est :

a) I met him several times. ☐

b) I've met him several times. ☐

c) I'm meeting him several times. ☐

4 La phrase correcte est :

a) I want to eat an ice-cream. ☐

b) I'd like eating an ice-cream. ☐

c) I want eating an ice-cream. ☐

5 La phrase correcte est :

a) Your room is more dirty than mine. ☐

b) Your room is the most dirty in the house. ☐

c) Your room is the dirtiest in the house. ☐

6 La phrase comprenant un pronom relatif est :

a) Where did he emigrate last year ? ☐

b) Why did he emigrate ? ☐

c) The reason why he emigrated is still unknown. ☐

7 La phrase exprimant une incertitude est :

a) He can come. ☐

b) He may come. ☐

c) He has to come. ☐

8 La phrase correcte est :

a) There are very few people in this shop. ☐

b) There is very few people in this shop. ☐

c) There is very little people in this shop. ☐

9 La phrase correcte est :

a) She told me she had a boyfriend. ☐

b) She said me she had a boyfriend. ☐

c) She told to me she had a boyfriend. ☐

10 La phrase à la voix passive est :

a) She's just helped them. ☐

b) She's going to help them. ☐

c) Something must be done to help them. ☐

TOTAL BILAN .... /10

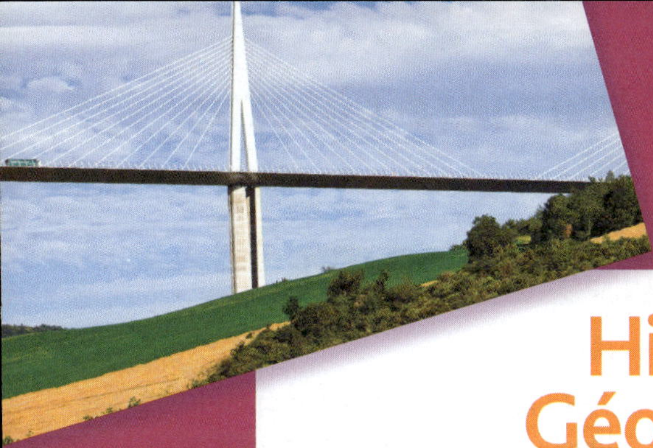

Histoire Géographie

Enseignement moral et civique

Histoire

Géographie

Enseignement moral et civique

1 Les Français dans la Première Guerre mondiale (1914-1918)

À savoir

Les systèmes d'alliances

Depuis le XIXe siècle, des tensions opposent les grandes puissances européennes. Deux blocs d'alliances se constituent : la **Triple Alliance** (alliés de l'Allemagne : Italie et Autriche-Hongrie) et la **Triple Entente** (alliés de la France : Russie et Royaume-Uni).

Mot-clé

Génocide

Destruction programmée de toute une population en raison de ses origines ethniques ou religieuses.

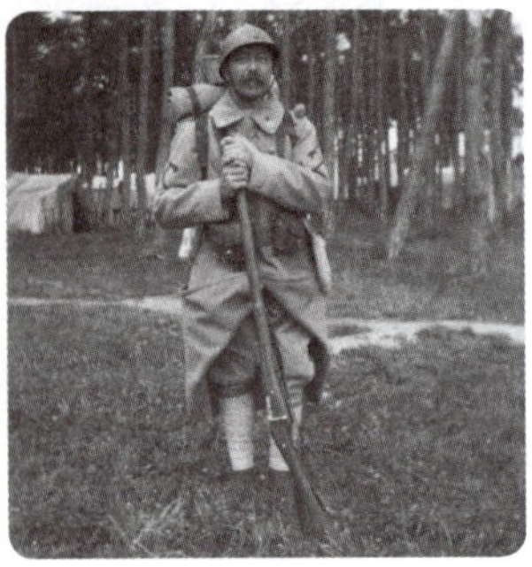

Le soldat français : le « poilu ».

Retenir l'essentiel

1 Le déclenchement de la guerre

- **Le 28 juin 1914, l'assassinat de l'archiduc d'Autriche-Hongrie** par un nationaliste serbe à Sarajevo déclenche une nouvelle guerre dans les Balkans.
- **Par le jeu automatique des alliances, ce conflit localisé devient une guerre européenne, puis mondiale.** Elle dure quatre ans jusqu'à **l'armistice du 11 novembre 1918.**
- **Très vite, les peuples européens comprennent que la guerre sera longue.** Elle mobilise 8,5 millions d'appelés en France (dont 475 000 soldats des colonies), 13 millions en Allemagne et bien plus encore en Russie.

2 Une violence de masse

- Les soldats connaissent l'expérience traumatisante de la **guerre des tranchées** et des **nouvelles armes meurtrières** (artillerie, gaz toxiques...) comme à Verdun en 1916. Les lettres écrites par les soldats à leur famille témoignent, lorsqu'elles échappent à la censure, de cette brutalité sans précédent. **Le bilan est très lourd** : 9 millions de morts, 6 millions d'invalides.
- **La violence frappe aussi les populations civiles.** L'occupation allemande de la Belgique et du Nord de la France s'accompagne **d'exécutions sommaires, de viols et de déportations.** Dans l'Empire ottoman, la **minorité arménienne** est massacrée par les Turcs : c'est le premier génocide du XXe siècle.

3 Une guerre totale

- **La Première Guerre mondiale est une guerre totale :** elle rassemble toutes les forces vives des États pour gagner. Les femmes travaillent dans les usines, les champs, les administrations et les hôpitaux... On fait aussi appel aux travailleurs et aux soldats des colonies.
- **La guerre totale exige de nombreux sacrifices** : il faut accepter le rationnement alimentaire, les cadences de travail infernales, le recul des libertés. La lutte contre le **defaitisme** justifie tous ces sacrifices.

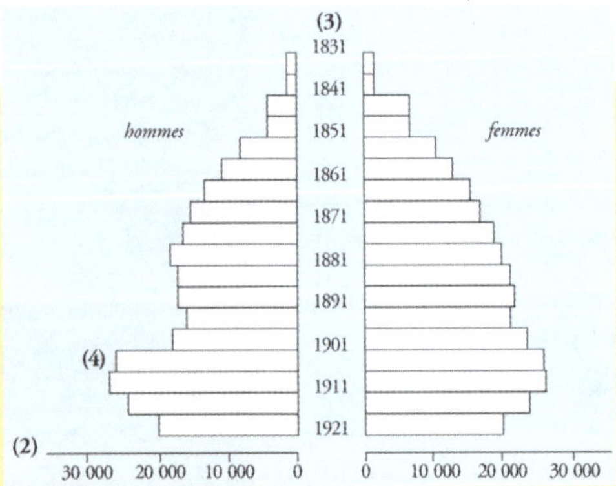

La population de l'Ille-et-Vilaine en 1921 (1)

Comment faire ?

Lire une pyramide des âges

→ **Le titre (1)** indique la population concernée et l'année étudiée.

→ **L'axe horizontal (2)** indique le nombre d'habitants.

→ **La colonne centrale (3)** indique les années de naissance (ou les âges) et distingue les hommes et les femmes.

→ **Les effectifs (4)** sont comptabilisés par année de naissance ou par âge.

Entraîne-toi : exercice 5, p. 213.

Corrigés → livret, p. 36

S'entraîner

QUIZ-TEST

Coche la (ou les) bonne(s) réponse(s).

1 L'événement qui déclenche la guerre est :

a) la bataille de Verdun. ☐
b) l'assasinat de l'archiduc autrichien. ☐
c) le génocide arménien. ☐

2 L'armistice de la Première Guerre est signé le :

a) 11 juin 1914. ☐
b) 9 août 1918. ☐
c) 11 novembre 1918. ☐

3 ★ Un crime de masse

Il n'existe pas de contradiction sur ce fait principal que c'est à la suite d'ordres généraux envoyés de Constantinople (capitale de l'Empire ottoman), que la population arménienne a été déracinée de ses foyers, dispersée et exterminée pour une grande part, quoiqu'il ne soit pas possible d'en déterminer l'exacte proportion. Il est clair qu'une catastrophe conçue sur une vaste échelle, sans précédent dans l'histoire moderne, a été planifiée pour les habitants arméniens de l'Empire ottoman. On constate que la responsabilité première incombe au Gouvernement ottoman.

Lettre de M.H.A Fischer, vice-chancelier de l'université de Sheffield (Angleterre), 2 août 1916.

a) D'après l'auteur, pourquoi ce crime est-il « sans précédent dans l'histoire moderne » ? Retrouvez trois arguments cités.

....

....

....

....

....

b) Selon l'auteur, qui est responsable de ce crime ?

....

....

....

....

4 ★★ Le défaitisme

L'état d'esprit de la population de l'Isère est loin d'être satisfaisant [...]. C'est aujourd'hui une lassitude qui confine au découragement et qui a pour cause bien moins les restrictions apportées à l'alimentation de la population que la déception causée par la durée de la guerre, le sentiment que des fautes militaires ont été commises, que des pertes élevées ont été subies sans profit appréciable, que tout effort nouveau serait sanglant et inutile. Les propos tenus par les soldats venant du front sont [...] la cause de cet affaiblissement moral de la population.

Rapport du préfet de l'Isère, juin 1917.

a) Quel est le constat dressé par ce préfet ?

....

....

b) Quelles raisons expliquent cette situation selon lui ?

....

....

5 ★★★ La saignée humaine

Observe la pyramide des âges page 212.

a) Pour quels âges le déséquilibre entre le nombre d'hommes et de femmes est-il le plus grand ?

....

....

b) Calcule le nombre de personnes nées dans ce département breton entre 1916 et 1921 ; entre 1906 et 1911. Que constates-tu ?

....

....

2 Une nouvelle Europe

Retenir l'essentiel

Mots-clés

Bolchevik
Partisan de Lénine, puis synonyme de « communiste ».

Communisme
Système politique et économique s'inspirant des idées de Karl Marx et visant à l'établissement d'une société égalitaire et sans classes sociales, grâce à la mise en commun des moyens de production.

À savoir

Lénine (1870 – 1924)
Chef des Bolcheviks au moment des révolutions de 1917. Il fonde l'URSS en 1922 qu'il dirige jusqu'à sa mort.

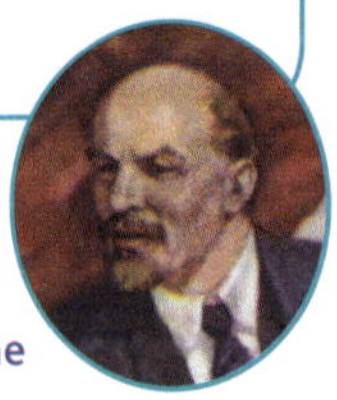
Lénine

1 Une vague révolutionnaire en Europe

▸ **En Russie, les privations et les défaites militaires à répétition minent le pouvoir du tsar.** Il est chassé par la révolution de février 1917. L'hostilité à la guerre et la promesse du partage des terres motivent une nouvelle **révolution dirigée par les Bolcheviks en octobre 1917**. Leur chef, Lénine, proclame le contrôle ouvrier et paysan de la production pour mettre en place le communisme. En même temps, il conclut une paix séparée avec l'Allemagne en 1918.

▸ **Des insurrections communistes éclatent dans plusieurs pays européens entre 1918 et 1920.** Mais elles échouent partout.

2 Une nouvelle carte de l'Europe

▸ **Les transformations territoriales sont enregistrées par les traités de paix signés entre 1919 et 1920 par l'Entente et les vaincus.** Le sort de l'Allemagne est réglé par le **traité de Versailles** (juin 1919). Les transformations affectent l'Europe centrale, balkanique et orientale.

▸ Dans cet espace, **neuf États apparaissent ou réapparaissent** : du nord au sud, la Finlande, les pays baltes, la Pologne, la Tchécoslovaquie, l'Autriche, la Hongrie et la Yougoslavie. **D'autres territoires sont réduits** : l'Allemagne est coupée en deux et perd 1/7ᵉ de son territoire et 1/10ᵉ de sa population ; la Turquie est limitée à Constantinople et à l'Asie mineure et perd toutes ses possessions arabes.

▸ **Le nouvel ordre européen illustre le triomphe de la démocratie** car aucun des trois grands empires d'Europe centrale et orientale ne survit à la guerre. **Les empires laissent la place à de petits États-nations** comprenant de fortes minorités étrangères, comme en Tchécoslovaquie, en Pologne et en Yougoslavie.

Comment faire ?

▸ **Comprendre le fonctionnement de la Société des Nations (SDN)**

La **Société des Nations** est une organisation internationale imaginée par le président américain T. W. Wilson et créée en 1920 **pour garantir la paix mondiale et la sécurité**. Elle est fondée sur le **droit des peuples à disposer d'eux-mêmes.**

1° **Examiner le titre** et **le contenu** de l'organigramme.

2° **Associer les éléments pour mettre en évidence un fonctionnement**. Utiliser également ses connaissances.

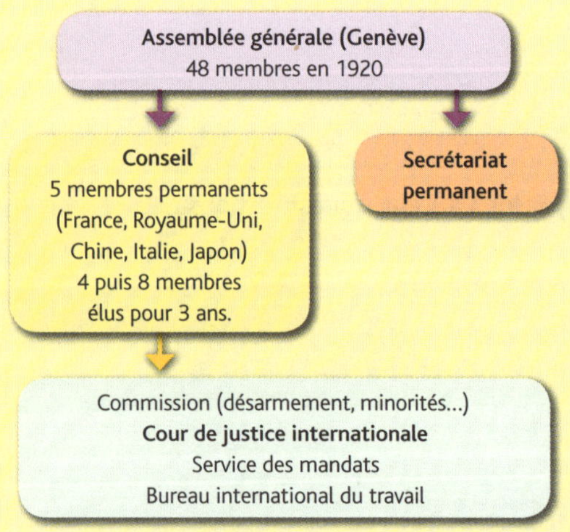

Corrigés → livret, p. 36

S'entraîner

QUIZ-TEST

Coche la (ou les) bonne(s) réponse(s).

1 Les révolutions de Russie provoquent :

a) la chute du tsar. .... ☐
b) des révolutions victorieuses en Europe. .... ☐
c) la sortie de la guerre de la Russie. .... ☐

2 Le traité de Versailles règle le sort de :

a) l'Autriche-Hongrie. .... ☐
b) l'Empire ottoman. .... ☐
c) l'Allemagne. .... ☐

3 ★ La révolution bolchevique en Russie

Une quatrième année de guerre signifierait la ruine de l'armée et du pays. Le peuple doit être sauvé du péril. La révolution doit être menée à bonne fin. Le pouvoir doit être arraché des mains criminelles de la bourgeoisie et remis entre les mains des ouvriers, des soldats et des paysans révolutionnaires. Le programme de notre journal est celui du soviet des ouvriers et soldats de Petrograd. Tout le pouvoir aux soviets, dans la capitale comme en province ! Trêve immédiate sur tous les fronts ! Une paix honnête entre les peuples ! Les terres des propriétaires aux paysans ! Contrôle ouvrier de la production !

Éditorial de la *Pravda*, journal bolchevik, 17 octobre 1917.

a) Quel est le contexte historique lorsque ce texte est publié ?

....

....

b) Quelles sont les revendications exprimées ici ?

Complète le tableau ci-dessous.

Revendications politiques
....
....
....
Revendications économiques
....
....
....

4 ★★ Une nouvelle carte de l'Europe

L'Europe en 1923

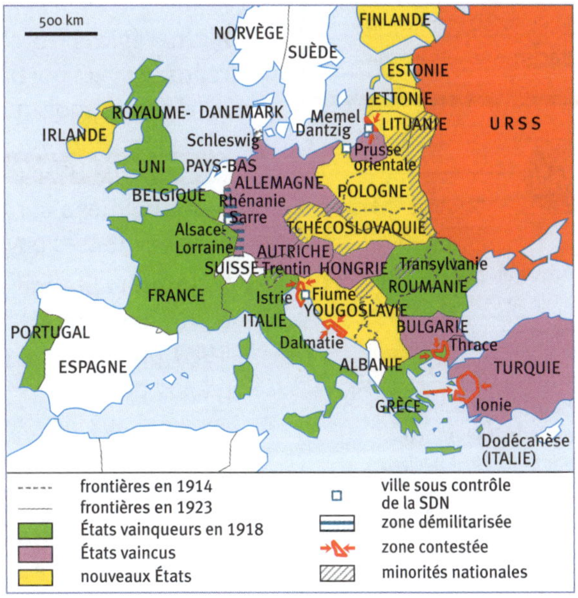

a) Quelles parties de l'Europe sont redessinées par les traités de paix ?

....

....

....

b) En quoi consistent ces transformations territoriales ?

....

....

....

....

3 Les régimes totalitaires

Mots-clés

Régime totalitaire
Régime politique dans lequel l'État dictatorial encadre la population par la propagande, l'embrigadement et la terreur, dans le but de la faire adhérer à son idéologie.

Goulag
Camps de travail où sont enfermés les opposants.

Antisémitisme
Racisme envers les Juifs.

À savoir

Staline (1879-1953)
Arrivé au pouvoir en 1929, il dirige l'URSS jusqu'à sa mort en 1953.

Hitler (1889-1945)
Après avoir échoué à prendre le pouvoir par la force, il devient démocratiquement chancelier en 1933 et dirige l'Allemagne jusqu'à son suicide le 30 avril 1945.

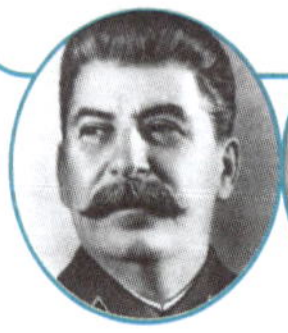
Staline

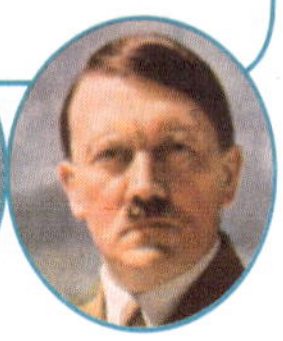
Hitler

Retenir l'essentiel

1 La famille des régimes totalitaires

- **Des régimes totalitaires apparaissent pendant l'entre-deux-guerres en Europe : le stalinisme** en Union Soviétique **et le nazisme** en Allemagne.
- **Un régime totalitaire est commandé par un chef** qui concentre les pouvoirs. La propagande organise le **culte du chef** dans les médias de masse.
- **Un régime totalitaire est une dictature révolutionnaire.** Ainsi, le stalinisme et le nazisme ont en commun de détruire l'ordre antérieur pour imposer un nouveau groupe dominant : prolétariat ouvrier et paysan en URSS ou race aryenne prétendue supérieure en Allemagne.
- **Un régime totalitaire est un régime anti-démocratique, puisqu'il repose sur un parti unique.** Les foules défilent pour montrer leur adhésion au régime, tandis que les opposants sont enfermés dans des **camps**.

2 Des différences évidentes

- **Ces régimes s'enracinent dans des sociétés différentes :** d'un côté, l'URSS avec ses masses paysannes ; de l'autre, l'Allemagne ouvrière et urbaine.
- **Joseph Staline et Adolf Hitler n'ont pas le même style de commandement.** Staline est craint : la collectivisation des terres en 1929 provoque l'enfermement de 2 millions de paysans au Goulag ; les grands procès de Moscou en 1936-1938 déciment les amis de Lénine et les généraux de l'Armée rouge. Hitler, au contraire, séduit les Allemands. Il est nommé **chancelier en janvier 1933**. Les succès de sa politique pangermanique (en Autriche, en Tchécoslovaquie) renforcent sa popularité.
- **Si Staline brutalise les Russes, Hitler maltraite peu les Allemands, mais écrase les autres conformément aux idées racistes et antisémites** exposées dans les lois de Nuremberg en 1935. La violence nazie se déchaîne surtout contre les peuples prétendus inférieurs pendant la guerre.

Comment faire ?

Étudier une affiche de propagande

1° **Identifier la source** et la **date de l'affiche**.

2° **Décrire sa composition** en différenciant les **plans**.

3° **Identifier les éléments qui composent l'affiche** : personnages, attributs, attitude, repères spatiaux et chronologiques.

4° **Interpréter** l'affiche en montrant **le message**.

Entraîne-toi : exercice 3, p. 217.

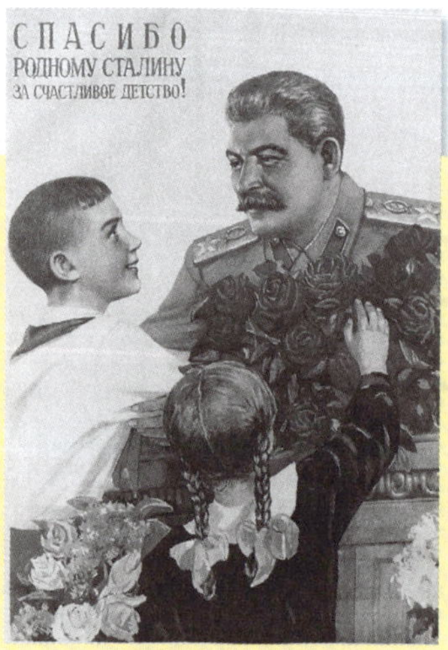

Staline, affiche soviétique, 1950, « Merci à notre cher Staline pour notre enfance heureuse ! »

Corrigés → livret, p. 36

S'entraîner

QUIZ-TEST

Coche la (ou les) bonne(s) réponse(s).

1 Un régime totalitaire est :

- a) un régime démocratique ☐
- b) un régime de terreur ☒
- c) un régime du parti unique ☒

2 Les régimes stalinien et nazi se caractérisent par :

- a) le culte du chef ☒
- b) les camps de concentration ☒
- c) la liberté des médias. ☐

3 ★ Le culte de la personnalité dans le régime stalinien

Observe l'affiche de propagande page 216.

a) De quand date cette affiche ?

l'affiche date de 1950

b) Qui sont les personnages ?

il y a sur cette affiche de propagande Josepeph Stalin et 2enfant qui sont heureux

c) Décris leur attitude.

Les 2 enfant ont l'air heureux d'être au coté de Staline

d) Observe la direction des regards et le slogan : quel message l'affiche diffuse-t-elle ?

On voit bien que c'est une affiche de propagande ca il est ecrit «merci à notre cher Stalin pour notre enfance heureuse» on voit aussi les enfant heureux ce qui montre que Stalin et gentil ou non

4 ★★ Le racisme et l'antisémitisme du régime hitlérien

Art. 4 : [...] Seul peut être citoyen un frère de race. Seul est frère de race celui qui est de sang allemand [...]. Aucun Juif ne peut donc être un frère de race.

Art. 5 : [...] Qui n'est pas citoyen ne peut vivre en Allemagne.

Art. 6 : [...] Le droit de décider de la direction et des lois de l'État ne peut appartenir qu'à des citoyens. Nous demandons donc que toutes les fonctions officielles soient exercées uniquement par des citoyens.

Programme politique du parti nazi, 1922, R. Hilberg, *La Destruction des Juifs d'Europe*, trad. M.-F. Paloméra, A. Charpentier, Fayard, 1988.

a) Quelle est la situation du parti nazi en 1922 ?

le parti nazi n'est pas connu

b) Quelle est la définition de la citoyenneté allemande selon le parti nazi ?

seul peut être citoyen un frère de Race

c) Quelle partie de la population allemande en est automatiquement exclue ?

les juif «Aucun Juif ne peut donc être un frere de race»

Histoire

4 La fragilisation de la République pendant l'entre-deux-guerres

À savoir

Le Congrès de Tours

Le Congrès de Tours en 1920 voit s'opposer deux tendances parmi les Socialistes : les partisans de Lénine et de la Révolution et les plus modérés, représentés par Léon Blum. Ce congrès provoque la scission de la gauche française en deux partis : le Parti communiste (PCF) et le Parti socialiste (SFIO).

Mots-clés

Accords Matignon

Accords sociaux passés en juin 1936 entre les patrons et les syndicats pour instaurer de meilleures conditions de travail.

Congés payés

Deux semaines de vacances annuelles, payées par le patron à ses employés.

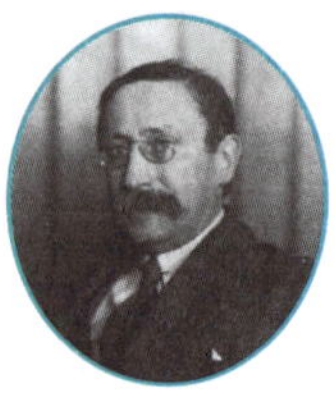

Léon Blum (1872-1950)

Retenir l'essentiel

1 La crise économique et sociale

▸ **La France a gagné la Grande Guerre, mais la crise pointe dès les années 1920 et s'installe pendant les années 1930.** L'**inflation** appauvrit fatalement les rentiers, tandis que l'indemnisation des victimes de guerre et la réparation des dégâts matériels creusent la **dette publique**. La crise accélère deux évolutions plus anciennes : le **repli des entreprises** françaises sur le marché intérieur et l'empire colonial, et l'**effondrement de la natalité**.

▸ Les gouvernements de droite successifs ignorent ces tendances, puisqu'ils voient dans la crise la conséquence du krach boursier aux États-Unis en 1929 et de l'arrêt du paiement des réparations allemandes en 1933.

▸ **La gauche, elle, est incapable d'accéder au pouvoir car elle est divisée** entre les communistes et les socialistes depuis le Congrès de Tours **(1920)**.

2 La gauche au pouvoir

▸ Finalement, **les partis de gauche se rassemblent pour former le Front populaire** après la journée d'émeutes menées par les **ligues d'extrême droite** contre l'Assemblée nationale le 6 février 1934.

▸ **Cette coalition des socialistes, des communistes et des radicaux remporte les élections législatives du printemps 1936.** Le socialiste **Léon Blum** est nommé Président du Conseil. Il forme le **premier gouvernement à majorité socialiste de la IIIe République**.

Aussitôt, **deux millions d'ouvriers en grève occupent les usines** pour exprimer leur joie et leurs revendications. Les Accords Matignon **(juin 1936)** leur sont favorables : augmentation des salaires, reconnaissance de la liberté syndicale et des conventions collectives... Dans la foulée, les députés du Front populaire votent les congés payés, la **semaine de 40 heures** et la dissolution des ligues.

▸ **Les acquis sociaux du Front populaire donnent une impression d'embellie, mais elle est trompeuse.** Le chômage, les menaces de guerre, la virulence de la presse d'extrême droite antisémite et la désunion de la gauche contraignent Blum à démissionner en juin 1937.

Comment faire ?

▸ Lire un graphique circulaire

1° À l'aide du titre du graphique, **identifier les données représentées et l'année.**

2° **Repérer la position des différents éléments et la part respective de chaque donnée.** Chaque part du cercle est proportionnelle à son importance.

3° **Expliquer ces données** à l'aide de ses connaissances.

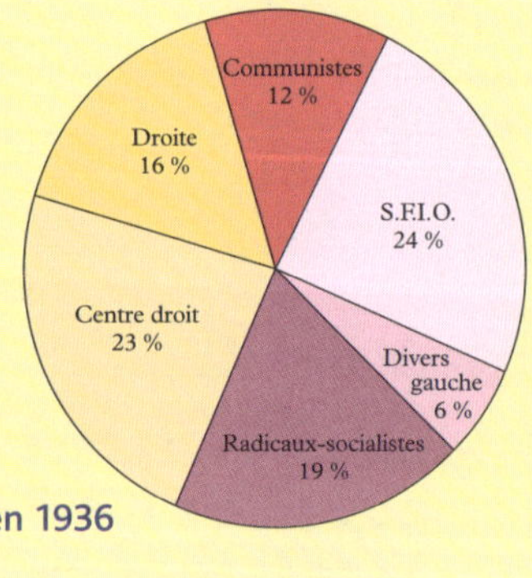

Constitution de l'Assemblée nationale en 1936

Corrigés → livret, p. 36

S'entraîner

QUIZ-TEST

Coche la (ou les) bonne(s) réponse(s).

1 Le Front populaire arrive au pouvoir en :

a) 1934. ☐
b) 1935. ☐
c) 1936. ☐

2 Les Accords Matignon prévoient :

a) l'augmentation des salaires. ☐
b) deux semaines de congés payés. ☐
c) la semaine de 40 heures. ☐

3 ★ La crise des années 1930

	1929	1931	1933	1935
Production industrielle (indice 100 en 1929)	100	85	81	72
Revenus agricoles (indice 100 en 1929)	100	69	58	41
Salaires (indice 100 en 1929)	100	101	88	75
Chômeurs secourus	1 000	45 000	275 000	426 000

D'après *Journal économique politique*, 1936, et INSEE.

a) Quelle est l'évolution de la production industrielle pendant les années 1930 ?

....

....

b) Quelle est l'évolution des revenus des Français ?

....

....

c) Quel changement s'opère dans la composition de la population active ?

....

....

....

....

4 ★★ Le programme du Front populaire

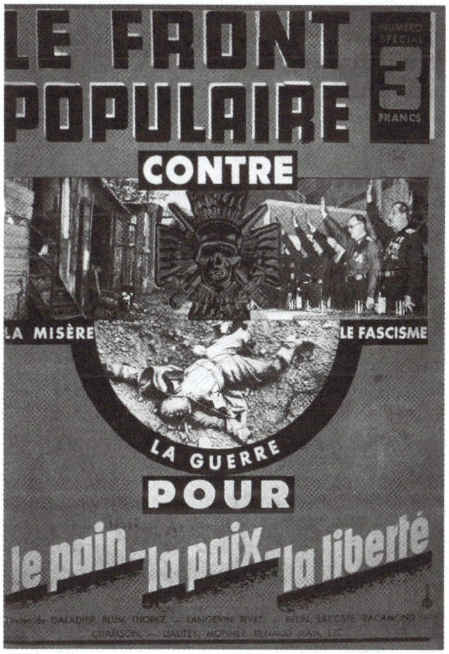

a) Qu'est-ce que le Front populaire ?

....

b) Qui sont les ennemis désignés de cette coalition ?

....

c) Quel est son programme électoral ?

....

d) D'après tes connaissances, quelles mesures sont prises par le nouveau gouvernement pour « le pain » et pour « la liberté » ? ....

....

e) Cela suffit-il à enrayer la crise ? ....

5 La Deuxième Guerre mondiale (1939-1945)

Mots-clés

Impérialisme
Volonté de domination politique, économique et culturelle d'un État sur d'autres peuples.

Camps d'extermination
Camps où les nazis déportent les Juifs et les Tziganes dans le but de les tuer massivement.

Crime contre l'humanité
« Actes inhumains » et toutes les formes de persécution, notamment raciales, perpétrées contre les populations civiles.

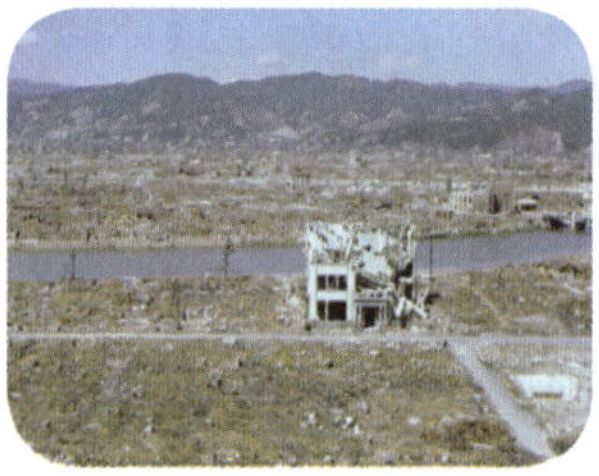
Hiroshima après le bombardement d'août 1945.

Retenir l'essentiel

1 Une guerre sur tous les fronts

- **La guerre commence sous la forme de deux conflits séparés**, l'un déclenché par le **Japon contre la Chine** en 1937, l'autre par l'**Allemagne contre la Pologne** en 1939.
- **La guerre devient mondiale en 1941** avec les attaques surprises de l'Allemagne contre l'Union soviétique et du Japon contre les États-Unis. Les Allemands occupent l'Europe jusqu'en 1943. Puis, c'est au tour des Soviétiques et des alliés anglo-américains de battre l'armée allemande. Les Américains affrontent aussi les Japonais pour le contrôle des mers et des péninsules de l'Asie-Pacifique.
- **Les capitulations allemande (8 mai 1945) et japonaise** (obtenue après les **bombardements atomiques d'Hiroshima et de Nagasaki en août 1945**) marquent l'effondrement de ces deux impérialismes.

2 Une guerre d'anéantissement

- **La Deuxième Guerre mondiale est une guerre idéologique** : le fascisme contre la démocratie, le nazisme contre le communisme...
- **Cela explique la très grande violence de la guerre**, **durant laquelle 50 millions de personnes meurent en Europe et en Asie.** Plus de **5 millions de Juifs d'Europe sont assassinés par les nazis** dans les camps d'extermination et pendant les tueries en URSS et dans les pays baltes. Il faut y ajouter **des centaines de milliers de Tziganes**. 3 millions de prisonniers russes meurent de faim et d'épuisement entre 1941 et 1942 parce que les nazis voient les Slaves comme des sous-hommes.
- À la fin de la guerre, les vainqueurs jugent et punissent les criminels de guerre nazis et japonais. En Europe, **le procès de Nuremberg** (1945-1946) met en accusation 24 dirigeants du Troisième Reich pour crime contre la paix, crime de guerre et crime contre l'humanité ; 11 sont pendus.

Comment faire ?

Analyser la une d'un journal

1° **Présenter le document :** nature, titre du journal, pays d'origine, date de publication, calendrier de publication.
2° **Étudier la présentation du document** : composition en colonnes, titre des articles, photographies.
3° **Analyser les titres :** hiérarchie des titres et signification.
4° **En déduire les intentions des journalistes.**

Entraîne-toi : exercice 4, p. 221.

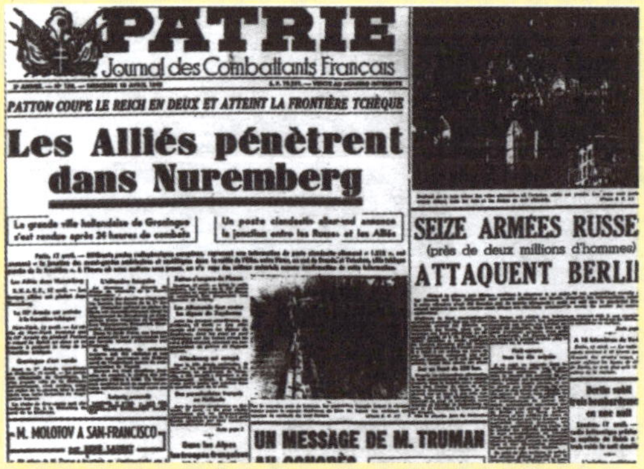
PATRIE
Journal des Combattants Français
PATTON COUPE LE REICH EN DEUX ET ATTEINT LA FRONTIÈRE TCHÈQUE
Les Alliés pénètrent dans Nuremberg
SEIZE ARMÉES RUSSE
(près de deux millions d'hommes)
ATTAQUENT BERLI
M. MOLOTOV A SAN-FRANCISCO
UN MESSAGE DE M. TRUMAN

La une du journal *Patrie*, 18 avril 1945.

Corrigés → livret, p. 36

S'entraîner

QUIZ-TEST

Coche la (ou les) bonne(s) réponse(s).

1 La Deuxième Guerre mondiale :

a) est déclenchée par la France. ☐
b) devient mondiale en 1941. ☐
c) est gagnée par l'Allemagne. ☐

2 La destruction des Juifs d'Europe est :

a) un crime perpétré par les nazis. ☐
b) un crime resté impuni. ☐
c) un crime contre l'humanité. ☐

3 ★ L'hécatombe

Principaux belligérants	Pertes militaires (en millions)	Pertes civiles (en millions)	Total en % de la population en 1939
Allemagne	4	3	12
Union soviétique	13,6	8	12
Pologne	0,12	5,3	15
Japon	2,7	0,36	4
États-Unis	0,3	0	0,2
France	0,25	0,35	1,5
Royaume-Uni	0,32	0,1	0,9
Chine	3,5	10	2,5
Italie	0,3	0,1	1

a) D'après le cours, pourquoi les pertes civiles dépassent-elles souvent les pertes militaires ?

....

b) Dans quels pays les pertes sont-elles les plus élevées (en % de la population en 1939) ?

....

c) Comment peut-on l'expliquer ?

....

4 ★★ La chute du nazisme

Observe et analyse la une du journal, page 220.

a) Quel événement occupe la une de ce journal ?

....

b) Que se passe-t-il à Berlin en même temps ?

....

c) Pourquoi, d'après toi, la croix de Lorraine figure-t-elle à côté du titre du journal ?

....

5 ★★★ L'extermination des Juifs d'Europe

1. Notre méthode pour sélectionner les victimes était la suivante : deux médecins SS examinaient les arrivages de transports de prisonniers. Les prisonniers devaient passer devant l'un de ces médecins qui, à l'aide d'un signe, faisait connaître sa décision. Ceux qui étaient jugés aptes au travail étaient envoyés dans le camp ; les autres sur les lieux d'extermination [...]. La solution de la question juive signifiait l'extermination de tous les Juifs d'Europe [...]. Quand j'aménageais le bâtiment d'extermination à Auschwitz, je choisis le gaz « Zyklon B » que nous faisions tomber dans la chambre à gaz par un petit orifice. Nous attendions une demi-heure avant d'ouvrir les portes et de sortir les cadavres [...]. Les Tziganes représentaient eux aussi un contingent considérable [...]. En juillet 1942, lors d'une visite de Himmler [chef suprême des SS], je lui fis faire un tour d'inspection détaillé dans le camp des Tziganes. Il put tout voir, les baraques remplies à éclater, les conditions sanitaires insuffisantes, l'infirmerie regorgeant de malades [...]. Ayant pris ainsi une vue d'ensemble complète de la situation, Himmler donna l'ordre de liquider tous les Tziganes.

Extraits du témoignage de Rudolf Hoess, commandant SS du camp d'Auschwitz (mai 1941-décembre 1943), au procès de Nuremberg, avril 1946.

a) Que signifie « la solution de la question juive » pour les nazis ? ....

....

b) Qui est chargé de la mettre en œuvre ?

....

c) Relève deux éléments montrant que « la solution de la question juive » est méthodiquement appliquée.

....

....

6 Les Français dans la Deuxième Guerre mondiale (1939-1945)

À savoir

Collaboration et Résistance

- La collaboration désigne la politique de coopération avec l'Allemagne nazie voulue par le maréchal Pétain mais aussi le comportement de ceux qui, pendant la Deuxième Guerre mondiale, ont aidé les occupants nazis.
- La Résistance désigne toutes les formes de lutte contre l'occupation nazie et le régime de Vichy.

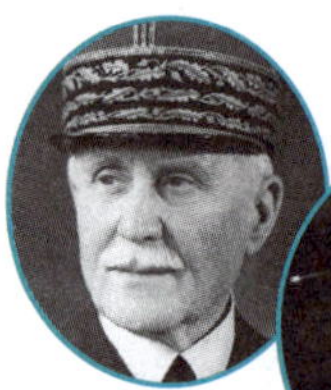

Pétain (1856-1951)

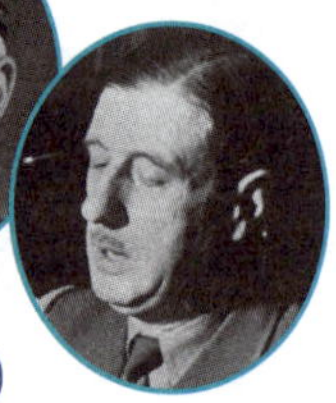

De Gaulle (1890-1970)

Retenir l'essentiel

1 Le régime de Vichy et la collaboration

▸ **Après la défaite de juin 1940 face à l'armée allemande, les parlementaires réfugiés à Vichy votent les pleins pouvoirs au maréchal Philippe Pétain.**

▸ **Pendant quatre ans, le régime de Vichy construit un nouvel ordre, en rupture avec la République.** D'abord, la « Révolution nationale » – résumée par le slogan « Travail, Famille, Patrie » – s'en prend aux prétendus responsables de la défaite : les partis du Front populaire, les Juifs, les francs-maçons… Ensuite, **les lois de Vichy suppriment les libertés.** La jeunesse est éduquée dans le culte de la Patrie et du Maréchal.

▸ **En même temps, Pétain choisit la collaboration avec l'Allemagne.** Le régime de Vichy encourage la création de la Légion des volontaires français contre le bolchevisme (LVF) en 1941. Un Service du travail obligatoire (STO) envoie de jeunes Français travailler en Allemagne à partir de 1943. **Vichy est aussi complice de la déportation des Juifs de France dans les camps d'extermination** (rafle du Vel' d'Hiv', le 17 juillet 1942). Sa police politique (la **Milice**) s'acharne contre les résistants.

2 La Résistance

▸ **L'appel lancé par le général Charles de Gaulle, le 18 juin 1940 depuis Londres, fonde la Résistance.** Cette résistance extérieure et combattante est la **France Libre**, qui lutte avec les Britanniques et les Américains.

▸ **Des Français se battent aussi en France contre les troupes d'occupation et le régime de Vichy.** Les créations du **STO** et de la Milice, l'enchaînement des défaites nazies en URSS et en Afrique du Nord, poussent de plus en plus des Français à rejoindre les maquis des Forces Françaises de l'Intérieur (FFI). **Le Conseil National de la Résistance (CNR), présidé par Jean Moulin, reconnaît de Gaulle comme chef de la Résistance en 1943.**

Comment faire ?

▸ **Analyser un texte historique**

1° **Identifier la source** et la **date du document** (a).

2° **Rechercher le vocabulaire** inconnu.

3° **Rechercher le plan du texte** (b), les idées-clés et les liens logiques.

4° **Relever les arguments** (soulignés).

5° **Interpréter le texte** à l'aide de ses connaissances.

Entraîne-toi : **exercice 3, p. 223.**

C'est le cœur serré que je vous dis aujourd'hui qu'il faut cesser le combat. […] Français, j'ai demandé à nos adversaires de mettre fin aux hostilités. (b) J'ai pris cette décision dure […] parce que la situation militaire l'imposait. La pression ennemie a contraint nos troupes à la retraite. […] Moins forts qu'il y a 22 ans, nous avions moins d'amis. Trop peu d'enfants, trop peu d'armes, trop peu d'alliés …

(a) Discours de Pétain, 17 juin 1940.

Corrigés → livret, p. 37

S'entraîner

QUIZ-TEST

Coche la (ou les) bonne(s) réponse(s).

1 Le gouvernement du maréchal Pétain est installé à :

a) Vichy. ☐
b) Alger. ☐
c) Londres. ☐

2 Le chef de la Résistance est :

a) le maréchal Pétain. ☐
b) le général de Gaulle. ☐
c) Léon Blum. ☐

3 ★ La débâcle de 1940

Lis le texte, page 222.

a) Quelle fonction politique le maréchal Pétain occupe-t-il lorsqu'il prononce ce discours radiodiffusé ?

....

b) Quel constat dresse-t-il de la situation de la France en juin 1940 ? ....

....

c) Comment Pétain explique-t-il cette situation ?

....

....

d) Quelle décision prend-il ?

....

....

4 ★★ La Résistance

Certes, nous avons été, nous sommes submergés par la force mécanique, terrestre et aérienne de l'ennemi. Infiniment plus que leur nombre, ce sont les chars, les avions, la tactique des Allemands qui ont surpris nos chefs au point de les amener là où ils sont aujourd'hui. Mais le dernier mot est-il dit ? L'espérance doit-elle disparaître ? La défaite est-elle définitive ? NON ! NON ! NON ! [...] Les mêmes moyens qui nous ont vaincus peuvent faire venir un jour la victoire. Car la France n'est pas seule, elle a un vaste empire derrière elle. Elle peut faire bloc avec l'Empire britannique, qui tient la mer et continue la lutte. Elle peut, comme l'Angleterre, utiliser sans limites l'immense industrie des États-Unis. Cette guerre n'est pas limitée au territoire malheureux de notre pays. Cette guerre est une guerre mondiale. [...]. Moi, général de Gaulle, actuellement a Londres, j'invite les officiers et les soldats français qui se trouvent en territoire britannique, ou qui viendraient à s'y trouver, avec leurs armes ou sans leurs armes, j'invite les ingénieurs et les ouvriers spécialistes des industries d'armement qui se trouvent en territoire britannique ou qui viendraient à s'y trouver, à se mettre en rapport avec moi. Quoi qu'il arrive, la flamme de la résistance française ne doit pas s'éteindre et ne s'éteindra pas.

Appel radiodiffusé du général Charles de GAULLE à la BBC, 18 juin 1940.

a) Pourquoi le général Gaulle parle-t-il aux Français le 18 juin 1940 ? ....

....

b) Comment de Gaulle explique-t-il la débâcle de 1940 ? Est-ce que son analyse correspond à celle établie par Pétain ?

....

....

c) D'après de Gaulle, qui peut aider la résistance française ? ....

....

d) De Gaulle a-t-il raison lorsqu'il dit que cette guerre est *mondiale* ?

....

e) Qu'est-ce que le Général demande aux Français ?

....

....

7 La Libération et la refondation de la République

Retenir l'essentiel

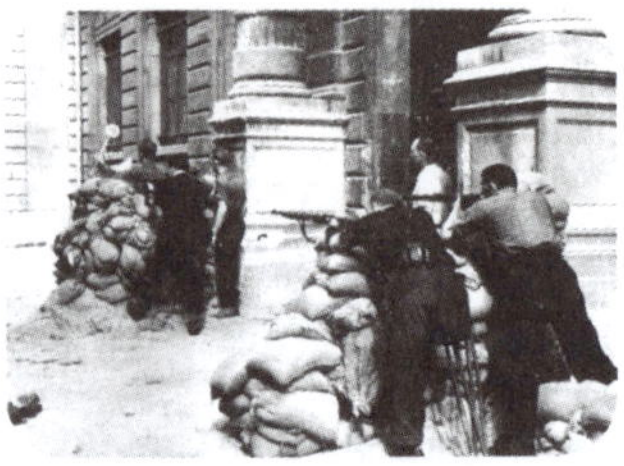

Combats lors de la libération de Paris (août 1944)

1 Une république plus juste

▸ **La Libération provoque la chute du régime de Vichy**. L'action du Gouvernement Provisoire de la République Française (GPRF), dirigé par Charles de Gaulle, s'appuie sur le programme du **Conseil national de la Résistance (CNR)** élaboré pendant la guerre :

– rendre à la nation les « grands moyens de production », autrement dit **nationaliser** les sources d'énergie, les grandes entreprises industrielles, les banques et les compagnies d'assurances ;

– inventer un système complet de sécurité sociale pour assurer à tous les citoyens des moyens d'existence, dans les cas où ils sont incapables de se les procurer par leur travail. Les ordonnances prises en octobre 1945 par le général de Gaulle créent la **Sécurité sociale**, regroupant la caisse vieillesse, la caisse maladie et les allocations familiales.

2 Un régime plus démocratique

▸ Les Français veulent revenir à la démocratie après l'expérience autoritaire du régime de Vichy. C'est pour cela qu'ils choisissent par référendum en 1946 un **régime parlementaire** dans lequel les députés élus par la nation exercent le pouvoir législatif, élisent le président de la République et votent l'investiture du président du Conseil. Dans le même esprit, le corps électoral est élargi puisque **le droit de vote est donné aux Françaises en 1944**.

Comment faire ?

▸ Analyser une carte historique

1° Lire **le titre de la carte** et **identifier l'espace représenté.**

2° Identifier **chacun des éléments de la légende.**

3° **Mettre en relation** chacun des éléments de la légende avec le thème de la carte.

4° **Établir une synthèse** qui rende compte des **relations constatées** et qui s'appuie sur ses **connaissances historiques**.

La Libération du territoire français

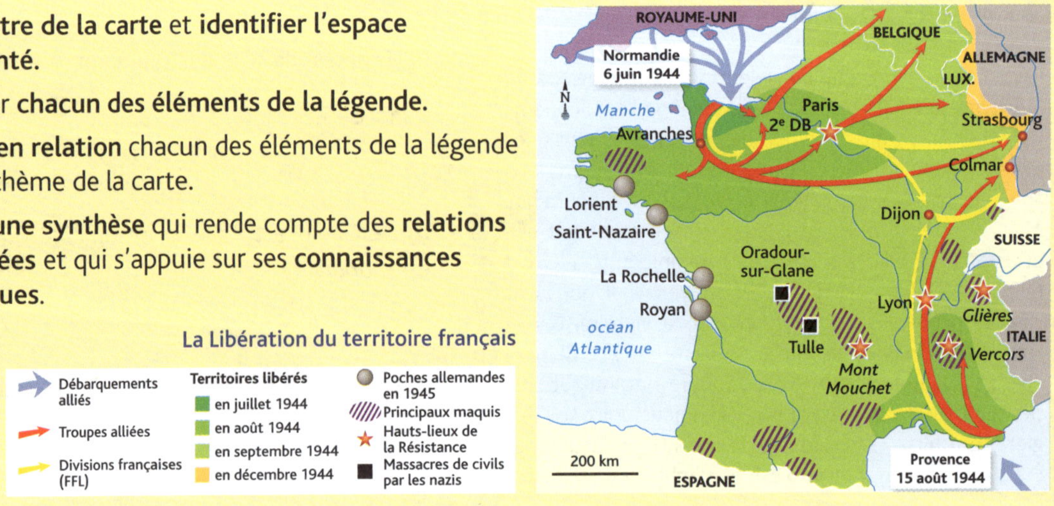

Corrigés → livret, p. 37

S'entraîner

QUIZ-TEST

Coche la (ou les) bonne(s) réponse(s).

1 Après la Libération, la France redevient :

a) une monarchie. ☐
b) une république. ☐
c) une dictature. ☐

2 La IVe République est un régime :

a) parlementaire. ☐
b) présidentiel. ☐
c) démocratique. ☐

3 ★★ Une nouvelle France

Les représentants des mouvements, groupements, partis politiques, groupés au sein du CNR[1] proclament qu'ils sont décidés à rester unis après la Libération :

– Afin d'établir le gouvernement provisoire de la République formé par le Général de Gaulle [...] ;

– Afin de veiller au châtiment des traîtres [...] ;

– Afin d'assurer l'établissement de la démocratie la plus large en rendant la parole au peuple français par le rétablissement du suffrage universel ; la pleine liberté de pensée, de conscience et d'expression [...] ;

– Afin de promouvoir les réformes indispensables :

a)...Sur le plan économique : [...] le retour à la nation des grands moyens de production [...], des sources d'énergie, des richesses du sous-sol, des compagnies d'assurances et des grandes banques ;

b) ..Sur le plan social : le droit au travail et le droit au repos [...] ; un rajustement important des salaires [...] ; un plan complet de sécurité sociale, visant à assurer à tous les citoyens des moyens d'existence, dans tous les cas où ils sont incapables de se les procurer par le travail (...).

Programme du CNR, 1944.

(1) Conseil national de la Résistance.

a) Qui le CNR reconnait-il comme chef pour diriger le gouvernement provisoire de la République ?

....

b) Explique la phrase soulignée dans le texte ?

....

....

....

c) Cite une réforme économique promue par le CNR.

....

d) Cite une réforme sociale promue par le CNR.

....

4 ★★★ Les institutions de la IVe République

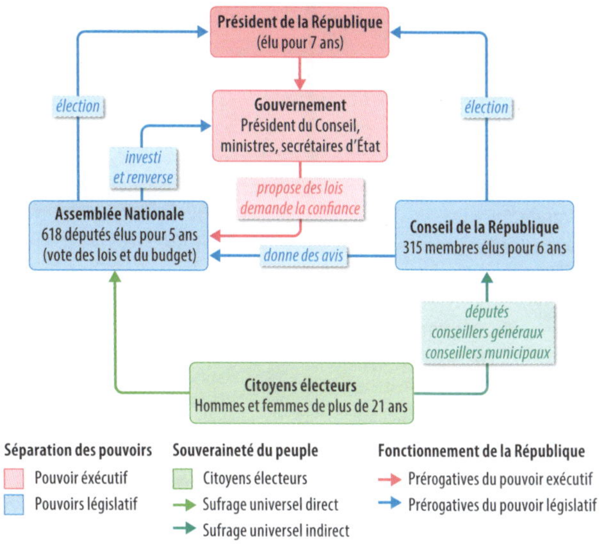

a) Pourquoi peut-on dire que la Constitution de la IVe République établit un régime démocratique ? Donne deux arguments.

....

....

....

....

b) Entre le pouvoir exécutif et le pouvoir législatif, lequel est alors le plus fort ? Justifie ta réponse.

....

....

....

8 La Guerre froide

Retenir l'essentiel

Mots-clés

Guerre froide
Conflit politique et idéologique entre les États-Unis et l'URSS. Elle repose sur la menace nucléaire et des affrontements indirects, mais ne conduit jamais à une guerre ouverte.

Plan Marshall
Aide économique fournie par les États-Unis aux pays européens à partir de 1947.

OTAN
Organisation du Traité de l'Atlantique Nord. Alliance militaire défensive bâtie autour des États-Unis, signée en 1949.

À savoir

Conférence de Yalta
Conférence interalliée en février 1945, pour mettre en place un nouvel ordre mondial.

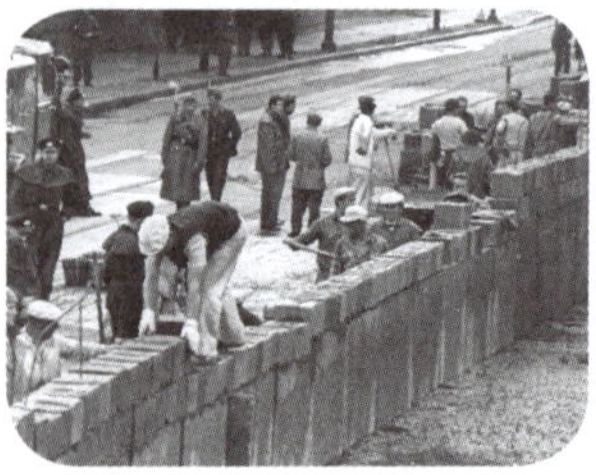

Construction du mur de Berlin.

1 La formation de deux blocs ennemis

▸ **En 1945, les vainqueurs (États-Unis et URSS) s'accordent pour occuper l'Allemagne et punir les chefs nazis.** Ils s'entendent aussi sur la **création de l'Organisation des Nations unies (ONU)** pour maintenir « la paix et la sécurité » et rapprocher les peuples « en résolvant les problèmes internationaux d'ordre économique, social, intellectuel ou humanitaire ».

▸ **Mais en 1947, des tensions apparaissent entre les deux « Grands ».** Le président américain Harry Truman s'alarme de la mise en place de régimes communistes en Europe de l'Est sans l'accord des peuples.

▸ **C'est le début de la Guerre froide qui oppose l'Ouest à l'Est.** D'un côté, le bloc formé par les États-Unis, les démocraties d'Europe de l'Ouest (qui ont accepté le plan Marshall et intégré l'alliance militaire de l'OTAN), la majorité des pays d'Amérique latine et d'Asie-Pacifique. De l'autre, le bloc composé par les pays communistes autour de l'Union soviétique. En Europe, les deux blocs sont séparés par le « **rideau de fer** ».

2 La crise allemande

▸ **Si la menace nucléaire interdit la guerre entre les superpuissances américaine et soviétique, elle n'empêche pas des crises graves, notamment en Allemagne.**

▸ En 1945, pendant la conférence de Yalta, les Alliés s'entendent sur l'occupation de l'Allemagne et de Berlin. Cependant, la tension est vive en 1948-1949, lorsque Staline ordonne le **blocus de Berlin-Ouest**, occupé par les Occidentaux. **Cette crise aboutit à la partition du pays :** d'un côté, la République fédérale d'Allemagne (**RFA**), sous protection américaine ; de l'autre, la République démocratique allemande (**RDA**), sous dépendance soviétique. **La tension redevient très vive en août 1961, lorsque la RDA fait construire le mur de Berlin** entre les deux secteurs de la ville pour empêcher l'exode de ses habitants vers l'Ouest. **La chute du mur de Berlin en novembre 1989** annonce la fin des dictatures communistes en Europe de l'Est et la réunification de l'Allemagne.

Comment faire ?

▸ Préparer un exposé : la situation de l'Allemagne au sortir de la guerre

1° **Délimiter le sujet de l'exposé** et **identifier les sources** documentaires disponibles.

2° **Choisir un plan** en fonction du libellé du sujet.

3° **Rédiger une introduction et une conclusion.** L'introduction présente le sujet donné, ses limites chronologiques, le sens des mots utilisés. La conclusion oriente la réflexion sur d'autres pistes.

Corrigés → livret, p. 37

S'entraîner

QUIZ-TEST

Coche la (ou les) bonne(s) réponse(s).

1 La Guerre froide débute en :

a) 1944. ☐
b) 1947. ☐
c) 1949. ☐

2 Après 1949, l'Allemagne est :

a) coupée en deux par un mur. ☐
b) occupée par les seuls Soviétiques. ☐
c) divisée en deux États ennemis. ☐

3 ★ La bipolarisation du monde dans les années 1960

Observe la carte et complète le tableau ci-dessous.

États du bloc occidental	États du bloc communiste	États échappant à la bipolarisation

4 ★★ La réunification allemande

Art. premier : l'Allemagne unie comprendra le territoire de la République fédérale d'Allemagne, de la République démocratique allemande et de l'ensemble de Berlin [...]. L'Allemagne unie n'a aucune revendication territoriale quelle qu'elle soit envers d'autres États et n'en formulera pas à l'avenir [...].

Art. 7 : Les États-Unis, la France, le Royaume-Uni et l'URSS mettent fin par le présent traité à leurs droits et responsabilités relatifs à Berlin et à l'Allemagne dans son ensemble. L'Allemagne unie jouira, en conséquence, de la pleine souveraineté sur ses affaires intérieures et extérieures.

Traité portant règlement définitif concernant l'Allemagne, 12 septembre 1990.

a) De quand date ce traité ?

....

b) Quels territoires forment « l'Allemagne unie » ?

....

....

c) Quel engagement prend l'Allemagne réunifiée vis-à-vis de ses voisins ?

....

....

d) En échange, que récupère l'Allemagne ?

....

....

....

La bipolarisation du monde dans les années 1960

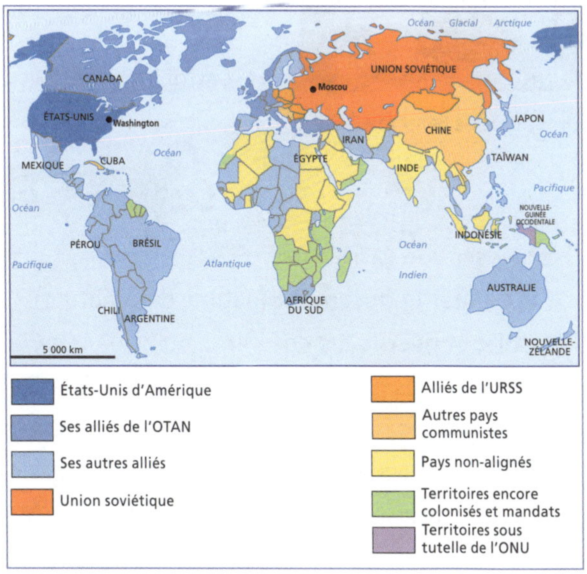

Histoire

9 La décolonisation

Retenir l'essentiel

Mots-clés

Colonie
Territoire dominé et exploité par une métropole.

Décolonisation
Processus qui aboutit à l'indépendance des pays colonisés.

Conférence de Bandung
À Bandung, les anciennes colonies d'Asie, tout juste indépendantes, expriment leur solidarité avec celles d'Afrique. De plus, elles refusent de rejoindre l'un ou l'autre des deux blocs qui s'affrontent dans la Guerre froide.

Non-alignés
Mouvement fondé en 1961 par les pays du tiers-monde souhaitant échapper à la domination des États-Unis et de l'URSS pendant la Guerre froide.

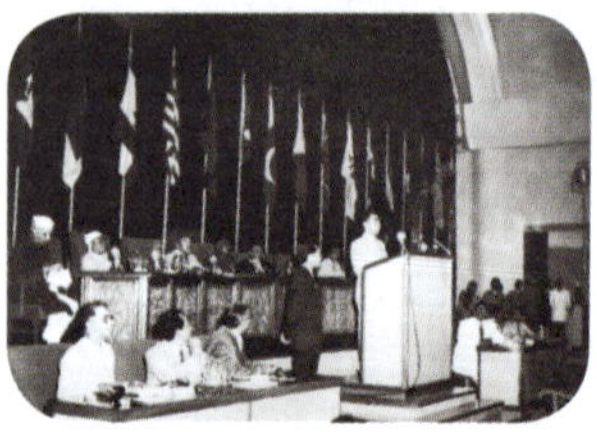
Conférence de Bandung (1955)

1 Les luttes de libération nationale

▸ **C'est des colonies elles-mêmes que montent les aspirations à l'indépendance.** Elles sont d'abord le fait des bourgeoisies indigènes qui ne réclament au départ qu'une participation dans les assemblées et les administrations locales. La **crise économique des années 1930 popularise l'idée d'indépendance** parce qu'elle provoque la colère des masses contre les métropoles européennes. Des partis indépendantistes agitent les foules.

▸ **La Deuxième Guerre mondiale accélère le processus de décolonisation**, du fait de l'affaiblissement des puissances coloniales et de la contradiction entre les valeurs défendues par les Alliés et la permanence des occupations coloniales. La **Déclaration universelle des droits de l'homme (1948)**, prévoyant de rendre leur liberté aux peuples colonisés, a un grand écho en Asie et en Afrique : elle inspire largement la résolution finale de la conférence de Bandung **en 1955**.

2 L'irruption du tiers-monde sur la scène internationale

▸ **La décolonisation commence en Asie**, du fait du poids des populations et de l'éloignement des métropoles : Philippines (1946), Inde (1947), Indonésie (1949), Indochine (1954)... **Elle se poursuit en Afrique du Nord avant de balayer l'Afrique d'Ouest en Est** : Maroc et Tunisie (1956), Afrique noire française (1960), Algérie (1962), Kenya (1963).

▸ **La décolonisation prend des formes diverses.** Elle est **brutale en Indochine, en Algérie et au Kenya** ; elle est plus **pacifique en Inde et dans l'Afrique noire française**. Au total, plus de 80 anciennes colonies accèdent à l'indépendance après la guerre.

▸ **Partout, la décolonisation s'appuie sur la volonté des peuples de vivre libres et de s'affirmer par rapport aux deux blocs.** D'où l'expression **« tiers-monde »** pour désigner ces populations accédant à l'indépendance dans les années 1950, puis « non-alignés » dans les années 1960. Mais la pauvreté a beaucoup réduit leur liberté en les obligeant à choisir un allié parmi les superpuissances.

Comment faire ?

▸ Analyser une caricature

1° **Présenter le document** (nature, date, auteur).

2° **Isoler et décrire les différents plans** de la caricature.

3° **Identifier les personnages et leurs attributs.**
- Quels sont les sentiments des personnages ?
- Quelles sont les relations entre les personnages ?

4° **Caractériser le point de vue** du dessinateur.

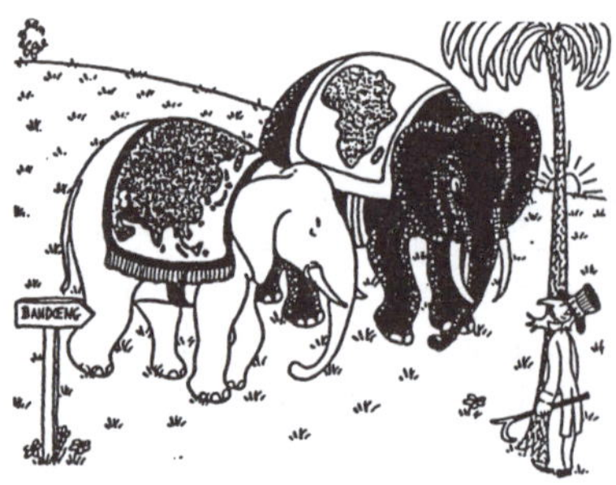
... Deux éléphants, ça compte, ça compte... Deux éléphants, ça compte énormément.

Caricature de Jean Effel (1955).

Entraîne-toi : exercice 5, p. 229.

Corrigés → livret, p. 37

S'entraîner

QUIZ-TEST

Coche la (ou les) bonne(s) réponse(s).

1 La décolonisation commence :

a) en Asie. ☐
b) en Afrique. ☐
c) simultanément en Asie et en Afrique. ☐

2 La décolonisation est violente :

a) en Inde. ☐
b) en Algérie. ☐
c) en Afrique noire française. ☐

3 ★ Les étapes de la décolonisation

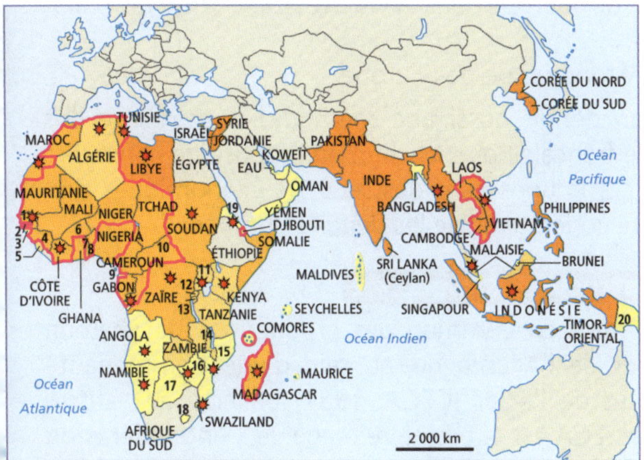

Périodes de décolonisation
- De 1945 à 1955
- De 1956 à 1960
- De 1961 à 1965
- Après 1965
- Ex-colonies françaises
- ✷ Troubles graves, guerres d'indépendance

1 SÉNÉGAL
2 GAMBIE
3 GUINÉE-BISSAU
4 GUINÉE
5 SIERRA LEONE
6 BURKINA FASO
7 TOGO
8 BÉNIN
9 GUINÉE-ÉQUATORIALE
10 RÉP. CENTRAFRICAINE
11 OUGANDA
12 BURUNDI
13 RWANDA
14 MALAWI
15 MOZAMBIQUE
16 ZIMBABWE
17 BOTSWANA
18 SWAZILAND
19 ÉRYTHRÉE
20 PAPOUASIE-NOUVELLE-GUINÉE

a) Quels continents sont occupés par les métropoles européennes ? ....

....

b) Dans quelle partie du monde le processus de décolonisation est-il le plus ancien ?

....

c) Quelle métropole européenne occupe l'Algérie ?

....

d) Comment la décolonisation s'y déroule-t-elle ?

....

4 ★★ L'émergence du tiers-monde

Depuis sept jours, nous sommes dans cette belle ville de Bandung et Bandung a été au cours de cette semaine le point de mire, la capitale, devrais-je dire, de l'Asie et de l'Afrique [...].

Nous avons pris du retard [...], mais nous sommes résolus à n'être d'aucune façon dominés par aucun pays. Nous sommes des grands pays du monde et voulons vivre libres sans recevoir d'ordre de personne [...]. C'est pourquoi, nous élevons notre voix contre l'hégémonie et le colonialisme dont beaucoup d'entre nous ont souffert pendant longtemps. Et c'est pourquoi, nous devons veiller à ce qu'aucune autre forme de domination ne nous menace. Nous voulons être amis avec l'Ouest, avec l'Est, avec tout le monde. Malheureusement, aujourd'hui, le drame de l'Afrique est plus grand que celui d'aucun autre continent. Il appartient d'aider l'Afrique au mieux de ses possibilités.

Discours de NEHRU, Premier ministre indien, Conférence de Bandung, 24 avril 1955.

a) Présente le document.

....

b) Selon Nehru, de quelle situation ont souffert la plupart des peuples participant à cette conférence ?

....

....

c) Quelle attitude Nehru encourage-t-il pour l'avenir ?

....

....

5 ★★★ La décolonisation vue par un caricaturiste

Au brouillon, analyse la caricature, page 228.

10 La construction européenne

Retenir l'essentiel

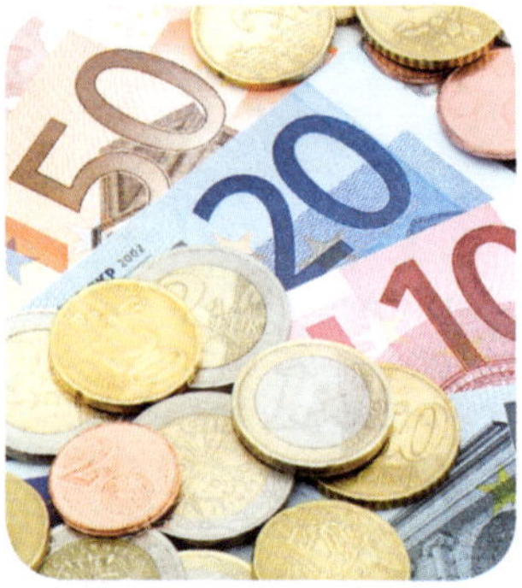

1 Les enjeux de la construction européenne

▸ **L'Union européenne a été créée par le traité sur l'Union européenne (TUE) signé à Maastricht le 7 février 1992.** Elle est l'aboutissement du processus lancé par la ***Déclaration Schuman***, le 9 mai 1950. Cette déclaration précise les objectifs de **la construction européenne** :
– assurer la paix grâce à la fin de « *l'opposition séculaire de la France et de l'Allemagne* » ;
– affirmer l'indépendance de l'Europe dans la Guerre froide entre les États-Unis et l'Union soviétique ;
– faire progresser le rang économique de l'Europe.

▸ La *Déclaration Schuman* définit aussi une méthode : la **méthode des « petits pas »**. Le ministre français Robert Schuman propose de construire l'Europe par des actions communes dans des secteurs économiques clés, afin de créer une solidarité concrète entre les peuples européens.

Mot-clé

Citoyenneté européenne
Toute personne ayant la nationalité d'un pays membre de l'Union européenne est un citoyen européen. En plus de ses droits nationaux, cette personne reçoit d'autres droits comme ceux de circuler et de résider librement dans tous les pays de l'Union.

2 Les étapes de la construction européenne

▸ Schuman appelle à la mise en commun des productions de charbon et d'acier de la France et de l'Allemagne, au sein d'une Communauté européenne du charbon et de l'acier (CECA, 1951) ouverte aux autres pays d'Europe. Pour lui, la CECA est la première étape vers une **fédération européenne**. Par la suite, la **Communauté économique européenne (CEE, 1957)** vise la réalisation d'un **marché unique** grâce à la libre circulation des marchandises, des services et des capitaux. En même temps, ses adhérents conduisent des politiques économiques communes (*ex.* : la politique agricole commune). **L'Union européenne approfondit encore les relations** entre les États en instaurant une **monnaie unique**, l'euro, une citoyenneté européenne et une Politique étrangère et de sécurité commune (PESC).

▸ Parallèlement, la construction européenne s'élargit. On désigne par **élargissement le processus par lequel de nouveaux États adhèrent à l'Union européenne.** Depuis 1950, **l'Union s'est élargie à sept reprises passant de six membres à 28** aujourd'hui (27 depuis le référendum de juin 2016 (Brexit) qui prévoit la sortie programmée du Royaume-Uni).

Comment faire ?

▸ **Identifier les institutions de l'Union européenne**

→ **Le Conseil européen** (28 chefs d'État et de gouvernement) fixe les grandes orientations de l'Union.

→ **Le Conseil des ministres** (réunion des ministres concernés pour un thème donné) et **le Parlement européen** discutent et adoptent les « lois communautaires » ; **le Parlement de Strasbourg** (751 députés élus pour 5 ans au suffrage universel) vote aussi le budget et contrôle le travail de la Commission européenne.

→ **La Commission de Bruxelles** (28 commissaires désignés par les États membres pour une durée de 5 ans) élabore les « lois communautaires » qu'elle soumet au Conseil des ministres et au Parlement.

→ **La Cour de justice des communautés européennes** (28 juges) juge les États membres en fonction des « lois communautaires » ; la **cour de Luxembourg** est saisie par les entreprises ou par les citoyens.

Corrigés → livret, p. 38

S'entraîner

QUIZ-TEST

Coche la (ou les) bonne(s) réponse(s).

1 L'Union européenne est créée en :

a) 1951. ☐
b) 1957. ☐
c) 1992. ☐

2 La construction européenne est marquée par :

a) l'élargissement. ☐
b) l'approfondissement. ☐
c) la guerre. ☐

3 ★ Une association d'États indépendants

Étudie la carte située en bas de page.

a) Combien de pays forment l'Union européenne aujourd'hui ? ....

b) Où sont situés les sièges de la Commission européenne et du Parlement européen ?

....

c) Combien de pays forment la zone euro ?

....

....

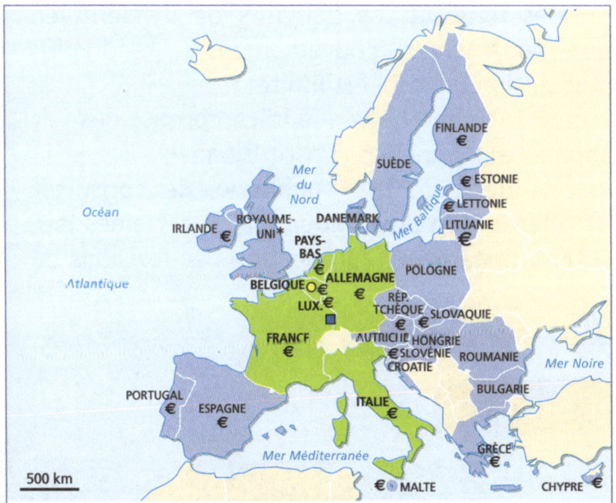

Les 6 premiers États qui formèrent la CEE

Les 28 États qui forment l'UE

○ Commission européenne à Bruxelles

■ Parlement européen à Strasbourg

€ État dont la monnaie est l'euro

* Suite au Brexit, pays ayant entamé des négociations pour définir les conditions de retrait de l'UE

4 ★★ L'intégration des économies européennes

Sur le plan économique, l'Union européenne est perçue comme une construction solide. [...] L'harmonisation des réglementations nationales pour la création d'un marché commun étant une tâche impossible, elle a été obtenue par la mise en œuvre du principe de reconnaissance mutuelle à la suite de l'arrêt « Cassis de Dijon » pris par la Cour de justice des Communautés européennes (CJCE) en 1979 : « Tout produit légalement fabriqué et commercialisé dans l'un des États membres doit en principe pouvoir être introduit dans d'autres États membres » [...] À partir de cette décision, le cassis de Dijon[1] ne peut plus être exclu de la vente en Allemagne puisqu'il est autorisé en France. [...] Le marché commun est devenu une réalité en obligeant les États membres à se faire confiance.

J.-F. Drevet, Une Europe en crise ?, *La Documentation photographique*, n° 8052.

(1) Le Cassis de Dijon est une liqueur fabriquée dans cette ville de Bourgogne.

a) Qu'est-ce que l'arrêt « Cassis de Dijon » a permis dans le domaine de la circulation des marchandises ?

....

b) Quelle institution europénne a pris cet arrêt ?

....

c) En quoi cet arrêt est-il un progrès dans la construction européenne ?

....

....

Histoire

11 Les années de Gaulle (1958-1969)

Retenir l'essentiel

1 Le retour au pouvoir du général de Gaulle

▶ **La crise algérienne de mai 1958 provoque le retour du général de Gaulle,** écarté du pouvoir depuis 1946. Il est nommé Premier ministre en juin, et élu **président de la République en décembre 1958.**

▶ La politique gaullienne veut **restaurer le rang de la France** en :
– sortant du **régime parlementaire** de la IVᵉ République pour **installer le régime présidentiel de la Vᵉ République** (la nouvelle Constitution est adoptée par référendum en 1958) ;
– **redonnant à la France des finances saines** et une monnaie forte ;
– **stoppant la guerre d'Algérie** (les Accords d'Évian sont signés en 1962).

2 La révision du régime républicain

▶ **Les nouveautés de la Vᵉ République visent à inverser le rapport de forces entre les pouvoirs,** jusque-là favorable à l'Assemblée nationale au détriment du pouvoir exécutif, et considéré comme une cause d'instabilité gouvernementale. Ces innovations sont :
– **le renforcement du pouvoir présidentiel.** Le président de la République acquiert une indépendance par rapport à l'Assemblée nationale. Après 1962, il n'est plus élu par elle, mais directement par le peuple. Il devient ainsi un arbitre, au-dessus des partis politiques. Il dispose de pouvoirs exclusifs dans les domaines de la défense et des affaires étrangères. Le gouvernement, quant à lui, est désigné par le Président et l'usage le dispense de l'investiture des députés ;
– **la mise en place de règles limitant les pouvoirs de l'Assemblée nationale.** Par exemple, le renversement du gouvernement est rendu plus difficile et le domaine d'intervention de la loi est limité ;
– **la création du Conseil constitutionnel.** Il vérifie la conformité des lois votées par l'Assemblée nationale aux principes constitutionnels ;
– **la possibilité, pour le président de la République, de consulter directement le peuple par référendum** pour l'adoption de certaines lois, la ratification des traités internationaux et l'approbation des révisions de la Constitution.

À savoir

Régimes

- Dans un **régime parlementaire**, l'essentiel des pouvoirs est entre les mains du Parlement qui élit le président de la République.
- Dans un **régime présidentiel**, l'essentiel du pouvoir est entre les mains du président.

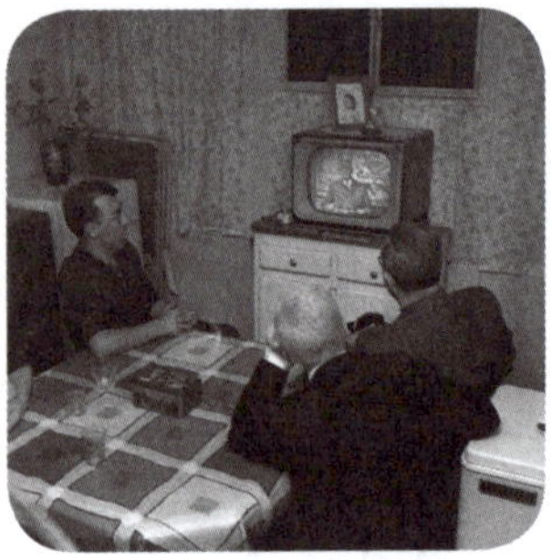

Le général de Gaulle à la télévision

Comment faire ?

▶ **Étudier un événement à partir d'une photographie**

1° **Situer l'événement représenté** dans le temps et l'espace.

2° **Identifier les acteurs présents et la scène.**

3° **Interpréter la scène** à l'aide de vos connaissances.

Entraîne-toi : **exercice 5, p. 233.**

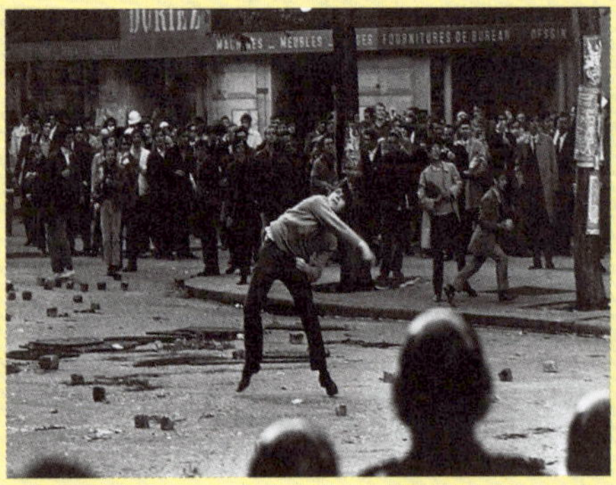

Mai 1968. Manifestation d'étudiants au Quartier latin, à Paris.

Corrigés → livret, p. 38

S'entraîner

QUIZ-TEST

Coche la (ou les) bonne(s) réponse(s).

1 De Gaulle revient au pouvoir en :

a) 1946. ☐
b) 1958. ☐
c) 1965. ☐

2 Les années de Gaulle sont marquées par :

a) une nouvelle Constitution. ☐
b) la sortie de la construction européenne. ☐
c) l'indépendance de l'Algérie. ☐

3 ★ Le régime présidentiel de la Vᵉ République

En 1958, j'ai fait approuver ces institutions (celles de la Vᵉ République) par le peuple, à une majorité comme on n'en avait jamais vu dans l'histoire de la République. Elles ont fait leurs preuves. Avec elles, nous avons traversé des drames qui auraient emporté dix fois les précédentes Républiques [...]. Nous avons réalisé un changement complet de nos relations avec les colonies, lesquelles sont devenues ce qu'on pouvait faire de mieux. À l'extérieur, nous avons acquis [...] un prestige que nous n'avions pas connu depuis bien longtemps. Nos institutions sont en train de réussir [...]. Le président de la République est devenu un vrai chef d'État [...]. S'il ne pouvait pas maintenir ses prérogatives, on en reviendrait à la IIIᵉ et à la IVᵉ, c'est-à-dire au régime des partis, au régime d'assemblée [...]. Il faut que mon successeur soit élu du peuple et non des partis, de manière à dominer les partis et à les surpasser. Sinon, il deviendrait leur jouet.

Alain Peyrefitte, *C'était de Gaulle*, Fayard, 1974.

a) D'après le général de Gaulle, comment le président de la République doit-il être désigné ?

....

b) Souligne dans le texte une phrase qui explique les raisons de son choix.

c) Est-ce que la volonté du Général a abouti ?

....

4 ★★ Ce que voulait de Gaulle en 1966

« *La France considère que les changements accomplis ou en voie de l'être, depuis 1949, en Europe, en Asie et ailleurs, ainsi que l'évolution de sa propre situation et de ses propres forces ne justifient plus, pour ce qui la concerne, les dispositions d'ordre militaire prises après la conclusion de l'Alliance.* » C'est ainsi que, le 7 mars 1966, Charles de Gaulle [...] annonce au président américain Lyndon Baines Johnson le retrait de Paris du commandement militaire intégré de l'Organisation du traité de l'Atlantique nord (OTAN, créée en 1949). Concrètement, la France, précise le général, « *se propose de recouvrer sur son territoire l'entier exercice de sa souveraineté, actuellement entamé par la présence permanente d'éléments militaires alliés [...], de cesser sa participation aux commandements intégrés et de ne plus mettre de forces à la disposition de l'OTAN* ». Certes, elle « *est disposée à s'entendre avec [ses alliés] quant aux facilités militaires à s'accorder mutuellement dans le cas d'un conflit où elle s'engagerait à leurs côtés* ».

Site Internet : www.monde-diplomatique.fr/2008/04/VIDAL/15800

a) Quelle décision le général de Gaulle prend-il en 1966 ? De quelle superpuissance la France s'éloigne-t-elle ainsi ?

....

....

b) Comment de Gaulle justifie-t-il cette décision ?

....

....

c) Est-ce que la Constitution de 1958 autorise de Gaulle à prendre une telle décision ? Justifie ta réponse.

....

....

5 ★★★ La contestation du pouvoir gaullien

Décris la photographie page 232 et commente l'événement au brouillon.

12 Les années Mitterrand (1981-1995)

À savoir

Alternance et cohabitation

• On parle d'**alternance** politique lorsque la gauche et la droite se succèdent au pouvoir à chaque élection.

• On parle de **cohabitation** lorsque le Président de la République et le Premier ministre appartiennent à des partis politiques de tendance opposée.

Mot-clé

Décentralisation

Processus par lequel l'État central délègue aux collectivités territoriales certaines de ses compétences.

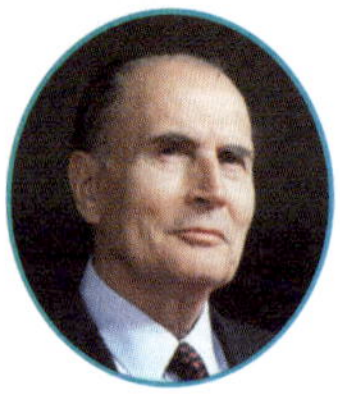

François Mitterrand (1916-1996)

Retenir l'essentiel

1 L'alternance

▸ **Le 10 mai 1981, François Mitterrand, Premier secrétaire du Parti socialiste depuis 1971, gagne l'élection présidentielle** face au candidat sortant de la droite, Valéry Giscard d'Estaing. Le nouveau gouvernement est un gouvernement d'**union de la gauche** qui regroupe les socialistes, les communistes et les radicaux. La gauche remporte aussi les élections législatives en juin 1981.

▸ **Entre 1981 et 1983, la nouvelle majorité parlementaire vote un plan de nationalisation, des réformes de société** (abolition de la peine de mort, lois de **décentralisation**, création des radios privées), des **lois sociales** (5e semaine de congés payés, abaissement de l'âge de la retraite à 60 ans).

▸ **Comme en 1936, l'augmentation des salaires donne une impression d'embellie. Mais, le chômage et l'exclusion progressent.**

2 La cohabitation

▸ Ce mot désigne **la coexistence d'un Président élu sur un programme politique et d'un Premier ministre s'appuyant sur une majorité parlementaire élue pour soutenir une politique opposée. Le pouvoir exécutif est donc assuré par deux adversaires politiques.**

▸ Ainsi, la gauche perd les élections législatives en 1986. Le Président Mitterrand nomme Jacques Chirac, le chef de la droite, Premier ministre. L'histoire se répète en 1993 : Mitterrand doit de nouveau cohabiter avec un premier ministre de droite, Édouard Balladur.

▸ Afin d'empêcher le retour de la **cohabitation**, devenue synonyme d'immobilisme pour la conduite d'une politique cohérente, il a été décidé de réduire le mandat présidentiel à cinq ans (le **quinquennat**). Ainsi, les élections présidentielles et législatives sont alignées (tous les 5 ans). Cette réforme est votée par référendum en 2000. Néanmoins, sous l'effet d'événements soudains (dissolution de l'assemblée, démission ou décès du Président...) modifiant le calendrier électoral, le retour de la cohabitation est encore possible.

Comment faire ?

▸ **Étudier une évolution à partir d'un graphique**

1° Il s'agit de **comparer une situation à deux périodes** différentes et d'en donner une synthèse rapide.

2° **Définir** le **phénomène** (a) et les **périodes concernées** (b).

3° **Analyser l'évolution chronologique** du phénomène (c).

4° **Rédiger** une synthèse.

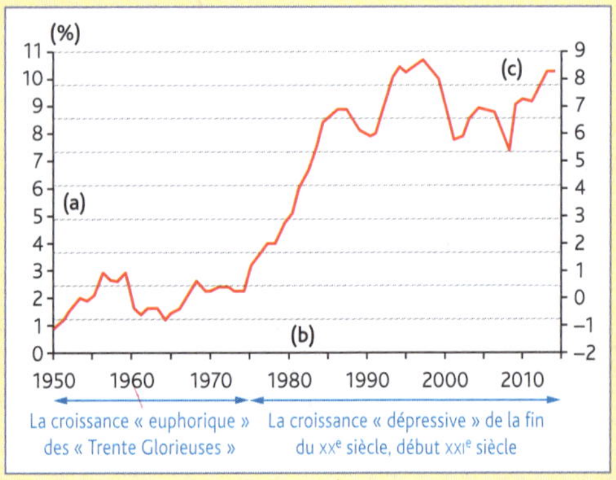

Le chômage en France (a) avant et après 1975 (b) (en % de la population active)

Corrigés → livret, p. 38

S'entraîner

QUIZ-TEST

Coche la (ou les) bonne(s) réponse(s).

1 Les réformes votées pendant les années Mitterrand sont :

a) l'abolition de la peine de mort. ☐
b) la retraite à 60 ans. ☐
c) la fin de la conscription. ☐

2 Les septennats de F. Mitterrand sont marqués par :

a) la cohabitation. ☐
b) la coexistence. ☐
c) la cogérence. ☐

3 ★ La chronologie de l'alternance

Observe cette chronologie.

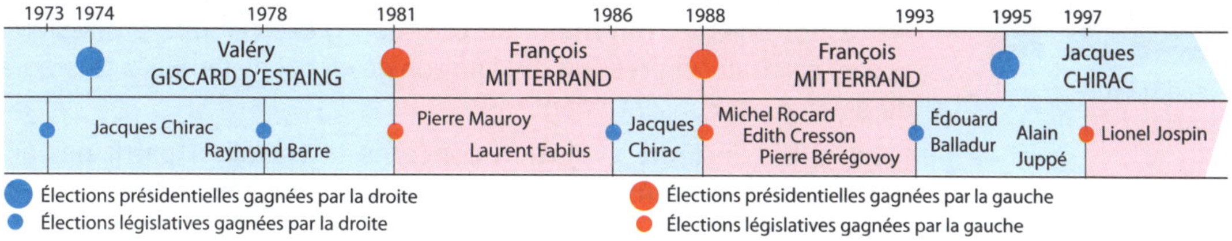

a) Quelle alternance politique se produit en 1981 ?

....

b) Quel événement important survient en 1986 ?

....

c) Qui est alors nommé Premier ministre ?

....

d) Quand cette situation politique se répète-t-elle ?

....

4 ★★ Les septennats de François Mitterrand

François Mitterrand était un « grand homme » pour 93 % des Français [...], selon un sondage Ipsos, réalisé le 9 janvier (par téléphone auprès d'un échantillon de 812 personnes âgées de 18 ans et plus). 24 % des personnes interrogées ont retenu l'abolition de la peine de mort parmi ses meilleures actions, suivie de la cinquième semaine de congés payés (22 %), de l'Europe (18 %) et des grands travaux. À propos de ses actions négatives, 15 % des sondés placent l'action contre le chômage, 11 % lui reprochent de ne pas avoir réduit les inégalités sociales. En ce qui concerne le double septennat de François Mitterrand, 81 % estiment qu'il a été « plutôt positif » en ce qui concerne l'image de la France à l'étranger, 78 % portent le même jugement sur la construction européenne. 57 % estiment qu'il a été « plutôt négatif » en ce qui concerne l'emploi.

Le Monde, 13 janvier 1996.

a) Quel est le but d'un sondage ?

....

....

b) Quand ce sondage est-il réalisé ?

....

c) Quelles sont les deux actions les plus importantes des septennats de F. Mitterrand pour les Français sondés ?

....

....

....

d) Quel est le principal échec des années Mitterrand pour les Français ?

....

13 Les mutations de la société française des années 1950 aux années 1980

Retenir l'essentiel

1 La place des femmes

- **La première grande conquête est celle des droits politiques, concrétisée par l'extension aux femmes du droit de vote et d'éligibilité en 1944.**
- **La question de la place de la femme se déplace alors vers la maternité. Les changements interviennent dans les années 1960-1970 avec des lois fondatrices** (loi Neuwirth en 1967 qui autorise la contraception, **loi Veil** en 1975 qui dépénalise l'avortement) liées à l'action d'un mouvement féministe à son apogée. Les avancées s'étendent aux relations à l'intérieur de la famille. **Entre 1965 et 1975, plusieurs lois y établissent l'égalité entre hommes et femmes** : autorisation d'exercer une profession sans accord marital ; suppression de la notion de « chef de famille » ; instauration du divorce par consentement mutuel...
- **Enfin, la troisième évolution concerne le travail.** À partir des années 1960, le taux de féminisation progresse partout. Cependant, la situation professionnelle des femmes reste plus précaire que celle des hommes.

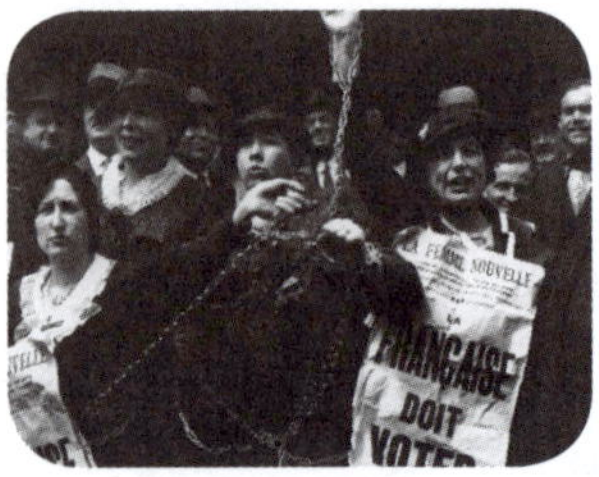

Le droit de vote des femmes (1944).

2 La place des étrangers

- Pendant les Trente Glorieuses, les étrangers sont perçus comme une main-d'œuvre n'ayant pas vocation à rester en France.
- **À partir de 1974 et en réponse à la crise économique, l'arrêt de l'immigration de travail entraîne une baisse des entrées d'étrangers.** Pour compenser, les travailleurs immigrés peuvent faire venir leur famille au nom du droit à « vivre en famille ». Dans les années 1980, les jeunes issus de l'immigration revendiquent leur appartenance à la société française et la reconnaissance de leurs droits de citoyens. C'est aussi la période du débat sur le foulard islamique, qui aboutit à la loi du 15 mars 2004 sur l'interdiction des tenues et des signes religieux « ostensibles » à l'école. Il est alors question d'**intégration** dans la République et du respect de ses valeurs, comme la laïcité. La politique d'intégration s'accompagne également d'un volet de **lutte contre les discriminations**.

Mots-clés

Immigré
Personne qui n'est pas née en France.

Laïcité
Conception et organisation de la société fondée sur la liberté de religion et la séparation des Églises et de l'État.

Comment faire ?

Construire une biographie

Le but d'une biographie est d'étudier les **liens qui existent entre la trajectoire d'une personnalité et des événements historiques.**

1° **Présenter la personnalité** : qui est-elle ? quelle(s) fonction(s) occupe-t-elle ?
2° **Décrire son rôle** : quel est son domaine d'interventions ? quelle est son action principale ? en quoi ses origines éclairent-elles ses activités et son influence ?
3° **Analyser son importance au regard de l'histoire** : quel écho a eu son action ?

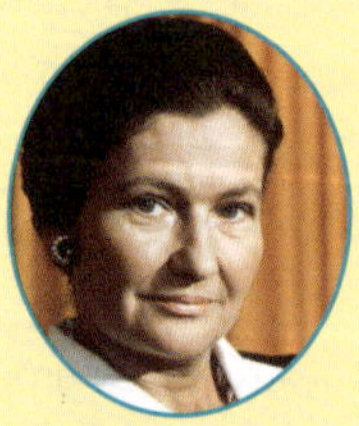
Simone Veil

Entraîne-toi : exercice 4, p. 237.

Corrigés → livret, p. 38

S'entraîner

QUIZ-TEST

Coche la (ou les) bonne(s) réponse(s).

1 Les Françaises obtiennent le droit de vote en :

a) 1936. ☐
b) 1944. ☐
c) 1981. ☐

2 La doctrine républicaine sur la place des étrangers est :

a) l'intégration. ☐
b) la discrimination. ☐
c) l'isolement. ☐

3 ★ La « Marche pour l'égalité »

Le 15 octobre 1983, nous sommes partis du quartier de la Cayolle à Marseille. Il n'y avait quasiment personne, on était une poignée de jeunes. [...] On est arrivés à Paris sept semaines plus tard, c'était un exploit. Notre Marche avait deux objectifs principaux : dénoncer et faire cesser les brutalités policières ; acquérir une égalité des droits et une reconnaissance citoyenne. Sur le premier point, on peut dire que les choses se sont améliorées. [...]. Mais sur le point principal, celui de l'égalité, on n'a pas avancé.

Il y a 30 ans, nous, les jeunes des quartiers, étions au chômage, mais ça pouvait éventuellement s'expliquer par le fait que nous n'avions pas de diplôme. Or aujourd'hui, les jeunes ont des diplômes – certains des bac + 5 ! – mais ne trouvent pas pour autant de travail. Ils sont toujours victimes de discrimination, en fonction de leur nom, couleur de peau ou de l'endroit où ils habitent. Un autre exemple dramatique, la mixité. À l'époque de la Marche, on vivait dans des quartiers certes construits à la va-vite pour les immigrés, mais il y avait du mélange : Algériens, Marocains, Portugais, Italiens... Aujourd'hui, je passe dans certains quartiers et dans la cour de récréation, je vois que 90 % des gamins sont noirs ou arabes.

Djamel Atallah, « J'ai marché pour l'égalité en 1983 », http://leplus.nouvelobs.com

a) Qui participe à la Marche de 1983 ? ....

b) Quelles revendications y sont exprimées ?

....

....

c) Quel bilan ce participant fait-il 30 ans après ?

....

4 ★★ L'interruption volontaire de grossesse

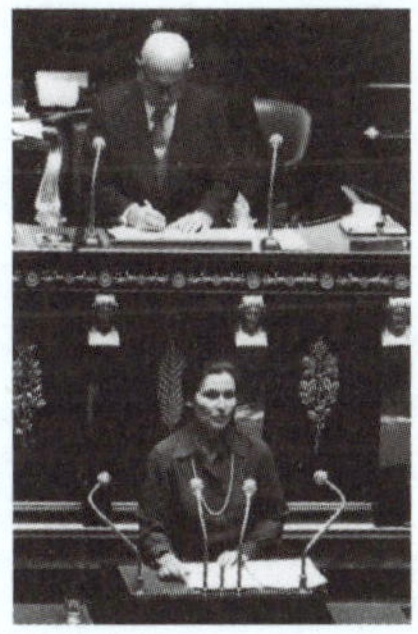

Une nouvelle loi est-elle vraiment nécessaire ? [...] Pourquoi donc ne pas continuer à fermer les yeux ? Parce que la situation actuelle est mauvaise. Elle est mauvaise parce que la loi est ouvertement bafouée, pire même, ridiculisée. [...] Parce qu'en face d'une femme décidée à interrompre sa grossesse, ils [les médecins] savent qu'en refusant leur conseil et leur soutien ils la rejettent dans la solitude et l'angoisse d'un acte perpétré dans les pires conditions, qui risque de la laisser mutilée à jamais. Ils savent que la même femme, si elle a de l'argent, si elle sait s'informer, se rendra dans un pays voisin ou même en France dans certaines cliniques et pourra, sans encourir aucun risque ni aucune pénalité, mettre fin à sa grossesse. Et ces femmes, ce ne sont pas nécessairement les plus immorales ou les plus inconscientes. Elles sont 300 000 chaque année.

Discours de Simone Veil, ministre de la Santé, à l'Assemblée nationale, le 26 novembre 1974.

a) Qui défend le projet de loi relatif à l'interruption volontaire de grossesse ? ....

b) Rédige au brouillon une biographie de Simone Veil en effectuant quelques recherches.

c) Quels arguments sont avancés pour obtenir le vote de cette loi ? ....

....

d) Quand cette loi est-elle finalement votée ?

....

14 La France, un territoire sous influence urbaine

Retenir l'essentiel

1 L'émergence des aires urbaines

- En France, une **aire urbaine est un ensemble formé par un** pôle urbain **et sa** couronne périurbaine. Aujourd'hui, plus de 80 % de la population française vit dans une aire urbaine.
- Deux tendances pointent : l'**agrandissement du périmètre des aires urbaines et l'apparition de petites unités urbaines dans les zones rurales**. La première tendance exprime la métropolisation **du peuplement** qui touche d'abord Paris, puis les capitales régionales.
- **La métropolisation s'accompagne de l'étalement spatial, ou périurbanisation**, qui amène vers des zones rurales les populations qui sont obligées de s'éloigner des centres-villes, trop chers, ou qui rêvent de maison individuelle. Mais la distance n'est pas un obstacle, puisque les habitants des communes périurbaines ont très souvent un mode de vie urbain : ils travaillent dans la (ou les) ville(s) proche(s), s'y font soigner, y scolarisent leurs enfants, etc.

2 L'accroissement des inégalités spatiales et sociales

- **La métropolisation aggrave les inégalités spatiales et sociales**. Ainsi, la **spécialisation des quartiers** progresse : concentration des services et des populations aisées dans les centres-villes, exclusion des immigrés en banlieue, essor des lotissements pavillonnaires loin des centres-villes...
- Les « **politiques de la ville** » essaient de corriger ces inégalités dans une perspective de **développement durable**.

À savoir

Pôle urbain et couronne périurbaine

Un pôle urbain est une unité urbaine d'au moins 1 500 emplois. Les communes de la couronne sont celles dont au moins 40 % de la population travaille dans le pôle urbain.

Mot-clé

Métropolisation

Concentration des hommes et des activités dans les grandes aires urbaines.

Comment faire ?

Analyser un tableau statistique

1° **Présenter** le tableau (mots-clés du titre, dates, données, source).

2° **Étudier** la présentation de la série statistique : nombre de colonnes, nature des informations, sens de lecture du tableau.

3° **Mettre en relation** les statistiques, ligne à ligne et colonne à colonne.

4° **Interpréter** les statistiques en formulant des hypothèses sur les causes des évolutions constatées.

Entraîne-toi : exercice 3, p. 239.

La population dans les catégories du zonage en aires urbaines

	Nombre de communes	Effectif (2008)	Pourcentage de la population totale	Densité de population (habitants/km²)
Espaces des grandes aires urbaines	19 542	52 811 633	82,6	204
Espaces des autres aires (petites et moyennes aires)	2 710	4 804 679	7,5	66
Autres communes multipolarisées*	7 035	3 337 968	5,2	32
Communes isolées hors influence des aires	7 412	3 007 579	4,7	15

* communes (rurales et urbaines) attirées par au moins deux aires hors de l'espace des grandes aires urbaines

Source : Insee, recensement de la population de 2008 / Champ : France (hors Mayotte).

Corrigés → livret, p. 39

S'entraîner

QUIZ-TEST

Coche la (ou les) bonne(s) réponse(s).

1 Une aire urbaine est :

a) une ville. ☐
b) un pôle urbain. ☐
c) un pôle urbain et sa couronne périurbaine. ☐

2 Les aires urbaines se caractérisent par :

a) l'étalement spatial. ☐
b) la baisse des inégalités entre les centres-villes et les banlieues. ☐
c) la métropolisation. ☐

3 ★ L'influence des villes

Analyse le tableau statistique, page 238.

a) Montre que la ville est la forme dominante du peuplement en France.

....

....

b) Que remarques-tu si tu mets en relation les catégories du zonage et la densité de population ?

....

c) Quelle forme de peuplement est désignée par l'expression « communes isolées hors influence des aires » ?

....

4 ★★ La périurbanisation

Observe la photographie située en bas de page.

a) De quel type de photographie s'agit-il ?

....

b) Quelle grande ville se situe à proximité de Chassieu ?

....

c) Décris la photographie en relevant les éléments qui caractérisent la périurbanisation.

....

....

....

....

Photographie aérienne de la commune de Chassieu, dans la banlieue est de Lyon

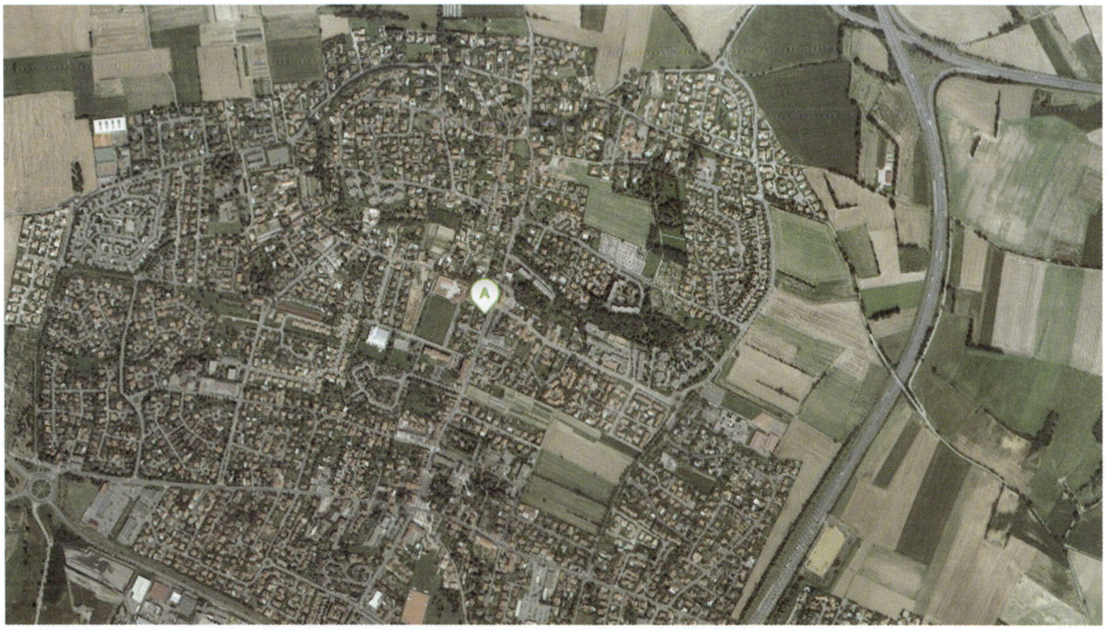

Géographie

15 Les mutations du système productif français : l'exemple de l'agriculture

Retenir l'essentiel

1 Une agriculture productiviste et intégrée au marché mondial

▸ La **révolution agricole**, initiée par l'État dans les années 1950 puis soutenue par l'Union européenne depuis les années 1960, a permis de transformer notre agriculture déficitaire en une agriculture excédentaire, au premier rang européen et parmi les meilleures du monde pour les exportations. Le passage d'une situation de pénuries à celle de surplus s'explique par la **modernisation des techniques** (mécanisation, intrants chimiques, irrigation…) et à la meilleure formation professionnelle des exploitants (essor des lycées agricoles).

▸ **La modernisation provoque un effondrement de la population agricole et du nombre d'exploitations.** La superficie agricole utilisée (SAU) diminue régulièrement, mais, la taille moyenne des exploitations augmente puisque la majorité d'entre elles n'ont pas de repreneurs.

▸ Dans le même esprit, la **spécialisation agricole des régions s'accentue** : élevage hors-sol en Bretagne, production laitière dans le Grand Ouest, céréales dans le Bassin parisien et viticulture dans le Sud-Est.

2 Des espaces agricoles en crise

▸ Depuis les années 1980, la logique productiviste enferme l'agriculture française dans un **état de surproduction permanent**. Les consommateurs reprochent aux agriculteurs de produire trop et de manière peu écologique.

▸ Les exploitants, eux, perdent leur liberté de travail, puisqu'ils sont de plus en plus intégrés dans un **système productif** qui les rend **dépendants des firmes agroalimentaires, de la grande distribution** et des aides versées par la Politique agricole commune (PAC).

Mot-clé

Productiviste

Se dit d'une agriculture intensive dont le principal objectif est un accroissement des productions.

À savoir

La PAC

La Politique agricole commune est une politique de l'Union européenne. La PAC verse beaucoup d'aides aux exploitants pour les pousser à produire et à vendre à l'étranger, et leur garantir ainsi des revenus convenables.

Comment faire ?

▸ **Lire un graphique en secteurs**

Un graphique en secteurs exprime la répartition d'un phénomène.

1° **Situer les données statistiques** en lisant le **titre** du graphique.

2° **Observer la distribution** des données statistiques.

3° **Interpréter les données statistiques** en faisant des hypothèses sur les causes de la distribution constatée.

Les productions animales et végétales en 2014 (en milliards d'euros)

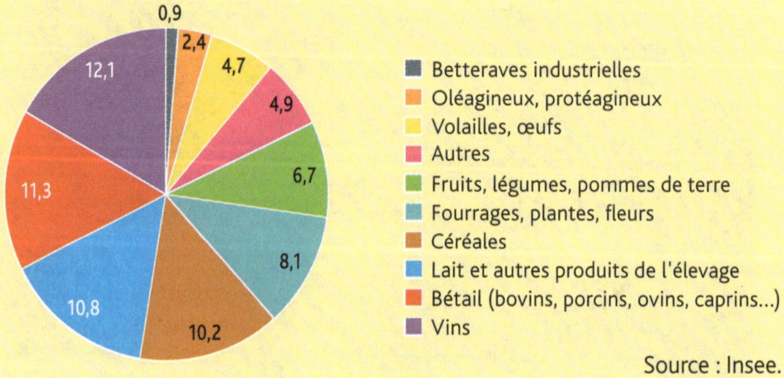

Source : Insee.

Entraîne-toi : exercice 1, p. 241.

Corrigés → livret, p. 39

S'entraîner

QUIZ-TEST

Coche la (ou les) bonne(s) réponse(s).

1 Les performances de l'agriculture française s'expliquent par :

a) la modernisation des techniques de production. ☐
b) la spécialisation agricole des régions. ☐
c) l'augmentation de la SAU. ☐

2 Les structures productives changent :

a) Les exploitants et les fermes sont plus nombreux. ☐
b) Les fermes sont intégrées dans un système productif. ☐
c) La taille moyenne des fermes diminue. ☐

3 ★ Les productions agricoles

Analysez le graphique en secteurs, page 240.

a) Quelle production agricole a le plus de valeur ?

....

b) Montre que la valeur des produits végétaux l'emporte sur celle des produits animaux.

....

4 ★★ La spécialisation agricole des régions françaises

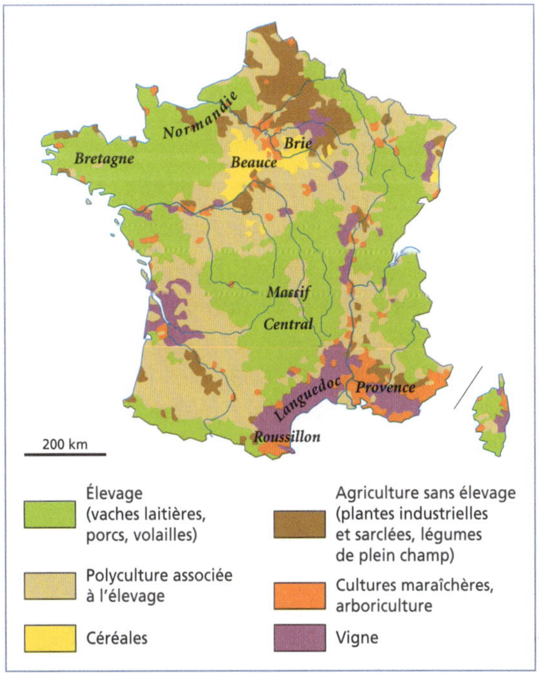

a) Quelle région du Grand Ouest est spécialisée dans l'élevage intensif ?

....

b) Quelle région est spécialisée dans les céréales ?

....

c) Quelles productions dominent dans le Midi méditerranéen ? ....

5 ★★★ Les industries agroalimentaires

Les industries agroalimentaires (IAA) transforment en denrées alimentaires les productions végétales et animales issues de l'agriculture, de l'élevage ou de la pêche. Elles les commercialisent soit à d'autres industries agroalimentaires, soit via des circuits de distribution (grossistes, grandes et moyennes surfaces, commerces de détail, restauration hors domicile), soit directement auprès du consommateur.

Les IAA constituent le premier secteur de l'industrie manufacturière en France avec un chiffre d'affaires de 171 milliards d'euros et 418 332 salariés au 31 décembre 2014 [...]. On dénombre environ 17 647 entreprises dont 98 % ont moins de 250 salariés et 76 % moins de 10 salariés. Elles sont réparties sur l'ensemble du territoire national, le plus souvent au plus près des sources d'approvisionnement en matières premières agricoles.

Enjeux des industries agroalimentaires, ministère de l'Alimentation, de l'Agriculture et de la Pêche, http://agriculture.gouv.fr/le-panorama-des-industries-agroalimentaires-2016

Réponds au brouillon.

a) Que produisent les industries agroalimentaires ?

b) Quelle est la place des industries agroalimentaires dans l'économie française ?

c) Comment sont organisées les entreprises industrielles agroalimentaires en France ?

Géographie

16 Les mutations du système productif français : l'exemple de l'industrie

Retenir l'essentiel

1 Le déclin industriel ?

▸ Depuis les chocs pétroliers des années 1970, la chute de la croissance économique provoque une **baisse régulière de la valeur et de l'emploi industriel** en France.

▸ Des **crises sectorielles ont éclaté dans la sidérurgie et le textile**, puis dans les constructions navales, mécaniques, l'automobile, les constructions électriques et l'électronique. Le recul de l'industrie pénalise aussi les autres activités (transports, services administratifs, services généraux, recherche, développement, ...). Tout le **système productif** est ainsi fragilisé.

2 Le redéploiement de l'industrie

▸ Au XIXe siècle, les **industries de base** (mines, sidérurgie, textile) s'implantent à proximité des matières premières et énergétiques (fer et charbon). Leur exploitation déclenche **l'industrialisation des régions du Nord et de l'Est**, à l'est de la **ligne Le Havre-Marseille**. Dès les années 1960, la découverte de gisements plus rentables dans d'autres parties du monde et l'accélération des transports sapent la compétitivité de ces régions.

▸ Pendant les Trente Glorieuses, les **industries de consommation** (automobile, appareils ménagers, constructions électriques et électroniques) se localisent dans les régions rurales de l'Ouest, là où la main-d'œuvre est nombreuse et peu qualifiée, à proximité des carrefours autoroutiers et des voies ferrées. La ligne Le Havre-Marseille s'estompe puisque la production se déplace vers l'Ouest. La **décentralisation industrielle**, impulsée par l'État central, encourage ce mouvement. Mais, là encore, les producteurs français souffrent de la concurrence étrangère.

▸ **Aujourd'hui, il est plus difficile de tracer une carte des espaces industriels.** Les grandes usines rassemblant des milliers d'ouvriers sont moins nombreuses. La production industrielle se complique, et, par là, recrute une main-d'œuvre très qualifiée. Cette évolution profite à l'Île-de-France et aux grandes villes du Sud et de l'Ouest, en particulier à leurs clusters – ou pôles de compétitivité – spécialisés dans les industries de pointe (aéronautique, aérospatiale, recherche nucléaire, biotechnologies...).

Mot-clé

Cluster
Territoire bien identifié qui rassemble sur une spécialité donnée, des entreprises, des laboratoires de recherche et des établissements d'enseignement supérieur.

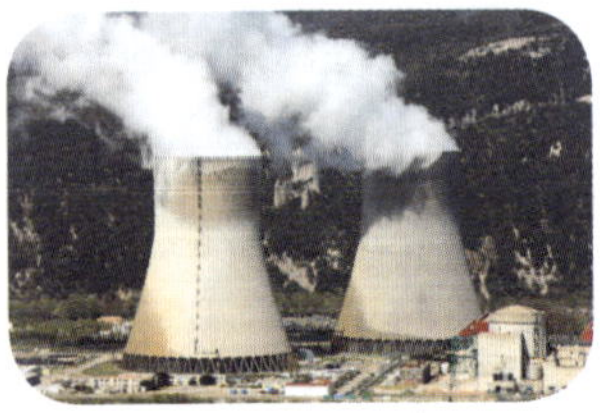

Centrale nucléaire

Comment faire ?

▸ Ne pas confondre « décentralisation » et « délocalisation »

→ **Décentralisation industrielle** : transferts d'entreprises d'une région déjà bien industrialisée vers des zones moins industrialisées par le biais d'incitations financières ou fiscales.

→ **Délocalisation** : installation d'usines dans des sites différents du siège social afin de bénéficier de meilleures conditions de production ou de nouveaux marchés.

Corrigés → livret, p. 39

S'entraîner

QUIZ-TEST

Coche la (ou les) bonne(s) réponse(s).

1 La partie de la France industrialisée en premier est :

a) le littoral méditerranéen. ☐
b) les régions à l'est de la ligne Le Havre-Marseille. ☐
c) le littoral atlantique. ☐

2 Aujourd'hui, le redéploiement industriel s'opère :

a) vers les régions du Nord et de l'Est. ☐
b) vers les régions rurales de l'Ouest. ☐
c) en Île-de-France et vers les villes du Sud et de l'Ouest. ☐

3 ★ Les espaces industriels

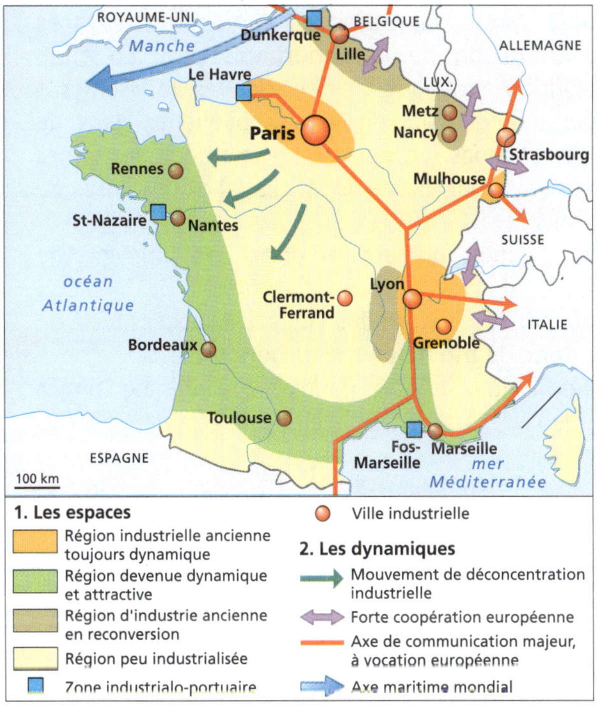

a) Où sont localisées les régions industrielles dynamiques ?

....

....

....

b) Où sont localisées les régions d'industrie ancienne et en reconversion ?

....

....

....

4 ★★ Le cluster Paris-Saclay

Projet phare du Grand Paris, le cluster Paris-Saclay est un moteur pour le renouveau de l'industrie française et européenne. Inspiré par le succès de la Silicon Valley, l'ambitieux projet de cluster scientifique et technologique en cours de constitution sur le plateau de Saclay comporte trois grands volets :

• **Un volet scientifique**, avec la constitution progressive de l'université Paris-Saclay, qui rassemble dix-huit universités, grandes écoles et organismes de recherche ;

• **Un volet économique**, qui repose sur l'implantation des centres de recherche des grandes entreprises [...] ;

• **Un volet aménagement du territoire**, centré sur le déménagement de six établissements d'enseignement supérieur sur le plateau et la construction d'un grand campus urbain, moderne et attractif.

La concentration de grands groupes et de PME innovantes associés à un pôle universitaire d'envergure mondiale font, du cluster Paris-Saclay, un des 8 pôles d'innovation les plus importants au monde.

http://www.paris-saclay.com/l-agglo/grands-projets/cluster-paris-saclay-270.html

a) Quel aménagement est en cours de réalisation sur le plateau de Saclay ?

....

b) Pourquoi la proximité de grandes entreprises et de l'université Paris-Saclay est-elle importante ?

....

c) À quel autre lieu le cluster Paris-Saclay est-il comparé ?

....

17 Les espaces faiblement peuplés en France

Retenir l'essentiel

1 L'inégale répartition de la population

▸ Les espaces très peuplés sont les aires urbaines, les littoraux de l'Ouest atlantique et du Sud méditerranéen, les grandes vallées fluviales (Seine, Loire, Garonne, Rhône), les régions frontalières proches de la mégalopole européenne.

▸ **Les espaces faiblement peuplés – ou** espaces ruraux **– sont les vastes espaces de la « diagonale du vide »** (des Ardennes aux Pyrénées), **les Alpes, les Landes, la Corse.**

2 Des espaces ruraux en pleine mutation

▸ **Les espaces peu peuplés sont de moins en moins des espaces de production agricole en raison de la périurbanisation.** En effet, l'urbanisation de la population provoque l'extension des lotissements pavillonnaires et des habitats collectifs en grande banlieue. Dans de nombreuses communes périurbaines, on construit également des zones d'activités (centres commerciaux, bâtiments de stockage) et des bases de loisirs type parcs d'attractions.

▸ **Les espaces faiblement peuplés présentent donc une plus grande diversité que par le passé :**

– **les « campagnes des villes », à proximité des villes, très accessibles, de plus en plus peuplées, et donc de moins en moins agricoles ;**

– les « **campagnes fragiles** », vides, isolées, peuplées par des personnes qui n'ont pas fait le choix de vivre dans un espace encore très agricole (les retraités agricoles, par exemple) ;

– les « **nouvelles campagnes** », bénéficiant d'atouts touristiques, plus ou moins proches des villes, et souvent protégées du mitage résidentiel par leur classement en parc naturel.

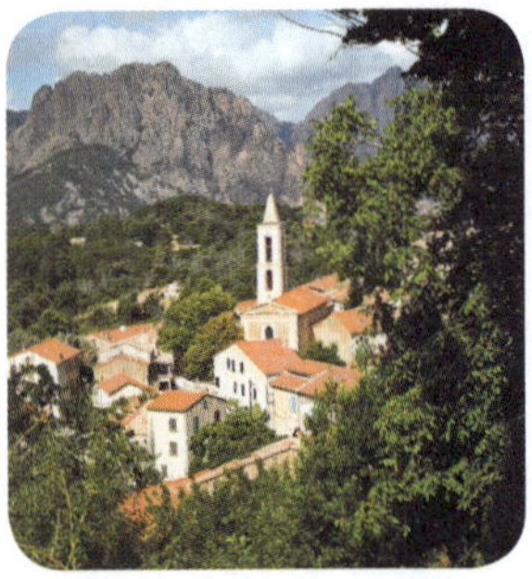

Un village en Corse

À savoir

Espaces urbain et rural

La différence entre espace urbain et espace rurale repose sur deux critères : la **continuité du bâti** et le **nombre d'habitants.**

Comment faire ?

▸ **Analyser un graphique en colonnes**

1° **Relever le titre du graphique**, qui précise le sujet d'étude et la période concernée.

2° **Repérer les indications portées sur les axes.**

3° **Décrire l'allure générale des colonnes.** Qualifier l'évolution observée avec des mots simples (*augmentation, diminution, forte, faible, régulière, irrégulière…*).

4° **Proposer une interprétation** à l'aide de ses connaissances.

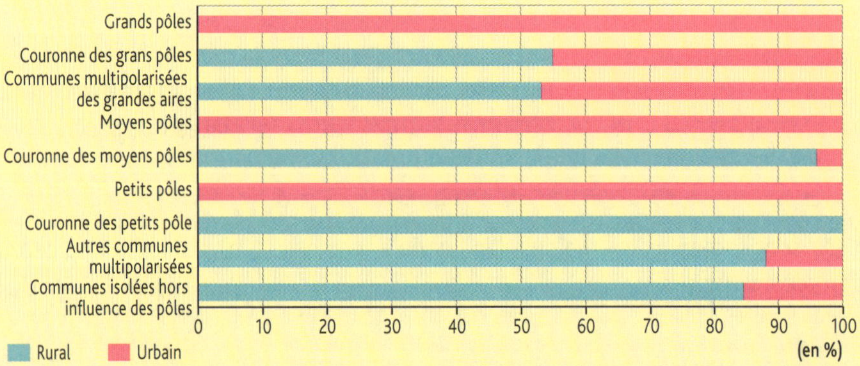

Part de la population urbaine et rurale selon les catégories du zonage en aires urbaines
Source : Insee, recensement de 2008/ Champ : France (hors Mayotte).

Corrigés → livret, p. 39

S'entraîner

QUIZ-TEST

Coche la (ou les) bonne(s) réponse(s).

1 La « diagonale du vide » s'étire :

a) de la Bretagne à la Corse. ☐
b) des Ardennes aux Pyrénées. ☐
c) de l'Île-de-France au Languedoc-Roussillon. ☐

2 Les espaces peu peuplés sont :

a) de moins en moins des espaces agricoles. ☐
b) protégés par leur classement en parc naturel. ☐
c) de plus en plus mités par la périurbanisation. ☐

3 ★ L'inégale répartition de la population

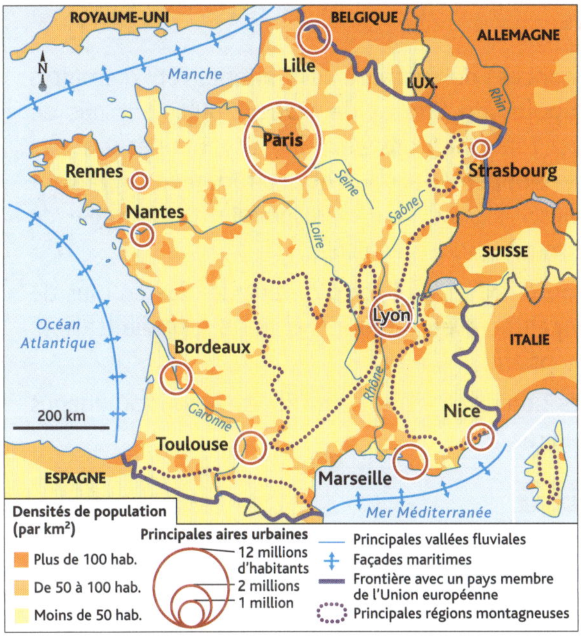

a) Nomme un espace très peuplé ; puis explique les raisons de ce fort peuplement.

....

....

....

b) Nomme un espace faiblement peuplé ; puis explique les raisons de ce faible peuplement.

....

....

....

....

4 ★★ Le mitage des espaces ruraux

L'organisation administrative du département de l'Eure est singulière puisqu'elle est découpée en 675 communes, dont plus de 60 % ont moins de 500 habitants. C'est deux fois plus de communes que la moyenne des départements français. [...] Les flux de populations issues de la périurbanisation de 1970 à 1990 ont donc pu trouver dans l'Eure un territoire d'accueil assez favorable. [...] Pour autant, les communes rurales de l'Eure peuvent-elles encore faire face seules à l'explosion démographique ? C'est le Grand Paris, Rouen et Le Havre face aux 400 communes de moins de 500 habitants du département ; les promoteurs immobiliers face aux agriculteurs [...]. L'ouest du département est un territoire rural très concerné. Les communes sont principalement composées d'un bourg et de nombreux hameaux baignés dans les terres agricoles. Ces parcelles agricoles souffrent d'un mitage du fait de l'expansion des hameaux.

D'après le site Internet : www.eure.gouv.fr

a) Quelle est l'évolution des effectifs dans l'Eure ? Comment s'explique-t-elle ?

....

....

....

b) Quel est l'impact de cette évolution sur l'occupation des sols ?

....

....

....

18 Les contrastes de l'organisation du territoire français

Retenir l'essentiel

1 La métropolisation

▸ En France, comme partout dans le monde, on remarque une concentration de la population et des activités dans les aires urbaines. **Paris est toujours le centre politique, économique et culturel de la France.** Déjà, en 1947, dans son livre *Paris et le Désert français*, un géographe décrivait la domination de la capitale sur le reste du pays.

▸ Aujourd'hui, un certain rééquilibrage s'opère et les autres grandes métropoles régionales – Lyon, Marseille, Lille – affirment de plus en plus leurs compétences.

2 Les espaces dynamiques

▸ Les plus fortes croissances du nombre d'habitants et d'emplois correspondent aux **métropoles du Sud et de l'Ouest** qui n'ont pas de passé industriel. Montpellier, Toulouse, Bordeaux, Nantes et Rennes sont des métropoles combinant développement industriel et tertiaire, s'appuyant sur les hautes technologies : aéronautique, aérospatiale, technologie de l'information et de la communication, médecine…

▸ Les **zones frontalières du Nord et de l'Est** profitent de plus en plus de leur proximité avec la **mégalopole européenne** et de la **mondialisation**. Des eurorégions s'y développent.

▸ Les **estuaires des grands fleuves** – Seine, Loire, Rhône – sont aménagés en zones industrialo-portuaires.

3 Les espaces en difficulté

▸ À l'est de la ligne Le Havre-Marseille, le Nord-Pas-de-Calais et la Lorraine ont subi une forte et ancienne **désindustrialisation**, qui n'est pas encore compensée par leur ouverture européenne.

▸ Les départements de la « **diagonale du vide** » voient leur population baisser, à cause d'une faible offre d'emplois et de leur éloignement des axes de transport.

Mot-clé

Eurorégion
Territoire transfrontalier qui intègre deux ou plusieurs régions européennes dans un objectif de coopération.
Exemple : la « Grande Région » associe le Luxembourg, les Länder allemands de Rhénanie-Palatinat et de Sarre, la région belge de Wallonie ainsi que la région Lorraine.

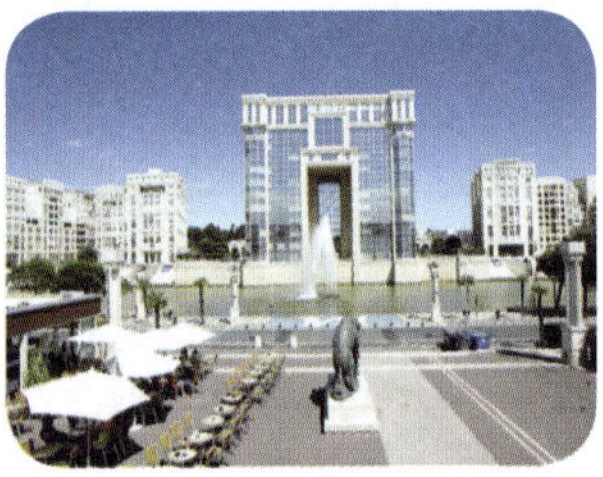

Le quarter Antigone à Montpellier

Comment faire ?

▸ **Connaître les différentes formes d'occupation du territoire français**

Pour l'INSEE, une ville est une « **unité urbaine** ». Il s'agit de zones où le bâti est continu, qui regroupent au moins 2 000 habitants. Les autres zones sont considérées comme rurales.

En même temps, l'INSEE utilise un autre zonage, dit en « **aires urbaines** », qui se définissent par la localisation des emplois. Une aire urbaine est constituée d'un pôle urbain (unité urbaine d'au moins 1 500 emplois) et de sa couronne périurbaine (se reporter à la leçon 14). Certaines communes sont « multipolarisées », c'est-à-dire qu'elles appartiennent à plusieurs aires urbaines à la fois. Enfin, d'autres communes sont dites « isolées » : elles ne constituent pas un pôle urbain (moins de 1 500 emplois) et n'appartiennent à aucune aire urbaine.

Corrigés → livret, p. 39

S'entraîner

QUIZ-TEST

Coche la (ou les) bonne(s) réponse(s).

1 La métropolisation concerne :

a) l'agglomération parisienne uniquement. ☐
b) les grandes villes du Sud et de l'Ouest. ☐
c) toutes les grandes aires urbaines. ☐

2 Les espaces les plus dynamiques sont :

a) l'agglomération parisienne. ☐
b) les villes du Sud et de l'Ouest. ☐
c) les régions frontalières du Nord et de l'Est. ☐

3 ★★ L'organisation de la région des Pays de la Loire

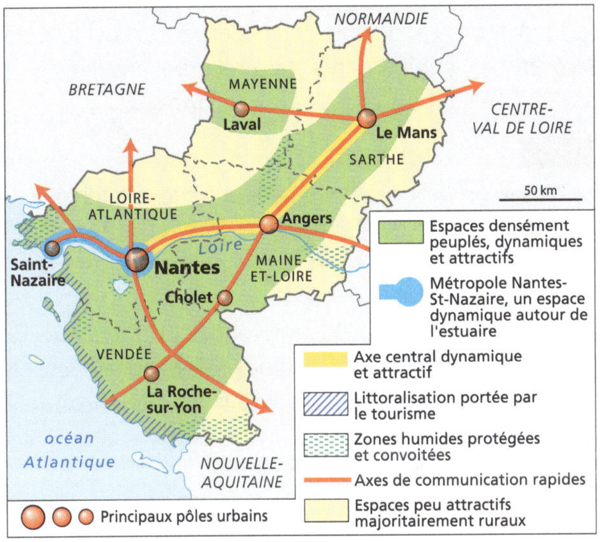

a) Quelle métropole domine l'espace régional des Pays de la Loire ?

....

b) Quels éléments valorisent cette métropole ?

....

....

4 ★★★ Le territoire français dans la mondialisation

Analyse la carte située en bas de page.

a) Quels espaces sont les plus engagés dans la mondialisation ?

....

....

b) Quels espaces sont les moins engagés dans la mondialisation ?

....

....

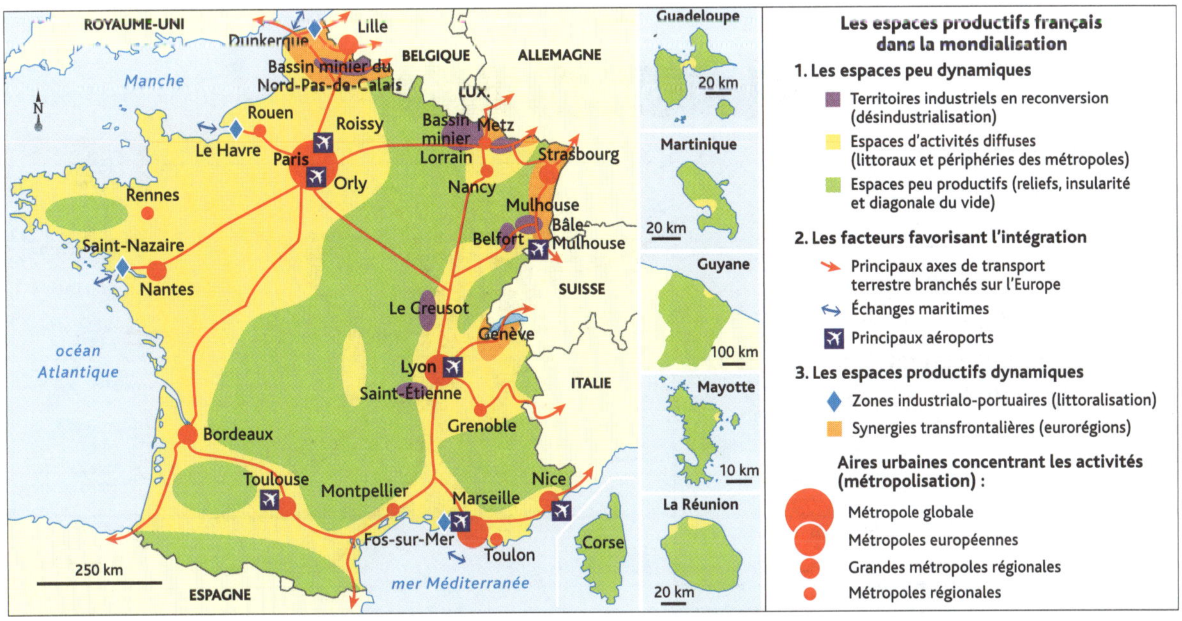

19 Aménager le territoire pour faciliter la mobilité : l'exemple du Grand Paris Express (GPE)

Retenir l'essentiel

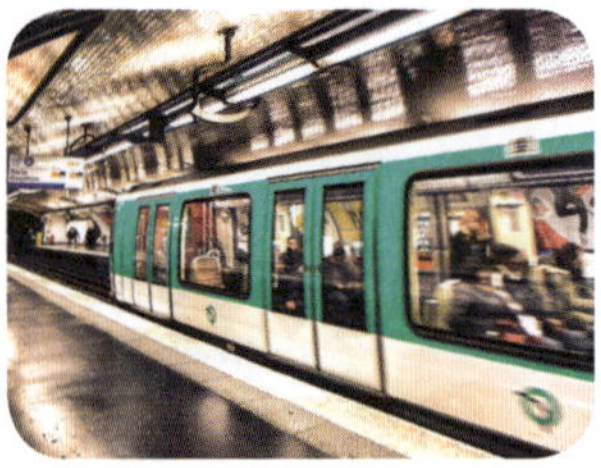

Le métro à Paris

Mot-clé

Cluster
Espace d'innovation créant des produits ou des services d'avenir.

1 Un aménagement conçu à l'échelle régionale

▸ **Comment penser l'aménagement de l'Île-de-France, soit un territoire de 12 millions d'habitants et qui représente 30 % du produit intérieur brut français ?** C'est le défi relevé par le Grand Paris Express (GPE).

▸ Concrètement, l'idée repose sur le développement et la rénovation d'un **réseau de transport public de voyageurs pour la région Île-de-France**. Plus précisément, sur la construction de lignes de métros automatiques qui permettront de se déplacer de banlieue à banlieue sans passer par Paris. Sur ce tracé de transport, vont pouvoir émerger de nouveaux quartiers accueillant des logements, des clusters et des équipements culturels, en particulier autour de ces lieux structurants que sont les **gares** et les **aéroports**.

2 Les enjeux du Grand Paris

▸ C'est un enjeu de **qualité de vie** en Île-de-France puisqu'à moyen terme, 90 % des Franciliens habiteront à moins de 2 km d'une gare. Et le temps de transport quotidien, qui augmente régulièrement, redeviendra un temps raisonnable.

▸ C'est un enjeu d'**emploi**, avec environ 15 000 emplois induits chaque année par les travaux, puis plus encore, une fois les lignes mises en service, grâce à une meilleure efficacité du système métropolitain qui bénéficiera à toutes les entreprises.

▸ C'est un enjeu de **solidarité**, par le désenclavement des territoires les plus pauvres de l'Île-de-France, qui ont besoin d'un accès facilité aux zones d'emploi.

▸ C'est un enjeu d'**attractivité** de l'Île-de-France et de la France, car le développement équilibré de la région capitale est un sujet d'intérêt national. L'État et la région financent donc cet aménagement.

Comment faire ?

▸ **Décrire une organisation régionale**

1° **Localiser** la région.

2° **Repérer la typologie** des espaces spécialisés établie dans la légende.

3° **Localiser** ces espaces sur la carte.

4° **Décrire leur mise en relation** par des axes et des équipements de transport.

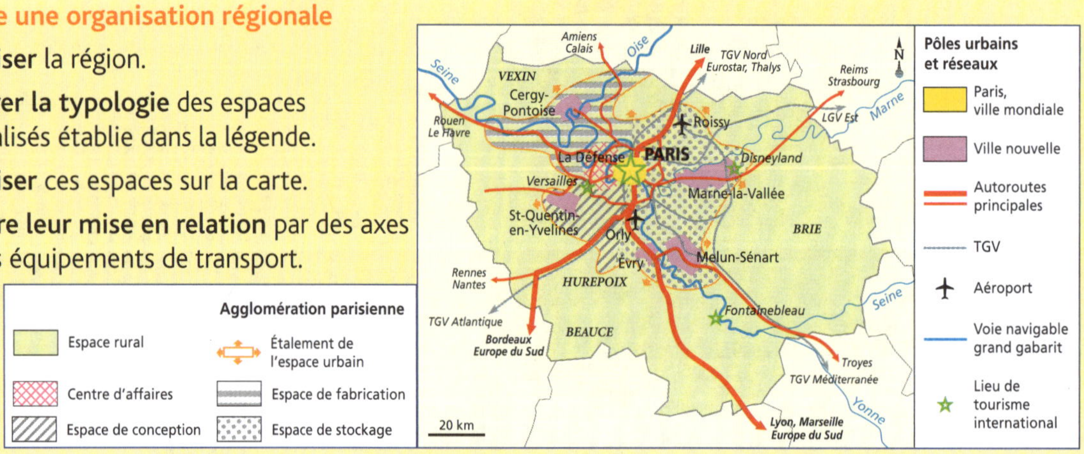

Corrigés → livret, p. 40

S'entraîner

QUIZ-TEST

Coche la (ou les) bonne(s) réponse(s).

1 La région Île-de-France concentre :

a) 10 millions d'habitants et 50 % du PIB. ☐
b) 12 millions d'habitants et 30 % du PIB. ☐
c) 30 millions d'habitants et 10 % du PIB. ☐

2 Le Grand Paris Express est un projet de :

a) la région Île-de-France uniquement. ☐
b) l'État central parisien uniquement. ☐
c) la région Île-de-France et de l'État. ☐

3 ★ Le Grand Paris Express (GPE)

Le réseau Grand Paris Express permettra de se déplacer de banlieue à banlieue sans passer par la capitale en améliorant les temps de parcours dans les transports en commun. Il vise trois objectifs :
– améliorer les transports grâce à des déplacements plus directs et rapides de banlieue à banlieue et ainsi assurer un meilleur accès à l'emploi et aux zones d'activités ;
– soutenir le développement économique par la mise en réseau des pôles d'excellence (ou clusters), des gares TGV et des aéroports ;
– maîtriser le développement urbain par un aménagement urbain autour d'entités urbaines requalifiées et plus denses, par le désenclavement de territoires mal desservis et par la préservation de l'environnement et de la qualité de vie. [...]
Le réseau de métros automatiques [...] devrait permettre d'attirer 2 millions de voyageurs supplémentaires en Île-de-France chaque jour. Le financement de ce réseau sera assuré par l'État pour un coût de 32 milliards d'euros.

Site de la préfecture du département Val-d'Oise, 2012.

a) Résume en une phrase simple ce qu'est le Grand Paris Express (GPE).

....

b) À ton avis, pourquoi l'État assure-t-il l'essentiel du financement des travaux ?

....

4 ★★ Le maillage de l'espace francilien

Analyse la carte située en bas de page.

a) Combien de lignes de métros automatiques seront construites ?

....

....

b) Cite un exemple de population qui profitera du GPE.

....

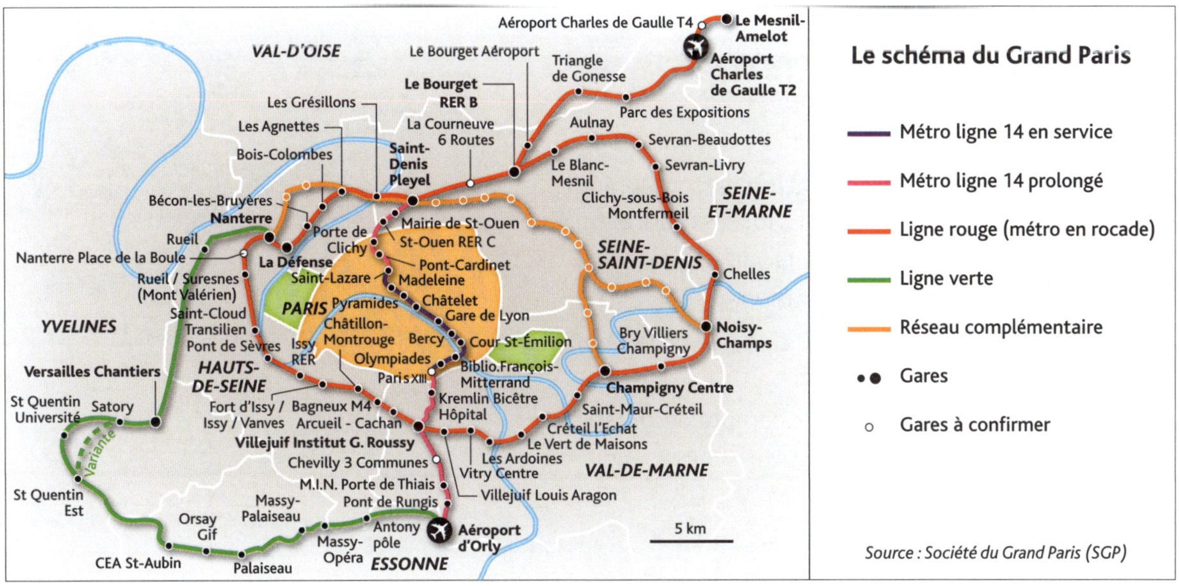

Géographie

20 Aménager le territoire pour développer le tourisme

À savoir

La mobilité touristique

Le tourisme est la première forme de mobilité des populations. Associé à la modernisation des transports, à la hausse du niveau de vie et à l'allongement du temps libre, l'essor du tourisme est spectaculaire depuis les Trente Glorieuses.

Mot-clé

Conflits d'usage

Concurrence entre différentes activités pour l'occupation ou l'utilisation d'un espace.

Retenir l'essentiel

1 les enjeux conflictuels du tourisme

▸ La politique touristique de la France cherche **un équilibre entre les trois enjeux** que sont :

– le **développement social et culturel** : permettre à la plus grande partie de la population de prendre des vacances pour se reposer, se divertir, se cultiver ;

– le **développement économique** : créer des emplois, assurer des revenus ;

– la **protection de l'environnement** : limiter la dégradation des espaces naturels, la création de pollutions et l'aggravation des risques naturels.

2 Un facteur structurant du territoire

▸ **Le tourisme commande de grands travaux au cours des décennies 1960 à 1980.** Les plus importants sont pilotés par l'État central dans le cadre de la **politique d'aménagement du territoire.** Les espaces du tourisme de masse – l'Île-de-France, les littoraux de la Côte d'Azur et du Languedoc-Roussillon, les Alpes du Nord – sont ainsi capables d'accueillir des millions de personnes. Pour cela, ils sont desservis par des voies de communication à haut débit (autoroutes, lignes à grande vitesse) qui sont souvent saturées en périodes de vacances. Les capacités d'hébergement sont surdimensionnées.

▸ **Les rapports des touristes au territoire français sont multiples**, parfois contradictoires : fréquentation et, en même temps, consommation de biens et de services sur place, souvent au détriment des populations locales, toutes actions renforcées par la concentration des flux sur des espaces fragiles. Ainsi, le littoral, les montagnes, les centres des villes historiques sont très convoités, non seulement par le tourisme, mais aussi par les autres activités. C'est dans ce contexte que les **lois Littoral et Montagne** ont tenté de fixer des règles du jeu. Bien sûr, les espaces peu touristiques – les régions de production agricole intensive ou de tradition industrielle du Nord et de l'Est de la France – ne sont pas concernés par ces conflits d'usage.

Comment faire ?

▸ **Lire une carte géographique**

1° **Préciser le type de représentation cartographique** : titre de la carte, nature des faits, localisation, date.

2° **La légende** permet d'identifier les différents signes figurés et d'analyser leur répartition.

3° **Mettre en relation** chacun des signes avec le thème de la carte, donné par son titre.

4° **Établir une synthèse** qui rende compte des relations constatées et qui permette de construire une **typologie**.

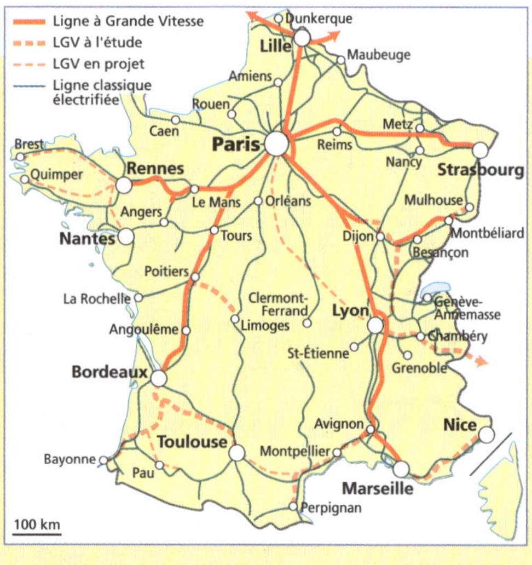

Les lignes à grande vitesse (LGV) en France

Corrigés → livret, p. 40

S'entraîner

QUIZ-TEST

Coche la (ou les) bonne(s) réponse(s).

1 L'essor du tourisme international s'explique par :

a) les progrès des transports. ☐
b) l'augmentation du temps de travail. ☐
c) l'élévation du niveau de vie. ☐

2 En France, les espaces touristiques se localisent plutôt :

a) en Île-de-France. ☐
b) dans la moitié sud du pays. ☐
c) dans les régions de tradition industrielle. ☐

3 ★ La station balnéaire de Marina-Baie-des-Anges (à proximité de Nice)

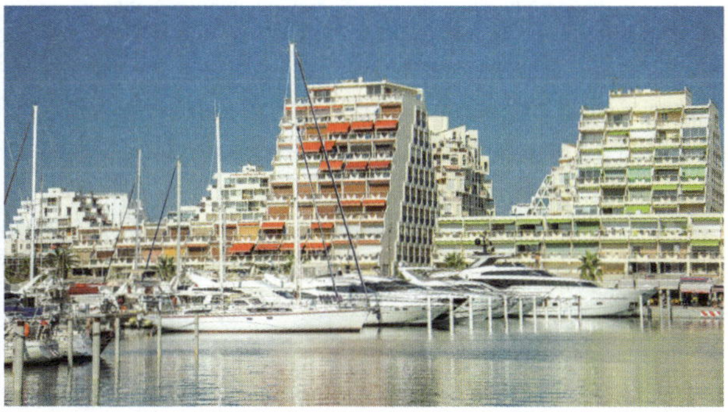

a) Quel type d'aménagement touristique est photographié ?

....

b) Sur quel littoral est-il localisé ?

....

c) Décris cet aménagement touristique.

....

....

....

....

....

....

....

....

....

4 ★★ Le tourisme dans l'espace français

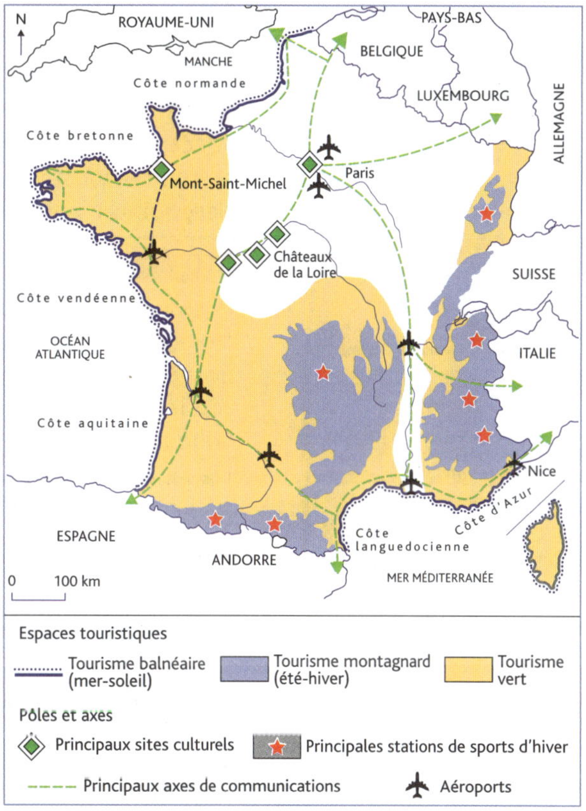

a) Cite trois types de tourisme et, pour chacun d'eux, un exemple de région concernée.

....

....

b) Quels aménagements favorisent le tourisme ?

....

c) Quels sites culturels sont les plus visités ?

....

....

21 Développer une « Région ultrapériphérique » : l'exemple de la Guyane française

À savoir

Un territoire ultramarin

La Guyane française se situe en **Amérique du Sud**, à 7 000 km de Paris, à 5 000 km de **Rio** de Janeiro et de New York. Colonisée au XVIIe siècle, départementalisée en 1946, elle est aujourd'hui une collectivité territoriale unique qui exerce, sur son territoire, les compétences dévolues à la région et au département.

Mot-clé

Régions ultrapériphériques

Territoires qui appartiennent à un État de l'Union européenne tout en se trouvant en dehors du continent européen.

Retenir l'essentiel

1 Les déséquilibres de l'espace guyanais

▸ La Guyane française est, avec 83 500 km^2, **la plus grande collectivité territoriale de France et d'Europe**. La Guyane appartient à l'**immensité amazonienne**. Pourtant, la mise en valeur de la **forêt humide** se limite à des activités marginales héritées des modes de vie amérindiens, comme la chasse, l'agriculture sur brûlis, l'orpaillage.

▸ **Le délaissement de la forêt** s'explique par la priorité donnée à l'agriculture pendant l'époque coloniale. En effet, l'exploitation agricole (canne à sucre, café, coton, cacao, riz) a occupé les meilleures terres du littoral. Du coup, la population et les équipements de transport sont encore concentrés sur la **bande littorale**, dans la partie est, entre Saint-Georges et Kourou. L'installation du **Centre spatial à Kourou**, en 1964, a renforcé le **déséquilibre entre le littoral et l'intérieur forestier**.

2 Les retards de développement

▸ Les difficultés guyanaises sont identiques à celles de l'Amérique tropicale : **augmentation rapide de la population** qui annule les progrès économiques, **sous-industrialisation**, **migrations de la pauvreté** (du Brésil et du Surinam, d'Haïti), **bidonvilles** autour des villes, **exclusion des tribus** amérindiennes.

De plus, **la région est enclavée, isolée**. Elle dépend de la métropole et de l'Union européenne pour ses échanges et pour la rénovation de ses équipements, dont le port de Dégrad des Cannes. La Guyane est l'une des neuf « **Régions ultrapériphériques** » aidées par l'Union européenne.

Comment faire ?

▸ **Analyser une photographie aérienne**

1° **Identifier et localiser le lieu photographié** grâce au titre de la photographie.

2° **Préciser l'angle de prise de vue** : photographie verticale ou oblique.

3° **Repérer** les éléments les plus remarquables.

4° **Faire des hypothèses** sur le fonctionnement de ce lieu.

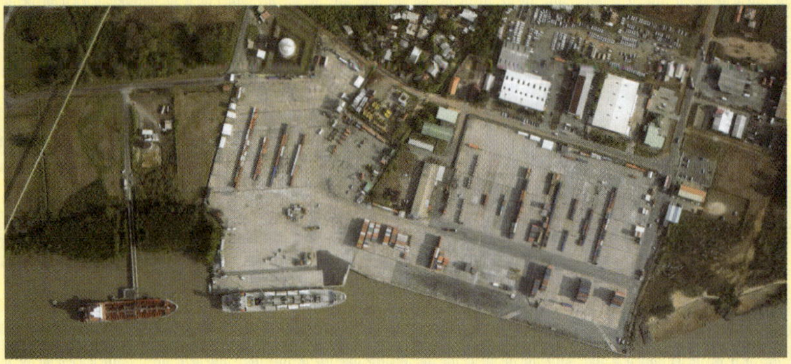

Port de Dégrad des Cannes, dans la banlieue de Cayenne

Corrigés → livret, p. 40

S'entraîner

QUIZ-TEST

Coche la (ou les) bonne(s) réponse(s).

1 L'espace guyanais se caractérise par :

a) la mise en valeur de la forêt humide. ☐
b) le déséquilibre littoral/intérieur. ☐
c) le développement économique. ☐

2 Le développement de la Guyane est pris en charge par :

a) l'Union européenne. ☐
b) les pays d'Amérique latine. ☐
c) l'État français. ☐

3 ★ L'organisation de l'espace guyanais

Analyse la carte ci-contre.

a) Quel élément domine le paysage guyanais ?

....

b) Quelle est la répartition des populations et des activités dans l'espace guyanais ?

....

....

Organisation et aménagement de l'espace guyanais

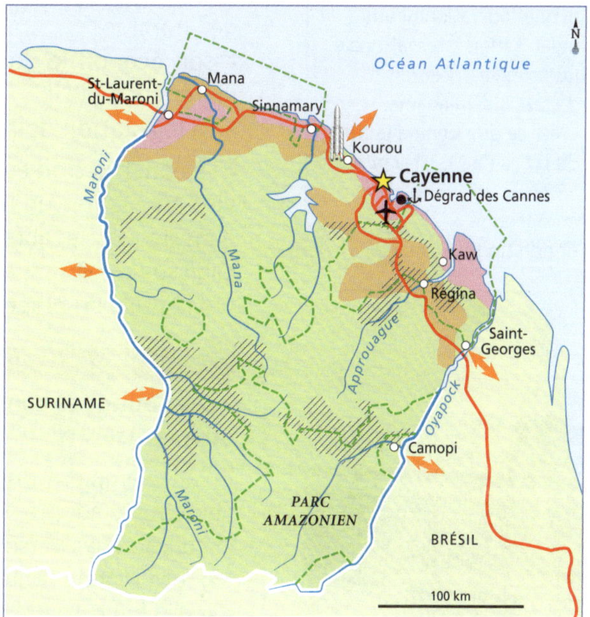

4 ★★ L'isolement de la Guyane

Le statut de département (obtenu en 1946) mettait davantage la Guyane dans l'orbite de Paris, elle dépendait en outre des Antilles pour de nombreux secteurs administratifs, l'éducation notamment. Aussi, si les relations notamment aériennes avec la Métropole se développèrent, ce ne fut pas le cas avec les pays ou territoires voisins. Paramaribo au Suriname était certes accessible par la route (avec néanmoins un bac pour franchir le Maroni), mais tel n'était pas le cas en revanche pour la frontière brésilienne, seulement reliée par voie terrestre à Cayenne depuis fin 2003. Actuellement, des liaisons aériennes quotidiennes relient la Guyane à la France hexagonale et aux Antilles françaises, mais celles avec le Suriname et le nord du Brésil (Belém) ne sont que bi ou trihebdomadaires, voire hebdomadaires pour Fortaleza. Ces liaisons ne relient la Guyane qu'à ses proches voisins, aussi, sur le plan des liaisons, apparaît-elle comme une île européenne [...] en Amérique du Sud.

https://www.diploweb.com/La-Guyanne-collectivite-francaise-et-europeenne-d-outre-mer-entre-plusieurs-mondes.html

a) Avec quel espace la Guyane est-elle surtout en relation ?

....

b) Pourquoi l'auteur compare-t-il la Guyane à une « île européenne en Amérique du Sud » ?

....

....

22 L'Union européenne : une association régionale à géométrie variable

Retenir l'essentiel

1 Le rapprochement des peuples et des économies européennes

La construction européenne rapproche les peuples européens, puisque l'Union européenne (UE) s'est élargie à sept reprises (1973, 1981, 1986, 1995, 2004, 2007, 2013), passant de six adhérents en 1957 à 28 aujourd'hui (27 depuis que le Royaume-Uni s'est prononcé par référendum en 2016 en faveur de la sortie de l'UE). Tout pays de l'Europe géographique peut demander à devenir membre de l'UE s'il remplit trois conditions :
– son **régime politique** doit respecter les règles démocratiques et les droits de l'homme ;
– son **économie** doit être assez solide pour faire face à la concurrence à l'intérieur de l'UE ;
– sa **législation** doit accepter toutes les lois européennes déjà votées.

La construction européenne rapproche aussi les économies, puisqu'elle vise à instaurer un **marché unique** : un espace sans frontières intérieures dans lequel la libre circulation des marchandises, des services et des capitaux serait assurée. Par exemple, la circulation des capitaux est facilitée par la **mise en place de l'euro** en 2002.

À savoir

L'Union européenne

L'Union européenne n'est ni une fédération ni une organisation internationale, juste une association d'États indépendants. C'est ce que signifie le titre du traité de Maastricht en 1992 : « traité sur l'Union européenne », et non traité d'Union.

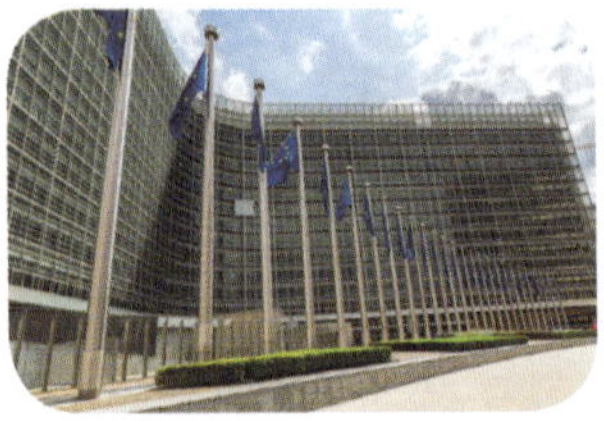

Le Parlement européen

2 Une intégration incomplète

Les politiques communes n'associent que ceux qui veulent et peuvent être associés.

Par exemple, l'Union économique et monétaire (UEM) est inachevée ; l'euro a été adopté par 19 pays sur 28. Les **accords de Schengen** sur la libre circulation des personnes ne concernent pas, pour le moment, le Royaume-Uni et l'Irlande mais incluent la Norvège et l'Islande, qui n'appartiennent pas à l'Union. La Politique étrangère et de sécurité commune (PESC) n'arrive pas à surmonter les intérêts des États. Il n'y a pas d'armée européenne, et la majorité des armées nationales sont encore intégrées dans l'Organisation du traité de l'Atlantique Nord (OTAN), sous commandement américain.

Comment faire ?

Différencier les formes d'association régionale des États

→ « Zone de libre-échange » : regroupement de plusieurs États entre lesquels les marchandises doivent pouvoir circuler librement par suppression de tous les protectionnismes (droits, taxes, législations discriminantes…).

Ex. : ALENA (1992).

→ « Marché commun » : c'est une zone de libre-échange où il existe, aux limites de la zone, un tarif douanier extérieur commun.

Ex. : MERCOSUR (1991).

→ « Intégration régionale » : association de plusieurs États en vue de politiques communes (défense et sécurité communes, libre-échange, législation sociale commune, culture).

Ex. : Union européenne (1992).

Corrigés → livret, p. 40

S'entraîner

QUIZ-TEST

Coche la (ou les) bonne(s) réponse(s).

1 L'Union européenne est une :

a) association d'États indépendants.............. ☐
b) fédération.. ☐
c) organisation internationale...................... ☐

2 L'euro est mis en circulation en :

a) 2000.. ☐
b) 2001.. ☐
c) 2002.. ☐

3 ★ Un pôle de puissance

	Union européenne	États-Unis	Chine	Japon
PIB en 2015 (en milliards de dollars)*	16 229	17 947	10 866	4 123
Part des exportations mondiales de marchandises en 2014**	15 %	12,2 %	15,5 %	5 %
Dépenses dans la recherche et l'innovation en 2015 (en % du PIB)***	1,9 %	2,8 %	2 %	3,2 %

Sources : * FMI ; ** https ://europa.eu ; *** Unesco.

a) Quels indicateurs montrent la puissance économique de l'Union européenne ?

....

b) Relève le point faible de l'Union européenne par rapport aux autres États de la Triade.

....

4 ★★ L'UE, un « nain politique » ?

La fin de la Guerre froide marque un tournant pour l'Europe politique. [...] L'effondrement du bloc de l'Est fait au contraire planer le doute sur le maintien d'un engagement américain fort en Europe. De plus, les guerres réapparaissent sur le continent, rendant nécessaire une réflexion sur la création d'une Europe politique. Ceci explique en partie la naissance du second pilier de l'UE dans le traité de Maastricht : la politique étrangère et de sécurité commune (PESC). Une coopération intergouvernementale est prévue en matière de diplomatie et de défense, afin de permettre aux Européens de réagir lorsqu'un conflit comme celui de Yougoslavie se présente à leurs portes et de pouvoir faire entendre leur voix face à l'hyperpuissance américaine.

Pourtant, la PESC s'avère difficile à mettre en œuvre et la guerre en Bosnie en est une illustration criante. [...] Ceci s'explique par les divergences d'approche entre États membres, entre les atlantistes[1] et les autres, favorables à une véritable émergence de l'Europe sur la scène mondiale. En outre, une politique étrangère doit s'appuyer sur une capacité de défense qui fait défaut à l'UE. Les forces armées de la plupart de ses membres sont intégrées dans l'OTAN, tandis que certains sont neutres et souhaitent le rester (Irlande, Autriche, Suède, Finlande, Malte). En outre, deux pays disposent d'une force de frappe nucléaire (France et Royaume-Uni), ce qui rend difficile une harmonisation des stratégies militaires. Enfin, l'UE se trouve dans un contexte budgétaire difficile, qui pèse sur les dépenses militaires. Pour toutes ces raisons, la PESC s'avère encore un échec, dont la guerre en Irak en 2003 puis celle en Syrie (depuis mars 2011) ainsi que le conflit russo-ukrainien (depuis février 2014) ont révélé l'ampleur.

http://www.vie-publique.fr/decouverte-institutions/union-europeenne/approfondissements/union-europeenne-est-elle-grande-puissance.html, 30 mars 2017.

[1] États favorables à une forte coopération avec les États-Unis.

a) Quelle situation explique la naissance de la politique étrangère et de sécurité commune ?

....

....

b) Quels éléments limitent la puissance politique de l'Union européenne ?

....

23 L'insertion de la France dans l'espace européen

Retenir l'essentiel

1 La France, plaque tournante de l'Europe

▸ **La France métropolitaine occupe une position spéciale en Europe** : elle est un carrefour entre Méditerranée, Atlantique, Manche et mer du Nord, traversé par de nombreux flux de marchandises et de voyageurs.

▸ **Tous les équipements et les modes de transport sont combinés pour assurer la desserte du territoire et pour le relier à d'autres espaces** : les autoroutes et les voies ferrées à grande vitesse pour le transport terrestre, les aéroports pour le transport aérien, les ports et les canaux pour le transport maritime et fluvial. Un axe maritime majeur, le Northern Range, passe au large des côtes françaises dans la Manche.

▸ **L'ensemble des axes et des équipements de transport forme un réseau de transports**. Ce réseau est (toujours) centré sur l'**Île-de-France** et **Paris**. Par exemple, les grands trafics en provenance ou à destination de Paris suivent la vallée du Rhône dans le Sud-Est. À l'inverse, la vallée de la Garonne est un axe peu fréquenté car elle est perpendiculaire aux grands axes de circulation parisiens de direction nord-sud. Les autres grandes villes – Lille, Lyon et Marseille – sont des pôles secondaires dans ce réseau. Une nouveauté : le réseau français est intégré dans le **Réseau Transeuropéen de Transport (RTE-T)**, qui associe les adhérents de l'Union européenne.

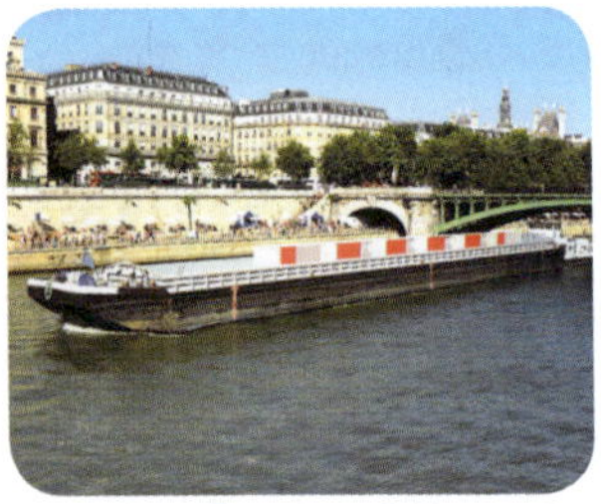

Une péniche de transport sur la Seine

2 Une position affaiblie ?

▸ **Ce rôle de carrefour stagne** à cause d'événements extérieurs à la France. Ainsi la Suisse abandonne-t-elle dans les années 2000 ses politiques limitatives en matière de circulation routière, qui ont pour effet de déverser des surplus de camions vers la France et l'Autriche. Elle finance la construction de tunnels transalpins pour le ferroutage. À la même époque, l'élargissement de l'Union européenne vers l'ancien bloc communiste ouvre de nouveaux axes de transport dans cette direction.

Mot-clé

Le ferroutage
Transport intermodal route-rail qui permet de charger un camion sur un train.

Comment faire ?

▸ **Étudier une image paysagère**

1° **Localiser** le paysage sur une carte.

2° **Repérer les éléments du paysage** (espaces résidentiels, activités économiques, infrastructures de transport) et leur mise en relation par des axes de transport.

3° **Qualifier le paysage** : paysage littoral, urbain, industriel, agricole, etc.

4° **En déduire l'organisation spatiale du paysage photographié.**

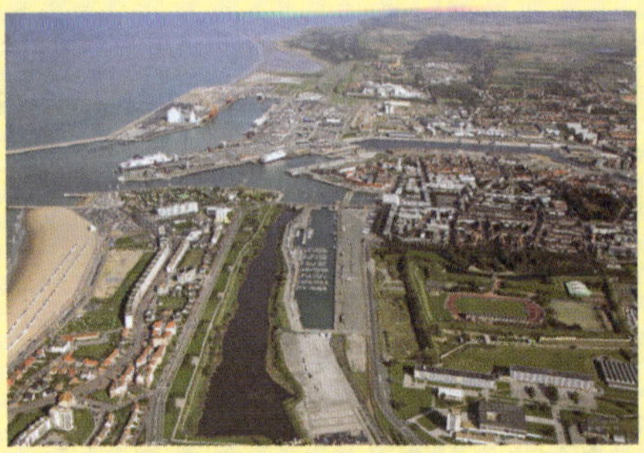

Le port de Calais

Corrigés → livret, p. 40

S'entraîner

QUIZ-TEST

Coche la (ou les) bonne(s) réponse(s).

1 En France, le réseau de transport est centré sur :

a) la vallée du Rhône. ☐
b) la vallée du Rhin. ☐
c) l'Île-de-France et Paris. ☐

2 La France occupe une position spéciale en Europe :

a) un carrefour. ☐
b) une périphérie. ☐
c) un espace de transit. ☐

3 ★ La France, carrefour de l'Europe

Analyse la carte située en bas de page.

a) Quelles lignes à grande vitesse (LGV) traversent la France ?

....

b) Quelles parties de l'Europe mettent-elles en relation ?

....

....

4 ★★ L'intégration des régions enclavées

Le massif pyrénéen est l'une des dernières frontières intérieures de l'Europe [...]. Il s'agit de développer une liaison ferroviaire, à priorité fret, entre le sud-ouest de l'Europe et le reste du continent. [...] Au droit des Pyrénées, la ligne ferroviaire passera par un tunnel de basse altitude, appelé Traversée Centrale [...]. Actuellement, les deux principaux axes d'échanges se situent de part et d'autre du massif montagneux, en façades atlantique et méditerranéenne. Les flux liés au transport routier [...] connaissent une croissance forte et continue, ce qui a pour conséquence une saturation des axes routiers et ferroviaires existants et de très lourdes nuisances sociales et environnementales.

Site Internet : http://www.eurosud-transport.com/

a) Comment la Traversée Centrale des Pyrénées (TCP) prévoit-elle de franchir ce massif ?

....

b) Pourquoi ce projet est-il nécessaire ?

....

....

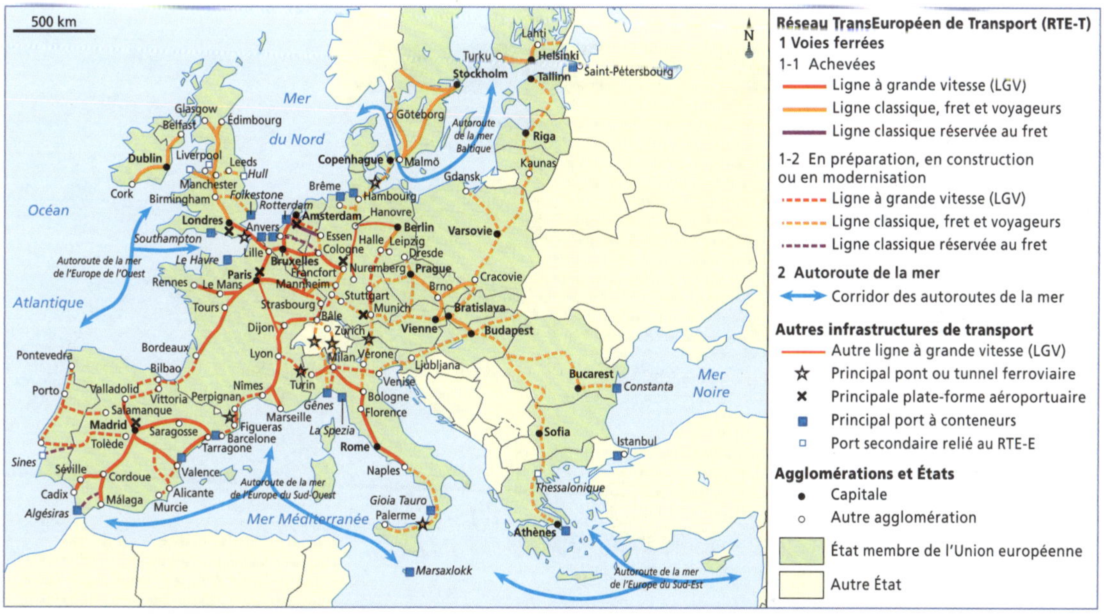

24 La puissance française dans le monde

Retenir l'essentiel

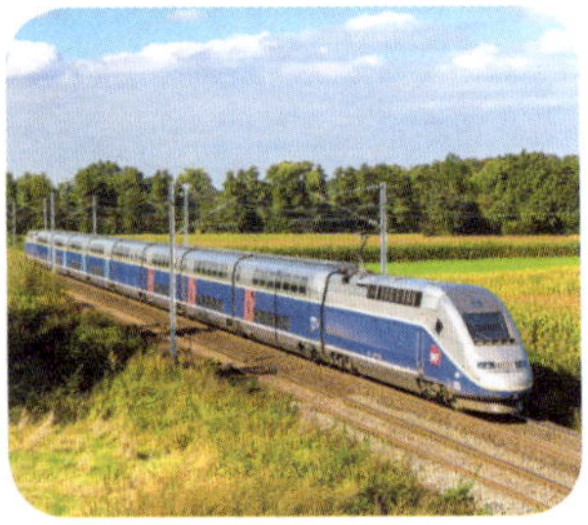

Une rame de TGV

1 Une puissance économique majeure

▸ La France occupe aujourd'hui **le sixième rang** pour la production de richesses derrière les États-Unis, la Chine, le Japon, l'Allemagne et le Royaume-Uni. Elle est la **première puissance agricole européenne,** la **sixième puissance commerciale et industrielle.**

▸ Sa **force industrielle repose sur les performances des industries de pointe** : maîtrise de la technologie nucléaire, premier rôle du Centre national d'études spatiales (CNES) dans le programme de l'Agence spatiale européenne, rôle pionnier dans le train à grande vitesse (TGV)...

2 Une puissance politique

▸ **La France est membre permanent du Conseil de sécurité aux Nations unies** (ONU) depuis 1945. Elle appartient au cercle fermé des **puissances nucléaires** depuis 1960.

▸ **La France participe beaucoup aux opérations de maintien de la paix commandées par l'ONU** dans les années 2000, de l'Afghanistan à la Libye, de la Côte d'Ivoire au Kosovo. Son **armée** est déployée dans les territoires outre-mer et chez les pays alliés, en Afrique surtout.

3 Une puissance culturelle

▸ La **langue française** est une des grandes langues de culture et de civilisation. Elle est parlée sur plusieurs continents, grâce aux possessions outre-mer, aux colonisations du XVIIIe siècle et du XIXe siècle.

▸ Cette présence mondiale de la langue a pris la forme d'une organisation politique : la francophonie. La France protège sa culture en subventionnant sa production audiovisuelle car elle refuse de considérer les biens culturels comme des biens marchands ordinaires.

Mot-clé

La francophonie
Ensemble des personnes qui parlent français dans le monde.

Comment faire ?

▸ **Étudier les répartitions spatiales**

1° **Constater :** les positions, les regroupements, ou les dispersions.

2° **Rechercher les facteurs qui peuvent les expliquer :** facteurs naturels ; facteurs historiques ; ou facteurs humains.

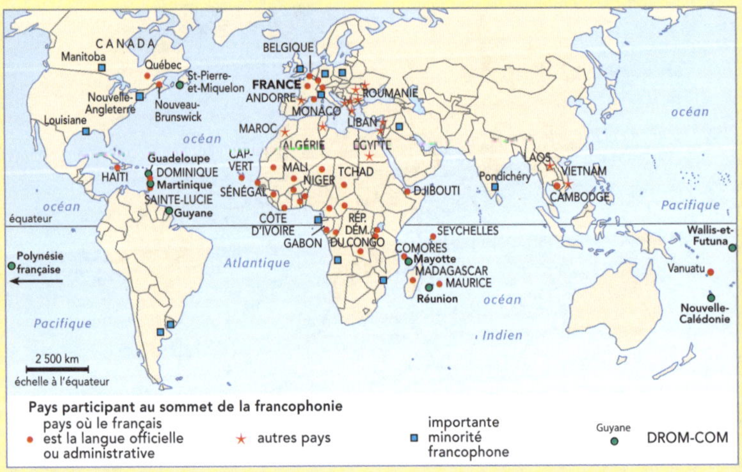

La langue française dans le monde

Corrigés → livret, p. 41

S'entraîner

QUIZ-TEST

Coche la (ou les) bonne(s) réponse(s).

1 La place de la France dans le monde doit beaucoup :

a) à son étendue. ☐
b) à son poids démographique. ☐
c) à l'influence de sa culture. ☐

2 Les pays dans lesquels on parle français appartiennent à l'espace :

a) francophile. ☐
b) francophone. ☐
c) francophobe. ☐

3 ★ La France, une puissance mondiale ?

Avec seulement 1 % de la population, sur 1 % du territoire, la France est la sixième puissance économique mondiale. Elle représente plus de 3 % du produit intérieur brut (PIB) de la planète et son PIB par habitant est très élevé [...]. La France aussi le 5e exportateur de services commerciaux et le 8e exportateur mondial de marchandises.

La réussite mondiale des grandes entreprises françaises, en quelques années, est spectaculaire. En 2016, 29 figurent au classement des 500 plus grandes entreprises mondiales (selon le chiffre d'affaires), contre 20 britanniques et 20 allemandes. [...]

La France est la sixième puissance économique mondiale et la troisième économie européenne après l'Allemagne et la Grande-Bretagne. À ce titre, elle estime avoir son mot à dire sur les effets de la mondialisation et la manière de la réguler. Son influence s'exprime aujourd'hui dans le cadre du G20, qu'elle a présidé en 2011. Il réunit les 19 chefs d'État et de gouvernement des pays les plus industrialisés et des puissances émergentes à la croissance économique rapide (dont Brésil, Russie, Inde, Chine), et l'Union européenne. C'est d'ailleurs sur une idée française qu'ont été créés les sommets, d'abord du G7 en 1976, puis du G20 en 2008.

http://www.vie-publique.fr/france-donnees-cles/mondialisation/france-mondialisation-role-poids.html, 23 novembre 2016.

a) Quel rang occupe la France dans le classement économique mondial ?

....

....

b) De quelle manière s'exprime la puissance française dans le monde ? Cite deux exemples précis.

....

....

....

....

....

4 ★★ La présence française dans le monde

Observe la carte ci-contre.

a) Cite trois éléments qui font de la France une puissance militaire.

....

b) Cite un élément qui montre le rayonnement culturel de la France.

....

c) Sur quel continent se manifestent à la fois cette puissance militaire et ce rayonnement culturel ?

....

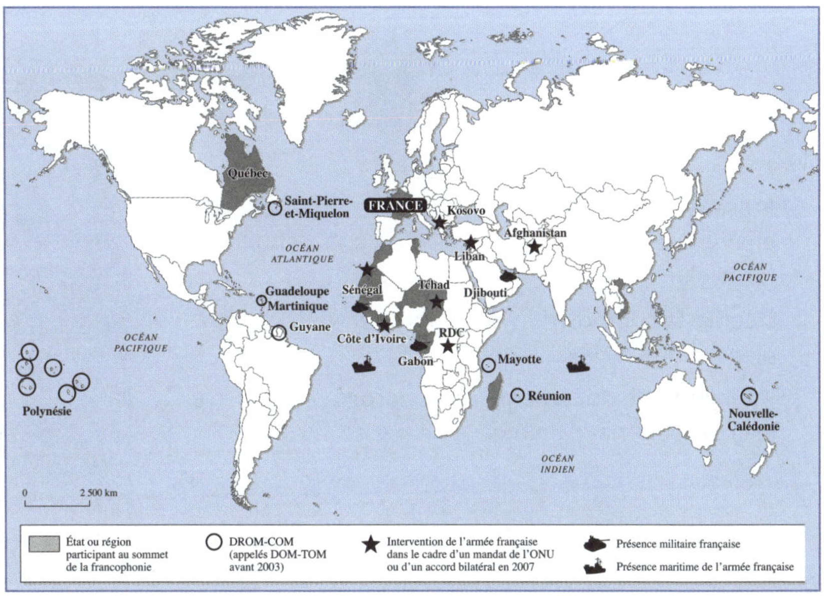

25 La citoyenneté

Mots-clés

Citoyen
Personne de nationalité française qui jouit de tous ses droits.

Naturalisation
Fait d'accorder la nationalité à un étranger majeur.

État-providence
État intervenant dans les domaines économiques et sociaux afin d'organiser la solidarité entre les personnes.

À savoir

Le droit de vote en France
Le suffrage universel masculin est institué en 1848, mais il faut attendre 1944 pour que les femmes obtiennent le droit de vote.

Retenir l'essentiel

1 Les droits des citoyens

▶ **Le citoyen français jouit à la fois de droits-libertés et de droits sociaux.**

– **Les droits-libertés** sont le droit à l'égalité devant la loi, devant la justice et dans l'accès aux emplois, la liberté d'expression, la liberté de religion, de circulation, de réunion, d'association ou de manifestation, le droit à la sûreté, le droit d'être propriétaire. **Ces droits sont garantis depuis le vote de la *Déclaration des droits de l'homme et du citoyen* le 26 août 1789.** Ils ont une **valeur constitutionnelle**, puisque la Déclaration de 1789 est incluse dans la Constitution de la Vᵉ République.

Parmi eux, **les droits politiques autorisent la participation du citoyen** à la vie politique : droit de voter, d'être candidat, de participer à la formation de la loi par l'intermédiaire des représentants élus. Le citoyen acquiert ces **droits à 18 ans à condition d'avoir la nationalité française** ou de l'acquérir par naturalisation plus tard ;

– **Les droits sociaux** sont le droit au travail, à l'éducation, à la protection sociale. Ils sont inscrits dans la Constitution de la IVᵉ République à l'époque du développement de l'État-providence.

2 Les devoirs des citoyens

▶ **Le citoyen a aussi des devoirs :** respecter les lois, participer à la dépense publique en payant ses impôts, s'informer pour se former des opinions raisonnables.

▶ **Tous les jeunes Français, garçons et filles, doivent accomplir le service national universel depuis 1997.** Celui-ci se déroule en trois étapes : l'enseignement de la défense au collège (3ᵉ) et au lycée (1ʳᵉ) ; le recensement obligatoire à 16 ans ; la participation obligatoire à la Journée Défense et Citoyenneté, entre 16 et 18 ans.

Comment faire ?

▶ Analyser une photographie de presse

1° **Présenter le document :** nature, date, localisation, organes de diffusion (agences) et de publication (presse).

2° **Décrire la composition de la photographie :** plans et personnages.

3° **Interpréter le document :** une photographie illustre le choix éditorial d'un organe de presse.

Entraîne-toi : exercice 3, p. 261.

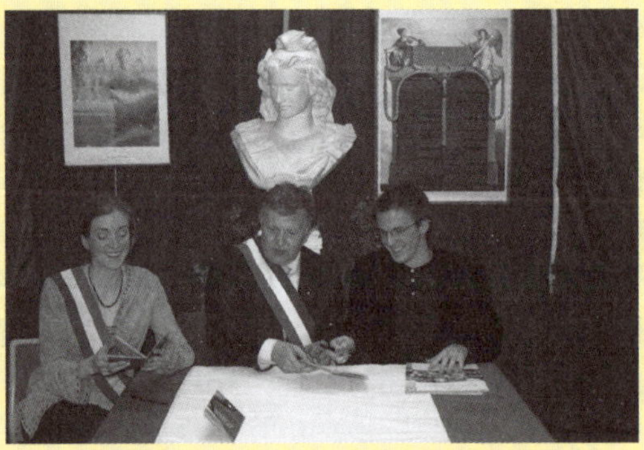

La remise du *Livret du Citoyen* et de la carte électorale à un jeune Français devenu majeur dans la mairie de Longjumeau.

Corrigés → livret, p. 41

S'entraîner

QUIZ-TEST

Coche la (ou les) bonne(s) réponse(s).

1 La majorité politique est fixée à :

- a) 16 ans. ☐
- b) 18 ans. ☐
- c) 21 ans. ☐

2 Le service national universel comprend :

- a) l'enseignement de défense au collège et au lycée. ☐
- b) le recensement obligatoire à 16 ans pour les nationaux. ☐
- c) la participation obligatoire à un service militaire d'un an. ☐

3 ★ Devenir citoyen

Observe la photographie, page 260.

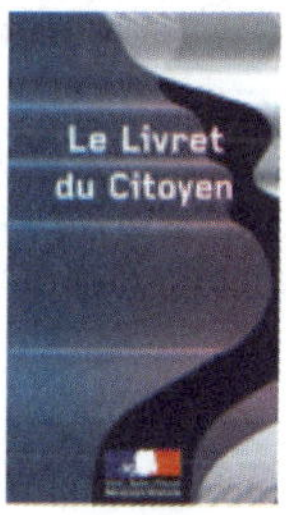

a) À quel moment de sa vie une personne peut-elle se voir remettre le *Livret du Citoyen* ?

b) Quelle condition doit-elle remplir à ce moment précis pour recevoir le *Livret du Citoyen* ?

c) Quel autre document lui remet-on le même jour ?

d) Selon vous, qui remet ces deux documents ?

e) Relève deux symboles républicains montrant que cette cérémonie présente un caractère officiel.

4 ★★ La souveraineté des citoyens

Art. 1 : La France est une République indivisible, laïque, démocratique et sociale. Elle assure l'égalité devant la loi de tous les citoyens sans distinction d'origine, de race ou de religion. Elle respecte toutes les croyances.

Art. 3 : La souveraineté nationale appartient au peuple qui l'exerce par ses représentants et par la voie du référendum.

Art. 4 : Les partis et les groupements politiques concourent à l'expression du suffrage. Ils se forment, exercent leur activité librement. Ils doivent respecter les principes de la souveraineté nationale et de la démocratie.

Extraits de la Constitution de la Ve République (1958).
Source : www.legifrance.fr

a) De quel texte sont extraits les articles ci-dessus ?

b) Quel principe républicain garantit la participation des citoyens au pouvoir ?

c) Comment peut s'exprimer la souveraineté des citoyens ?

d) Qui concourt à l'expression du suffrage des citoyens ?

26 Les institutions de la Ve République

Retenir l'essentiel

Mots-clés

Référendum
Consultation des citoyens par le président de la République sur un projet de loi. Formulé sous forme de question, on y répond par « oui » ou par « non ».

Souveraineté nationale
Principe démocratique selon lequel le peuple est souverain, c'est-à-dire exerce son pouvoir en élisant ses représentants.

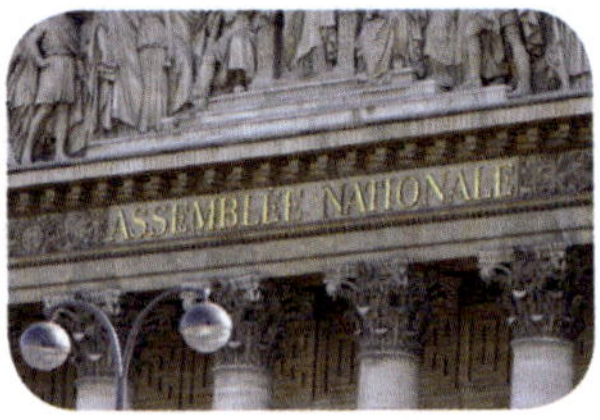

L'Assemblée nationale

1 La Constitution, loi suprême de la République

- **La Constitution du 4 octobre 1958 est le texte fondateur de la Ve République.** Elle s'applique à tous et partout en France.
- **Elle définit la répartition des différents pouvoirs à l'intérieur de l'État et garantit le respect des droits.** Par exemple, elle proclame l'égalité des citoyens devant la loi, établit la souveraineté du peuple grâce au suffrage universel, permet à chacun de défendre sa cause devant un tribunal. Elle énonce les principes républicains : « La France est une république indivisible, laïque, démocratique et sociale ».

2 Un régime républicain et démocratique

- **L'élection des représentants est l'expression de la souveraineté nationale.** En effet, le suffrage est réservé aux « nationaux français majeurs des deux sexes jouissant de leurs droits civils et politiques ». Il peut être direct ou indirect.
- **La séparation des pouvoirs permet d'empêcher les abus liés à l'exercice de la souveraineté.**

– Ainsi, **le pouvoir législatif** est chargé de l'élaboration et du vote des lois, mais également du contrôle de l'exécutif. Il est exercé par le Parlement.

– **Le pouvoir exécutif** met en œuvre les lois et conduit la politique nationale. Il est exercé par le président de la République et par le gouvernement.

– **Le pouvoir judiciaire** applique les lois pour résoudre les conflits entre les personnes ou entre l'État et ces dernières.

Comment faire ?

Construire une frise chronologique

1° **Construire une échelle** (a) et **placer quelques dates repères** (b).

2° **Distinguer les grandes périodes de l'histoire** et inscrire leur nom (c).

3° **Placer les grands événements politiques** survenus pendant cette période (d).

L'histoire politique française de 1945 à 2010

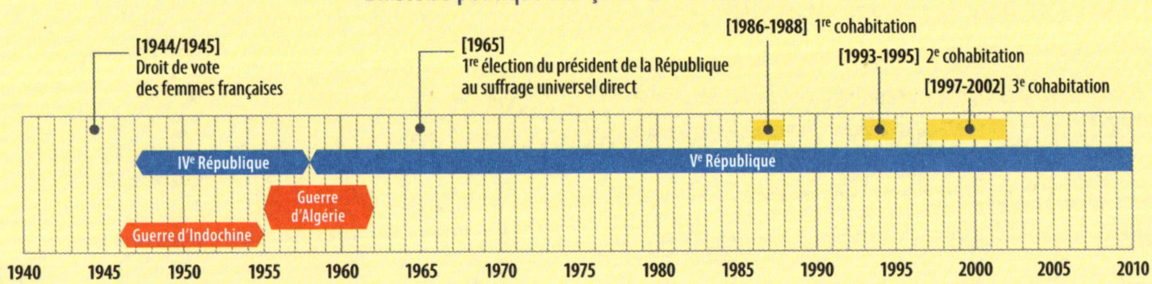

Corrigés → livret, p. 41

S'entraîner

QUIZ-TEST

Coche la (ou les) bonne(s) réponse(s).

1 Le texte fondateur de la Vᵉ République est :

a) *la Déclaration des droits de l'homme et du citoyen* de 1789. ☐

b) la *Convention internationale des Droits de l'Enfant* de 1989. ☐

c) la Constitution du 4 octobre 1958. ☐

2 Le pouvoir chargé de l'élaboration et du vote des lois est :

a) le pouvoir judiciaire. ☐

b) le pouvoir législatif. ☐

c) le pouvoir exécutif. ☐

3 ★ Les présidents de la Vᵉ république

Nomme les Présidents photographiés ci-dessous. Précise la durée de leurs mandats respectifs.

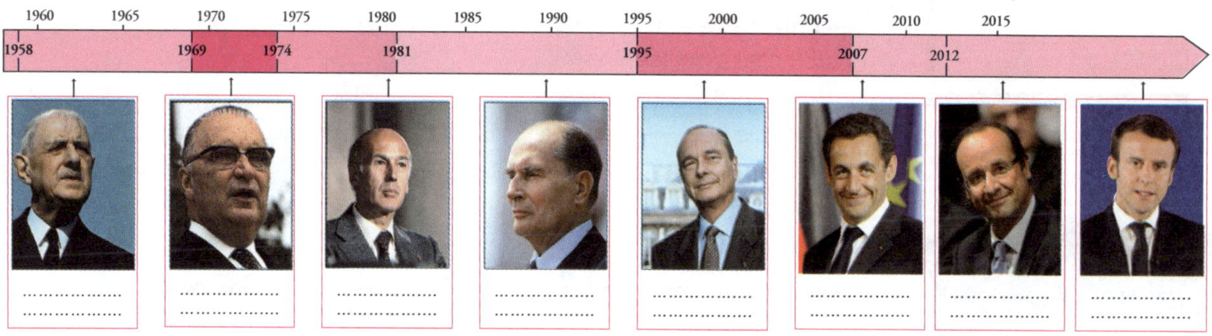

4 ★★ Les institutions de la Vᵉ République

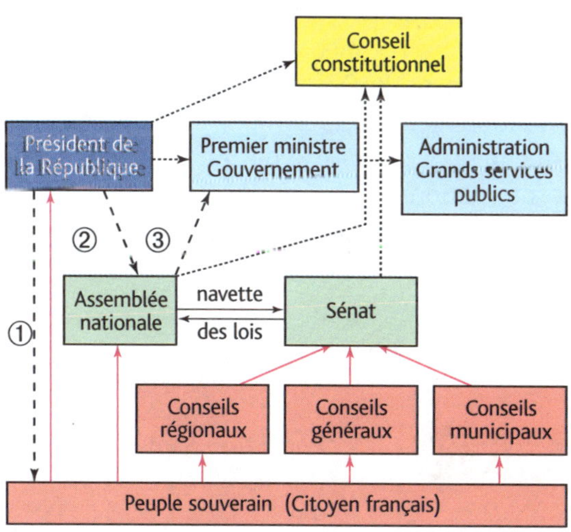

Légende :

- (flèche rouge) ....
- (flèche pointillée) *nominations*
- (flèche tiretée) *procédures ou interventions rares*
- ◯ *dissolution* ; ◯ *référendum* ; ◯ *motion de censure*
- (flèches doubles) *lois*

a) Comment les Français choisissent-ils leurs représentants ? ....

b) Quelles assemblées constituent le Parlement ?

....

c) Quel pouvoir détiennent-elles ?

....

d) Qui détient le pouvoir exécutif ?

....

e) Complète la légende :

– quelle est la signification de la flèche rouge ?

....

– reporte dans les cercles le numéro qui correspond à chacune des procédures (①, ② et ③).

f) Quel est le rôle du Conseil constitutionnel ?

....

27 La Défense et la paix

Retenir l'essentiel

1 Les missions de la Défense

▶ **La Défense est la politique de sécurité** au service de la protection des intérêts fondamentaux de la nation.

▶ **Elle s'exerce de plusieurs manières :**

– **la défense armée** pour protéger la France – métropole, territoires d'outre-mer – et ses habitants. Une armée permanente et professionnelle surveille les frontières terrestres, les espaces aériens et maritimes. Elle lutte contre le terrorisme et le crime organisé. Elle participe aussi au maintien de la paix dans le monde, dans le cadre de l'ONU et/ou de l'OTAN.

– **la défense civile** pour lutter contre les catastrophes naturelles et technologiques majeures. Elle est assurée par les sapeurs-pompiers, la Sécurité civile, la Police nationale, des services de santé publique. L'armée peut y être associée ;

– la **défense économique** pour veiller sur les secteurs indispensables à l'économie française (énergie, transports, télécommunications) ;

– **l'enseignement de l'esprit de défense** pour transmettre les valeurs républicaines. Ce sont les missions de l'école et de la Journée Défense et Citoyenneté (JDC).

2 La défense sous l'autorité des représentants du peuple

▶ **Le président de la République est le chef des armées.** Il est le garant de l'intégrité du territoire, de l'indépendance nationale, du respect des alliances et des traités. Lui seul peut donner l'ordre d'utiliser l'arme nucléaire.

▶ **Le gouvernement détermine et conduit la politique de la nation ; pour cela, il dispose de la force armée.** Le Premier ministre est responsable de la Défense nationale. Le ministre de la Défense exécute la politique militaire de défense : organisation des forces armées, recrutement du personnel, réalisation des armements. Le ministre des Affaires étrangères est responsable des relations internationales.

▶ **Le Parlement autorise les déclarations de guerre.** Il vote aussi les lois de programmation et les budgets militaires.

Mots-clés

ONU
Organisation des Nations unies, fondée en 1945 par les vainqueurs de la Seconde Guerre mondiale.

OTAN
Organisation du Traité de l'Atlantique Nord. Alliance militaire défensive bâtie autour des États-Unis, signée en 1949.

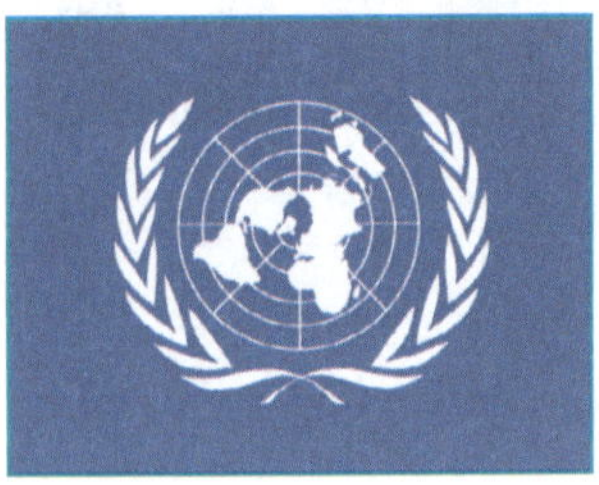

Drapeau de l'ONU.

Comment faire ?

▶ Rédiger une réponse argumentée

Il s'agit d'écrire une réponse argumentée en utilisant ses connaissances personnelles.

1° **Analyser le sujet** de la question de cours.

2° **Sélectionner les connaissances nécessaires** à la rédaction de la réponse.

3° **Rédiger la réponse en ordonnant ses idées.**

Entraîne-toi : **exercices 2, p. 25 et 2, p. 27**

Corrigés → livret, p. 41

S'entraîner

QUIZ-TEST

Coche la (ou les) bonne(s) réponse(s).

1 La défense armée du territoire repose sur :

a) la Police nationale. ☐
b) une armée professionnelle. ☐
c) les sapeurs-pompiers. ☐

2 Le chef des armées est :

a) le ministre de la Défense. ☐
b) le Premier ministre. ☐
c) le président de la République. ☐

3 ★★ La défense armée

En janvier 2013, le Mali était en danger. Ce danger aurait pu s'étendre à ses voisins d'Afrique de l'Ouest. Les groupes armés terroristes qui asservissent le nord du pays voulaient alors marcher sur Bamako[1]. À la demande du gouvernement malien, la France, avec notamment l'appui du Tchad et du Niger, les a arrêtés [...].

En quelques semaines d'un engagement opérationnel intense, grâce à la combativité, à l'audace, à l'énergie de vos camarades, nos forces ont remporté un succès militaire remarquable. Je pense à ce raid foudroyant de près de 1 000 kilomètres et aux opérations aéroterrestres qui ont permis de prendre Gao[2], de libérer Tombouctou[2]. Je pense à ces violents combats où vos camarades, avec les forces tchadiennes, sont allés déloger des centaines de jihadistes repliés et retranchés dans leur sanctuaire de l'Adrar des Ifoghas et dans la vallée de l'Ametettaï. [...]

C'est dans la continuité de ces efforts que s'est déployée la mission des Nations unies, la Minusma, ainsi que la mission européenne EUTM qui aide les forces armées maliennes à se reconstruire et je veux ici saluer l'ensemble des armées européennes qui, à nos côtés, se battent.

Discours du président de la République française Emmanuel Macron sur la base Barkhane, Gao (Mali), vendredi 19 mai 2017.

[1] Capitale du Mali.
[2] Villes du Mali.

a) Pourquoi des soldats français se battent-ils au Mali ?

....

....

....

b) Quelles autres forces se battent à leurs côtés ?

....

....

....

....

4 ★★ Le contrôle des institutions politiques

Art. 15 : Le président de la République est le chef des armées. Il préside les conseils et les comités supérieurs de la Défense nationale.

Art. 21 : Le Premier ministre dirige l'action du Gouvernement. Il est responsable de la Défense nationale. Il assure l'exécution des lois. [...] Il nomme aux emplois civils et militaires.

Art. 34 : La loi est votée par le Parlement. La loi fixe les règles concernant [...] les droits civiques et les garanties fondamentales accordées aux citoyens pour l'exercice des libertés publiques, les sujétions imposées pour la Défense nationale aux citoyens [...].

Art. 35 : La déclaration de guerre est autorisée par le Parlement.

Extraits de la Constitution de la Vᵉ République (1958).

a) Qui est le chef des armées ?

....

b) À l'aide du document, de la méthode p. 264 et de tes connaissances, rédige au brouillon une réponse argumentée pour montrer que le principe de la séparation des pouvoirs est respecté en matière de défense.

Corrigés → livret, p. 42

Histoire-Géo-EMC : fais le bilan !

Coche, pour chaque exercice, la bonne réponse. Reporte-toi ensuite aux corrigés p. 42 pour obtenir ton score sur 10.

1 La guerre totale :

a) limite l'engagement des États. ☐
b) épargne les populations civiles. ☐
c) entraîne la violence de masse. ☐

2 Un régime totalitaire est :

a) un régime de libertés. ☐
b) une dictature. ☐
c) un régime démocratique. ☐

3 La résistance :

a) accepte la défaite de 1940. ☐
b) combat seule. ☐
c) choisit de Gaulle comme chef. ☐

4 La Guerre froide :

a) bipolarise le monde. ☐
b) se limite à l'Europe de l'Ouest. ☐
c) déclenche la 3e Guerre mondiale. ☐

5 L'urbanisation :

a) vide les couronnes périurbaines. ☐
b) provoque la périurbanisation. ☐
c) réduit les inégalités spatiales. ☐

6 L'aménagement du territoire relève des compétences :

a) de l'État central parisien. ☐
b) des collectivités territoriales. ☐
c) de l'Union européenne. ☐

7 L'Union européenne est :

a) une association peu puissante. ☐
b) une association intégrée. ☐
c) un ensemble à géométrie variable. ☐

8 La Constitution :

a) est le texte qui a le plus de valeur dans l'ordre juridique. ☐
b) est écrite une fois pour toutes. ☐
c) ne s'applique qu'aux nationaux majeurs des deux sexes. ☐

9 Dans la Ve République :

a) le pouvoir exécutif est partagé entre le gouvernement et le parlement. ☐
b) le pouvoir exécutif est détenu par le Conseil constitutionnel. ☐
c) le Parlement regroupe les deux chambres. ☐

10 La Défense assure la protection des intérêts de la nation française :

a) Le Premier ministre est le chef des armées. ☐
b) Le président de la République décide seul d'une riposte nucléaire. ☐
c) Le Conseil constitutionnel vote les déclarations de guerre. ☐

TOTAL BILAN .... /10

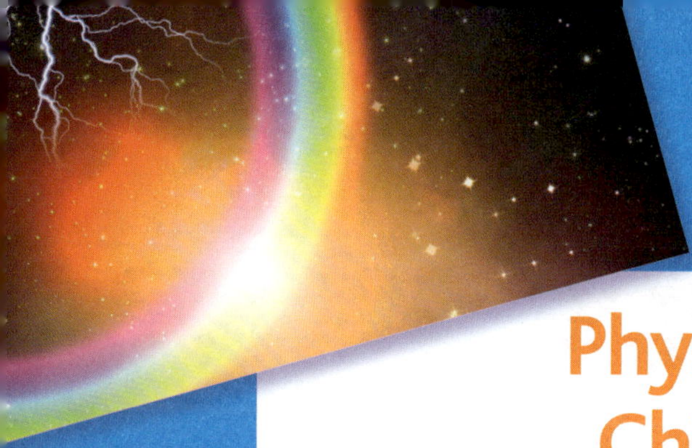

Physique Chimie

1 Matière, mélange et solubilité

À savoir

- $1 \text{ L} = 1\,000 \text{ mL} = 10^3 \text{ mL}$
  $1 \text{ mL} = 0{,}001 \text{ L} = 10^{-3} \text{ L}$
- Pour rédiger une réponse, utilise la **méthode** suivante :
  1) je dis ce que je cherche ;
  2) j'écris la formule littérale ;
  3) j'écris mon calcul ;
  4) j'écris mon résultat avec l'unité ;
  5) je fais une phrase de conclusion.

Mots-clés

Molécule
Ensemble d'atomes unis les uns aux autres.

Solution saturée
Solution dans laquelle le soluté ne peut plus se dissoudre.

Retenir l'essentiel

1 La matière à l'échelle moléculaire

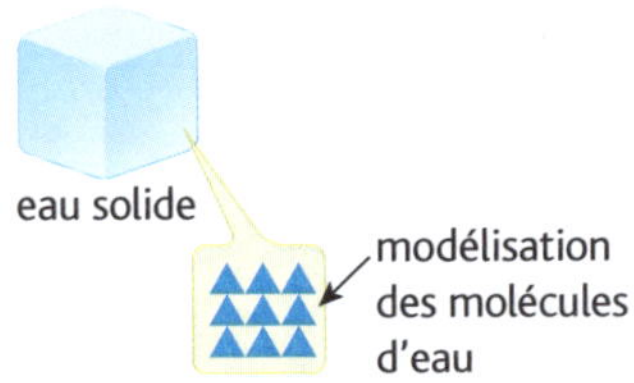

- L'**état solide** a un **volume propre** car les molécules sont proches les unes des autres.
- L'**état solide** a une **forme propre** car les molécules sont fixes les unes par rapport aux autres.

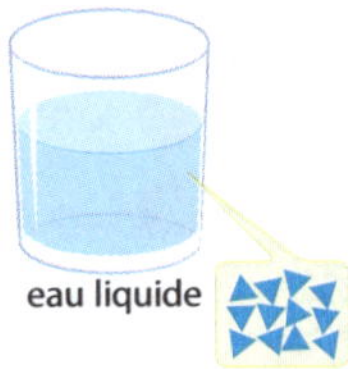

- L'**état liquide** a un **volume propre** car les molécules sont proches les unes des autres.
- L'**état liquide** n'a **pas de forme propre** car les molécules sont en mouvement.

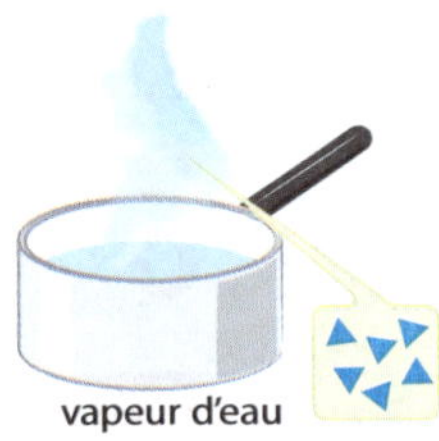

- L'**état gazeux** n'a **pas de volume propre** car les molécules sont éloignées les unes des autres.
- L'**état gazeux** n'a **pas de forme propre** car les molécules sont en mouvement.

2 Corps pur et mélange

- Un **corps pur** est constitué d'**espèces chimiques** toutes **identiques**.
- Un **mélange** est constitué de **plusieurs types d'espèces chimiques**.
- Lorsqu'une espèce chimique se dissout dans l'eau, on dit qu'elle est soluble dans l'eau.

3 Solution aqueuse et solubilité

- Il existe une limite à la quantité d'espèce chimique pouvant se dissoudre dans l'eau. Lorsque cette limite est atteinte, la solution est dite saturée.
- La **solubilité d'une espèce chimique dans l'eau** est la masse maximale de cette espèce chimique pouvant se dissoudre pour obtenir un litre de mélange.

Comment faire ?

Calculer la solubilité d'une substance

Si dans un volume ***V*** de mélange, on peut dissoudre une masse maximale m_{max}, alors la solubilité ***s*** de l'espèce chimique soluble s'obtient par le calcul :

$$s = \frac{m_{max}}{V}$$

(s : gramme par litre (g/L) ; m_{max} : gramme (g) ; V : litre (L))

La formule peut aussi s'exprimer :

$$m_{max} = s \times V$$

$$V = \frac{m_{max}}{s}$$

Corrigés → livret, p. 42

S'entraîner

QUIZ-TEST

Coche la (ou les) bonne(s) réponse(s).

1 Un liquide a un volume propre car :

a) ses molécules sont en mouvement. ☐
b) ses molécules sont immobiles. ☐
c) ses molécules sont proches les unes des autres. ☐

2 La solubilité s'exprime en :

a) litre. ☐
b) gramme par litre. ☐
c) gramme. ☐

3 ★ Ébullition de l'eau

Lors de l'ébullition, l'eau passe de l'état liquide à l'état gazeux. Choisis la modélisation moléculaire correspondante. Justifie ta réponse.

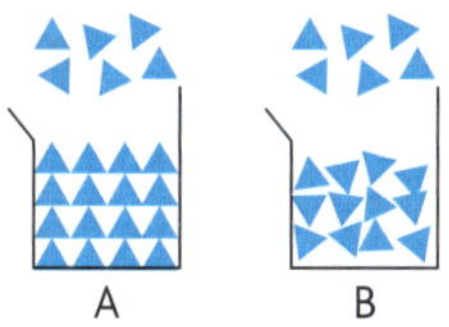

....

4 ★ Interpréter une information

La solubilité du sel dans l'eau est de 360 g/L. Que signifie cette valeur ?

....

....

5 ★ Calculer une solubilité

On peut dissoudre au maximum 100 grammes de sucre dans 50 mL d'eau.

a) Convertis le volume d'eau en litre.

....

b) Rappelle la formule permettant de calculer la solubilité d'une espèce chimique en indiquant les unités.

....

c) Calcule la solubilité du sucre dans l'eau.

....

d) Modélise le mélange obtenu au brouillon en annotant ton schéma.

6 ★★ Déterminer une masse à dissoudre

Pour démousser son allée, un jardinier utilise du sulfate de fer II dont la solubilité est de 296 g/L.

a) Rappelle la relation entre m_{max}, s et V.

....

b) Calcule la masse maximale de sulfate de fer II que le jardinier pourra dissoudre dans 3 litres de solution.

....

....

c) Comment nomme-t-on la solution obtenue ? Que ce jardinier va-t-il observer s'il dépasse cette masse maximale ?

....

....

7 ★★ L'air est-il compressible ?

On remplit une seringue avec de l'air, puis on la ferme avec un bouchon.

a) Modélise 10 molécules dans la seringue sachant que l'air est composé de 20 % de dioxygène et de 80 % de diazote. Annote ton schéma.

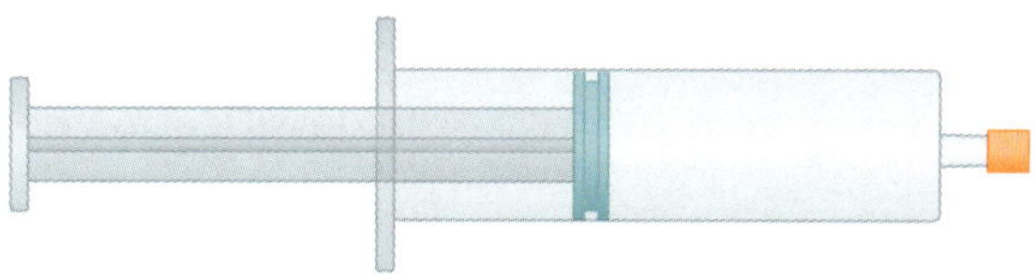

b) Explique pourquoi il est possible de comprimer l'air contenu dans la seringue.

....

....

Chimie

2 Atome et élément chimique

Retenir l'essentiel

1 Constitution de l'atome

▸ **Un atome est composé d'un noyau** (chargé positivement) **et d'un nuage d'électrons** (chargé négativement). Les électrons sont en mouvement autour du noyau.

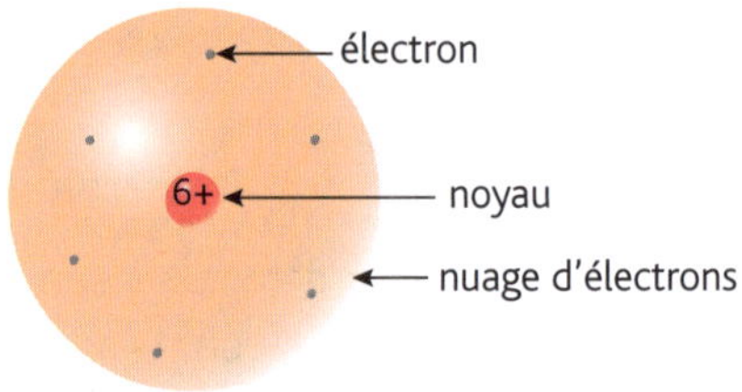

Un atome est électriquement neutre car il contient autant de charges positives dans son noyau que d'électrons dans son nuage.

▸ **Le diamètre d'un atome** est de l'ordre du dixième de nanomètre, soit 10^{-10} m.

Son noyau est 100 000 fois plus petit, soit 10^{-15} m.

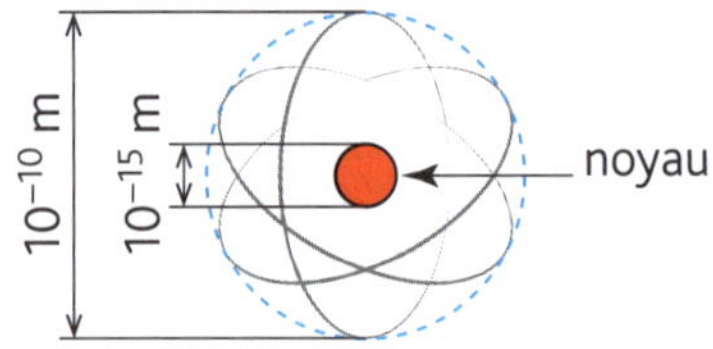

2 Constitution du noyau

▸ Le **noyau** est constitué de protons (chargés positivement) et de neutrons (neutres). Ils constituent les nucléons. Pour décrire le noyau, on utilise deux nombres :

Z : nombre de protons ; A : nombre de nucléons.

Le nombre de neutrons N s'obtient par le calcul $A - Z$.

$$^{A}_{Z}X$$

symbole de l'atome

3 Élément chimique

▸ Un **élément chimique** est identifié par son **symbole** et par son **numéro atomique** Z. Les espèces chimiques (atome ou ion) provenant du même élément chimique possèdent le même numéro atomique.

Mots-clés

Nanomètre

Sous multiple du mètre. Un nanomètre est égal à un milliardième de mètre, soit 1 nm = 10^{-9} m.

Nucléons

Constituants du noyau d'un atome.

Numéro atomique

Nombre de protons que contient un atome.

Comment faire ?

▸ Utiliser la classification périodique des éléments

Sur Terre, il existe 112 éléments chimiques stables. Dans la classification périodique, les éléments sont classés par numéro atomique Z croissant. Dans la classification, les éléments d'une même colonne ont des propriétés chimiques semblables : ils constituent une famille chimique.

Classification des 18 premiers éléments

(colonne) Famille ↓ — (ligne) Période →

	1	2	13	14	15	16	17	18
1	$_1$H hydrogène							$_2$He hélium
2	$_3$Li lithium	$_4$Be béryllium	$_5$B bore	$_6$C carbone	$_7$N azote	$_8$O oxygène	$_9$F fluor	$_{10}$Ne néon
3	$_{11}$Na sodium	$_{12}$Mg magnésium	$_{13}$Al aluminium	$_{14}$Si silicium	$_{15}$P phosphore	$_{16}$S soufre	$_{17}$Cl chlore	$_{18}$Ar argon

Corrigés → livret, p. 42

S'entraîner

QUIZ-TEST

. Coche la (ou les) bonne(s) réponse(s).

1 Un atome est constitué :

a) d'un noyau. .... ☐
b) d'un nuage d'électrons. .... ☐
c) d'ions.. ☐

2 Le noyau d'un atome :

a) est chargé positivement........................... ☐
b) est chargé négativement.......................... ☐
c) contient des nucléons............................. ☐

3 ★ Représentation de l'atome

Annote le schéma de l'atome en indiquant le nom de ses constituants.

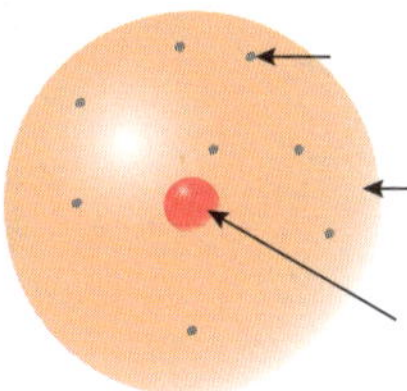

....

....

....

4 ★ Révision du cours

Vrai ou Faux ? Coche la bonne réponse.

	V	F
a) Un atome est électriquement neutre.	☐	☐
b) Le noyau d'un atome est 10 fois plus petit que l'atome.	☐	☐
c) L'électron est chargé positivement.	☐	☐
d) Le proton est chargé positivement.	☐	☐
e) Proton et neutron constituent les nucléons.	☐	☐
f) Le nombre de nucléons d'un élément est appelé numéro atomique.	☐	☐

5 ★ Atome de fer

Le noyau d'un atome de fer possède 26 charges positives.

a) Où se situent ces charges positives ?

....

b) Combien d'électrons contient cet atome ? Justifie ta réponse.

....

c) Quelle est la charge globale de cet atome ?

....

6 ★ Classification périodique

a) Écris le numéro atomique et le symbole du :

carbone : .... ; aluminium : .... ; fluor : ....

b) Écris le nom et le symbole chimique des éléments de numéro atomique : $Z = 2$, $Z = 7$ et $Z = 12$

....

7 ★★ Noyau

Le symbole du noyau de l'atome de sodium est $^{23}_{11}Na$.

a) Quel est le numéro atomique de l'atome de sodium ?

....

b) En justifiant, détermine le nombre d'électrons que contient l'atome de sodium.

....

c) Combien de nucléons possède son noyau ?

....

d) Détermine la composition de son noyau.

....

....

8 ★★★ À vos calculatrices !

L'atome d'aluminium a un rayon de $1,2 \times 10^{-10}$ m. Calcule le diamètre d de cet atome, ainsi que celui de son noyau.

....

....

Chimie

3 Ions et pH

Mots-clés

pH
Le pH d'une solution aqueuse s'obtient avec du papier pH ou à l'aide d'un pH-mètre.

H^+ (ion hydrogène)
Ion responsable de l'acidité d'une solution.

HO^- (ion hydroxyde)
Ion responsable de la basicité d'une solution.

Acide chlorhydrique
Solution acide contenant des ions hydrogène (H^+) et des ions chlorure (Cl^-).

À savoir

- Une solution ionique **est électriquement neutre** car la charge des ions positifs compense la charge des ions négatifs.
- L'acide chlorhydrique réagit avec le zinc et l'aluminium. Il ne réagit pas avec le cuivre.

Retenir l'essentiel

1 Formation des ions

▶ **Un ion provient d'un atome** (ou d'un groupe d'atomes) ayant gagné (ou perdu) un (ou plusieurs) électrons. Un ion est donc électriquement chargé. Il existe des **ions positifs** et des **ions négatifs**.

Ions positifs	Ion sodium Na^+ Ion fer II Fe^{2+}	Ion hydrogène H^+ Ion fer III Fe^{3+}	Ion cuivre II Cu^{2+}
Ions négatifs	Ion chlorure Cl^-	Ion hydroxyde HO^-	Ion nitrate NO_3^-

2 pH des solutions aqueuses

▶ Le pH est un nombre sans unité, compris entre 0 et 14.

Il indique la nature d'une solution aqueuse.

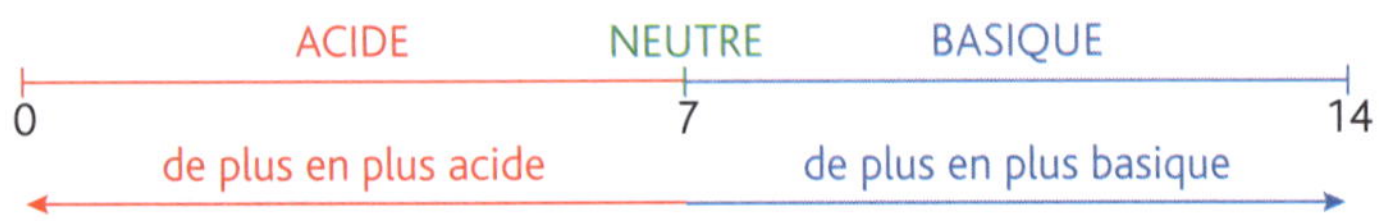

▶ **Une solution acide** contient plus d'ions H^+ que d'ions HO^-.

▶ **Une solution neutre** contient autant d'ions H^+ que d'ions HO^-.

▶ **Une solution basique** contient plus d'ions HO^- que d'ions H^+.

3 Action de l'acide chlorhydrique sur les métaux

▶ L'acide chlorhydrique réagit avec le fer. Lors de cette transformation chimique, les ions H^+ de l'acide chlorhydrique et le fer sont consommés. Il se forme alors du **dihydrogène** (qui produit une détonation en présence d'une flamme) et des **ions fer II**.

acide chlorhydrique + fer → dihydrogène + chlorure de fer II

Réactifs (acide chlorhydrique + fer) — **Produits** (dihydrogène + chlorure de fer II)

Comment faire ?

▶ Mettre en évidence la présence d'un ion dans une solution aqueuse

On identifie un ion dans une solution en réalisant une **réaction de précipitation**. L'ajout de quelques gouttes d'un **réactif** permet de former un **précipité** (solide) **coloré** caractéristique de l'ion.

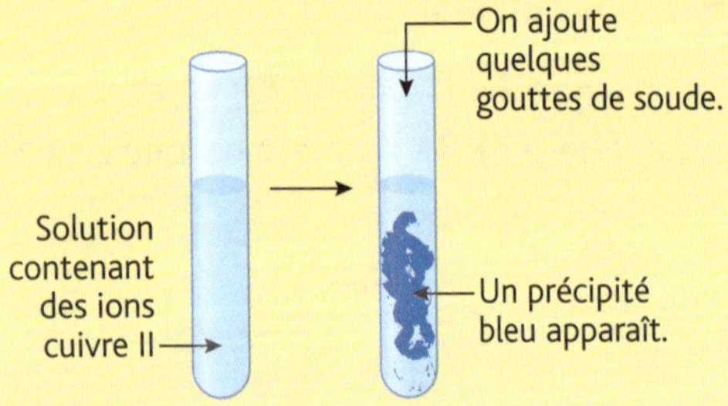

Ions	Cu^{2+}	Fe^{2+}	Fe^{3+}	Cl^-
Réactifs	soude	soude	soude	solution de nitrate d'argent
Couleur du précipité	bleue	verte	rouille	blanche

Corrigés → livret, p. 43

S'entraîner

QUIZ-TEST

Coche la (ou les) bonne(s) réponse(s).

1 Une solution acide a un pH :

a) supérieur à 7. ☐
b) égal à 7. ☐
c) inférieur à 7. ☐

2 L'ion hydrogène :

a) a pour formule chimique H^+. ☐
b) a pour formule chimique HO^-. ☐
c) est responsable de l'acidité. ☐

3 ★ Acide ou basique ?

On a mesuré le pH de quelques liquides.

a) Indique la nature de chaque liquide.

Jus de citron	Acide chlorhydrique	soude	Eau	Vinaigre	Coca-cola
2,3	1,5	13	7	2,9	2,5

b) Comment peut-on obtenir le pH d'une solution aqueuse ? ....

4 ★★ Identification d'un ion !

On verse quelques gouttes de soude dans un tube à essais contenant une solution ionique inconnue.

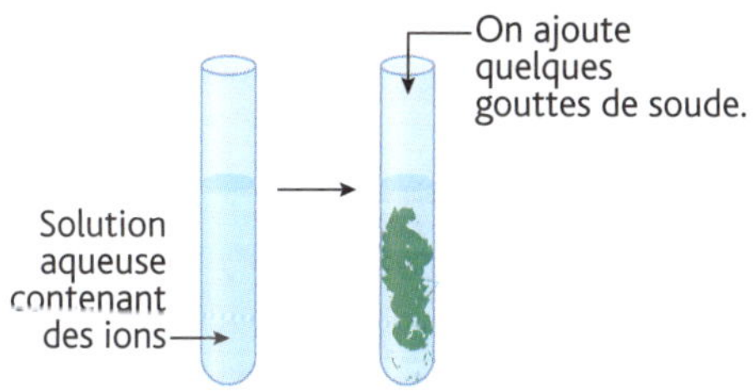

a) Qu'observe-t-on dans le tube après réaction ?

....

b) Quel est le réactif utilisé lors de ce test ?

....

c) Détermine le nom, ainsi que la formule de l'ion mis en évidence.

....

5 ★ Ions et pH

Complète.

a) Une solution qui contient autant d'ions H^+ que d'ions HO^- est ....

b) Une solution qui contient moins d'ions H^+ que d'ions HO^- est ....

c) Une solution qui contient davantage d'ions H^+ que d'ions HO^- est ....

6 ★★ Ça ronge !

L'action de l'acide chlorhydrique sur le zinc forme du dihydrogène et du chlorure de zinc II.

a) Nomme les réactifs et les produits de cette transformation chimique.

....

....

b) Écris le bilan de cette transformation chimique.

....

7 ★★★ Ça gaze !

On fait réagir de l'acide chlorhydrique sur un morceau de fer. Il y a formation d'un gaz.

a) Complète le schéma.

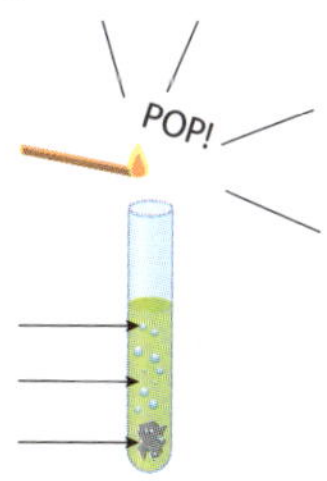

b) Quel gaz a été formé ? Comment peut-on le mettre en évidence ? ....

c) Après réaction, le fer a totalement disparu.
Sous quelle forme se trouve-t-il dans le tube à essais ?
Comment peut-on le mettre en évidence ?

....

....

4 Les différents types de transformations

À savoir

- Lors d'une **transformation physique**, il y a **conservation des molécules**.
- Lors d'une **transformation chimique**, il y a **conservation des atomes** : la masse totale est conservée.

Mots-clés

Changement d'état
Passage d'un corps d'un état vers un autre.

Combustion
Transformation chimique au cours de laquelle une matière brûle.

Retenir l'essentiel

1 Transformation physique

▶ Lors d'une **transformation physique** (changement d'état, dissolution...), les molécules ne sont pas modifiées. Seule leur disposition les unes par rapport aux autres est changée.

Ex : les changements d'état

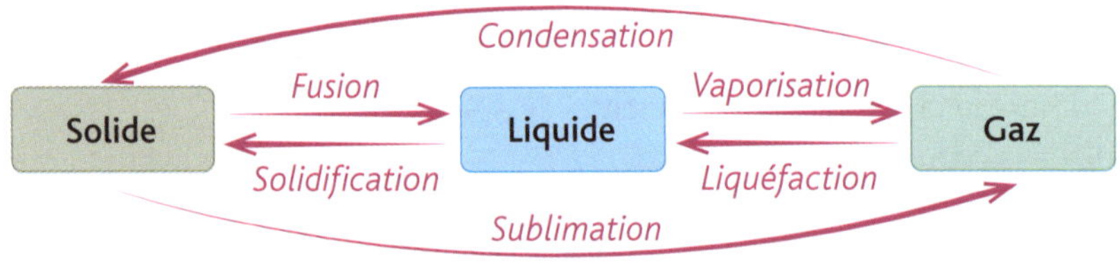

2 Transformation chimique

▶ Une **transformation chimique** (combustion, réactions acides-métaux, synthèse d'un arôme...) est une transformation de la matière au cours de laquelle les atomes qui constituent les molécules des **réactifs** se réarrangent pour former de nouvelles molécules : les **produits**.

▶ Pour décrire une transformation chimique, on écrit une **équation de réaction**. Son écriture fait intervenir les formules chimiques des réactifs et des produits, ainsi que des coefficients assurant la conservation des éléments et des charges électriques.

Ex : la combustion du méthane

Bilan : méthane + dioxygène → dioxyde de carbone + eau

Équation de réaction :

Coefficients d'ajustement

$$CH_4 + 2O_2 \longrightarrow CO_2 + 2H_2O$$

Réactifs *Produits*

Comment faire ?

▶ Montrer la conservation de la masse lors d'une transformation chimique

On fait réagir de l'acide chlorhydrique avec un morceau de craie.

Lors de cette transformation chimique, la craie est progressivement rongée et il se forme un gaz.

La masse ne varie pas lors de l'expérience : il y a conservation de la masse.

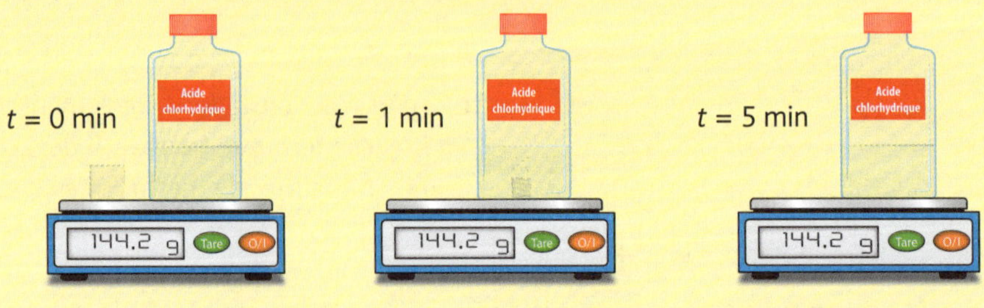

Corrigés → livret, p. 43

S'entraîner

QUIZ-TEST

Coche la (ou les) bonne(s) réponse(s).

1 La vaporisation de l'eau est :

a) une transformation chimique .... ☐
b) une transformation physique .... ☐
c) un changement d'état .... ☐

2 Lors d'une transformation chimique, il y a :

a) conservation des atomes .... ☐
b) conservation des molécules .... ☐
c) conservation de la masse totale .... ☐

3 ★ Identifier une transformation

Indique si ces situations correspondent à des transformations physique ou chimique.

a) L'acide ronge la craie. ....

b) L'eau du lac a gelé cette nuit. ....

c) L'eau se transforme en vapeur. ....

d) Le bois brûle dans la cheminée. ....

e) La neige fond au soleil ....

4 ★ Texte à compléter

a) Lors d'une transformation chimique, il y a conservation des ....

b) L'écriture symbolique d'une transformation chimique se nomme .... de ....

c) Lors d'une transformation physique, il y a conservation des ....

5 ★★ Équations de réaction

Pour chaque équation, ajoute des coefficients afin d'assurer la conservation des éléments.

a) $...S + ...O_2 \rightarrow ...SO_2$

b) $...Fe + ...O_2 \rightarrow ...Fe_3O_4$

c) $...Cu + ...O_2 \rightarrow CuO$

d) $...CH_4 + ...O_2 \rightarrow ...CO_2 + ...H_2O$

6 ★★ Synthèse du nitrobenzène

Le nitrobenzène de formule chimique $C_6H_5NO_2$ est utilisé dans la chimie des colorants. Pour l'obtenir, on fait réagir de l'acide nitrique (HNO_3) avec du benzène (C_6H_6). Il se forme du nitrobenzène et de l'eau (H_2O).

a) Nomme les réactifs utilisés et les produits formés.

....

....

b) Écris, en toutes lettres, le bilan de cette synthèse.

....

c) Écris l'équation de la réaction chimique.

....

d) Lors de cette expérience, 63 g d'acide nitrique et 78 g de benzène sont utilisés. La réaction est totale : après réaction, tous les réactifs ont disparu. Il s'est formé 18 g d'eau. Quelle masse de nitrobenzène a-t-on obtenue ?

....

7 ★★ Conservation de la masse.

Hugo réalise l'expérience ci-dessous. Après 5 minutes, la craie a totalement disparu. Hugo constate que la masse ne se conserve pas.

Propose une explication à cette observation.

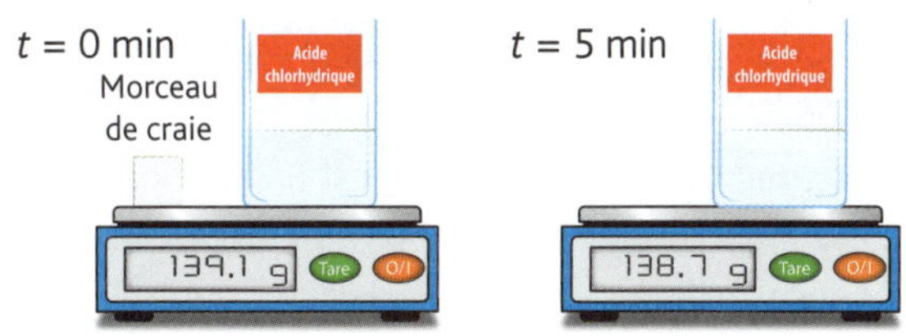

....

5 Interaction et forces

Retenir l'essentiel

1 Effets d'une action mécanique

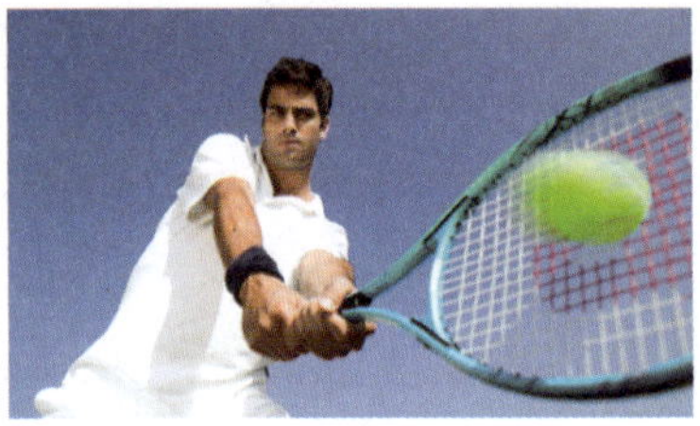

- Une **action mécanique** exercée par un objet sur un autre objet peut :
  - **mettre** l'objet **en mouvement** ;
  - **modifier** la **trajectoire** ou la **vitesse** de l'objet ;
  - **déformer** l'objet.
- Ces effets peuvent se cumuler.

Ex. : l'action de la raquette sur la balle modifie la trajectoire de la balle. La balle subit aussi une déformation.

2 Differents types d'interactions

- On distingue deux types d'actions mécaniques :
  - **les actions de contact** : l'action s'exerce avec contact entre l'acteur et le receveur. Ce contact peut être localisé ou réparti sur toute une surface.
  - **les actions à distance** : l'action s'exerce sans contact entre l'acteur et le receveur. Elle est répartie sur tout l'objet. On distingue les actions à distance d'origine magnétique, d'origine électrique ou liée à l'attraction de la Terre.

3 Modéliser une interaction

- Une interaction peut être modélisée par une **force** (notée F).

Une force se caractérise par quatre paramètres :
- son point d'application ;
- sa direction ;
- son sens ;
- sa valeur.

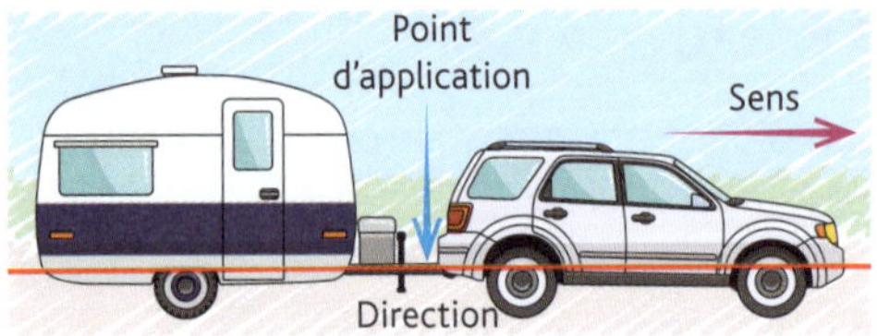

Ex. : point d'application : contact entre la voiture et la caravane ; direction : horizontale ; sens : vers la droite ; valeur : dépend des performances de la voiture.

Mots-clés

Interaction
Action mécanique exercée par un objet (acteur) sur un autre objet (receveur).

Force
Outil permettant de représenter une action mécanique entre un objet acteur et un objet récepteur.

Newton
Unité de la force.
On peut aussi utiliser le kilonewton :
1 kN = 1 000 N.

À savoir

La valeur d'une force s'exprime en newton (N) et se mesure avec un dynamomètre.

Comment faire ?

Représenter une force par un segment fléché

Une force peut être représentée par un segment fléché qui a pour :
- origine : le point d'application de la force ;
- direction : la direction de la force ;
- sens : le sens de la force.

La longueur du segment fléché est proportionnelle à la valeur de la force.

Ex. : La force exercée par la voiture sur la caravane se note $F_{v/c}$.
Ici, $F_{v/c}$ = 1 500 N.
Le segment fléché représentant cette force se note $\vec{F}_{v/c}$
Ici, $\vec{F}_{v/c}$ mesure 1,5 cm avec l'échelle 1 cm ⇔ 1 000 N.

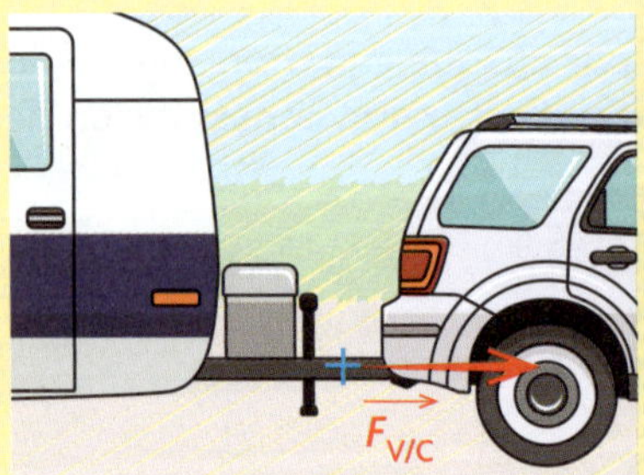

La voiture tracte la caravane avec une force de valeur 1 500 N.

Corrigés → livret, p. 43

S'entraîner

QUIZ-TEST

Coche la (ou les) bonne(s) réponse(s).

1 Exercée sur un objet, une action mécanique peut :

a) mettre un objet en mouvement ☐
b) modifier la trajectoire de l'objet ☐
c) déformer l'objet ☐

2 L'unité de la force est :

a) le gramme de symbole g ☐
b) le newton de symbole N ☐
c) le watt de symbole W ☐

3 ★ Différents types d'interaction

Classe les interactions dans le tableau ci-dessous.

– action d'un aimant sur bille de fer (A) ;
– action du pied sur le ballon (B) ;
– action de la Terre sur un corps (C) ;
– action du vent sur une voile de bateau (D) ;
– action d'un peigne qui attire des cheveux (E) ;
– action de la Terre sur une boussole (F).

Interaction de contact	Interaction à distance
....	....
....	....

4 ★ Effet d'une force

La boîte de conserve a-t-elle subi une action mécanique ?

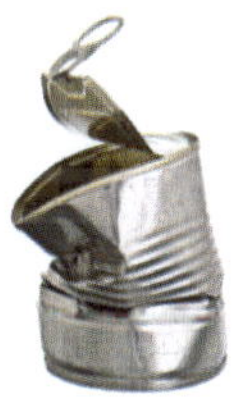

Justifie ta réponse par une phrase.

....

....

5 ★ Se déplacer grâce au vent

La planche à voile se déplace grâce au vent.

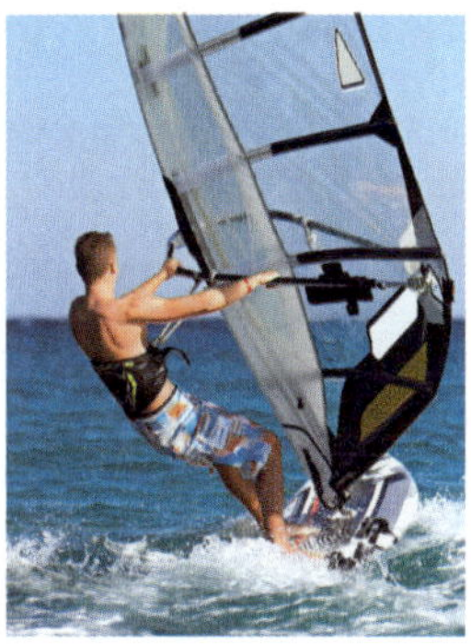

a) De quel type d'action s'agit-il ?

....

b) Est-ce une action localisée ou répartie ?

....

c) Que modifie l'action du vent sur la voile ?

....

6 ★ Fusée

Au décollage, une fusée reçoit une force de 12 000 kN. Cette poussée permet à la fusée de s'élever à la verticale.

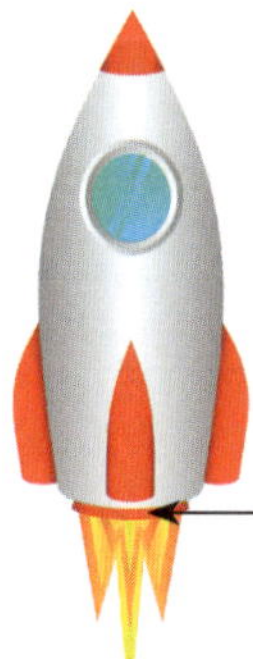

a) Convertis cette valeur en newton et écris ton résultat en toutes lettres.

....

b) Détermine les quatre caractéristiques de cette force.

....

....

c) Représente la force sur le schéma en utilisant l'échelle 1 cm ⇔ 6 000 kN.

7 ★★ Marteau

Un élève a modélisé une interaction par un segment fléché.

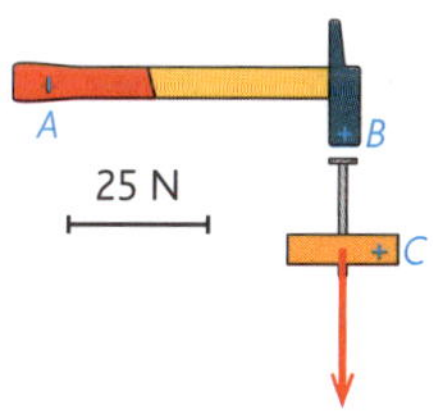

a) De quel type d'action s'agit-il ?

....

b) Détermine le point d'application, le sens et la direction de cette force.

....

....

c) Détermine la valeur de cette force.

....

Physique Chimie

6 Vitesse, énergie et mouvement

Mots-clés

Chronophotographie
Représentation, à intervalles de temps égaux rapprochés, des positions successives d'un objet en mouvement. Elle permet de comparer les distances parcourues pendant des intervalles de temps égaux.

Joule
Unité de l'énergie de symbole J.

À savoir

- Dans le système international des unités, la vitesse s'exprime en mètre par seconde (m/s). La vitesse peut aussi s'exprimer en kilomètre par heure (km/h).
- Conversions :

km/h kilomètre par heure → ÷ 3,6 → m/s mètre par seconde

m/s mètre par seconde → × 3,6 → km/h kilomètre par heure

Retenir l'essentiel

1 Vitesse d'un objet

- La **vitesse *v*** d'un objet est le quotient de la distance parcourue *d* par la durée Δt du parcours.

$$v = \frac{d}{\Delta t}$$

Avec *v* : vitesse en mètre par seconde (m/s),
d : distance en mètre (m),
Δt : durée du parcours en seconde (s).

- En modifiant la formule permettant de calculer la vitesse moyenne d'un objet, on peut calculer une **distance** : $d = v \times \Delta t$ ou calculer une **durée** : $\Delta t = \frac{d}{v}$.
- Pour décrire une vitesse, il faut préciser sa **valeur**, sa **direction** et son **sens**.

Ex. :

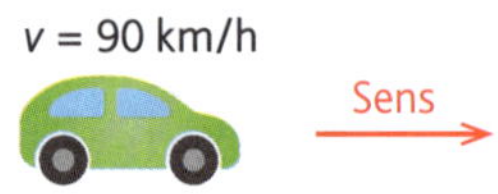

Direction : droite horizontale
sens : vers la droite ; valeur : 90 km/h.

2 Description d'un mouvement

- Une chronophotographie permet de décrire l'**allure d'un mouvement**. Un **mouvement** peut être **uniforme**, **accéléré** ou **ralenti**.

Ex. : Si les distances parcourues pendant des durées égales augmentent, la vitesse augmente : le mouvement est accéléré.

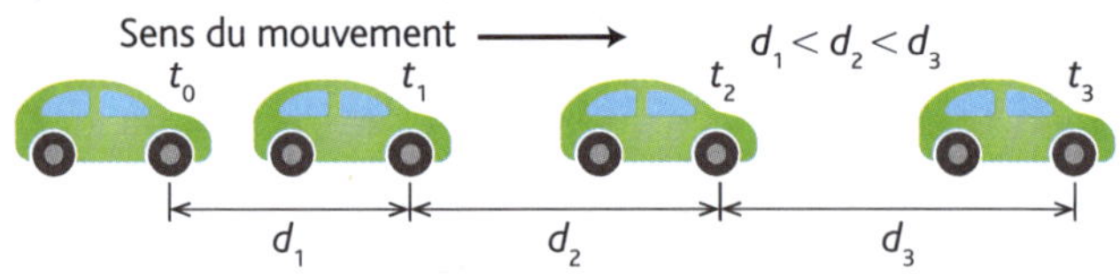

Comment faire ?

Calculer l'énergie cinétique d'un objet

Lorsqu'un corps est en mouvement, il possède de l'énergie. Cette énergie, appelée énergie cinétique E_c, dépend de la vitesse *v* du corps et de sa masse *m*. Elle s'obtient par la formule :

$$E_c = \frac{1}{2} m \times v^2$$

(E_c en J, *m* en kg, *v* en m/s)

Ex. :
L'énergie cinétique d'une moto de 240 kg roulant à 25 m/s est :

$E_c = \frac{1}{2} \times 240 \times 25^2$

E_c = 3 000 joules, soit 3 kilojoules.

L'unité légale de l'énergie est le joule, de symbole J.
Il est aussi possible d'utiliser le kilojoule (kJ) : 1 kJ = 1 000 J = 10^3 J.

Corrigés → livret, p. 44

S'entraîner

QUIZ-TEST

Coche la (ou les) bonne(s) réponse(s).

1 Sur une chronophotographie, si les distances parcourues pendant des durées égales augmentent, le mouvement est :

a) uniforme ☐
b) accéléré ☐
c) ralenti ☐

2 Dans le système international des unités, la vitesse s'exprime en :

a) mètre par seconde (m/s) ☐
b) kilomètre par heure (km/h) ☐
c) kilomètre par seconde (km/s) ☐

3 ★ Chronophotographies

Utilise les chronophotographies pour décrire l'allure de chaque mouvement. Justifie ton choix par une phrase.

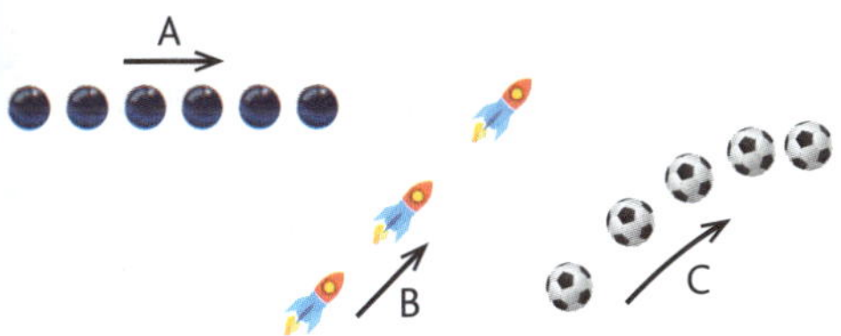

A : ....

B : ....

C : ....

4 ★ Grandeurs

Pour chaque valeur, indique le nom de la grandeur et l'unité utilisée comme dans l'exemple ci-dessous.
15 km : *c'est une distance en kilomètres*.

a) 35 km/h : ....

b) 12 m/s : ....

c) 35 m : ....

d) 4 h : ....

5 ★ Calculer une vitesse

Un cycliste a parcouru 38 km en 2 h et 30 min.
a) Rappelle la relation liant la vitesse v, la distance parcourue d et la durée du parcours Δt.

....

b) Calcule sa vitesse moyenne en kilomètre par heure.

....

c) Convertis cette vitesse en mètre par seconde.

....

6 ★ Un manège super rapide

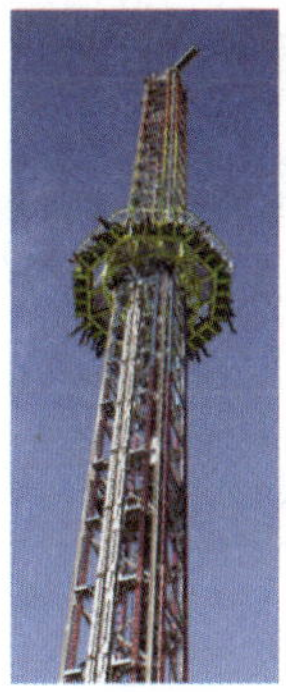

Dans un parc d'attractions, une cabine placée sur une tour permet de faire une chute libre de 3 secondes à la vitesse de 115 km/h.

a) Rappelle la relation liant la distance parcourue d, la vitesse v et la durée du parcours Δt.

....

b) Calcule la distance parcourue par la cabine pendant la chute.

....

c) Indique la valeur, le sens et la direction de la vitesse de la cabine.

....

7 ★★ Paintball

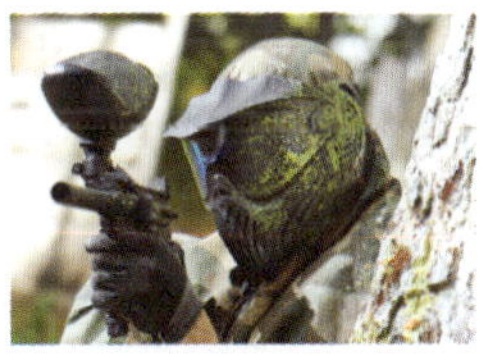

Un lanceur utilisé au paintball permet de propulser une bille de peinture de 3 grammes à la vitesse de 263 km/h. Sur la crosse du lanceur figure l'indication 8 joules.

a) Convertis la masse de la bille en kilogramme.

....

b) Convertis la vitesse de la bille en mètre par seconde.

....

c) Vérifie par le calcul l'indication d'énergie portée sur le lanceur.

....

7 Gravitation, poids et masse d'un corps

Retenir l'essentiel

Mots-clés

Dynamomètre
Appareil permettant de mesurer le poids d'un objet.

Newton (N)
Unité de mesure du poids.

g, intensité de la pesanteur
Sur Terre, g = 9,8 N/kg.
Sur la Lune, g = 1,6 N/kg.

À savoir

Masse et poids sont différents.
- La **masse** est une **quantité de matière**. Elle ne dépend pas du lieu de la mesure.
- Le **poids** est une **force** qui varie selon le lieu de la mesure.

1 Loi de la gravitation

▸ Deux corps A (de masse m_A) et B (de masse m_B), séparés par une distance d, exercent l'un sur l'autre une **action attractive** dont la valeur est obtenue par la formule :

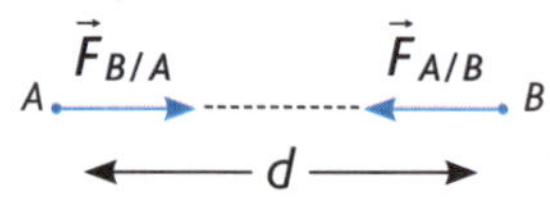

$$F_{A/B} = F_{B/A} = G \cdot \frac{m_A \cdot m_B}{d^2}$$ (G est la constante de gravitation.)

▸ Cette interaction, appelée **gravitation**, gouverne tout l'Univers. Elle dépend de la masse des corps et de la distance qui les sépare.

2 Masse d'un objet

▸ La **masse** d'un objet correspond à **la quantité de matière** qui compose cet objet. La masse se mesure avec une balance et s'exprime en kilogramme (kg). La **masse** est **invariable** : elle ne dépend pas du lieu de la mesure.

3 Poids d'un objet

▸ La Terre exerce une **action attractive**, à distance, sur tous les corps placés à son voisinage. Cette force est appelée le **poids** du corps. Le poids varie selon le lieu de la mesure. Il se calcule par la formule ci-contre :

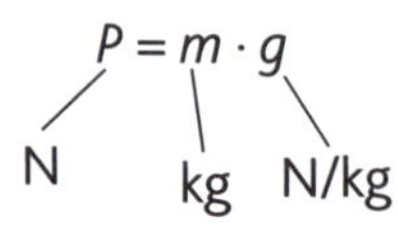

g : intensité de la pesanteur en newton par kilogramme (N/kg).
Sur Terre, g = 9,8 N/kg ; sur la Lune, g = 1,6 N/kg.

Comment faire ?

▸ Représenter le poids d'une balle par un segment fléché

Une balle de 1,5 kg est posée sur une table. La valeur du poids est $P = m \cdot g$.

$P = 1{,}5 \times 9{,}8$ soit P = 14,7 N.

Le poids de cette balle peut être représenté par un segment fléché noté : $\vec{P}$.

Il a pour point d'application : le centre de gravité de l'objet ; pour direction : la verticale du lieu et pour sens : dirigé vers le bas. Sa longueur est proportionnelle à la valeur de P.

Avec l'échelle 1 cm ⇔ 10 N, $\vec{P} \approx 1{,}5$ cm.

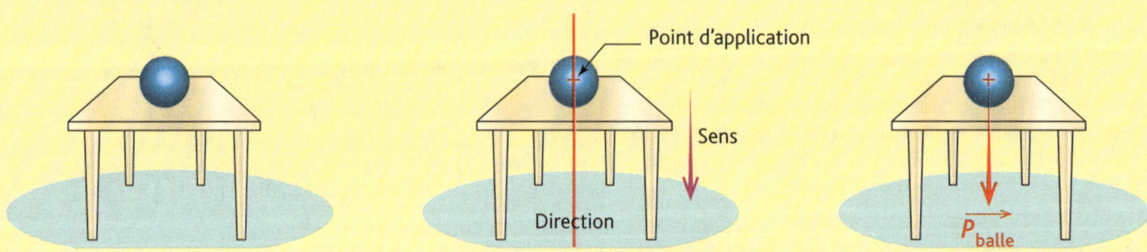

Corrigés → livret, p. 45

S'entraîner

QUIZ-TEST

Coche la (ou les) bonne(s) réponse(s).

1 La gravitation est une :

a) action attractive à distance entre deux objets ☐

b) action répulsive à distance entre deux objets ☐

c) interaction entre deux objets ☐

2 Le valeur du poids s'obtient par la formule :

a) $P = m \, . \, g$ ☐

b) $P = m + g$ ☐

c) $P = m - g$ ☐

3 ★ Système solaire

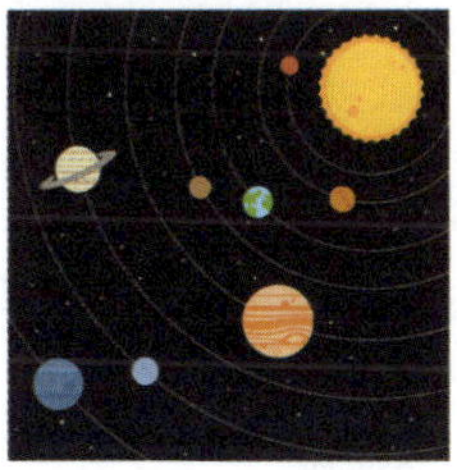

Le système solaire est composé d'une étoile et de huit planètes.

a) Quelle action exerce le Soleil sur la Terre ?

b) La Terre exerce-t-elle une action sur le Soleil ? Justifie ta réponse.

c) Quel nom peut-on donner à l'interaction entre le Soleil et la Terre ?

d) De quoi dépend cette interaction ?

4 ★ Sac de ciment

Sur un sac de ciment, on peut lire l'information suivante : « Poids = 2 kg ».

a) Qu'est-ce que la masse du sac ?

b) Qu'est-ce que le poids du sac ?

c) Calcule le poids du sac. On prendra g = 9,8 N/kg.

d) L'information sur le sac est-elle correcte ? Justifie.

5 ★★ On a marché sur la Lune

Un astronaute pèse 81 kg. Sa combinaison spatiale pèse 69 kg.

a) Calcule la masse totale de l'astronaute avec son équipement.

b) Écris la relation entre le poids et la masse d'un corps.

c) Calcule le poids de l'astronaute avec son équipement sur la Lune, sachant que g_{Lune}=1,6 N/kg.

d) Représente, le poids de l'astronaute par un segment fléché.
On prendra *A* comme point d'application.
(échelle 1 cm ⇔ 200 N)

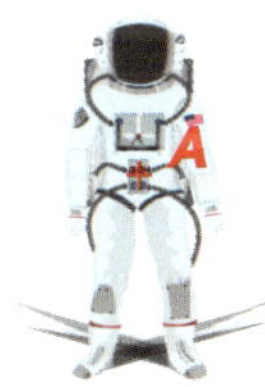

6 ★★★ Conteneur

Un conteneur de 3 500 kg a un poids de 34 303,5 N.

Utilise les données du tableau pour déterminer le lieu de la mesure du poids.

Ville	intensité de la pesanteur
Paris	9,809 $N.kg^{-1}$
Madrid	9,801 $N.kg^{-1}$
Rome	9,803 $N.kg^{-1}$
Stockholm	9,918 $N.kg^{-1}$

8 Puissance et énergie électrique

Retenir l'essentiel

Mot-clé

Puissance nominale

Puissance que reçoit un appareil lorsqu'il fonctionne normalement. Pour cela, il doit être soumis à sa tension nominale.

1 Puissance électrique

▶ La puissance reçue par un appareil électrique est égale au **produit de la tension qu'il reçoit par l'intensité du courant qui le traverse.**

$$P = U \cdot I$$

P : watt ; U : volt ; I : ampère

Attention ! Cette relation est toujours valable en courant continu. En courant alternatif, elle est valable uniquement pour les appareils se comportant comme des dipôles ohmiques.

2 Énergie électrique

▶ **L'énergie électrique** transférée à un appareil électrique est égale au **produit de sa puissance *P* par la durée de fonctionnement *t*.**

$$E = P \cdot t$$

E : joule ; P : watt ; t : seconde

Attention ! Si la durée est exprimée en heure alors l'énergie s'exprimera en wattheure.

À savoir

Quelques unités de mesure

Watt : unité de la puissance électrique.

Joule : unité légale de l'énergie électrique.

Wattheure : unité d'énergie utilisée pour facturer l'électricité.

3 Rôle du coupe-circuit

▶ **Le fusible** (ou coupe-circuit), placé en série dans un circuit, permet de **protéger les installations électriques** contre la surintensité. Son rôle est d'ouvrir le circuit (en fondant) lorsque l'intensité du courant dépasse une valeur déterminée.

Comment faire ?

▶ Lire une facture d'électricité

La facture électrique est établie à partir des **relevés du compteur électrique.**

Le montant de la consommation est égal au **produit de l'énergie consommée par le prix du kWh.** À ce montant, il faudra ajouter le prix de l'abonnement, les taxes locales et la TVA.

FACTURE D'ÉLECTRICITÉ

Relevé en kWh

Ancien	Nouveau	Consommation	Prix kWh (€)
23 002	23 607	605	0,15

Total HT … €

Total TTC … €

Puissance : 6 kW

Valeurs relevées sur le compteur électrique (→ Ancien, Nouveau)

Tarif du kWh (→ Prix kWh)

Montant hors taxes (→ Total HT)

Montant avec taxes (→ Total TTC)

Puissance maximale que peut fournir l'installation (→ Puissance : 6 kW)

Corrigés → livret, p. 45

S'entraîner

QUIZ-TEST

Coche la (ou les) bonne(s) réponse(s).

1 La relation liant puissance, tension et intensité est :

a) $P = U + I$ ☐
b) $P = U / I$ ☐
c) $P = U \cdot I$ ☐

2 L'énergie électrique a pour unité :

a) le watt. ☐
b) le wattheure. ☐
c) le joule. ☐

3 ★ Grandeurs

Sur un lecteur DVD figure les indications ci-contre :

230 V 250 W

Indique la signification de chaque grandeur en précisant les unités.

4 ★ Unités

Associe la grandeur avec l'unité qui convient.

intensité •	• volt
tension •	• joule
puissance •	• ampère
énergie •	• watt

5 ★★ Calcul de puissance

a) Rappelle la formule permettant de calculer la puissance reçue par un appareil et indique les unités correspondantes.

b) Une lampe de puissance nominale 40 W reçoit une tension de 12 volts. Elle est alors parcourue par un courant d'intensité I = 3 ampères.
Calcule la puissance reçue par la lampe.

6 ★★ Fusible

Un coupe-circuit comporte l'indication 10 A.

a) Quel est son rôle ?

b) Comment se branche-t-il ?

7 ★★ Un bon petit plat !

Un four électrique de puissance 1500 W est soumis à une tension de 230 V.

a) Calcule l'intensité du courant dans le four.

b) Calcule, en wattheure, l'énergie consommée par le four sachant que le plat nécessite 2 heures de cuisson.

8 ★★★ Facture

FACTURE D'ÉLECTRICITÉ			prix kWh en euros
relevé en kWh			0,15 €
Ancien	Nouveau	Consommation	
18 750	19 322	?	
			Total HT
Puissance 9 kW			Total TTC

a) Quelle puissance le client a-t-il choisie ?

b) Calcule l'énergie consommée par le client.

c) Calcule le montant de la consommation.

d) Le montant de la facture sera-t-il identique au montant de la consommation ? Pourquoi ?

Physique

9 Signaux sonores, signaux lumineux

Mots-clé

Année-lumière (a.l.)
Unité de longueur utilisée pour mesurer les distances dans l'Univers.

Rayon lumineux
Demi-droite fléchée qui indique la direction et le sens de propagation de la lumière.

Hertz
Unité de la fréquence, de symbole Hz.

À savoir

• La vitesse s'obtient en calculant le quotient de la distance parcourue par la durée du parcours :

$$v = \frac{d}{\Delta t}$$

avec v : vitesse en mètre par seconde (m/s),
d : distance en mètre (m),
Δt : durée du parcours en seconde (s)
et $d = v \times \Delta t$

$$\Delta t = \frac{d}{v}$$

• Conversions :

année-lumière → $\times 9{,}5 \times 10^{12}$ → kilomètre
kilomètre → $\div 9{,}5 \times 10^{12}$ → année-lumière

Retenir l'essentiel

1 Signaux sonores

▸ Un **son** a besoin d'un **milieu matériel** (solide, liquide ou gazeux) pour se propager. Le son ne peut donc pas se propager dans le vide.
- **Dans l'air**, le **son** se propage **à 340 m/s** (à 20 °C).
- Dans l'eau, le son se propage à 1 500 m/s.
- Dans l'acier, le son se propage à 5 500 m/s.

▸ **L'oreille humaine** est sensible aux **sons compris entre 20 Hz** (son grave) **et 20 000 Hz** (son aigu).

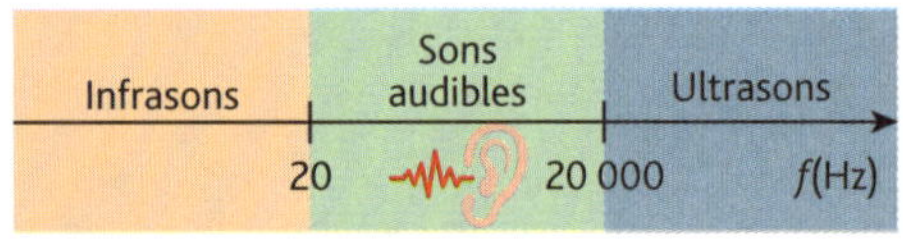

2 Signaux lumineux

▸ Dans un **milieu transparent et homogène** (comme l'air, l'eau, le vide, le verre...), la **lumière** se propage en **ligne droite**.
Dans le vide ou dans l'air, la **vitesse** (célérité) **de la lumière** est environ égale à **300 000 km/s**, soit $c = 3 \times 10^8$ m/s.

▸ Pour modéliser la lumière, on utilise le **modèle du rayon lumineux**.

▸ La lumière visible constitue une partie des différents types de rayonnements. **Certains rayonnements** comme les infrarouges (IR) ou les ultraviolets (UV) sont **invisibles pour l'œil humain**.

▸ L'**énergie** peut **se transférer par rayonnement**. Certains de ces rayonnements sont dangereux pour l'homme.

3 Transmission d'information

▸ Un **signal sonore ou lumineux** peut être utilisé pour **mesurer des distances**.

▸ Un **signal sonore (ou lumineux)** peut être utilisé pour **transporter des informations**. Un émetteur transforme l'information devant être transmise en signal sonore (ou lumineux). Le signal se propage dans un milieu. Il est capté par un récepteur qui le convertit en information. L'ensemble constitue une chaîne de transmission.

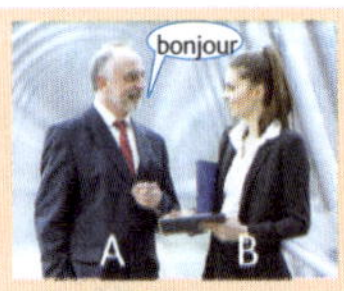

Chaîne de transmission de l'information de la voix

bonjour → [émetteur A : bouche] → signal sonore / milieu de propagation : air → [récepteur B : oreille] → bonjour

Comment faire ?

▸ **Comment exprimer une distance grâce à la lumière ?**

L'**année-lumière** (a.l.) est la distance parcourue par la lumière en une année, soit 9 500 milliards de kilomètres : **1 a.l. ≈ 9,5 × 10¹² km**. La lumière peut être utilisée pour mesurer des distances.

Ex. : L'étoile Polaire est située à 431 années-lumière de la Terre.
Pour convertir cette distance en kilomètre, il faut la multiplier par $9{,}5 \times 10^{12}$.
$d_{\text{étoile Polaire}} = 431 \times 9{,}5 \times 10^{12}$; $d_{\text{étoile Polaire}} \approx 4{,}1 \times 10^{15}$ km.

Corrigés → livret, p. 45

S'entraîner

QUIZ-TEST

Coche la (ou les) bonne(s) réponse(s).

1 Le son peut se propager :

a) dans l'air. ☐
b) dans le vide. ☐
c) dans l'eau. ☐

2 Un signal lumineux peut être utilisé pour :

a) transmettre une information. ☐
b) mesurer une distance. ☐
c) mesurer une masse. ☐

3 ★ Identifier un signal

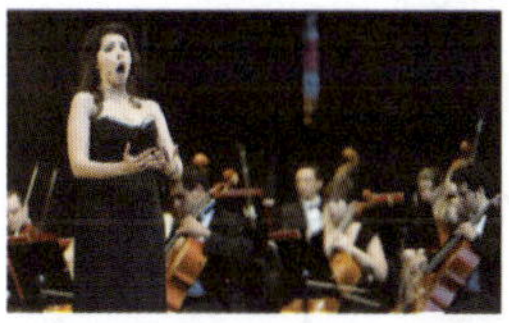

Les spectateurs écoutent le récital de cette chanteuse.

a) Quelle est la nature du signal transmis par la chanteuse ?

....

....

b) Dans quel milieu se transmet l'information ?

....

c) Quels sont l'émetteur et le récepteur de cette information ?

....

d) Complète la chaîne de transmission ci-dessous.

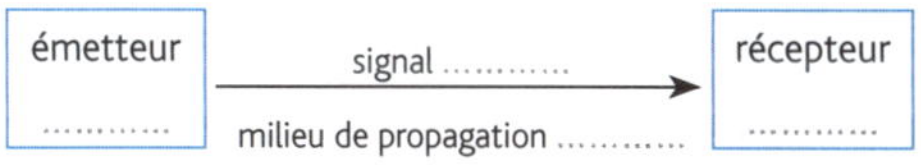

4 ★ Une étoile bien éloignée

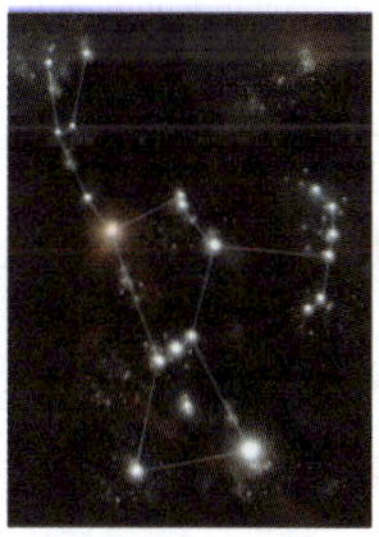

Dans la constellation d'Orion, on peut observer une étoile rouge très brillante : Bételgeuse. Elle se trouve à une distance de $6{,}1 \times 10^{15}$ km de la Terre.

a) Calcule, en année-lumière, la distance entre la Terre et Bételgeuse. *Donnée :* 1 a.l. = $9{,}5 \times 10^{12}$ km.

....

b) À quel siècle a été émise la lumière de cette étoile si on l'observe en 2019 ?

....

5 ★★ Fonctionnement d'une télécommande

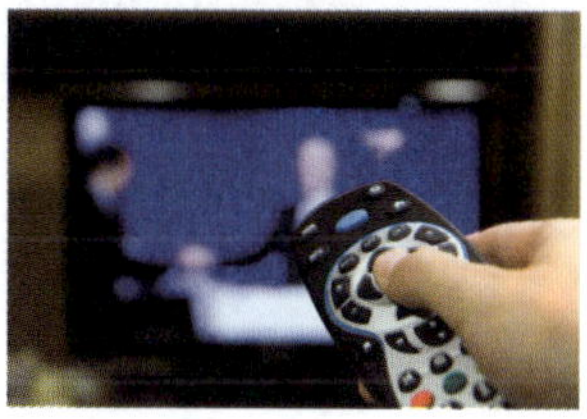

La télécommande d'une télévision possède une DEL émettant une lumière infrarouge. Ce signal permet de transmettre une information à l'appareil pour modifier le volume ou changer de chaîne, par exemple.

a) Quel type de signal la DEL émet-elle ? Est-il visible pour l'œil humain ?

....

....

....

b) Dans quel milieu se propage l'information émise par la DEL ?

....

....

c) Rappelle la formule reliant la durée du parcours Δt, la distance d et la vitesse v.

....

d) Quelle est la durée de propagation du signal si la distance entre la télécommande et la télévision est de 3 mètres ?

Données : $v_{\text{lumière}}$ = 300 000 km/s et 1 m = 10^{-3} km.

....

....

Corrigés → livret, p. 45

Physique-chimie : fais le bilan !

Coche, pour chaque exercice, la bonne réponse. Reporte-toi ensuite aux corrigés, p. 45, pour obtenir ton score sur 10.

1 La solubilité d'une espèce chimique s'obtient par la formule :

a) $s = m \times V$. ☐

b) $s = \frac{m}{V}$. ☐

c) $s = \frac{V}{m}$. ☐

2 Un atome est :

a) électriquement positif. ☐

b) électriquement neutre. ☐

c) électriquement négatif. ☐

3 Une solution basique a un pH :

a) égal à 7. ☐

b) supérieur à 7. ☐

c) inférieur à 7. ☐

4 Les espèces chimiques formées lors d'une transformation chimique se nomment :

a) réactifs. ☐

b) produits. ☐

c) équation de réaction. ☐

5 L'action, à distance, d'un aimant sur une bille en acier est :

a) d'origine magnétique ☐

b) d'origine électrique ☐

c) liée à l'attraction de la Terre ☐

6 Une action mécanique peut être modélisée :

a) par un point ☐

b) par une droite ☐

c) par un segment fléché ☐

7 L'énergie cinétique a pour formule :

a) $E_c = m \cdot v^2$ ☐

b) $E_c = \frac{1}{2} m \cdot v$ ☐

c) $E_c = \frac{1}{2} m \cdot v^2$ ☐

8 Le poids d'un objet :

a) est égal à la masse de cet objet. ☐

b) a pour unité le newton. ☐

c) a pour unité le kilogramme. ☐

9 L'énergie électrique s'obtient par la formule :

a) $E = U \cdot I$. ☐

b) $E = P \cdot t$. ☐

c) $E = P / t$. ☐

10 Le son se propage :

a) à la vitesse de 340 m/s dans le vide. ☐

b) à la vitesse de 340 m/s dans l'air. ☐

c) à une vitesse infinie. ☐

TOTAL BILAN .... /10

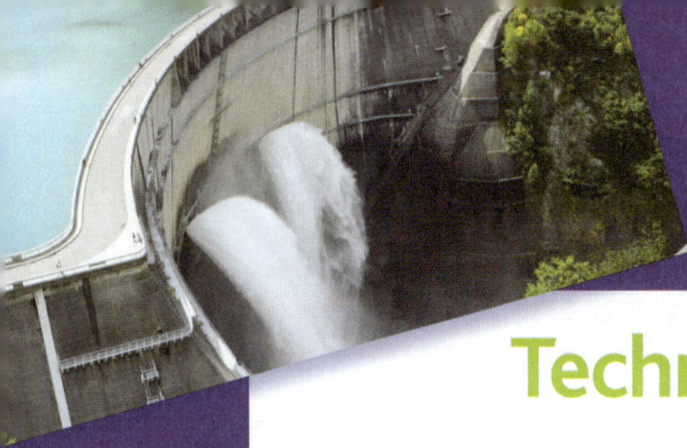

Technologie

1 Mise en œuvre d'un objet technique

Retenir l'essentiel

▸ Un **objet technique** est un objet fabriqué par l'homme et qui répond à un besoin. Il est constitué d'un ou plusieurs matériaux.

1 Masse volumique d'un matériau

▸ Un matériau peut être identifié par sa **masse volumique**. La masse volumique ρ d'un corps correspond au quotient de sa masse *m* par son volume *V*.

masse volumique (g/cm^3) — $\rho = \frac{m}{V}$ — masse (g) ; volume (cm^3)

$V = \frac{m}{\rho}$

$m = \rho \times V$

2 Réalisation d'un objet technique

▸ Un **cahier des charges fonctionnel** (CdCF) permet de formaliser le besoin, ainsi que les spécifications de l'objet technique. Pour mettre en œuvre le cahier des charges, il faut définir les fonctions de services, leurs critères d'appréciation et leurs niveaux d'exigence.

▸ La **fonction de service** d'un objet technique est l'action que doit pouvoir accomplir cet objet afin de répondre au besoin d'un utilisateur. Pour la décrire, il faut identifier la (ou les) **fonction(s) principale(s) de l'objet** et déterminer les fonctions contraintes liées à son utilisation.

▸ Un **diagramme des interactions** (ou diagramme-pieuvre) permet de représenter visuellement les interactions d'un objet (fonction principale et fonctions contraintes) avec son environnement.

Mots-clés

Matériau
Matière (naturelle ou artificielle) que l'homme utilise pour fabriquer des objets.

Analyse fonctionnelle
Document présentant les fonctions de service d'un objet, le diagramme des interactions, ainsi que l'expression fonctionnelle du besoin.

À savoir

La réalisation d'un objet technique s'effectue en plusieurs étapes :
– analyse du besoin,
– réalisation du CdCF,
– réalisation du prototype,
– test du prototype et préparation de la fabrication,
– fabrication industrielle,
– commercialisation.

Comment faire ?

▸ **Comment construire un diagramme des interactions ?**

Il se construit en 4 étapes :
– On place l'objet technique au centre du diagramme.
– On place tous les éléments extérieurs (utilisateur, prix, sécurité...) autour de l'objet.
– On relie par une courbe la fonction principale et l'utilisateur en passant par l'objet technique.
– On relie par un trait les fonctions contraintes et l'objet.

Ex : la trottinette
– Fonction principale : permettre à l'utilisateur de se déplacer sur le sol.
– Fonction contrainte 1 : s'adapter à la taille de l'utilisateur.
– Fonction contrainte 2 : plaire à l'utilisateur (design, couleur...).
– Fonction contrainte 3 : respecter les normes de sécurité.
– Fonction contrainte 4 : avoir un prix abordable.

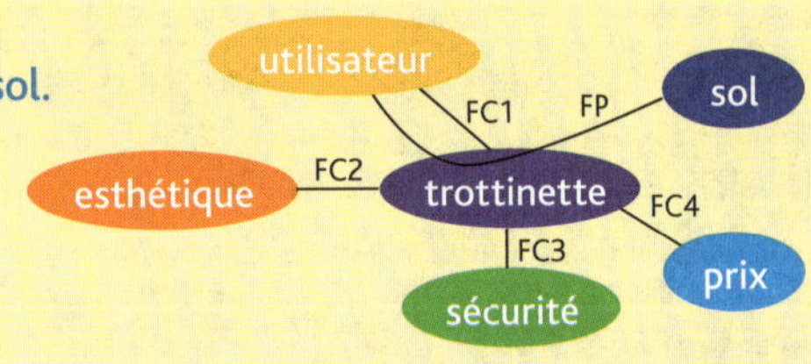

Corrigés → livret, p. 45

S'entraîner

QUIZ-TEST

Coche la (ou les) bonne(s) réponse(s).

1 La masse volumique d'un matériau s'obtient par la relation :

a) $\rho = \frac{m}{V}$ .... ☐

b) $\rho = \frac{V}{m}$ .... ☐

c) $\rho = m \times V$ .... ☐

2 La fonction qui justifie la fabrication d'un objet technique est :

a) la fonction contrainte. .... ☐

b) la fonction principale. .... ☐

c) le cahier des charges. .... ☐

3 ★ Identifier un matériau

Une entreprise utilise un métal pour la fabrication de mobilier de jardin. Afin de vérifier la nature du métal reçu de son fournisseur, le bureau d'études effectue des mesures physiques sur un échantillon.

Doc. 1 : mesures effectuées sur l'échantillon m = 1 170 g et V = 150 cm³.

Doc. 2 : masses volumiques de quelques métaux

Métal	Masse volumique
aluminium	2,7 g/cm³
fer	7,8 g/cm³
cuivre	8,9 g/cm³

a) Quelles grandeurs ont été mesurées ?

....

b) Utilise ces grandeurs et le tableau de données pour identifier le matériau utilisé.

....

4 ★ Réaliser un objet technique

Organise les différentes étapes de la création d'un objet technique en les plaçant sur la frise chronologique :

A Fabrication industrielle de l'objet technique
B Commercialisation de l'objet technique
C Test du prototype et préparation de la fabrication
D Analyse du besoin
E Réalisation du cahier des charges fonctionnel
F Réalisation d'un prototype

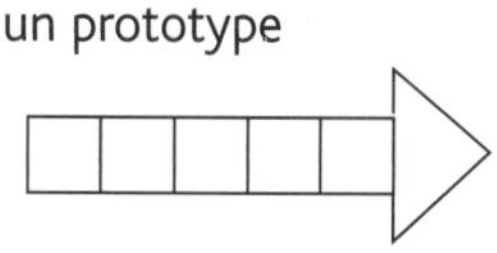

5 ★ Lire un diagramme des interactions

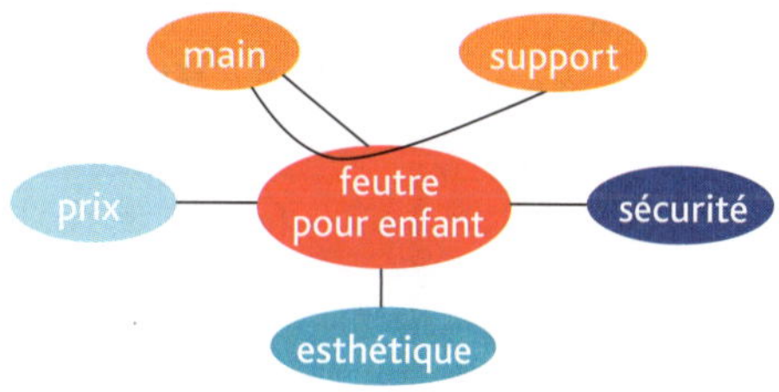

a) Quel est l'objet étudié ?

....

b) Identifie la fonction principale de cet objet.

....

c) Identifie les fonctions contraintes.

....

6 ★★ Construire un diagramme des interactions

Construis au brouillon le diagramme des interactions d'une paire de ciseaux pour enfant en utilisant le tableau des fonctions de service.

FP	elle doit couper une feuille de papier
FC1	elle doit s'adapter à la main de l'utilisateur
FC2	elle doit respecter les règles de sécurité
FC3	elle doit plaire à l'utilisateur
FC4	elle doit avoir un prix abordable
FC5	les matériaux utilisés doivent respecter l'environnement

2 L'énergie sous toutes ses formes

Mots-clés

Source d'énergie
Phénomène ou matière première pouvant être exploité afin d'obtenir une forme d'énergie utilisable par l'homme.
Ex : Soleil, gravité terrestre, atome, vent, combustibles fossiles, eau en mouvement, géothermie, biomasse…

Transfert d'énergie
Transmission de l'énergie d'un corps vers un autre corps.

Schéma d'un système automatisé
Schéma constitué d'une chaîne d'information et d'une chaîne d'énergie.

Retenir l'essentiel

1 Formes et conversions d'énergies

- L'**énergie** existe sous de **multiples formes** (énergies électrique, nucléaire, cinétique, chimique, thermique, lumineuse…).
- L'**énergie** ne se crée pas et ne se perd pas : elle **se conserve**.
- L'énergie peut être convertie d'une forme à une autre grâce à un **convertisseur**.

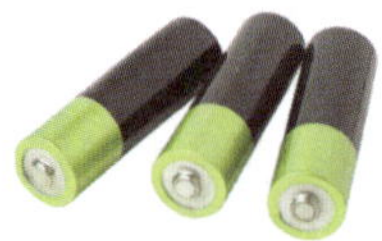

Les piles convertissent l'énergie chimique des substances qu'elles contiennent en énergie électrique.

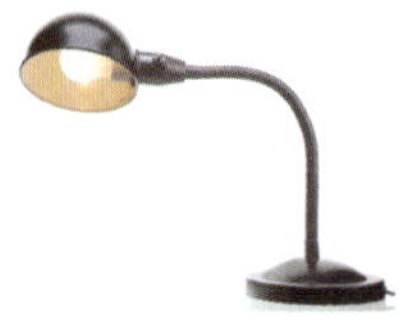

La lampe convertit l'énergie électrique en énergie lumineuse.

Lors d'une conversion d'énergie, une partie de l'**énergie** est **perdue** sous forme de **chaleur** (énergie thermique).

2 Énergie cinétique d'un objet en mouvement

- Lorsqu'un objet est en mouvement, il possède aussi une **énergie cinétique** E_c. Elle s'obtient par la formule :

$$E_c = \frac{1}{2} m \times v^2$$

E_c en J ; m en kg ; v en m/s

Comment faire ?

Décrire un système automatisé

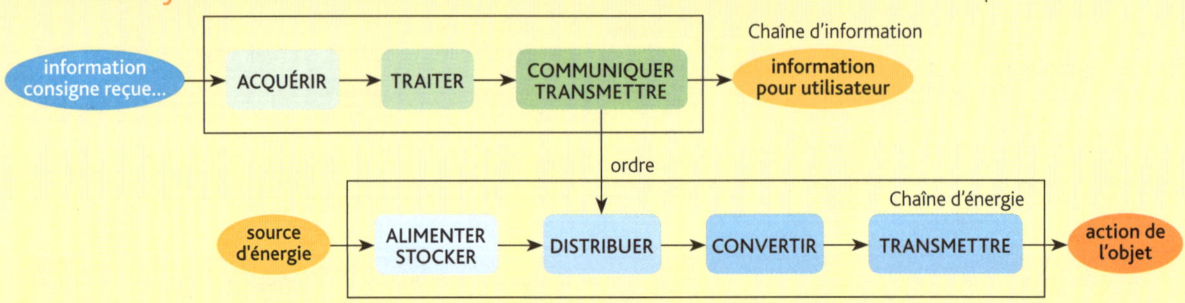

La **chaîne d'information** d'un objet technique est composée de plusieurs blocs fonctionnels. Ils vont permettre de transmettre un ordre reçu à la chaîne d'énergie.
– Acquérir : prélèvement d'une information, d'une consigne par un capteur.
– Traiter : traitement de l'information par la partie commande (circuit électronique).
– Communiquer : communication d'une information pour l'utilisateur.
– Transmettre : transmission de l'ordre à la chaîne d'énergie.

La **chaîne d'énergie** d'un objet technique est composée de quatre blocs fonctionnels. Ils vont permettre de faire le lien entre la source d'énergie reçue par l'objet et l'action réalisée par l'objet.
– Alimenter : adaptation de la source d'énergie en énergie utilisable par l'objet (transformateur…).
– Distribuer : distribution de l'énergie à la pièce recevant l'information (contacteur, interrupteur…).
– Convertir : conversion de l'énergie électrique par l'actionneur (moteur, vérin…).
– Transmettre : transmission de mouvement ou d'effort par des organes mécaniques (courroies, engrenages…).

Corrigés → livret, p. 46

S'entraîner

QUIZ-TEST

Coche la (ou les) bonne(s) réponse(s).

1 Une lampe va convertir l'énergie électrique en :

a) énergie lumineuse. ☐
b) énergie thermique. ☐
c) énergie mécanique. ☐

2 Le schéma d'un système automatisé contient :

a) la chaîne d'énergie. ☐
b) la chaîne de transmission. ☐
c) la chaîne d'information. ☐

3 ★ Conversion d'énergie

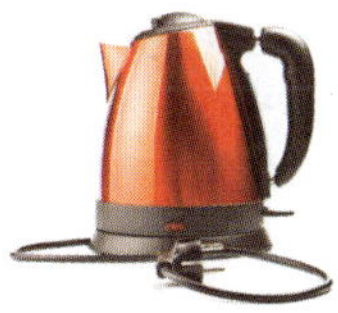

a) Quelle transformation d'énergie a lieu lorsqu'on utilise une bouilloire électrique ?

....

....

b) Quel nom peut-on donner à la bouilloire ?

....

....

4 ★ Chaîne d'information

Attribue à chaque action le bloc fonctionnel correspondant.

Le capteur reçoit un ordre •
l'utilisateur est informé •
L'ordre est transmis à la chaîne d'énergie •
L'information est traitée par une interface •

• COMMUNIQUER
• TRAITER
• ACQUÉRIR
• TRANSMETTRE

5 ★ Schéma d'un système automatisé

Complète le schéma avec le vocabulaire suivant :
A : chaîne d'information ; B : chaîne d'énergie ;
C : action ; D : consigne de l'utilisateur ;
E : information pour l'utilisateur.

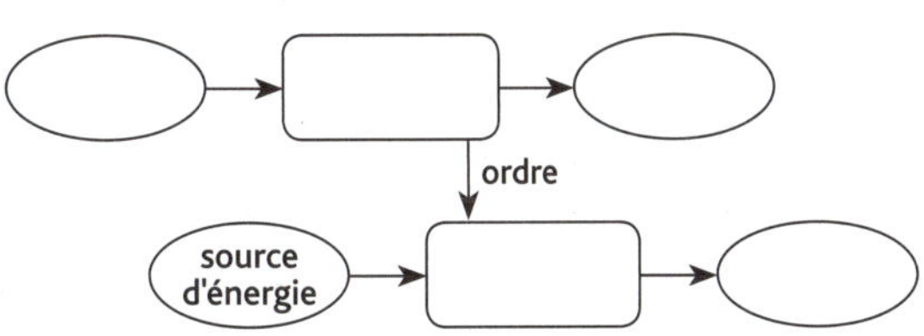

6 ★★ Énergie cinétique

a) Calcule l'énergie cinétique d'une moto de 240 kg roulant à 25 m/s.

....

b) Un camion de 38 tonnes roule à la même vitesse que la moto. Possède-t-il la même énergie cinétique que la moto ? Justifie ta réponse.

....

....

7 ★★ Chaîne d'énergie

Le schéma ci-dessous présente la chaîne d'énergie d'une porte de garage commandée par une télécommande.

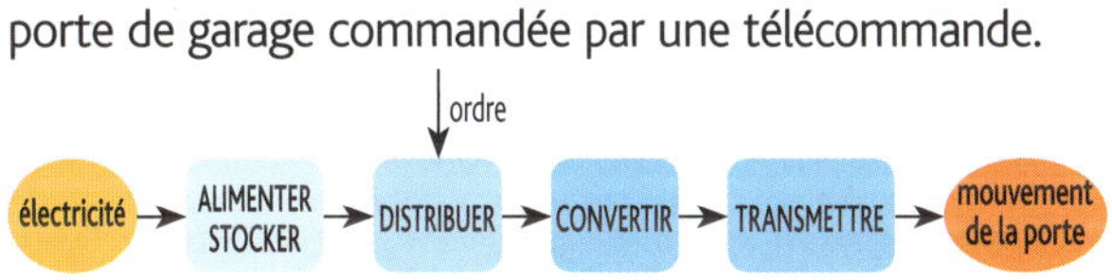

a) Quelle est l'énergie reçue par la chaîne d'énergie ?

....

b) Quelle est l'action souhaitée ?

....

c) Attribue les procédés à chaque bloc fonctionnel.

Prise secteur + transformateur : ....

Moteur électrique : ....

Engrenage et chaîne : ....

Interrupteur électromagnétique : ....

d) Quel appareil permet de transmettre l'ordre à la chaîne d'énergie ?

....

Technologie

3 Algorithme, organigramme, programme

Mots-clés

Algorithme
Description, sous la forme de phrases, d'une suite d'actions permettant la réalisation d'une tâche.

Organigramme
Mode de représentation graphique.

À savoir
Pour écrire un programme, tu peux utiliser le logiciel Scratch.

Retenir l'essentiel

1 Description d'un système technique

- Un **système technique** ou un **automatisme** peuvent être décrits par un algorithme.
- L'algorithme peut être représenté graphiquement par un organigramme.
- L'algorithme est mis en œuvre par un **programme de commande**.

2 Mise en œuvre d'un organigramme

- L'**organigramme** est un mode de **représentation graphique** permettant de décrire les liaisons entre les différentes opérations devant être effectuées par l'automatisme. Il se compose de différents symboles possédant une fonction précise :

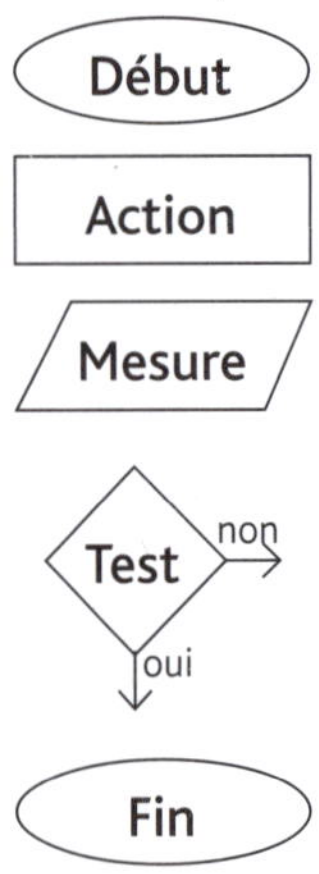

- Début : symbole qui indique le début du fonctionnement de l'automatisme
- Action : symbole qui décrit une action à effectuer
- Mesure : symbole indiquant la mise à disposition d'une information (mesure, traitement, enregistrement…)
- Test : symbole test qui contient une question ; la question a deux réponses possibles : OUI ou NON ; selon la réponse obtenue, on suit la branche OUI ou la branche NON
- Fin : symbole qui indique la fin éventuelle du fonctionnement de l'automatisme

Comment faire ?

Comment construire un organigramme à partir d'un algorithme ?

Un organigramme permet de décrire plus aisément qu'un texte le fonctionnement d'un système automatisé. Il permet aussi de réaliser plus facilement le programme. L'organigramme commence par un *symbole de début* et termine par un *symbole de fin*.

Ex : organigramme d'un éclairage automatique

Algorithme :

Un couloir est équipé d'un éclairage automatique.
Si le capteur détecte le mouvement d'une personne, alors la lampe s'allume.
Si le capteur ne détecte pas de mouvement, alors la lampe reste éteinte.
La minuterie d'éclairage s'enclenche pour une durée de 45 secondes.
Le système fonctionne tant qu'il n'est pas désactivé par un opérateur extérieur.

Organigramme

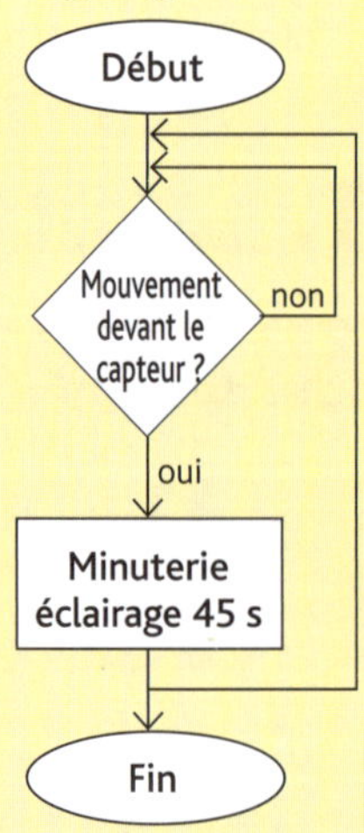

Corrigés → livret, p. 46

S'entraîner

QUIZ-TEST

Coche la (ou les) bonne(s) réponse(s).

1 La représentation graphique d'un programme de commande est :

a) un algorithme. .... ☐
b) un organigramme. .... ☐
c) un automatisme. .... ☐

2 Dans un organigramme, quel symbole doit-on utiliser pour décrire une action ?

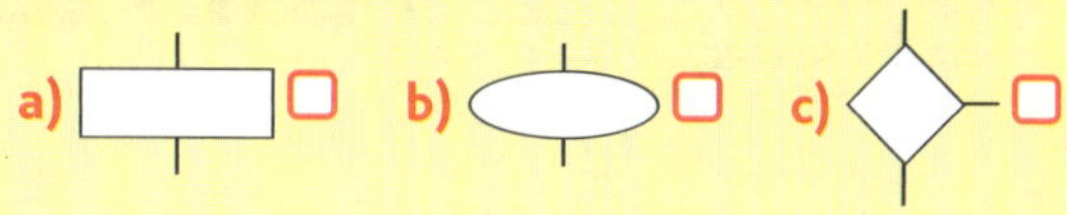

3 ★ Lire un organigramme

Le document ci-contre présente un extrait de l'organigramme d'un automatisme de distributeur de boissons.
Transforme cet extrait en algorithme.

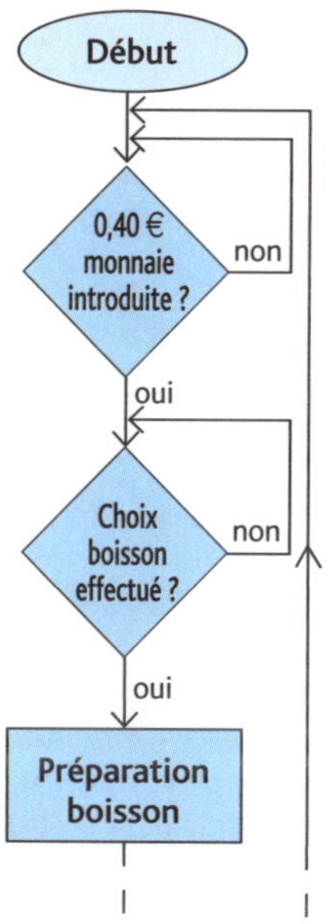

4 ★ Organiser un organigramme

Un robinet automatique permet de faire couler l'eau pendant 15 secondes quand la présence d'une main est détectée par un capteur.
Complète l'organigramme ci-contre avec les termes suivants :
– fin
– attendre 15 secondes
– ouverture robinet
– début
– fermeture robinet
– présence main ?

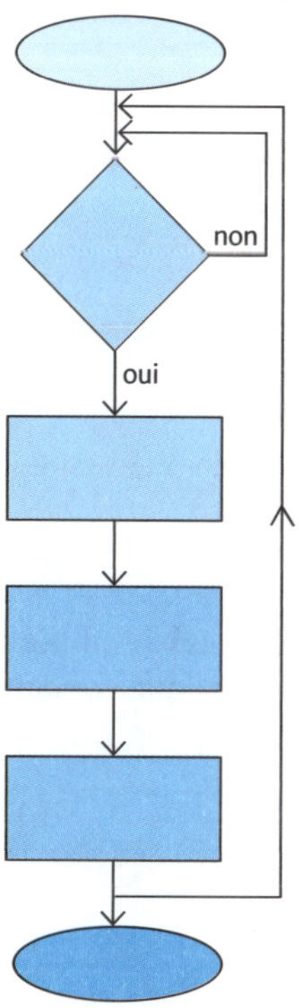

5 ★★ Compléter un organigramme

Utilise l'algorithme ci-contre pour compléter l'organigramme d'une porte automatique de magasin commandée par un capteur de présence.

Algorithme :
– Si un client se trouve à proximité du capteur, alors la porte s'ouvre.
– Si, après son passage, le client est suffisamment éloigné, alors la porte se referme.

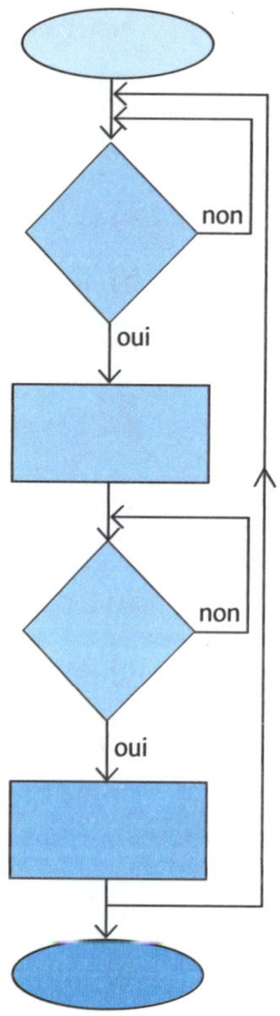

6 ★★ Construire un algorithme

Pour ouvrir un casier, un utilisateur doit saisir son code. Construis au brouillon l'organigramme de la porte de ce casier.

Algorithme :
– Si le code est correct, la porte s'ouvre.
– Si le code est incorrect et si le nombre d'essais est inférieur ou égal à trois, l'utilisateur peut ressaisir son code.
– Si le code est incorrect et si le nombre d'essais est supérieur à trois, le casier est bloqué.
– Lorsque la porte est refermée, le casier est verrouillé. Il est alors possible de ressaisir le code.

Corrigés → livret, p. 46

Technologie : fais le bilan !

Coche, pour chaque exercice, la bonne réponse. Reporte-toi ensuite aux corrigés p. 46 pour obtenir ton score sur 10.

1 L'action que doit pouvoir accomplir un objet technique est :

a) la fonction essentielle. ☐
b) la fonction contrainte. ☐
c) la fonction principale. ☐

2 Les fonctions liées à l'utilisation d'un objet technique sont :

a) les fonctions principales. ☐
b) les fonctions contraintes. ☐
c) les propriétés des matériaux. ☐

3 L'outil qui permet de formaliser le besoin et les spécifications d'un objet technique est :

a) le cahier des charges fonctionnel. ☐
b) le prototype. ☐
c) le diagramme des interactions. ☐

4 Pour représenter visuellement l'interaction d'un objet avec son environnement, on utilise :

a) un diagramme circulaire. ☐
b) un diagramme des interactions. ☐
c) un diagramme en colonne. ☐

5 Une pile fournit :

a) de l'énergie électrique. ☐
b) de l'énergie chimique. ☐
c) de l'énergie lumineuse. ☐

6 L'objet technique qui permet de convertir l'énergie électrique en énergie lumineuse est :

a)un alternateur de bicyclette. ☐
b) une pile électrochimique. ☐
c) une lampe. ☐

7 Les blocs fonctionnels « alimenter-distribuer-convertir-transmettre » d'un système automatisé constituent :

a) la chaîne d'information. ☐
b) la chaîne d'énergie. ☐
c) la chaîne de transfert. ☐

8 La description, sous la forme de phrases, d'une suite d'actions permettant la réalisation d'une tâche se nomme :

a) un organigramme. ☐
b) un automatisme. ☐
c) un algorithme. ☐

9 Un organigramme est un :

a) mode de représentation graphique. ☐
b) programme informatique. ☐
c) texte. ☐

10 Quel symbole doit-on utiliser pour indiquer le début et la fin d'un organigramme ?

a) 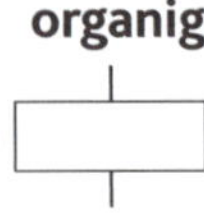
b) 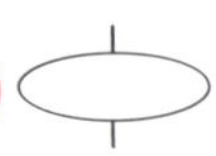
c) 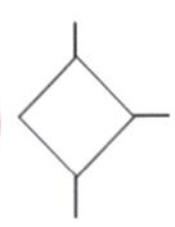

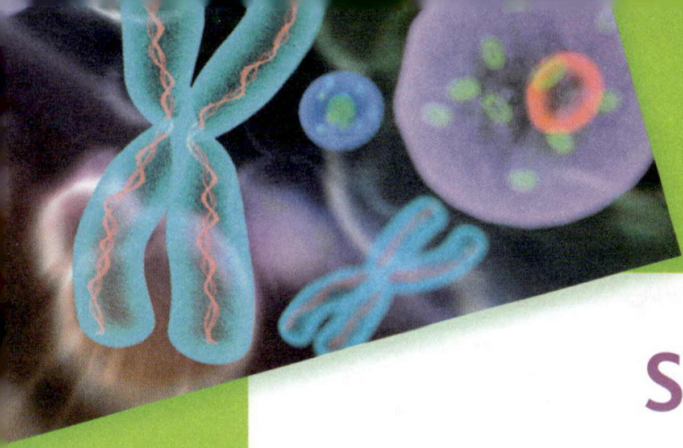

SVT

1 La diversité génétique des individus

Retiens l'essentiel

Mots-clés

Chromosomes

Filaments colorables, présents dans le noyau des cellules et portant les gènes.

Gène

Portion de la molécule d'ADN contenant une information génétique qui détermine un caractère héréditaire (en dirigeant la synthèse d'une molécule dans l'organisme). Un gène est présent au même emplacement sur les deux chromosomes d'une paire.

À savoir

Chaque chromosome est constitué d'une molécule d'ADN.

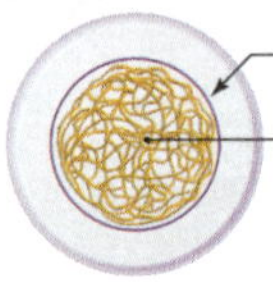

Cellule en dehors d'une multiplication cellulaire

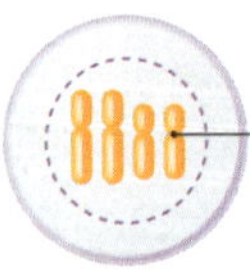

Cellule pendant une multiplication cellulaire Chromosomes visibles

1 Matériel et information génétiques des êtres vivants

▶ Au sein d'une même espèce, tous les individus possèdent le même nombre de chromosomes dans leurs cellules (23 paires pour l'espèce humaine, soit 46).

▶ Les chromosomes des individus d'une même espèce portent les mêmes gènes. La grande diversité des individus au sein d'une population donnée est donc liée à l'information portée par ces gènes, qui est héritable.

▶ Néanmoins, certains caractères acquis en cours de vie sous l'influence de l'environnement ne sont pas transmissibles.

2 Les allèles, à l'origine de la diversité génétique

▶ Les **allèles** sont les différentes versions possibles d'un gène. Ils résultent de modifications ponctuelles de la molécule d'ADN : les mutations.

▶ L'ensemble des allèles d'un individu constitue **son génotype** et l'expression du génotype entraîne la mise en place des différents caractères d'un individu : **son phénotype.**

Ex. : Le gène impliqué dans le caractère « groupe sanguin » chez l'espèce humaine est présent sur la paire de chromosomes n° 9. Il existe pour ce gène 3 allèles : l'allèle « A », l'allèle « B » et l'allèle « O ».

	Génotype possible	Phénotype à l'échelle cellulaire	Phénotype à l'échelle de l'individu
Individu 1	Paire de chromosomes n° 9 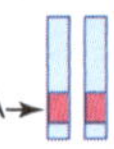	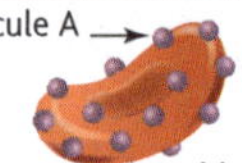	Groupe sanguin A
Individu 2	Paire de chromosomes n° 9 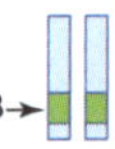	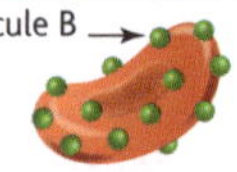	Groupe sanguin B
Individu 3	Paire de chromosomes n° 9 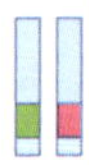	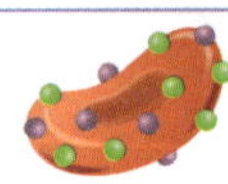	Groupe sanguin AB
Individu 4	Paire de chromosomes n° 9 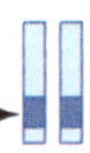	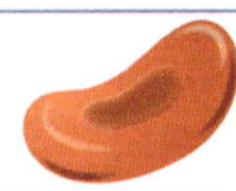	Groupe sanguin O

Comment faire ?

▶ **Extraire simplement de l'ADN de kiwi chez soi**

Les étapes	Leur rôle
Écraser et mélanger le kiwi, une cuillère de gros sel, quelques gouttes de produit vaisselle.	Rompre les membranes autour des cellules et de leur noyau.
Verser le mélange dans un filtre à café placé sur un récipient.	Séparer la molécule d'ADN des débris cellulaires.
Ajouter au liquide obtenu après filtration un volume équivalent d'alcool à brûler.	Faire apparaître la molécule d'ADN par précipitation.

Corrigés → livret, p. 47

S'entraîner

QUIZ-TEST

Coche la (ou les) bonne(s) réponse(s).

1 On appelle allèle :

a) l'ensemble de tous les gènes d'un individu. .. ☐
b) toutes les versions d'un même gène. .... ☐
c) tous les gènes portés par un seul chromosome. .... ☐

2 Le phénotype :

a) est l'ensemble des caractères d'un individu.. ☐
b) est l'ensemble de tous les gènes d'un individu. .... ☐
c) dépend du génotype (allèles présents). .... ☐

3 ★ La localisation des gènes sur les chromosomes

Soit une paire de chromosomes portant les trois gènes A, B et C.

Ces trois gènes possèdent des allèles : A_1A_2 pour le gène A, B_1B_2 pour le gène B et C_1C_2 pour le gène C.

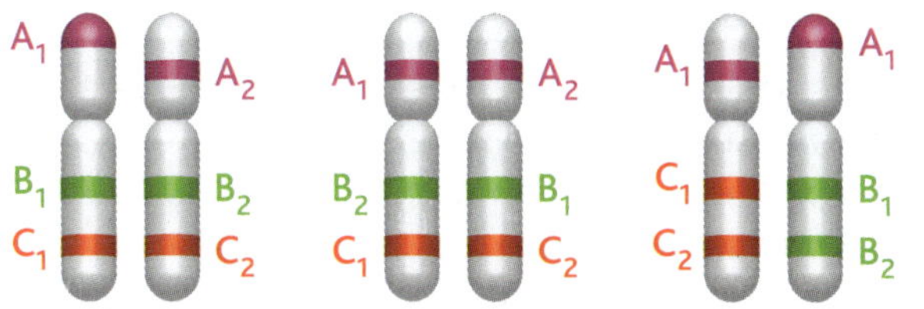

Les schémas ci-dessus illustrent trois représentations pour la paire de chromosomes considérée. Une seule est juste.

Coche la (ou les) bonne(s) réponse(s).

☐ La bonne représentation est la paire 1, car les gènes sont placés dans le même ordre sur les deux chromosomes de la paire.

☐ La bonne représentation est la paire 2, car les gènes sont placés dans le même ordre et au même emplacement sur les deux chromosomes de la paire.

☐ La paire 3 ne peut pas être la bonne représentation, car les gènes B et C en double exemplaire sur un chromosome ne sont pas présents sur l'autre et le gène A n'est pas à la même place sur les deux chromosomes.

4 ★★★ Des cochons fluorescents

Une méduse *Aequorea victoria* émet une fluorescence verte. Ce caractère, naturel, est héréditaire.

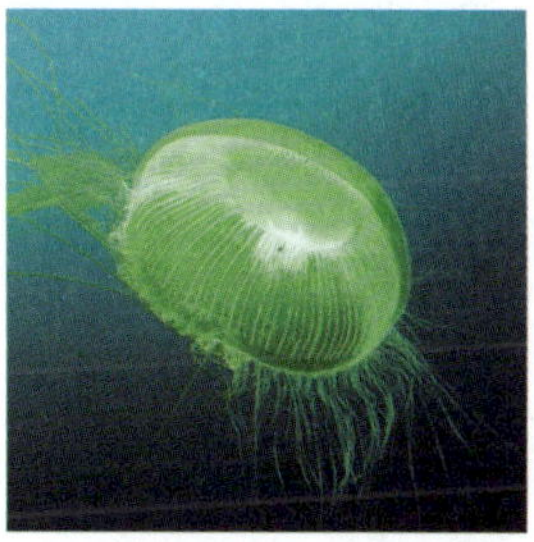

Méduse *Aequorea victoria*

Des chercheurs ont isolé un fragment d'ADN chez une méduse, puis ont introduit ce fragment dans le matériel génétique d'une cellule-œuf de cochon. L'expérience a été reproduite plusieurs fois.

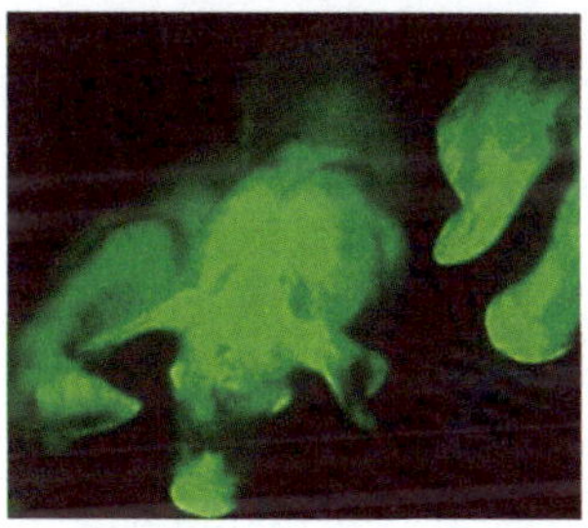

Cochons (sous une lumière ultra-violette) obtenus par l'expérience de transfert d'ADN

Les embryons obtenus ont ensuite été implantés dans l'utérus d'une truie porteuse. Trois mois plus tard, des porcelets sont nés.

a) Montre que le fragment d'ADN introduit dans les cellules-œufs contient le gène responsable de la fluorescence chez la méduse.

....

....

b) Sachant que ces expériences de transfert de gène peuvent être réalisées chez tous les êtres vivants, pourquoi peut-on dire que l'ADN est le support universel de l'information génétique ?

....

2 La reproduction sexuée, source de diversité chez les êtres vivants

Retiens l'essentiel

Mots-clés

Population
Ensemble d'individus d'une espèce donnée habitant dans une même zone.

Gamètes
Cellules reproductrices (spermatozoïde et ovule chez les vertébrés, grain de pollen et ovule chez les plantes à fleurs).

À savoir

Reproduction sexuée contre reproduction asexuée

Les espèces se maintiennent dans un milieu donné grâce à deux types de reproduction : la reproduction sexuée et la reproduction asexuée. Cette dernière conduit à la formation d'individus possédant les mêmes caractères que le seul parent qui leur a donné naissance. La reproduction asexuée peut être avantageuse dans un milieu stable. Dans un environnement changeant, la reproduction sexuée, source de diversité, est avantageuse.

1 Deux étapes clés de la reproduction sexuée

- La reproduction sexuée est un mécanisme associé à deux phénomènes (la méiose et la fécondation), permettant de perpétuer l'espèce et de maintenir le nombre de chromosomes caractéristiques de celle-ci.
- Elle permet également qu'au sein d'une population existe une grande diversité d'individus.

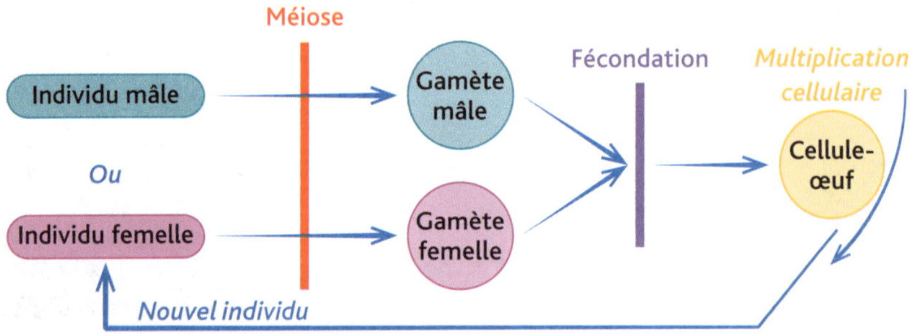

2 Formation des gamètes lors de la méiose

- **La méiose** se produit dans les organes reproducteurs et permet de former des gamètes avec un seul chromosome de chaque paire.
- Au cours de la méiose, la séparation des chromosomes de chaque paire est aléatoire, pour former au hasard une grande diversité de gamètes, avec une information héréditaire unique.
- Pour une espèce ayant n paires de chromosomes, on obtient 2^n gamètes génétiquement différents, soit, pour l'Homme $2^{23} = 8\,388\,608$ gamètes différents.

3 Rôle de la fécondation

- Au cours de la fécondation, le hasard intervient pour réunir deux gamètes (mâle et femelle). Dans la cellule-œuf, le nombre de chromosomes de l'espèce est rétabli avec une combinaison unique d'allèles (voir p. 296) à l'origine d'un être unique.

Comment faire ?

Comprendre la notion de « double brassage génétique »

❶ Soient deux paires de chromosomes dans les cellules à l'origine des gamètes.

❷ La séparation des deux chromosomes de chaque paire donne 4 sortes d'ovules et 4 sortes de spermatozoïdes.

❸ La fécondation reconstitue les paires de chromosomes en associant au hasard un ovule et un spermatozoïde.

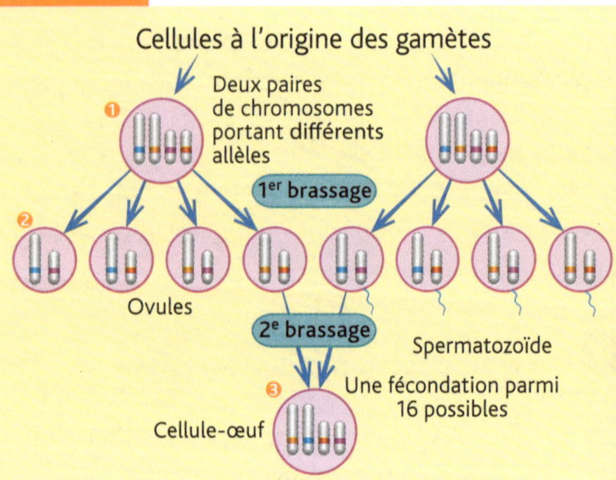

Corrigés → livret, p. 47

S'entraîner

QUIZ-TEST

Coche la (ou les) bonne(s) réponse(s).

1 La reproduction sexuée :

a) permet d'obtenir des individus génétiquement identiques. ☐

b) est source de diversité génétique au sein des populations. ☐

c) met en jeu successivement la fécondation, puis la méiose. ☐

2 À quel(s) moment(s) de la reproduction sexuée, le hasard joue un rôle important ?

a) Seulement lors de la formation des gamètes (méiose) dans les organes reproducteurs. ☐

b) Au moment de la rencontre aléatoire des gamètes mâle et femelle (fécondation). ☐

c) Au moment de la méiose, puis de la fécondation. ☐

3 ★★ Le nanisme (d'après un sujet de Brevet)

En 1645, le peintre espagnol Diego Vélasquez représente Don Sebastián de Morra, un individu atteint de nanisme. Cette caractéristique est due à une mutation d'un gène, responsable d'une mauvaise croissance des os, comme l'humérus et le fémur. Ce gène est situé sur les chromosomes de la paire numéro 4 de l'espèce humaine. La présence de cet allèle en un seul exemplaire est suffisante pour provoquer l'anomalie. La présence de cet allèle en double exemplaire est mortelle.

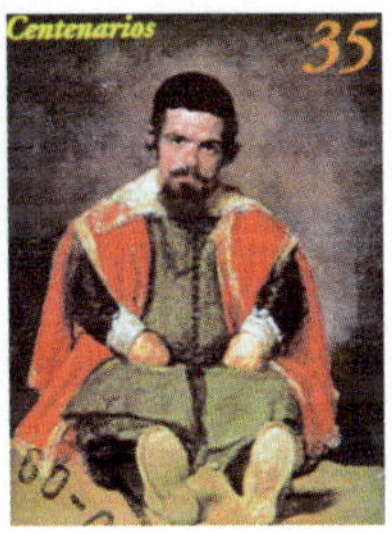

Diego Vélasquez, *Portrait de Don Sebastián de Morra*, Musée du Prado, Madrid, Espagne

a) Schématise la paire de chromosomes 4 de Sebastián de Morra dans une cellule non reproductrice. On notera **n** l'allèle présent chez un individu sain et **AN** l'allèle responsable de ce cas de nanisme.

b) En utilisant tes connaissances sur la méiose, explique pourquoi un individu atteint de nanisme n'a pas forcément des enfants atteints de nanisme.

4 ★★★ Le poulet d'Andalousie

Chez le poulet d'Andalousie, la couleur du plumage est gouvernée par un seul couple d'allèles.
L'allèle B, quand il s'exprime, est responsable d'un plumage blanc et l'allèle N d'un plumage noir.

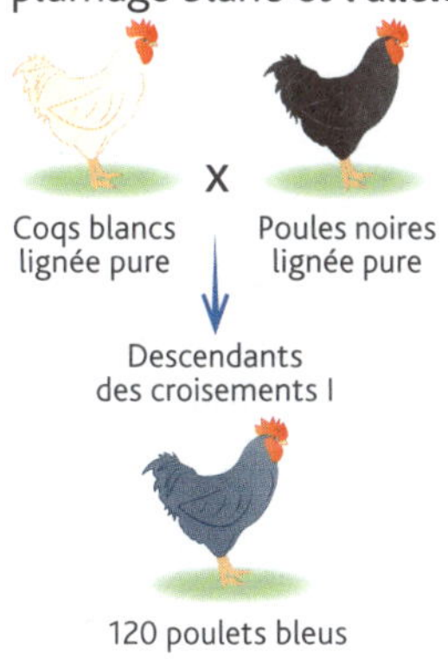

Les poules de lignée pure possèdent un seul type d'allèle en double exemplaire.

Résultats de croisements chez le poulet d'Andalousie

a) Quels allèles possèdent les parents : coqs blancs et poules noires ?

b) En conséquence, quels allèles ont forcément transmis les deux parents à leur descendance ?

c) Pourquoi, dans le cas présent, peut-on affirmer que, si les deux allèles sont présents chez un individu, ils s'expriment tous les deux ?

d) Cet exemple montre comment la reproduction sexuée peut être source de diversité. Pourquoi ?

3 L'évolution des êtres vivants

Mots-clés

Innovation évolutive
Caractère héréditaire nouveau apparu au cours de l'évolution des êtres vivants.

Mutations
Modifications accidentelles de l'information génétique d'une cellule (ADN).

Sélection naturelle
Variation non aléatoire des fréquences des allèles au sein d'une population, sous l'effet des caractéristiques du milieu de vie.

À savoir

L'Homme dans l'évolution

- L'Homme résulte lui aussi d'une série d'innovations au cours de l'évolution. L'Homme et le chimpanzé possèdent un ancêtre commun qui leur est propre. Ils ont un lien de parenté étroit.
- La lignée humaine comprend l'Homme moderne et l'ensemble des fossiles apparentés.

Retiens l'essentiel

1 Parenté des espèces et évolution

- Certaines **ressemblances** (anatomiques, cellulaires, moléculaires) entre les êtres vivants sont autant d'arguments en faveur d'une **origine commune**.
- La comparaison des espèces actuelles ou disparues permet de reconstituer les liens de parenté entre elles, fondés sur le partage de caractères communs, et représentés sous forme de groupes emboîtés.
- Les différents groupes d'êtres vivants possèdent des innovations évolutives en commun. Deux individus sont proches parents s'ils possèdent en commun un grand nombre d'innovations évolutives.

2 Les mécanismes de l'évolution

- Des caractères héréditaires nouveaux apparaissent suite à des mutations, qui sont à l'origine de nouveaux allèles.
- Au sein d'une population existe un ensemble d'allèles dont les fréquences peuvent varier :

– au hasard, du fait de la transmission aléatoire des allèles des parents à leur descendance ;

– sous l'effet de l'environnement et des contraintes du milieu.

- Dans un milieu donné, des allèles avantageux peuvent favoriser la survie de l'individu et sa capacité à se reproduire. Leur fréquence va alors augmenter dans la population aux dépens de celle des allèles désavantageux qui ne favorisent pas la survie de l'individu : c'est la sélection naturelle.

Comment faire ?

Savoir interpréter un arbre évolutif

Un arbre évolutif, comme la classification sous forme de groupes emboîtés, traduit le degré de parenté entre les espèces et montre leur origine commune. Il rend compte de « l'histoire évolutive » des êtres vivants.

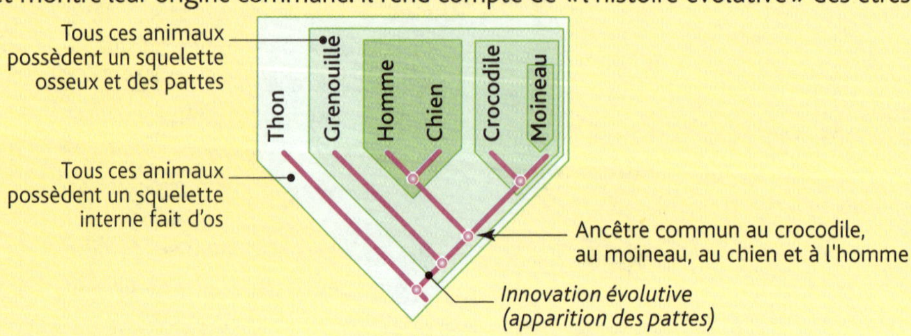

Corrigés → livret, p. 47

S'entraîner

QUIZ-TEST

Coche la (ou les) bonne(s) réponse(s).

1 Un arbre évolutif représente :

a) les liens de parenté qui existent entre les individus d'une espèce donnée. ☐

b) les liens de parenté qui existent entre différentes espèces. ☐

c) les différences anatomiques entre les espèces ☐

2 L'espèce humaine :

a) représente la forme la plus évoluée des êtres vivants actuels. ☐

b) partage de nombreuses innovations évolutives avec les autres êtres vivants. ☐

c) a une parenté plus étroite avec le chimpanzé qu'avec les autres espèces actuelles. ☐

3 ★★ Le cœlacanthe

Il existe depuis plus de 350 millions d'années.

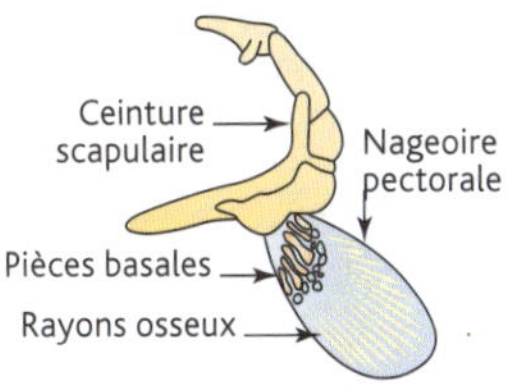

nageoire de la sardine

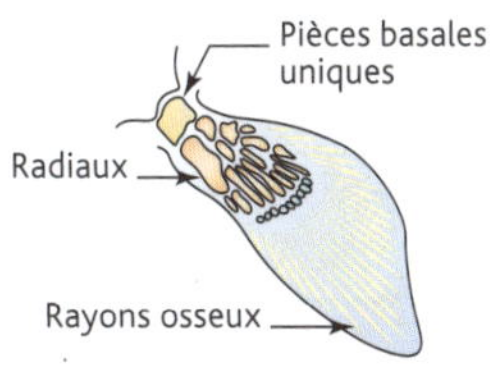

nageoire du cœlacanthe

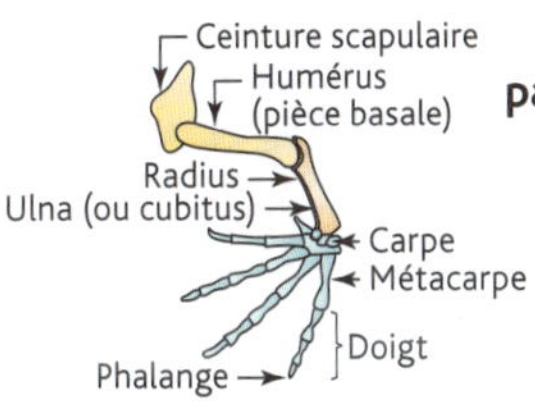

patte de la grenouille

Doc. 1. Comparaison des membres de trois animaux

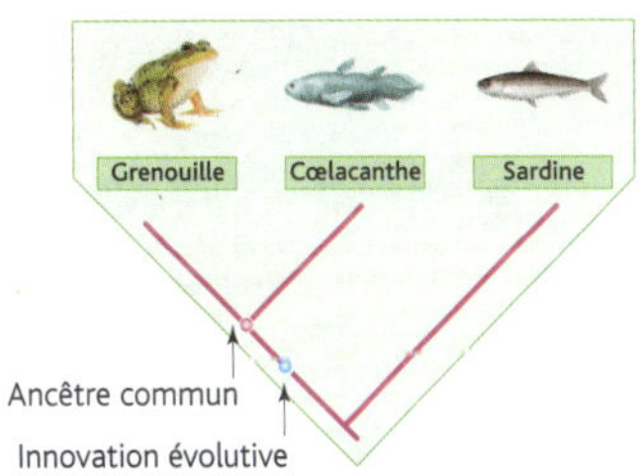

Doc. 2. Arbre évolutif

Entoure les affirmations vraies.

a) La comparaison des membres des trois animaux montre que :

la grenouille et le cœlacanthe ont des rayons osseux ;

la grenouille et le cœlacanthe ont une pièce basale unique ;

la sardine et le cœlacanthe ont une pièce basale unique.

b) L'innovation génétique du document 2 correspond :

à l'apparition des rayons osseux ;

à l'apparition des pièces basales ;

à l'apparition d'une pièce basale unique.

c) Cet arbre évolutif montre que :

la sardine est l'ancêtre du cœlacanthe et de la grenouille ;

la grenouille et le cœlacanthe ont un ancêtre commun qu'ils ne partagent pas avec la sardine ;

la grenouille et le cœlacanthe sont plus proches parents que le cœlacanthe et la sardine.

4 ★★★ Les souris à abajoues (Arizona)

Des populations de souris se distinguent par la couleur de leur pelage. Elles vivent dans le milieu A (vastes zones recouvertes de roches claires) et le milieu B (zones étroites, sur des coulées de lave sombres). Elles sont les **proies du grand hibou à cornes** qui les distingue même la nuit.

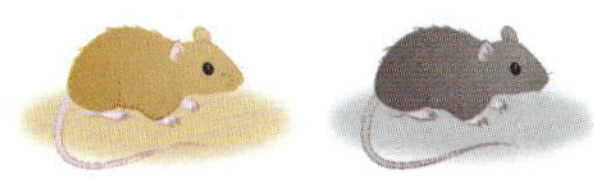

Souris à abajoues des deux milieux A et B

La coloration du pelage des souris est contrôlée par un gène pour lequel existent 2 allèles : D et d.

- L'allèle d conduit à la formation d'un pelage clair.
- L'allèle D, issu de l'allèle d, conduit à la formation d'un pelage foncé.

	Fréquence allèle D	Fréquence allèle d
Population du milieu B	90,00 %	10,00 %
Population du milieu A	12,00 %	88,00 %

a) Compare les fréquences des allèles D et d en fonction du milieu de vie des souris à abajoues.

....

b) Le milieu A est essentiellement peuplé par des souris au pelage clair et le milieu B par des souris au pelage sombre. Quel facteur de l'environnement a pu influencer les variations de fréquences des allèles selon le type de sol et entraîner cette répartition des souris ?

....

c) Précise si cette étude illustre le phénomène de dérive génétique ou de sélection naturelle.

....

4 L'influence des activités humaines sur les écosystèmes et la biodiversité

Mots-clés

Biodiversité
Diversité et richesse des milieux naturels, des espèces d'organismes vivants.

Espèce invasive
Espèce introduite accidentellement ou volontairement dans un milieu et montrant une grande capacité d'adaptation. Elle se multiplie jusqu'à nuire aux espèces déjà présentes.

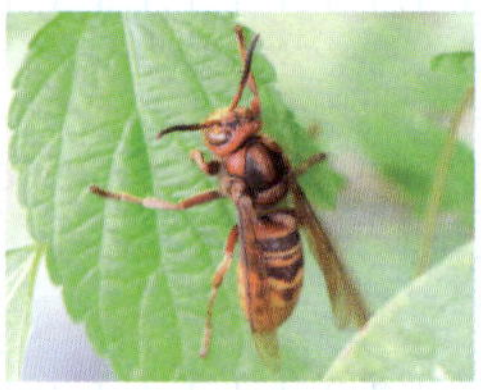

Frelon asiatique : espèce invasive qui mange les abeilles.

À savoir
Dans presque tous les groupes d'êtres vivants actuels, le taux d'extinction des espèces est 100 à 1 000 fois supérieur à ce qu'il serait en l'absence de l'Homme.

Retiens l'essentiel

1 Des écosystèmes à l'équilibre précaire

- Un **écosystème** comprend un milieu (le biotope), les êtres vivants qui le peuplent (la biocénose) et toutes les relations qui peuvent exister et se développer à l'intérieur de ce système.
- Par ses activités, **l'Homme perturbe l'équilibre de nombreux écosystèmes**, entraînant directement ou indirectement, la disparition de certaines espèces au sein de ceux-ci.
- Conscient de son impact négatif sur les écosystèmes, **l'Homme prend des mesures de protection** dont certaines sont compatibles avec la poursuite de ses activités. On parle alors de **développement durable**.

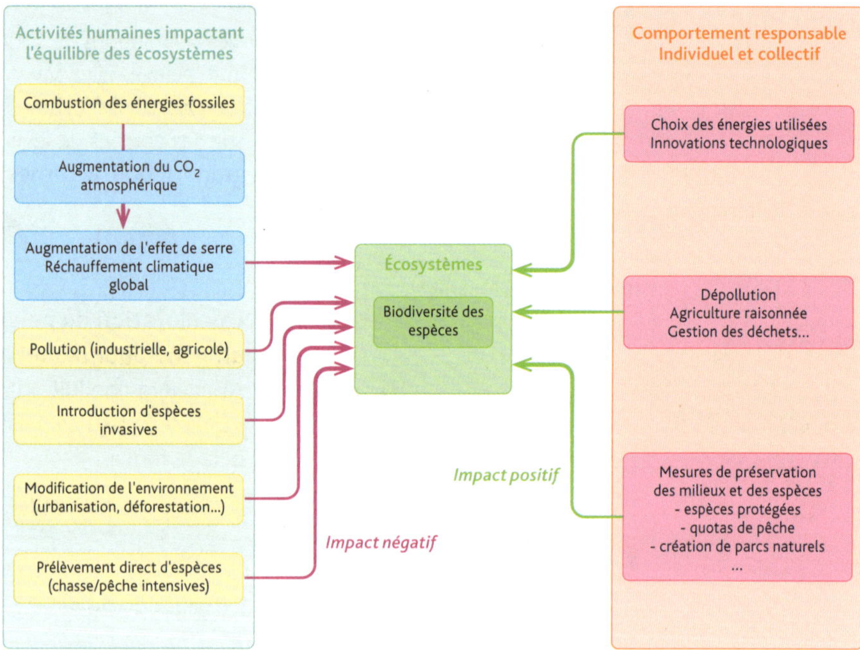

Comment faire ?

Jouer un rôle, à titre personnel, dans la protection des écosystèmes

Tous les jours, nous pouvons tous contribuer à la protection de notre environnement. Même toi !

Par exemple :

– Viens au collège à pied, à vélo ou utilise les transports en commun.

– Trie les déchets (chaque commune met à disposition des bacs de couleur et/ou des conteneurs, et donne ses consignes de tri).

– Dépose les piles usagées, très polluantes, dans les bornes prévues à cet effet.

– Réutilise des feuilles imprimées sur un verso comme brouillon.

Et bien d'autres petits gestes simples : www.ademe.fr/particuliers-eco-citoyens !

Corrigés → livret, p. 47

S'entraîner

QUIZ-TEST

Coche la (ou les) bonne(s) réponse(s).

1 Un écosystème est :

a) un environnement sans trace humaine. ☐
b) un ensemble constitué par un milieu, des êtres vivants et leurs relations. ☐
c) la diversité naturelle des êtres vivants peuplant la Terre. ☐

2 Le maintien de la biodiversité :

a) ne dépend pas des activités humaines. ☐
b) est menacé par la pêche industrielle et l'agriculture intensive. ☐
c) est essentiel à l'équilibre des écosystèmes. ☐

3 ★ Les coraux

Le corail résulte de l'association entre un animal et une algue unicellulaire capable d'effectuer la photosynthèse. Depuis plusieurs années, on assiste à un **blanchiment des coraux suite à l'expulsion de leurs algues.** Le corail, affaibli, finit alors par mourir.

L'une des causes est attribuée au réchauffement global des océans, lié au rejet de CO_2 par les activités humaines, qui augmente l'effet de serre. De plus, une partie du CO_2 rejeté dans l'atmosphère se dissout dans les océans entraînant leur acidification et, là encore, le blanchiment des coraux, ainsi que leur incapacité à former leur squelette calcaire.

La disparition des récifs représente aussi une énorme perte de biodiversité, puisqu'ils abritent environ le tiers des espèces marines répertoriées aujourd'hui à la surface du globe.

a) Relève dans le texte la cause du réchauffement et de l'acidification de l'eau des océans.

....

b) Quelle est la conséquence de ces modifications sur les récifs coralliens ?

....

c) Pourquoi cela risque-t-il d'entraîner une diminution dramatique de la biodiversité des océans ?

....

....

4 ★★ Le thon rouge

Le thon rouge de l'Atlantique (*Thunnus thynnus*) est l'une des espèces de poissons les plus menacées de disparition, sa population chutant dramatiquement.

Doc. 1. Quantité de thon rouge pêché annuellement (2006)

Seuil de pêche au-delà duquel la survie de l'espèce n'est plus assurée	Tonnage pêché en Atlantique Nord et en Méditerranée
15 000 tonnes	50 000 tonnes dont 17 500 en pêche illégale

Doc 2. Carte d'identité du thon rouge et place dans les chaînes alimentaires

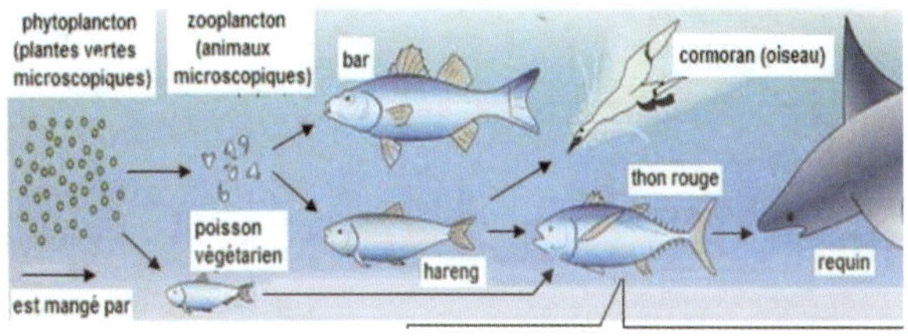

Taille maximale : 3 m.
Longévité : 20 à 40 ans.
Distribution : Atlantique Nord et Est, Méditerranée.
Régime alimentaire : poissons, crustacés, céphalopodes.
Fécondité : une femelle pond 5 à 45 millions d'œufs en mai-juin.

a) Pourquoi le thon rouge est-il menacé de disparition ?

....

b) Explique en quoi la disparition du thon rouge perturbe l'équilibre de l'écosystème.

....

....

c) Propose deux mesures qui permettraient de maintenir la diversité des espèces dans cet écosystème.

....

....

5 Ubiquité du monde bactérien et mesures d'hygiène

Retiens l'essentiel

Mots-clés

Micro-organisme
Organisme microscopique observable au microscope uniquement.

Pathogène
Qui peut provoquer une maladie.

Contamination
Pénétration des micro-organismes dans l'organisme.

Infection
Prolifération des micro-organismes dans l'organisme et troubles qui en résultent.

À savoir

Les bactéries étant microscopiques, elles ne sont donc visibles qu'avec un microscope. Antoine Van Leeuwenhœk fut le premier à en observer, grâce à un microscope de sa fabrication, en 1668.

1 Vivre parmi les bactéries

▸ L'Homme est en permanence confronté à de très nombreux **micro-organismes** dont les bactéries, omniprésentes dans l'environnement (air, eau, sol, aliments, objets…) et dans l'organisme lui-même.

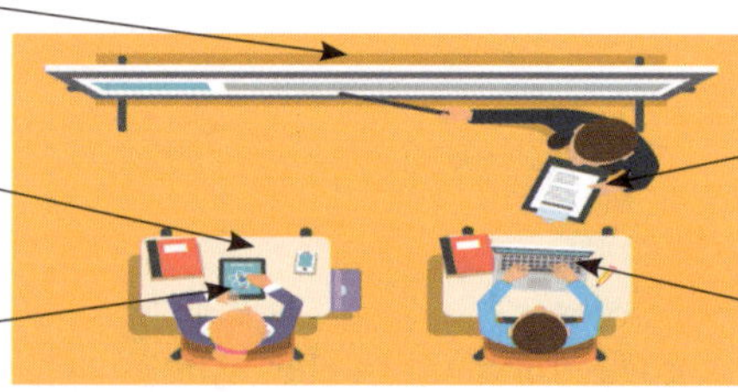

Les bactéries dans notre environnement proche

▸ Si la plupart des bactéries sont inoffensives voire utiles (dans l'intestin de l'Homme : 10^{14} bactéries favorisent la digestion), certaines sont **pathogènes**.

2 Limiter la contamination grâce à l'hygiène

▸ La transmission des micro-organismes s'effectue directement d'un individu à l'autre (éternuement, rapport sexuel…), mais peut également s'effectuer indirectement par l'eau, les aliments ou les objets contaminés.

▸ Pour limiter les risques de **contamination** et l'**infection**, des gestes quotidiens simples sont très efficaces.

– **Lave-toi les mains plusieurs fois par jour avec du savon pendant 30 secondes, notamment** :
avant et après chaque repas ; après chaque sortie et retour au domicile ; après être allé aux toilettes.

– **Utilise un mouchoir en papier** :
pour te moucher, pour tousser, pour éternuer, pour cracher ; jette ton mouchoir dans une poubelle ; puis lave-toi les mains.

▸ Toutes les mesures préventives (hygiène corporelle, stérilisation des objets en salle d'opération, port de gants…) qui visent à protéger l'organisme de toute contamination microbienne, constituent l'**asepsie**.

▸ Les mesures visant à détruire les micro-organismes grâce à des antiseptiques (alcool à 70°…) constituent l'**antisepsie**.

Comment faire ?

▸ **Calculer la taille réelle d'une bactérie à partir d'une photographie d'observation microscopique**

Il faut utiliser l'échelle présente sur le document.
Sur la photographie, 1 cm représente 2 µm dans la réalité.
Si la bactérie sur la photographie mesure A cm, on peut calculer sa taille réelle (T) en µm grâce à la formule : $T = \frac{A \times 2\ \mu m}{1}$; 1 µm = 0,001 mm.

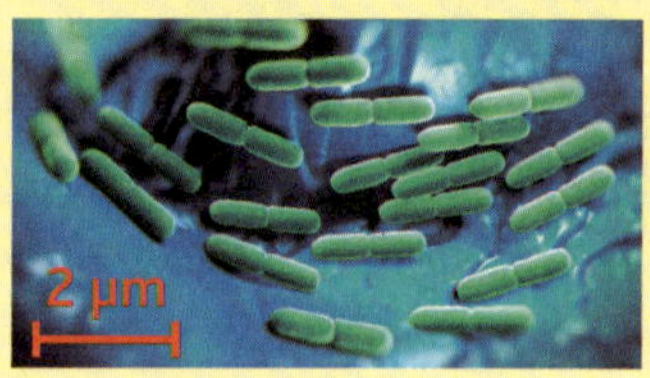

Bactéries du yaourt

Corrigés → livret, p. 48

S'entraîner

QUIZ-TEST

Coche la (ou les) bonne(s) réponse(s).

1 Les bactéries :

a) sont systématiquement pathogènes. .... ☐
b) peuvent parfois provoquer des maladies...... ☐
c) sont uniquement présentes sur des aliments avariés. .... ☐

2 Parmi les 4 propositions ci-dessous, lesquelles sont des moyens d'asepsie ?

a) Se laver les mains avant de passer à table. .. ☐
b) Nettoyer une plaie ouverte. .... ☐
c) Stériliser des instruments chirurgicaux avant une opération. .... ☐
d) Se soigner avec des antibiotiques. .... ☐

3 ★ Histoire des sciences : Ignaz Philippe Semmelweis

En 1847, le jeune médecin viennois Ignace Semmelweis entreprend d'établir des statistiques de mortalité dans deux maternités voisines. Les chiffres parlent d'eux-mêmes : davantage de femmes meurent lorsqu'elles sont accouchées par des étudiants médecins plutôt que par des sages-femmes. C'est alors qu'il observe que les étudiants se déplacent des salles de dissection cadavériques vers les salles d'accouchement, sans précaution particulière. Il en conclut qu'il doit y avoir un agent invisible, causant la mort et que l'on doit éviter de transférer cet agent de la salle d'autopsie à la salle d'accouchement. À partir de 1847, il interdit aux étudiants en médecine de quitter les salles de dissection sans s'être lavé les mains, ce qui entraîne immédiatement une baisse significative des taux de la mortalité qui passent de 12 % à 3 %.
Il avait ainsi découvert, avant l'heure, ce que l'on appelle maintenant l'infection nosocomiale, de même que la fonction antiseptique d'un produit

a) Pourquoi la mortalité des femmes était-elle plus élevée dans le service où les accouchements étaient réalisés par les étudiants en médecine ?

b) Que pouvait bien être l'« *agent invisible* » évoqué par Semmelweis ?

c) Quelle pratique maintenant systématique a-t-il instaurée en milieu hospitalier ?

4 ★★ Efficacité du lavage des mains

On trouve, dans le commerce, des lames de surface pour microscopes, recouvertes d'un milieu nutritif. Celles-ci sont stériles avant utilisation.

On applique un doigt sur une lame de surface stérile dans quatre situations différentes et on observe le résultat après quelques jours de culture à 37 °C.

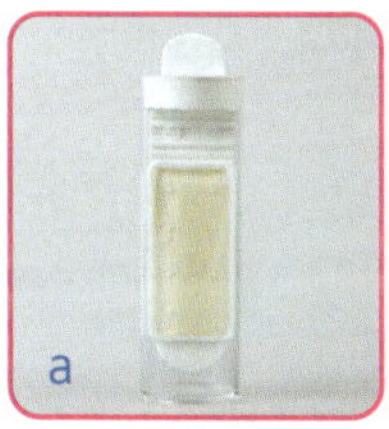

Lame stérile

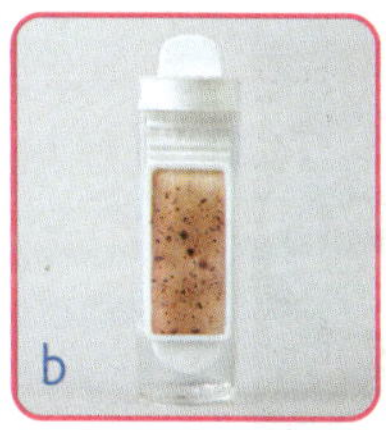

Mains non lavées

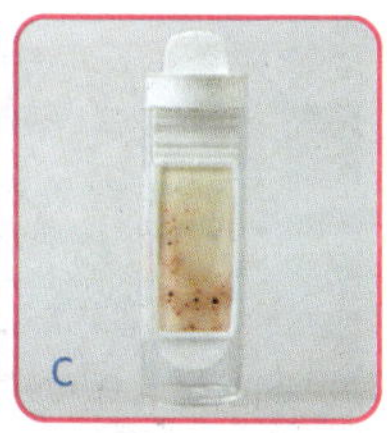

Mains lavées au savon

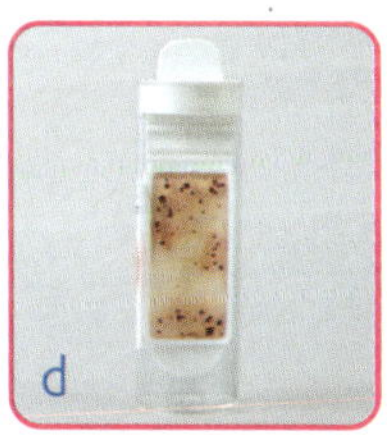

Mains lavées au savon et essuyées avec un torchon

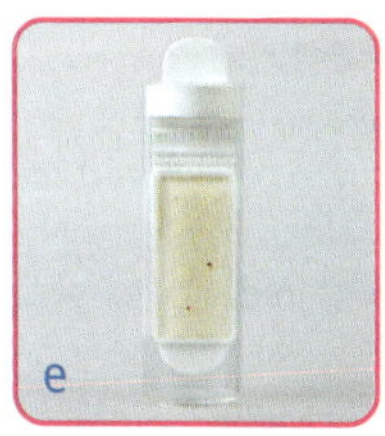

Mains lavées avec un produit antiseptique

À partir des résultats obtenus, montre l'importance du lavage des mains et indique ce qu'il faut privilégier ou, au contraire, éviter pour rendre le lavage le plus efficace possible.

6 Les réactions immunitaires

Retiens l'essentiel

Mots-clés

Réactions immunitaires
Défenses naturelles de l'organisme.

Phagocyte
Leucocyte (globule blanc) capable d'absorber et digérer des éléments étrangers.

Lymphocyte
Leucocyte intervenant dans les réponses immunitaires lentes.

À savoir

Le SIDA

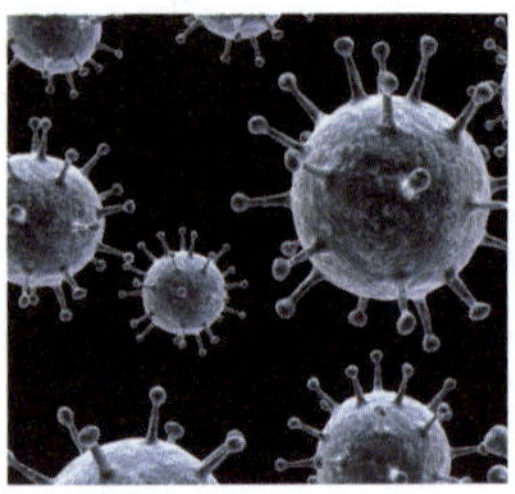

Le SIDA est une **immunodéficience** provoquée par un virus, le VIH. Celui-ci détruit certains lymphocytes, provoquant la diminution des défenses immunitaires et l'apparition de maladies opportunistes.

1 Une défense immédiate

- L'organisme détecte en permanence les éléments étrangers appelés **antigènes.** Les **réactions immunitaires** se mettent alors en place.
- La **phagocytose**, réalisée par des phagocytes, est immédiate, non spécifique, et suffit souvent à stopper l'infection. Elle consiste, pour les phagocytes, à englober et digérer les micro-organismes **pathogènes.**

2 Des défenses plus lentes

- Des réactions plus lentes mettent en jeu les lymphocytes. Elles nécessitent la reconnaissance de l'antigène.
- Les **lymphocytes B** sécrètent des anticorps, molécules capables de neutraliser spécifiquement des antigènes. La personne qui possède des anticorps spécifiques d'un antigène dans son sang est dite séropositive.
- Les **lymphocytes T**, ou cellules tueuses, détruisent par simple contact des cellules infectées par des virus.

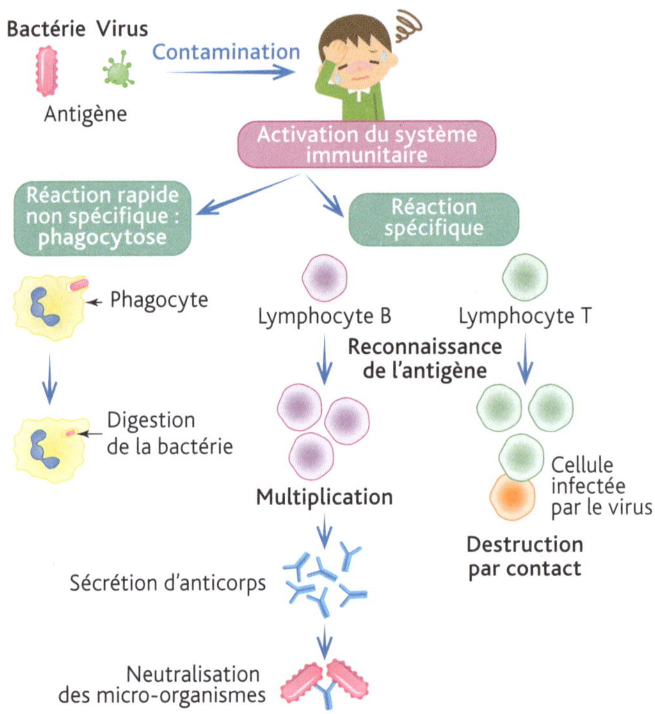

Comment faire ?

Comprendre la spécificité des anticorps

Chaque lymphocyte B ne reconnaît qu'un seul type d'antigène et, après multiplication, sécrète des anticorps spécifiques de l'anticorps reconnu.

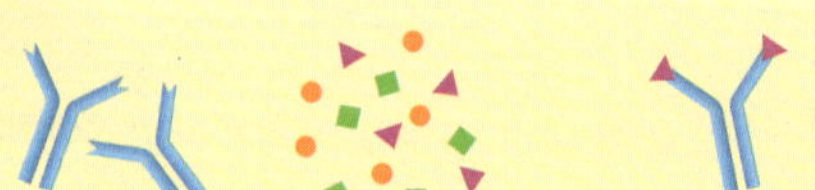

Corrigés → livret, p. 48

S'entraîner

QUIZ-TEST

Coche la (ou les) bonne(s) réponse(s).

1 La phagocytose :

a) consiste à digérer des cellules appelées phagocytes. ☐
b) se met en place après les autres réactions immunitaires. ☐
c) est rapide et permet souvent d'éliminer les micro-organismes pathogènes. ☐

2 Les anticorps :

a) sont des cellules immunitaires présentes dans le sang. ☐
b) sont des molécules capables de se fixer spécifiquement sur des antigènes. ☐
c) définissent, par leur présence, la séropositivité d'un individu. ☐

3 ★ Bien placé !

Voici une liste de mots et d'expressions qui peuvent être utilisés plusieurs fois.

destruction des cellules infectées – sécrétion d'anticorps – phagocyte – réaction non spécifique – réaction spécifique – reconnaissance de l'antigène – digestion des micro-organismes pathogènes

Place-les au bon endroit selon qu'ils se rapportent...

a) à la phagocytose : ....

b) à la défense par les lymphocytes B : ....

....

c) à la défense par les lymphocytes T : ....

....

4 ★ Les étapes de la phagocytose

Voici les principales étapes de la phagocytose : un phagocyte englobe et digère une bactérie avant d'expulser les déchets.

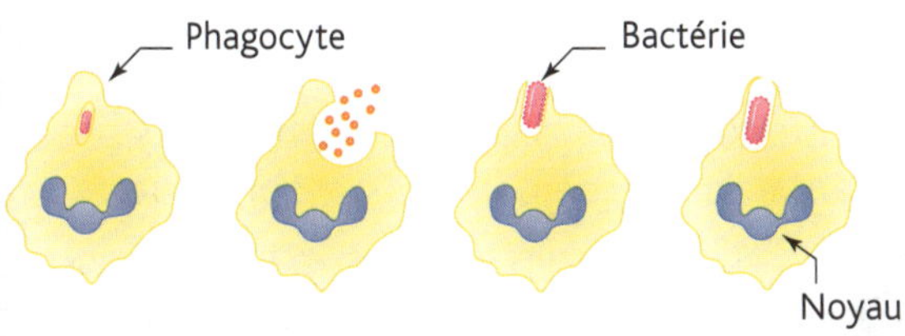

Replace ces croquis dans l'ordre chronologique.

5 ★★ La propriété des anticorps

Bactéries pathogènes porteuses d'antigène	Bactérie A 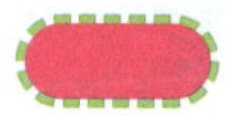	Bactérie B 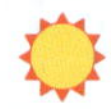	Bactérie C 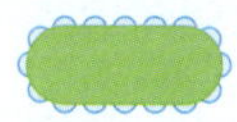
Anticorps sécrétés dans le sang pour neutraliser les bactéries	Anticorps contre la bactérie A 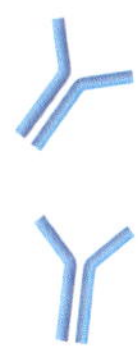	Anticorps contre les bactéries B 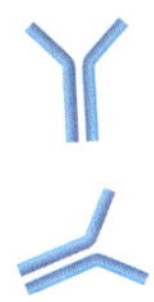	Anticorps contre la bactérie C 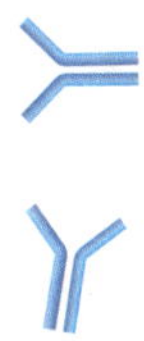

a) Les croquis d'anticorps sont inachevés. Complète-les pour les rendre capables de neutraliser les différentes bactéries.

b) Explique pourquoi les anticorps sécrétés pour neutraliser les bactéries A sont inefficaces contre les bactéries B.

....

....

c) Quelle propriété des anticorps est ici mise en évidence ?

....

....

....

7 La vaccination et les antibiotiques

À savoir

La vaccination, obligatoire pour certaines maladies infectieuses, a permis leur recul (tétanos, poliomyélite…), voire leur disparition à l'échelle mondiale (variole).

Mot-clé

Antibiotique
Substance produite naturellement par des micro-organismes ou par synthèse dans un laboratoire, qui bloque la croissance des bactéries ou les détruit.

L'usage abusif ou inapproprié des antibiotiques a entraîné l'apparition de bactéries mutantes résistantes, d'où des campagnes d'information sur le bon usage de ces substances.

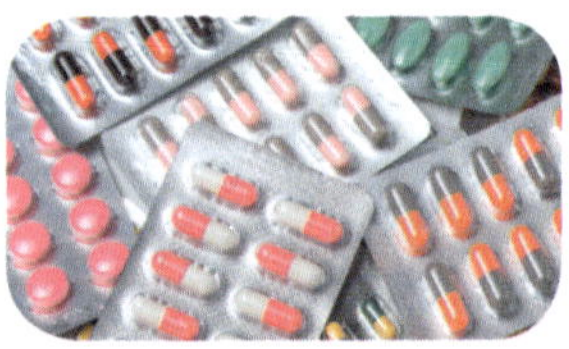

Retiens l'essentiel

1 La vaccination : une stimulation du système immunitaire

▸ La **vaccination** consiste à injecter à une personne saine des **antigènes** qui ne sont plus **pathogènes** (voir Mots-clés, p. 304) mais qui déclenchent la production de **lymphocytes mémoires** (voir Mots-clés, p. 306) spécifiques.

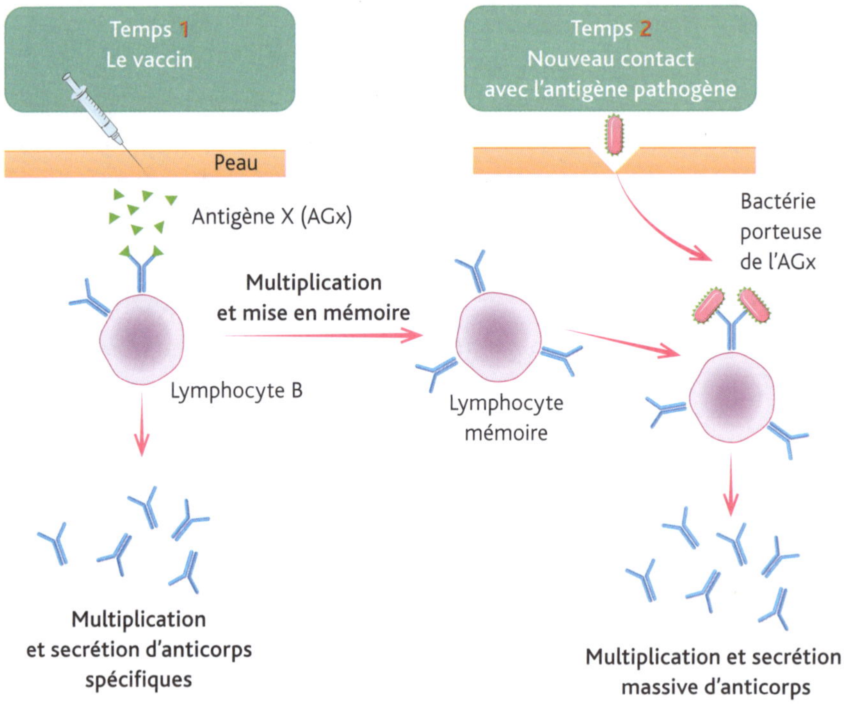

▸ Des injections répétées (piqûres de rappel) entretiennent la mémoire immunitaire et sont par conséquent indispensables.

2 Le bon usage des antibiotiques

▸ En cas d'infection bactérienne, des antibiotiques appropriés permettent d'éliminer les bactéries. Ils sont totalement sans effet sur les virus.

Comment faire ?

▸ Interpréter un antibiogramme et déterminer l'antibiotique qui pourra soigner un patient

Les antibiotiques sont nombreux mais aucun n'est efficace contre toutes les bactéries. Des bactéries prélevées chez le malade sont mises en culture, puis confrontées à l'action de différents antibiotiques.

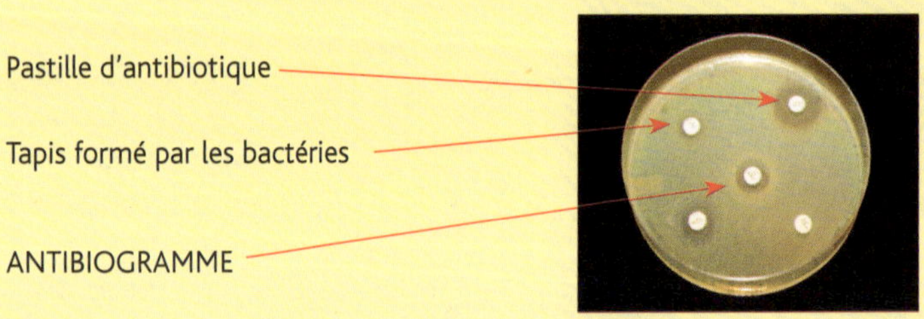

1. Repère les pastilles imprégnées des différents antibiotiques que l'on veut tester.

2. Repère les zones dépourvues de bactéries. Plus ces zones sont importantes, plus l'antibiotique est efficace.

Corrigés → livret, p. 48

S'entraîner

QUIZ-TEST

Coche la (ou les) bonne(s) réponse(s).

1 Un vaccin :

a) immunise l'organisme, car il contient des anticorps. ☐
b) déclenche la fabrication d'anticorps et de lymphocytes mémoire. ☐
c) reste efficace à vie s'il est injecté dès la petite enfance. ☐

2 Les antibiotiques :

a) sont efficaces contre l'ensemble des micro-organismes. ☐
b) sont des médicaments que l'on peut utiliser à volonté. ☐
c) détruisent avec plus ou moins d'efficacité les bactéries. ☐

3 ★★ La vaccination

Les courbes indiquent les taux d'anticorps produits en fonction du temps chez une personne non vaccinée contre le tétanos et chez une personne vaccinée contre le tétanos.

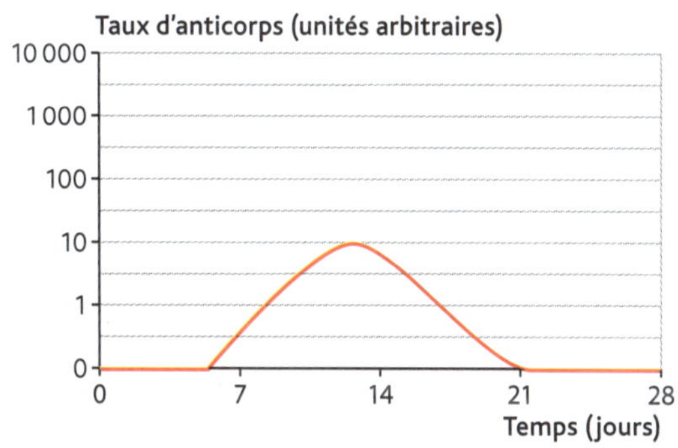

Doc 1. Personne non vaccinée contre le tétanos et contaminée par la bactérie du tétanos.

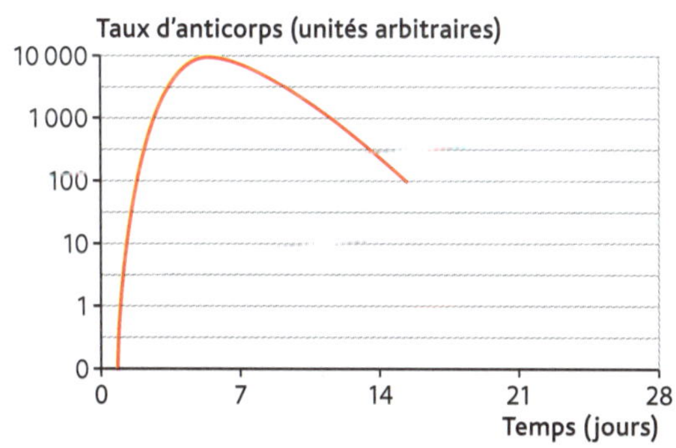

Doc 2. Personne vaccinée contre le tétanos et contaminée par la bactérie du tétanos.

a) Compare la qualité de la réponse immunitaire de ces deux personnes (quantité d'anticorps produits/délai de production).

....

....

b) Le tétanos est une maladie mortelle dont les symptômes n'apparaissent que chez un individu non vacciné, 7 à 8 jours après la contamination. Explique pourquoi.

....

....

4 ★★★ La résistance bactérienne aux antibiotiques

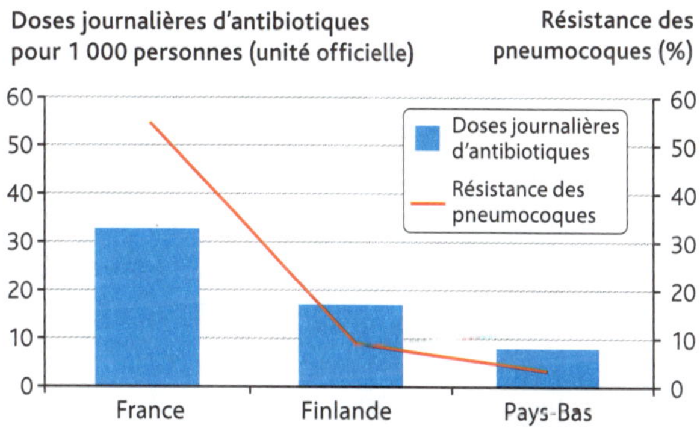

a) À l'aide du document, montre qu'un usage important d'antibiotiques favorise la formation de bactéries résistantes.

....

....

b) Justifie l'utilisation du slogan bien connu : « Les antibiotiques, c'est pas automatique ! ».

....

....

Corrigés → livret, p. 48

SVT : fais le bilan !

Coche, pour chaque exercice, la bonne réponse. Reporte-toi ensuite aux corrigés, p. 48, pour obtenir ton score sur 10.

1 Les individus d'une même espèce possèdent :

a) les mêmes molécules d'ADN. ☐
b) les mêmes allèles. ☐
c) les mêmes gènes. ☐

2 L'Homme (*homo sapiens*) :

a) a un ancêtre commun avec le chimpanzé. ☐
b) est plus évolué que les autres espèces. ☐
c) descend du singe. ☐

3 Une espèce nouvelle :

a) apparaît toujours après une disparition d'espèce. ☐
b) présente des caractères nouveaux. ☐
c) ne présente aucun caractère en commun avec l'espèce ancestrale dont elle est issue. ☐

4 L'évolution des espèces :

a) est due aux effets cumulés du hasard et de la sélection naturelle. ☐
b) est uniquement due au hasard. ☐
c) est uniquement due à la sélection naturelle. ☐

5 Les micro-organismes présents dans notre environnement sont :

a) observables à l'œil nu. ☐
b) tous pathogènes. ☐
c) parfois pathogènes. ☐

6 Les cellules capables de défendre notre organisme sont :

a) les hématies et les plaquettes. ☐
b) les lymphocytes et les phagocytes. ☐
c) les anticorps. ☐

7 Un antigène :

a) bloque l'expression d'un gène. ☐
b) est une molécule naturellement présente dans l'organisme. ☐
c) déclenche la fabrication d'anticorps. ☐

8 Les antibiotiques sont efficaces contre :

a) les virus exclusivement. ☐
b) les bactéries exclusivement. ☐
c) tous les micro-organismes connus actuellement. ☐

9 La vaccination consiste en :

a) l'injection d'antigènes pathogènes en faible quantité. ☐
b) l'injection d'antigènes rendus inoffensifs. ☐
c) l'injection d'anticorps. ☐

10 Pour préserver la biodiversité, il convient de :

a) maintenir le déséquilibre des écosystèmes. ☐
b) détruire les milieux de vie. ☐
c) limiter par des quotas les quantités prélevées de certaines espèces. ☐

TOTAL BILAN .... /10

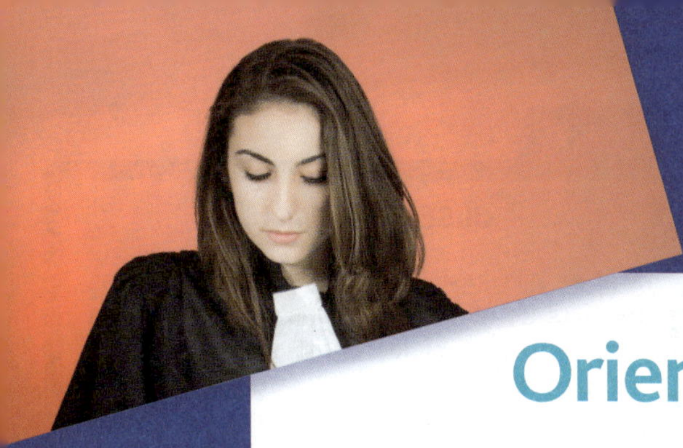

Orientation

Des idées pour un métier

En fin de troisième, vous allez devoir effectuer vos premiers choix d'orientation. Afin de vous aider dans ces choix, nous vous proposons ici un panorama des grands secteurs d'activité avec, pour chaque secteur :

- un exemple de métier ;
- une description de ce métier ;
- le profil requis pour l'exercer ;
- la formation qui conduit à ce métier ;
- une liste (non exhaustive) d'autres métiers de ce domaine d'activité.

Prenez le temps de parcourir ces quelques fiches métiers : elles ne manqueront pas de susciter chez vous des idées nouvelles ou des pistes de réflexion sur votre avenir !

L'enseignement

PROFESSEUR DES ÉCOLES

Métier : le professeur des écoles exerce dans les classes de maternelle et d'élémentaire. Il prend en charge sa classe à plein temps et enseigne toutes les disciplines. Il a aussi pour rôle d'inculquer à ses élèves les règles de vie en société, de les conduire vers l'autonomie et de leur apprendre à acquérir des méthodes de travail. Le temps du professeur se partage entre ses heures d'enseignement, la préparation de ses cours, la correction des cahiers et les rencontres avec les parents.

Profil : avoir envie de travailler au contact des enfants, être à l'écoute des autres, être pédagogue, être polyvalent, être patient.

Formation : bac + 5 (de préférence le master Métiers de l'Enseignement, de l'Éducation et de la Formation) pour passer le concours de recrutement (CRPE).

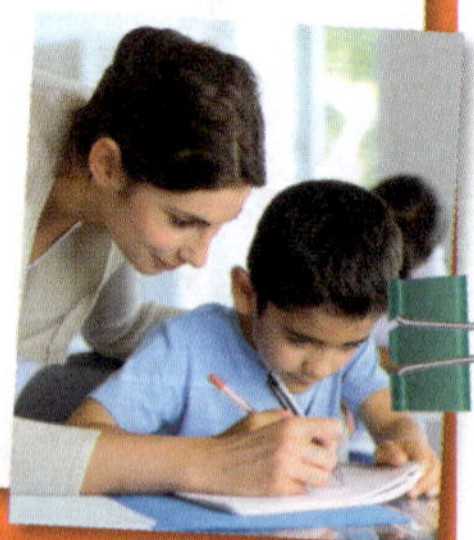

AUTRES MÉTIERS

Conseiller principal d'éducation, professeur de collège et lycée, conseiller d'orientation-psychologue, principal, auxiliaire de vie scolaire, documentaliste…

Le droit

JUGE DES ENFANTS

Métier : le juge des enfants s'occupe des mineurs de moins de 18 ans. Sa mission est double : protéger les enfants en danger en les plaçant par exemple dans une famille d'accueil ; juger les enfants ayant commis un délit. Dans les deux cas, le magistrat mène une enquête pour connaître l'environnement familial du mineur et sa personnalité.

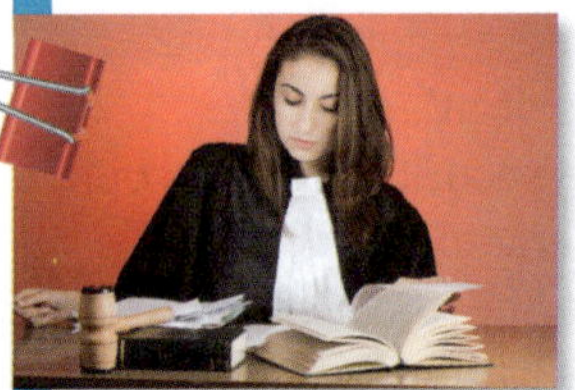

Profil : avoir envie de travailler au contact des enfants et adolescents, être à l'écoute des autres, avoir une bonne résistance psychologique.

Formation : 31 mois à l'École Nationale de la Magistrature (ENM) de Bordeaux accessible sur concours à bac + 4.

AUTRES MÉTIERS

Avocat, greffier, juge d'instruction, conseiller d'insertion et de probation, juriste d'entreprise, gardien de prison, huissier, notaire…

La sécurité et les secours

TECHNICIEN DE LA POLICE TECHNIQUE ET SCIENTIFIQUE

Métier : il aide les enquêteurs de police dans l'identification des auteurs d'infractions. Selon sa spécialité, il analyse des traces de sang, des empreintes digitales, réalise des études balistiques, dessine des portraits-robots,… Il travaille le plus souvent en laboratoire mais peut se déplacer sur le terrain pour relever des indices.

Profil : aimer le travail en équipe, être rigoureux, être curieux.

Formation : recrutement sur concours après un bac + 2 scientifique.

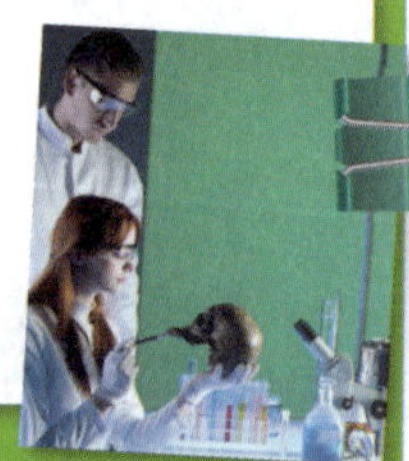

AUTRES MÉTIERS

Commissaire de police, gendarme, gardien de la paix, détective privé, sapeur-pompier, militaire, douanier, officier de l'Armée de terre/de l'air, maître-nageur sauveteur, pilote de chasse…

L'ENVIRONNEMENT

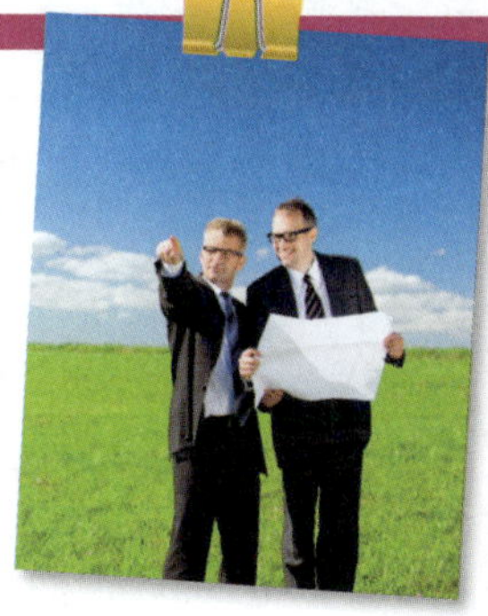

CONSEILLER EN ENVIRONNEMENT

Métier : son rôle est de sensibiliser les entreprises et les collectivités locales au respect de l'environnement et à l'amélioration du cadre de vie. Il peut émettre des recommandations en matière de recyclage des déchets toxiques lors de l'implantation d'une nouvelle usine; il peut être chargé d'organiser le tri sélectif dans une ville ou aider une commune à réduire ses problèmes de nuisances sonores… Le conseiller en environnement informe sur les réglementations en vigueur et joue souvent un rôle de médiateur entre les différents acteurs d'un projet.

Profil : être prêt à une grande mobilité géographique, savoir être persuasif, être diplomate.

Formation : bac + 5 minimum en environnement, biologie, chimie, géographie ou diplôme d'ingénieur.

AUTRES MÉTIERS : géologue, technicien en traitement des déchets/de l'eau, garde du littoral, garde forestier, animateur nature, acousticien, paysagiste…

LE SPECTACLE ET LA CULTURE

MÉDIATEUR CULTUREL

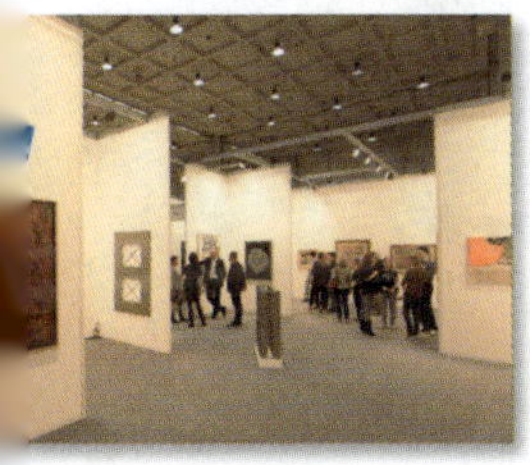

Métier : le médiateur culturel a pour mission de faire connaître les œuvres artistiques au grand public. Selon qu'il travaille dans un musée, dans une bibliothèque, ou qu'il est employé par une ville, il organise des expositions, des lectures à thèmes, met en place des festivals, des spectacles de rue… En lien étroit avec les artistes, le médiateur culturel conçoit les manifestations culturelles, mais il est également chargé de leur gestion financière et de leur promotion auprès des médias.

Profil : être passionné par l'art, être curieux, être pédagogue.

Formation : bac + 3 ou 5 à l'université ou en école privée.

AUTRES MÉTIERS

Musicien, danseur, comédien, clown, costumier, maquilleur, régisseur lumière, scénographe, ingénieur du son, agent artistique, conservateur territorial du patrimoine, bibliothécaire…

LA SANTÉ

OSTÉOPATHE

Métier : l'ostéopathe soigne les douleurs et troubles de ses patients uniquement grâce au toucher. Par des manipulations douces et très précises, il traite les maux de dos, les problèmes digestifs, les migraines… Il considère le corps dans sa globalité : pour lui, une simple douleur musculaire peut affecter l'équilibre général de l'état de santé. L'ostéopathie appartient aux professions paramédicales.

Profil : avoir envie d'exercer un métier manuel, être à l'écoute des autres, être patient, être précis.

Formation : bac + 5 ou 6 pour obtenir un diplôme d'ostéopathe (DO) dans des écoles agréées par le ministère de la Santé.

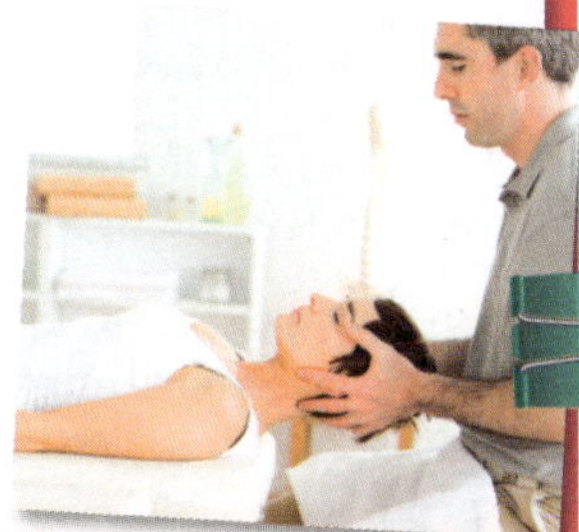

AUTRES MÉTIERS

Infirmier, chirurgien, médecin généraliste, pharmacien, diététicien, anesthésiste, psychiatre, dentiste, kinésithérapeute, ambulancier, secrétaire médicale, opticien, sage-femme…

Les métiers d'art

RESTAURATEUR D'ŒUVRES D'ART

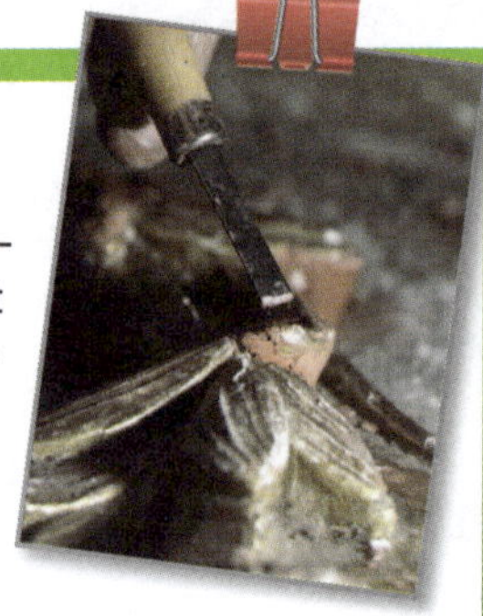

Métier : selon sa spécialité, le restaurateur d'œuvres d'art restitue son aspect d'origine à une poterie, un tableau, un monument, un meuble, un livre. Pour cela, il doit d'abord identifier avec précision l'époque de création de l'œuvre, son style, la technique employée, les matériaux utilisés. Grâce aux rayons X notamment, il évalue le temps et le coût de la restauration ainsi que les opérations à réaliser (désinfection, consolidation...). Il doit avoir une excellente connaissance de l'histoire de l'art et des notions de physique-chimie.

Profil : avoir envie d'exercer un métier manuel, être passionné d'art, être habile, être minutieux.

Formation : du CAP (bronzier, ébéniste...) au bac pro artisanat et métiers d'art et jusqu'à bac + 5 (à l'Institut National du Patrimoine).

AUTRES MÉTIERS : ébéniste, bijoutier-joaillier, céramiste, illustrateur, encadreur-relieur, relieur-doreur, styliste...

Le social

ANIMATEUR SOCIOCULTUREL

Métier : l'animateur socioculturel s'occupe d'organiser le temps libre de publics aussi divers que les enfants, les adolescents ou les seniors. Il intervient dans les centres de loisirs, les centres culturels, les maisons de la jeunesse et de la culture, les clubs du troisième âge, les médiathèques... Selon son public, il met en place des ateliers de poterie, des séances de ciné-club, des sorties culturelles... Il peut être amené à participer à l'alphabétisation de personnes en difficulté et jouer le rôle de médiateur lors de tensions dans un quartier.

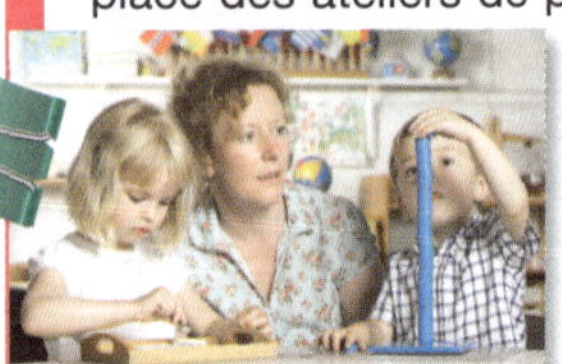

Profil : être à l'écoute des autres, être créatif, être dynamique.

Formation : du Brevet d'Aptitude Professionnelle d'Assistant Animateur Technicien (BAPAAT) à bac + 3 (licence pro métiers de l'animation).

AUTRES MÉTIERS

Assistante sociale, éducateur spécialisé, auxiliaire de vie sociale, médiateur social, auxiliaire de puériculture, chef de mission humanitaire...

Le commerce

CHEF DE RAYON

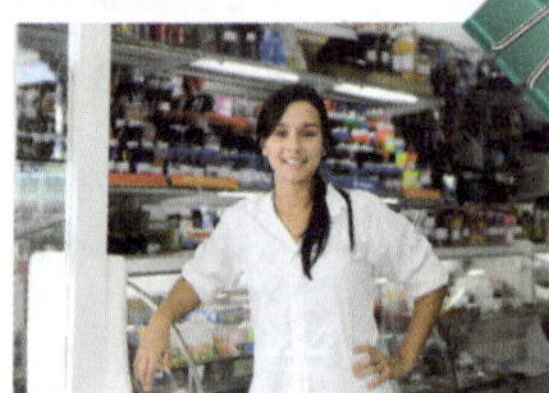

Métier : dans une grande surface, le chef de rayon est responsable d'un rayon particulier (vêtements, papeterie, poissonnerie...). Il négocie les prix des marchandises avec les fournisseurs, réceptionne les produits, vérifie la tenue de son rayon (étiquetage des prix, mise en valeur de certains articles), décide des offres promotionnelles et gère ses stocks. Il a également un rôle important d'encadrement auprès de son équipe de vendeurs. Son travail peut être stressant car il est responsable du chiffre d'affaires de son rayon.

Profil : être dynamique, avoir le sens de l'initiative, être prêt à une grande disponibilité, avoir une bonne résistance au stress.

Formation : bac + 2 minimum (BTS management des unités commerciales, BTS technico-commercial, DUT techniques de commercialisation).

AUTRES MÉTIERS

Boulanger, boucher, charcutier traiteur, libraire, directeur de grande surface, étalagiste, chargé d'études marketing, commercial...

L'informatique

GAME DESIGNER

Métier : le game designer conçoit les mécanismes d'un jeu vidéo. En fonction du budget, du type de jeu et de la cible définis en amont, il imagine une histoire avec des personnages, des décors, des épreuves, divers niveaux de difficulté, différentes fonctionnalités… Son objectif est de rendre le jeu le plus captivant et ludique possible. Il travaille, tout au long du processus de production, en étroite collaboration avec des infographistes, des animateurs 3D, des sound designers et des testeurs.

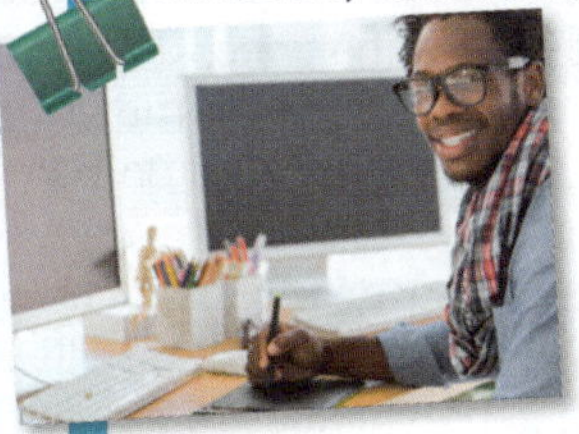

Profil : être très créatif, être rigoureux, avoir une bonne résistance au stress, avoir un bon niveau d'anglais.

Formation : bac + 2 minimum en création multimédia, graphisme ou informatique.

AUTRES MÉTIERS

Développeur multimédia, community manager, développeur informatique, administrateur de bases de données, webdesigner, webmaster…

Le tourisme

GUIDE-CONFÉRENCIER

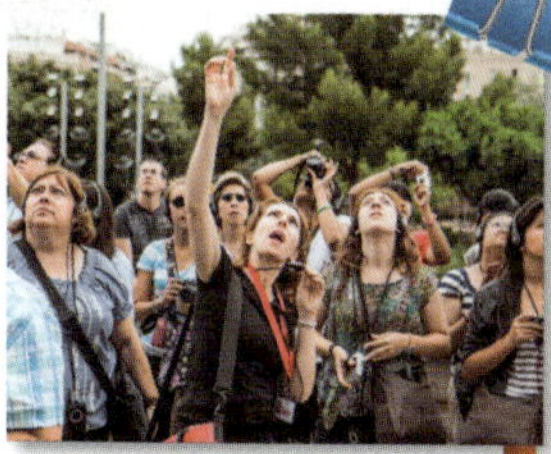

Métier : le guide-conférencier fait découvrir aux touristes français et étrangers les richesses de notre patrimoine, qu'il s'agisse de musées, châteaux, parcs ou d'un quartier historique. Avant la visite, il prépare minutieusement sa présentation en effectuant des recherches documentaires. Il prend ensuite contact avec les responsables du site afin d'obtenir les autorisations nécessaires. Lors de la visite, il commente les lieux ou les œuvres dans la langue des touristes. Il lui faut donc une très bonne maîtrise d'une (ou plusieurs) langue(s) étrangère(s). Son travail est souvent saisonnier.

Profil : avoir le sens du contact, être pédagogue, s'intéresser à l'histoire et à l'histoire de l'art.

Formation : bac + 3 (licence professionnelle de guide-conférencier).

AUTRES MÉTIERS

Directeur d'office de tourisme, concepteur de voyages, interprète, billettiste, hôtesse de l'air/steward, concierge d'hôtel, maître restaurateur, directeur d'hôtel, maître d'hôtel, réceptionniste…

La communication et l'informatique

JOURNALISTE REPORTER D'IMAGES

Métier : le JRI est à la fois journaliste, caméraman, preneur de son et monteur. C'est lui qui propose des sujets à la rédaction de chaînes télévisées ou aux sociétés de production, lui qui effectue les repérages sur le terrain et organise d'éventuelles interviews. Une fois le projet de reportage mis au point, le JRI tourne son sujet puis il s'occupe du montage pour donner une cohérence aux différentes images et enregistre ses commentaires.

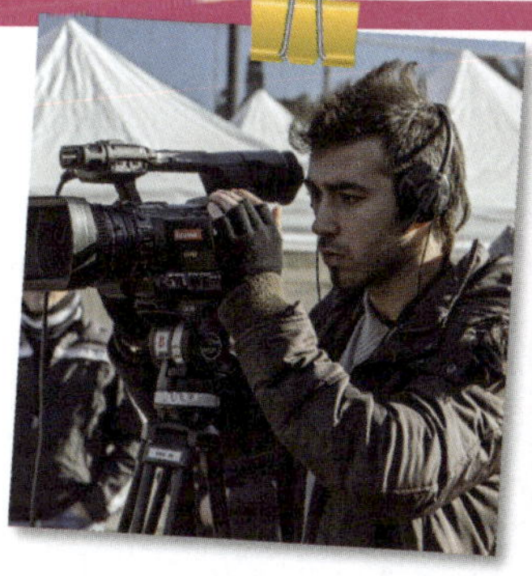

Profil : être curieux, être diplomate, aimer l'autonomie, être prêt à une grande disponibilité.

Formation : école de journalisme accessible à bac + 3.

AUTRES MÉTIERS : attachée de presse, journaliste papier/radio/télévision, reporter photographe, chargé de communication, graphiste, maquettiste, secrétaire de rédaction…

Le bâtiment

ARCHITECTE

Métier : à la demande d'un client (particulier, promoteur immobilier...), l'architecte suit toutes les étapes de réalisation d'une maison, d'un immeuble ou d'un bâtiment public. Après une étude de faisabilité du projet, il dessine les plans du bâtiment sur ordinateur en prenant en compte les désirs du client, les délais, le budget et les contraintes d'urbanisme. Une fois le plan validé, il contacte les entreprises d'électricité, maçonnerie, peinture... et se charge d'obtenir un permis de construire. Il suit ensuite tout le déroulement des travaux jusqu'à la réception de l'ouvrage par le client.

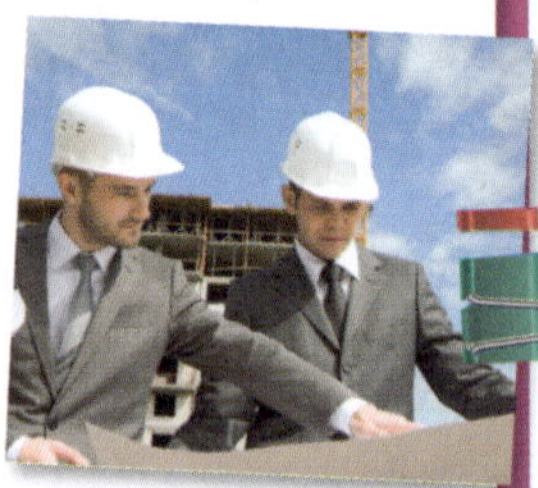

Profil : être créatif, être rigoureux, avoir une bonne résistance au stress.

Formation : bac + 5 pour obtenir le Diplôme d'État d'Architecte (DEA).

AUTRES MÉTIERS

Géomètre-topographe, urbaniste, chef de chantier, conducteur d'engins de travaux publics, chauffagiste, couvreur, peintre en bâtiment, plombier, électricien, domoticien...

L'industrie

MÉTALLIER

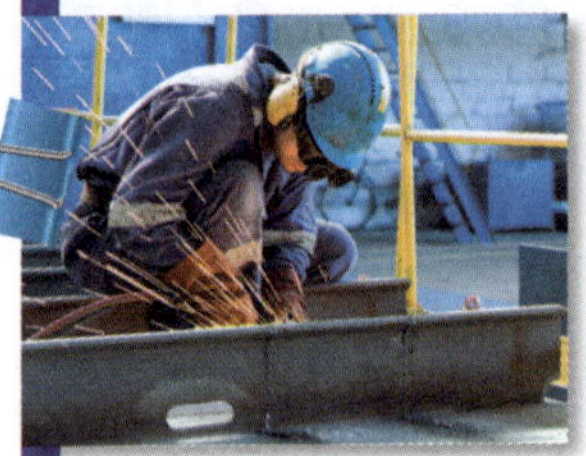

Métier : le métallier travaille l'étain, le bronze, le fer, le cuivre... et peut fabriquer des pièces aussi diverses que des clés, des balcons, des portails, les parties de charpente métallique d'un pont ou d'un bâtiment. À partir de plans, il effectue les tracés sur le métal, il procède aux découpes à l'aide d'instruments tels que plieuses ou cisailles et assemble les différentes pièces. Il se rend ensuite sur le chantier pour procéder aux ajustements des réalisations.

Profil : être minutieux, être habile, être créatif, avoir une bonne condition physique.

Formation : du CAP serrurier-métallier au BTS constructions métalliques.

AUTRES MÉTIERS

Opérateur sur machine, conducteur c ligne de production, dessinateur industrie électromécanicien, technicien plasturgist planificateur de production...

Le sport

ENTRAÎNEUR SPORTIF

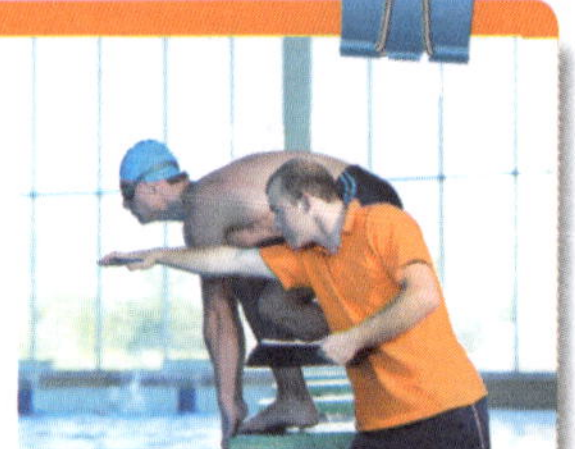

Métier : avant de devenir coach, l'entraîneur sportif doit avoir lui-même pratiqué la discipline en question à haut niveau. Sa mission est d'amener un athlète ou une équipe à produire les meilleures performances. Il conçoit, pour cela, des exercices selon une certaine progression et un certain rythme, il analyse les résultats des compétitions, corrige les fautes techniques... Il a également un très grand rôle psychologique : il motive les sportifs à se dépasser, les encourage lors des épreuves, les soutient en cas d'échec.

Profil : être sportif, être pédagogue, être à l'écoute des autres, être dynamique, être prêt à une grande disponibilité.

Formation : bac + 2 minimum pour obtenir le Diplôme d'État de la Jeunesse, de l'Éducation Populaire et du Sport (DEJEPS) et être un bon sportif.

AUTRES MÉTIERS : accompagnateur en moyenne montagne, guide de haute montagne, moniteur de ski/de voile/d'équitation, cascadeur, professeur d'éducation physique et sportive...

Le transport

CONTRÔLEUR AÉRIEN

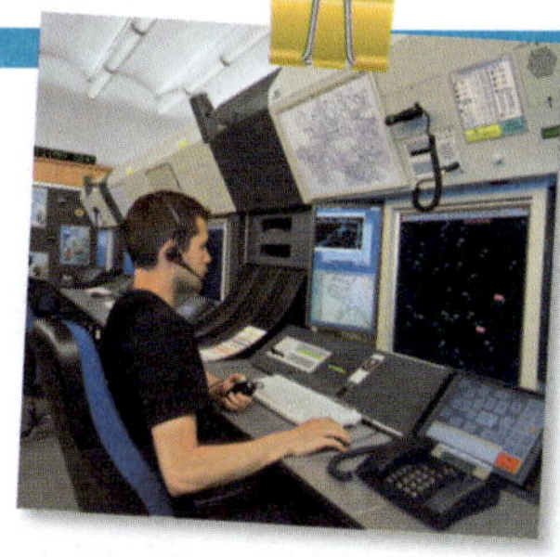

Métier : le contrôleur aérien guide les pilotes lors des phases de décollage et d'atterrissage des avions, les oriente aux abords des aéroports ou les suit en vol. Il analyse simultanément un grand nombre d'informations (conditions météorologiques, plans de vol, trajectoires des différents appareils) et indique aux pilotes quelles vitesse, altitude et trajectoire prendre. Il porte une lourde responsabilité et doit savoir prendre les bonnes décisions avec rapidité. Il doit aussi pouvoir communiquer en anglais avec les contrôleurs des pays voisins.

Profil : être précis, être réactif, avoir un excellent niveau d'anglais, avoir une très bonne résistance au stress, avoir une très bonne condition physique.

Formation : 3 ans à l'ENAC (École Nationale de l'Aviation Civile) de Toulouse accessible sur concours à bac +2.

AUTRES MÉTIERS : chauffeur de taxi, déménageur, convoyeur de fonds, moniteur d'auto-école, conducteur de train/de métro, pilote de ligne, marin de commerce, ingénieur aérospatial...

La finance

TRADER

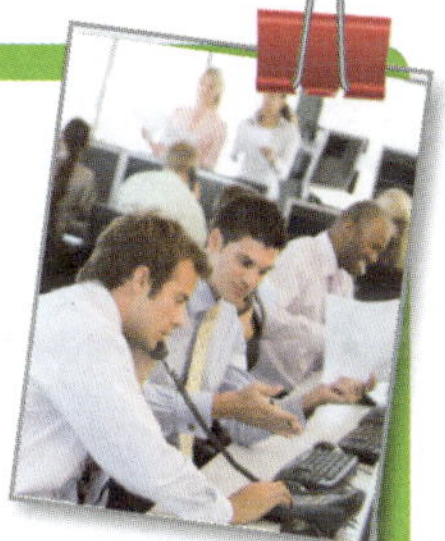

Métier : le trader réalise des opérations financières pour le compte de banques, d'entreprises ou de particuliers. Il suit en temps réel les évolutions des marchés financiers internationaux, décide de vendre ou d'acheter des actions et des devises en fonction de la variation des cours de la bourse. Il se tient constamment informé de l'actualité et de la vie des entreprises. Son objectif est de saisir les meilleures opportunités pour accroître le capital de ses clients tout en prenant des risques mesurés.

Profil : avoir une très bonne résistance au stress, être réactif, avoir un très bon niveau d'anglais.

Formation : bac + 5 (diplôme d'école d'ingénieur spécialisé en finance, diplôme d'école de commerce spécialisé en finance, master en ingénierie financière...).

AUTRES MÉTIERS

Analyste financier, contrôleur de gestion, expert-comptable, auditeur financier...

L'agriculture

ÉLEVEUR

Métier : qu'il s'agisse de porcs, de vaches ou de volailles, l'éleveur nourrit son troupeau, le soigne et s'assure de son bon développement. À terme il revend ses bêtes ou commercialise ce qu'elles produisent (viande, lait, œufs...). Il doit aussi quotidiennement entretenir les bâtiments, les pâturages, récolter le fourrage... Il peut choisir un certain mode d'élevage afin d'obtenir un label officiel tel que les labels plein air ou biologique. Afin de faire tourner son exploitation, l'éleveur doit avoir une solide connaissance en gestion, informatique et comptabilité.

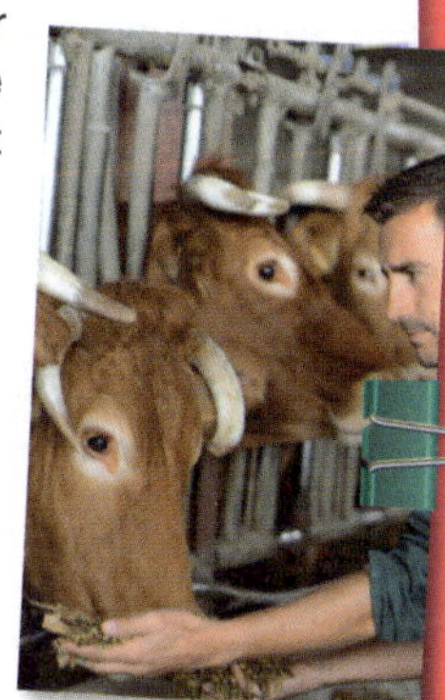

Profil : avoir envie de travailler au grand air et au contact des animaux, avoir une très bonne résistance physique, être polyvalent.

Formation : du CAP agricole à bac + 2 (BATSA)

AUTRES MÉTIERS

Agriculteur, vétérinaire, horticulteur, ingénieur agronome, pisciculteur...

Couverture :

- **Dessins** : © Shutterstock/tynyuk et Stéphanie Benoit
- **Conception et exécution** : Stéphanie Benoit

Intérieurs de l'ouvrage, du Guide Parents et du dépliant :

- **Mise en page de l'ouvrage et du Guide Parents** : SoftOffice
- **Mise en page du dépliant** : Domino
- **Dessins techniques** : Lasergraphie, Médiamax, SoftOffice
- **Illustrations** : Philippe Chauvet
- **Cartographie** :
  - Dépliant : Cartographie Hachette Éducation
  - Intérieur de l'ouvrage : Cartographie Hachette Éducation/Fabrice Le Goff/Domino

Crédits photographiques

Dépliant : Histoire (images de gauche à droite) **meule dormante avec grains (époque Néolithique)**, Musée Des Antiquités : ©Photo Josse/Leemage ; **faucille en pierre polie** : D.R. ; **peinture égyptienne** : ©Hachette Livre ; **Moïse expliquant la Loi** : ©Hachette Livre ; **louve romaine** : ©Hachette Livre ; **Athènes, Parthénon** : ©Hachette Livre ; **Vercingétorix à Alésia** : ©Hachette Livre ; **Colisée, Rome** : Sailorr©Shutterstock ; **Clovis** : ©Hachette Livre ; **l'Hégire** : ©Photothèque Hachette Livre ; **Charlemagne** : ©Bianchetti/Leemage ; **basilique de Vézelay** : CIS©Shutterstock ; **Hugues Capet** : ©Photo Josse/Leemage ; **croisade (vitrail)** : jorisvo©Shutterstock ; **cathédrale Notre-Dame** : ©Hachette Livre ; **Bouvines** : ©Hachette Livre ; **imprimerie** : ©Photothèque Hachette Livre ; **caravelle de Christophe Colomb** : ©Hachette Livre ; **Saint-Barthélemy** : ©Hachette Livre ; **Luther** : ©Hachette Livre ; **Louis XIV** : ©PrismaArchivo/Leemage ; **Encyclopédie** : ©Photothèque Hachette Livre ; **locomotive à vapeur** : ©Hachette Livre ; **prise de la Bastille** : ©Hachette Livre ; **Napoléon** : ©Photo Josse/Leemage ; **congrès de Vienne** : ©Photothèque Hachette Livre ; **Louis XVIII** : ©Hachette Livre ; **Charles X** : ©Hachette Livre ; **Louis-Philippe** : ©Hachette Livre ; **Napoléon III** : ©Photo Josse/Leemage ; **incendie de l'Hôtel de ville de Paris** (la Commune) : ©Photothèque Hachette Livre ; **Pasteur** : ©Hachette Livre ; **L'Aurore** (affaire Dreyfus) : ©Photothèque Hachette Livre ; **révolutions russes** : ©RIA Novosti ; **Première Guerre mondiale** : ©Collection NBL/Kharbine-Tapabor ; **armistice** : ©Leemage ; **Hitler** : ©Costa/Leemage ; **Staline** : ©Hachette Livre ; **vote des femmes** : ©CIRIP/Alain Gesgon ; **Gandhi** : ©Hachette Livre ; **drapeau chinois** : cartographie Hachette Livre ; **De Gaulle** : ©AFP ; **Mitterrand** : ©Photo Gisèle Freund/La Documentation française ; **drapeau européen** : cartographie Hachette Livre ; **Chirac** : ©Photo Bettina Rheims/La Documentation française ; **billets de 20 euros** : donfiore©Shutterstock ; **Sarkozy** : ©Jensen/dpa/Corbis ; **Hollande** : ©Mousse/Abaca/Leemage ; **Macron** : Frederic Legrand-COMEO©Shutterstock. Géographie Cartographie Hachette Éducation.

Guide Parents : **photo de couverture** : YanLev©Shutterstock ; **p. 3**, de haut en bas : Monkeybusiness©Fotolia / Contrastwerkstatt©Fotolia ; **p. 4** : Contrastwerkstatt©Fotolia ; **p. 5** : Contrastwerkstatt©Fotolia ; **p. 6**, de haut en bas : Lumina Images 2012©Fotolia ; Fotos©Marco Antonio 2013 ; **p. 7** : Wild Orchid©Fotolia ; **pp. 29 et 30** : ©Scratch ; Scratch est développé par le groupe Lifelong Kindergarten auprès du MIT Media Lab (voir http://scratch.mit.edu) ; **p. 44** : Silanti©Shutterstock.

Intérieur de l'ouvrage : **p. 4** : Africa Studio©Shutterstock ; **p. 8** : wavebreakmedia©Shutterstock ; **p. 11** : Evgeny Karandaev©Shutterstock ; **p. 12** : Lyubov Timofeyeva©Shutterstock ; **p. 13** : AntonioDiaz ©Shutterstock ; **p. 19** : ©Scratch ; **p. 21** : ©Scratch ; **p. 24** : ©Collection Simone Benoît/Europeana ; **p. 26** : Photographie aérienne de la commune de Chassieu ©Planet Observer/Gamma-Rapho ; **p. 31** : de haut en bas, de gauche à droite, Stocksnapper©Shutterstock ; Peter Gudella ©Shutterstock ; megastocker©Shutterstock ; alicjane©Shutterstock ; **p. 35** : ©Photothèque Hachette Livre ; **p. 40** : ©Photothèque Hachette Livre ; **p. 50** : Frederic Legrand-COMEO©Shutterstock ; **p. 51** : Botamochy ©Shutterstock ; **p. 55** : Phase4Studios©Shutterstock ; **p. 95** : LACMA (www.lacma.org) ; **p. 109** : agsandrew©Shutterstock ; **p. 113** : ©Scratch ; **p 115** : Ml. TI©Fotolia ; **p. 117** : destina©Fotolia ; **p. 127** : VRD©Fotolia ; **p. 129** : ©Scratch ; **p. 141** : blueringmedia©Fotolia ; **p. 155** : ©Scratch ; **p. 161** : ©Scratch ; **p. 163** : Stéphane Legrand©Fotolia ; **p. 165** : Shahid Khan©Shutterstock ; **p. 199** : Erica Guilane-Nachez©Fotolia ; **p. 203** : artisticco©Fotolia ; **p. 211** : PhotostockAR©Shutterstock ; **p. 214** : ©Photothèque Hachette Livre ; **p. 216** haut : ©Photothèque Hachette Livre ; bas : ©SipaPress ; **p. 218** : ©Photothèque Hachette Livre ; **p. 219** : ©Rue des Archives/Tal ; **p. 220** : de haut en bas, ©The Art Archive/Dolfy Agency ; une du journal *Patrie* du 18/04/1945 ; **p. 222** : ©Photothèque Hachette Livre ; **p. 224** : ©Photothèque Hachette Livre ; **p. 226** : © Rue des Archives ; **p. 228**, de haut en bas : ©Photothèque Hachette Livre ; ©Jean Effel ADAGP ; **p. 230** : infografick©Shutterstock ; **p. 232**, de haut en bas : ©Rue des Archives ; ©Keystone ; **p. 234** : ©Alexis Duclos/Gamma-Rapho ; **p. 236**, de haut en bas : ©Keystone ; ©Jeanneau Michel/Sipa ; **p. 237** : ©Keystone ; **p. 239** : Photographie aérienne de la commune de Chassieu ©Planet Observer/Gamma-Rapho ; **p. 242** : prochasson frederic©Shutterstock ; **p. 244** : lightpoet©Shutterstock ; **p. 246** : davis muscroft©Shutterstock ; **p. 248** : dade72©Shutterstock ; **p. 251** : ©Moirenc/Hemis ; **p. 252** : Photographie aérienne port de Dégrad des Cannes DR ; **p. 254** : Sergyl Fugurnyl©Fotolia ; **p. 256** : haut, Patrizio Martorana©Shutterstock ; bas, Vue aérienne du port de Calais©Francis Bocquet ; **p. 258** : Leonid Andronov©Shutterstock ; **p. 260** : ©Mairie de Longjumeau ; **p. 262** : Bruno Bernier©Fotolia ; **p. 263**, de gauche à droite : C. de Gaulle ©Letellier/Gamma ; G. Pompidou ©Marie-Laure de Decker/Gamma ; V. Giscard d'Estaing ©Gilbert Uzan/Gamma ; F. Mitterrand ©D. Simon/Gamma ; J. Chirac ©La Documentation française/Bettina Rheims ; N. Sarkozy ©Jensen/dpa/Corbis ; F. Hollande ©Mousse/Abaca/Leemage ; E. Macron Frederic Legrand-COMEO©Shutterstock ; **p. 264** : Alexander Zavadsky©Shutterstock ; **p. 267** : Bruce Rolff©Shutterstock ; **p. 276** : de haut en bas, biokeriderlondon©Shutterstock ; Yustus©Shutterstock ; **p. 277** : de haut en bas, de gauche à droite, Sebastien Crocker©Shutterstock ; Dima Fadeev©Shutterstock ; Silanti©Shutterstock ; **p. 279** : de haut en bas, Joggie Botma©Shutterstock ; Dmitry Kalinovsky©Shutterstock ; **p. 281** : de gauche à droite, Mike McDonald©Shutterstock ; Bon Appetit©Shutterstock ; **p. 284** : s4svisuals©Shutterstock ; **p. 285** : de haut en bas, de gauche à droite, criben©Shutterstock ; Marc Ward©Shutterstock ; REDPIXEL.PL ©Shutterstock ; **p. 287** : KPG_Payless©Shutterstock ; **p. 290** : de gauche à droite, maxim ibragimov©Shutterstock ; fokusgood©Shutterstock ; **p. 291** : Petr Malyshev©Shutterstock ; **p. 295** : ©Fotolia ; **p. 297** : de haut en bas, Kondratuk A©Shutterstock ; DR ; **p. 299** : Neftali©Shutterstock ; **p. 301** : de gauche à droite, Hintau Aliaksei©Shutterstock ; sciencepics©Shutterstock ; Nicolas Primola©Shutterstock ; **p. 302** : TMsara©Shutterstock ; **p. 304** : de haut en bas, Iconic Bestiary©Shutterstock ; royaltystockphoto.com ©Shutterstock ; **p. 305** : DR ; **p. 306**, de gauche à droite, Sebastian Kaulitzki©Shutterstock ; toranosuke©Shutterstock ; **p. 308** : de haut en bas, Yoottana Tiyaworanan©Shutterstock ; ggw1962©Shutterstock ; **p. 311** : SMA Studio©Shutterstock ; **p. 312** : de gauche à droite, de bas en haut, Goodluz©Shutterstock ; SMA Studio©Shutterstock ; Shotsstudios©Fotolia ; **p. 313** : de bas en haut, de gauche à droite, racorn©Shutterstock ; Adriano Castelli©Shutterstock ; wavebreakmedia©Shutterstock ; **p. 314** : de bas en haut, de gauche à droite, Monkey Business Images©Shutterstock ; mangostock©Shutterstock ; SteF©Fotolia ; **p. 315** : de gauche à droite, de bas en haut, wavebreakmedia©Shutterstock, funkyfrogstock©Shutterstock ; KarSol©Shutterstock ; **p. 316** : de gauche à droite, de bas en haut, Pressmaster©Shutterstock ; Bogdan Vasilescu©Shutterstock, dotshock ©Shutterstock ; **p. 317** : de bas en haut, de gauche à droite : Burben ©Shutterstock ; Monkey Business Images©Shutterstock, Goodluz ©Shutterstock.

Conjugaisons

	Indicatif			Conditionnel	Subjonctif
	Présent	**Passé composé**	**Plus-que-parfait**	**Présent**	**Présent**
Être	je suis tu es il, elle est nous sommes vous êtes ils, elles sont	j'ai été tu as été il, elle a été nous avons été vous avez été ils, elles ont été	j'avais été tu avais été il, elle avait été nous avions été vous aviez été ils, elles avaient été	je serais tu serais il, elle serait nous serions vous seriez ils, elles seraient	que je sois que tu sois qu'il, qu'elle soit que nous soyons que vous soyez qu'ils, qu'elles soient
Avoir	j'ai tu as il, elle a nous avons vous avez ils, elles ont	j'ai eu tu as eu il, elle a eu nous avons eu vous avez eu ils, elles ont eu	j'avais eu tu avais eu il, elle avait eu nous avions eu vous aviez eu ils, elles avaient eu	j'aurais tu aurais il, elle aurait nous aurions vous auriez ils, elles auraient	que j'aie que tu aies qu'il, qu'elle ait que nous ayons que vous ayez qu'ils, qu'elles aient
Chanter (1er groupe)	je chante tu chantes il, elle chante nous chantons vous chantez ils, elles chantent	j'ai chanté tu as chanté il, elle a chanté nous avons chanté vous avez chanté ils, elles ont chanté	j'avais chanté tu avais chanté il, elle avait chanté nous avions chanté vous aviez chanté ils, elles avaient chanté	je chanterais tu chanterais il, elle chanterait nous chanterions vous chanteriez ils, elles chante-raient	que je chante que tu chantes qu'il, qu'elle chante que nous chantions que vous chantiez qu'ils, qu'elles chantent
Finir (2e groupe)	je finis tu finis il, elle finit nous finissons vous finissez ils, elles finissent	j'ai fini tu as fini il, elle a fini nous avons fini vous avez fini ils, elles ont fini	j'avais fini tu avais fini il, elle avait fini nous avions fini vous aviez fini ils, elles avaient fini	je finirais tu finirais il, elle finirait nous finirions vous finiriez ils, elles finiraient	que je finisse que tu finisses qu'il, qu'elle finisse que nous finissions que vous finissiez qu'ils, qu'elles finissent
Aller	je vais tu vas il, elle va nous allons vous allez ils, elles vont	je suis allé(e) tu es allé(e) il est allé, elle est allée nous sommes allé(e)s vous êtes allé(e)s ils sont allés, elles sont allées	j'étais allé(e) tu étais allé(e) il était allé, elle était allée nous étions allé(e)s vous étiez allé(e)s ils étaient allés, elles étaient allées	j'irais tu irais il, elle irait nous irions vous iriez ils, elles iraient	que j'aille que tu ailles qu'il, qu'elle aille que nous allions que vous alliez qu'ils, qu'elles aillent
Dire	je dis tu dis il, elle dit nous disons vous dites ils, elles disent	j'ai dit tu as dit il, elle a dit nous avons dit vous avez dit ils, elles ont dit	j'avais dit tu avais dit il, elle avait dit nous avions dit vous aviez dit ils, elles avaient dit	je dirais tu dirais il, elle dirait nous dirions vous diriez ils, elles diraient	que je dise que tu dises qu'il, qu'elle dise que nous disions que vous disiez qu'ils, qu'elles disent
Faire	je fais tu fais il, elle fait nous faisons vous faites ils, elles font	j'ai fait tu as fait il, elle a fait nous avons fait vous avez fait ils, elles ont fait	j'avais fait tu avais fait il, elle avait fait nous avions fait vous aviez fait ils, elles avaient fait	je ferais tu ferais il, elle ferait nous ferions vous feriez ils, elles feraient	que je fasse que tu fasses qu'il, qu'elle fasse que nous fassions que vous fassiez qu'ils, qu'elles fassent

	Indicatif			Conditionnel	Subjonctif
	Présent	Passé composé	Plus-que-parfait	Présent	Présent
Pouvoir	je peux tu peux il, elle peut nous pouvons vous pouvez ils, elles peuvent	j'ai pu tu as pu il, elle a pu nous avons pu vous avez pu ils, elles ont pu	j'avais pu tu avais pu il, elle avait pu nous avions pu vous aviez pu ils, elles avaient pu	je pourrais tu pourrais il, elle pourrait nous pourrions vous pourriez ils, elles pourraient	que je puisse que tu puisses qu'il, qu'elle puisse que nous puissions que vous puissiez qu'ils, qu'elles puissent
Partir	je pars tu pars il, elle part nous partons vous partez ils, elles partent	je suis parti(e) tu es parti(e) il est parti, elle est partie nous sommes parti(e)s vous êtes parti(e)s ils sont partis, elles sont parties	j'étais parti(e) tu étais parti(e) il était parti, elle était partie nous étions parti(e)s vous étiez parti(e)s ils étaient partis, elles étaient parties	je partirais tu partirais il, elle partirait nous partirions vous partiriez ils, elles partiraient	que je parte que tu partes qu'il, qu'elle parte que nous partions que vous partiez qu'ils, qu'elles partent
Prendre	je prends tu prends il, elle prend nous prenons vous prenez ils, elles prennent	j'ai pris tu as pris il, elle a pris nous avons pris vous avez pris ils, elles ont pris	j'avais pris tu avais pris il, elle avait pris nous avions pris vous aviez pris ils, elles avaient pris	je prendrais tu prendrais il, elle prendrait nous prendrions vous prendriez ils, elles prendraient	que je prenne que tu prennes qu'il, qu'elle prenne que nous prenions que vous preniez qu'ils, qu'elles prennent
Venir	je viens tu viens il, elle vient nous venons vous venez ils, elles viennent	je suis venu(e) tu es venu(e) il est venu, elle est venue nous sommes venu(e)s vous êtes venu(e)s ils sont venus, elles sont venues	j'étais venu(e) tu étais venu(e) il était venu, elle était venue nous étions venu(e)s vous étiez venu(e)s ils étaient venus, elles étaient venues	je viendrais tu viendrais il, elle viendrait nous viendrions vous viendriez ils, elles viendraient	que je vienne que tu viennes qu'il, qu'elle vienne que nous venions que vous veniez qu'ils, qu'elles viennent
Vouloir	je veux tu veux il, elle veut nous voulons vous voulez ils, elles veulent	j'ai voulu tu as voulu il, elle a voulu nous avons voulu vous avez voulu ils, elles ont voulu	j'avais voulu tu avais voulu il, elle avait voulu nous avions voulu vous aviez voulu ils, elles avaient voulu	je voudrais tu voudrais il, elle voudrait nous voudrions vous voudriez ils, elles voudraient	que je veuille que tu veuilles qu'il, qu'elle veuille que nous voulions que vous vouliez qu'ils, qu'elles veuillent
Voir	je vois tu vois il, elle voit nous voyons vous voyez ils, elles voient	j'ai vu tu as vu il, elle a vu nous avons vu vous avez vu ils, elles ont vu	j'avais vu tu avais vu il, elle avait vu nous avions vu vous aviez vu ils, elles avaient vu	je verrais tu verrais il, elle verrait nous verrions vous verriez ils, elles verraient	que je voie que tu voies qu'il, qu'elle voie que nous voyions que vous voyiez qu'ils, qu'elles voient

Achevé d'imprimer en Espagne par Macrolibros
Dépôt légal : Avril 2018 - Collection n° 55 - Édition 01 - 27/2454/9

Les verbes irréguliers en anglais

Anglais
Piste 16

Base verbale	Prétérit	Participe passé	Traduction
be	was	been	être
become	became	become	devenir
begin	began	begun	commencer
bite	bit	bitten	mordre
blow	blew	blown	souffler
break	broke	broken	casser
bring	brought	brought	apporter
build	built	built	construire
burn	burnt	burnt	brûler
buy	bought	bought	acheter
catch	caught	caught	attraper
choose	chose	chosen	choisir
come	came	come	venir
cost	cost	cost	coûter
cut	cut	cut	couper
do	did	done	faire
draw	drew	drawn	dessiner
dream	dreamt	dreamt	rêver
drink	drank	drunk	boire
drive	drove	driven	conduire
eat	ate	eaten	manger
fall	fell	fallen	tomber
feed	fed	fed	nourrir
feel	felt	felt	(se) sentir
fight	fought	fought	se battre
find	found	found	trouver
fly	flew	flown	voler (avion)
forget	forgot	forgotten	oublier
forgive	forgave	forgiven	pardonner
freeze	froze	frozen	geler
get	got	got	obtenir
give	gave	given	donner
go	went	gone	aller
grow	grew	grown	grandir, pousser
have	had	had	avoir
hear	heard	heard	entendre
hide	hid	hidden	(se) cacher
hit	hit	hit	frapper
hold	held	held	tenir
hurt	hurt	hurt	(se) blesser
keep	kept	kept	garder
know	knew	known	savoir, connaître

Base verbale	Prétérit	Participe passé	Traduction
learn	learnt	learnt	apprendre
leave	left	left	partir, quitter
lend	lent	lent	prêter
let	let	let	laisser
lose	lost	lost	perdre
make	made	made	faire, fabriquer
mean	meant	meant	signifier
meet	met	met	rencontrer
pay	paid	paid	payer
put	put	put	mettre
read	read	read	lire
ride	rode	ridden	faire (cheval, vélo)
ring	rang	rung	sonner
run	ran	run	courir
say	said	said	dire
see	saw	seen	voir
sell	sold	sold	vendre
send	sent	sent	envoyer
shine	shone	shone	briller
show	showed	shown	montrer
shut	shut	shut	fermer
sing	sang	sung	chanter
sit	sat	sat	être assis
sleep	slept	slept	dormir
smell	smelt	smelt	sentir (odeur)
speak	spoke	spoken	parler
spell	spelt	spelt	épeler
spend	spent	spent	passer, dépenser
spoil	spoilt	spoilt	abîmer, gâter
stand	stood	stood	être debout
steal	stole	stolen	voler (dérober)
swim	swam	swum	nager
take	took	taken	prendre
teach	taught	taught	enseigner
tell	told	told	dire, raconter
think	thought	thought	penser
throw	threw	thrown	jeter
under stand	under stood	under stood	comprendre
wake (up)	woke (up)	woken (up)	(se) réveiller
wear	wore	worn	porter (vêtement)
win	won	won	gagner
write	wrote	written	écrire

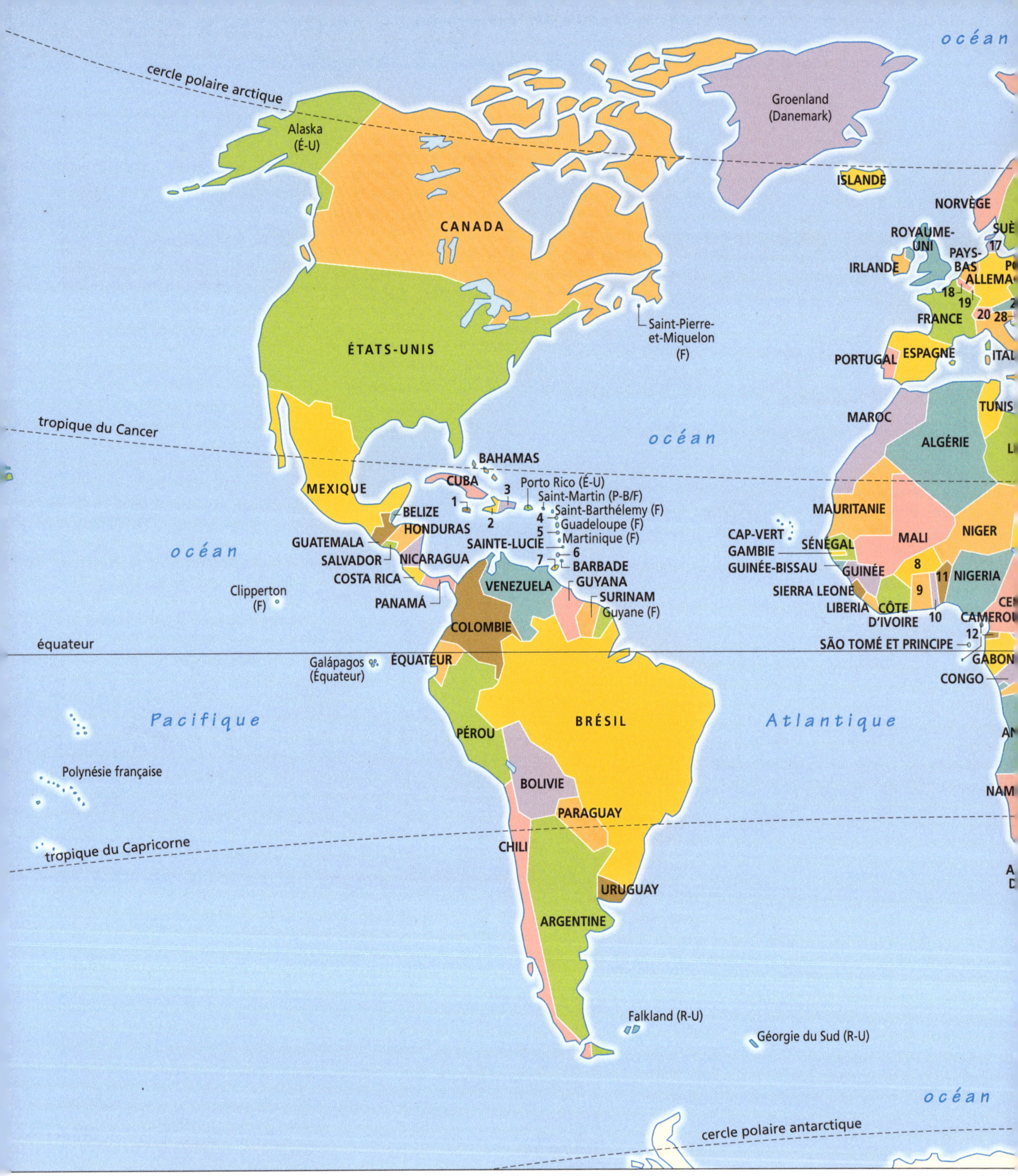

AMÉRIQUE CENTRALE

1 JAMAÏQUE
2 HAÏTI
3 RÉPUBLIQUE DOMINICAINE
4 ANTIGUA ET BARBUDA
5 DOMINIQUE
6 SAINT-VINCENT ET LES GRENADINES
7 TRINITÉ-ET-TOBAGO

AFRIQUE

8 BURKINA FASO
9 GHANA
10 TOGO
11 BÉNIN
12 GUINÉE ÉQUATORIALE
13 DJIBOUTI
14 MALAWI
15 SWAZILAND
16 LESOTHO

EUROPE

17 DANEMARK
18 BELGIQUE
19 LUXEMBOURG
20 SUISSE
21 AUTRICHE
22 ESTONIE
23 LETTONIE
24 LITUANIE
25 RÉPUBLIQUE TCHÈQUE
26 SLOVAQUIE